经规院七
秩硕开来
贺教育部
重大攻关项目
心圆主题

李程林
二〇一八

教育部哲学社会科学研究重大课题攻关项目
"十三五"国家重点出版物出版规划项目

当代中国人精神生活研究

SPIRITUAL LIFE IN CHINA TODAY

童世骏 等著

经济科学出版社

图书在版编目（CIP）数据

当代中国人精神生活研究/童世骏等著.—北京：经济科学出版社，2009.9（2020.8 重印）

（教育部哲学社会科学研究重大课题攻关项目）

ISBN 978-7-5058-7594-4

Ⅰ.当… Ⅱ.童… Ⅲ.社会生活-研究-中国-现代 Ⅳ.D669

中国版本图书馆 CIP 数据核字（2009）第 001155 号

责任编辑：李　雪
责任校对：徐领弟　杨晓莹
版式设计：代小卫
技术编辑：李　鹏　范　艳

当代中国人精神生活研究

童世骏　等著

经济科学出版社出版、发行　新华书店经销

社址：北京市海淀区阜成路甲 28 号　邮编：100142

总编部电话：88191217　发行部电话：88191540

网址：www.esp.com.cn

电子邮件：esp@esp.com.cn

北京季蜂印刷有限公司印装

787×1092　16 开　27.25 印张　510000 字

2009 年 9 月第 1 版　2020 年 8 月第 3 次印刷

ISBN 978-7-5058-7594-4　定价：60.00 元

（图书出现印装问题，本社负责调换）

（版权所有　翻印必究）

课题组主要成员

（按姓氏笔画为序）

文　军　　吕新雨　　许纪霖　　杨国荣
张文明　　陈映芳　　顾红亮　　韩春雨

编审委员会成员

主 任　孔和平　罗志荣
委 员　郭兆旭　吕　萍　唐俊南　安　远
　　　　文远怀　张　虹　谢　锐　解　丹

总　序

哲学社会科学是人们认识世界、改造世界的重要工具，是推动历史发展和社会进步的重要力量。哲学社会科学的研究能力和成果，是综合国力的重要组成部分，哲学社会科学的发展水平，体现着一个国家和民族的思维能力、精神状态和文明素质。一个民族要屹立于世界民族之林，不能没有哲学社会科学的熏陶和滋养；一个国家要在国际综合国力竞争中赢得优势，不能没有包括哲学社会科学在内的"软实力"的强大和支撑。

近年来，党和国家高度重视哲学社会科学的繁荣发展。江泽民同志多次强调哲学社会科学在建设中国特色社会主义事业中的重要作用，提出哲学社会科学与自然科学"四个同样重要"、"五个高度重视"、"两个不可替代"等重要思想论断。党的十六大以来，以胡锦涛同志为总书记的党中央始终坚持把哲学社会科学放在十分重要的战略位置，就繁荣发展哲学社会科学做出了一系列重大部署，采取了一系列重大举措。2004年，中共中央下发《关于进一步繁荣发展哲学社会科学的意见》，明确了新世纪繁荣发展哲学社会科学的指导方针、总体目标和主要任务。党的十七大报告明确指出："繁荣发展哲学社会科学，推进学科体系、学术观点、科研方法创新，鼓励哲学社会科学界为党和人民事业发挥思想库作用，推动我国哲学社会科学优秀成果和优秀人才走向世界。"这是党中央在新的历史时期、新的历史阶段为全面建设小康社会，加快推进社会主义现代化建设，实现中华民族伟大复兴提出的重大战略目标和任务，为进一步繁荣发展哲学社会科学指明了方向，提供了根本保证和强大动力。

高校是我国哲学社会科学事业的主力军。改革开放以来，在党中央的坚强领导下，高校哲学社会科学抓住前所未有的发展机遇，紧紧围绕党和国家工作大局，坚持正确的政治方向，贯彻"双百"方针，以发展为主题，以改革为动力，以理论创新为主导，以方法创新为突破口，发扬理论联系实际学风，弘扬求真务实精神，立足创新、提高质量，高校哲学社会科学事业实现了跨越式发展，呈现空前繁荣的发展局面。广大高校哲学社会科学工作者以饱满的热情积极参与马克思主义理论研究和建设工程，大力推进具有中国特色、中国风格、中国气派的哲学社会科学学科体系和教材体系建设，为推进马克思主义中国化，推动理论创新，服务党和国家的政策决策，为弘扬优秀传统文化，培育民族精神，为培养社会主义合格建设者和可靠接班人，做出了不可磨灭的重要贡献。

　　自2003年始，教育部正式启动了哲学社会科学研究重大课题攻关项目计划。这是教育部促进高校哲学社会科学繁荣发展的一项重大举措，也是教育部实施"高校哲学社会科学繁荣计划"的一项重要内容。重大攻关项目采取招投标的组织方式，按照"公平竞争，择优立项，严格管理，铸造精品"的要求进行，每年评审立项约40个项目，每个项目资助30万~80万元。项目研究实行首席专家负责制，鼓励跨学科、跨学校、跨地区的联合研究，鼓励吸收国内外专家共同参加课题组研究工作。几年来，重大攻关项目以解决国家经济建设和社会发展过程中具有前瞻性、战略性、全局性的重大理论和实际问题为主攻方向，以提升为党和政府咨询决策服务能力和推动哲学社会科学发展为战略目标，集合高校优秀研究团队和顶尖人才，团结协作，联合攻关，产出了一批标志性研究成果，壮大了科研人才队伍，有效提升了高校哲学社会科学整体实力。国务委员刘延东同志为此做出重要批示，指出重大攻关项目有效调动各方面的积极性，产生了一批重要成果，影响广泛，成效显著；要总结经验，再接再厉，紧密服务国家需求，更好地优化资源，突出重点，多出精品，多出人才，为经济社会发展做出新的贡献。这个重要批示，既充分肯定了重大攻关项目取得的优异成绩，又对重大攻关项目提出了明确的指导意见和殷切希望。

　　作为教育部社科研究项目的重中之重，我们始终秉持以管理创新服务学术创新的理念,坚持科学管理、民主管理、依法管理,切实增强服务意识,不断创新管理模式,健全管理制度,加强对重大攻关项目的选题遴选、评审立项、组织开题、中期检查到最终成果鉴定的全过程管理,逐渐探索并形成一套成熟的、符合学术研究规律的管理办法,努力将重大攻关项目打造成学术精品工程。我们将项目最终成果汇编成"教育部哲学社会科学研究重大课题攻关项目成果文库"统一组织出版。经济科学出版社倾全社之力,精心组织编辑力量,努力铸造出版精品。国学大师季羡林先生欣然题词:"经时济世 继往开来——贺教育部重大攻关项目成果出版";欧阳中石先生题写了"教育部哲学社会科学研究重大课题攻关项目"的书名,充分体现了他们对繁荣发展高校哲学社会科学的深切勉励和由衷期望。

创新是哲学社会科学研究的灵魂,是推动高校哲学社会科学研究不断深化的不竭动力。我们正处在一个伟大的时代,建设有中国特色的哲学社会科学是历史的呼唤,时代的强音,是推进中国特色社会主义事业的迫切要求。我们要不断增强使命感和责任感,立足新实践,适应新要求,始终坚持以马克思主义为指导,深入贯彻落实科学发展观,以构建具有中国特色社会主义哲学社会科学为己任,振奋精神,开拓进取,以改革创新精神,大力推进高校哲学社会科学繁荣发展,为全面建设小康社会,构建社会主义和谐社会,促进社会主义文化大发展大繁荣贡献更大的力量。

教育部社会科学司

前　言

"**精**神生活"这四个字曾经在将近一个世纪以前流行于中国知识界，那时候中国人的物质生活状况很差，改善物质生活状况的能力也很弱，因此不少人希望通过对精神生活与物质生活的区别及对照来寻找和突出中国人或中国文化的优势和希望。

从20世纪90年代以来，"精神生活"的概念，以及与此接近的"精神世界""心灵""灵魂""人文精神""文化自觉"等概念，又频频出现在我国的报刊论著和大众传媒之中，而此时的中国，正处在国民经济高速度发展、人民物质生活大幅度改善的时期。

20世纪初，一些知识精英企图用东方"精神文明"抵御西方"物质文明"；而21世纪初以来，已经总体上踏近小康社会门槛的中国人，则一再被提醒，精神生活的空虚和物质生活的贫穷同样不是社会主义；[1] 中华民族不仅要大力建设共同的物质家园，而且要大力建设共同的精神家园。[2]

那么，当代中国人的精神生活到底处于什么样的状况呢？

有人套用狄更斯《双城记》开头的话来形容当代中国人的精神状况："这是最糟糕的时代，这也是最美好的时代；这是愚昧的年头，但也是智慧的年头；这是怀疑以至虚无的时期，但也是信仰的时期；这

---

[1] 江泽民在1997年1月29日说："物质贫乏不是社会主义，精神空虚也不是社会主义。社会主义不仅要使人民物质生活丰富，而且要使人民精神生活充实。"见江泽民：《江泽民文选》（第一卷），人民出版社2006年版，第621页。

[2] 参见胡锦涛：《高举中国特色社会主义伟大旗帜，为夺取全面建设小康社会新胜利而奋斗——在中国共产党第十七次全国代表大会上的报告"》，载于《求是》2007年第21期。

是黑暗的季节，但也是光明初露的季节。"①

　　这话听来有点针对性，但当代中国人的精神生活到底是好是坏，好在哪里坏在何方，不能只凭直觉，而要靠事实和数据；不能只凭感受，而要靠事实解读和数据分析。

　　为了对当代中国人的精神生活状况有比较确切的了解，我们在2003年年底获准设立了教育部哲学社会科学研究重大课题攻关项目《当代中国人精神生活调查研究》（项目批准号：03JZD0026）。② 在三年多时间中，以华东师范大学学者为主、由复旦大学和上海社会科学院同仁加盟的课题组，从多个方面进行了研究，本书就是这项研究的主要成果。

---

① 秋风：《重构中国精神》，文汇出版社2005年版，第2页。
② 作为该项目首席专家的童世骏当时担任华东师范大学终身教授，2004年7月以后在上海社会科学院任职，但仍在华东师范大学承担一些教学科研任务。

摘 要

来自不同学科的数十位学者通力合作，用实证调查、理论思辨、文本诠释和现象分析的方法，从心理生活（区别于肉体生活）、文化生活（区别于经济生活）和心灵生活（区别于日常生活）等角度出发，结合人们的物质生活状况和社会生活状况，对当代中国人的精神生活状况和特征，进行了描述和解读。根据这些学者的研究，我们的时代是传统神圣价值受到严重挑战的时代，也是精神生活空间高度开放的时代；是精神生活越来越等同于文化消费的时代，也是人们越来越有条件过一种不受日常的物质生活和社会生活拖累的精神生活的时代。我们一方面要高度重视当代中国人精神生活中存在的危机和隐患；另一方面要采取积极措施提升和满足人们在世俗化和大众消费时代的精神需求，尤其要发挥中国传统文化中的"内在超越"观念的积极作用，用作为"非神圣化的神圣理论"的马克思主义指导下的社会实践，来克服内在超越传统的内在弱点，实现精神生活和物质生活的高水平协调发展。

Abstract

This book is a result of cooperation of dozens of scholars from various disciplines who, by means of empirical investigation, theoretical speculation, textual interpretation and phenomenological analysis, investigated into and interpreted the situation and characteristics of the spiritual life of contemporary Chinese people. Based on their material life and social life conditions, the investigation was made from the perspectives of psychological life (in contrast to sensual life), cultural life (in contrast to economic life) and spiritual life (in contrast to daily life). Our epoch, according to this book, is both the one in which traditionally sacred values are seriously challenged, and the one in which the space of ordinary people's spiritual life is widely opened; it is the epoch in which the spiritual life tends to be identified with cultural consumption and the one in which people have more access to various types of spiritual life that are not entangled with their mundanely material and social life. On the one hand, we should attach great importance to the pathologies and crises found in the spiritual life of the contemporary Chinese people; on the other hand, we should take more positive measures to promote and meet people's spiritual demands in this epoch of secularization and mass consumption. The idea of "immanent transcendence" that is supposedly to be characteristic of the traditional Chinese culture, for example, should be given a more positive role to play, and the inherent weakness of this tradition should be overcome by the social practice guided by Marxism as a sacred or idealistic theory that is against sanctification. Our aim, therefore, is to achieve highly coordinated development of spiritual life and material life.

目 录
Contents

第一章 ▶ 当代中国人精神生活研究的问题和方法   1

    第一节   "精神生活"的多重含义   1

    第二节   以心灵生活为核心的精神生活的主要样式   10

    第三节   当代中国人之所以为"当代中国人"   20

    第四节   有关当代中国人精神生活问卷调查的一些说明   32

第二章 ▶ 当代中国人精神生活调查研究的数据与分析   43

    第一节   与当代中国人精神生活状况相关的条件及环境   43

    第二节   当代中国人精神生活状况的三个维度   66

第三章 ▶ 当代中国人的个体精神生活状况   135

    第一节   当代中国人的精神健康状况   135

    第二节   当代中国人的知识状况   144

    第三节   当代中国人的价值观念   160

    第四节   当代中国人的幸福感受   170

第四章 ▶ 当代中国人的公共文化生活   185

    第一节   中国人参加公共文化生活的基本状况   186

    第二节   核心的问题:"群众文化"与中国的公益文化事业   194

    第三节   大众传媒与当代中国人精神生活   204

    第四节   教育与当代中国人精神生活   223

第五章 ▶ 当代中国人的宗教信仰与精神追求   233

    第一节   宗教仍然是当代中国人精神生活的重要领域   234

第二节　宗教在当代中国人精神生活中的功能　　238
　　第三节　宗教在当代中国人精神生活中作用的变化趋势　　241
　　第四节　作为当代中国人精神生活重要形式的民俗　　248

第六章 ▶ 文学艺术作品与当代中国人的精神生活　　256
　　第一节　世俗化与反世俗化：文学感受时代的变迁　　256
　　第二节　城市与乡村之间：文学铭刻社会的断裂　　275
　　第三节　影视艺术与当代中国人的世界观和人生观　　290
　　第四节　影视艺术与当代中国的"偶像"认同　　297
　　第五节　视觉艺术与日常生活的审美化　　307

第七章 ▶ 人文学术与当代中国人的精神生活　　318
　　第一节　背景：近代以来中国人精神危机的几种回应　　318
　　第二节　从主体性的确立到个人主义　　328
　　第三节　去政治化的逻辑与公共意识的衰退　　334
　　第四节　文化意识的衰落与精神生活的世俗化　　341
　　第五节　生活世界基本元素的变异　　347

第八章 ▶ 西方学术视野中的当代中国精神生活　　354
　　第一节　流行文化与城市生活　　355
　　第二节　大众传媒与公共领域　　363
　　第三节　当今中国的宗教　　370
　　第四节　民族主义与身份认同　　375
　　第五节　知识分子与文学艺术　　382

结论 ▶ 提升和满足世俗化和大众消费时代的精神需求　　390

附录 ▶ 同胞情谊的哲学反思　　401

后记　　409

Contents

Chapter 1 Studies on the Spiritual Life of the Contemporary Chinese People: Problems and Methods   1

1. Multiple Meanings of "Spiritual life"   1
2. Major Modes of Spiritual Life with the Life of Heart/Mind as the Core   10
3. Characteristics of Our Epoch   20
4. Explanations on the Questionnaire Survey Concerning the Spiritual Life of the Contemporary Chinese People   32

Chapter 2 Survey of the Spiritual Life of the Contemporary Chinese People: Data and Analysis   43

1. Conditions and Environment for the Spiritual Life of the Contemporary Chinese People   43
2. Three Dimensions of the Spiritual life of the Contemporary Chinese People   66

Chapter 3 Spiritual Life of the Contemporary Chinese People as Individuals   135

1. Mental Health   135
2. Knowledge   144
3. Values   160
4. Subjective Well-being   170

Chapter 4　Cultural Life of the Contemporary Chinese People as Communities　185

1. General Situation of the Participation in Public Cultural life　186
2. Core Issue: "Culture of the General Public" and the Public Non-profit Cultural Enterprises　194
3. Mass Media and the Spiritual Life of the Contemporary Chinese People　204
4. Education and the Spiritual Life of the Contemporary Chinese People　223

Chapter 5　Religious Beliefs and Spiritual Aspirations of the Contemporary Chinese People　233

1. Religion is Still a Major Field for the Spiritual Life of the Contemporary Chinese People　234
2. The Function of Religion in the Spiritual Life of the Contemporary Chinese People　238
3. The Tendencies of Change of the Religion's Role in the Spiritual Life of the Contemporary Chinese People　241
4. Folkways as Important Forms of the Spiritual Life of the Contemporary Chinese People　248

Chapter 6　Literary and Artistic Works and the Spiritual Life in China Today　256

1. Secularization and Counter-secularization: Transition of Times Sensed in Literature Works　256
2. Between Urban and Rural Areas: Social Gaps Inscribed in Literature Works　275
3. Movie and Television Arts and the Outlook on Life and World View of the Contemporary Chinese People　290
4. Movie and Television Arts and the "Idol Worship" in Contemporary China　297
5. Visual Arts and the Aesthetization of Daily Life　307

Chapter 7　Humanities and the Spiritual Life of the Contemporary Chinese People　318

1. Background: Various Types of Reaction to the Spiritual Crises of the Chinese People in Modern Times　318

2. From the Principle of Subjectivity to Individualism   328

3. The Logic of Depoliticization and the Decline of the Public Consciousness   334

4. Decline of the Cultural Consciousness and the Secularization of the Spiritual Life   341

5. Deformation of the Elements of the Life World   347

Chapter 8 Spiritual Life of the Contemporary Chinese People in the View of the Western Academic Circles   354

1. Popular Culture and Urban Life   355

2. Mass Media and the Public Sphere   363

3. Religions in Contemporary China   370

4. Nationalism and the Issue of the Collective Identities   375

5. Intellectuals and Literature and Arts   382

Conclusion Promoting and Meeting the People's Spiritual Needs in the Times of Secularization and Mass Consumption   390

Appendix Philosophical Reflection on the Brotherhood   401

Postscript   409

第一章

当代中国人精神生活研究的问题和方法*

为了对当代中国人精神生活作系统研究，我们先要搞清楚这样一些问题：什么是"精神生活"？谁是"当代中国人"？如何了解当代中国人的精神生活状况？

第一节 "精神生活"的多重含义

"精神生活"是一个有关人们自己生活的概念，它不仅是一个出现在学术论著中的学术概念，而且是一个出现在日常生活和大众传媒里的日常用语。对这样一个概念进行理论阐述，出发点是了解人们在使用这个语词或概念的时候，是怎么理解它的含义的。

一、"精神生活"不完全等同于"spiritual life"

在词典里，"精神生活"这个汉语词被当作英语的"spiritual life"。但在两个词的实际使用语境中，它们的意思不完全一样。一方面，与"精神生活"对应的英

---

* 本章执笔者为上海社会科学院的童世骏（第一、三、四节）、华东师范大学哲学系的杨国荣（第二节）和华东师范大学社会学系的韩春雨（第五节）。

语词不仅是"spiritual life",也可以是"the life of the mind""mental life"等;① 另一方面——这是更为重要的——当一个美国人讲到"spiritual life"的时候,他多半指的是"宗教生活",而一个中国人讲到"精神生活"的时候,他的意思多半不是指宗教生活。尽管有的中国学者把精神生活与宗教生活等同起来,如吴宓曾说:"宗教信仰已失,无复精神生活。全世界皆然,不仅中国。"② 但对于多数中国人来说,"精神生活"并不一定是"宗教生活"。

为了印证这一点,我们在谷歌(Google)进行了词语查询。③ 当我们输入"spiritual life"进行查询的时候,我们获得了 1 230 000 个结果,当我们把"spiritual life"和"religion"放在一起查询,我们获得 1 040 000 个结果,也就是说凡是出现"spiritual life"这个词的页面,基本上也出现"religion"这个词。但我们在谷歌上用中文查询"精神生活",获得 724 000 个结果,把"精神生活"和"宗教"放在一起查询,只获得 236 000 个结果,也就是说在出现"精神生活"的页面中,只有近 1/3 的页面提到"宗教"。

当然,国外一些学者近年来在强调"精神教育"的时候也设法在"精神性"和"宗教性"之间作出区别。④ 但即使他们也还是把"超越价值""终极价值"当作精神生活的核心,而不把通常意义上的文化消费活动和情绪感受状态当作精神生活的重要部分。作为美利坚民族精神生活集中反映的美国实用主义哲学在这方面也可以作为例证。在美国实用主义哲学家当中,威廉·詹姆斯(William James)和乔治·桑特亚那(George Santayana)都经常谈论"spiritual life",都把"spiritual life"与宗教信仰联系起来,尽管他们对宗教信仰也做了相当宽泛的理解。詹姆斯的《宗教经验之种种》充满了对宗教徒和新皈依宗教的人们的精神状况的描述,很大程度上可看作是一本精神生活研究领域的经典之作。相对来说,约翰·杜威(John Dewey)在美国实用主义哲学家中对宗教的态度最具有批判性,但他也主张把"宗教"与"宗教性"区别开来,在反对制度化宗教的同时主张维持一种"宗教感"或"宗教态度",那就是"对存在的可能性的一种感觉""献身于实现这种可能性的事业的一种态度"。⑤ 对"宗教感"做这样一种理解,在杜威看来意味着

---

① 比方说,汉娜·阿伦特(Hannah Arendt)的 *The Life of the Mind* 一书就被译成《精神生活》(姜志辉译,第一卷《思维》、第二卷《意志》,江苏教育出版社 2006 年版)。
② 吴学昭:《吴宓与陈寅恪》,清华大学出版社 1992 年版,第 70 页。
③ 查询时间:2006 年 12 月 30 日 20 时 59 分。
④ David Tacey: *The spirituality revolution: the emergence of contemporary spirituality*, New York, NY: Brunner-Routledge, 2004; David Carr and John Haldane (eds.): *Spirituality, Philosophy and Education*, Routledge-Falmer, Taylor & Francis Group, London and New York, 2003.
⑤ 约翰·杜威:《确定性的寻求》,上海人民出版社 2004 年版,第 306 页。

破除了"精神的东西"和"凡俗的东西"之间的二元论。① 由此可见，即使像杜威这样一位主张自然主义的欧美哲学家，也多多少少把"精神生活"与宗教联系在一起。但是，如我们可以用大量材料来证明的，在中文语境中，不仅世俗的哲学，而且文化消费活动和情绪感受状态也常常被认为是理所当然属于精神生活的内容。

二、"精神生活"与"物质生活"和"社会生活"既区别又联系

精神生活作为人类生活的一个领域、一种样态，区别于人类生活的其他领域和其他样态。马克思、恩格斯在《德意志意识形态》中指出："全部人类历史的第一个前提无疑是有生命的个人的存在。"② 马克思在《政治经济学批判序言》中写道："物质生活的生产方式制约着整个社会生活、政治生活和精神生活的过程。"③ 如果我们把"政治生活"当作广义的"社会生活"的一个部分的话，那么人类生活就可以划分成为物质生活、社会生活和精神生活这三个组成部分。

物质生活、社会生活和精神生活的三分法，也是梁漱溟在《东西方文化及其哲学》一书采用的观点。梁漱溟写道："据我们看来，所谓一家文化不过是一个民族生活的种种方面。总括起来，不外三方面：（1）精神生活方面，如宗教、哲学、科学、艺术等是。宗教、文艺是偏于感情的，哲学、科学是偏于理智的。（2）社会生活方面，我们对于周围的人——家族、朋友、社会、国家、世界——之间的生活方法都属于社会生活一方面，如社会组织、伦理习惯、政治制度及经济关系是。（3）物质生活方面，如饮食、起居种种享用，人类对于自然界求生存的各种是。"④

马克思、梁漱溟所作出的这三种生活之间的区分，大致对应于当代德国哲学家尤根·哈贝马斯（Juergen Habermas）在《交往行动理论》中所区分的三个"世界"的概念："物质生活"对应于"客观世界"，"社会生活"对应于"社会世界"，"精神生活"对应于"主观世界"。客观世界是自然界的事实和事态的世界，社会世界是主体间的交往和规范的世界，主观世界则是自我的体验和意愿的世界，三者分别主要涉及主客体关系、主体间关系和主体与自我的关系。⑤

---

① John Dewey：*A Common Faith*，Yale University Press，1934，P. 74.
② 《马克思恩格斯选集》（第 1 卷），人民出版社 1995 年版，第 67 页。
③ 马克思："政治经济学批判序言"，《马克思恩格斯选集》（第 3 卷），人民出版社 1995 年版，第 32 页。此句德文原文为 "Die Produktionsweise des materiellen Lebens bedingt den sozialen, politischen und *geistigen Lebensprozeß überhaupt.*"（斜体字是引者的）
④ 梁漱溟：《梁漱溟全集》（第 1 卷），山东人民出版社 1989 年版，第 339 页。
⑤ Juergen Habermas：*The Theory of Communicative Action*，Vol. One，translated by Thomas McCarthy，1984，pp. 51 - 52.

上述三个世界之间，精神生活和物质生活、社会生活之间，存在着密切联系。从物质生活这方面来说，作为物质生活具体形式的物质资料的生产和消费，既是有组织的活动，也是有意向的活动，而这种"组织"和"意向"，则分别属于社会世界和主观世界。从社会生活这方面来说，作为社会生活之具体形式的社会关系的保持和维系，除了社会规范以外，一方面需要客观世界的空间和手段；另一方面需要主观世界的感情和信念。从精神生活这方面来说，人们的主观精神活动也离不开一定的物质基础、社会环境和表现媒介，因而既离不开主客体之间的物质、能量和信息交换，也离不开主体之间的语言交际、思想交流和社会交往。宗教徒会说"精神生活的富足来自独处"，① 但"独处"能发挥这种作用的前提，是这个享受独处的人已经是一个相当成熟的人格，而根据赫尔伯特·米德（George Herbert Mead）的观点，"所有自我都凭借或通过社会过程而构成，都是该过程的个体反映"；② 对这样的人格来说，在"独处"中他虽然不是与实际的他人发生交往，但是与在他的社会化过程中内化了的他人或理想化的他人——"上帝""良心""真正自我"——进行对话。这里特别要强调精神生活对于物质生活的依赖性。在强调精神生活的重要性的时候忽视精神生活对于物质生活的依赖性，在思想史上是一个相当常见的现象。20世纪20年代中国思想界"科学和人生观之争"中的"玄学派"是这方面的典型。以张君劢为代表的"玄学派"深受德国哲学家倭铿（即奥伊肯，Rudolph Eucken）的影响，认为人生介于物质与精神之间，而人生的追求就在于超脱物质生活的障碍，达到精神生活的境界。③ 梁启超的观点虽不如张君劢那么偏激，但也主张用东方人把精神生活置于物质生活之上的文化传统，来解决现代人面临的一个大问题，即救治比"知识饥荒"危害更大的"精神饥荒"。梁启超结合自己的体会，将自己对东方文化有关精神生活的主张概括为两条："裁抑物质生活，使不得猖獗，然后保持精神生活的圆满"；"先立高尚美满的人生观，自己认清楚将精神生活确定，靠其势力以压抑物质生活，如此，不必细心检点，用拘谨功夫，自能达到精神生活绝对自由的目的。"④

张君劢和梁启超等人在正确地看到"精神"与"知识"的区别、"精神生活"相对于"物质生活"的相对独立性的同时，错误地夸大了精神生活和物质生活之间的界限。他们没有看到，人类与动物的区别在于，人类的物质生活和精

---

① 一行禅师：《精神生活的富足来自独处》，佛教都市，网址：http://www.budd.cn/book/readari.asp? no=20339。
② 乔治·赫伯特·米德著，赵月瑟译：《心灵、自我与社会》，上海译文出版社1992年版，第179页。
③ 黄克剑、吴小龙编：《当代新儒学八大家集·张君劢集》，群言出版社1993年版，第151页。
④ 王德峰编：《国性与民德——梁启超文选》，上海远东出版社1995年版，第321页。

神生活从一开始就是内在联系着的。正如马克思所说:"人和绵羊不同的地方只是在于:他的意识代替了他的本能,或者说他的本能是被意识到了的本能。"①在《资本论》一开始,马克思还引用一位作者的话说:"欲望包含着需要;这是精神的食欲,就像肉体的饥饿那样自然。……大部分〈物〉具有价值,是因为它们满足精神的需要。"② 当然,这并不意味着我们不可以在概念上把精神生活和物质生活区分开来,也并不意味着我们可以忽视这样一个事实,即随着分工的发展、特别是随着精神劳动和物质劳动之间分工的发展,确实出现了精神生活和物质生活的分化甚至分裂。但马克思指出,这种分裂恰恰是一种与人的本性相违背的现象。从消极的方面来说,社会物质生活的极度贫困,势必导致从精神生活角度来看的野蛮倒退现象:"……在极端贫困的情况下,必须重新开始争取必需品的斗争,全部陈腐污浊的东西又要死灰复燃。"③ 这里所说的"必需品"是满足人们生存需要的产品,也就是恩格斯在《自然辩证法》中所说的"生存资料"。④一个社会如果连生存资料也匮乏了,就会出现类似于动物界的"生存斗争"的现象;在这种情况下,"全部陈腐污浊的东西又要死灰复燃",为人类所独有的精神生活当然就无从谈起。但问题是,人类所特有的"生产",与动物至多能进行的"收集"有本质区别;"生产很快就造成这样的局面:所谓生存斗争不再单纯围绕着生存资料进行,而是围绕着享受资料和发展资料进行。"⑤人类对于"享受资料"和"发展资料"的消费,就不仅仅是物质生活,而同时也是精神生活。在恩格斯看来,资本主义的罪恶就在于,"生产者大众被人为地和强制地拒之于这些资料之外。"⑥ 相应的,社会主义理想就在于,越来越发达的生产力条件下生产出来的越来越多的这种享受资料和发展资料,同时也为生产者大众使用,而这意味着他们的物质生活和精神生活水准的同步提高:"通过社会生产,不仅可能保证一切社会成员有富足的和一天比一天充裕的物质生活,而且还可能保证他们的体力和智力获得充分自由的发展和运用,……"⑦

---

① 《马克思恩格斯选集》(第1卷),人民出版社1995年版,第82页。
② 《资本论》(第1卷),人民出版社1975年版,第47页。正是在这个意义上,如有作者所说,广东的:"茶楼,蕴涵着广东人对精神生活的需求",网址:http://news.21cn.com/social/shixiang/2002 - 09 - 10/764754.html。
③ 《马克思恩格斯选集》(第1卷),人民出版社1995年版,第86页。
④⑤ 《马克思恩格斯选集》(第4卷),人民出版社1995年版,第372页。
⑥ 同上,第372~373页。
⑦ 同上,第357页。

三、"精神生活"自身又可以区分出几个类型或几个层次

区别于物质生活和社会生活的精神生活,本身又可以区分为相对于肉体生活的"心理生活"、相对于经济生活的"文化生活"、相对于日常生活的"心灵生活"。

"心理生活"与"肉体生活"的关系,是人的精神生活、人的物质生活与社会生活之间关系的最简单的形式。马克思说:"所谓人的肉体生活和精神生活同自然界相联系,不外是说自然界同自身相联系,因为人是自然界的一部分。"①"肉体生活"的核心是人的自然属性,以及人作为自然界一部分的存在。在这里,人的"物质生活"的内容相当简单,仅仅涉及人的物质躯体的活动。在这里,人的"社会生活"的内容还完全没有涉及,人还只是一个自然存在,还没有被当作一个社会存在。与此相应的,相对于"肉体生活"的那种"精神生活"的含义也比较简单,还只是一种"心理生活",也就是指人的认知(感知和思想)、情感(喜怒哀乐)和意志(欲望和追求)等心理活动,或者说心理活动的能力和状况,还没有涉及心理活动的具体内容,属于心理学研究的对象。

"文化生活"与"经济生活"的关系,是人的精神生活、人的物质生活与社会生活之间关系的比较复杂的形式。唯物史观从这样一个基本事实出发:"人们首先必须吃、喝、住、穿,然后才能从事政治、科学、艺术、宗教等等。"② 吃、喝、住、穿是对物质资料的消费,而人与动物的区别在于,人的消费资料主要是通过生产而不是收集而得到的。因此,唯物史观不仅重视吃、喝、住、穿等消费活动,而且重视由物质资料的生产所决定、由物质资料的生产、分配、交换和消费四个环节相互作用而构成的有机整体,那就是人们的"经济生活"。经济生活是物质生活,同时也是社会生活,是按照特定方式连接起来的人们与自然界发生的关系。当然,在经济生活中,人们之间的社会关系还只是局限在经济活动领域,而没有包括政治领域和文化领域的社会关系。这种意义上的"经济生活"是物质资料的生产、分配、交换和消费活动,与此相对的精神资料的生产、分配、交换和消费活动,则是人类的文化活动或文化生活。

"心灵生活"和"日常生活"的关系,是人的精神生活、人的物质生活与社会生活之间关系的最复杂形式。这里的"日常生活"既包括与物质资料打交道的

---

① 《马克思恩格斯选集》(第1卷),第45页。这句话的德语原文为:"Daß *das physische und geistige Leben* des Menschen mit der Natur zusammenhängt, hat keinen andren Sinn, als daß die Natur mit sich selbst zusammenhängt, denn der Mensch ist ein Teil der Natur."(斜体字是引者的)

② 《马克思恩格斯选集》(第3卷),人民出版社1995年版,第776页。

经济生活，也包括与精神资料打交道的文化生活，以及同时与物质资料和精神资料打交道的政治生活和其他形式的社会生活。当我们沉浸在这种意义上的日常生活之中的时候，我们并不对生活本身的意义和价值进行反思，也就是并不思考我们整个人生的目的、意义，并不思考我们整个人生的统一性、连续性，并不思考通常所谓"身前身后"事。在这个意义上，"日常生活"的特点不但是非理论的，而且是非反思的，至少是非超越地反思。这里所谓"超越"，是指超越物质价值而指向精神价值，超越个体生活的部分而指向个体生活的整体，超越个体而指向个体所属的共同体，超越当下的生活而指向未来的生活，甚至超越当下的个体生命而指向未来的个体生命——在有些人那里，这是指"下一辈"或"来世的人生"；在有些人那里，这是指"下一代"或"未来的世代"。具有这种意义上的"超越性"，是"心灵生活"的特点。李大钊说："故人生本务，在随实在之进行，为后人造大功德，供永远的'我'享受，扩张，传袭，至无穷极，以达'宇宙即我，我即宇宙'之究竟。"① 鲁迅说："无穷的远方，无数的人们，都和我有关。"② 胡适说："我这个现在的'小我'，对于那永远不朽的'大我'的无穷过去，须负重大的责任，对于那永远不朽的'大我'的无穷未来，也须负重大的责任。"③ 雷锋说："人的生命是有限的，可是为人民服务是无限的，我要把有限的生命投入到无限的为人民服务之中去。"④ 就文化背景、社会地位、政治倾向来说，这些人有很大差别，但他们说的都是有限的人生与无限的人生意义之间的关系，都是在谈论非宗教意义上的"超越性"的可能性问题。

应该承认，在很多情况下，尤其在主张"灵""肉"二元对立的文化中，"肉体生活"与"心灵生活"的对立是人们在谈论"精神生活"时谈论得最多的。但是除了这种对立以外，上述三个层次的对立或对照，对于我们全面理解"精神生活"及其与物质生活和社会生活的关系，还是很有帮助的。实际上，对精神生活三种形式的上述区分，在很大程度上是我们平时使用在"精神生活"这个词的时候已经作出了的。当我们说精神生活是否"健康"的时候，我们很大程度上是把"精神生活"理解为"心理生活"。当我们说精神生活是否"丰富"的时候，我们很大程度上是把"精神生活"理解为"文化生活"。当我们说精神生活是否"充实"的时候，我们很大程度上是把"精神生活"理解为"心灵生活"。

---

① 李大钊：《李大钊文集》（上），人民出版社1984年版，第535页。
② 鲁迅：《且介亭杂文末编》，人民文学出版社1973年版，第113页。
③ 胡适：《新青年》，第6卷第2号，1919年2月15日。
④ 《雷锋日记》，解放军文艺出版社1973年版，第57页。

四、心灵生活是精神生活的核心内容和典型形式

如果说当我们谈论"心理生活"的时候,是着眼于精神生活的主体和能力,当我们谈论"文化生活"的时候,是着眼于精神生活的对象和媒介的话,那么,当我们谈论"心灵生活"的时候,我们着眼的是精神生活的核心内容和典型形式。人与动物的区别在于人具有自我意识,而动物没有自我意识。用鲁迅的话来说,"人类总有一种理想,一种希望。虽然高下不同,必须有个意义。"① 套用马克思的话来说,不仅人的本能是被意识到了的本能,人的利益是被理解了的利益②,而且人的全部生命存在都是被意识到了的、被理解了的生命活动。当然,在不同的人那里,这种"意识""理解"或冯友兰讲人生境界时所说的"觉解"③ 有高低不等的层次。但是,这种差别说到底只是程度差别,而不是种类差别。美国宗教哲学家蒂利希(Paul Tillich)把这种对于全部生命存在的理解称为"终极关切"(ultimate concern),认为每个人多多少少都会对某个价值持"终极的认真态度":

"假如人们告诉你,'我没有任何终极关切,'……那么就问他们,'真的就没有任何东西会让你用这种终极的认真态度来对待吗?比方说,什么是你准备为之而受难、甚至牺牲生命的?'那时你就会发现,即使是犬儒派也以终极的认真态度来对待其犬儒主义,更不用说其他人了,他们可能是自然主义者,唯物主义者,共产主义者,或不管什么主义者。他们当然是以终极的认真态度来对待某个东西的。"④

对这种"终极关切"的一种类似说法,是把某个价值当作内在价值,而不仅仅是工具价值。内在价值之为价值,是因其自身;而工具之为价值,是因为它所服务的目的。当我们说一件东西具有内在价值,是说它本身就是人的活动目的——仅仅它本身就值得人们去重视、去追求。相反,说一个东西具有工具价值,就是说它是达到这个目的的手段——它之所以重要,只是因为它是达到这个目的的手段。具有内在价值的东西是不可替代的,而具有工具价值的某个东西是可以被另一个具有同样的、更不用说更高的工具价值的东西所替代的。在爱因斯

---

① 鲁迅:《坟》,人民文学出版社 1973 年版,第 100 页。
② 马克思曾经说过"正确理解的利益是整个道德的基础",见《马克思恩格斯全集》(第 2 卷),人民出版社 1993 年版,第 167 页。
③ 冯友兰:《新原人》,见《贞元六书》(下),华东师范大学出版社 1996 年版,第 552 页。
④ D. Mackenzie Brown: *Ultimate Concern-Tillich in Dialogue*,网络版网址:http://www.religion-on-line.org/showbook.asp? title=538。

坦的下面这段话中，我们可以很清楚地看出对他来说，什么是具有内在价值、因而值得以"终极的认真态度"来对待的东西：

"把人们引向艺术和科学的最强烈的动机之一，是要逃避日常生活令人厌恶的粗俗和使人绝望的沉闷，是要摆脱人们自己反复无常的欲望的桎梏。一个修养有素的人总是渴望逃避个人生活而进入客观知觉和思维的世界。这种愿望好比城市里的人渴望逃避喧嚣拥挤的环境，而到高山上去享受幽静的生活，在那里，透过清寂而纯洁的空气，可以自由地眺望，陶醉于那似乎是为永恒而设计的宁静景色。"①

"死生亦大矣"，最值得我们以"终极的认真态度"来对待的，当然就是生死的意义问题。毛泽东说："人总是要死的，但死的意义有不同。"② 死的意义和生的意义是密不可分的，因此只要一个人思考过死的意义问题，也就一定思考过生的意义问题。卡尔·波普尔（Karl Popper）说过，每个人从某种程度上说都是哲学家，因为每个人都以这种或那种方式对生或死持有一种态度。③ 在回答生死意义问题的时候，毛泽东把"人民"当作是终极的内在价值：

"中国人民正在受难，我们有责任解救他们，我们要努力奋斗。要奋斗就会有牺牲，死人的事是经常发生的。但是我们想到人民的利益，想到大多数人民的痛苦，我们为人民而死，就是死得其所。"④

这种意义上的终极价值不仅仅是一种道德价值，而同时也是人生的终极价值；用冯友兰的话来说，它涉及的不仅是"道德境界"的问题，而同时也是"天地境界"的问题。从这个意义来说，精神生活的领域虽然包含道德的问题，但不局限于道德的问题。这里所说的"不局限"，不仅是指对人的精神生活来说，道德价值可以从只具有道德意义上升为也具有终极意义，而且是指在不同的人那里，不仅道德价值（"善"）可以成为一种终极价值，认知价值（"真"）、审美价值（"美"）也可以成为一种终极价值——正因为这样，我们才看到不仅有置人民利益于日常生活和功利世界之上的革命志士，而且如爱因斯坦上述那段话所显示的那样，有置科学真理于日常生活和功利世界之上的科学伟人，有置艺术创造于日常生活和功利世界之上的艺术大师。

---

① 许良英等编译：《爱因斯坦文集》（第1卷），商务印书馆1983年版，第101页。
② 《毛泽东选集》（第3卷），人民出版社1991年版，第1004页。
③ Karl Popper："How I See Philosophy", in Philosophy in Britain Today, edited by S. G. Shanker, London & Sydney, P. 211.
④ 《毛泽东选集》（第3卷），人民出版社1991年版，第1004页。

第二节　以心灵生活为核心的精神生活的主要样式

综合以上讨论，我们可以说精神生活既不是心理生活、文化生活和心灵生活中的每一个，也不是这三种生活的简单相加，而是以心灵生活为核心、包括心理生活尤其是文化生活在内的人类生活。心灵生活是核心，但这种核心离不开心理生活和文化生活作为载体和形式；每个人都有心理生活和文化生活，但离开心灵生活作为核心它们就还不那么具有精神意义。在这里我们可以引入"精神需要"的概念，那是一种超越物质需要和功利需要的人类需要。有心灵生活的是有精神需要的人，但并不是每个人都感到自己是有精神需要的。我们可以把精神生活理解为精神活动，进而把精神活动理解为一种自觉到精神需要并尽力加以满足的人类行为。① 不感到精神需要的人谈不上有精神生活。满足了精神需要的人，相对于那些感到精神需要但未能得到满足的人，其精神生活被认为要好一些。简而言之，不是所有人都有精神生活的；有精神生活的人，其精神生活状况也并不一致。

一、精神生活与精神需要

精神生活的前提是自觉到有精神需要。那么，精神需要是怎样的一种需要呢？

众所周知，人有身体或生理方面的需要，饿了要找食物，渴了要喝水，累了想休息，困了要睡觉等，这都是人的基本需要。这些需要的一个共同特点是，它的发生不依赖于你的主观是否意识到，同时，这些需要的满足也不由主观自身决定。望梅止渴，画饼充饥，这些例子所说的，不过是人可以通过一些方法暂时转移注意力或减轻需求的强烈程度，而需求本身并没有得到真正的满足。

相比之下，人的精神需要具有更多的主观性，精神需要得不到满足，一般不会有紧迫的致命危险。精神需要的产生往往系于主体的自我认识，并且因人而异。在这个意义上，可以说精神需要是人自己制造出来的。如果说人的生理需要

---

① 我们是在与"物质需要"相对的意义上使用"精神需要"这个词的，如果不是这样，就人类是精神动物这一点而言，人类所有的需要都可以分析出精神需要，因而最终都可以归结为精神需要，但是，这样一来，"精神需要"这个词也就失去了特别的意义，无法作为分析的工具。

更多的具有自然性，那么，精神需要则更多地具有一种人工性。因此，精神需要，准确地说，是一种冲动、一种愿望，而不是那种源于匮乏、非满足不可的需要。精神需要与身体或生理需要之间又是什么关系呢？

一般认为，只有当身体或生理需要得到满足之后，人才会产生精神上的需要，才有可能开展精神生活，古代先哲已指出："仓廪实而后知礼仪，衣食足而后知荣辱。"从发生学上说，精神需要是后于身体或生理需要的，有人由此得出精神生活高于肉体生活或物质生活的结论。不过，具体到某个人来说，精神需要与生理需要并不必然遵守这样的发生次序，肉体生活与精神生活之间往往并不对称。在逻辑上，肉体生活或物质生活是精神生活的必要但非充分条件，即人有了肉体生活或物质生活，并不一定会追求精神生活；但有精神生活的人则必须有肉体生活或物质生活做基础。

按照美国心理学家亚伯拉罕·马斯洛（Abraham Harold Maslow）的需要层次理论（the theory of hierarchy of needs），人除了生理需要，还有很多其他需要，如对安全的需要、对爱和归属的需要、对尊重的需要以及自我实现的需要。在生理需要之外，马斯洛列举的这些需要，从性质上说都是心理需要，它还不完全等同于我们所说的精神需要，就像我们并不认为与肉体生活相对的心理生活就是典型的精神生活。按照我们的理解，精神需要既不同于以自我保存为目的的需要，也不同于以功利为目的需要，它主要包括这样一些类型：①审美之需要；②求知之需要；③怡情之需要；④成德之需要；⑤究极之需要。当然，这只是一种分析的说法，实际上它们往往混在一起，而且，并不是每个个体都同时具备这些类型的需要。

二、精神生活与审美之需要

所谓审美需要，就是对"美"的自觉追求或讲究。在中文里，"美"这个字的来历是"羊大为美"，也就是说，中文里的"美"字是根据口感或味觉来定义的。而在西文中，通行的"美学"名称是"Aesthetics"，与"感性学"是同一个词。① 由此可见，中西方对美的认识都与感性有关。

因为有审美的需要，所以人类大力发展了艺术。虽然艺术的起源与劳动密不

---

① Aesthetics 这个术语在其最初的希腊词源中，是指对感性经验的研究，直到 18 世纪中叶，随着德国哲学家鲍姆嘉登（Baumgarten）的使用，这个词开始成为一个特指关于自然和艺术中的美（Beauty）的观念的术语。而将 Aesthetics 写作"美学"这两个汉字，则是近代日本学者的发明，随后为中国学者所沿用。美学成为哲学的一个独立分支，与鲍姆嘉登以及尤其是康德的努力分不开。在康德哲学中，"审美的"与"感性的"都是一个词 ästhetisch，见《判断力批判》。

可分，但为了生存而进行劳动的这个目的并不能解释艺术何以出现，正是审美需要才使得人类在进行物质生产的同时把一部分精力投入到没什么实用价值的艺术活动当中。如果按照实用的标准，艺术创造和艺术欣赏简直就是对人力物力的一种浪费，大可不必存在。中国古代的墨家就曾经提出"非乐"的主张，反对"为乐"（从事音乐欣赏活动），理由是，这种事对人民有百害而无一利。①

　　与基本的生理需要相比，审美需要给人感觉似乎可有可无。比如，在道家看来，前者是本，后者是末，强调审美需要，就成了舍本逐末的不智之举，老子说："五色令人目盲；五音令人耳聋；五味令人口爽；驰骋畋猎，令人心发狂；难得之货，令人行妨。是以圣人为腹不为目。"② 而庄子则从"齐物论"出发质疑人对美的追求。③

　　审美活动以感官愉悦为目的，在快感的顶峰，主体会陷入沉醉或迷狂状态，肉体、自我、他人、道德、规范，等等，统统被抛在脑后。这种体验对人有很强的吸引力，意志薄弱的人往往会沉溺其中而不能自拔，忽视甚至敌视日常生活，正常的工作、寝食都因此大受影响。在这个意义上，墨子关于"为乐"劳民伤财的批评有一定道理，老子"圣人为腹不为目"的教导亦不无警示。

　　人的审美需要驱使人去从事毫无功利效果的审美活动，人的一系列审美活动构成人审美生活，这是精神生活的一个重要层面，本身无可厚非，需要注意的是，如何使它健康的发展从而与其他生活能保持一种平衡。当然，在一般情况下，人的精力并没有完全被审美活动所吸引和占据，而是分散到求知、怡情、成德、究极等很多方面，所以，还不至于在生活上形成很大的张力。

三、精神生活与求知之需要

　　人类天生就有一种好奇心，正是这种好奇心推动人类去探索未知世界，进而发现世界的许多奥秘。发现了奥秘，就不再对未知事物感到恐惧，不仅不感到恐惧，反而能够根据这些事物的原理利用它为人服务，犹如主人对奴仆发号施令。在这个意义上，可以说，拥有了知识也就拥有了权力，培根（Francis Bacon）即谓"知识就是力量"。

---

① 详见《墨子·非乐上》。
② 《老子》（第十二章）。
③ 庄子与人辩论说："猨猵狙以为雌，麋与鹿交，鳅与鱼游。毛嫱丽姬，人之所美也，鱼见之深入，鸟见之高飞，麋鹿见之决骤。四者孰知天下之正色哉？自我观之，仁义之端，是非之途，樊然殽乱，吾恶能知其辩！"（《庄子·内篇·齐物论第二》）庄子看到，在不同主体那里存在着不同的审美标准，我们并不能知道哪个审美标准更合理，因此，最好是不做任何美丑判断。

好奇心是求知欲的表现。不妨说，如果没有求知欲，就没有今天人类文明的一切。《圣经》"失乐园"的故事以寓言的形式揭示了这个道理。故事说，人类的始祖因为犯忌吃了智慧树的果子而被赶出伊甸园（见创世纪3）。反过来，我们完全可以从中推出这样的结论：如果人类的始祖一直待在伊甸园，也就不会有以后人类的繁衍，不会有人所造作的这一切了。

虽然知识常被用来为人类造福，但知识本身并没有任何功利性。古代希腊的自然哲学家关注"本原"或"始基"问题，了解这些知识并不能为他们本人以及社会带来直接的利益，甚至于因为专心思考这些"天上的问题"而给他们自己带来现实的麻烦[①]，思考对他们来说是一种爱好，他们从中得到乐趣。亚里士多德在《形而上学》一文中一开头就说："求知是人类的本性。"[②] 他认为，早期哲学家是为求知而从事学术，并无任何实用目的，证据是："这类学术研究的开始，都在人生的必需品以及使人快乐安适的种种事物几乎全部获得了以后。"[③]

亚里士多德出于对哲学（研究原理与原因的学术）的特别推崇而把它当作唯一的自由学术，其实，人纯粹为了满足求知的需要而从事的任何探究（所谓"理智的探险"），小到对棋牌的钻研，大到对"哥德巴赫猜想"的验证，都可以说是自由的精神活动。

出于求知之需要，人在思考之外，更多时间在从事学习。学习的一个重要途径是读书。不过，属于精神生活范畴的这种学习，不同于那种为了掌握某种谋生技能的带有明显功利目的的活动，它纯粹出于兴趣或爱好并能从中得到心灵的愉悦。儒家特别强调"为己之学"与"为人之学"的区别。所谓为己，是求个人身心受用；所谓为人，是向他人夸耀或博取他人好感。作为精神需要的求知，是一种自我启蒙，是照亮自己的内心，既非向人炫耀，亦非迫于压力或受到诱惑，而是完全对自己负责的一种行为。

古希腊人对哲学的爱好和研究与中国儒家的"为己之学"都是人类出于求知的需要而从事的精神活动的典型。在作为兴趣或爱好这一点上，这两者有共通之处，不过，比较而言，前者有一种为知识而知识的意味，而后者则有一种将知识从属于德性的倾向，因此，也可以说，前者比后者要更为"纯粹"，后者则与人的成德需要密切相关，稍后详论。

---

① 传说希腊第一个哲学家泰利斯（Thales）只顾观察天象，没有注意脚下，跌入坑里，一个女奴嘲笑说，他只想知道天上发生的事情，却不知道身边和地上的事情。柏拉图反其意而用之，说这句话对所有哲学家都适用。
② 亚里士多德著，吴寿彭译：《形而上学》，商务印书馆1995年版，第1页。
③ 同上，第5页。

四、精神生活与怡情之需要

"人非草木,孰能无情?"其实,即使是草木,亦能感应,只不过与人相比,草木的感应能力和机制简单而已。按中国古人的看法,人基本的情绪反应有喜、怒、哀、惧、爱、恶、欲等七种,此所谓"七情"。佛教又有"六欲"之说,即色欲、形貌欲、威仪姿态欲、语言音声欲、细滑欲、人相欲。而佛教在论及生命时,往往以"有情(Satta)众生"称之,而所谓"有情"即"有感受意欲"之意。

情欲本是人的正常的生理—心理反应,人无法消除,至多可以控制。对于情欲是否应该控制,思想家们的看法并不相同,有的主张完全放任,哭则哭,怒则怒,嬉笑怒骂,任性而为,尽情挥洒,这是一种自然主义的态度。有的则主张以理性予以约束,即所谓以理化情,追求的最高境界是心如止水,波澜不惊,不以物喜,不以己悲,这是一种理性主义的态度。魏晋时王戎曾经按照对情的不同态度把人分为三等:"圣人忘情,最下不及情,情之所钟,正在我辈。"① 然而,无论对情的态度如何,情都是人所不可避免的一种东西,即使是圣人,也只能说忘情,而不能说无情。既然有情,就存在如何处理情的问题。而对情的处理,不外乎上述两种基本方式,一为自然主义;一为理性主义。理性主义的实质是以理节情、以理制情,它对人的规划毋宁说是一种理性人,这种规划归根结底与人的成德需要有关。这里我们先来研究自然主义的处理情感的方式。

处理情感的自然主义方式,在根本立场上是肯定情感为一种合理的存在,所以不主张加以限制或约束,而要听其自然流露,用中国哲学的话说叫作"任自然"。"任自然"也分两种情况,一种是被动地等待情感发生,另一种是积极地为情感的抒发创造条件,相比前者,后者显得感情更加丰富,在他人眼里甚至可以说是以情自娱,不妨称之为情感主义者。如果说理性主义者以"无情"或"无累于情"相尚,那么,情感主义者则以"重情"标榜。

正常人都有感情需要,都渴望生活在一个充满爱的环境里。只不过与一般人相比,情感主义者对感情的需要或依赖要强烈一些而已。对情感主义者来说,感情生活是人生的一个重要部分,其地位甚至在事业、名利等之上。这里所说的感情,并不只是爱,虽然爱是其中主要方面。同情②、安慰、崇仰、信任、感激甚

---

① 《世说新语·伤逝》。
② 比如休谟(David Hume)就强调"同情"(sympathy)的作用,认为"同情是人性中一个很强有力的原则","它产生了我们对一切人为的德的道德感"(*A Treatise of Human Nature*, Oxford, 1946, P.577),我们对社会之所以发生那样广泛的关切,只是由于同情(ibid. P.579)。

至一般意义上的好感，都可以划归感情名下。

通常，感情的发生是有特定对象的，不是主体单独能完成的，即使是所谓单相思，如果没有那个被相思的对象，也不成立。人类感情的一个本质特征是，它存在于表达之中。换言之，表达本身就是一种感情行为。自然，这里所说的表达并不限于言语。这不仅是因为有了感情，人就有一种表达的冲动，还因为，人也是通过表达来对感情做认证的，比如恋人之间会反复地要求对方示爱①。即使是所谓柏拉图式恋爱，虽然没有肉体上的接触，但心灵上的沟通与互相倾慕却是不可缺少的。

与感情在于表达这个特征有关，人类发展了极为丰富的文学、艺术，无论是诗歌，还是音乐、舞蹈，这些都是人类用以表达感情的方式。中国古人很早就认识到这一点，《诗大序》中说："诗者，志之所之也。在心为志，发言为诗。情动于中而形于言，言之不足故嗟叹之，嗟叹之不足故永歌之，永歌之不足，不知手之舞之足之蹈之也。"写诗、吟咏、歌唱、舞蹈，这些行为在表达感情的力度方面越来越强，而情感是催生这些文学艺术形式的主要动力。

所以，谈恋爱（花前月下、卿卿我我、绵绵情书、喁喁情话）属于精神生活，排遣式的写作、绘画、弹琴、歌唱、舞蹈等同样属于精神生活。

如果人类仅仅有表达欲而无倾听或观看欲，那么，表达将无法进行。事实上，人类不仅能够从表达中实现自己的感情需要，同样也能在倾听或观看中得到满足。不了解这一点，就不能理解何以有那么多人每天晚上守在电视机前成为言情剧的忠实观众。人类对观看（也包括倾听）活动的热衷，不单单出于审美的考虑，怡情的需要也是一个重要因素。也就是说，人从观看以及倾听中不仅欣赏到美，从而满足他们在形式和谐上的需要，同时也通过与剧中人同悲同喜同恨，而经历各种情感体验。这一点可以解释下列现象：无论故事是多么老套，情节是多么乏味，仍然会有观众为之倾倒。球迷与言情剧迷，从本质说都是基于同一种感情需要。如果我们承认出于感情需要而从事的非功利活动也属精神活动之列，那么，看球、看言情剧、收听午夜情感热线乃至网上聊天，都应当被承认为是精神生活。

五、精神生活与成德之需要

尽管人们对人性的理解不一，但一般都不否认在现实生活中有善行存在。至

---

① 中文日常语言中有"谈恋爱"这样的说法，将"恋爱"与动词"谈"搭配，言下之意，"恋爱"是靠"谈"的，这是对生活实际的一种生动概括。

于什么叫善行以及为什么会有善行，存在不同的解释：或认为是功利驱使，或认为是本性使然，或认为是后天教化而成。但不论怎样解释，人们几乎都不会否认"善"的正面价值。"善"不只是一个描述，而包含对行为的一种引导。当人们称某件行为是"善"，即等于说应该那样做。应该做的事，在古代汉语里，以"义"表示。人做了应该做的事，就是行义；反之，人做了不应该做的事，就是行不义，中国人普遍相信"多行不义必自毙"这样的道理①，而孟子还声称他身上那不无神秘的"浩然之气"就是通过"集义所生"的。②

行义对人形成某种不可抗拒的力量，用康德的语言说，就是绝对命令（categorical imperative）。"绝对命令"之所以为绝对，是因为它无条件可言，必须被执行。孟子曾经提出"舍生而取义"的著名论辩，认为求生（生）和行义（义）都是人的需要（所欲），在两者不可得兼的情况下，人会选择行义而放弃求生。③孟子的观点无疑是基于他的性善论立场，人们未必同意。但就行义是人的一种需要以及求生并不是人的唯一需要这两点来说，孟子的讲法是可以成立的。虽然不是每个人在任何情况下都有行义的需要，但是说人有行义的需要，无论从理论还是实践上看，都是可信的。总之，人会行善或行义，仅仅是为了对善或义本身的需要而不是出于某种功利的目的。

行善之人被称作善人或好人，正如行义之人被称作义人一样。善人、好人、义人，在汉语中，都是对人德行的一种褒奖与肯定。在此，行善与修德联在一起。④ 对他人行善，在自身即是一种德行的积累。反过来，一个人要成德，他就必须修己以利人。成德的实质是成己，利人是成德的手段之一。

如前所述，出于怡情的需要，人既渴望被关怀，也乐于关怀他人，有些善行或善意的表达即是与这种怡情的需要有关。而出于成德需要的善行则与此不同，它不是以主体的愉悦为追求，而是以主体的自我实现为目的。主体所要实现的这个自我总是超越其既定的或现有的状态之上的一种形象，它实际上是主体为自我设计的理想或模型。在这个意义上，自我实现其实就是自我超越。这种自我超越，表现为对某种理想人格的向往与追求，在中国古代语境中，就是成为圣人，相应的为此目标而进行的探讨与实践即被称作"圣学"。

儒家学者认为，实现理想人格（成圣）不仅是行所当然，同时也是人所期然。易言之，凡人皆有自我完善的趋向。根据道德上的完满程度，他们还把人分

---

① 典出《左传·隐公元年》：（郑庄）公曰："多行不义，必自毙，子姑待之。"
② 《孟子·公孙丑上》。
③ 《孟子·告子上》。
④ 事实上，在中国民间观念当中，行善就是为自己以及家人积德，比如《易·系辞传上》就有："积善之家必有余庆，积不善之家必有余殃。"当然，这里也含有报应的思想。

为圣、贤、士、凡夫这样一些等级,相信处在低层次的人总是希望能上升到高一层次,所谓"圣希天,贤希圣,士希贤"。① 这个说法无论真实与否,至少肯定了人有希望的权利。②

无论希望是什么,作为前提是必须有希望存在或者对希望的相信。人对理想人格的追求说明人有一种提升自身的冲动,这个冲动被有些思想家看作是人类的一种秉性,如康德就认为,"人具有一种自己创造自己的特性,因为他有能力根据他自己所采取的目的来使自己完善化,因此可以作为天赋有理性能力的动物(Animal Ration-able)而自己把自己造成为一个理性的动物(Animal Rationale)。"③

与这种成德需要相关,人们从事各种形式的自我修养活动,最典型的就是理学家所做的成圣工夫。这种工夫试图通过个体的体验与实践,在公私生活中逐渐排除邪恶自私的意念,使自己的一举一动、一言一行无不适宜正当(所谓"存天理灭人欲"),以求最终达到与圣贤一致的崇高境界。虽然在某些批评者看来,理学家端坐拱手、聚徒讲学不过是"袖手谈心性",无益家国,但理学家自己则认为,正心诚意、格物穷理、收敛精神、发明本心、涵养本原,这些才是对身心性命最为重要的本体工夫。无论实效如何,理学家所做的这种成圣工夫,就其初衷而言,我们都不能否认其为典型的精神生活形式。

六、精神生活与终极探究之需要

对孩童来说,世界充满着无穷奥妙,样样令他新奇,"这个是什么?""那个又是什么?""为什么会是这样?""为什么会是那样?"等等,有许许多多问题,急切地需要寻找答案。虽然这种好奇心随着年龄学识的增长,越来越少,越来越淡,但即使是一个成年人,也没有完全失去好奇心,不过,与儿童相比,成年人的好奇心很大程度上已经转化为对宇宙人生的深层思考。前已述及,人类文明在某种程度上就是建立在这种好奇心的基础之上。归结起来,人的所有问题无外乎这样一些方面:(1)这是个什么样的世界?(2)为什么会有这样的世界?

---

① 《通书·志学第十章》。
② 按康德的理解,"我可以希望什么(What can I hope)?"是一个宗教学问题。他在1793年致友人的一封信中说:"在纯粹哲学的领域中,我对自己提出的长期工作计划,就是要解决以下三个问题:1. 我能知道什么(What can I know)?(形而上学) 2. 我应做什么(What ought I to do)?(道德学) 3. 我可以希望什么(What can I hope)?(宗教学) 接着是第四个,最后一个问题:人是什么(What is man)?(人类学)",1800年出版的《逻辑学讲义》中,又提出,这四个问题构成了一个"世界公民意义上的哲学领域",并认为,从根本上说,可以把这一切都看成是人类学,因为前三个问题都与最后一个问题有联系。参见邓晓芒:《〈实用人类学〉中译本再版序言》,上海人民出版社2005年版,第2页。
③ 康德:《实用人类学》,上海人民出版社2005年版,第261页。

如果说人类的各门具体科学是对这两类问题所进行分解的、累积性的回答，那么，哲学与宗教则试图提供一种根本性的、整体性的说明。相对于前者，后者所追问的可以说是究竟或根本。各门具体科学（也包括那种成为科学的哲学）主要是基于人的求知需要，而以提供有关世界整体性说明为任务的哲学思考与宗教信仰则是出于人类刨根问底、追根穷源的爱好。这种爱好，我们称之为究极的需要，以区别于那种以具体知识的获得为目的的求知需要。①

宇宙以及人生能否得到一个整体性的说明以及是否存在一个根本性的原则或者最高本体，这都是未经证实的问题。换言之，并不是所有人都认为有追根穷源的必要，也不是所有人都相信追根穷源会有什么结果。所以，追根穷源这个行为本身，与其说是一种基于理性的推论，还不如说是基于某种信念的循环论证。以探究运动的原因为例，如果坚持运动必有外力推动，那么，一直追下去，最后必然会推出一个"第一推动者"或"第一因"；但是，如果认为运动的原因在其自身，即坚持所谓自因说，也就不存在一连串的追问。

没有止境的追根穷源会使人陷入一种没有答案的困惑与迷茫甚至痛苦之中，但追根穷源这种活动本身是希望获得安宁，这就像古希腊哲学家皮罗（Pyrrhon）所主张的怀疑论。追根穷源以获得心灵的平静，用中国古代哲学的语言说，就是所谓安心立命。如果说古代希腊人所表现出来的追根穷源精神主要是一种有关对象性知识的探索，那么，古代中国人或印度人所表现出来的追根穷源精神就更多地表现为一种对自我生命意义的体认。在某些中国古代哲学家看来，对象性知识了解得再多，也不能解决人的心灵安顿问题。② 而就其自身的实践来看，也往往是从对外部世界的追究而后发展到对人生意义的领悟或发现。③

---

① 按亚里士多德的理解，"人在本性上是求知的"（《形而上学》)，他还把人们对知识的追求分了等级，从低到高依次为：感觉、理智，其对象分别是个别的、具体的和普遍的、抽象的，最后到达以最高、最普遍的原则为对象的最高的知识，这种知识被他称为"第一哲学"和"神学"。实际上，最后一种知识与前两种知识已经很不相同，通常所说的知识是指前两种知识，而不包括最后一种知识。

② 比如王阳明就对那种认为通过对外界事物的研究最后能达到对自我的了解与实现的观点表示怀疑："先儒解'格物'为'格天下之物'，天下之物如何格得？且谓一草一木亦皆有理，今如何去格？纵格得草木来，如何反来诚得自家意？纵格得草木来，如何诚得自家意？格得？且谓一草一木亦皆有理，今如何去格？纵格得草木来，如何反来诚得自家意？我解'格'作'正'字义，'物'作'事'字义……"（《王阳明全书》卷三《传习录下》第317条）。

③ 陆九渊的悟道经历为我们提供了这样一个例子。据《年谱》，"先生（陆九渊）自三四岁时思天地何所穷际，不得，至于不食。（父）宣教公呵之，遂姑置，而胸中之疑终在。后十余岁，因读古书，至'宇宙'二字，解者曰'四方上下曰宇，往古来今曰宙'，忽大省曰：'元来无穷！人与天地万物皆在无穷之中者也。'乃接笔书曰：'宇宙内事，乃己分内事；己分内事，乃宇宙内事。'又曰：'宇宙便是吾心，吾心即是宇宙。……'故其启悟学者多及'宇宙'二字……"（《象山先生全集》卷三十六）按：陆九渊由思考自然的奥秘（天地何际）而认识到宇宙之无穷，进而领悟到宇宙与自我（吾心）的同一，将外部世界的知识与自己的人生意义问题联系起来。

汉语中的"极"表示最高点，而作为一种精神需要的"究极之需要"，其中的"极"是指精神可以达到的最高境界。同样是"究极"，但不同的人、不同的学派所"究"的"极"不尽相同，这些"极"之间也存在一个高低比较的问题，比如，佛家与道家就会认为儒家所究的"极"不够高明，甚至都不能叫作"极"。

从理论上说，感性、知性、德性的满足都不能成为最高的或最终的"极"，最高的或最终的"极"应当是超越所有这些层面指向无限与永恒的一种境界。①易言之，与感性、知性、德性方面的需要相比，这种"究极"的需要最高远、最纯粹，也最符合人们对于精神生活的想象与要求。

出于究极的需要而开展的生活，在具体样式上，主要是通常人们所说的宗教生活，但宗教生活并不完全出于究极的需要，怡情、成德甚至功利的需要都可能导致宗教的生活。准确的说法应该是一种悟道的生活。这种生活没有特定的样式，因为任何生活样式下都可以从事对道的追寻与领悟，而一旦悟道，日用常行都无不是"大化流行"。②

以上是精神需要的五种类型，由这些需要导致不同的精神生活样式。对主体而言，精神生活首先是一种过程，其主旨是如何避免虚度生命中的闲暇。精神生活的样式多种多样，人有权按自己的喜好选择不同的精神生活样式，这些样式之间并无高下优劣之分，但无论选择何种精神生活样式，都不可忽视两个平衡：（1）内部平衡。人的精神需要本来就存在这些不同类型，或满足感性，或满足知性，或满足德性，或满足究极之需，作为一个健康与正常的个体，他应当尽可能照顾到各个需要层面，要使知情意、真善美都得到满足，这样精神才会充实而有光辉；（2）外部平衡。人的精神生活固然离不开一定的物质条件与社会关系，但人应尽可能减少对外部条件的依赖，不能把精神生活等同于精神消费或精神享受，而应力求在精神上达到自立与自由。当然，自立与自由不是要脱离社会，走向某种自我封闭。健全的精神生活应当是一种开放的生活，能够从与他人的交流中得到启发和促进生活。一个高度文明与和谐的社会对个体的精神生活发育会产生积极的影响；反过来，个体良好的精神面貌也会对他周围的社会起到改良与示范的作用。精神生活的最高追求，应该是像中国哲学所说的那样，摆脱人我相对、物我相待而进入"天人合一"逍遥无待之境。

---

① 比如，中国现代哲学家冯友兰曾经把人生的境界分为四种，从低到高，依次是：自然境界、功利境界、道德境界、天地境界。即认为，在自然（感性）、功利、道德满足之外，还有一个更高的境界。而丹麦哲学家克尔凯郭尔（Kierkegaard）则把人生道路分为三个阶段，由低到高，依次是：感性的生活、伦理的生活、宗教的生活。这三个阶段也代表着三种不同的生活方式。

② 此即禅宗所谓"砍柴担水无非妙道"，而理学家为之转一语："事父事君亦是妙道"。

第三节　当代中国人之所以为"当代中国人"

"当代"是一个时间概念，"中国"是一个空间概念，仅仅就此而言，"当代中国人"的含义非常简单，那就是指我们的研究正在进行的时候（放宽一点说，是20世纪末、21世纪初）居住在中国（确切些说中国大陆）的男女老少们。简单地说，本项目所说的"当代中国人"就是生活在中国大陆31个省、自治区和直辖市年满16岁的人们，包括农业人口与非农业人口的常住人口，同时也包括部分流动人口。对这些人我们当代不可能一一进行研究，而只能进行抽样调查（有关抽样的方法和依据，我们在后面还会进行说明）。对"当代中国人"可以从人口学、统计学、民族学、人文地理学和其他许多学科角度加以界定，但对于理解当代中国人的精神生活来说更为重要的是搞清楚什么是"当代中国"或当代中国社会有哪些特点；正是这些特点，决定了或影响了当代中国人精神生活的状况与特征。

简单来说，当代中国社会有以下一些特点。

一、现代社会的世俗化趋势

当代中国社会是现代化过程中的社会，而根据通常的现代化理论，社会的现代化过程，传统社会向现代社会发展的过程，同时也是社会的世俗化过程。在传统社会中，需要有一系列观念来为陌生的、强大的甚至可怕的自然现象提供解释，为不公平的、强制性的社会秩序提供论证，为高于万物但又捉摸不定的人生赋予意义。在论证这些观念本身的正当性的现代方法和社会需求出现以前，这些观念的"有效性"（validity）问题就被归结它们的"起源"（genesis）问题：它们被认为有着超越人世的起源的，因而是神圣不可侵犯、或超过人的理解范围的。16世纪以后，文艺复兴、宗教改革和启蒙运动在欧洲接踵而来，西方资本主义经济、政治和社会制度的建立由此获得思想条件，并随着全球贸易和殖民化向全球传播，对包括中国在内的非西方地区产生影响。这个过程的最重要特点之一，是过去被认为不可怀疑的、具有神圣色彩的观念和惯例受到了怀疑。马克思、恩格斯在《共产党宣言》中对此做了经典的描述：

"一切固定的僵化的关系以及与之相适应的素被尊崇的观念和见解都被消除了，一切新形成的关系等不到固定下来就陈旧了。一切等级的和固定的东西都烟消云散了,一切神圣的东西都被亵渎了。人们终于不得不用冷静的眼光来看他们的生活地位、他们的相互关系。"①

从现代社会中精神生活的角度来说,世俗化或"素被尊崇的观念和见解都被消除"的重要结果有两个,不是行为动机的物质化,而是终极价值的多样化。

尽管现代市场经济和民主政治制度在西方的建立,可以说,有如马克斯·韦伯(Max Weber)所强调的"新教精神"和如维尔纳·桑巴特(Werne Sombart)所强调的"浮士德精神"作为其精神背景,但这些制度所具有的现代法律形式,却已经与道德和伦理分化开来,因而只要求人们遵守规则,而不过问其遵守规则的精神动机。因此,资本主义制度——现代性的典型形式——实际上成了人们追逐世俗目标的游戏规则体系;物质价值实际上成为经这种制度核准的主要动机。马克思说在资本主义私有制以及私有制所造成的贫富两极分化的条件下,"忧心忡忡的穷人甚至对最美丽的景色都没有什么感觉;贩卖矿物的商人只看到矿物的商业价值,而看不到矿物的美和特性;他没有矿物学的感觉。"② 与"忧心忡忡的穷人"相比,"贩卖矿物的商人"的状况更能说明资本主义的问题:穷人缺乏审美能力是因为他一无所有,商人缺乏审美能力则是因为他除了"拥有"的感觉以外不知道还有其他感觉,也就是马克思所说,"私有制使我们变得如此愚蠢和片面",以至于"一切肉体的和精神的感觉都被这一切感觉的单纯异化即拥有的感觉所代替。"③ 社会主义是资本主义的对立面;社会主义精神文明是资本主义的商品拜物教、货币拜物教和资本拜物教的对立面。但是在社会主义初级阶段,在社会主义计划经济向社会主义市场经济转型的过程中,有必要明确认可和重视物质价值的正当性,由此也带来了把物质价值当作最高价值的可能性。

当然,物质价值普遍成为现代社会中人们的行动动机,并不意味着现代社会中人们就只有物质需要而没有精神需要,就一定只尊崇物质价值而不尊崇精神价值。现代社会的人们通常也有精神生活的需要,通常也仍然需要有一些精神价值和终极观念来为其生活提供意义。④ 但问题是,在现代社会,这种需要现在很难

---

① 《马克思恩格斯选集》(第1卷),人民出版社1972年版,第275页。
② 马克思:《1844年经济学哲学手稿》,人民出版社1984年版,第83页。
③ 同上,第81页。
④ 按照当代德国哲学家尤根·哈贝马斯的观点,当代西方社会是一个"后世俗"社会,也就是说它既不是前世俗化的,也不是非世俗化、反世俗化的,但也不是纯粹世俗化的——当代西方社会(尤其是美国社会)并没有如原先的"现代化即世俗化"的命题所预期的那样出现一个世俗化完全取代宗教力量的趋势,相反,恰恰是由于全球范围内以资本主义市场经济扩展为核心的世俗化过程,在一些地区和阶层那里激发了许多传统的和新出现的非世俗化现象,其中许多与暴力和强权相联系,这又反过来要求我们对世俗化过程作新的思考。详细讨论见童世骏:《"后世俗"社会的批判理论——哈贝马斯与宗教》,载于《社会科学》2008年第1期。

靠以传统方式、通过诉诸"神圣的东西"而得到满足。一方面，对于"我可以希望什么"这个传统问题，现在有多种回答放在人们面前，不管这种回答是宗教的，还是世俗的，都有各种各样，而没有一种可以说具有绝对权威；另一方面，许多人从"我可以希望什么"的彼岸世界的宗教追求，转向"我们可以希望什么"的此岸世界的社会追求。另外，在有些情况下，比如在涉及青少年教育的问题上，对精神生活质量的关注、对精神传统的重视，往往与人们的世俗生活发生矛盾，影响他们对现实生活的适应，妨碍他们获得对于高质量精神生活来说必不可少的物质生活和社会生活基础。①

二、中国文化的入世传统

当代中国社会当然是中国社会，而中国社会的文化传统历来是比较世俗化的。按照西方的标准，中国的大多数人口都不属于某个有组织的宗教，中国人的主要文化传统是不谈论"怪、力、乱、神"的儒家。英国哲学家伯特兰·罗素（Bertrand Russell）在比较中国文化和欧洲文化的时候指出："中国实际上是缺少宗教的，不仅在上层阶级当中，而且在全体人口中。中国有一个非常确定的伦理规范，但这个规范并不是严厉的、惩戒性的，而且并不包含'原罪'的观念。"②梁漱溟在《中国文化要义》中赞成罗素的观点，认为虽然像其他地方一样，中国的文化也是以宗教开端的，但后来，中国文化的中心便移到非宗教的"周孔教化"上。这里的"周"指周公，表示归在周公及其所代表者名下的礼乐制；这里的"孔"当然指孔子，代表孔子所阐发的教人的道理。相比之下，孔子阐发的道理是更为根本的贡献，而孔子学说的特点与宗教的区别正在于，他偏不谈对于宗教来说不可缺少的生死鬼神问题，而大谈宗教所贬抑的人的理性，主张依靠人所固有的理性来稳定人生，而无须像宗教那样向外寻求希望。这种理性不是科学理性，而是道德理性，也就是人的自我省察、自主辨别、自求约束的能力。梁漱溟写道：

"道德为理性之事，存于个人之自觉自律。宗教为信仰之事，寄于教徒之恪守教戒。中国自有孔子以来，便受其影响，走上以道德代宗教之路。这恰恰与宗教之教人舍其自信而信他，弃其自力而靠他力者相反。"③

---

① 王铭铭在谈到现代私塾性质的"孟母堂"的时候说，尽管他同情办"孟母堂"和主张"读经运动"的人所体现的费孝通所说的那种"文化自觉"，但他担心"孩子们可能因此丧失适应现代生活的能力"。见王铭铭："'孟母堂事件'：'文化自觉'的悲哀"，载于《广州日报》2006年8月2日。
② Bertrand Russell: *The Basic Writings of Bertrand Russell*, Routledge, London, 1992, P.551.
③ 梁漱溟：《中国文化要义》，上海人民出版社2005年版，第98~102页。

罗素、梁漱溟关于中国文化是非宗教问题的观点，也基本为多数当代中国学者所接受，尽管他们不一定赞成梁漱溟的"文化以宗教为开端"的观点，① 尽管他们中的不少人不赞成仅仅按照"向外有所求得"的理解来使用"宗教"一词。②

冯友兰不像梁漱溟那样简单地赞成说"中国哲学是世间底哲学"，他认为中国哲学的主要传统或主流也追求一种最高的境界，也就是超越"道德境界"的"天地境界"。但同时他也认为，中国哲学主流所追求的这种最高境界又是"不离乎人伦日用底。这种境界，就是即世间而出世间底。这种境界以及这种哲学，我们说它是'极高明而道中庸'。"③

与冯友兰这个观点接近的，是近年来中国哲学家们讨论得比较多的"内在超越"观念。汤一介认为"内在超越"不仅是儒家的特点，而且是中国传统文化儒、道、释三大传统的共同特点。④ 这个观念对理解中国人的精神生活、理解当代中国人精神生活的传统基础和未来走向特别重要，我们在下面还会有比较详细的讨论。

儒、道、释是中国传统的精英文化。与精英文化相比，中国传统的民间信仰一方面似乎更"超越"——充满着大量"怪、力、乱、神"成分；另一方面又似乎更"内在"——在民间信仰体系中，更多地追求福、禄、寿、禧等世俗价值。用牟钟鉴的话来说："在中国原始信仰发达和多种宗教并存的环境里，中国民间信仰便形成了多神崇拜和实用功利的特点，见庙就烧香，见佛就叩头，无事不登三宝殿，有求临时抱佛脚。"⑤ 李泽厚说得更直截了当："中国人的价值观念非常重视此生，虽然也祭拜鬼神，其实是一个世界，天堂、地狱等等另一个世界事实上是为这个世界服务的。拜神求佛，是为了保平安、求发财、长寿，这与基督教是不一样的，所以，我说中国的神不只救灵魂，更重要是救肉体。"⑥

三、马克思主义的无神论立场

当代中国社会是社会主义社会，社会主义社会的指导思想是马克思主义，而马克思主义是唯物主义的、无神论的。这种无神论大致有以下两方面的依据：批

---

① 吕大吉、牟钟鉴：《中国宗教与中国文化卷一：概说中国宗教与传统文化》，中国社会科学出版社2005年版，第62页。
② 参见后文中对"内在超越"与"外在超越"的讨论。
③ 冯友兰：《贞元六书》（下），华东师范大学出版社1996年版，第707页。
④ 汤一介：《当代学者自选文库·汤一介卷》，安徽教育出版社1998年版，第547~585页。
⑤ 牟钟鉴：《中国宗教与中国文化·卷三：宗教、文艺、民俗》，中国社会科学出版社2005年版，第11页。
⑥ 李泽厚：《新儒学的隔世回响》，载于《天涯》1997年第1期，第145~146页。

判精神和科学知识。

在批判精神方面，马克思主义的无神论立场实际上是区别于传统思维的现代思维的一个具体表现。前面所引的《共产党宣言》中有关"一切等级的和固定的东西都烟消云散了，一切神圣的东西都被亵渎了"的描述，与马克思的名言显然是一致的："辩证法不崇拜任何东西，按其本质来说，它是批判的和革命的。"① 依据同样的精神，毛泽东说："共产党员对任何事情都要问一个为什么，都要经过自己头脑的周密思考，想一想它是否合乎实际，是否真有道理。绝对不应盲从，绝对不应提倡奴隶主义。"②

马克思主义主张批判精神，同时又尊重科学知识。批判精神实际上也是科学精神的一个重要方面，但科学不仅仅具有批判性（否定性），而且也具有实证性（肯定性），因为它会提供实质性的知识体系。在毛泽东看来，科学知识一方面可以消除宗教迷信；另一方面可以提供科学信仰。毛泽东曾经以通俗的语言讲道，老百姓之所以要信神，是因为他们在没有科学作担保的情况下，把神当作了"保险公司"："从前我从长沙到上海，乘的船有两种，一种是洋船，一种是木船。洋船他们不敬龙王菩萨，坐洋船的人也没有关心敬龙王菩萨的。但是木船他们就要敬龙王菩萨，龙王菩萨是他们的'保险公司'，木船是容易翻船的，为了避免翻船，他们不得不投一笔钱到龙王菩萨这个'保险公司'里去。所以要老百姓不敬神，就要有科学的发展和普及。科学不发展、不普及，敬神在他们是完全需要的。"③

同时，科学知识又提供了对人性、社会和世界的科学信仰。在谈到人的特性的时候，毛泽东根据他所了解的科学知识认为，人区别于动物之处是社会性，而不是精神性："最基本区别是人的社会性，认识制造工具的动物，认识从事社会生产的动物，人是阶级斗争的动物（一定历史时期），一句话，人是社会的动物，不是有无思想。一切动物都有精神现象，高等动物有感情、记忆还有推理能力，人不过有高级精神现象，故不是最基本特征。"④ "人是物质发展的一个高级形态，不是最终形态，它将来还要发展，不是什么万物之灵。人首先是社会的动物，资产阶级总是强调人的理性（精神），我们不应如此。"⑤

关于人类社会发展的未来，毛泽东说道："地球是在发展的，太阳是在发展的，这就是世界。停止了发展就不是世界。整个宇宙不晓得经过多少万万年，现

---

① 《马克思恩格斯全集》（第23卷），人民出版社1972年版，第24页。
② 《毛泽东选集》（第3卷），人民出版社1991年版，第827页。
③ 《毛泽东文集》（第3卷），人民出版社1996年版，第120页。
④ 《毛泽东文集》（第3卷），人民出版社1991年版，第81页。
⑤ 同上，第82页。

在比过去是进步了。地球上出了生物,出了动物,出了人类。人类又有几十万年的历史,出了文明社会,出了资本主义社会,出了社会主义社会。马克思主义宇宙观教给我们,要懂得将来还要进步到一个共产主义社会。……太阳、地球在很远的将来也都有一天要毁灭。旧的东西毁灭了又有新的产生。有马克思主义观点的人,一定要这样看问题。"①

正是在这样一种信念的支持下,毛泽东说:"彻底的唯物主义者是无所畏惧的。"② 这种"无所畏惧"的精神曾经吓坏了印度总理尼赫鲁:"氢弹、原子弹的战争当然是可怕的,是要死人的,因此我们反对打。但是这个决定权不操在我们手中,帝国主义一定要打,那么我们就得准备一切,要打就打。就是说,死了一半人也没有什么可怕。这是极而言之。在整个宇宙史上来说,我就不相信那么悲观。我跟尼赫鲁辩论过这个问题,他说,那个时候没有政府了,统统打光了,想要讲和也找不到政府了。我说,哪有这个事,你这个政府被原子弹消灭了,老百姓又起一个政府,又可以议和。世界上的事情你不想到那个极点,你就睡不着觉。"③

但毛泽东讲"无所畏惧",并不是随心所欲、无所顾忌,而恰恰是把他所理解的最广大人民的根本利益这个世俗价值当作最高原则,不仅不害怕"怪、力、乱、神",而且不计较个人得失:"彻底的唯物主义者是无所畏惧的,我们希望一切同我们共同奋斗的人能够勇敢地负起责任,克服困难,不要怕挫折,不怕有人议论讥笑,也不要怕向我们共产党人提出批评建议。"④

这实际上是承认了,彻底的唯物主义者其实也是有所畏惧、确切些说是有所顾虑的,或者如江泽民和胡锦涛经常说的要有"忧患意识"。这种"忧患意识"涉及人和人的关系,因此如中共十六届四中全会决定所说的,"我们必须居安思危,增强忧患意识,深刻汲取世界上一些执政党兴衰成败的经验教训,更加自觉地加强执政能力建设,始终为人民执好政、掌好权";这种"忧患意识"还涉及人和自然的关系,因此要注重环境保护和资源节约,保持人和自然的和谐发展。这两种意义上的"忧患意识"与毛泽东所提倡的"无所畏惧"精神都是一致的,因为它们的意思实际上都是如毛泽东讲的要"勇敢地负起责任"来,不仅对同时代的人民群众,而且对今后世代的人民群众也负起责任来,因而实际上也就是上面所引李大钊的话的意思:"为后人造大功德,供永远的'我'享受,扩张,传袭,至无穷极。"从这个意义上说,"彻底的唯物主义者是无所畏惧的"这句话

---

① 《毛泽东文集》(第3卷),人民出版社1991年版,第299页。
② 《毛泽东选集》(第5卷),人民出版社1977年版,第414页。
③ 《建国以来毛泽东文稿》(第7卷),中央文献出版社1992年版,第390页。
④ 同上,第387页。

并不像有人所理解的那样似乎是对精神生活的忽视甚至否定,① 而与毛泽东的非常重视精神生活的另一句名言,即"人是要有一点精神的",② 是彼此相容的。

四、社会主义的初级阶段

在当代中国谈论精神生活,切不能忘记我们所处的社会主义初级阶段,以及这个阶段所发生的从计划经济向市场经济的社会转型。这个转型表现在思想领域,"宁要社会主义的草、不要资本主义的苗"的极"左"思想被彻底摒弃,"精神原子弹""灵魂深处闹革命"这样的把精神的重要性夸大到荒谬地步的语汇被放进语言博物馆,并且"致富不是罪过"③ 被自觉不自觉地理解为"致富光荣",后者还几乎成了当今时代精神的典型表述。

造成这种情况的一大原因,是我们作为一个后起现代化的民族,承受着巨大的加速发展和超常规发展的压力。在这种压力之下,获取看得见的业绩和可立即兑现的利益很容易成为最受社会承认的"成功"定义。这种意义上的"成功"概念,以这种概念为核心的"成功人生"和"成功人士"的形象,通过影视、书刊和五花八门的广告,尤其是楼盘、汽车、奢侈品和旅游业的广告,充斥于我们的生活各处,每时每刻。

为了加快发展,我们要大力推进市场竞争、产业转型、社会保障制度改革,等等。这些举措给人们职业生活和日常生活都造成了深刻影响,它们一方面给人们带来更多机会,另一方面也加大了人们的风险感和不安全感。由此增加的精神压力大大增加了人们的精神生活需求,而精神上"饥不择食"的人们,也容易成为落后、低俗和伪劣的精神产品的广阔市场。

为了加快发展,我们要大力发展科研、教育事业和文化产业,而精神生产部门的需求加大和条件改善,一方面大大促进了我国的精神产品生产;另一方面也大大提高了知识和文化的功利价值,也容易因此而遮蔽知识和文化的内在价值和内在魅力。于是就引发了人们在精神产品数量大幅度增长的同时对其质量的抱怨,引发了频频发生于学校和学界的不端行为。这些情况经过大众传媒的曝光,在更大范围内损害了民众对传播精神价值的学者和教师的信任,而对学者、教师的这种怀疑和轻视,进而又会连累他们所传播的精神价值本身,从而对价值虚无

---

① 这类观点在有关"敬畏自然"的辩论中时有出现(详见网址:http://tech.sina.com.cn/d/focus/debate_nature/)。实际上,如果我们对毛泽东所说的"勇敢地负起责任"做全面的理解,并不能从"彻底的唯物主义者是无所畏惧的"这句话中引出反对敬畏自然的结论。
② 毛泽东:《在中国共产党第八届中央委员会第二次全体会议上的讲话》,1956年11月15日。
③ 《邓小平年谱》(下),中央文献出版社2004年版,第1133页。

主义、玩世不恭心态起推波助澜的作用。

当然，社会主义精神文明、无产阶级革命精神一直是改革开放以来全社会宣传工作的主调，但这种宣传的社会背景与改革开放以前已经发生了重大转变。毛泽东的名言"人是要有一点精神的"，邓小平和江泽民后来重提了好几次。但是，毛泽东说这句话的时候是1956年，那时离"解放军吃饭是盐水加一点酸菜"虽已有七年，但毛泽东仍然大力提倡"酸菜里出政治"。邓小平重提"人是要有一点精神的"这句话的时候是1980年，但在1978年，他在肯定精神鼓励是必要的同时，特地强调"物质鼓励也不能缺少。……对发明创造者要给奖金，对有特殊贡献的也要给奖金。搞科学研究出了重大成果的人，除了对他的发明给予奖励外，还可以提高他的工资级别。"① 江泽民在1996年着重强调"人是要有一点精神的"，但就在他主持的1992年中共十四大上，"社会主义市场经济"已经被正式确立为中国特色社会主义现代化的战略目标，而市场经济的特点，就在于把生产者和经营者的物质利益与他们的经济活动挂起钩来。

实行物质鼓励、肯定物质利益的正当性，一方面为社会主义物质文明建设提供了强大动力；另一方面也对社会主义精神文明建设和政治文明建设提出了严峻的任务。陈云在1985年曾这样描绘当时的情况："……一说对外开放，对内搞活，有些党政军机关、党政军干部和干部子女，就蜂拥经商。仅据十几个省市的调查，从去年第四季度以来一下子就办起了两万多个这样那样的公司。其中相当一部分，同一些违反分子、不法外商互相勾结，互相利用。钻改革的空子，买空卖空，倒买倒卖，行贿受贿，走私贩私，弄虚作假，敲诈勒索，逃避关税，制造和销售假药、假酒，谋财害命，以致贩卖、放映淫秽下流录像，引诱妇女卖淫等等丑事坏事，都出现了。"②

陈云列举的这些丑恶现象至今仍然存在，党政官员个人的腐败行为甚至比那时更加严重，但严格地来说，这些现象和行为与市场经济改革并没有必然联系。市场经济不等于全部社会生活，市场经济也并不是不要法制的经济。因此，假如我们划清经济行为和非经济行为的界限；假如我们为合法的经济行为制定严格的规范；假如我们对违法乱纪现象不仅严惩不贷，而且防微杜渐，那么，没有这些丑恶现象的社会主义市场经济是完全可以设想的。

但问题在于，市场经济当中的有些因素，其本身谈不上低俗、甚至腐朽，而可以说是市场经济中的不可缺少成分，但往往也对高质量精神生活所提出了严峻挑战。

---

① 《邓小平文选》（第2卷），人民出版社1994年版，第102页。
② 《陈云文选》（第3卷），人民出版社1995年版，第355~356页。

首先，市场经济刺激消费的需要和高质量精神生活所提出的避免消费主义要求之间的矛盾。市场经济的建设过程，也就是从短缺经济到过剩经济、从卖方市场到买方市场的转化过程；刺激消费、扩大需求已经成为当前经济发展的当务之急。就精神生活而言，特别要指出的是这里所说的消费不局限于物质消费，而也包括文化消费。随着市场经济的发展，文化产品的生产和消费在我国经济生活中的比重越来越大。对于丰富提高人民的精神文化生活水平来说，这既是一个很好的机遇，也是一个严峻的挑战。在缺乏正面引导和规范的情况下，轻松愉快、满足感官需要、甚至迎合低级趣味的文化产品常常会具有很大的销售市场。市场经济不仅提出了对消费的需要，而且创造了分期付款之类的刺激消费的工具。美国社会学家丹尼尔·贝尔（Daniel Bell）针对西方的情况曾说过："造成新教伦理最严重伤害的武器是分期付款制度或直接信用。从前，人必须靠着存钱才可购买。可信用卡让人当场立即兑现自己的欲求。"① 如果说新教伦理是资本主义经济发展的最重要精神动力的话，艰苦奋斗的革命传统则理应是社会主义经济发展的一大精神资源。现在，市场经济对消费的完全合理的要求，搞得不好，却可能瓦解这种艰苦奋斗精神，成为消费主义的温床。

其次，市场经济所提倡的创新精神和高质量精神生活所提出的避免非理性主义的"唯新主义"要求之间的矛盾。现代市场经济的舞台上，具有创新精神的企业家无疑是主角；"企业家精神"很大程度上就是创新精神的代名词。随着知识经济时代的到来，随着高科技产业在国民经济中比重的急剧上升，企业家的创新精神和科学家的创新精神结合起来，将成为对我国经济发展的最强大动力。然而，提倡创新精神，也有走向唯"新"是好的浮躁心态和骚动情绪。在这里，贝尔对企业家精神和现代主义艺术之间关系的分析，对我们也很有启发。贝尔认为，现代企业家和现代艺术家双方有着共同的冲动力，这就是那种要"寻觅新奇、再造自然、刷新意识的骚动激情"。然而，在现代艺术家眼中，现代企业家所重视的法则、理性和物质主义，等等，则往往是庸俗的、乏味的、缺乏英雄主义气概和浪漫主义色彩的。在现代艺术影响下所形成的，往往是那种同现代企业家所崇尚的理性的工作伦理格格不入的嬉皮士生活方式。

最后，市场经济所造成的利益多样化和价值多元化与高质量精神生活——尤其在当代中国社会的条件下——所要求的社会主义共同价值观之间的矛盾。计划经济向市场经济的转型，意味着与计划经济时代相比，当代中国社会中精神生产与物质生产的关系，知识分子的"毛"和经济基础的"皮"之间的关系，民众日常生活与政治生活之间的关系，发生了重大变化。精神文化方面的产品和服务

---

① 丹尼尔·贝尔著，赵一凡等译：《资本主义文化矛盾》（1976），三联书店1989年版，第67页。

的相当大部分，现在也被承认为不仅具有意识形态的性质，而且也具有商品的性质，从而形成了在具有特定精神价值的文化产品和具有特定精神追求的消费群体之间或者建立良性循环、或者建立恶性循环这样两种可能性。就主要承担精神文化生产的学者、作家和媒体工作者等而言，不仅可以按照其兴趣重点和工作方式把他们分为"学术界""理论界""思想界""文化界"，而且可以按照其与党和政府的关系分为"体制内知识分子"和"体制外知识分子"；相应地也出现了适应各层次各群体阅读和欣赏需要的图书市场、期刊市场和演艺市场。就主要参加精神文化消费的普通民众而言，他们的非政治的日常生活（包括精神文化生活）的空间和自由选择生活方式的空间与极"左"政治时期相比，也可以说有了极大地扩张。在这种情况下，主流意识形态用自上而下的方式主导民众的精神生活，难度越来越大。

五、现代化水平的地区差异、阶层分化和阶段重叠

研究当代中国人的精神生活，还有一个非常重要的因素，是这个幅员辽阔、人口众多的大国的不同地区、不同人群在经济社会文化发展方面所具有的差别。

经过二十多年的改革开放，2006年我国的GDP已经跃居世界第四位，进出口贸易总量排名全球第三（位居美国、日本和德国之下）[1]。城乡居民家庭恩格尔系数（食品支出总额占家庭消费支出总额的比例）分别从1978年的57.5%和67.7%下降到2006年的35.6%和43%，[2]表明我国人民生活水平总体达到了小康甚至小康以上的水平。根据中国科学院最近发布的《中国现代化报告2007年》[3]，2004年，中国"第一次现代化"（其特征是工业化、专业化、城市化、福利化、流动化、民主化、法治化、世俗化、信息传播和普及初等教育）实现程度为86%，排世界108个国家的第55位；中国"第二次现代化"（其主要特点是知识化、分散化、网络化、全球化、创新化、个性化、多样化、生态化、信息化和普及高等教育等）指数为39分，排世界108个国家的第51位；综合现代化水平指数为35分，排世界108个国家的第59位。根据该报告的意见，2004年中国处于世界初等发达国家水平。

对于理解中国的现代化水平同样具有重要意义的是另一些数据。中国人均收

---

[1] 杨京英、郑泽香、郭义民：《2006年我国经济和社会发展国际地位比较研究》，国家统计局国际中心网页，2006年11月30日，网址：http://www.stats.gov.cn/tjfx/fxbg/t20061128_402368780.htm。

[2] 国家统计局：《中华人民共和国2006年国民经济和社会发展统计公报》，2007年2月28日公布，网址：http://www.eestart.com/zxzx/20070228/1805899.html。

[3] 《中国现代化报告2007年》，网址：http://www.modernization.com.cn/。

入排名在世界 109 名之后，而且标志现代化水平的不同指标在我国实现的程度也很不平衡。根据《中国现代化报告 2007 年》，2004 年中国第一次现代化 10 个指标发展不平衡。6 个指标已经达标，它们分别是医疗服务、平均预期寿命、婴儿存活率、成人识字率、大学普及率和农业增加值比重。中国有 4 个指标没有达到标准，它们分别是人均 GNP、农业劳动力比重、服务业增加值比重和城市人口比例。2004 年中国第二次现代化 4 类指标发展不平衡，其中知识传播和生活质量指数都是 50 分，而世界平均水平为 49 分，经济质量指数为 30 分，知识创新指数为 25 分，远低于世界平均水平，与高收入国家的差距更大。

现代化水平的地区差别很大，是当代中国社会的一个突出特征。根据《中国现代化报告 2007 年》，2005 年，中国 34 个省级地区中，香港、澳门和台湾地区已经完成第一次现代化；北京等 7 个地区第一次现代化实现程度超过 90%；福建等 14 个地区第一次现代化实现程度达到 80%～89%。北京和上海两市有 9 个指标达到第一次现代化标准，天津和浙江有 8 个指标达标，江苏、辽宁和黑龙江 3 省有 7 个指标达标，广东、福建、山东、吉林和山西 5 省有 6 个指标达标。2004 年我国有 6 个地区第二次现代化指数达到或超过世界中等发达国家水平。根据第二次现代化水平分组，2004 年中国香港、澳门特别行政区、台湾地区和北京市第二次现代化指数已经达到发达国家组的水平，上海和天津两市已经达到世界中等发达国家水平，辽宁、浙江等 24 个地区达到初等发达水平，广西、云南、西藏和贵州 4 省区仍然为欠发达地区。

与现代化水平的地区差别相联系的是人们的贫富差别。按照我国政府的贫困标准，我国绝对贫困人口已经从 1978 年的 2.5 亿人下降到 2005 年的 2 365 万人，贫困发生率从 30.7% 下降到 2.5%。但尽管我国是全球唯一提前实现了联合国千年发展目标中使贫困人口减半目标的国家，到 2005 年末，全国绝对贫困人口却还有 2 365 万人，初步解决温饱但还不稳定的农村低收入人口为 4 067 万人。[①] 据研究，反映收入分配平均程度的基尼系数超出了国际公认的警戒线即 0.4，从 20 世纪 80 年代初期的 0.28 上升到 2000 年的 0.458，2004 年为 0.47。2004 年我国城乡收入差距为 3.53∶1；考虑到城镇居民享有各种隐性收入，而农民纯收入中还需扣除一些无法用于消费的部分，我国的城乡居民收入实际差距约为 5∶1～6∶1。不同行业之间也存在着很大收入差别，如 2004 年人均收入最高的证券业为 50 529 元，最低的是林业，为 6 718 元，前者是后者的 7.52 倍。此外，电力、电信、金融、保险、水电气供应、烟草等行业职工的平均工资是其他行业职工平均

---

① 《我国扶贫工作仍面临三大挑战》，网址：http://news.xinhuanet.com/politics/2006 - 08/23/content_4994310.htm? rss = 1。

工资的 2~3 倍，如果再加上工资外收入和福利待遇上的差异，实际收入差距可能在 5~10 倍之间。① 如果考虑到农村进城务工人员、城市下岗职工、有特殊困难的家庭等等群体，考虑到所谓"体制内"人员和"体制外"人员的区别，更不用说大量"灰色收入"甚至"黑色收入"的存在，对我国人口的贫富差别还会有更严重的估计。

精神生活以物质生活和社会生活为基础，以上所述的现代化水平的地区差异和经济收入的群体差异，势必对当代中国人精神生活产生重要影响。正是在这种背景下，出现了王晓明以文学笔调所描绘的这种状况：

"太原的歌舞厅里依然弥漫着邓丽君的柔媚的歌声，上海的中学生却差不多人手一盘 West Life 的新专辑。从西北出游的一群县长还在为参观蒋介石故居是不是犯错误争论不休，南方某特区的官员早已经与黑社会联手，创造出了走私牟利数百亿元的'业绩'。而一本在此地被禁止出售的书，也很可能会在彼地的某个私人书店里，依旧被摆放在显眼的位置上，直到无人问津为止……"②

也是在这种背景下，（如王晓明所说的）出现了在工人、农民、国家干部、军人和知识分子这样一些"老阶层"之外的"新阶层"：拥有上千万或更多个人资产的"新富人"，在整洁狭小的现代化办公室里辛苦工作的"白领"，以"下岗""停工"和"待退休"之类名义失业在家的工人，来自农村、承担了城市大部分非技术性体力工作的男女"民工"。他们或者以其巨大的个人购买力，或者以其巨大的群体人数，影响着档次有天壤之别但却同时共存着的日用品市场和文化产品市场。③

当然，精神生活相当复杂，影响精神生活状况的因素也相当复杂。在 21 世纪初研究当代中国人的物质生活和社会生活如何影响其精神生活的，特别要注意两个密切相关的现象，那就是全球化和互联网。

我国在 2001 年底正式加入世贸组织，在 2006 年底完成了 5 年过渡期。这不仅意味着中国经济已经成为全球经济的重要的、密不可分组成部分，而且意味着文化和思想、理论可以更加方便地进出国门。在我们这个时代，不仅大众文化，而且精英思想和理论，哪怕其内容是反市场、反全球化的，也可以经过一番运作迅速成为全球市场上的走俏商品。在全球化的背景下，一方面固然存在着不同地区、不同人群在物质生活、社会生活和精神生活等各方面的巨大差异；但另一方面也存在着同样的文化产品被不同地区的人们和不同人群的人们所消费，而同一地区、同一群体的人们却过着不同形态和层次的精神生活的情况。以"杂

---

① 范剑平、高辉清、胡少维：《收入分配体制改革：一场"静悄悄的"革命》，网址：http://news.xinhuanet.com/fortune/2006-08/10/content_4943519.htm。

②③ 王晓明：《九十年代与"新意识形态"》，载于《天涯》2000 年第 6 期。

拌""怎么都行"为特征的"后现代"的文化现象与全球化的经济现象大致同时出现,这并不纯粹是时间上的巧合。

我国在 1994 年获准与互联网联网;中国三大门户网站搜狐、新浪和网易 2000 年在美国纳斯达克挂牌上市,标志着我国大步跨入网络时代,也标志着网络大规模进入我国居民的日常生活和精神生活。2007 年中国现在有网民(平均每周使用互联网至少 1 小时的 6 周岁以上中国公民)13 700 万人,[①] 这个数字在 2006 年 7 月是 12 300 万人,在 2003 年 6 月是 6 899 万人,在 2001 年 6 月是 2 600 万人,在 1999 年是 700 万人,由此可见我国互联网领域发展速度之快。在当代中国,互联网无疑已经成为当代中国人精神生活重要场所;尽管虚拟空间中生活不可能不受到真实空间中生活的影响,但不断出现新的服务项目(如"博客"即网络日志出现之后不久又有所谓"播客"即视频化的博客)的互联网,毕竟也为超越真实空间中的许多差别和障碍提供了条件。

第四节　有关当代中国人精神生活问卷调查的一些说明

精神生活历来就是人文社会科学的研究对象,但用多学科力量对同时代人的上述意义上的精神生活进行综合研究的,可以说还是一个初步尝试。从方法论的角度来说,本书研究的特点是把感性的直觉与科学的研究结合起来;把哲学的研究与具体科学的研究结合起来;把人文学科的研究与社会科学的研究结合起来;把定性的研究与定量的研究结合起来;把个体精神生活状况的研究与对群体精神生活状况的研究结合起来;把对当代中国人精神生活的学术研究与改善当代中国人精神生活的实践关怀结合起来。这每一个结合中,都包含着一些复杂的问题。由于这些结合,本书的有些部分像典型的社会科学论著,有不少数据和图表,有些部分像典型的人文科学论著,以理论、论证和文本解读为主。限于篇幅,对这几个结合我们在这里不做详细讨论,只对问卷调查的对象、区域和方法做一些说明。

---

① 见 2007 年 1 月发布的《中国互联网络发展状况统计报告》。根据该报告,网民获取信息的各种途径中,网络高居榜首,达 85.0%,远远高于电视(66.1%)、报纸(61.1%)、杂志(19.5%)、书籍(18.5%)和广播(14.9%)。在网民经常使用的网络服务或功能中,依次为收发邮件(56.1%)、浏览新闻(53.5%)、搜索引擎(51.5%)、获取信息(41.0%)、论坛/BBS/讨论组等(36.9%)、在线影视收看及下载(在线电视)(36.3%)、即时通信(34.5%)、在线音乐收听及下载(在线广播)(34.4%)、文件上传下载(不包含音乐、影视下载)(32.9%)、网络游戏(26.6%)等等。认为当前互联网对学习、工作、生活和娱乐非常重要和比较重要的网民分别为 75.3%、70.7%、65.1%、59.3%。网址:http://tech.tom.com/zhuanti/CNNIC_Report19.html。

本书的问卷调查从立项的时候就开始准备，一直到 2005 年夏天正式实施。从 2004 年 4 月 5 日项目正式启动以后，本书课题组就开始进行二手资料的收集与整理、调查方案的起草与论证、调查人员的组织与培训。2005 年暑假前我们用问卷进行了预调查，在整个暑假期间进行了入户调查。暑假结束后进入资料整理阶段，进行资料审核、复查、数据录入、数据清理和数据展示。2005 年 12 月底进入问卷调查总结阶段，即进行数据统计分析，撰写研究报告。调查人员同时还承担了为课题组其他子课题组提供相关数据的工作。

以下是有关这项问卷调查的一些重要环节和方面的说明。

一、关于调查对象

调查对象为在中国大陆调查年龄为 16 周岁及以上的中国人，包括农业人口与非农业人口的常住人口。考虑到社会流动因素，作为弥补农村部分外出务工农民的欠缺，调查对象还包括部分流动人口。

二、关于调查区域

中国大陆有 31 个省、自治区、直辖市。它们分别属于地理区位上的 6 个大区，即华北、东北、华东、中南、西南和西北。本次调查随机抽取的 20 个城市分别属于 20 个省、自治区和直辖市，分别位于这 6 个地理区位上，在考虑到中国区域经济、文化水平差异对中国人精神生活的影响时，有较好的代表性（见表 1-1）。

表 1-1　　　　　　　　　　样本城市

样本城市	所属省份	所属大区	样本城市	所属省份	所属大区
北京	—	华北	常德	湖南	中南
鄂尔多斯	内蒙古	华北	番禺	广东	中南
哈尔滨	黑龙江	东北	开封	河南	中南
通化	吉林	东北	宜昌	湖北	中南
上海	—	华东	柳州	广西	中南
绍兴	浙江	华东	海口	海南	中南
青岛	山东	华东	成都	四川	西南
泉州	福建	华东	曲靖	云南	西南
南昌	江西	华东	乌鲁木齐	新疆	西北
阜阳	安徽	华东	安康	陕西	西北

三、关于抽样

（一）抽样方法

使用多段随机抽样方式，循"城市总体—样本城市—样本街道—样本居委会—样本户—个人"的程序，进行随机全户过滤，如果对于按照上述抽样方法抽到的目标访问户内无合格对象，则以下一个合格目标访问户进行递补。

第一阶段，采用 PPS 抽样法（sampling with Probabilities Proportional to Size）在城市总体中抽取样本城市；第二阶段，在每个样本城市中，采用 PPS 法抽取样本街道；第三阶段，在每个样本街道中，采用 PPS 法抽取样本居委会；第四阶段，在每个样本居委会，采用等距抽样法抽取居民户；最后一个阶段，在每个居民户内，用 KISH 表抽取一个 16 周岁以上的居民。前面三个阶段均采用 PPS 抽样，最后一个阶段采用等距抽样，构成了一个类似自加权的样本。在用样本统计值推论总体参数值时，可以作为总体的无偏估计。前两个阶段由研究人员进行抽样，后两个阶段由各访问小组督导到达当地后抽样。

（二）抽样框

调查分别在城市地区和农村地区展开。根据多阶段调查的四个阶段，分别建立抽样框如下：

1. 城市地区

初级抽样框：全国 667 个县级及以上城市[①]。

二级抽样框：样本城市所有的街道。

三级抽样框：样本街道所有的居委会

终极抽样框：样本居委会所有的家庭户。

2. 农村地区

初级抽样框：样本城市下辖的所有县级区划（简称县）[②]。

二级抽样框：样本县的所有镇/乡。

三级抽样框：样本镇/乡的所有自然村。

终极抽样框：样本村的所有家庭户。

[①] 包括直辖市、地级市和县级市。

[②] 县级区划指样本城市市辖郊区、下辖县和县级市。如果城市样本抽取到县级市，则直接进入农村样本的第二阶段抽样，即直接抽取县级市下辖乡镇。

3. 流动人口

采取非概率抽样的配额抽样法，在抽中的样本城市中抽取流动人口样本。配额变量包括性别、年龄。

（三）样本量

根据《中国统计年鉴2004》提供的数据，我国2003年底总人口为129 227万人，其中城镇人口52 376万人，占全国人口的40.53%；乡村人口76 851万人，占全国人口的59.47%。为了便于抽样，取城镇与乡村相同样本量，在推论总体时进行事后分层加权处理。

样本量按照最大允许的绝对误差计算，综合考虑抽样设计的精度以及所能承受的调查费用和调查时间，取置信度95%，最大允许的绝对误差3%，设计效应为2，则城镇与农村的有效样本量各为：

$$n = n_0 \times deff = \frac{t^2 pq}{d^2} \times deff = \frac{1.96 \times 0.5 \times 0.5}{0.03^2} \times 2 = 2\,136$$

考虑到样本遗失的可能，设计样本量为2 160，全国有效样本容量应为4 320。

（四）样本量的配置

初级单元：20个城市/县级区划。

二级单元：40个街道/乡镇，即在每个样本城市（或县级区划）中抽取2个街道（或乡镇）。

三级单元：80个居委会/村，即在每个样本街道（或乡镇）中抽取2个居委会（或村）。

终极单元：2 160个居民户，即在每个样本居委会/村中抽取27个居民户，在每个居民户中使用KISH表抽取一名符合条件的居民。

四、审核和复查

本调查访问员全部由华东师范大学的在读学生构成，包括本科生和研究生，他们分别来自20个样本城市。每个样本城市的访问员都由该城市生源来担任。每个样本城市有1位督导，负责对调查过程的监督和控制。总督导2人，负责所有的样本城市。

资料审核和复核工作分四个阶段进行。

第一阶段：实地审核。在入户调查结束后，由访员当场审查问卷质量，对发现问卷中的错答、漏答的问题，与被访者进行重新核实。

第二阶段：系统审核。问卷回收后，由每个调查组的督导进行系统审核。对于出现错误的问卷，以电话访问的方式进行核实。对于错误较多或电话访问核实无法进行的问卷，作为废卷处理。

第三阶段：复查。从回收的问卷中随机抽取400份，约为9%进行复查。复查采用电话访问的方式。复查未发现访问员作弊。

为保证有效样本量，实际发放问卷5 000份。经审核和复查，有效问卷为4 569份（其中包括244份流动人口问卷），有效回收率为91.4%。

第四阶段：数据清理。利用SPSS13.0统计软件设计变量（293个）、数据录入和数据清理。数据清理包括逻辑一致性清理和有效范围清理。最后，进行数据质量抽查，即从数据库中的4 569个个案中抽取10%，将数据录入结果与原始问卷核对。

五、数据处理和分析方法

本次调查收集的数据，在SPSS13.0条件下进行频次分析和交叉分析。除了被访者背景资料中的"个人年收入"和"家庭年收入"是定距数据以外，其他数据都是定类数据和定序数据。因此，对于定类数据与定类数据的交叉分析和定类数据与定序数据的交叉分析采用的是卡方检验[1]的方法；对定序数据与定序数据的交叉分析采用的是τ^b和Gamma检验[2]的方法。

六、加权方法

我国2003年底城镇人口占全国人口的40.53%，乡村人口占全国人口的59.47%。在抽样过程中，采用了等比例分层抽样的方法，取城镇与乡村相同样本量，这样所获得的样本结构与总体有偏差，应该采用事后分层方法对样本和相

---

[1] 变量按照层次不同，可以分为定类变量、定序变量、定距变量和定比变量。在社会研究中把定距变量和定比变量统称为定比变量，作为一类来处理（Scale）。对于不同层次的变量，适合采用不同的分析方法。对于以定类变量作为自变量的交叉分析，采用卡方检验的方法。本书确定的P值水平要求小于0.05。

[2] 在社会研究中，适合低层次数据的分析方法同样也可以用在高层次的数据分析上，但往往会丧失部分信息，或检验的效果并不理想。卡方分析并不适用定序变量，因为它没有将变量的各取值之间的"定序"信息考虑进去，所以其结果往往会夸大了定序变量之间的关系（即过高估计了相关系数、也可能把不显著的关系当作显著了）。所以在分析两个定序数据的关系时，我们使用了τ^b和Gamma检验的方法。Gamma适合出现的同分对不多的情况下；τ^b既考虑了x同分对，也考虑了y同分对，适合同分对多的情况。

应的变量进行修正,使其与总体一致。

设 n_1、n_2 分别表示城镇样本数、乡村样本数,p_1、p_2 分别表示样本中城镇人口比例、乡村人口比例,P_1、P_2 分别表示总体中城镇人口比例、乡村人口比例,W_1、W_2 分别表示城镇权数和乡村权数。

权数的计算公式为:

$$W_1 = \frac{P_1}{p_1} = \frac{0.4}{0.5} = 0.8$$

$$W_2 = \frac{P_2}{p_2} = \frac{0.6}{0.5} = 1.2$$

确认城镇人口权数为 0.8,乡村人口权数为 1.2,在推论总体时,选择 wigh 命令加权。

七、被访者背景资料

关于本项目调查中的被访者的大致情况,我们用表 1 – 2 ~ 表 1 – 12 加以说明:

表 1 – 2　　　　　　　　被访者年龄分布　　　　　　　单位:%

年龄(岁)	频次	百分比	有效百分比	累积有效百分比
16 ~ 20	444	9.7	9.7	9.7
21 ~ 24	603	13.2	13.2	22.9
25 ~ 29	565	12.4	12.4	35.3
30 ~ 34	612	13.4	13.4	48.7
35 ~ 39	529	11.6	11.6	60.3
40 ~ 44	568	12.4	12.4	72.7
45 ~ 49	370	8.1	8.1	80.8
50 ~ 54	333	7.3	7.3	88.1
55 ~ 59	212	4.6	4.6	92.7
60 ~ 64	142	3.1	3.1	95.8
65 ~ 69	89	1.9	1.9	97.8
70 以上	102	2.2	2.2	100.0
总　计	4 569	100.0	100.0	

表 1-3　　　　　　　　　被访者职业分布　　　　　　　　单位：%

职　业	频次	百分比	有效百分比	累积有效百分比
管理人员	237	5.2	5.3	5.3
专门的技术人员	548	12.0	12.4	17.7
普通办事人员	531	11.6	12.0	29.7
营业人员	541	11.8	12.2	41.9
服务人员	235	5.1	5.3	47.2
产业工人	273	6.0	6.2	53.3
从事农林牧渔业者	823	18.0	18.6	71.9
家庭主妇	304	6.7	6.9	78.8
学生	518	11.3	11.7	90.5
军人	14	0.3	0.3	90.8
宗教团体的神职人员	7	0.2	0.2	90.9
其他	402	8.8	9.1	100.0
总计	4 433	97.0	100.0	
无职业者	134	2.9		
系统值	2	0.0		
总计	136	3.0		
总　　计	4 569	100.0		

表 1-4　　　　　　　　　被访者民族分布　　　　　　　　单位：%

民　族	频次	百分比	有效百分比	累积有效百分比
汉族	4 241	92.8	92.9	92.9
少数民族	325	7.1	7.1	100.0
总计	4 566	99.9	100.0	
系统值	3	0.1		
总　　计	4 569	100.0		

表 1-5　　　　　　　　　被访者学历分布　　　　　　　　单位：%

学　历	频次	百分比	有效百分比	累积有效百分比
小学结业以下	237	5.2	5.2	5.2
小学	424	9.3	9.3	14.5
初中	1 405	30.8	30.8	45.2

续表

学　历	频次	百分比	有效百分比	累积有效百分比
高中或中专	1 334	29.2	29.2	74.4
大专	580	12.7	12.7	87.1
大学	536	11.7	11.7	98.9
硕士研究生	32	0.7	0.7	99.6
博士研究生	13	0.3	0.3	99.9
其他	6	0.1	0.1	100.0
总计	4 567	100.0	100.0	
无回答	2	0.0		
总　计	4 569	100.0		

表1-6　　　　被访者工作单位的性质分布　　　　单位：%

工作性质	频次	百分比	有效百分比	累积有效百分比
党政机关	162	3.5	3.6	3.6
社会团体	78	1.7	1.7	5.4
事业单位	626	13.7	14.0	19.4
国有企业	460	10.1	10.3	29.7
私营企业	389	8.5	8.7	38.3
合资企业	101	2.2	2.3	40.6
外资企业	52	1.1	1.2	41.8
个体经营	716	15.7	16.0	57.8
自由职业者	234	5.1	5.2	63.0
其他	1 654	36.2	37.0	100.0
总计	4 472	97.9	100.0	
无回答	97	2.1		
总　计	4 569	100.0		

表1-7　　　　被访者家庭形态分布　　　　单位：%

家庭形态	频次	百分比	有效百分比	累积有效百分比
单身家庭	230	5.0	5.0	5.0
核心家庭	2 732	59.8	59.9	65.0
主干家庭	989	21.6	21.7	86.6
联合家庭	350	7.7	7.7	94.3

续表

家庭形态	频次	百分比	有效百分比	累积有效百分比
单亲家庭	83	1.8	1.8	96.1
未婚同居家庭	22	0.5	0.5	96.6
丁克家庭	16	0.4	0.4	97.0
其他	138	3.0	3.0	100.0
总计	4 560	99.8	100.0	
无回答	9	0.2		
总　计	4 569	100.0		

表 1-8　　　　　　　　被访者政治面貌分布　　　　　　　　单位：%

政治面貌	频次	百分比	有效百分比	累积有效百分比
中共党员	660	14.4	14.5	14.5
民主党派	37	0.8	0.8	15.3
群众	2 895	63.4	63.4	78.7
团员	972	21.3	21.3	100.0
总计	4 564	99.9	100.0	
无回答	5	0.1		
总　计	4 569	100.0		

表 1-9　　　　　　　　被访者婚姻状况分布　　　　　　　　单位：%

婚姻状况	频次	百分比	有效百分比	累积有效百分比
未婚	1 246	27.3	27.3	27.3
已婚	3 164	69.2	69.3	96.6
离婚	81	1.8	1.8	98.4
丧偶	75	1.6	1.6	100.0
总计	4 566	99.9	100.0	
无回答	3	0.1		
总计	3	0.1		
总　计	4 569	100.0		

表1-10　　　　　被访者现居住地居住年数分布　　　　　　单位：%

居住年数（年）	频次	百分比	有效百分比	累积有效百分比
小于3	513	11.2	11.3	11.3
3~5	462	10.1	10.1	21.4
6~10	553	12.1	12.1	33.5
10以上	3 032	66.4	66.5	100.0
总计	4 560	99.8	100.0	
无回答	9	0.2		
总计	9	0.2		
总　　计	4 569	100.0		

表1-11　　　　　　被访者个人年收入分布　　　　　　　单位：%

个人年收入（单位：元，上限不在内）	频次	百分比	有效百分比	累积有效百分比
1 000以下	803	17.6	18.4	18.4
1 000~2 000	391	8.6	9.0	27.4
2 000~3 000	468	10.2	10.7	38.2
3 000~5 000	1 350	29.5	31.0	69.1
5 000~1万	816	17.9	18.7	87.9
1万~2万	235	5.1	5.4	93.3
2万~5万	175	3.8	4.0	97.3
5万~10万	99	2.2	2.3	99.6
10万~20万	9	0.2	0.2	99.8
20万以上	10	0.2	0.2	100.0
总计	4 356	95.3	100.0	
系统值	213	4.7		
总　　计	4 569	100.0		

表1-12　　　　　　被访者家庭年收入分布　　　　　　　单位：%

家庭年收入（单位：元，上限不在内）	频次	百分比	有效百分比	累积有效百分比
1 000以下	87	1.9	1.9	1.9
1 000~5 000	436	9.5	9.7	11.6

续表

家庭年收入 （单位：元，上限不在内）	频次	百分比	有效百分比	累积有效百分比
5 000～1 万	1 026	22.5	22.8	34.4
1 万～2 万	1 238	27.1	27.5	61.8
2 万～5 万	1 246	27.3	27.6	89.5
5 万～10 万	385	8.4	8.5	98.0
10 万～20 万	51	1.1	1.1	99.1
20 万～50 万	21	0.5	0.5	99.6
50 万～100 万	13	0.3	0.3	99.9
100 万以上	5	0.1	0.1	100.0
总计	4 508	98.7	100.0	
系统值	61	1.3		
总　计	4 569	100.0		

资料来源：1. 中华人民共和国国家统计局：《中国统计年鉴2004》，中国统计出版社2004年版。

2. 国家统计局城市社会经济调查总队：《中国城市统计年鉴2004》，中国统计出版社2004年版。

3. 鲜祖德：《中国农村住户调查年鉴2004》，中国统计出版社2004年版。

4. 中华人民共和国民政部：《中华人民共和国行政区划简册（2005年版）》，中国地图出版社2005年版。

第二章

当代中国人精神生活调查研究的数据与分析[*]

本课题的问卷调查部分为各个子课题的研究提供了相关的数据;本书后面各章的作者从各自角度对这些数据有所利用、有所诠释。为了对当代中国人的精神生活状况有一个总体的了解,我们在这里对调查数据做一个系统解读,这些解读与后面几篇的解读在涉及的内容、思考的角度和得出的结论等等方面都不尽相同,对于当代中国人精神生活这样一个复杂问题来说,这些不同应该也会有助于我们的研究。

第一节 与当代中国人精神生活状况相关的条件及环境

如前所述,我们认为个体人的精神生活状况必然与其所处的诸多外在环境有直接的联系。如对自我归属的认同;对自己的生活状态的评价等方方面面。这些条件是评价当代中国人(以下简称中国人)精神活动状况必不可少的相关因素。

---

[*] 本章执笔为华东师范大学社会学系的张文明,其中数据的基本统计结果依照韩春雨提供的本课题调查研究数据统计报告。另外,在部分数据整理过程中得到了社会学系研究生童治军同学的大力协助。

一、被访者的归属认同状况

在传统社会,"国"和"家"这两种"符号"成为中国人精神世界中必不可少的两极,在目前社会的这种急剧转型的过程中,探讨中国人如何认同"国"与"家"的存在也必然是我们研究中国人精神生活"底部"的根本依据。

为了搞清楚这个问题,我们设置了两组相关的问题。一个是作为中国人的自豪感问题;另一个是用三个小问题探讨中国人对以"家"为中心的社会关系的认识。通过这两组问题我们要观察作为一个中国人如何认识个体与环境的关系,进而试图分析中国人的精神视野。

(一)被访者的自豪感状况

如图 2-1 所示,在 4 568 个有效样本中,认为作为中国人非常自豪的为 52.3%,比较自豪的为 30.5%,一般的为 12.2%,不太自豪的为 1.8%,一点也不自豪的为 0.8%,说不清楚的为 2.5%。从累积有效百分比中看出,回答自豪的(非常自豪与比较自豪)占 82.7%,有 94.9%的人没有回答不自豪(回答非常自豪、比较自豪与一般)。总体上来看,被访者的自豪感指数还是非常高的。为了进一步了解被访者自豪感的"原因",我们又做了以下的相倚性分析(见表 2-1):

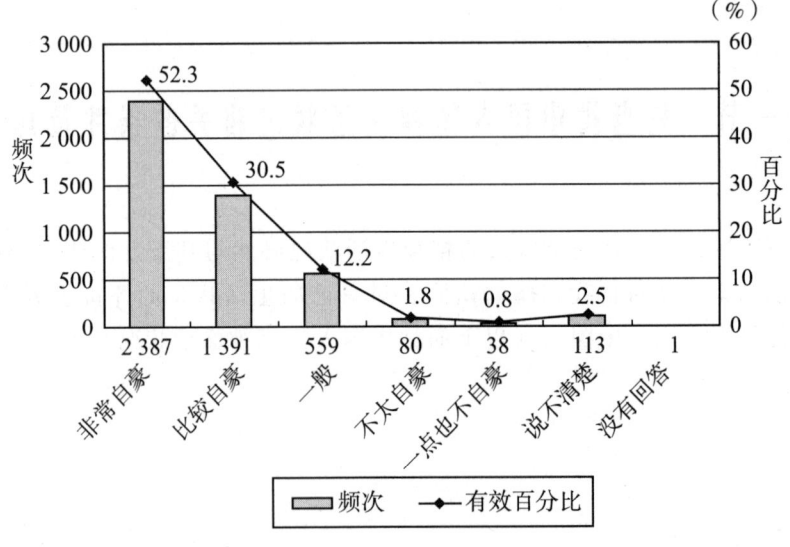

图 2-1 中国人的自豪感状况

表 2-1　　作为中国人的自豪原因分布　　单位：%

自豪原因	回答次数		累计百分比
	有效个案数	百分比	
有悠久的历史	2 250	15.5	59.6
有辽阔的国土和美丽的山河	1 545	10.6	40.9
有灿烂的文化和艺术	1 522	10.5	40.3
有优良的传统	1 511	10.4	40.0
经济实力不断壮大	1 231	8.5	32.6
这是我的祖国，为我的祖国自豪不需要理由	1 013	7.0	26.8
文化、教育水平不断提高	975	6.7	25.8
人民勤劳、勇敢	787	5.4	20.8
人与人之间富人情味，守礼仪、讲信用	646	4.4	17.1
社会稳定	643	4.4	17.0
外交、国防实力不断壮大	618	4.3	16.4
体育事业蒸蒸日上	435	3.0	11.5
生活自由、舒适	387	2.7	10.2
人民团结、奋进	354	2.4	9.4
社会治安良好	340	2.3	9.0
这是我祖先生活过的地方	247	1.7	6.5
其他	30	0.2	0.8
总计	14 534	100.0	384.8

注：根据中华人民共和国统计局：《中国统计年鉴2004》，中国统计出版社2004年版。提供的数据，我国2003年底总人口为129 227万人，其中城镇人口52 376万人，占全国人口的40.53%；乡村人口76 851万人，占全国人口的59.47%。为了便于抽样，取城镇与乡村相同样本量，在推论总体时进行事后分层加权处理，样本量按照最大允许的绝对误差计算，综合考虑抽样设计的精度以及所能承受的调查费用和调查时间，取置信度95%，最大允许的绝对误差3%，设计效应为2，则城镇与农村的有效样本量各为：考虑到样本遗失的可能，设计样本量为2 160，全国有效样本容量应为4 320。本章所有数据结果均以此为依据。

如表2-1所示，我们通过相倚性问题，让回答"非常自豪"和"比较自豪"的人选择自豪的原因。3 778个回答者共做了14 534次选择。除表2-1所列结果之外，有0.8%的个案提出了其他的自豪原因，主要包括：打败了日本侵略者；国人有敢闯敢干的精神；社会主义好、毛主席好、共产党好；国家和平；农民减负，土地到户；交通好、生活条件好；男女平等；老人有保障；人民非常聪明；人们互相帮助；有人权有自由；人口多；有美好的未来等。

另外,我们从"非常自豪"的角度,分别从地区分布、学历、年龄、收入四个方面做了一系列的交叉分析,结果如图2-2所示:

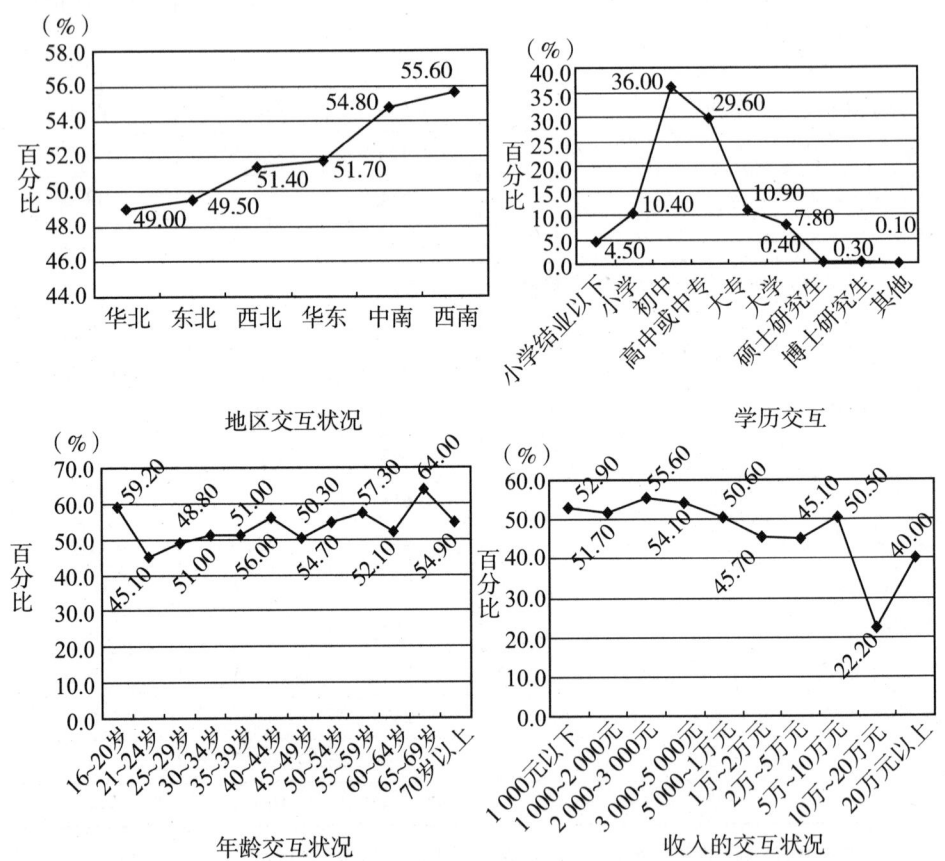

图2-2 "非常自豪"与地区、学历、年龄、收入的交互状况

如图2-2所示,我们发现以下几个特征:

一是在地区分布上,自豪感的指数没有显著性的不同,但是南北方有微弱的差异,南方地区的指数略高于北方。而且基本呈现一种离政治中心越远其自豪感指数越高的态势。

二是在文化程度上,自豪感指数虽无显著性差异,但是呈现两头低中间高的态势。小学以下和大学以上毕业的人都低于10%。而硕士和博士研究生更低于1%。

三是在年龄上,各年龄段自豪感指数亦无显著性不同,但是结果与文化程度相反,呈现两头高中间低的态势。其中,值得注意的是20~30岁者这个年龄段的人的自豪感指数最低。特别是21~24岁年龄组,这个年龄组正是在大学或者进入社会的关键阶段,他们表现了对国家的"无意识"状态。而总体趋势是随着年龄的增长自豪感的指数也随着增长。

四是在收入上,通过检验,我们发现显著性水平为 0.018,小于 0.05,所以认为个人年收入与自豪感具有显著性差异,即个人年收入不同,对于自豪感方面有不同的认识。相关系数 G 系数为 0.043,这表明,总体中个人年收入与自豪感是相关的,但关系微弱。我们发现,个人年收入低的被访者回答"非常自豪"和"比较自豪"的比例高于个人年收入高的被访者。由此得出结论:个人年收入低者比个人年收入高者有更强烈的自豪感。从总体趋势上看,年收入越高自豪感的指数越低。这与现在社会上普遍存在"经济发展,国家意识可能淡漠"的说法相一致。

(二) 被访者对社会关系的认同状况

1. 被访者的社会交往状况。

如表 2-2 所示,在 4 548 个有效样本中,与邻里的交往频次最多,交往最少的是战友。调查中,被访者还提到了其他的交往关系,包括朋友、村民、家人、恋人、客户、佛友、网友、从事服务业的服务对象(患者、老人院的老人、顾客、学生)、老师。这其中值得一提是趣缘群体(有共同爱好的人)交往的比例达到了 12.2%,说明中国人的精神生活中社会交往系统更加丰富和充实的趋势正在增强。

表 2-2 交往最多对象的频次分布

对象	回答次数(次)	百分比(%)	有效百分比(%)
邻里	1 089	23.8	23.9
同事	1 083	23.7	23.8
同学	879	19.2	19.3
亲戚	733	16.0	16.1
有共同爱好的人	556	12.2	12.2
其他	146	3.2	3.2
战友	62	1.4	1.4
总计	4 548	99.5	100.0
未回答	21	0.5	—
总计	4 569	100.0	—

另外,从这一数据结果的总体状况来看,显示了中国人的社会交往系统正在呈现多元化趋势,而传统的以为血缘中的家族(亲戚)交往系统已经退居中国人社会交往系统的第四位。取而代之的是以地缘和业缘为基础的社会交往程度的提高。这一数据符合我国目前社会发展的状况,说明社会流动性的增强和社会专业

化程度的提高,已经开始影响中国的社会交往方式。

2. 被访者对不同社会关系满意度状况的分布。

我们给定了九种不同的社会关系,对于每种社会关系,要求被访者按对该社会关系的满意度打分,分值在1~5分之间,分值越高,满意度越高。从表2-3可以看到,在给定的所有社会关系类型中选择家庭关系的最多,为4 306个,家庭关系满意度最多的是5;其次是朋友关系,共有4 076个被访者选择了朋友关系,满意度最多的是5。与上级的关系满意度最多的是3,在所有关系中,满意度最低。其中,在各种社会关系中满意度最高分值的分布顺序如图2-3所示。通过以上两组数据我们发现一个重要的问题,对中国人来说交往最多的前两位的邻里和同事关系并不是人们心目中最满意的社会关系,即最多的不等于是最好的(具体参见图2-4)。

表2-3　　　　　　社会关系极值百分比　　　　　　　　单位:%

	1分	3分	5分
同事关系满意度	5.9	23.6	35.0
邻里关系满意度	4.0	22.2	34.8
家庭关系满意度	1.7	10.9	57.1
朋友关系满意度	1.8	17.0	44.8
与上级关系满意度	11.0	31.3	18.7
同学关系满意度	5.8	21.4	35.8
同乡关系满意度	7.7	28.5	22.7
战友关系满意度	16.1	21.3	29.4
亲戚关系满意度	2.5	14.3	47.4

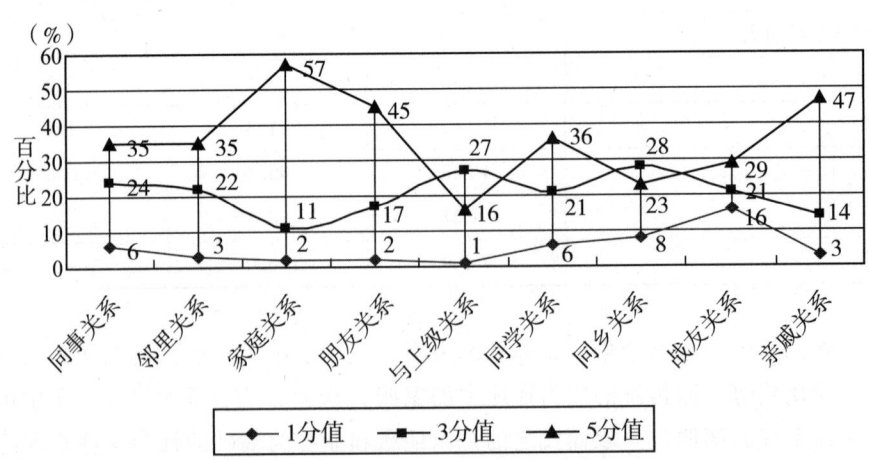

图2-3　社会关系极值满意度百分比

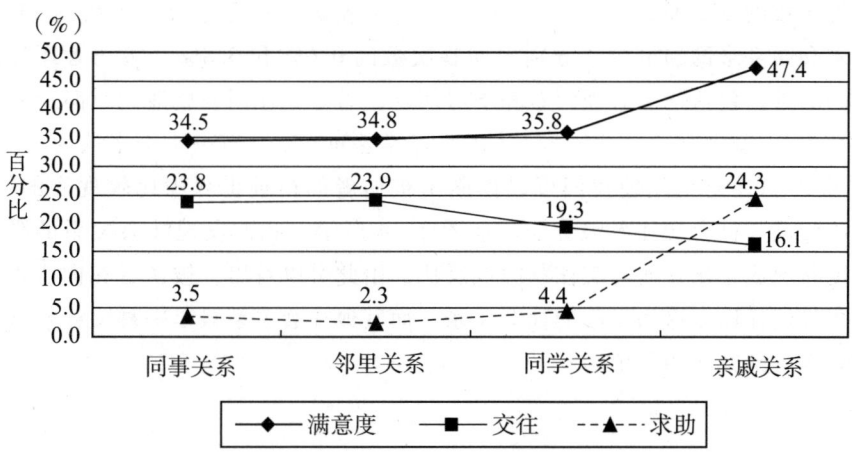

图 2-4 四种社会关系的交往、满意度和求助频次分布

3. 中国人精神生活中的自我与社会关系。

为了进一步了解中国人在具体事情上对社会关系的判断,我们设置了"当你遇到各种困难时会求助于谁"这样的一个问题。回答的结果如表 2-4 所示:

表 2-4　　　　遇到各种困难时的求助对象的频次分布

求助对象	回答次数		回答人数
	有效个案数	百分比 (%)	
靠自己	14 504	51.7	319.0
亲戚朋友	6 810	24.3	149.8
社区村镇	1 276	4.5	28.1
同学	1 222	4.4	26.9
同事	993	3.5	21.8
单位公司	914	3.3	20.1
邻里	651	2.3	14.3
宗教团体	386	1.4	8.5
同乡	222	0.8	4.9
战友	171	0.6	3.8
其他	896	3.2	19.7
总计	28 045	100.0	616.9

注: 本题设置若干困难选项, 皆可多次选择上述"求助对象", 所以, 有效个案数超过样本数, 累计百分率超过100%。

如表 2-4 所示, 当被访者遇到各类困难时, 回答最多的是"靠自己", 占所有回答次数的51.7%；其次是寻求亲戚朋友帮助，占所有回答次数的24.3%；向战友和同乡求助的最少，分别占回答次数的0.6%和0.8%。被访者还提到了其他的困难，包括遇到心理问题和学习问题。另外，在回答就业问题时，有一个个案认为，"就业就应该找国家"。在回答养老问题时，有一个个案认为，"养老就靠子女"。由这个问题我们可以推断出被访者的精神世界中比较现实的一面，即解决问题与社会交往界限分明。如图2-4所示，我们发现社会关系的满意度与求助状况成正比，而与交往状况成反比。由此可以看出，被访者在内心世界中还是更加信任以血缘为中心的社会关系，而其他社会关系只是一种交往模式，并不一定考虑到其实用价值。

二、被访者对目前自我生活状态的评价

个体人对自己生活状态的评价严格地说不属于精神生活中的"纯精神"层面，其与精神生活的物质层面关系密切，因为宽泛地看，这些对于个体人来说应该是基于"物质基础"作出的一些基本判断，而不是纯粹的精神行为。基于这种观点，我们在精神生活条件和环境的部分也设置了几个相关的问题，了解当代中国人对待目前生活状态（包括对自己目前物质生活状态和所处社会生活状态）的认识以及对此的评价。这么做的理由是：我们试图建立一个检讨后面三个层次中国人微观精神生活状况的框架，以分析物质生活对精神生活可能带来的影响。

（一）中国人对自己目前物质生活状态的认识和评价

为了搞清楚这个问题，我们设置了四个相关问题进行论证。第一是人们生活状况的变化对比；第二是人们对自己生活档次的判断；第三是人们对目前生活状况的满意度；第四是人们对未来生活的期待。

1. 现在的生活与过去5年的对比状况。

如图2-5所示，在作出回答的4 517个个案中，分别有42.3%的人认为"好多了"，42.2%的人认为"好一些"，认为没有变化的占10.4%，有3.2%的人认为现在的生活比以前差一些，0.9%的人认为差多了，1%的人不清楚。从累积有效百分比来看，84.5%的人认为生活变好了，只有4.1%的人认为生活不如从前。从这一结果来看，我们认为中国人对生活状况改善的判断是与社会发展状况相吻合的。

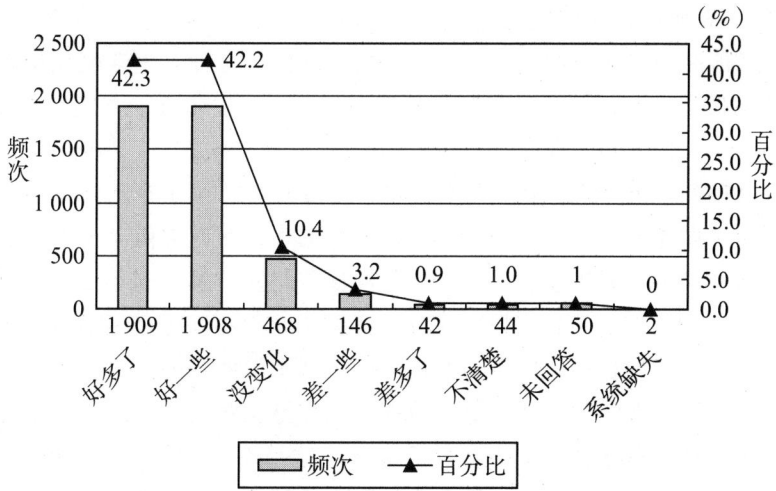

图2-5 现在的生活与过去5年的对比状况

那么,这种宏观的判断显然不能够代表社会中的个体状态,因为众所周知中国的社会分层正在逐步加剧,处于各个不同阶层的人对生活变化的判断显然不会相同,而对不同人群生活状况变化进行观察就显得非常有意义。为了达到这个目的,我们选取区域、学历、职业、城乡四个视角与认为生活好多了的人群组做了交叉分析,具体结果参见图2-6。

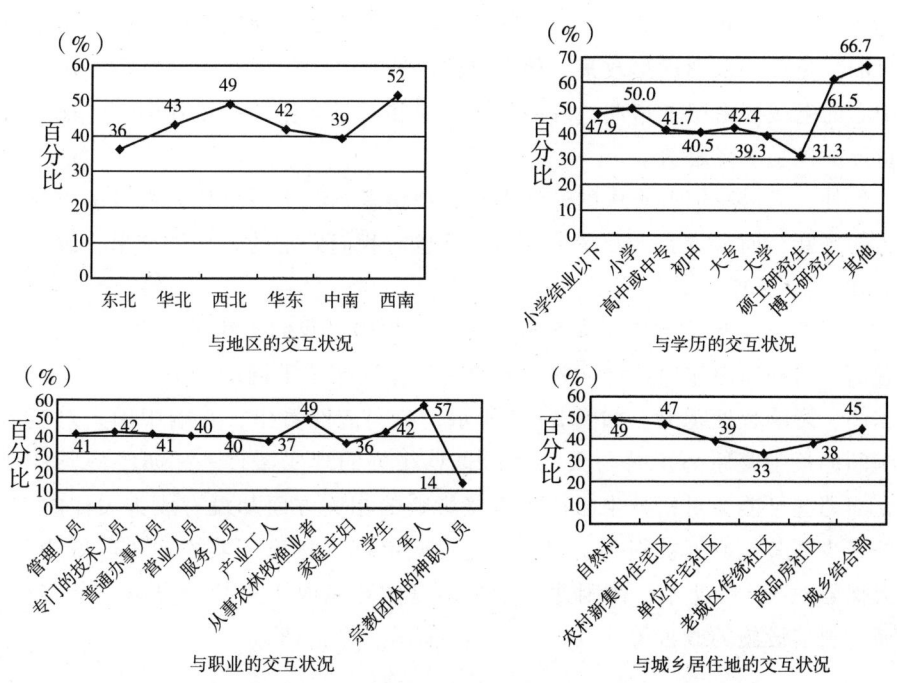

图2-6 "好多了"与区域、学历、职业、城乡的交互状况

如图2-6所示，我们发现这一问题呈现以下几个特征：

一是从地区交互状况我们发现一个有趣的现象，这种对生活变化的判断呈现出"西高东低"的趋势。另外，我们发现地区分布的皮尔逊卡方值检验的显著性水平约为0，小于0.05，说明来自于不同区域的被访者对"生活变化"的看法差异显著。这种判断也体现了我国目前的经济发展趋势，由于东部沿海地区开发较早，经济的发展速度放缓，人们感觉变化逐渐缩小；而西部由于开发较晚加上国家投入的加大经济发展迅速，所以人们能够比较明显地感受到生活的变化。而东北地区，由于农业为主的经济模式在改革开放初期所占据优势逐渐被国有企业改革所拖累，所以人们自然作出了所有地区中最低水平的判断。

二是从学历上看，我们认为这个数据比较震撼。我们发现拥有大学和硕士学历的人认为生活"好多了"的判断指数最低。这是不是从另外一个侧面可以被认为是我国近年高校本科生和硕士研究生扩招带给社会的直接冲击？

三是从职业上看，我们发现军人和从事农牧渔业者这两个群体认为"生活变得好多了"的指数最高。这一判断与事实相符，因为军队待遇提高和农牧渔业税收的减免的确是让这两个人群受益。其他一些人群则基本处于同一水平。而宗教团体的神职人员对生活状况的变化判断也与客观事实相符，因为这一群体生活状态本身具有极强的稳定性。

四是从城乡分布上看，认为生活变化好多了的分布呈农村向城市中心区递减的趋势。这亦与我国社会发展的现状相一致。因为农村地区（含郊区）由于农业税收的减免等一系列优惠政策，他们显然能够感受到生活状况的巨变。而位于城市中心的老城区由于城市向边缘的扩张效应和人口老化等一系列问题，他们的生活状况的确呈下降趋势。

另外，通过我们调查中的谈话得知，被访者判断生活变化大都是基于与物质相关的判断，而很少有涉及精神方面。这也与我们设定的相倚性结果一致。具体结果如图2-7所示。

在回答"生活状况比过去5年好"的样本中，我们关注了其主要原因，即被访者出于何种原因作出这种回答，并给每种原因赋予不同的分值（1~5分），分值越高，影响程度越大。如图2-7所示，我们能够看出，影响中国人对生活变化判断的最主要原因正是与人们生活息息相关的现实条件——如经济条件和居住，而那些可能会对精神生活产生直接影响的相关方面却没有成为关注的焦点。另外，少数其他原因被提到，包括：党的政策好（国家不收农业税、税费改革、社会保障）；子女成才；休闲途径增多；自然环境改善；社会自由、个人自由；交通、通信设施的改善等。

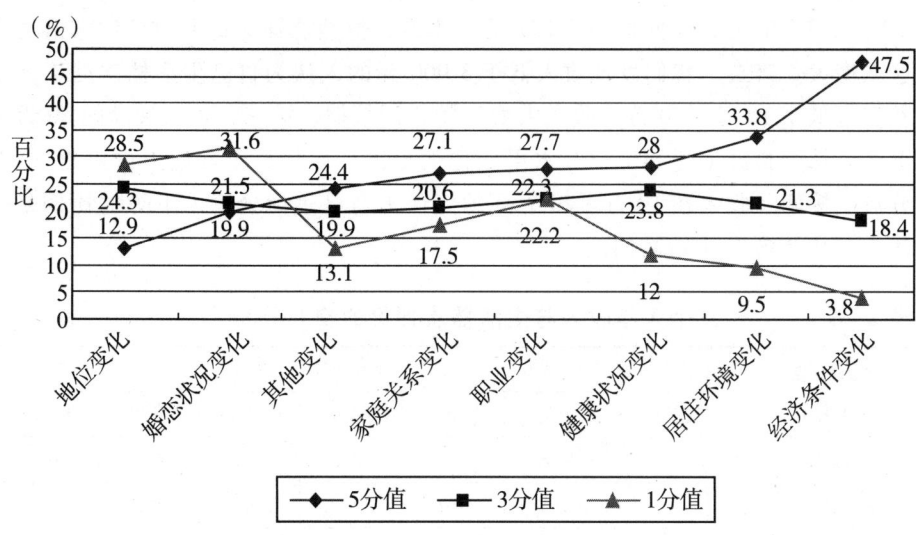

图 2-7　生活比过去 5 年好的原因

2. 对目前生活档次的判断。

通过图 2-8 我们可以看出，调查中绝大多数的人都认为自己的生活处于中等水平（数据显示这部分人占所有回答人的有效百分比为 90.9%）。其中比较有意思的是认为自己生活处于上等以上和最底层的比例都低于 1 个百分点。那么，为了进一步弄清这一判断与具体收入群体之间的关系，我们做了其与个人收入状况的交互分析（见表 2-5）。

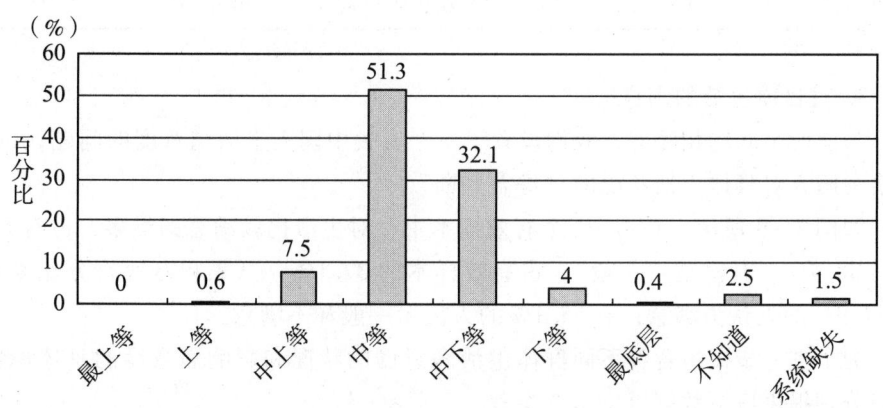

图 2-8　中国人对自己生活档次的判断

如表 2-5 所示，我们发现了几个非常有意思的问题。第一，从总体数据分布来看，无论收入高或者低的人都有近半数的人认为自己的生活处于中等水平（如果加上"中上等"和"中下等"这组数据都达到了 90% 以上）。而如果按照国家统计局 2005 年公布的城镇居民和农村居民人均可支配性收入水平（分别为

9 422 元、2 936 元，中间值为 6 179 元）来看，显然能够称得上中等的人群远没有这么庞大。第二，我们发现收入低于 3 000 元的人认为自己生活档次处于下等的数据远低于 10 万~20 万元收入人群组的相同数据。第三，收入最高的 20 万元以上的人认为自己生活处于中等水平的比例最高，而且高于其他人群组近 30 个百分点。第四，收入在 10 万~20 万元的人认为自己生活处于中下等的比例是所有认为"中下等"中最高的。

表 2-5　　　　　　个人年收入与生活档次评价的交互分布　　　　单位：%

个人年收入 (元)	生活档次						
	最上等	上等	中上等	中等	中下等	下等	最底层
1 000 以下		0.8	9.3	50.5	34.5	4.6	0.3
1 000~2 000		0.5	6.2	59.7	29.7	3.2	0.5
2 000~3 000	0.2	0.2	7.3	54.7	32.7	3.7	1.1
3 000~5 000		0.4	7.9	52.7	33.5	5.1	0.4
5 000~1 万		0.8	7.3	52.5	34.4	4.5	0.5
1 万~2 万		0.9	8.0	48.9	39.6	2.7	
2 万~5 万		1.2	10.2	55.1	31.1	2.4	
5 万~10 万		1.1	6.5	66.7	23.7	2.2	
10 万~20 万				44.4	44.4	11.1	
20 万以上			10.0	80.0	10.0		

3. 对目前生活的满意度。

与前两个问题相呼应，我们设置了一个有关中国人生活满意度的问题，试图观察中国人对具体生活状况的"综合判断"。

如图 2-9 所示，在 4 503 个有效样本中，对生活比较满意的最多，占有效样本的 38.4%，其次是"一般"，占有效样本的 37.1%。从累积有效百分比来看，有 44.9% 的人认为满意；有 55.1% 的人表示一般和不满意。

为了进一步搞清各种不同群体生活满意度的状况和影响满意度的具体原因，我们分别提供以下数据以供读者参考。

首先，我们从生活满意度与个案类型、地域、学历、收入四个变量之间的交叉状况来观察一下不同群体的生活满意度状况。

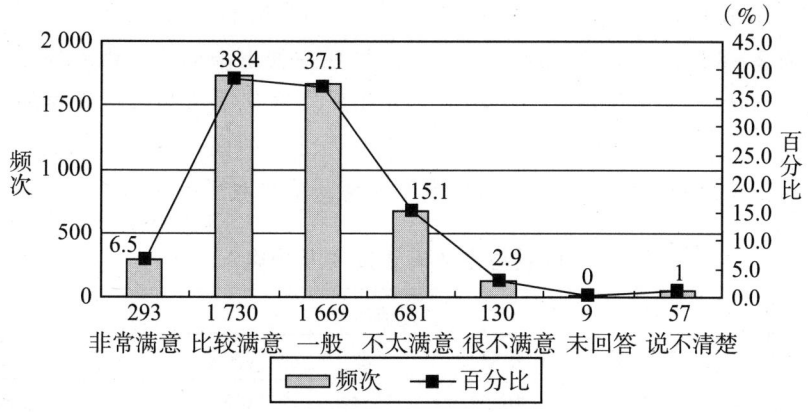

图 2-9 中国人生活满意度状况

(1) 个案类型的交互分析。

如表 2-6 和表 2-7 所示,通过卡方检验,没有小于 5 的格值,认为卡方检验是有效的。显著性水平约为零,所以拒绝原假设,认为个案类型与生活满意度有显著性差异。即,城市人口的生活满意度低于农村人口。

表 2-6 个案类型与生活满意度的交互

交互		生活满意度					总计
		非常满意	比较满意	一般	不太满意	很不满意	
个案类型	城市	102 4.7%	818 37.8%	820 37.9%	339 15.7%	87 4.0%	2 166 100.0%
	农村	179 8.4%	858 40.4%	760 35.7%	297 14.0%	32 1.5%	2 126 100.0%
	流动人口	12 5.7%	54 25.6%	89 42.2%	45 21.3%	11 5.2%	211 100.0%
总计		293 6.5%	1 730 38.4%	1 669 37.1%	681 15.1%	130 2.9%	4 503 100.0%

表 2-7 个案类型与生活满意度的卡方检验

	Value	Asymp. Sig. (2-sided)
Pearson Chi-Square	72.366	0.000
Likelihood Ratio	74.258	0.000
Linear-by-Linear Association	7.833	0.005
N of Valid Cases	4 503	

a. 0 cells (0.0%) have expected count less than 5. The minimum expected count is 6.09.

(2) 地域的交互。

如表2-8所示，认为生活非常满意的呈现一种由南向北、由西向东的递减趋势。这与认为"很不满意"的趋势正好相反。这其中认为生活满意的（含非常满意和比较满意）华北地区最高，其次是西北、西南、华东、东北、中南地区。从极值的分布看西南地区生活满意度最高，东北地区最差。

表2-8　　　　　　　地域与生活满意度交互分类　　　　　　单位：%

区域	生活满意					总计
	非常满意	比较满意	一般	不太满意	很不满意	
华北	6.3	46.6	32.4	11.3	3.4	100.0
东北	3.5	38.2	37.9	16.5	3.8	100.0
华东	5.5	38.5	40.2	13.2	2.6	100.0
中南	7.8	33.6	38.3	17.2	3.0	100.0
西南	10.2	37.7	37.7	12.6	1.8	100.0
西北	7.4	43.1	27.0	19.9	2.7	100.0
总计	6.5	38.4	37.1	15.1	2.9	100.0

(3) 学历的交互。

如表2-9所示，从学历上看学历越高的人生活的满意度越差，满意度呈现一种由低学历向高学历递减的趋势。说明学历越高对生活的要求可能就越高，由于这种对生活的高要求可能导致了他们生活满意度的下降。

表2-9　　　　　　　学历与生活满意度交互　　　　　　　单位：%

学历	生活满意					总计
	非常满意	比较满意	一般	不太满意	很不满意	
初中及以下	9.4	38.4	35.4	13.7	2.9	100.0
高中到大专	4.0	37.7	38.8	16.2	3.2	100.0
大学及以上	4.3	40.7	37.2	16.1	1.7	100.0
总计	6.5	38.4	37.1	15.1	2.9	100.0

(4) 收入的交互。

表 2-10　　　　　个人年收入与生活满意度的交互分类　　　　　单位：%

个人年收入（元）	生活满意度					总计
	非常满意	比较满意	一般	不太满意	很不满意	
1 000 以下	8.4	38.6	33.2	16.6	3.2	100.0
1 000~2 000	12.3	36.3	35.0	13.6	2.9	100.0
2 000~3 000	6.9	35.6	36.9	16.5	4.1	100.0
3 000~5 000	5.3	36.4	39.6	15.4	3.2	100.0
5 000~1 万	4.2	40.3	37.7	15.4	2.2	100.0
1 万~2 万	3.4	45.3	37.1	12.1	2.2	100.0
2 万~5 万	5.7	37.9	42.5	10.9	2.9	100.0
5 万~10 万	9.3	50.5	32.0	7.2	1.0	100.0
10 万~20 万	11.1	44.4	44.4			100.0
20 万以上	10.0	30.0	40.0	20.0		100.0
总　　计	6.5	38.3	37.2	15.0	3.0	100.0

表 2-11　　　　　家庭年收入与生活满意度的交互分类　　　　　单位：%

家庭年收入（元）	生活满意度					总计
	非常满意	比较满意	一般	不太满意	很不满意	
1 000 以下	11.9	29.8	35.7	20.2	2.4	100.0
1 000~5 000	10.0	30.8	36.6	18.9	3.7	100.0
5 000~1 万	8.1	37.2	34.6	16.4	3.8	100.0
1 万~2 万	4.6	38.0	38.7	16.1	2.7	100.0
2 万~5 万	5.8	39.7	38.8	13.2	2.5	100.0
5 万~10 万	5.1	48.4	34.3	10.6	1.6	100.0
10 万~20 万	10.0	44.0	40.0	4.0	2.0	100.0
20 万~50 万		57.1	23.8	19.0		100.0
50 万~100 万	23.1	23.1	46.2	7.7		100.0
100 万以上		20.0	40.0	40.0		100.0
总　　计	6.5	38.4	37.1	15.1	2.9	100.0

表 2-12　　　　　　　　个人年收入与满意度的 G 检验

	Value	Asymp. Std. Error[a]	Approx. T[b]	Approx. Sig.
Gamma	-0.002	0.017	-0.122	0.903
N of Valid Cases	4 291			

a. Not assuming the null hypothesis.
b. Using the asymptotic standard error assuming the null hypothesis.

表 2-13　　　　　　　　家庭年收入与满意度的 G 检验

	Value	Asymp. Std. Error[a]	Approx. T[b]	Approx. Sig.
Gamma	-0.057	0.017	-3.288	0.001
N of Valid Cases	4 443			

a. Not assuming the null hypothesis.
b. Using the asymptotic standard error assuming the null hypothesis.

通过检验（表 2-12 和表 2-13），个人年收入的显著性水平为 0.903，大于 0.05，认为个人对生活的满意度评价与个人收入没有显著性差异；家庭年收入的显著性水平为 0.001，小于 0.05，认为在总体中，家庭收入与生活满意度有显著性差异。G 系数为 -0.057，异序对比同序对多，说明家庭年收入的高低与满意度的高低呈同方向变化的比异向变化的多，即总体中更多的人是家庭年收入越高，生活满意度越高，但这种相关性是微弱的。个人年收入和家庭年收入与满意度的交互分布状况见表 2-10 和表 2-11。另外，家庭年收入最高的和年收入最低的人群组的生活满意度状况显示了完全相反的趋势，并且差异巨大。年收入 1 000 元以下的人群认为对目前生活满意的（非常满意和比较满意）高于 100 万元以上年收入人群组 20 个百分点，而认为不太满意的状况正好相反。由此看来，在年收入高低的两极点上人们对生活满意度的判断并不能简单地用年收入这一标准来衡量。低收入者的自得其乐和高收入者的各种生活压力可能是导致这种差异的根本原因。

那么，到底哪些因素具体影响中国人对生活满意度的判断呢？为了搞清楚这一问题，我们又提供了一个相倚性问题，即"您认为哪些方面影响您对生活的满意度"，统计结果如图 2-10。

如图 2-10 所示，我们给出了 14 种影响生活满意度的因素，并给每种因素赋予不同的分值（1~5 分），分值越高，影响满意度的程度越大。我们这里截取分值最高的和最低的一组数据来分析影响被访者生活满意度的因素。我们发现影响被访者生活满意度的因素呈现一种从与生活密切相关的"硬"条件向与生活距离较远的"软"条件递减的趋势。根据图中 14 个影响生活满意度因素的分布状况曲线，我们可以进一步把影响被访者生活满意度的因素分为三个大的类别，即现实生活因素、生活环境因素、个体意识因素。那么从图 2-10 的分布状况我们发现：第一，影响被访者生活满意度的最主要的因素就是现实生活因素。说明人们对现实生活状况的认识主要集中在收入、健康、家庭、居住、人际交往等这些与生活密切相关的具体事情之上。第二，那些与现实生活相关的环境因素对被访者生活满意度的影响处于适中水平。这些属于准精神的因素并没有成为中国人判断生活满意度的最重要因素，而只能退居其次。第三，个体意识因素对被访者生活满意度的影响最小。另外，少数其他影响因素被提到，包括：中国的国际地位、教育问题、休闲娱乐、社会制度、社会安全。

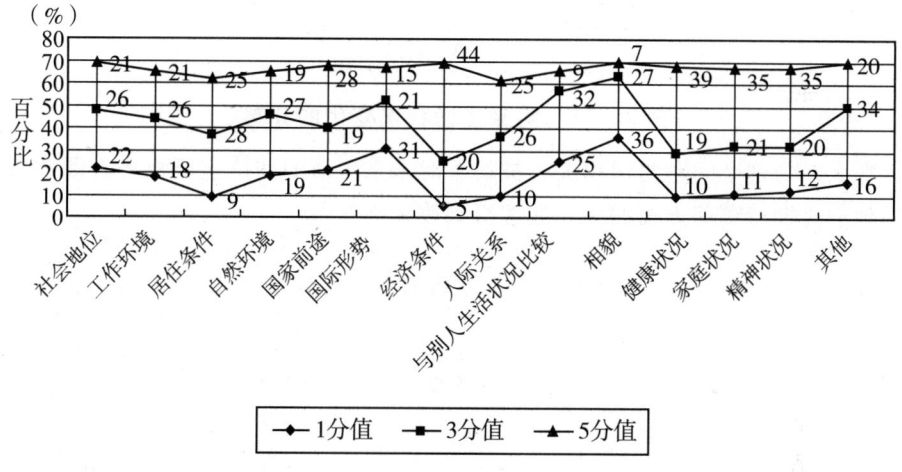

图 2-10 影响生活满意度的因素

4. 对未来生活的期待。

为了搞清楚中国人对未来生活状况的期待我们设置了"将来生活状况会怎样变化"和"期待改善哪一方面生活"这两个问题。结果如图 2-11 和表 2-14 所示。

如图 2-11 所示，我们看到被访者对待未来生活的态度是非常乐观与积极的。有 90.3% 的人认为未来的生活一定会变好。这一方面表现了中国人良好的生活心态，同时也表明中国人对未来生活充满信心。这个题目也验证了这样一个假设，即被访者对目前生活不十分满意可能源于对未来生活更大的期待这一观点。另外，在解读过程中我们发现，被访者对未来生活变化的这种积极解读与地域、学历、收入、年龄等都没有特别明显的差异性。

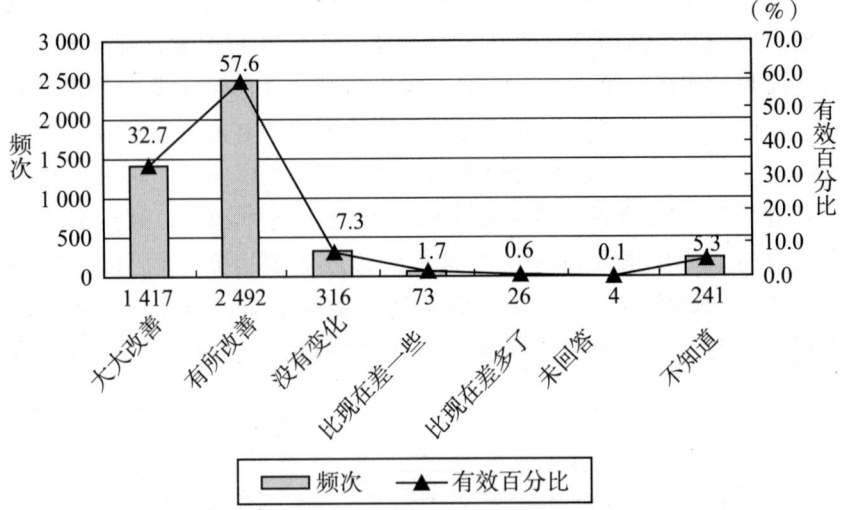

图 2-11 将来生活状况变化的分布

那么，与这个问题密切相关，被访者对未来生活的期待主要集中在哪些方面呢？他们更期待哪些方面的生活能够得到改善呢？

表 2-14　　　　　　　生活期待改善方面的百分比分布

改善方面	回答次数		回答人数百分比（%）
	有效个案数	百分比（%）	
医疗条件	2 045	12.5	45.6
住	2 044	12.5	45.6
社会保障	2 005	12.3	44.7
教育投入	1 725	10.6	38.5
货币收入	1 635	10.0	36.5
就业环境	1 188	7.3	26.5
资产和储蓄状况	1 090	6.7	24.3
食	1 040	6.4	23.2
汽车	933	5.7	20.8
休闲	893	5.5	19.9
电器家具等耐用消费品	848	5.2	18.9
衣	803	4.9	17.9
其他	61	0.4	1.4
总　计	16 310	100.0	363.8

如表 2-14 所示，在改善生活方面，4 483 个有效样本共做了 16 310 次回答。在所有的回答及所有个案中，比例最高的前五位分别是：住房条件、医疗条件、社会保障、教育投入、货币投入、就业环境。比例最低的是对服装改善的需求。由被访者提出的其他期望改善的方面还包括：政治权利（人权、公正、民族、自由）；社会治安；环境、交通、社会地位、教育条件、户籍。其中一个农村个案这样回答："希望粮食价格不要下降，肥料价格不要上涨，其他没什么要求"等。从这一系列的回答来看，被访者希望改善的生活方面正是目前我国社会发展过程亟待解决的几大热点问题，说明人们对这些状况还不够满意。另外，我们还发现在前五位的期待指数与后面一些选项（比如休闲）的差异性明显，说明被访者对前五位生活状况改善的期待非常强烈。

三、被访者对目前社会风气的评价

与前两个问题相关，我们提供一个对目前社会风气如何看待的问题观察当代中国人如何评价其所生活的社会环境。这么做的目的是，通过对这一问题的探讨，试图从中发现在前述中国人"自我"精神状态存在的社会环境。具体结果如图 2-12 所示。

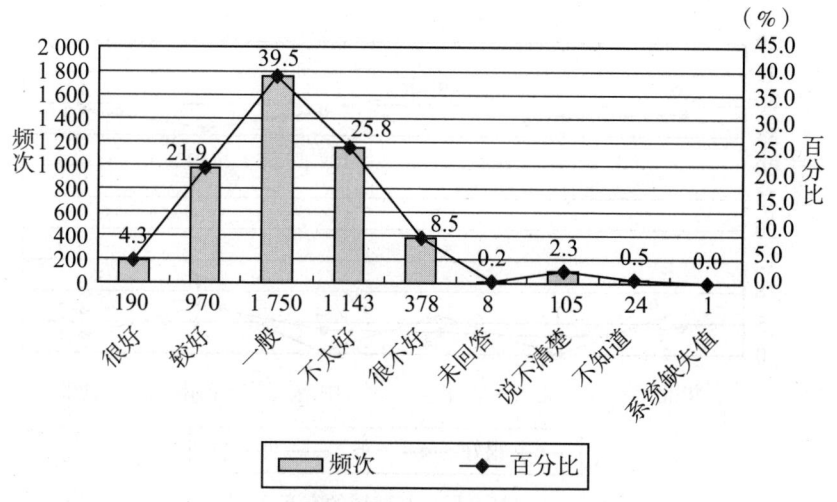

图 2-12 中国人对当前社会风气的评价

如图 2-12 所示，我们看到这一结果与前述对未来生活期待的分布状况不同而更接近于生活满意度的分布情况。即认为目前社会风气好的只占被访者数目的两成半左右，而认为社会风气一般或不好的却占了回答者总数的近七成半。与前面的自豪感以及对个人生活前景的判断不同，我们发现，被访者对自己生活的社会风气状况存在显著的不满。

为了进一步搞清楚不同群体对社会风气状况的认同，我们分别从学历、年龄、地域、收入四个方面作了相关性分析，具体结果如图2-13，表2-15~表2-18所示。

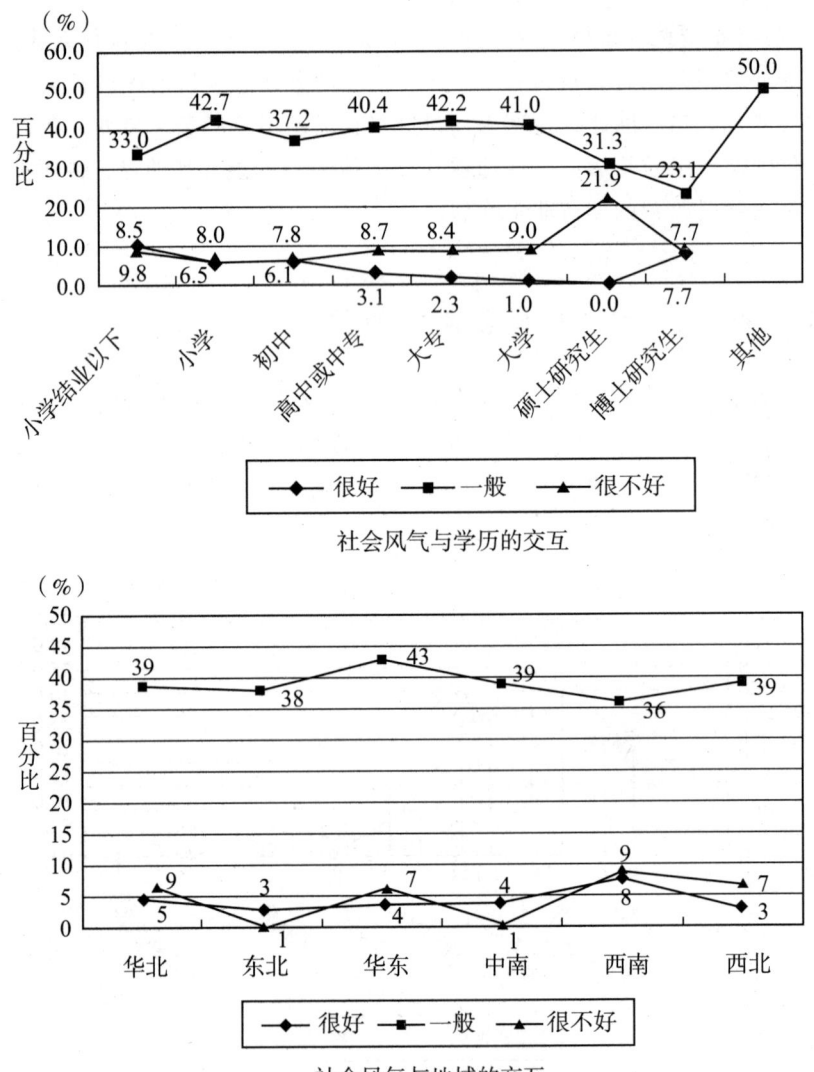

社会风气与学历的交互

社会风气与地域的交互

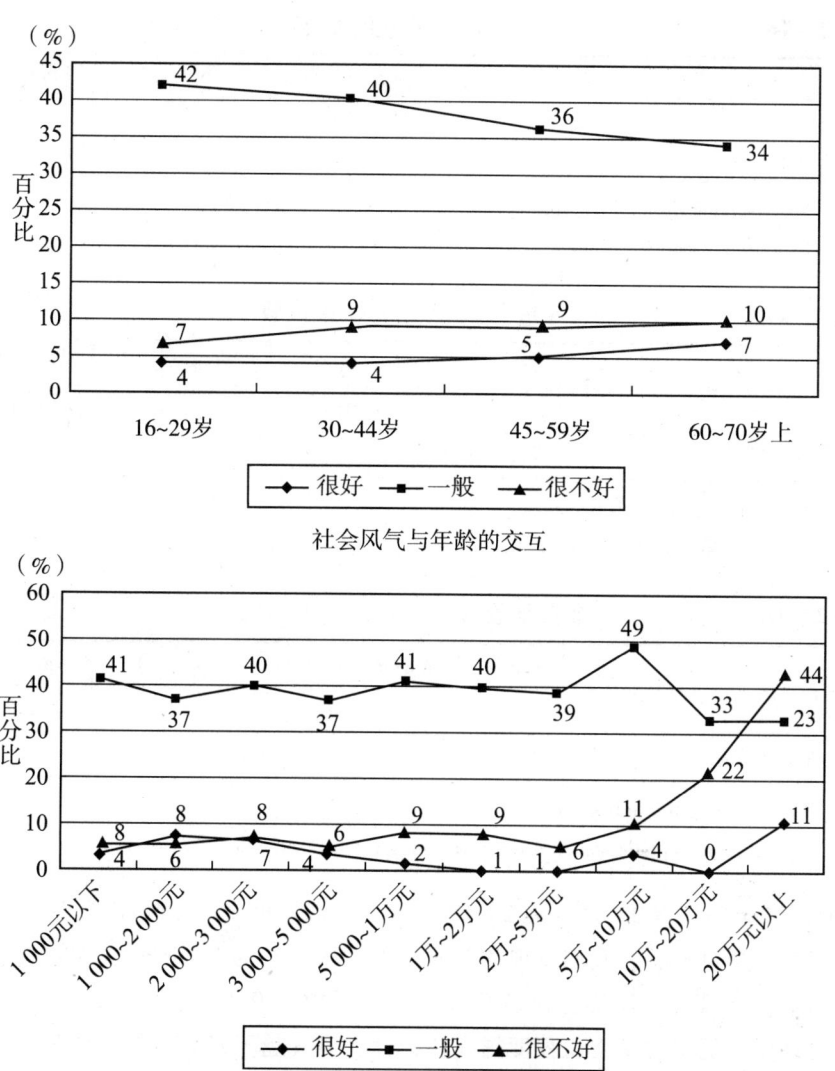

图 2-13 社会分析认同状况与学历、地域、年龄、收入的交互

表 2-15　　　　　　学历与社会风气的 G 检验

	Value	Asymp. Std. Error[a]	Approx. T[b]	Approx. Sig.
Gamma	-0.014	0.015	-0.915	0.360
N of Valid Cases	4 431			

a. Not assuming the null hypothesis.
b. Using the asymptotic standard error assuming the null hypothesis.

表 2-16　　　　　　地域与社会风气的 G 检验

	Value	Asymp. Std. Error[a]	Approx. T[b]	Approx. Sig.
Gamma	-0.016	0.016	-0.947	0.344
N of Valid Cases	4 431			

a. Not assuming the null hypothesis.

b. Using the asymptotic standard error assuming the null hypothesis.

表 2-17　　　　　　年龄与社会风气 G 值检验

	Value	Asymp. Std. Error[a]	Approx. T[b]	Approx. Sig.
Gamma	-0.026	0.018	-1.434	0.152
N of Valid Cases	4 431			

a. Not assuming the null hypothesis.

b. Using the asymptotic standard error assuming the null hypothesis.

表 2-18　　　　　　个人年收入与社会风气 G 检验

	Value	Asymp. Std. Error[a]	Approx. T[b]	Approx. Sig.
Gamma	0.081	0.016	5.054	0.000
N of Valid Cases	4 224			

a. Not assuming the null hypothesis.

b. Using the asymptotic standard error assuming the null hypothesis.

如图 2-13，表 2-15～表 2-18 所示，我们发现以下一些规律。

第一，通过检验，我们发现数据的显著性水平约为 0，所以认为被访者文化程度与对社会风气的评价有显著性差异。G 系数为 0.117，同序对比异序对多，说明总体中，更多的是文化程度越高认为社会风气越不好。但是，认为社会风气不好的人群主要集中在高中以上到博士以下文化程度的人群。比较有趣的是博士程度的人对社会风气判断的好坏可以说是处于平分秋色的状态。说明在这个水平上的人群对社会风气的判断可能更加理性。

第二，通过检验，年龄的显著性水平为 0.152，大于 0.05，认为个人对社会风气评价与年龄没有显著性差异。从认为一般和不好的趋势来看，发现年龄越大这种趋势越明显。

第三，通过检验，地域的显著性水平为 0.344，大于 0.05，认为个人对生活的满意度评价与地域差异没有显著性差异。但是，如图 2-13 所示，我们发现认为社会风气很差和一般的人群组随着地域的变化有比较大的波动。说明不同地域的人对社会风气的看法有所不同。

第四，个人收入的显著性水平小于0.05（见表2-18），认为在总体中，个人收入与社会风气满意度有显著性差异。G系数为0.081，同序对比异序对多，说明总体中，更多的是个人收入越高认为社会风气越不好，但这种相关性是微弱的。

另外，除群体的差异外，我们也对影响中国人对社会风气评价的原因进行了分析。具体结果如表2-19和表2-20所示。

表2-19　　　　　　社会风气好的表现的频次分布

社会风气好的表现	回答人数		回答人数
	频次	百分比（%）	百分比（%）
社会和平、稳定	951	27.6	76.6
社会治安较好	677	19.7	54.5
社会氛围轻松、自由	478	13.9	38.5
公众具有很强的民族自豪感和责任感	390	11.3	31.4
人们之间比较谦让、宽容	354	10.3	28.5
社会公正、公平	322	9.4	25.9
领导干部的模范带头作用好	215	6.2	17.3
其他	54	1.6	4.3
总　　计	3 441	100.0	277.1

关于社会风气好的原因如表2-19所示，有1 160个被访者做了3 441次回答。其中，认为社会和平稳定的最多，占全部回答次数的27.6%，占全部回答者的76.6%。除"其他"外，认为领导干部的模范带头作用的最少，占全部回答次数的6.2%，占全部回答者的17.3%。被访者还提出了其他社会风气好的表现，包括"人民安居乐业""经济发展快"和"观念进步了"。

表2-20　　　　　　社会风气不好的表现的频次分布

社会风气不好的表现	回答人数		回答人数
	频次	百分比（%）	百分比（%）
许多领导干部不为人民服务，不带头遵守党纪	1 142	22.7	71.1
社会治安不好	893	17.8	55.6
社会缺少诚信	843	16.8	52.5
人们缺乏同情心	798	15.9	49.7
人心浮躁，做事不认真	475	9.4	29.6
不少人有仇官仇富心理	371	7.4	23.1

续表

社会风气不好的表现	回答人数 频次	回答人数 百分比（%）	回答人数 百分比（%）
社会没有活力，缺乏进取心	282	5.6	17.6
社会氛围紧张、不自由	150	3.0	9.3
其他	74	1.5	4.6
总计	5 028	100.0	313.1

关于社会风气不好的原因如表2-20所示，有1 521个被访者做了5 028次回答。其中，认为"领导干部不为人民服务"的最多，占全部回答次数的22.7%，占全部回答者的71.1%。除"其他"外，认为社会氛围不自由的最少，占全部回答次数的3.0%，占全部回答者的9.3%。另外，被访者还提出了其他的社会风气不好的表现（见表2-21）。

表2-21　　　　　　　　社会风气不好的其他表现

社会不公正	共产党不能全心全意为人民服务
社会公德差	官员腐败
黄赌毒	当官者以权欺人
个人素质低金钱社会	当官者玩忽职守迷信
缺乏民族信仰和民族凝聚力	贫富分化严重
人际关系淡漠	广告缺乏真实性
对犯罪打击力度不够	存在仇视社会心理

通过以上的分析我们发现：对于社会风气的判断好的主要来源一些比较宏观的判断，而微观之处人们普遍认为问题比较严重的集中在社会秩序（领导干部问题）、社会道德（诚信）以及安全（治安）这几个方面。

第二节　当代中国人精神生活状况的三个维度

一、有关被访者心理生活状况的数据解读

心理生活一般属于心理学研究范畴，它强调的是个体心理"健康"，表现为心理能力的三个方面即"知""情""意"各自的积极状态：理性、愉快和自主，

以及这三方面的平衡。在心理生活层面设置一个理想类型，那么一个具有健康的心理生活的人，应该是具有相当程度的理性认识能力、愉快舒畅心情和自主判断能力，并且在这些方面之间保持恰当的平衡和比例。

"知"强调理性，能够针对纷繁复杂的疑难、诱惑作出符合某种利益与规范的认识和抉择，这样的理性能去粗取精，去伪存真，由此及彼，由表及里，洞悉事物本质。"情"更多注重个体内在的情绪。在日益激烈的生存竞争之中，个体面临着诸多的压力，经济的、人际的和自我的烦恼影响着人们的情绪与心境，我们是一个愉快的民族还是一个背负过多压力的民族？人们从何处得到愉悦？人们又为何而抑郁？人们怎样去排遣苦闷？个体不同的心理健康状态产生了不同的认识世界和改造世界的方法，对群体对社会产生不同影响。"意"着力于宣示主体的自主力，"意"者具备自主的洞察力和决策力，在理性的基础上强调个体认知的坚定性，这样的自主是一种稳定的、持久的一致性反应倾向，不为外在环境的变化而摇摆，不质疑既有的认知结构。

（一）愉悦度考察

本调查从个体成就状况、家人发展状况、个体身体健康与心理需求的满足状况、人际交往等维度考察人们日常生活愉悦感的影响。总体来看，中国人心情愉悦的产生原因呈多元化趋势，在传统的影响愉悦因素（个人成就、身心健康等）的基础上，个人兴趣、生活休闲等成为影响个人愉悦的新的生活要素（见表2-22）。

表 2-22　　　　　　　影响个体心情的因素状况

	回答次数		被访者百分比（%）
	有效个案	应答百分比（%）	
家庭生活和谐	2 252	13.0	49.4
身体健康	2 116	12.2	46.4
帮助了别人	1 766	10.2	38.7
工作得到别人认可	1 743	10.1	38.2
孩子有出息	1 658	9.6	36.4
薪酬或收入提高	1 388	8.0	30.4
人际关系较好	1 284	7.4	28.2
困难时得到朋友帮助	1 225	7.1	26.9
家人取得成功	1 191	6.9	26.1
做了对社会有贡献的事情	715	4.1	15.7
个人兴趣爱好得到满足	656	3.8	14.4

续表

	回答次数		被访者百分比（%）
	有效个案	应答百分比（%）	
工作能胜任	467	2.7	10.2
有丰富的闲暇生活	384	2.2	8.4
觉得自己的思想能跟上时代发展	306	1.8	6.7
长相较好	100	0.6	2.2
其他	77	0.4	1.7
总　　计	17 328	100.0	380.0

　　家庭和家人发展状况在人们的生活与心理众占据极为重要的位置，直接影响到人们的情绪与心境，"家庭生活和谐"（49.4%）、"孩子有出息"（36.4%）、"家人取得成功"（26.1%）都有极高的认可度，它们对个人的愉悦影响力度超过个人的成就与发展要素。

　　家庭以及家人给个体带来的愉悦感也因性别而异，图2-14说明女性比男性更加在意家人、孩子的成就，更加渴求"家庭生活和谐"，在多项选择之中女性对家庭的认可与愉悦感有如此高的认可度，可以看出在家庭价值取向上面，中国女性强于男性。在个案访谈中发现，丈夫在事业上的成就和相应的经济、社会地位的提高成为女性骄傲、愉悦的主要原因，一些女性受访者笑称"夫荣妻贵"；与此同时，子女的成就给父母，特别是母亲以极大的愉悦感。传统社会把优秀女人定位于"相夫教子"，今天中国女性虽然实现了个人的自由和事业的发展，但

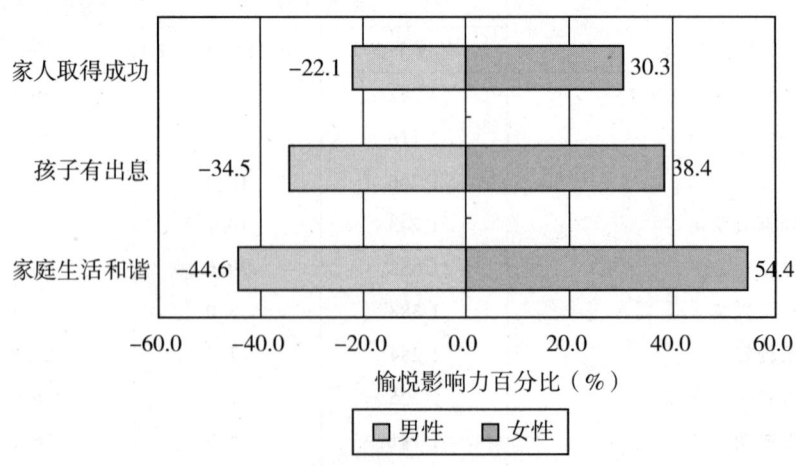

图2-14　性别和家庭要素愉悦影响力比较

在某种程度上,女性也希望传承辅佐丈夫、教育子女的传统,丈夫和子女的成就成为女性获得愉悦感的主要源泉之一。自身的身体健康是整个调查群体中所公认的第二选择,46.4%的人认为身体健康给自己带来了愉悦感。身体健康所带来的愉悦感超过了除家庭和谐外的其他所有备选选项,在复核题目"您觉得日常生活中哪些事情经常令你感到不愉快"中,"健康状况欠佳"的选中率排在次席(33.0%),由此可见,身体状况的好坏是影响人们心情好坏的最为稳定的因素,对身体的重视从一个侧面也反映出国人对身体状况的忧虑,人们的身体健康状况不容乐观。

个体成就维度,包括个体的工作、学习、思想发展所取得的成绩与进步,在这个维度的几个操作变量中,38.2%的人选择"工作得到别人认可"作为生活愉快的原因,15.7%的人认为"做了对社会有贡献的事情"是心情愉悦的原因,6.7%的人"觉得自己的思想能跟上时代发展"。

人际交往层面,38.7%的人为"帮助了别人"可以让自己觉得愉快,28.2%和26.9%的调查对象认为"人际关系较好"和"困难时得到朋友帮助"是可以令自己觉得愉快的事情。

其他影响因素诸如个人兴趣爱好、闲暇生活、长相的好坏等被选率都较低,人们的心情更多地投入到家庭和谐和自我的发展上,自我的满足与享乐尚不足以对人们的情绪施加更大的影响力。

随后的"您觉得日常生活中哪些事情经常令你感到不愉快"考察结果表明,家人与家庭因素、个人健康状况、个人发展要素、人际交往分别对个人的不愉悦产生由强到弱的影响,除了经济收入问题跃升为首要不愉悦原因外,其他要素的排序和影响力都与其在愉悦维度上所处的位置相似。

(二) 生活烦恼影响程度考察

1. 个人烦恼内容分析。

生活的烦恼可以分为源自身的主观性的烦恼和外在的客观性的烦恼,也可以细化为人们在处理自己与自己、自己与他人、自己与社会(包括自然)三个层面关系时所遇到的烦恼。本调查依据主客观分类把烦恼产生的源头操作定义为以下一些维度:工作问题、学习问题、家庭问题、经济问题、人际关系、自然环境、国际国内局势、社会风气、自身原因、其他(见表2-23)。

在所有选项中,经济问题(83.0%)、家庭问题(72.3%)、人际关系(65.9%)、社会风气(65.4%)和工作问题(63.0%)都有超过六成的个案选择作为生活的烦恼因素。在具体的平均分值上,经济问题位列首位,得分3.48分,在5分值评分系统影响程度较大;紧随其后的是工作(3.30分)、社会风气(3.05分)、家庭(2.99分)、学习(2.87分)。

表 2-23　　　　　　　个人烦恼因素百分比和得分均值

	工作	学习	家庭	经济	人际关系
频率百分比（%）	63.0	47.1	72.3	83.0	65.9
5 分制均值（分）	3.30	2.87	2.99	3.48	2.63
百分制均值	66	57.3	59.9	69.5	52.6
	自然环境	国际国内形势	社会风气	自身原因	其他
频率百分比（%）	54.8	41.9	65.4	58.2	2.4
5 分制均值（分）	2.56	2.19	3.05	2.65	
百分制均值	51.3	43.8	61	52.9	

从均值得分可以看出，主观的工作与生存要素是影响个人烦恼的主要原因，而客观的社会因素除社会风气外，其他因素得分都较低，对人们烦恼程度影响较小。在这些客观社会因素中，一些关系人们切身利益的客观因素也相对其他要素对人们的烦恼程度有较大的影响力，例如，社会风气、自然环境和时事局势对人们烦恼程度的影响均值就逐个递减。

有这样一种思维定式：有钱人不会为经济问题而烦恼，没钱的人为钱伤透脑筋、疲于奔命。广义上，经济问题几乎困扰所有的社会成员，但不同收入者面临着不同的经济烦恼。

从图 2-15 可以看出，个人年收入 20 万元以上个案与经济烦恼 "1" 分值和 "5" 分值有关联，而且距离远点较远，相关性很显著，经济问题给这个层面高收入者的影响是很大的，同时又是很小的，这样矛盾的特征可以解释为：富足的生活让他们在生活场面的经济问题上顾虑与烦恼较少，所以经济问题少于烦恼他们的日常生活；同时，这个层次高收入者的工作更多地和金钱与经济运行相关，工作层面上的经济问题成为他们工作烦恼的主要原因。

其中年收入 2 万元与 10 万元段的距离 "2" 分值较近，5 万元段与 20 万元段距离 "1" 分值较近，万元以下的段位都距离 "3" 分值、"4" 分值、"5" 分值较近。总体上看，年收入较高群体的经济烦恼程度较轻，低收入群体的经济烦恼程度则高许多。

2. 烦恼的排遣方式。

在 5 分制给分系统中 2.5 为中间值，10 个考察维度中有仅有一个均值低于 2.5，主要烦恼选项的烦恼程度均值都在 3.0 左右，处于一个中等偏高的烦恼状态。如何排遣抑郁是我们最为关注的问题，有效的宣泄方式是个体内在烦恼得以舒缓甚至消解的降压阀，舒缓和接触烦恼直接影响到人们的精神状态。

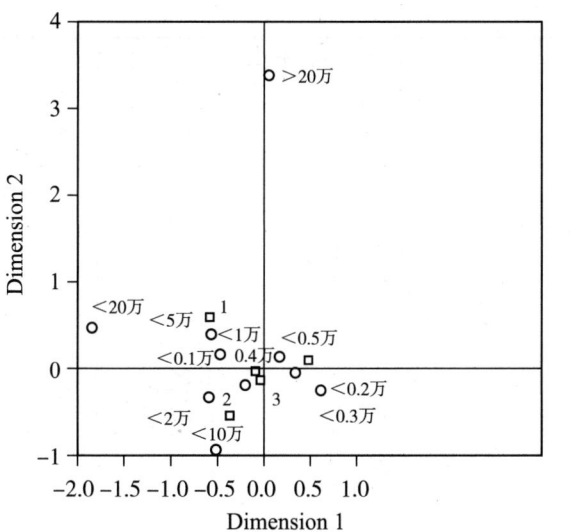

图 2-15　个人年收入与经济烦恼对应分析

我们把情绪的排解方式大致划分为四类：自我心理消解法、情绪疏泄法、活动转移法、社会支持系统。自我消解法属于一种偏于主观调解的"封闭型"排遣方式，后两种则是相对客观的排遣方式（见表 2-24）。

表 2-24　　　　　　　　排遣烦恼活动频次分析

	回答次数		被访者百分比（%）
	有效个案	应答百分比（%）	
睡觉	1 465	11.3	32.3
独处，什么也不做	1 256	9.7	27.7
向友人恋人诉说	1 222	9.4	26.9
听音乐	1 080	8.3	23.8
看电视或电影	919	7.1	20.2
喝酒	701	5.4	15.4
做自己感兴趣的事	610	4.7	13.4
与家人聊天	586	4.5	12.9
购物逛街	560	4.3	12.3
到大自然中去	540	4.2	11.9
做家务	539	4.2	11.9
打扑克或麻将	514	4.0	11.3
体育运动	510	3.9	11.2
吃东西	424	3.3	9.3

续表

	回答次数		被访者百分比（%）
	有效个案	应答百分比（%）	
上网聊天	409	3.1	9.0
劳动	367	2.8	8.1
读书	362	2.8	8.0
KTV	225	1.7	5.0
旅游	188	1.4	4.1
做寻求刺激的事情	160	1.2	3.5
其他	122	0.9	2.7
开车兜风	93	0.7	2.0
祈祷念经	65	0.5	1.4
做义工	35	0.3	0.8
总　　计	12 996	100.0	286.1

注：有效个案4 539个，缺省30个。

自我心理消解法一般是单个个体的心理活动，依靠自身的心理活动来调解自己的情绪，不与他人发生直接的联系。在排位最靠前的两项：睡觉（32.3%）和独处，什么都不做（27.7%）可以视作自我消解法范畴。

情绪疏泄法主要强调发泄自己的抑郁，采取一些刺激性行为刺激神经达到降压目的，本选项中喝酒（15.4%）、吃东西（9.3%）、做刺激的事情（3.5%）可以归入此类。

活动转移法与情绪疏泄法相比，采取的事一种平和与建设性活动来达到舒缓情绪的作用。听音乐（23.8%）、看电视或电影（20.2%）、购物逛街（12.3%）、到大自然中去（11.9%）、做家务（11.9%）、打扑克或麻将（11.3%）、体育运动（11.2%）、劳动、读书、KTV、旅游可归入此类。

社会支持系统排遣法主要指个体通过和他人进行倾诉的方式得到解脱、通过与他人交流接触新的视角和思路，获取新的意见和建议。向友人恋人诉说（26.9%）、与家人聊天（12.9%）、上网聊天（9.0%），这样的方式通过与他人的互动来分析和反思烦恼本身，在某种意义上有助于舒缓和解决人们的烦恼。

比较不同种排遣抑郁的方式可以看出，国人宣泄烦恼的方式呈现多元化，其中主要是通过注意力的转移、自我心理消解来实现情绪的舒缓与消除，虽有部分人通过社会支持系统来消解烦恼，但总体上国人面对烦恼采取的是一种被动的回避转移式的排遣方式，少有直接就烦恼本身进行分析与解决的排遣方式。

（三）自我认知状况的考察

1. 性格与心情的自我认知。

为了了解国人对性格和心情的自我认知状况，我们通过以下两个问题进行测量。

性格的自我认知状况如图2-16所示，有效样本为4 022个，缺失值共547个；其中3人没有作出回答；319人说不清楚，占样本总数的7%；225人没想过这个问题，占样本总数的5%。即近九成的被访者能够比较清楚的判断自己的性格特征，说明大多数人的自知程度较高。

表2-26是对年龄与性格自我认知的卡方检验。有10%的格值的期望频次小于5，证明卡方检验的结果是有效的。显著性水平约为0，所以认为，总体中年龄与对性格的自我认知是有显著性差异的。以年龄为自变量的λ系数为0.056，我们认为总体中年龄与对性格的自我认知之间的相关性不是很强，但这种相关是存在的。结合交互分类（见表2-25），年龄在16~29岁和30~44岁的人有比较明显的趋势认为自己的性格处在内向与外向之间；年龄在45~59岁的认为自己的性格是外向或外向与内向之间的基本持平；年龄在60~70以上的人，更多的认为自己的性格是外向的。

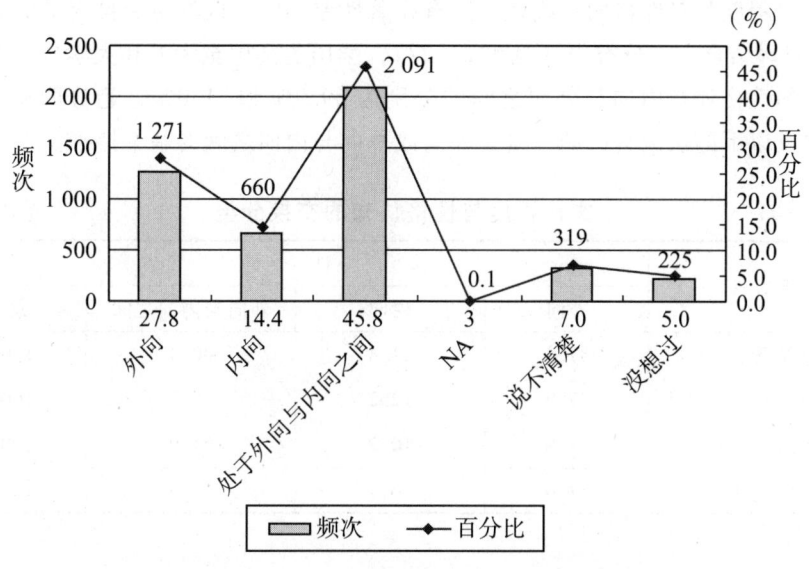

图2-16 性格的自我认知状况

表 2-25　　　　　　　　　性格与年龄的交互分类　　　　　单位：%

年龄（岁）	性格自知状况			
	外向	内向	外向与内向之间	总计
16~29	24.7	12.7	62.6	100.0
30~44	30.5	17.7	51.8	100.0
45~59	39.1	17.0	43.8	100.0
60~70 以上	43.7	22.9	32.4	100.0
总　计	31.0	16.1	52.9	100.0

表 2-26　　　　　　　　　年龄与性格的卡方检验

	Value	df	Asymp. Sig. (2-sided)
Pearson Chi-Square	136.111	12	0.000
Likelihood Ratio	138.669	12	0.000
Linear-by-Linear Association	111.827	1	0.000
N of Valid Cases	4 101		

a. 2 cells (10.0%) have expected count less than 5. The minimum expected count is 2.08.

表 2-28 是对文化程度与性格自我认知的卡方检验。有 6.7% 的格值的期望频次小于 5，证明卡方检验的结果是有效的。显著性水平约为 0，所以认为，总体中文化程度与对性格的自我认知是有显著性差异的。以学历为自变量的 λ 系数为 0.157。结合交互分类表（见表 2-27），学历为高中至大专和大学以上的人认为自己的性格处在内向与外向之间的分别为 59.9% 和 71.0%，趋势明显；学历是初中及以下的认为自己的性格是外向或外向与内向之间的基本持平。

表 2-27　　　　　　　　文化程度与性格认知的交换分类　　　　　单位：%

学历 A	性　　格			
	外向	内向	外向与内向之间	总计
初中及以下	37.8	21.8	40.4	100.0
高中到大专	27.9	12.2	59.9	100.0
大学及以上	18.8	10.2	71.0	100.0
总　计	31.0	16.1	52.9	100.0

表 2-28　　　　　　　文化程度与性格认知的卡方检验

	Value	df	Asymp. Sig. (2-sided)
Pearson Chi-Square	257.356	8	0.000
Likelihood Ratio	261.786	8	0.000
Linear-by-Linear Association	140.035	1	0.000
N of Valid Cases	4 096		

a. 1 cells (6.7%) have expected count less than 5. The minimum expected count is 4.02.

关于心情的自我认知状况如图 2-17 所示，我们发现有近六成的回答者认为自己多数时候心情愉快。说明中国人的心情愉悦程度是比较高的。这与中国人知足常乐等比较传统精神有关（具体请参考价值观部分）。

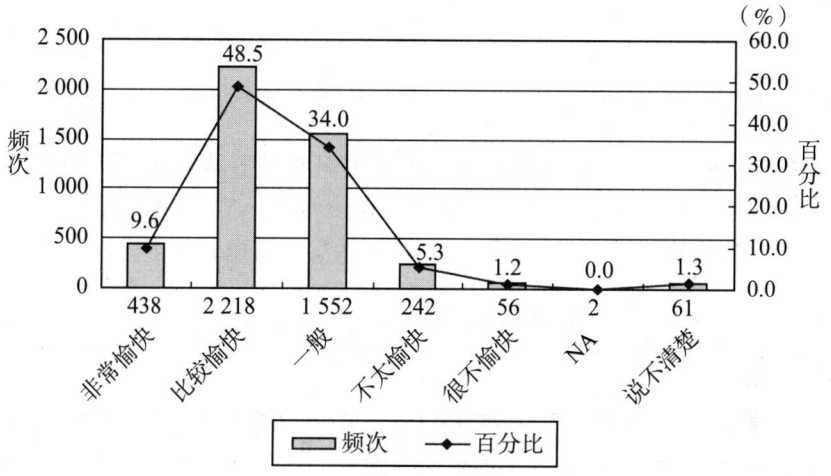

图 2-17　心情的自我认知状况

文化程度与心情的情况通过表 2-29 的 G 检验，显著性水平约为 0.048，小于 0.05，所以认为被访者文化程度与心情有显著性差异。G 系数为 -0.036，异序对比同序对多，说明总体中，更多的是文化程度越高认为自己的心情越好。但这种趋势不明显，相关性不大。交互分类如表 2-30 所示。

表 2-29　　　　　　　文化程度与心情的 G 检验

	Value	Asymp. Std. Error[a]	Approx. T[b]	Approx. Sig.
Gamma	-0.036	0.018	-1.977	0.048
N of Valid Cases	4 506			

a. Not assuming the null hypothesis.
b. Using the asymptotic standard error assuming the null hypothesis.

表2-30　　　　　　　　文化程度与心情的交互分类　　　　　　单位：%

学历	心情状况					
	非常愉快	比较愉快	一般	不太愉快	很不愉快	总计
小学结业以下	10.4	43.5	37.4	7.0	1.7	100.0
小学	12.7	45.8	33.3	7.2	0.9	100.0
初中	11.3	46.2	35.3	5.5	1.8	100.0
高中或中专	9.2	47.5	37.7	4.8	0.8	100.0
大专	8.0	53.5	32.2	5.1	1.2	100.0
大学	6.4	61.4	26.4	5.1	0.7	100.0
硕士研究生	6.3	62.5	28.1	3.1		100.0
博士研究生	7.7	53.8	38.5			100.0
其他	16.7	16.7	50.0		16.7	100.0
总　计	9.7	49.2	34.4	5.4	1.2	100.0

家庭年收入与心情的情况从表2-31中可以看到。从表2-32中可以看到，显著性水平为0.04，小于0.05，所以认为家庭年收入与心情有显著性差异。G系数为-0.053，说明在总体中，家庭年收入越高心情越好的占多数。

表2-31　　　　　　　　家庭年收入与心情的交互分类　　　　　　单位：%

家庭年收入A（元）	心情状况					
	非常愉快	比较愉快	一般	不太愉快	很不愉快	总计
1 000以下	11.8	45.9	32.9	7.1	1.3	100.0
1 000~5 000	12.4	40.3	36.1	8.4	2.8	100.0
5 000~1万	12.2	47.0	33.8	5.8	1.3	100.0
1万~2万	9.2	45.5	38.2	6.0	1.1	100.0
2万~5万	8.5	53.9	32.9	3.9	0.8	100.0
5万~10万	6.1	59.5	29.5	4.5	0.6	100.0
10万~20万	8.0	56.0	34.0	2.0		100.0
20万~50万	9.5	71.4	14.3	4.8		100.0
50万~100万	15.4	61.5	15.4		7.7	100.0
100万以上		60.0	40.0			100.0
总　计	9.8	49.2	34.5	5.4	1.2	100.0

表 2-32　　　　　　　　家庭年收入与心情的 G 检验

	Value	Asymp. Std. Error[a]	Approx. T[b]	Approx. Sig.
Gamma	-0.053	0.018	-2.895	0.004
N of Valid Cases	4 447			

a. Not assuming the null hypothesis.
b. Using the asymptotic standard error assuming the null hypothesis.

通过以上的分析，我们发现中国人对自己的性格和情绪都有比较理性的认识，而且对自己情绪性格的认同很少有来自外在的影响，比较自主。

2. 自我认知的判断。

关于对自杀的认识如图 2-18 所示，共有 4 551 人做了 10 036 次回答。其中，认为自杀是错的，不能接受的最多，占全部回答次数的 15.7%，占全部个案的 34.7%。在回答自杀原因的被访者中，认为因病痛自杀的比例最大，占全部回答次数的 14.6%，占全部个案的 32.3%。认为自杀是因为神的召唤的最少，占全部回答次数的 1.4%，占全部个案的 3.0%。如果按照迪尔凯姆的自杀理论来分析，中国人的这种对自杀的认识显然是宿命式的，即有很强烈的听天由命的因素。这也与中国人的传统思想有关。

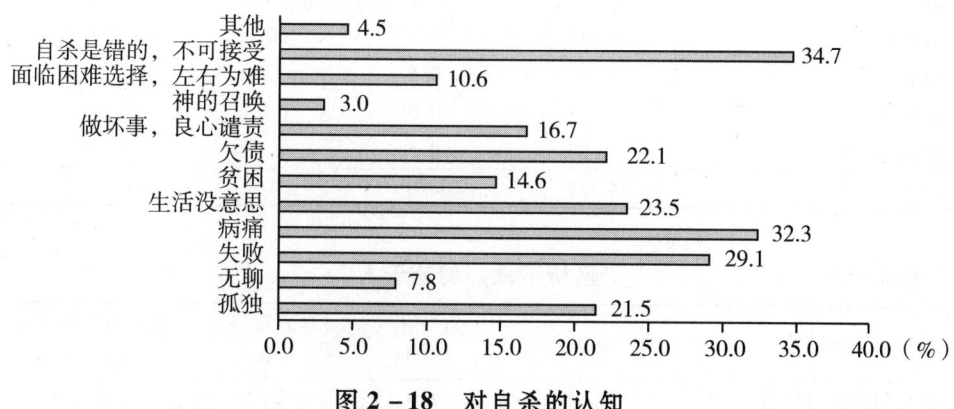

图 2-18　对自杀的认知

另外，在调查中，我们提出了四个名言或公式，让被访者选择对它们的了解程度。这四个问题分属于四个不同的视角。第一个是意识形态的问题；第二个是关于中国传统道德的问题；第三个是与环境有关的问题；第四个是关于科学理性的问题（见表 2-33）。其中，有 4 545 人对"全世界无产者联合起来"做了回答，回答"知道含义不知道出处的"最多；有 4 541 人对"己所不欲，勿施于人"做了回答，回答"含义和出处都不知道"的最多；有 4 541 人对"只有一个地球"作出了回答，回答"知道含义不知道出处的"最多；有 4 520 人对"万有引力定律"作出回答,回答"含义和出处都不知道"的最多。对于每一个名言或公式的了解程度的频次分布如表 2-33~表 2-37 所示。

表 2-33　　　　　　　　科学理性问题的认知

	全世界无产者联合起来	己所不欲,勿施于人	只有一个地球	万有引力定律
有效值	4 545	4 541	4 541	4 520
缺失值	24	28	28	49
中位数	2.00	2.00	2.00	4.00
众数	2	4	2	4

表 2-34　　　　　　　　"全世界无产者联合起来"

有效值	频次	百分比(%)	有效百分比(%)	累计有效百分比(%)
含义和出处都知道	1 248	27.3	27.5	27.5
知道含义但不知道出处	1 594	34.9	35.1	62.5
知道出处但不知道含义	172	3.8	3.8	66.3
含义和出处都不知道	1 040	22.8	22.9	89.2
说不清楚	491	10.7	10.8	100.0
有效总计	4 545	99.5	100.0	
缺省	23	0.5		
系统	1	0.0		
缺失总计	24	0.5		
频次总计	4 569	100.0		

表 2-35　　　　　　　　"己所不欲,勿施于人"

有效值	频次	百分比(%)	有效百分比(%)	累计有效百分比(%)
含义和出处都知道	1 001	21.9	22.0	22.0
知道含义但不知道出处	1 326	29.0	29.2	51.2
知道出处但不知道含义	131	2.9	2.9	54.1
含义和出处都不知道	1 627	35.6	35.8	90.0
说不清楚	456	10.0	10.0	100.0
有效总计	4 541	99.4	100.0	
缺省	25	0.5		
系统缺省	3	0.1		
缺失总计	28	0.6		
频次总计	4 569	100.0		

表 2-36　　　　　　　　　"只有一个地球"

有效值	频次	百分比（%）	有效百分比（%）	累计有效百分比（%）
含义和出处都知道	894	19.6	19.7	19.7
知道含义但不知道出处	1 940	42.5	42.7	62.4
知道出处但不知道含义	148	3.2	3.3	65.7
含义和出处都不知道	1 163	25.5	25.6	91.3
说不清楚	396	8.6	8.7	100.0
有效总计	4 541	99.4	100.0	
缺省	21	0.5		
系统缺省	7	0.2		
缺失总计	28	0.6		
频次总计	4 569	100.0		

表 2-37　　　　　　　　　"万有引力定律"

有效值	频次	百分比（%）	有效百分比（%）	累计有效百分比（%）
含义和出处都知道	1 169	25.6	25.9	25.9
知道含义但不知道出处	359	7.9	7.9	33.8
知道出处但不知道含义	278	6.1	6.2	40.0
含义和出处都不知道	2 072	45.3	45.8	85.8
说不清楚	642	14.1	14.2	100.0
有效总计	4 520	98.9	100.0	
缺省	41	0.9		
系统缺省	8	0.2		
缺失总计	49	1.1		
频次总计	4 569	100.0		

二、有关被访者文化生活状况的数据解读

文化生活的"丰富",表现为有相当多数量的时间用于文化资料的消费甚至创造,以及这种资料本身具有相当程度的数量和品种、质量和品位。我们所说的文化生活是一种广泛意义上的文化概念。这里面包括阅读、教育,既有参与文化生活的状况也包括休闲生活,还包括家庭收入支配状况等方方面面。

(一) 日常文化活动内容

1. 参加文化活动的内容。

参加文化活动的状况从图 2-19 中可以看出,一些传统的民间文化活动依然具有较大的普及度,例如,逛庙会(26.2%)、传统戏剧(18.5%)、舞狮龙舟(17.1%)、看杂技(16.6%),一些现代文化生活由于其极强的普及性也已经成为人们主要的文化生活样式。比如看电影,看电影已经成为近半数个案首选的文化活动方式,47.6%的个案最近一年都有看过电影。同时,一些曾经属于经院式的文化活动也"飞入寻常百姓家",例如,舞蹈(20.6%)、音乐(19.3%)、美展(8.1%)、时装秀等(7.5%)都有一定的固定的受众群体,调查中发现,那些没有选择和参与经院式文化活动的个案多半解释说"看不懂""不感兴趣",由此可见,在自身所具备的审美与欣赏能力层面上,个案的文化生活基本得到了满足,而对于过高的文化活动,由于文化积累的限制,人们的参与和兴趣也是有限的。

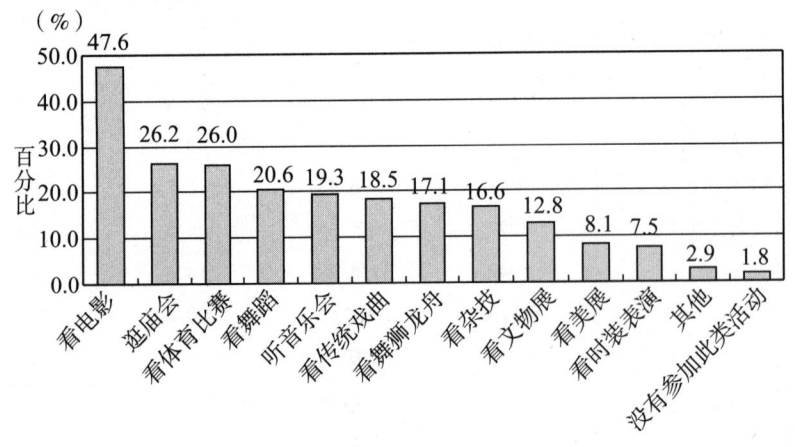

文化活动

图 2-19 参加文化活动的状况

2. 一年中重视的节日。

如表 2-38 所示,共有 4 564 人选择了重视的节日,回答次数共计 15 247 次。其中,对春节的重视程度最高,占全部回答次数的 26.9%,占全部个案的 89.8%;其次是中秋节,占全部回答次数的 14.2% 和全部个案的 47.3%。重视的最少的是浴佛节,占全部回答次数的 0.4% 和全部个案的 1.4%;被访者提到的其他重视的节日包括:藏历新年;火把节;"八一"建军节;春分;冬至;二月二、龙抬头;复活节;鬼节;护士节;教师节;快乐节;腊月二十三;蒙古族春节等。

表 2-38　　　　　　　　重视节日的频次分布

重视的节日	回答次数		被访者百分比（%）
	有效个案	应答百分比（%）	
元旦	945	6.2	20.7
春节	4 098	26.9	89.8
元宵节	866	5.7	19.0
情人节	640	4.2	14.0
清明节	1 249	8.2	27.4
圣诞节	287	1.9	6.3
中秋节	2 158	14.2	47.3
七一	112	0.7	2.5
国庆节	1 348	8.8	29.5
重阳节	326	2.1	7.1
妇女节	280	1.8	6.1
端午节	807	5.3	17.7
父亲节	726	4.8	15.9
母亲节	853	5.6	18.7
儿童节	188	1.2	4.1
浴佛节	66	0.4	1.4
古尔邦节	181	1.2	4.0
其他	117	0.8	2.6
总　计	15 247	100.0	334.1

3. 缺少文化活动的原因。

人们没有参加文化活动的原因（见表 2-39），主要是没时间（38.6%）、无此类活动场所（37.3%）、费用太高（29.4%）、没必要去现场看（29.3%）、不感兴趣（21.5%）。从以上原因可以看出，文化活动的参与状况受到个人时间和相应文化设施的制约，同时较高的活动开销也影响到个人的文化活动参与。城乡比较发现，农村居民文化活动参与较少的主要原因中高于城市居民选项的是"无此类活动场所"，城市人高于农村人的原因有"很少有高质量的""没必要去现场看""不感兴趣"，可以概括为：农村人想参与文化活动，没有设施与机会；城市人不参与文化活动，是没有具备吸引力的活动。这体现了城乡对文化需求的不同。

表 2-39　　　　　　　　不能参加文化活动的原因

	频次	百分比（%）	累计有效百分比（%）
没时间	631	22.5	38.6
无此类活动场所	610	21.8	37.3
费用太高	481	17.2	29.4
没必要去现场看	479	17.1	29.3
不感兴趣	351	12.5	21.5
很少有高质量的	147	5.2	9.0
其他	57	2.0	3.5
买不到票	48	1.7	2.9
总　计	2 804	100.0	171.5

（二）阅读与媒体接触状况考察

在中国出版科学研究所组织实施的 2005~2006 年度《全国国民阅读调查》中，84.1% 的人认为在当今社会中，读书的作用对于个人的生存和发展来说是越来越重要了，有 13.0% 的人认为与前些年相比没有什么变化，有 2.9% 的人认为是越来越不重要。但与前几次调查结果相比较，读者认同"读书越来越重要"的比例比 2001 年的 92% 下降了 7.9 个百分点，降至了 1999 年以来的最低点（见图 2-20）。

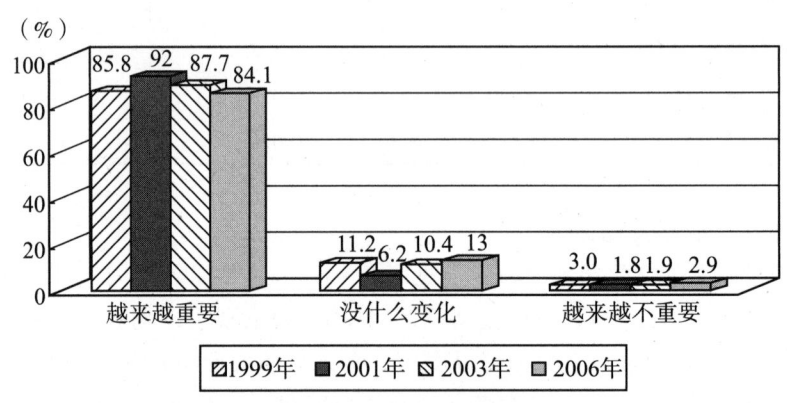

图 2-20　中国人对读书重要性的认同感

资料来源：http://www.chinapublish.com.cn/yw/200701/t2007on5_1869/.html。

传统价值观"万般皆下品，惟有读书高"强调了知识和读书的重要性，而对读书重要性的认同上在近些年呈下降趋势，但本课题组的调查发现，28.6% 的个案认为阅读非常重要，32.0% 个案认为阅读比较重要，也就是说，60.6% 的个案认为阅读在自己生活中具有重要的位置。而 22.4% 的个案认为阅读的意义一般，认为不重要的占 13.8%，另有 3.1% 的人并不清楚阅读对自己具有何种意义（见图 2-21）。前述中国出版科学研究所研究反映的是中国大中城市居民对阅读的态度，超过 80% 的个案认为读书会越来越重要，从本课题组调查考察的中国人对阅读重要性认知的有效百分比来看，与中国出版科学研究所的调查相一致，说明国人对阅读的重要性认识仍然比较高。

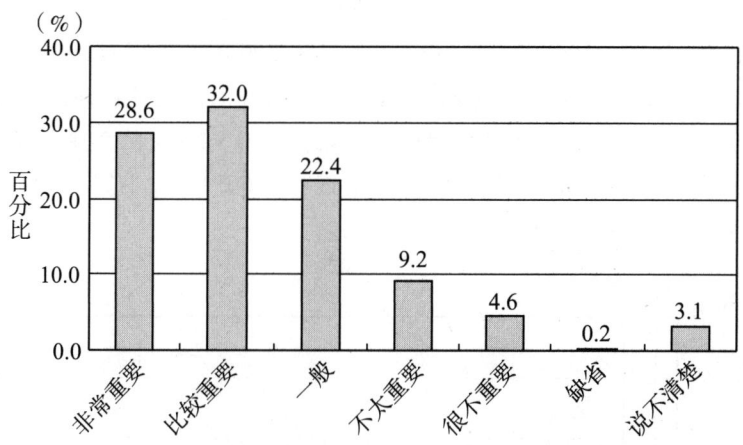

图 2-21 阅读在生活中的地位

图 2-22 进行了学历与阅读重要性的对应分析认为，落在从图形原点 (0, 0) 处出发相同方向上大致相同区域的不同变量的分类点彼此有联系。

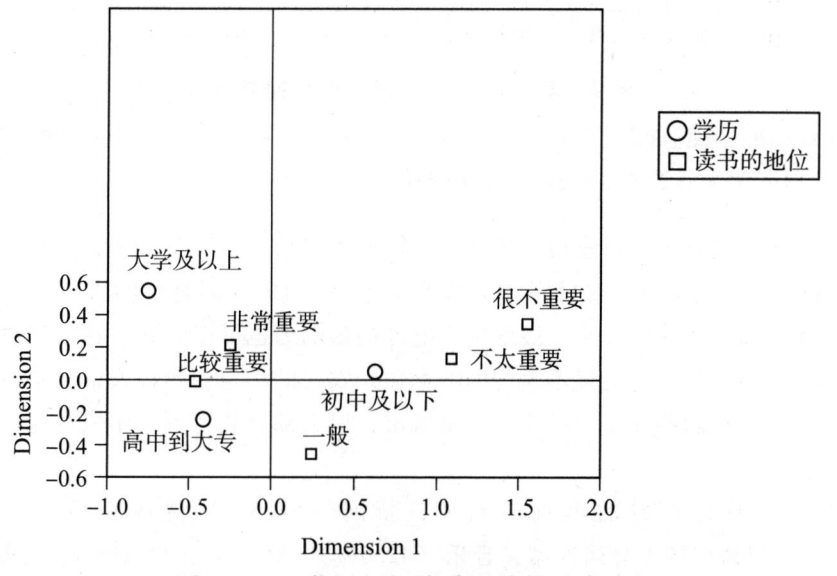

图 2-22 学历与阅读重要性的对应分析

据此解读图 2-22 可以得出：

高中到大专和阅读"比较重要"靠得非常近，两者之间存在关联，初中及以下与"不太重要"也存在关联，由于"很不重要"距离远点较远，而且基本可以看作是前两者的延长线上，所以初中及以下和"不太重要""很不重要"是有联系的。同时大学及以上和"非常重要"也存在着联系。由上可以得出，高学历者相对更高地评价阅读对自己的重要性，低学历者则相反。

央视市场研究公司 2003 年发布的《全国卫星频道覆盖率普查》显示，2003 年，全国电视观众总户数已达到 3.06 亿户，电视观众总人口数达到 10.7 亿人，全国平均电视机普及率达到 85.88%。本课题组调查的国人接触较多的传播媒介的结果表现出电视成为国人生活接触的第一媒体，有 92.2% 的个案选择电视作为日常生活接触的主要媒体，紧随其后的是报纸，占 60.3%，书籍与杂志的比例分别占 35% 左右（见图 2-23）。

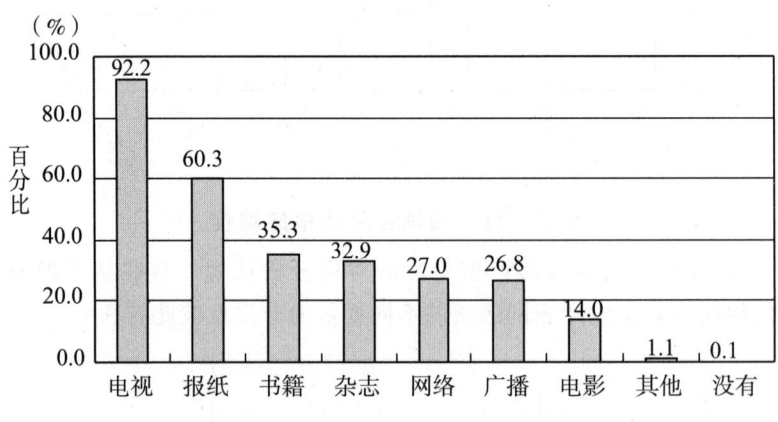

图 2-23 国人接触较多的传播媒介

资料来源：朱虹：《内地广播影视业发展状况与政策——在香港国际影视展和政策法规研讨会上的讲话》，载于《电视研究》，2003 年第 11 期。

新兴媒体网络则排位靠后，选择的比例为 27.0%，这和计算机的城市家庭普及率（26.23%）接近，农村家庭电脑普及率为 1.1%。调查访问人员在农村调查时发现，即使在一般经济发展区域，电脑的影响力也可以看到，在一般乡镇的街市与学校附近总会有规模不大的网吧存在，农村的学生和年轻人依然是电脑的主要接触者，接触的频率与时间尚不及城市，但大部分农村青少年依然能够接触网络。

在人们平时收看的电视节目中，新闻（53.5%）位居首位，连续剧（52.4%）以微弱的差异居次席，音乐（42.6%）、联欢会（30.8%）、纪实类节目（29.5%）等都有一定数量的受众（见表 2-40）。

表 2-40　　平时看电视、听收音机、看碟片经常欣赏的内容

欣赏的内容	回答次数		被访者百分比（%）
	频次	应答百分比（%）	
新闻	2 444	17.4	53.5
连续剧	2 392	17.0	52.4
音乐	1 947	13.8	42.6
联欢会	1 405	10.0	30.8
纪实类节目	1 349	9.6	29.5
电影	1 349	9.6	29.5
体育比赛	1 261	9.0	27.6
什么都看	672	4.8	14.7
时装表演或谈话类节目	601	4.3	13.2
传统戏曲	494	3.5	10.8
不怎么看	100	0.7	2.2
其他	58	0.4	1.3
总　计	14 072	100.0	308.2

对新闻的关注集中在收看央视晚七点的《新闻联播》，众多受访者认为《新闻联播》是了解国家大事和外部世界的主要渠道，在农村地区尤其如此。城市居民对新闻的获取不仅仅通过央视，地方电视台、香港电视台以及网络都是城市居民获取咨询的主要途径。

如何理解古典名著，可以看出国人如何获取知识和文化信息，不同的文化群体有不同的文化资源和文化学习能力。从图 2-24 的学历与理解《三国演义》的形式对应分析可以看出，大学及以上学历与小说有关联，高中到大专与连环画、电脑游戏相关联，初中及以下与电视、听评书、戏剧相关联。可以推断，高学历者更倾向于使用文字和抽象的方式获取信息、进行学习；中低学历的资讯获取形式更多依赖于生动、形象的情境再现，低学历者甚至需要通过他人以口头的方式来获取相对复杂的信息知识。

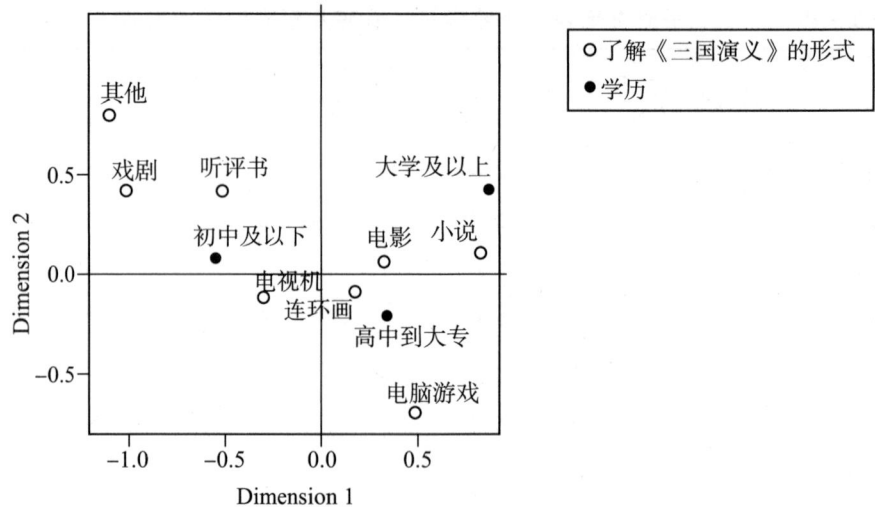

图 2-24 获取知识的途径与学历的对应分析

(三) 教育期望

对于子女的学历和文凭，国人有很高的期待，33.3%的个案希望自己的子女读书读到博士研究生水平，硕士研究生（20.9%），大学本科（32.6%）；不过仍有16.7%的个案选择顺其自然，他们认为子女应该自由发展，不一定非得以学历来限制和要求他们（见图2-25）。

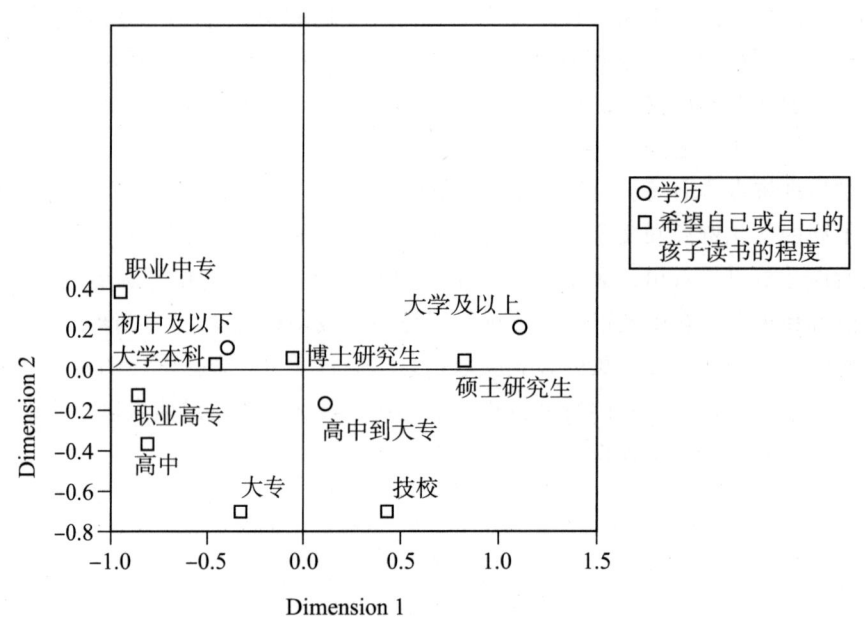

图 2-25 个案学历与子女教育期望对应分析

从上面的个案学历与子女学历期望的对应分析可以看出,博士研究生几乎是所有学历个案对子女教育和学历期望的青睐选项。初中及以下与大学本科有关联,可以看出低学历的个案对子女除了最高学历的期望外,主要是期望子女能够完成大学本科学业;大学及以上的个案偏向于期望子女获得硕士研究生学历。

(四) 生活节奏评价

1. 生活节奏的自我评价。

从图2-26可以看出,忙碌状况和年收入有很大的相关性。年收入在3 000元以下的个案靠近不太忙、不忙的位置,0.5万~2万元之间的个案靠近忙碌状况为一般的位置,2万~5万元段的个案的忙碌状况靠近比较忙位置,5万元以上、10万~20万元段以及20万元以上与非常忙相关。

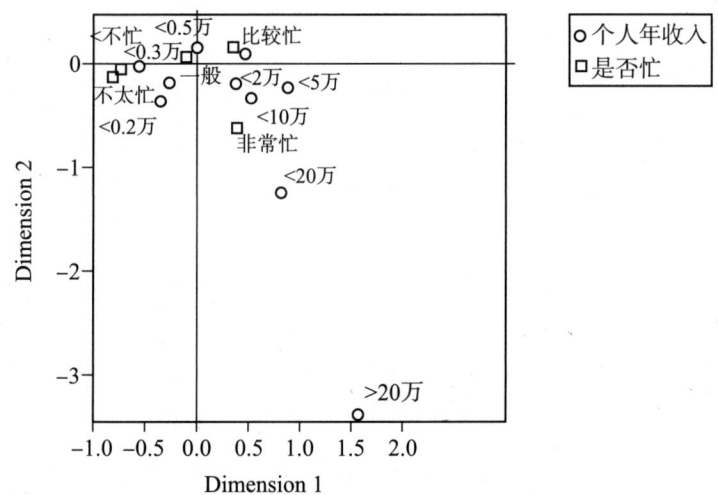

图2-26 个人年收入与忙碌状况的对应分析

2. 闲暇时间活动的考察。

生活与工作的紧张、忙碌已经成为了现代社会的主要标志,同时,合理的、高质量的休闲生活则是衡量一个社会幸福指数的重要指标。

20世纪70年代末80年代初我们已经改变"日出而作,日落而息""全国一台戏"的生活窘局,休闲生活的多元化趋势逐渐明显,随着人们经济水平、教育水平的不断分化,人们的休闲方式也发生了群体性变化,呈现出不同的集体休闲特征,休闲方式某种意义上也是种生活方式区划的主要指标,有人把这种休闲为主的因素产生的生活方式差异称之为"品位"差异。

在表2-41中的19个被选休闲活动之中,可以划分为娱乐性休闲、学习性休闲、身心建构型休闲、社交性休闲、事务性休闲、排遣式休闲等，其中排名靠前的休闲活动主要是娱乐性、身心健康建构型的休闲活动，人际事务性休闲活动紧随其后，学习型和爱好型休闲活动是近 10 年人们日常生活领域出现的新的休闲模式。

表 2-41　　　　　　　　　　闲暇时间的活动内容

活动内容	回答次数		被访者百分比（%）
	有效个案	应答百分比（%）	
看电视、听收音机、读报	3 174	22.7	69.6
与亲友聚会	1 610	11.5	35.3
做家务	1 277	9.1	28.0
玩电脑、上网或打游戏	1 132	8.1	24.8
打扑克或麻将	1 080	7.7	23.7
体育运动	938	6.7	20.6
听音乐	845	6.0	18.5
在家享受天伦之乐	706	5.0	15.5
出去吃饭购物	681	4.9	14.9
业余爱好	655	4.7	14.4
什么都不做	495	3.5	10.9
外出旅行	334	2.4	7.3
学习	284	2.0	6.2
去博物馆、图书馆或书市	227	1.6	5.0
开车或骑车兜风	171	1.2	3.7
参加社会活动	119	0.9	2.6
其他	119	0.9	2.6
泡吧	81	0.6	1.8
去教堂或寺庙	69	0.5	1.5
总计	13 997	100.0	306.8

根据我们的调查，在每一类休闲模块中又顺应时代发展出现新的具体的休闲活动。例如，娱乐性休闲模块中，网络活动高居前列，占有 24.8% 的百分比，总体看近 1/4 的个案把网络作为自己闲暇时的主要活动选项。网络的咨询和游戏功能为各个年龄段的个案所接受，尤其在青年人中，选择网络作为主要活动内容的

比例分别为：青年人（16~29岁年龄段）45.9%，中青年（30~44岁年龄段）16.4%，中年人（45~59岁年龄段）10.4%，老年人（60~70岁以上年龄段）5.1%。

在工作之外，目前城市的"充电"与学习已经不再是时髦，工作之外的专业学习与兴趣学习已经成为不少人周末与长假的主要活动内容，选择"业余爱好"的个案在各个年龄段的比例都在14%左右，"学习""去博物馆、图书馆或书市"的选择上，青少年表现尤为突出，10.9%的青年人把学习当作休闲的主要内容，中老年的比例则下降到5%以下。

另外，从总体上看，中国人的休闲还处于相对被动（如做家务、吃东西等）的状态。被访者提到的其他休闲生活方式还包括：保健、睡觉、织毛衣、祈祷、逛庙会等。本次调查的第一位（看电视、听收音机、读报）与马惠娣、张景安的调查（2001）相一致。说明经过5年的时间，中国人在闲暇时间支配上没有质的变化，但是通过具体项目的比较，我们发现，中国人主动（比如体育运动、旅游等）利用闲暇时间的比重比2001年有所增加。另外，我们发现，日本在2004年的调查（《国势调查》）除第一位也是看电视、读报等与我们的调查结果相同之外，其主动休闲时间的支配状况明显高于本课题组的本次调查。其中外出旅行和从事自己的业余爱好两个方面都要高出本课题组的本次调查30个以上的百分点。

3. 不同学历人群和不同性别的休闲状况

为了进一步搞清楚休闲的具体状况，我们提供了不同学历和性别人群休闲状况的比较，具体结果如图2-27所示。

总体上看，各个学历层次的个案在一些传统休闲活动的选择上有相似的比例：欣赏影视和阅读报刊方面，初中及以下、高中到大专、大学及以上三个层次的个案选择率都在70%左右；业余爱好、亲友聚会、社会活动方面，三个层次个案的选择比例差异都保持在很小的范围之内。不同学历个案在休闲活动上既有相似之处，也有存在较大差异的休闲选择，这种差异性反映出了不同学历层次个案在人文涵养、经济差异、忙碌程度之上的分化：网络活动的参与是各个学历层次之间差异最大的休闲项目，三个学历的选择百分比呈现出明显的区别和递增趋势，8.7%的初中及以下个案闲暇活动主要是网络游戏和网络活动、32.7%的高中到大专个案选择了网络活动、大学及以上的个案闲暇时间进行网络活动的比例达到56.1%，每递增一个学历层次，参与网络活动的比例就递增24个百分点。呈递增趋势的休闲活动还包括体育运动、上图书馆、学习、外出旅行、吃饭购物等方面。而某些活动的群体差异体现呈现出低见趋势，例如打扑克或麻将、做家务、宗教活动。

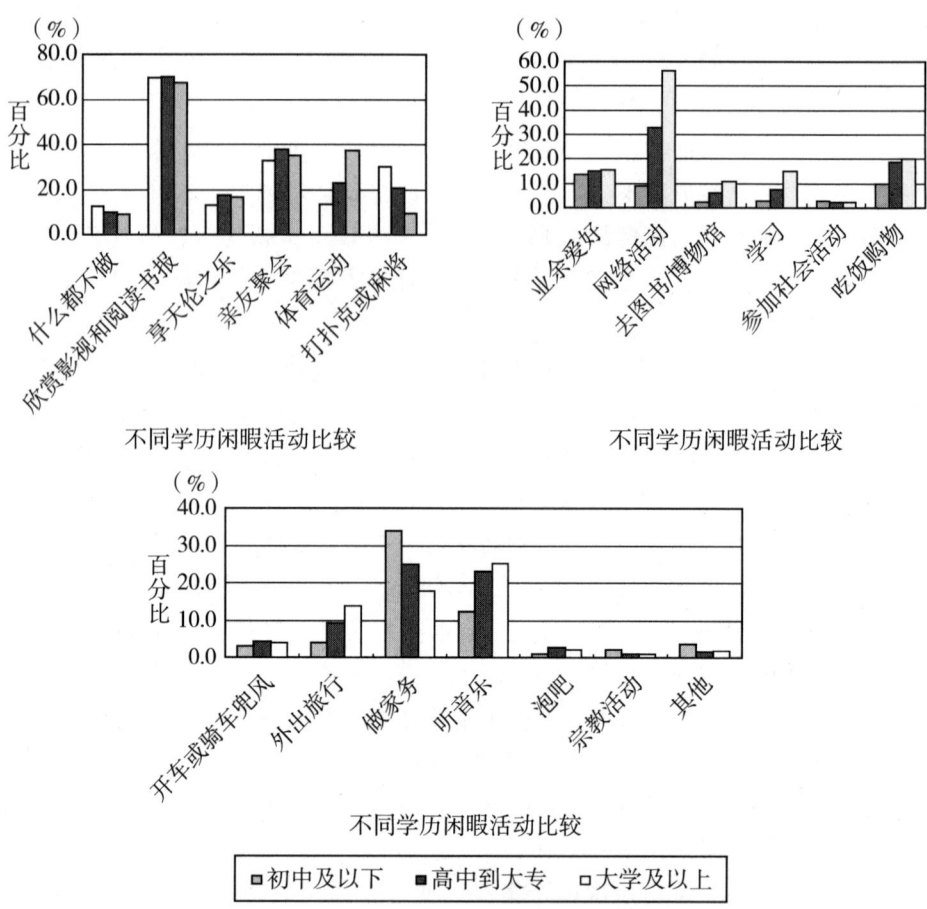

图2-27 不同学历人群休闲状况比较

通过性别的比较分析可以看出，男性青少年更喜欢把闲暇时间用在一些刺激性节目上，这些娱乐休闲项目需要投入大量的体力和精力，以动态项目为主；而女性的活动得文雅闲适许多，且主要是静态节目。男性比例占优势的休闲项目主要有体育运动、打扑克或麻将、业余爱好、网络活动、开车或骑车兜风等方面，女性占优势的项目主要为家务、吃饭购物、欣赏影视和阅读报刊。这些特征和我们传统上对性别活动差异的认识相一致（见图2-28）。

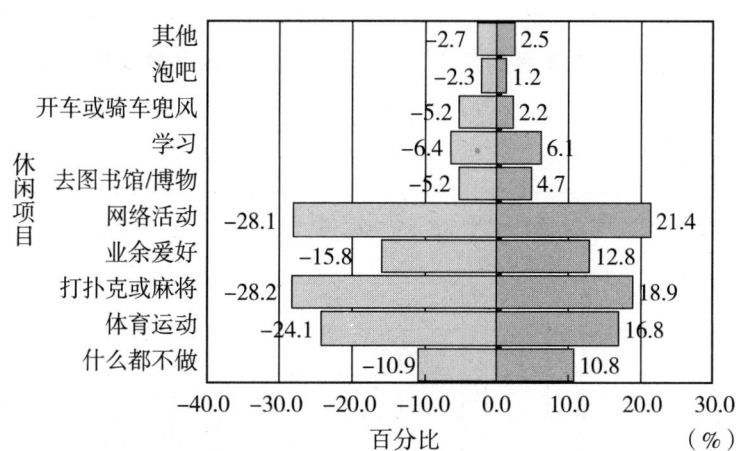

男性优势项目休闲性别比较

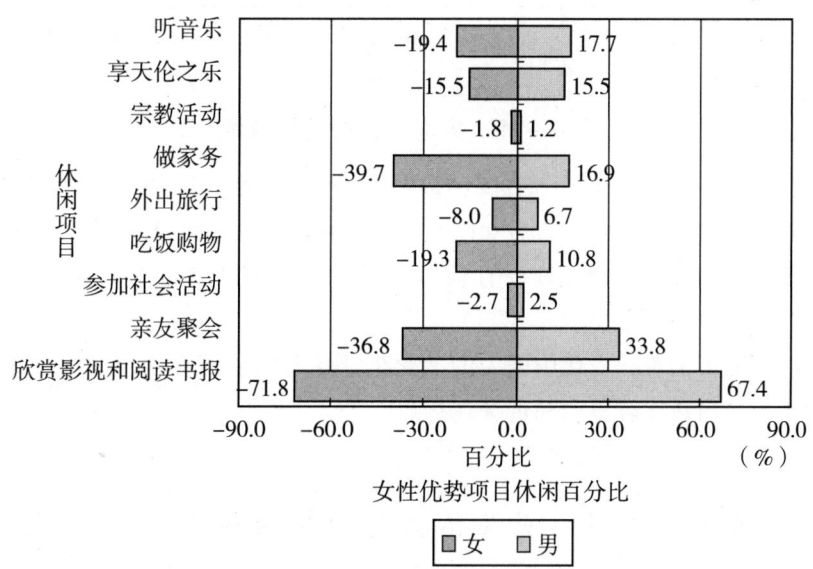

女性优势项目休闲百分比

图 2-28 不同性别休闲状况比较

(五) 家庭收入支配状况

如图 2-29 所示，在家庭可支配收入中，教育（35.0%）成为人们集中选取的消费项目，衣着（34.2%）次之，用于社交的朋友交往（29.6%）和请客送礼（14.9%）也占有一定比例，孝敬老人（28.9%）也是家庭开支的主要部分，其他方面诸如娱乐（12.8%）、购书（12.7%）、业余爱好（9.6%）、化妆品（7.5%）所占比例都不大。由此可见，用于家庭自身活动与运转的开支并不占据国人可支配收入的主要部分，人们的开销很大一部分用于教育投入、社会交往和供养老人上，家庭的外部开支压力较大，家庭自身的娱乐与运转开支较少。

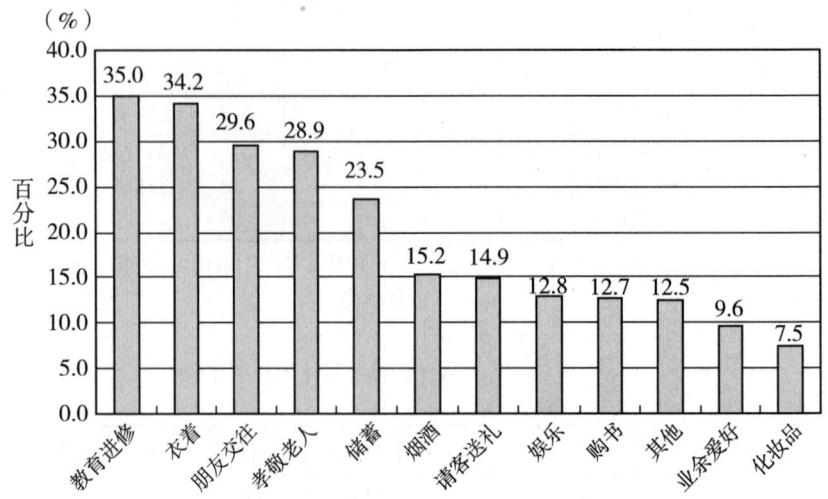

图 2-29　家庭支出的具体领域

另外，衣着（34.2%）、烟酒（15.2%）和化妆品（7.5%）的比例几乎呈现等比数列，衣着可以解释为男女以及这个家庭的开销，而烟酒与化妆品则有性别的差异，可以看出，相比较女性需求（化妆品）的开销，男性需求（烟酒）的开销在家庭中更为重要。

从以上分析来看，当代中国人的文化生活还基本停留在传统的大众模式上，并且文化产品消费比较单调和传统。

三、有关被访者心灵生活状况的数据解读

根据上一章所述对心灵生活的理解，我们从两个方面来解读当代中国人的心灵生活状况。第一，被访者的信仰状况；第二，当代中国人的价值观状况。

（一）被访者信仰状况

为了分析这个问题，我们通过以下两个方面进行解读：第一，宗教信仰状况；第二，对人生和命运等的看法。

1. 被访者的宗教信仰状况。

如图 2-30 所示，有 1 435 人有宗教信仰，选择宗教类型的次数是 2 284，说

明有些人不止一个宗教信仰。在所有的宗教信仰中,信仰佛教的最多,分别占全部回答次数33.1%和全部个案数52.7%;其次是"祖先保佑"。信仰天主教的最少,分别占全部回答次数和全部个案数的6.1%和9.7%。这里很值得关注的是除了信仰佛教以外,中国人信仰最多的是祖先保佑。

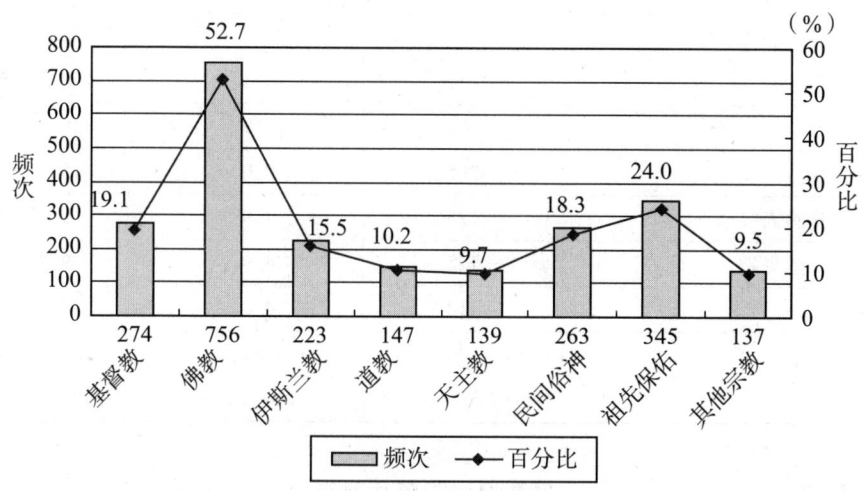

图 2-30 中国人宗教信仰的分布状况

为了进一步了解被访者信仰宗教的动机,我们又提供了两个相倚性问题,即信仰宗教的原因和不信教的原因是什么。

如表 2-42~表 2-44 所示,在有宗教信仰的人中,有 1 361 人对信仰宗教的原因做了 2 552 次选择。其中由于"告知做人道理,与人为善"信教的最多,分别占全部回答次数和全部个案数的 24.1%和 45.1%。除了"其他"外,被访者选择最少的原因是"治病",分别占全部回答次数和全部个案数的 4.4%和 8.3%。

表 2-42　　　　　　被访者宗教信仰情况统计概要

	个　案					
	有效值		缺失值		总计	
	频次	百分比(%)	频次	百分比(%)	频次	百分比(%)
宗教信仰	1 435	31.4	3 134	68.6	4 569	100

表 2-43　　　　　　　有宗教信仰的原因的频次分布

有宗教信仰的原因	回答人数 频次	回答人数 百分比（%）	回答人数百分比（%）
告知做人道理，与人为善	614	24.1	45.1
精神充实、心境安宁	517	20.3	38.0
保佑顺利	411	16.1	30.2
家人影响	406	15.9	29.8
消除灾祸	205	8.0	15.1
宗教文化感人	125	4.9	9.2
没原因，感兴趣	125	4.9	9.2
治病	113	4.4	8.3
其他	36	1.4	2.6
总计	2 552	100.0	187.5

表 2-44　　　　　　　信教原因的统计概要

	个案 有效值 频次	有效值 百分比（%）	缺失值 频次	缺失值 百分比（%）	总计 频次	总计 百分比（%）
有宗教信仰的原因	1 361	29.8	3 208	70.2	4 569	100

如表 2-45 和表 2-46 所示，在没有宗教信仰的人中，有 3 134 人对不信仰宗教的原因做了 4 943 次选择。其中由于"没兴趣"不信教的最多，分别占全部回答次数和全部个案数的 20.4% 和 31.4%。除了"其他"外，被访者选择最少的原因是"易受他人操纵"，分别占全部回答次数和全部个案数的 5.0% 和 7.7%。另外，还有很多被访者提出了自己不信的很具体原因（见表 2-47）。

表 2-45　　　　　　　不信教原因的频次分布

没有宗教信仰的原因	回答人数 频次	回答人数 百分比（%）	回答人数百分比（%）
没兴趣	1 008	20.4	31.4
不解决实际问题	948	19.2	29.5
是无神论者	732	14.8	22.8
是迷信活动	703	14.2	21.9

续表

没有宗教信仰的原因	回答人数		回答人数百分比（%）
	频次	百分比（%）	
没有理由	697	14.1	21.7
是虚无缥缈的东西	535	10.8	16.7
易受坏人操纵	246	5.0	7.7
其他	74	1.5	2.3
总　计	4 943	100.0	154.0

表 2-46　　　　　不信教原因的统计概要

	个　案					
	有效值		缺失值		总计	
	频次	百分比（%）	频次	百分比（%）	频次	百分比（%）
没有宗教信仰的原因	3 134	68.6	1 435	31.4	4 569	100

表 2-47　　　　　其他不信教的原因

半信半疑	共产党员	农民把地种好就好了
不理解什么是信教什么是不信教	汉族人，不信教	骗人的
不能持之以恒，不轻易做一个决定	记不住条条框框的	说不清
不确定超验是否存在	浪费时间	问题靠自己解决
不是全信	老一辈人就不信	信教对人的影响不大
不知道，反正现在没有	没空	信马列主义
党员不能信教	没钱	信钱不信其他
都是心理作用	没时间	信仰共产党
共产党人不信神	没有机会信	信自己，不用信教
共产党宣传的结果	没有时间	祖先就不信
理论实践都未证实宗教、信仰	没有信的必要	年轻
忙	没这个传统	没接触过
没必要信	没到时间	

图 2-31 显示了被访者对信教的人与不信教的人的心态差异的评价。在 3 447 个有效样本中，认为"心态没什么差别"的最多，占 43.2%；其次是"好

一些",占 27.5%;认为"好多了"的最少,占 7.5%。

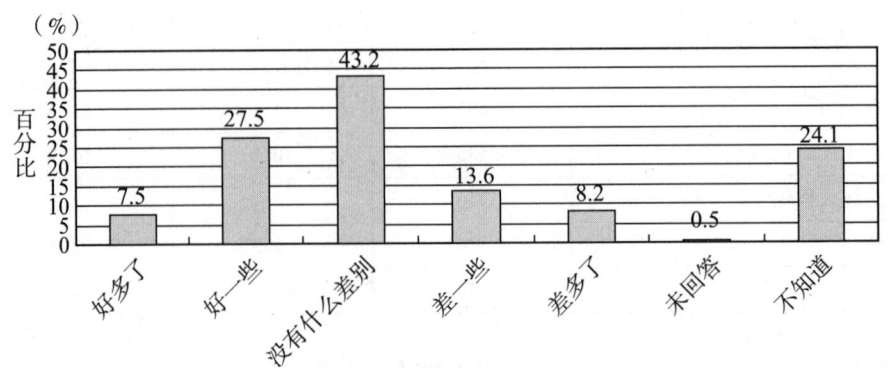

图 2-31 信教与不信教人的心情状况

2. 被访者对人生和命运等的看法。

(1) 对生活意义的思考。

从图 2-32 我们发现,只有 27.5%的人回答经常思考生活的意义。

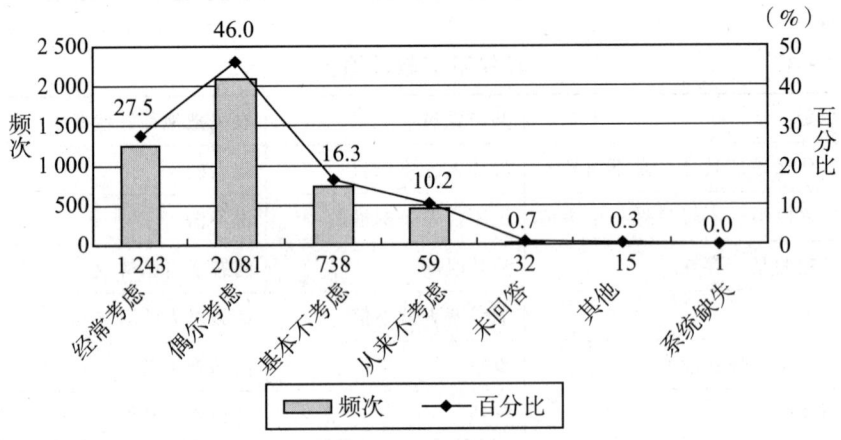

图 2-32 是否考虑过生活意义的分布状况

如图 2-33 所示,我们给定了 10 种职业,让被访者选择如果他们都很有钱,哪些人生活得有意义。结果显示,对此问题共有 4 549 个人做了 13 237 次选择。其中,认为科学家生活有意义的在所有回答次数和个案数中的比重最大,选择银行家的在所有回答和个案数中的比重最小。这一结果与我们在上海市做的调查结果基本相似。上海市的顺序分别为科学家、慈善家、教师、艺术家、医生,银行家也是排在最后。

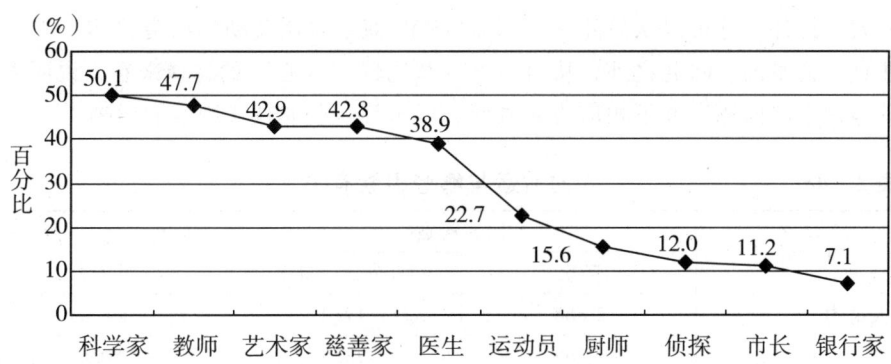

图 2-33 哪类人生活比较有意义

如图 2-34 所示，调查中，我们考察了人们是通过什么途径认识人生的道理的。并且根据各种途径对认识人生道理影响程度的不同，分别赋予分值 1~5 分，分值越高，影响程度越大。数据显示，有 2 542 人通过"政治学习"认识人生的道理，选择影响程度 5 分的人最多；有 3 810 人通过"长辈的教导"认识人生的道理，选择影响程度是 5 分的最多；有 3 640 人通过"同龄人交流"认识人生的道理，选择影响程度是 4 分的最多。有 1 566 人通过"宗教"认识人生的道理，影响程度选择 1 分的人最多。被访者提到的其他认识人生道理的途径包括：从自然中领悟、经验教训、工作。

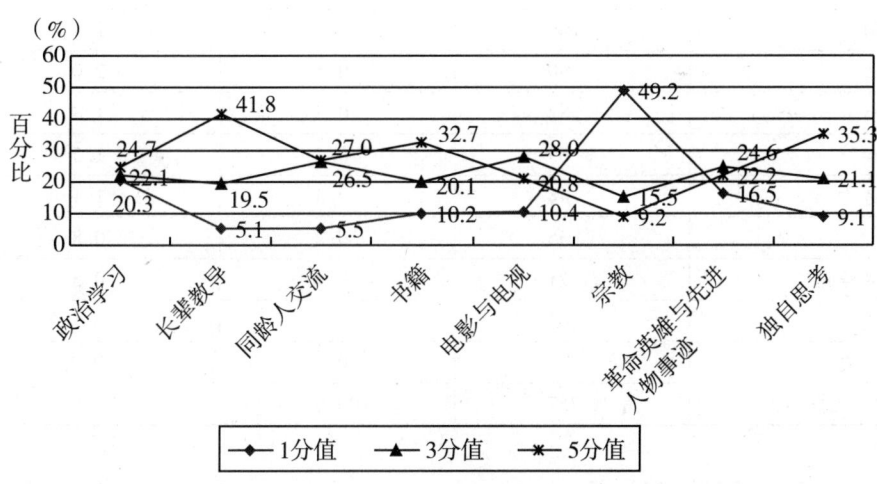

图 2-34 认识人生道理途径极值百分比

（2）对命运的认识。

如表 2-48 所示，被访者认为影响人生命运的前五位（40%以上）要素均基于比较现实的判断，其中 50% 以上的人均认为是个人努力、教育和家庭背景，说明在被访者的内心深处认为改变社会地位和实现社会流动受到这几方面的影响非常大。另外，这可以从另外一个侧面反映出我国阶层流动的渠道总体上是畅通的并且是公平的。除此之外，从对另外一些比较"唯心"的选择来看，说明人们在具体命运的问题上并不相信诸如血型、风水等这些非现实因素的影响。

表2-48　　　　　　　　人的命运与哪些因素有关

因　素	回答次数		回答人数总百分比（%）
	频次	百分比（%）	
个人努力	2 888	17.2	64.4
教育	2 268	13.5	50.6
家庭背景	2 248	13.4	50.1
机遇	2 171	13.0	48.4
个人能力	1 789	10.7	39.9
社会关系	1 544	9.2	34.4
性格类型	1 159	6.9	25.9
生辰八字	779	4.6	17.4
遗传	746	4.5	16.6
血型	317	1.9	7.1
风水	222	1.3	5.0
年龄	127	0.8	2.8
性别	109	0.7	2.4
国籍	90	0.5	2.0
星座	82	0.5	1.8
民族	69	0.4	1.5
户籍	48	0.3	1.1
皇历	35	0.2	0.8
数字号码	21	0.1	0.5
其他	43	0.3	0.1
都无关	2	0	0
总　计	16 757	100.0	373.8

（3）对"来世"的认识。

如图2-35所示，我们设置了一个对"这辈子做好事，下辈子就会得好报"如何理解这样一个问题，以考察中国人对待"来世"的态度问题。数据显示只有27.1%的人表示不相信有下辈子的说法，而表示绝对相信和有些相信的人却远远超过了不相信的人数。另外，对这句话的理解被访者还提出了其他的理解方式，但是出乎意料的是回答"其他"的答案完全一致，即被访问者都回答为"虽然不相信,但还是应该做好事"。这个问题与前面宗教的信仰状况和对命运的看法一题形成了比较鲜明的对照。即通过这个问题我们发现,被访者在宗教和命运问题这些比较具体的问题上虽然比较现实,但是在对于"来世"这种相对模糊的问题上却表现了一种独特的"浪漫性格"。

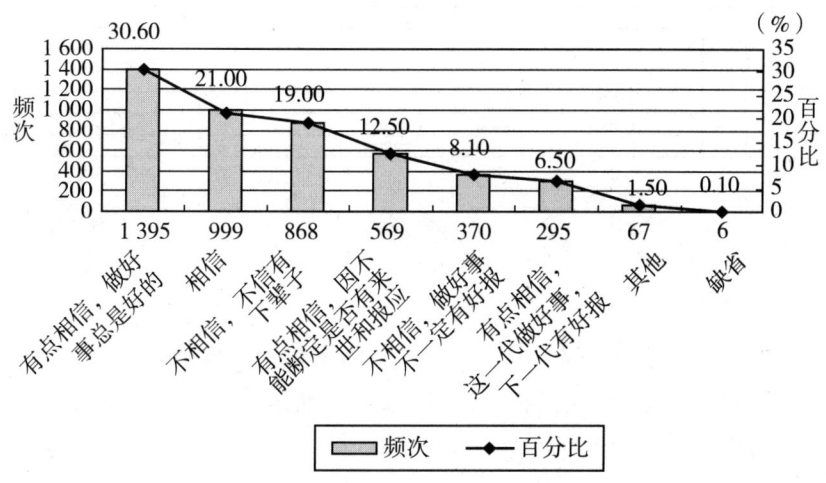

图 2-35　中国人对"来世"的认识

与此问题相关,我们还设计了另外一个情景性问题以试图考察中国人对待"自我(包括孩子、父母)"与"来世"的态度。如图 2-36 所示,在这个情境测试中,我们假设一个人开车把一位老大妈撞倒后逃跑。他找到巫师算命,让被访者选择这个人最怕巫师说哪句话。在 3 854 个有效样本中,选择"自己大祸临头"的最多,其次为"孩子""自己内疚""父母",选择下辈子有恶报的最少。

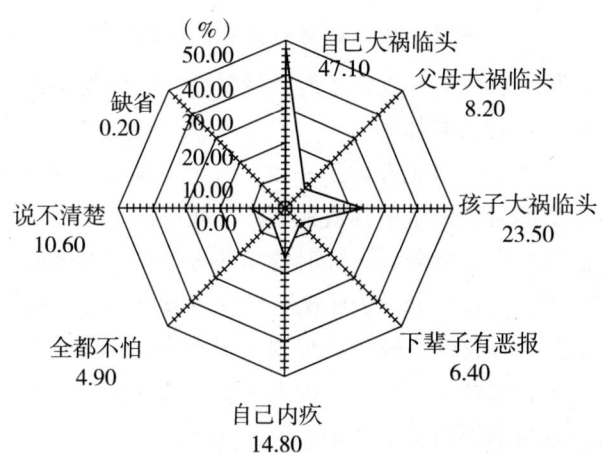

图 2-36　中国人对自我与来世的认识

(4) 中国人对"人性（善与恶）"的认识。

如图 2-37 所示，我们认为绝大多的被访者对"人之初，性本善"这句话是持肯定态度的，说明在中国人的精神世界中对"善"的认同程度相当高。

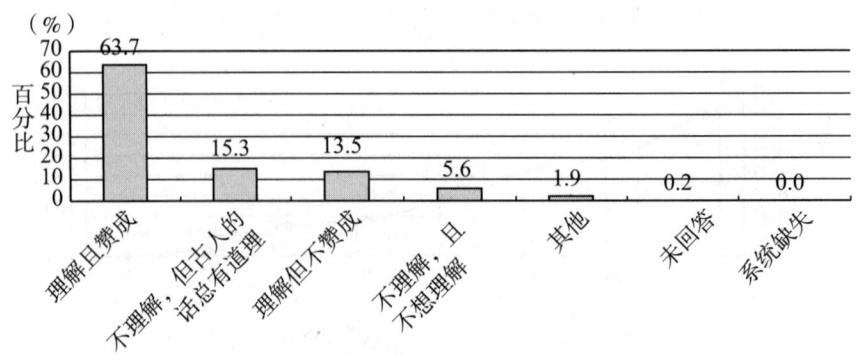

图 2-37 对"人之初，性本善"的理解

与人们对待"善"的认同相关，如图 2-38 所示，我们发现被访者对雷锋精神充满了期待。

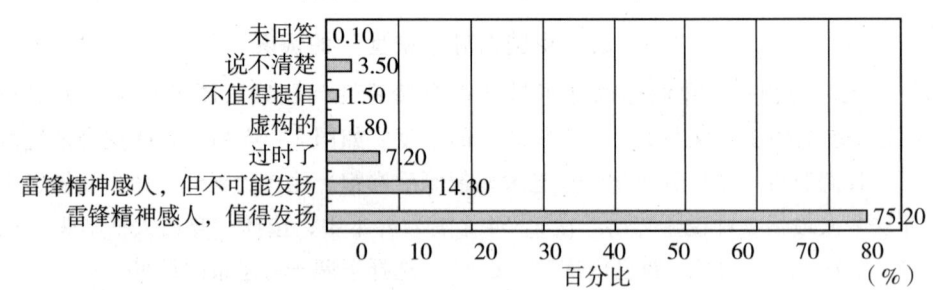

图 2-38 对雷锋精神的理解

与这两个问题相关，我们又设定了两个情景性问题以观察被访者对这种"与人为善、助人为乐"精神的具体理解。

我们设置了"一个小男孩走路跌了一跤，流了不少血。您为办一件急事正好路过现场，穿着破旧的男孩父亲求你借他 100 元钱送孩子上医院，并保证一定会把钱如数归还。假如您身上带着钱，那时候您的态度可能怎么办"这样一个情景问题。如表 2-49 所示，在 4 569 个有效样本中，选择"先给钱"的最多；选择"一起求其他人借钱"的最少。被访者提出了其他一些理由，包括：好事难做，恐怕会带来麻烦；视自己的工资而定；说不清楚。从这个问题来看，有七成多的人都会选择把钱给这位需要救助的父亲。

表 2-49　　　　　　　对路边助人问题的认识状况

问　　题	频次	百分比
先给钱，钱肯定不会还	1 731	37.9
给一点表示同情	682	14.9
对方保证还钱，给钱	606	13.3
不相信，不给钱	539	11.8
钱会还，但不需要，送钱给他	435	9.5
自己钱不多，没钱借别人	166	3.6
写借条	97	2.1
与我无关，不给钱	85	1.9
赶快走开	63	1.4
一起求其他人借钱	37	0.8
其他	118	2.6
缺省	10	0.2
总　计	4 569	100

那么在被访者的心目中，对各种不同群体做好事的情况是如何判断的呢？我们也提供了以下一个情景问题来解读（见图2-39）。

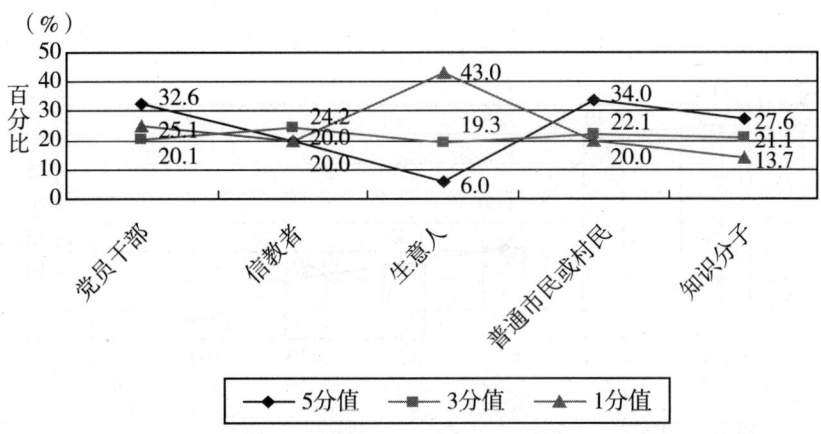

图 2-39　不同群体做好事可能性百分比比较

表 2-50　　　　　　　不同群体做好事的统计概要

样本	党员干部	信教的人	生意人	普通市民或村民	知识分子
有效值	3 099	2 826	2 601	3 544	3 197
缺失值	1 470	1 743	1 968	1 025	1 372

为了观察被访者对不同群体做好事情况的判断,我们设置了"几户人家的公用空间上放了一些垃圾,不知哪家邻居悄悄把垃圾清除掉了。您觉得最可能做这件好事的会是谁?"这样一个问题。数据显示,有3 544个被访者认为垃圾是普通市民清理掉的,在所有选择中频次最大;其次是知识分子、党员干部、信教的人,认为是做生意的人最少。对于每个被测试的人群,我们赋予1~5分的分值,分值越高,可能性越大(见图2-39、表2-50)。与前述关于各种不同群体生活意义的评价相似,这个问题更加具体地给出了中国人对不同阶层群体"助人为乐"精神的评价。这个结果与我们在上海市做的调查有所不同,上海市的顺序是党员干部、普通市民、知识分子、信教的人、生意人。

(5)对不同时代精神状况的判断。

如图2-40显示,被访者对不同时代人精神生活丰富与充实状况的判断顺序为:第一代人(参加建国、建党的那一代);第六代人(八九十年代出生,对信用卡、无厘头、QQ习以为常);第三代人(新中国成立前后出生,年轻时参加过"学雷锋"、"红卫兵"、"上山下乡");第五代人("文革"期间出生,"文革"以后读高中、上大学);第二代人(新中国成立前后参加工作,大跃进的主力);第四代人(50年代末60年代初出生,"文革"时期读中小学)。我们看到,各有三成以上的人认为第一代和第六代人的精神生活最丰富、最充实。也就是说,在中国人的精神世界中对稳定与繁荣状态下的精神追求是比较高的。

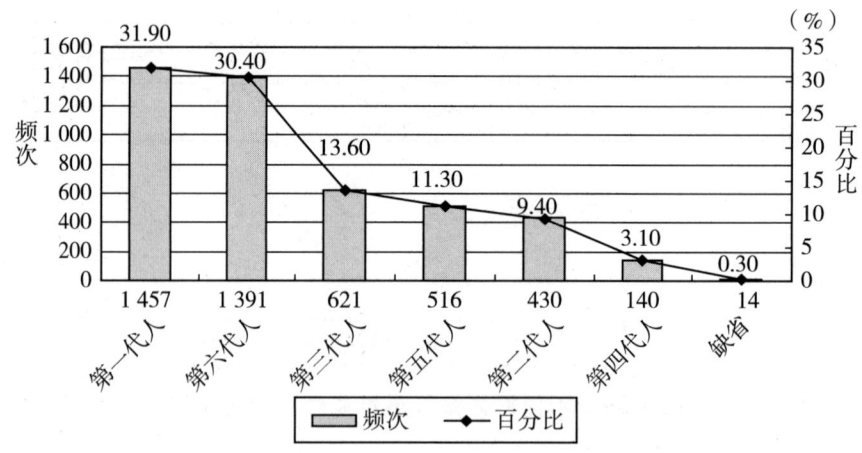

图2-40 中国人对不同时代人精神生活状况的评价

为了观察不同群体对这一问题的看法,我们提供了这一问题与不同年龄阶段和不同学历人群的交叉状况,以进一步了解被访者对这一问题判断的深层次原因。

表 2-51　不同学历人群与认为各代人精神充实的交互分布　　单位：%

学历	第一代人	第二代人	第三代人	第四代人	第五代人	第六代人
小学结业以下	25.1	6.0	10.6	2.6	7.2	48.5
小学	27.1	3.3	10.4	4.2	8.0	46.9
初中	27.4	9.3	15.8	3.9	9.6	33.9
高中或中专	32.2	11.1	12.9	2.5	13.5	27.8
大专	37.3	11.5	14.9	2.4	13.7	20.1
大学	44.0	9.1	13.1	2.6	11.4	19.8
硕士研究生	50.0	21.9	3.1	0.0	12.5	12.5
博士研究生	30.8	7.7	7.7	0.0	38.5	15.4
其他	0.0	16.7	16.7	0.0	16.7	50.0

如图 2-40、表 2-51 所示，我们发现一个有意思的规律，随着学历的增高，人们认为第一代人精神生活丰富、充实的比重也在增高；而对认为第六代人精神生活丰富、充实的状况正好呈一种完全相反的趋势。

如表 2-52，我们发现各年龄段人群的认同状况是一致的，即年龄与精神生活丰富、充实判断之间没有显著性的差异。另外我们发现，处于年龄两头的两个阶段的人群一般能够对自己的生活时代给予最高的评价。换言之，第一代人和第六代人自身对自己所处时代的精神生活质量能够给出很高的评价，表现了对自我的高程度认同；而其他年龄段人群对自己所处时代的精神生活状况的评价却不高，表现为数据上不一致。

表 2-52　不同年龄段人群与认为各代人精神充实的交互分布　　单位：%

年龄（岁）	第一代人	第二代人	第三代人	第四代人	第五代人	第六代人
16~29	28.7	7.3	14.8	2.3	15.6	31.3
30~44	32.2	10.2	14.2	3.3	10.2	30.0
45~59	34.1	11.3	12.8	3.9	7.9	30.0
60~70 以上	41.0	10.8	7.5	3.3	6.0	31.3

与此问题相关，我们又提供了另外一个问题以观察中国人对不同时代社会生活的看法。具体结果如图 2-41 所示：

比较出乎我们预料的是，我们的数据（见图 2-41）显示只有 6.2% 的人希望生活在目前这样的社会中，而更期待生活在前三种社会之中（图 2-41 中纵轴从下向上前三位）。

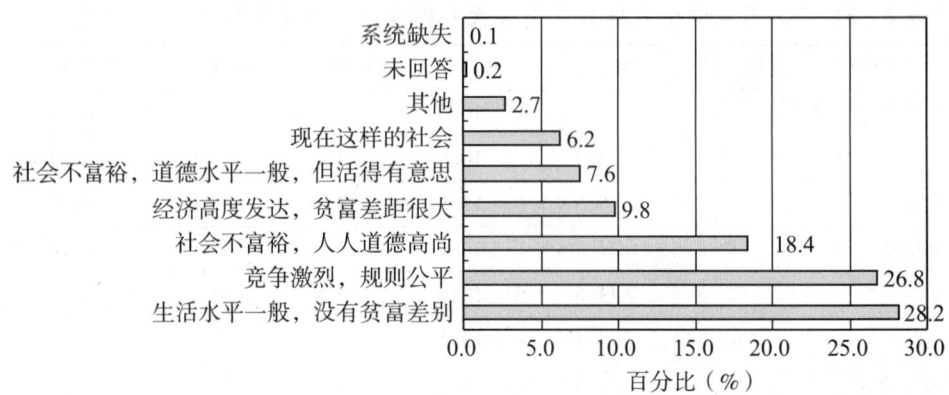

图 2-41 愿意生活的时代

为了进一步了解不同群体对这个问题的看法,我们分别做了其与职业、学历、地域、收入的交叉(见表2-53)。

表 2-53　　　　　不同职业与理想社会的交互分布　　　　　单位:%

职　业	生活水平一般,没有贫富差别	经济高度发达,贫富差距很大	竞争激烈,规则公平	社会不富裕,人人道德高尚	社会不富裕,道德水平一般,但活得有意思	现在这样的社会	其他
管理人员	23.2	9.3	32.9	17.7	8.9	5.9	2.1
专门的技术人员	17.2	8.3	39.4	20.9	7.0	4.2	2.9
普通办事人员	24.8	9.1	31.8	18.2	8.3	5.7	2.1
营业人员	24.8	12.0	28.7	20.1	6.3	5.7	2.4
服务人员	31.6	9.4	23.9	18.8	9.0	4.3	3.0
产业工人	26.7	11.4	30.8	19.0	7.0	3.3	1.8
从事农林牧渔业者	38.4	12.7	13.8	14.1	7.6	10.1	3.4
家庭主妇	34.5	9.9	17.1	22.4	8.2	6.3	1.6
学生	22.5	6.4	35.7	19.2	7.2	5.6	3.3
军人	21.4	7.1	21.4	28.6	21.4	0.0	0.0
宗教团体神职人员	14.3	0.0	71.4	14.3	0.0	0.0	0.0
其他	34.6	9.2	20.1	16.9	8.2	7.2	3.7

如表2-53所示,我们发现不同职业的人群对理想社会类型的判断不同。认

为"生活水平一般,没有贫富差别"是较理想的社会前三位的职业是:从事农牧渔业者、家庭主妇、服务人员。这显示从事竞争能力很低职业的人员显然倾向于生活在竞争程度低的社会,与事实相符。与此相关,认为"竞争激烈,规则公平"是理想社会类型前三位的人员是:专业技术人员、学生、管理人员,这与前者形成了鲜明的对照,即有较强竞争能力的人员更希望生活在有竞争力的社会之中。认为"现在这样的社会"是较理想社会前三位分别是:从事农牧、渔业者、管理人员、普通办事人员和营业人员,这显示了他们对目前生活状况的满足并追求稳定的心态。

如表2-54所示,认为"生活水平一般,没有贫富差别"和"竞争激烈,规则公平"的人群明显呈现相反的倾向,即收入在5 000~10 000元这个档次的人成为两类人群判断走向分化的"界点",呈反向分布;而认为"现在这样的社会"是理想社会的状况随着收入的提高分值在下降,说明收入越高的人越渴望公平竞争的社会,而处于收入平均水平的人群更渴望没有贫富差距的社会。

表2-54　　　　　　　收入与理想社会交互　　　　　　　单位:%

收入（元）	生活水平一般,没有贫富差别	经济高度发达,贫富差距很大	竞争激烈,规则公平	社会不富裕,人人道德高尚	社会不富裕,道德水平一般,但活得有意思	现在这样的社会	其他
1 000以下	31.7	9.5	25.6	15.7	7.6	5.5	4.4
1 000~2 000	33.8	12.1	14.6	16.7	10.0	10.3	2.6
2 000~3 000	33.4	9.9	18.4	18.0	8.6	9.4	2.4
3 000~5 000	30.5	8.5	26.0	20.2	7.0	5.7	2.1
5 000~1万	24.0	10.6	30.8	20.3	6.5	4.9	2.9
1万~2万	18.5	9.9	39.9	12.9	9.9	6.0	3.0
2万~5万	16.0	9.7	42.3	20.6	5.7	5.1	0.6
5万~10万	16.2	17.2	38.4	14.1	6.1	6.1	2.0
10万~20万	11.1	11.1	55.6	11.1	11.1	0.0	0.0
20万以上	10.0	0.0	50.0	30.0	10.0	0.0	0.0

如表2-55所示,与收入状况与理想社会的交互状况相同,认为"生活水平一般,没有贫富差别"和"竞争激烈,规则公平"的人群明显呈现相反的倾向。

学历越低的人更希望生活在"生活水平一般,没有贫富差别"的社会中,相反,学历越高对"竞争激烈,规则公平"社会的期望就越高。

表 2-55　　　　　　　　　学历与理想社会交互　　　　　　　　单位:%

学　历	生活水平一般,没有贫富差别	经济高度发达,贫富差距很大	竞争激烈,规则公平	社会不富裕,人人道德高尚	社会不富裕,道德水平一般,但活得有意思	现在这样的社会	其他
小学结业以下	42.4	8.9	9.7	14.4	6.4	14.4	3.8
小学	39.0	13.0	10.9	16.5	9.2	9.5	1.9
初中	35.6	11.1	20.0	16.7	7.7	6.4	2.5
高中或中专	25.9	10.2	29.5	20.8	6.3	4.7	2.7
大专	17.2	8.9	38.5	19.4	7.6	6.3	2.1
大学	14.0	5.4	44.4	18.2	9.7	3.6	4.7
硕士研究生	12.5	3.1	53.1	18.8	9.4	3.1	0.0
博士研究生	15.4	7.7	30.8	38.5	0.0	7.7	0.0
其他	0.0	0.0	16.7	33.3	16.7	33.3	0.0

如表 2-56 所示,我们发现男性与女性关于"生活水平一般,没有贫富差别"和"竞争激烈,规则公平"的认识有微弱的差异。即男性更渴望竞争的社会,女性比较倾向于稳定的社会。

表 2-56　　　　　　　　　性别与理想社会交互　　　　　　　　单位:%

性　别	生活水平一般,没有贫富差别	经济高度发达,贫富差距很大	竞争激烈,规则公平	社会不富裕,人人道德高尚	社会不富裕,道德水平一般,但活得有意思	现在这样的社会	其他
男	25.5	11.3	29.9	17.4	7.2	6.1	2.7
女	31.2	8.3	23.7	19.5	8.0	6.5	2.8

(二) 当代中国人的价值观状况

为了搞清楚中国人的价值观念变化状况,我们把调查问卷中的 25 个问题归类为以下八个方面进行探讨：性与男女两性关系；婚姻与家庭；职业与工作；金钱与道德；政治与法制；人与自然；知识与教育；信仰与宗教。

1. 性与男女两性关系。

关于男女平等如图 2-42 所示，我们发现对男女平等表示同意的人数高达 93.4%。

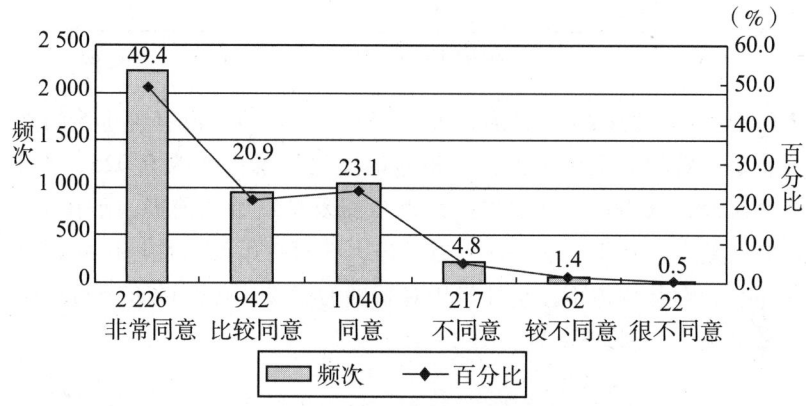

图 2-42 男女平等的分布状况

但是，通过这一问题与性别交互分析的卡方检验，我们发现，没有小于 5 的格值，认为卡方检验是有效的。显著性水平约为零，所以拒绝原假设，认为性别维度与"男女平等"认知有显著性差异。女性相比较男性对"男女平等"价值观的认同高于男性。从性别与"男女平等"价值理念的交互图可以看出（见图 2-43，表 2-57），虽然总体上男性和女性对男女平等理念都有较高的认同，但是男性对"男女平等"这一选项的认可度低于女性，而持否定态度的比例高于女性。

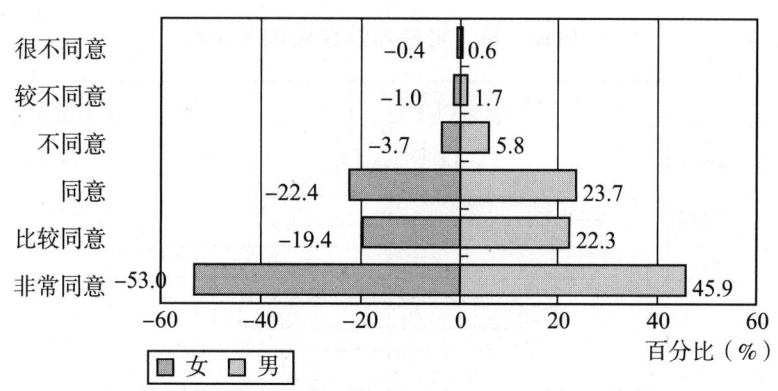

图 2-43 不同性别对"男女平等"认识的比较

表 2-57　　　性别与"男女平等"的卡方检验

	Value	df	Asymp. Sig. (2-sided)
Pearson Chi-Square	32.182（a）	5	0.000
Likelihood Ratio	32.377	5	0.000
Linear-by-Linear Association	24.821	1	0.000
N of Valid Cases	4 509		

a. 0 cells （0.0%）have expected count less than 5. The minimum expected count is 10.72.

关于婚姻与性经验的关系，通过表2-58卡方检验，没有小于5的格值，认为卡方检验是有效的。皮尔逊卡方值检验的显著性水平约为0.025，小于0.05，所以拒绝原假设，认为性别维度与"性别与相爱是结婚的前提，不在乎性经验"认知有显著性差异。从折线交互图可以看出，在对待婚姻与性经历问题上，女性相对保守一些，女性群体更注重性经历对婚姻的意义，传统的贞操与忠诚对女性的影响大于男性。（见图2-44、图2-45）

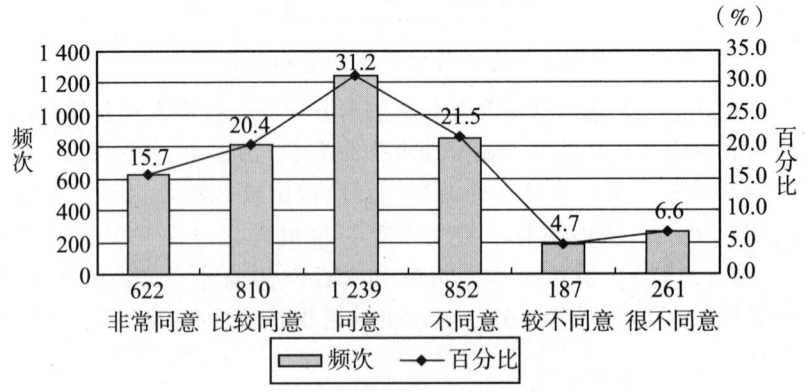

图 2-44　婚姻与性经验的关系

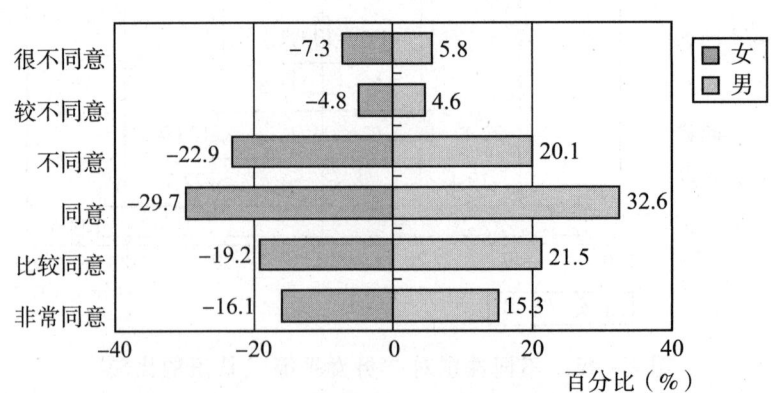

图 2-45　不同性别就"相爱是结婚的前提，不在乎性经验"理解的比较

表2-58　性别与"相爱是结婚的前提,不在乎性经验"的卡方检验

	Value	df	Asymp. Sig. (2-sided)
pearson Chi-Square	12.788 (a)	5	0.025
Likelihood Ratio	12.792	5	0.025
Linear-by-Linear Association	3.692	1	0.055
N of Valid Cases	3 971		

a. 0 cells (0.0%) have expected count less than 5. The minimum expected count is 90.37.

关于"男女平等"与"学得好不如长得好,干得好不如嫁得好"的关系把"男女平等"态度的同意与不同意的六个程度维度选项重新定义为二分变量,即"同意"和"不同意",与女性外貌与婚嫁"优势"进行的交互比较。在卡方检验中,没有小于5的格值,认为卡方检验是有效的(见表2-59)。显著性水平约为零,所以拒绝原假设,认为"男女平等"与"学得好不如长得好,干得好不如嫁得好"认知有显著性差异。同意"男女平等"的个案对"学得好不如长得好,干得好不如嫁得好"的支持率明显低于不同意"男女平等"的个案,其对"学得好不如长得好,干得好不如嫁得好"的反对强度也高于不同意"男女平等"的个案。从本交互比较可以看出,人们的男女平等思想具有一致性和可迁移性,支持男女平等的个案基本都不支持女性的容貌和婚嫁"优势",而反对"男女平等"的个案则坚持认为"学得好不如长得好,干得好不如嫁得好"(见图2-46)。

如图2-47显示在性别与"学得好不如长得好,干得好不如嫁得好"的交互比较中发现,男性略偏向于认可女性的容貌与婚嫁"优势"给女性带来的积极意义,而作为直接的"当事人",女性则选择否定这种"优势"。

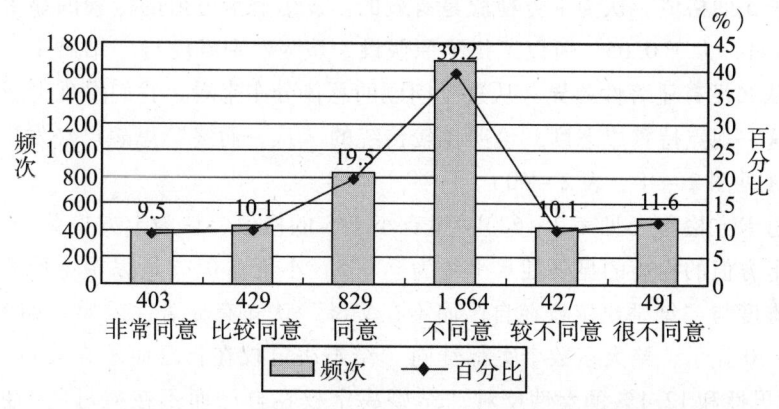

图2-46　学得好不如长得好,长得好不如嫁得好

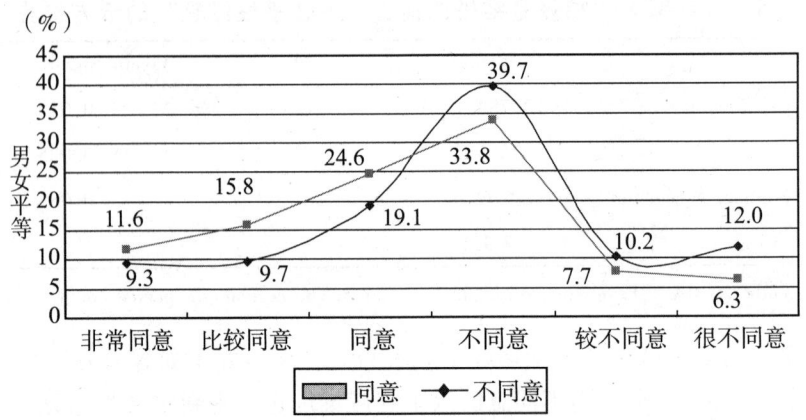

图 2-47 "男女平等"与"学得好不如长得好,干得好不如嫁得好"交互

表 2-59 "男女平等"与"学得好不如长得好,干得好不如嫁得好"的卡方检验

	Value	df	Asymp. Sig. (2-sided)
Pearson Chi-Square	15.340（a）	5	0.009
Likelihood Ratio	15.389	5	0.009
Linear-by-Linear Association	12.255	1	0.000
N of Valid Cases	4 243		

a. 0 cells (0.0%) have expected count less than 5. The minimum expected count is 197.56.

2. 婚姻与家庭。

关于性别差异与婚姻不幸福就离婚的关系,通过卡方检验(见表 2-61),没有小于 5 的格值,认为卡方检验是有效的。皮尔逊卡方值的检验的显著性水平约为 0.141,大于 0.05,所以不拒绝原假设,认为性别维度与"结婚不幸福就要离婚"认知没有显著性差异。从这个问题的总体分布来看,我们发现七成以上的人都对这一观点持赞成态度,说明比较传统的"从一而终"思想已经发生了巨大的变化(见图 2-48、表 2-60)。

通过卡方检验(见表 2-62),没有小于 5 的格值,认为卡方检验是有效的。皮尔逊卡方值的检验的显著性水平约为 0.005,小于 0.05,所以拒绝原假设,认为性别维度与"结婚决定权在自己而不在父母"认知有显著性差异。如图 2-49 和图 2-50 显示,绝大多数个案都赞同"结婚决定权在自己而不在父母",只有 9.2% 的男性和 12.1% 的女性反对"结婚决定权在自己而不在父母"。在具体折线图上,男性赞同的强度略高于女性。

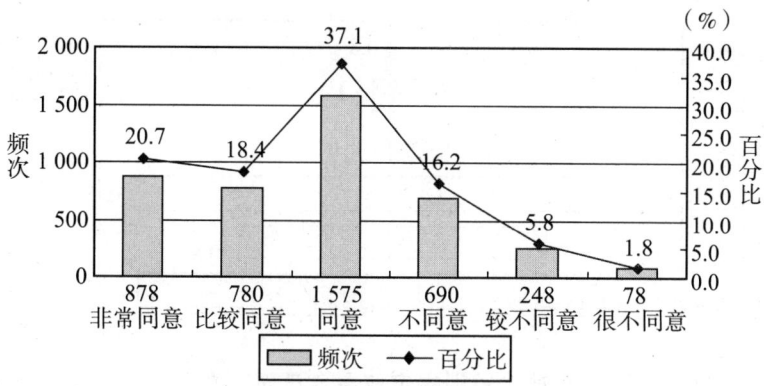

图 2-48 婚姻不幸就应该离婚

表 2-60　　　性别差异与"婚姻不幸福就离婚"交互　　　单位：%

性别	婚姻不幸福就要离婚						总计
	非常同意	比较同意	同意	不同意	较不同意	很不同意	
男	19.5	17.9	38.3	16.9	5.4	2.0	100.0
女	21.9	18.9	35.8	15.5	6.3	1.7	100.0
总计	20.7	18.4	37.1	16.2	5.8	1.8	100.0

表 2-61　　　性别与"婚姻不幸福就要离"的卡方检验

	Value	df	Asymp. Sig. (2-sided)
Pearson Chi-Square	8.291	5	0.141
Likelihood Ratio	8.293	5	0.141
Linear-by-Linear Association	2.913	1	0.088
N of Valid Cases	4 249		

a. 0 cells (0.0%) have expected count less than 5. The minimum expected count is 37.87.

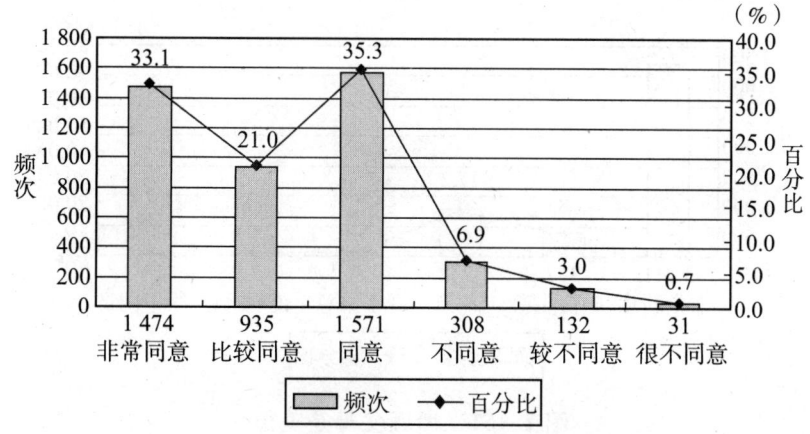

图 2-49 婚姻的决定权在自己而不在父母

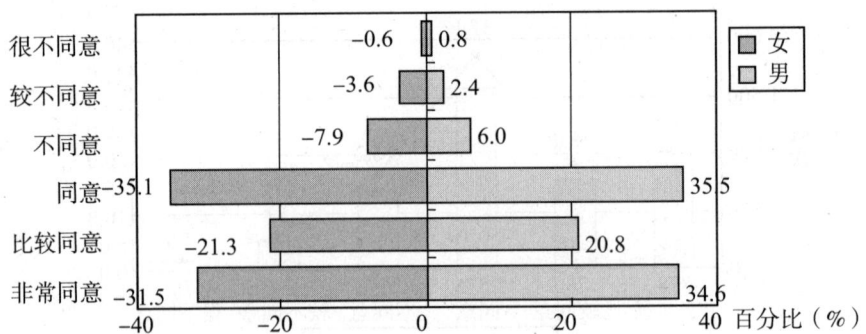

图 2-50　不同性别对"婚姻决定权在自己而不在父母"认识的比较

表 2-62　性别与"结婚决定权在自己不在父母"的卡方检验

	Value	df	Asymp. Sig. (2-sided)
Pearson Chi-Square	16.670	5	0.005
Likelihood Ratio	16.709	5	0.005
Linear-by-Linear Association	7.734	1	0.005
N of Valid Cases	4 451		

a. 0 cells (0.0%) have expected count less than 5. The minimum expected count is 15.03.

如图 2-51 所示，我们发现调查中 96.9% 的人对孝敬父母是中华民族的传统美德这一说法表示赞同。与前几组数据的对比来看，我们发现中国在婚姻决定权等具体事情上虽然主张以自我为中心，但是，他们对于父母的孝敬还是持非常肯定的态度，而且从交叉分析来看，图 2-52 显示不同学历的人对这个问题的认识趋势基本相同。其他，从收入、城乡分布来看也没有巨大的差异性。

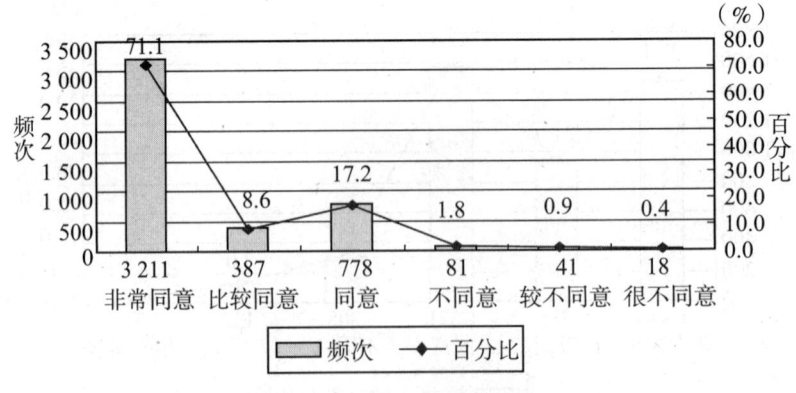

图 2-51　孝顺父母是美德

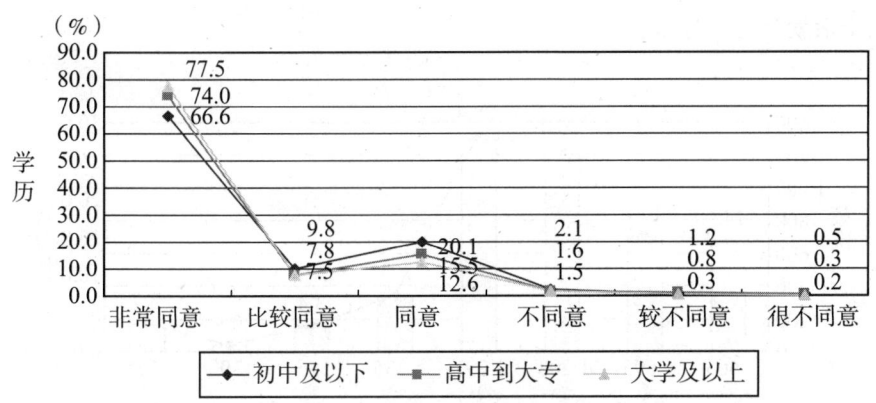

图 2-52 学历与"孝顺父母"交互

与此相关，我们又提出了一个对有关光宗耀祖思想的问题（见图 2-53），具体如下：

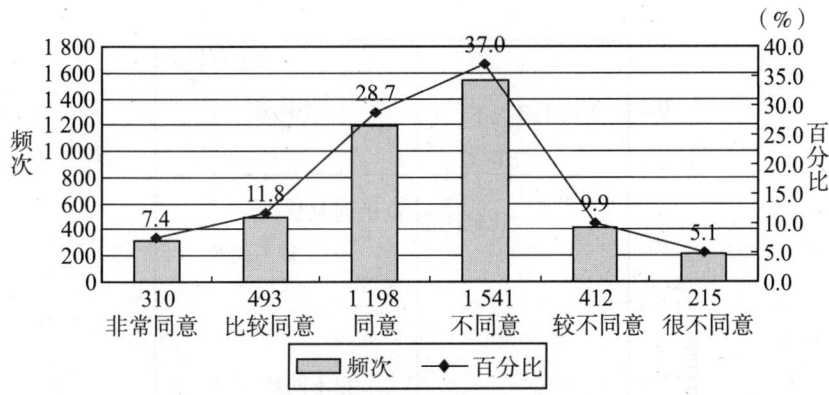

图 2-53 光宗耀祖的思想过时了的认同状况

从这组数据来看，我们发现其分布状况与前一个问题呈正相关系。即在被访者的精神世界中光宗耀祖思想还有很大的存在空间（占回答总数的52%）。而且从各种文化程度人群与这一思想的交叉状况来看没有显著性的不同。

3. 职业与工作。

学历的显著性水平为0，小于0.05，认为在总体中，个人学历与"干活都是为了挣钱"有显著性差异。G系数为0.213，同序对比异序对多，说明个人学历的高低与"干活都是为了挣钱"的认可度高低呈现同向变化的比异向变化的多，即总体中更多的人是"个人学历越高，'干活都是为了挣钱'的认可度越低"，这种相关性较强（见图2-54、表2-63）。

从图2-55看出，对工作意义的认识与学历的高低有较大的相关性，初中及以下的学历者对该命题有极大的认可度，高中以及大学以上的回答者则偏向于不同意干活就是为了挣钱。

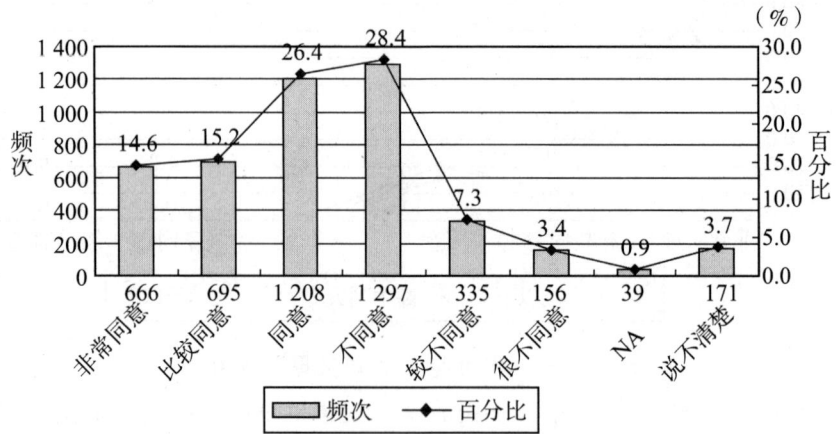

图 2-54　干活都是为了挣钱其他只是借口

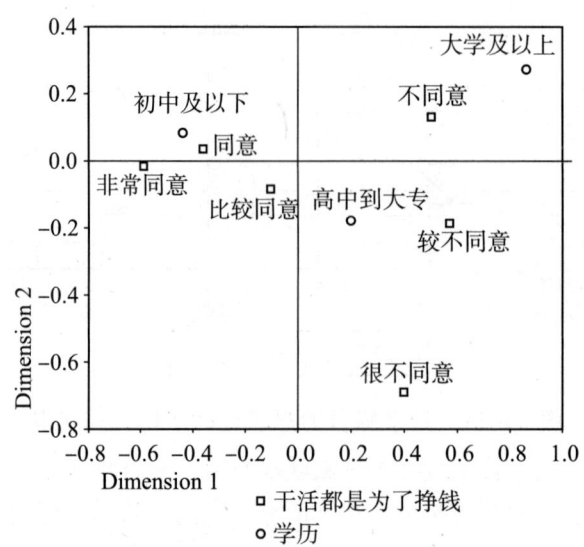

图 2-55　学历与"干活都是为了挣钱"对应分析

表 2-63　　　　学历与"干活都是为了挣钱"G 值检验

	Value	Asymp. Std. Error[a]	Approx. T[b]	Approx. Sig.
Gamma	0.213	0.018	11.552	0.000
N of Valid Cases	4 351			

a. Not assuming the null hypothesis.
b. Using the asymptotic standard error assuming the null hypothesis.

与此问题相关，我们又提出了一个有关团队精神方面的问题，具体回答如

表 2 – 64、表 2 – 65 所示。

表 2 – 64　　　　　团队精神比个人奋斗重要　　　　　　　单位：%

学　历	团队精神比个人奋斗重要						总计
	非常同意	比较同意	同意	不同意	较不同意	很不同意	
初中及以下	23.8	18.6	45.6	7.7	2.7	1.5	100.0
高中到大专	23.1	22.8	40.7	9.2	3.1	1.1	100.0
大学及以上	24.5	23.4	33.7	13.0	4.0	1.4	100.0
总　计	23.6	21.0	42.0	9.0	3.1	1.3	100.0

表 2 – 65　　学历与"团队精神比个人奋斗重要"G 值检验

	Value	Asymp. Std. Error[a]	Approx. T[b]	Approx. Sig.
Gamma	– 0.007	0.021	– 0.354	0.723
N of Valid Cases	4 193			

a. Not assuming the null hypothesis.
b. Using the asymptotic standard error assuming the null hypothesis.

从以上回答来看，有八成以上的被访者对团队精神持肯定态度。而且通过 G 检验，我们发现：学历的差异与团队合作没有显著性。

4. 金钱与道德。

关于金钱与道德从图 2 – 56 的数据分布状况来看，我们发现有 2/3 的回答者对"钱多了，人容易变坏"这一命题持赞同态度。

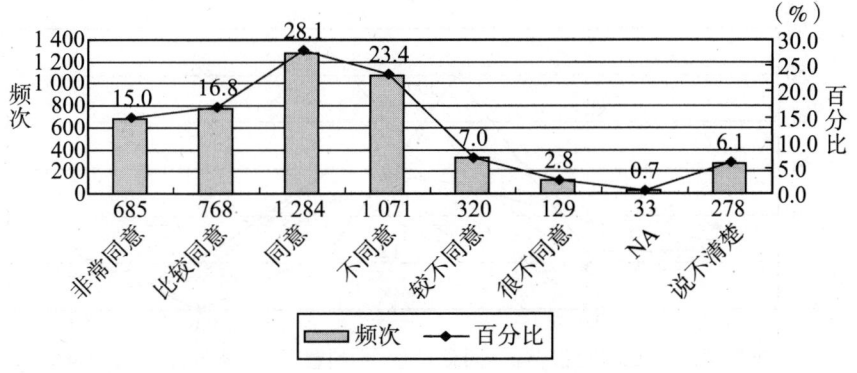

图 2 – 56　钱多了，人容易变坏

关于个人年收入与道德的关系中可看出个人年收入的显著性水平为 0，小于 0.05，认为在总体中，个人年收入与"钱多了，人就容易变坏"有显著性差异。G 系数为 0.057（见表 2 – 67），同序对比异序对多，说明个人年收入的高低与

"钱多了，人就容易变坏"的认可度高低呈现同向变化的比异向变化的多，即总体中更多的人是"个人年收入越高，'钱多了，人就容易变坏'的认可度越低"，这种相关性较弱。

比较有趣的是个人收入在 10 万～20 万元之间的个案高度认可"钱多了，人就容易变坏"，同意的百分比达到 75%；而 20 万元以上的高收入者中有 77.8% 的个案不同意。其他中低收入者则较为一致地同意"钱多了，人就容易变坏"（见表 2-66、图 2-57）。

表 2-66　　　　个人年收入与"钱多了，人就容易变坏"　　　单位：%

个人年收入（元）	钱多了，人就容易变坏					
	非常同意	比较同意	同意	不同意	较不同意	很不同意
1 000 以下	14.4	18.8	26.9	29.8	7.3	2.8
1 000～2 000	23.1	16.4	34.0	17.4	7.0	2.1
2 000～3 000	21.5	18.7	30.1	20.6	5.8	3.3
3 000～5 000	17.7	19.7	30.8	22.3	6.4	3.2
5 000～1 万	12.6	17.4	31.3	27.5	8.6	2.5
1 万～2 万	9.1	19.2	28.8	32.0	8.2	2.7
2 万～5 万	11.7	19.6	29.4	27.0	9.8	2.5
5 万～10 万	13.8	9.2	29.9	29.9	10.3	6.9
10 万～20 万	12.5	12.5	50.0	12.5	0.0	12.5
20 万以上	0.0	0.0	22.2	55.6	22.2	0.0
总　计	16.2	18.4	30.2	25.0	7.3	2.9

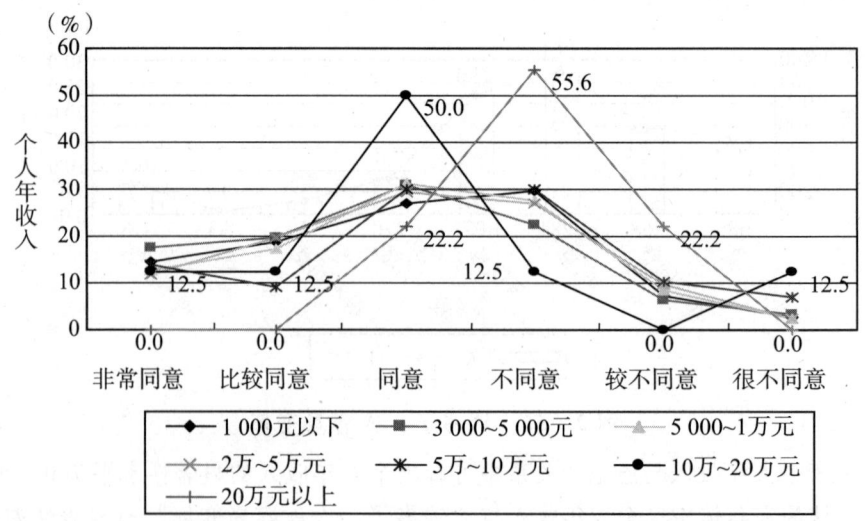

图 2-57　个人年收入与"钱多了人就变坏"交互

表 2-67　　个人年收入与"钱多了人就容易变坏"G 值检验

	Value	Asymp. Std. Error[a]	Approx. T[b]	Approx. Sig.
Gamma	0.057	0.016	3.648	0.000
N of Valid Cases	4 058			

a. Not assuming the null hypothesis.
b. Using the asymptotic standard error assuming the null hypothesis.

与此问题相关，我们给出了另外两个问题，以试图进一步了解被访者对与金钱相关的一些问题的看法。具体回答结果如图 2-58、图 2-59、表 2-68 所示：

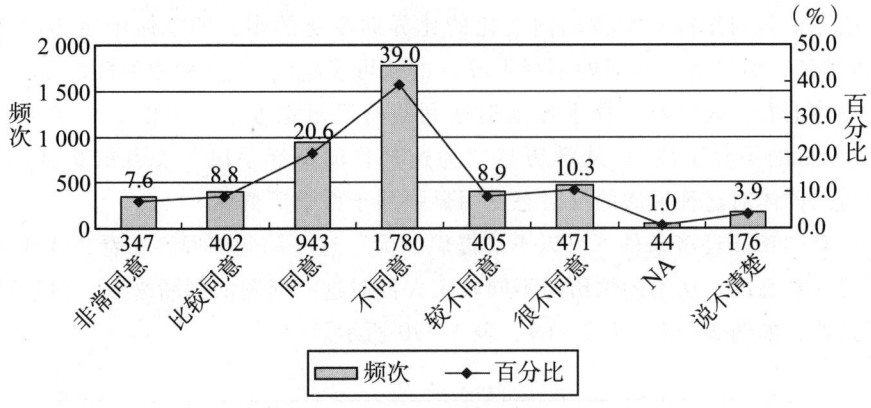

图 2-58　为了目的可以不择手段

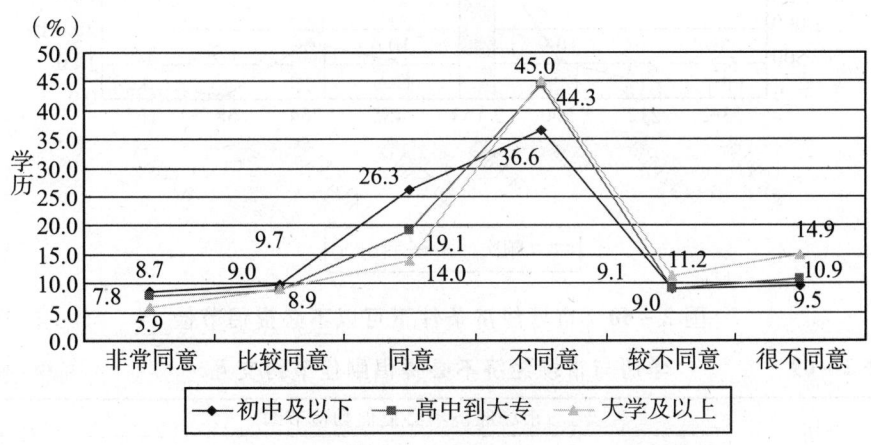

图 2-59　学历与"为达到目的不择手段"交互

表 2-68　　　　　学历与"为达到目的不择手段"G 值检验

	Value	Asymp. Std. Error[a]	Approx. T[b]	Approx. Sig.
Gamma	0.124	0.019	6.358	0.000
N of Valid Cases	4 342			

a. Not assuming the null hypothesis.
b. Using the asymptotic standard error assuming the null hypothesis.

在学历与"为达到目的不择手段"的 G 值检验中,学历的显著性水平为 0,小于 0.05,可以认为在总体中,学历与"为达到目的不择手段"有显著性差异。G 系数为 0.124,同序对比异序对多,说明学历的高低与学历与"为达到目的不择手段"的认可度高低呈现同向变化的比异向变化的多,即总体中更多的人是"学历越高,对'为达到目的不择手段'的认可度越低",这种相关性较强。

总体上看,人们对不择手段地追逐利益持反对态度,一半以上个案不同意"为达到目的不择手段"。从学历与"为达到目的不择手段"交互的折线图看,高学历的群体对这种说法的反对态度明显强烈于低学历群体。

从对"市场经济条件下可以不必提倡节俭"这一问题的回答来看,八成受访者都持反对态度。从不同学历与不同收入人群对这一问题的判断来看,没有明显的差异性,如图 2-60、表 2-69、表 2-70 所示。

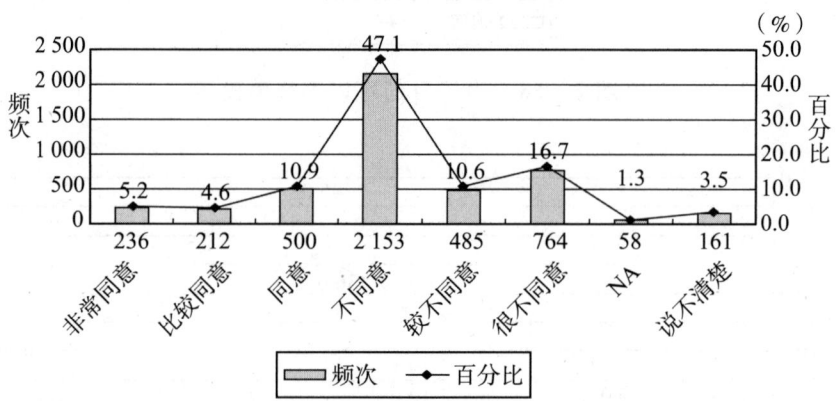

图 2-60　市场经济条件下可以不必提倡节俭

表 2-69　　　　　学历与市场经济不必提倡勤俭节约交互　　　　　单位:%

学历	市场经济不必提倡勤俭节约						总计
	非常同意	比较同意	同意	不同意	较不同意	很不同意	
初中及以下	5.8	5.0	14.5	42.8	12.7	19.2	100.0
高中到大专	5.2	4.9	9.5	56.6	9.1	14.8	100.0
大学及以上	4.9	4.4	7.5	49.3	12.7	21.3	100.0
总计	5.4	4.9	11.5	49.5	11.2	17.6	100.0

表 2-70　　个人年收入与市场经济不必提倡勤俭节约交互　　单位：%

个人年收入 （元）	市场经济不必提倡勤俭节约						总计
	非常同意	比较同意	同意	不同意	较不同意	很不同意	
1 000 以下	5.3	3.2	11.0	46.2	13.0	21.2	100.0
1 000~2 000	7.0	5.1	12.9	41.6	12.3	21.2	100.0
2 000~3 000	5.7	5.7	15.5	46.6	10.5	16.1	100.0
3 000~5 000	5.7	5.1	10.1	51.8	11.3	16.0	100.0
5 000~1 万	5.2	5.5	10.8	52.4	9.4	16.6	100.0
1 万~2 万	4.4	4.4	11.9	53.5	10.2	15.5	100.0
2 万~5 万	7.6	7.0	13.5	49.7	11.1	11.1	100.0
5 万~10 万	2.2	5.4	18.3	49.5	12.9	11.8	100.0
10 万~20 万	11.1	0.0	11.1	55.6	11.1	11.1	100.0
20 万以上	0.0	0.0	11.1	66.7	11.1	11.1	100.0
总　计	5.6	4.9	11.7	49.4	11.2	17.2	100.0

5. 政治与法制。

如图 2-61 所示官员问责的理念得到了人们的认同。

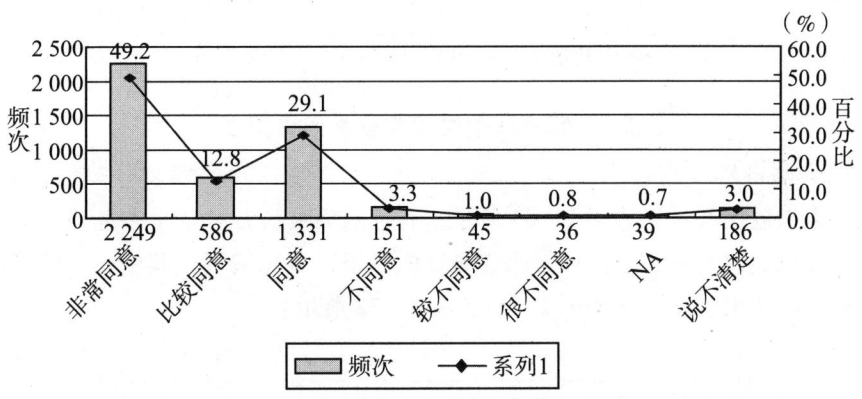

图 2-61　官员犯错误人民有权批评

对于政治面貌与官员问责的态度通过卡方检验发现（见表 2-71），没有小于 5 的格值，认为卡方检验是有效的。显著性水平约为零，所以拒绝原假设，认为政治面貌与"政府官员犯错误，人民有权批评"之间有显著性差异。共青团员和共产党员对官员问责有着高度的认同，超过 95% 的共青团员和共产党员同意"政府官员犯错误，人民有权批评"，共青团员在同意类别各项选项中都略高于共产党员；另外，群众与民主党派人士的态度则相对保守，6.4% 的群众和 11.2% 的民主党派人士不认为"政府官员犯错误，人民有权批评"（见图 2-62）。

表 2-71　　　　　　　政治面貌与官员问责的卡方检验

	Value	df	Asymp. Sig. (2-sided)
Pearson Chi-Square	49.188 (a)	20	0.000
Likelihood Ratio	55.097	20	0.000
Linear-by-Linear Association	0.161	1	0.688
N of Valid Cases	4 398		

a. 10 cells (33.3%) have expected count less than 5. The minimum expected count is 0.04.

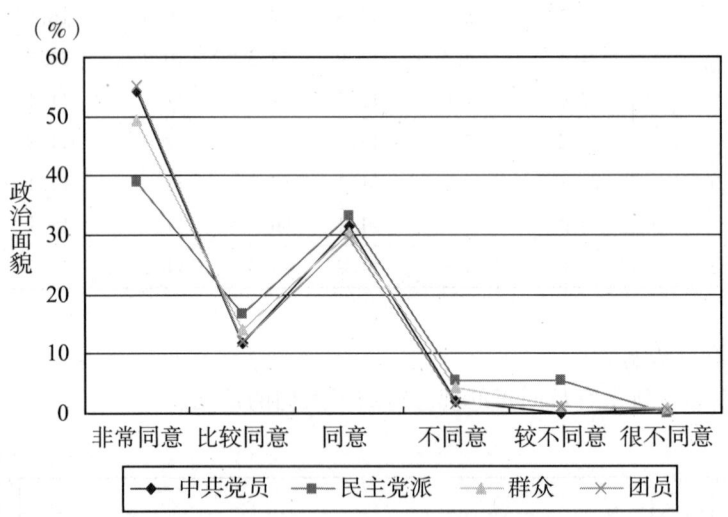

图 2-62　政治面貌与官员问责交互

6. 人与自然。

对生态危机的认识如图 2-63 所示，有近八成被访者对"生态危机、能源危机和核危机会给人类甚至地球带来灾难性的后果"表示赞同。其中各学历群体对这一问题的认识状况分布如图 2-64、表 2-72 所示。

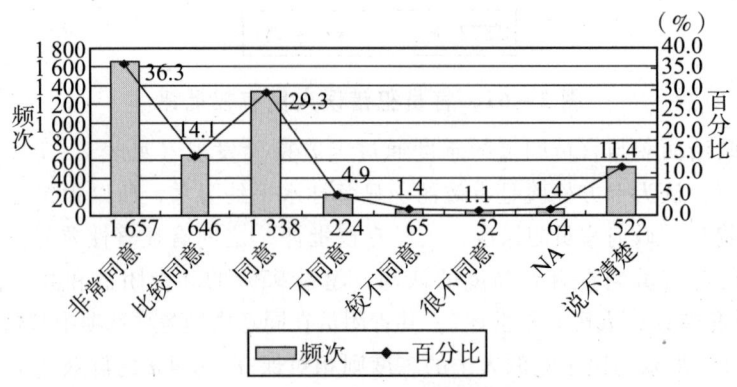

图 2-63　对生态危机的认识

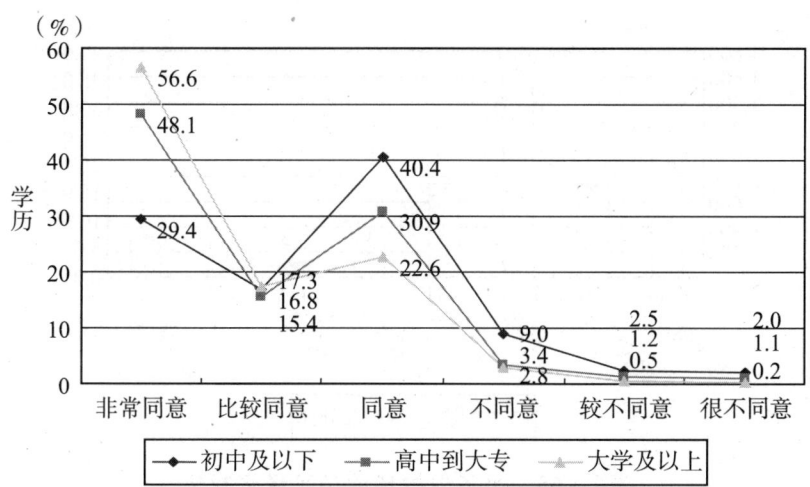

图 2-64 学历与"生态危机等会给人类带来灾难"交互

表 2-72　　学历与生态危机等会给人类带来灾难 G 值检验

	Value	Asymp. Std. Error[a]	Approx. T[b]	Approx. Sig.
Gamma	-0.324	0.020	-15.780	0.000
N of Valid Cases	3 978			

a. Not assuming the null hypotthesis.
b. Using the asymptotic standard error assuming the null hypothesis.

个人学历的显著性水平为 0，小于 0.05，认为在总体中，个人学历与有显著性差异。G 系数为 -0.324，异序对比同序对多，说明学历的高低与"生态危机等会给人类带来灾难"的认可度高低呈现异向变化的比同向变化的多，即总体中更多的人是"个人学历越高，'生态危机等会给人类带来灾难'的认可度就越高"，这种相关性较强。

从交互折线图 2-64 可以看出，大学及以上的个案高度同意"生态危机等会给人类带来灾难"，赞同的百分比达到了 96.5%，在"非常同意"值点上，分别高出高中到大专以及初中以下 8.5 个和 27.2 个百分点，学历差异所带来的生态价值差异是巨大的。

与前一个问题相关，我们又提出了以下这个问题（见图 2-65），但是对这一问题的回答却有些出乎我们的预料，竟然有近七成的被访者认为为了保护环境可以牺牲经济发展的速度。由此看来，环境意识在国人心目中的地位还是相当高的。另外，从不同学历对这一问题的认识来看（见表 2-73），呈现随学历由低到高对这一问题认同程度逐渐提高的趋势，这种分布具有显著性差别。

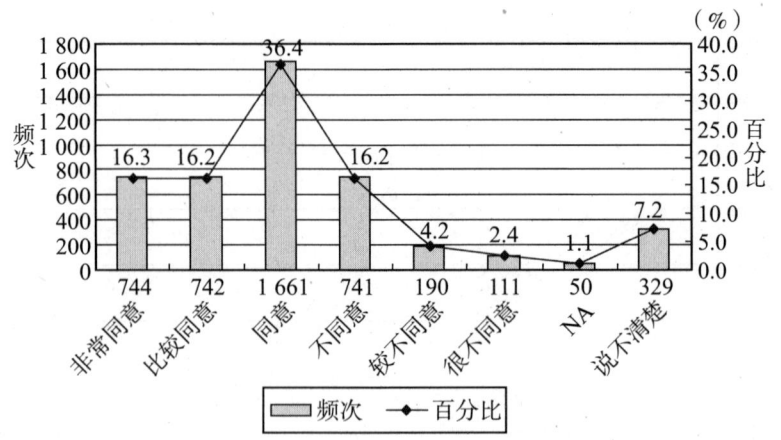

图 2-65　为了保护环境宁可经济减速

表 2-73　学历与为保护自然环境，宁可经济发展速度慢交互　　　　单位：%

学　历	为保护自然环境，宁可经济发展速度慢						总计
	非常同意	比较同意	同意	不同意	较不同意	很不同意	
初中及以下	14.5	15.9	44.9	17.3	4.4	3.0	100.0
高中到大专	19.1	17.4	36.6	19.5	4.9	2.5	100.0
大学及以上	24.6	25.0	31.6	13.1	3.6	2.0	100.0
总　计	17.8	17.7	39.6	17.7	4.5	2.7	100.0

G 值检验得出，学历的显著性水平为 0，小于 0.05，认为在总体中，学历与"为保护自然环境，宁可经济发展速度慢"有显著性差异（见表 2-74）。G 系数为 -0.115，异序对比同序对多，说明个人年收入的高低与"为保护自然环境，宁可经济发展速度慢"的认可度高低呈现异向变化的比同向变化的多，即总体中更多的人是"学历越高，'为保护自然环境，宁可经济发展速度慢'的认可度越高"，这种相关性较强。

表 2-74　　学历与为保护自然环境，宁可经济
**　　　　　发展速度慢的卡方检验**

	Value	Asymp. Std. Error[a]	Approx. T[b]	Approx. Sig.
Gamma	-0.115	0.020	-5.816	0.000
N of Valid Cases	4 185			

a. Not assuming the null hypothesis.
b. Using the asymptotic standard error assuming the null hypothesis.

交互折线表显示，高学历群体在环境保护与经济发展之间更偏向于环境的保护,其赞同减缓经济发展以保护环境的强度远高于中低学历群体。

为了进一步搞清楚国人对环境的认识,我们又设置了以下这个问题。与前一个问题的回答情况相同,有近九成的被访者对"动物也有权利,不能虐待它们"这句话持肯定态度。而不同学历的人对此问题的回答虽然有显著性差异。特别是初中以下学历与大学以上学历的人的认同程度差异显著(见图2-66、表2-75)。

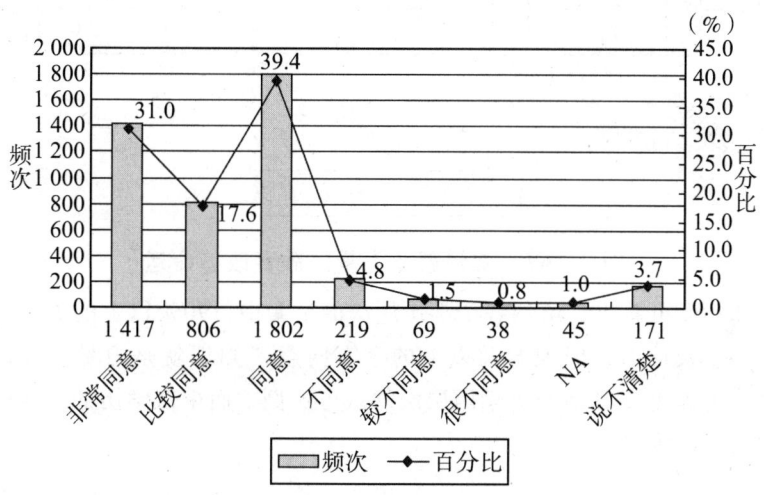

图 2-66 动物也有权利

表 2-75　　　　　学历与动物有权利,不能虐待动物交互　　　　单位:%

学　历	动物有权利,不能虐待动物						总　计
	非常同意	比较同意	同意	不同意	较不同意	很不同意	
初中及以下	28.5	18.6	45.0	5.1	2.2	0.7	100.0
高中到大专	34.5	17.7	40.9	4.6	1.0	1.2	100.0
大学及以上	40.7	21.1	30.6	5.8	1.4	0.4	100.0
总　计	32.6	18.5	41.4	5.0	1.6	0.9	100.0

7. 知识与教育。

知识就是力量,教育改善命运的统计从图2-67可以看出,被访者对知识与教育改善命运这个命题持极高的肯定态度。从回答百分比来看有九成的被访者对此进行了肯定的回答。

另外,从学历与这一问题的交互分布来看,学历的显著性水平为0.038,小于0.05,认为在总体中,个人学历与"知识就是力量,教育改变命运"有显著性差异。G系数为0.043(见表2-76),同序对比异序对多,说明个人学历的高低与"知识就是力量,教育改变命运"的认可度高低呈现同向变化的比异向变化的多,即总体中更多的人是"个人学历越高,'知识就是力量,教育改变命运'

的认可度越低",这种相关性较弱。

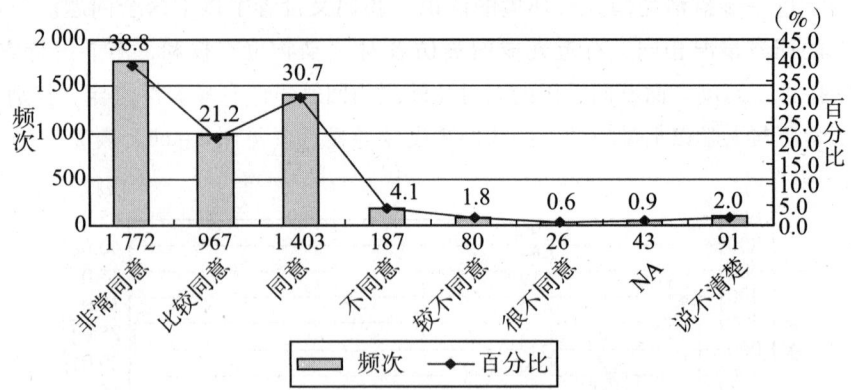

图 2-67　知识就是力量　教育改善命运

从图 2-68 可看出,虽然各个学历层次的个案中,90% 以上的人都同意教育和知识的力量及价值,但大学及以上的个案同意"知识就是力量,教育改变命运"的比例基本低于其他两个学历层次的认可比例,而中低学历的个案则更加看重知识和教育的意义。

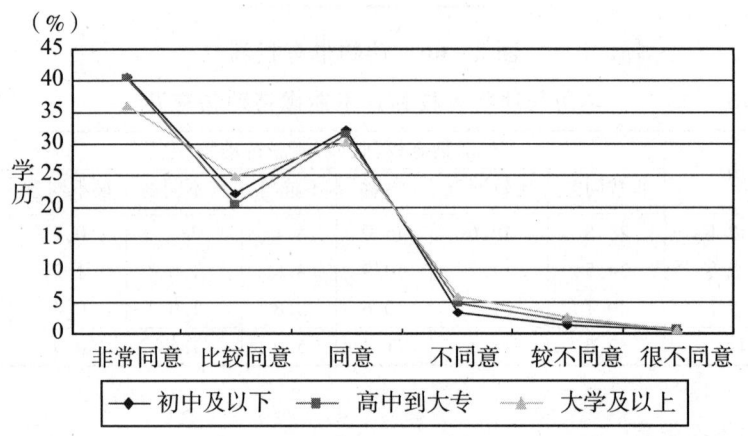

图 2-68　学历与"知识就是力量,教育改变命运"交互

表 2-76　学历与"知识就是力量,教育改变命运"G 值检验

	Value	Asymp. Std. Error[a]	Approx. T[b]	Approx. Sig.
Gamma	0.043	0.020	2.079	0.038
N of Valid Cases	4 430			

a. Not assuming the null hypothesis.
b. Using the asymptotic standard error assuming the null hypothesis.

8. 信仰。

如图 2-69 所示,我们提出"共产主义好,但与实际生活距离远"这一问题让被访者进行判断。有七成的被访者对这一问题持赞同态度。其中,持有不同学历与不同政治面貌的人群对这一问题的回答如下:

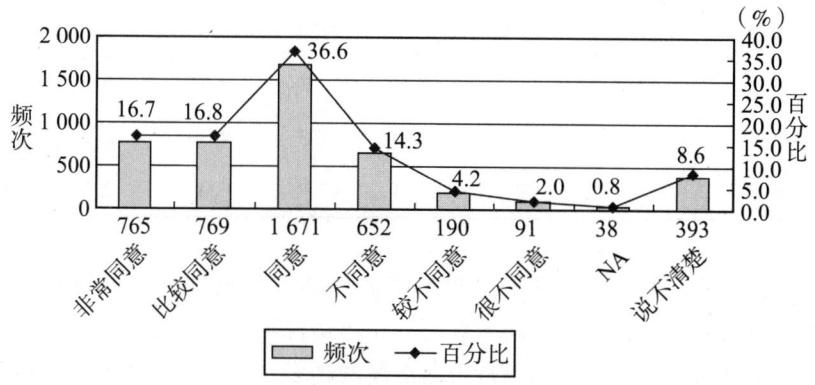

图 2-69　共产主义的问题

必须指出的是,因为"共产主义好,但与实际生活距离远"这个问题实际上包括了对两个命题的提问,所以我们只知道做肯定回答的人同时赞成了这两个命题,但无法确切知道做否定回答的人是同时否定两个命题,还是只否定其中一个命题;如果是后面一种情况的话,我们也无法确切知道所否定的是其中哪一个命题。当初设计这个题目的时候,我们的重点是放在"与实际生活距离远"上,但被访者显然不一定都这样理解。从这个角度来说,上述数据即使有意义的话,也需要借助于其他材料来了解(见表 2-77 和表 2-78)。

表 2-77　　　　学历与"共产主义好,但与实际生活
距离远"的交互分布状况　　　　　　　单位:%

学 历	共产主义好,但与实际生活距离远						总计
	非常同意	比较同意	同意	不同意	较不同意	很不同意	
初中及以下	16.0	18.5	42.6	16.4	4.2	2.3	100.0
高中到大专	20.1	18.2	39.0	15.6	5.1	2.0	100.0
大学及以上	21.4	20.2	37.5	14.4	4.1	2.3	100.0

表 2-78　政治面貌与"共产主义好，但与实际生活距离远"的交互分布状况

单位：%

政治面貌	共产主义好，但与实际生活距离远						总计
	非常同意	比较同意	同意	不同意	较不同意	很不同意	
中共党员	21.6	17.5	35.0	19.4	3.9	2.6	100.0
民主党派	18.8	28.1	46.9	3.1	3.1	0.0	100.0
群众	17.8	18.6	43.0	14.3	4.1	2.2	100.0
团员	18.4	18.9	36.4	17.8	6.4	2.1	100.0

另外，与此问题相对，我们又提出了如图 2-70 这样一个问题让被访者回答。回答的结果如下：有五成的人对这一命题持肯定态度。经过交叉分析后我们发现，学历越高的人对这一问题持否定态度的越多。

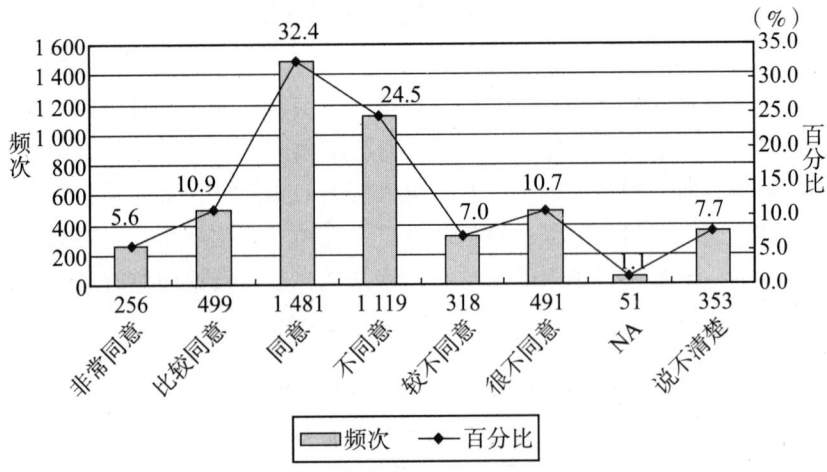

图 2-70　对风水先生与算命先生的话不可全信亦不可不信

学历的显著性水平为 0.001，小于 0.05，认为在总体中，个人学历与"风水先生的话不能全信，也不能不信"有显著性差异。G 系数为 0.066（如表 2-80），同序对比异序对多，说明个人学历的高低与"风水先生的话不能全信，也不能不信"的认可度高低呈现同向变化的比异向变化的多，即总体中更多的人是"个人学历越高，'风水先生的话不能全信，也不能不信'的认可度越低"，这种相关性较弱（见表 2-79）。

表2-79　　　　　　　　　学历与宿命论认识交互　　　　　　　　单位：%

学　历	风水先生的话不能全信，也不能不信						总计
	非常同意	比较同意	同意	不同意	较不同意	很不同意	
初中及以上	7.8	13.6	35.3	22.4	8.1	12.8	100.0
高中到大专	5.1	11.1	35.3	30.4	7.1	11.0	100.0
大学及以上	3.6	9.2	37.6	31.2	7.1	11.1	100.0
总　计	6.1	12.0	35.6	26.9	7.6	11.8	100.0

表2-80　　　　　　　　　　**Symmetric Measures**

	Value	Asymp. Std. Error[a]	Approx. T[b]	Approx. Sig.
Gamma	0.066	0.020	3.349	0.000
N of Valid Cases	4 160			

a. Not assuming the null hypothesis.
b. Using the asymptotic standard error assuming the null hypothesis.

以下是被访者对几条中国传统价值观的理解与认识，具体回答情况如图2-71所示。

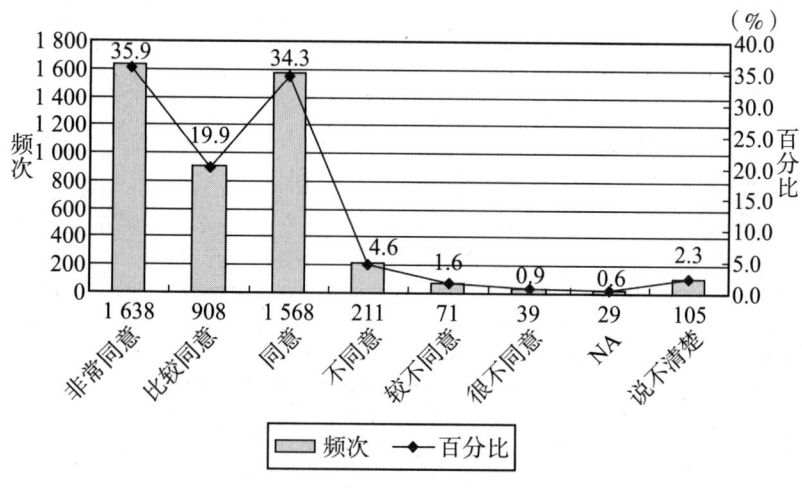

图2-71　知足者常乐

如表2-81和表2-82所示，我们发现即使是在现在中国人对"知足者常乐"这句话还是具有极高的认同的。而且不同收入群体对这一问题的认同也没有显著性差异。说明这一传统价值观念并没有随着市场经济的发展而走向消亡。年龄的显著性水平为0，小于0.05，认为在总体中，年龄与"知足常乐"有显著性差异。G系数为-0.074（见表2-83），同序对比异序对少，说明年龄的大小与"知足常乐"的认可度高低呈现同向变化的比异向变化的少，即总体中更多的人是"年龄越大,'知足常乐'的认可度越高",这种相关性较弱。

表 2-81　　　　　个人年收入与知足者常乐的交互状况　　　　　单位:%

个人年收入 (元)	知足者常乐						总计
	非常同意	比较同意	同意	不同意	较不同意	很不同意	
1 000 以下	35.2	21.1	34.8	6.0	2.1	0.9	100.0
1 000~2 000	27.8	20.4	42.0	6.3	1.9	1.6	100.0
2 000~3 000	35.3	21.9	36.2	4.4	1.8	0.4	100.0
3 000~5 000	38.8	19.3	35.2	4.6	1.5	0.7	100.0
5 000~1 万	39.1	20.7	33.6	4.2	1.7	0.6	100.0
1 万~2 万	41.1	20.3	33.8	3.5	0.4	0.9	100.0
2 万~5 万	43.5	21.2	29.4	4.1	1.2	0.6	100.0
5 万~10 万	36.5	22.9	33.3	6.3	1.0	0.0	100.0
10 万~20 万	33.3	33.3	33.3	0.0	0.0	0.0	100.0
20 万以上	30.0	20.0	50.0	0.0	0.0	0.0	100.0

表 2-82　　　　　　　年龄与"知足常乐"交互　　　　　　　单位:%

年龄 A	知足者常乐						总计
	非常同意	比较同意	同意	不同意	较不同意	很不同意	
16~29 岁	33.7	22.4	34.6	5.8	2.2	1.3	100.0
30~44 岁	37.7	18.8	36.4	4.6	1.6	0.9	100.0
45~59 岁	39.2	20.4	35.4	3.8	1.0	0.2	100.0
60~70 岁以上	42.5	20.2	33.2	3.1	0.6	0.3	100.0
总　计	36.9	20.5	35.4	4.8	1.6	0.9	100.0

表 2-83　　　　　　　　　　**Symmetric Measures**

	Value	Asymp. Std. Error[a]	Approx. T[b]	Approx. Sig.
Gamma	-0.074	0.018	-3.992	0.000
N of Valid Cases	4 435			

a. Not assuming the null hypothesis.

b. Using the asymptotic standard error assuming the null hypothesis.

如图 2-72、图 2-73 和表 2-84 所示,被访者"对忍一时风平浪静,退一步海阔天空"这句话也表示了极高的认同。其中,我们做了年龄与学历与这一问题的交互分析。我们发现两个比较有趣的问题:第一,对这句话表示非常同意的不同学历人群中,大学以上学历者对这句话的认同程度与大学以下学历者的认同存在显著性差异。说明学历的高低对传统的"忍"的认识有不同影响。第二，我们发现 21～24 岁、25～29 岁与 65～69 岁的人群对这句话表示非常同意的比率最低。其中 21～29 岁年龄段较好理解，而 65～69 岁这一年龄段为什么会出现这种状况却很难理解。

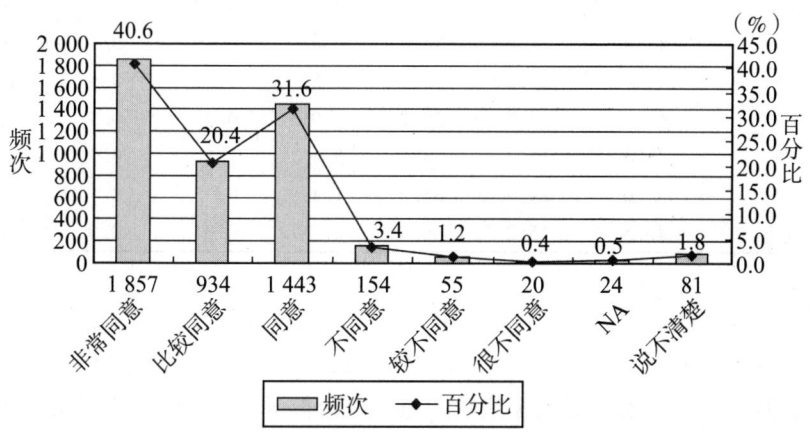

图 2-72　忍一时风平浪静　退一步海阔天空

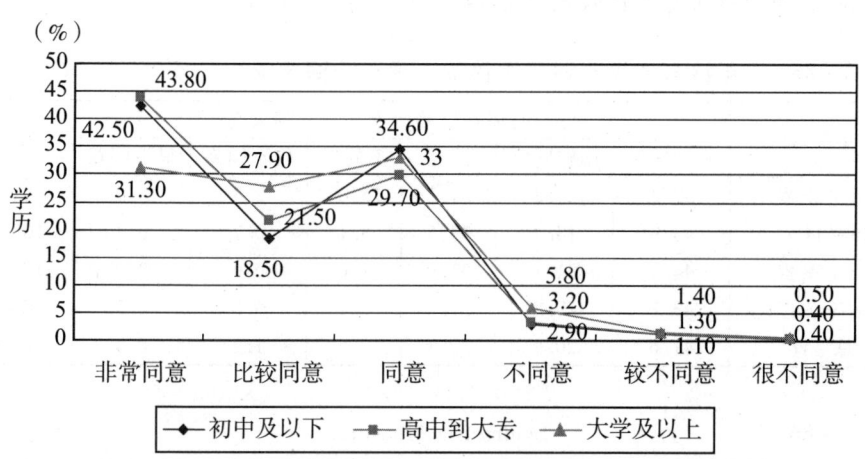

图 2-73　学历与"退一步海阔天空"交互

表 2-84　年龄与"忍一时风平浪静，退一步海阔天空"交互　　单位：%

年龄（岁）	忍一时风平浪静，退一步海阔天空						总计
	非常同意	比较同意	同意	不同意	较不同意	很不同意	
16～20	42.0	21.5	27.3	5.8	2.8	0.7	100.0
21～24	35.8	26.1	30.6	5.7	1.5	0.3	100.0
25～29	35.0	23.1	35.0	3.6	2.7	0.7	100.0
30～34	44.2	17.9	32.3	4.0	1.2	0.3	100.0

续表

年龄（岁）	忍一时风平浪静，退一步海阔天空						总计
	非常同意	比较同意	同意	不同意	较不同意	很不同意	
35~39	42.4	21.5	32.7	2.9	0.4	0.2	100.0
40~44	45.1	16.1	35.6	2.2	0.5	0.5	100.0
45~49	42.4	21.6	34.0	0.8	0.8	0.3	100.0
50~54	42.9	22.2	32.1	1.5	0.6	0.6	100.0
55~59	49.8	18.7	28.2	2.9	0.0	0.5	100.0
60~64	48.5	16.2	28.7	5.1	1.5	0.0	100.0
65~69	33.0	29.5	35.2	1.1	0.0	1.1	100.0
70以上	46.5	15.2	36.4	2.0	0.0	0.0	100.0

年龄的显著性水平为 0，小于 0.05，认为在总体中，年龄与"忍一时风平浪静，退一步海阔天空"有显著性差异。G 系数为 -0.077，同序对比异序对少，说明年龄的大小与"忍一时风平浪静，退一步海阔天空"的认可度高低呈现同向变化的比异向变化的少，即总体中更多的人是"年龄越大，'知足常乐'的认可度越高"，不过这种相关性较弱（见表 2-85、表 2-86）。

表 2-85　年龄与"忍一时风平浪静，退一步海阔天空"交互　　单位：%

年龄 A	忍一时风平浪静，退一步海阔天空						总计
	非常同意	比较同意	同意	不同意	较不同意	很不同意	
16~29 岁	37.2	23.8	31.2	5.0	2.3	0.6	100.0
30~44 岁	43.9	18.4	33.5	3.1	0.7	0.49	100.0
45~59 岁	44.3	21.1	31.9	1.6	0.6	0.3	100.0
60~70 岁以上	43.7	19.5	32.8	3.1	0.6	0.3	100.0
总　计	41.6	20.9	32.3	3.5	1.2	0.4	100.0

表 2-86　　　　　　　　　　Symmetric Measures

	Value	Asymp. Std. Error[a]	Approx. T[b]	Approx. Sig.
Gamma	-0.077	0.019	-4.073	0.000
N of Valid Cases	4 463			

a. Not assuming the null hypothesis.
b. Using the asymptotic standard error assuming the null hypothesis.

如图 2-74 所示，我们发现有近六成的回答者对"好死不如赖活着"这句话持肯定态度。而其余学历的状况如图 2-75 所示。

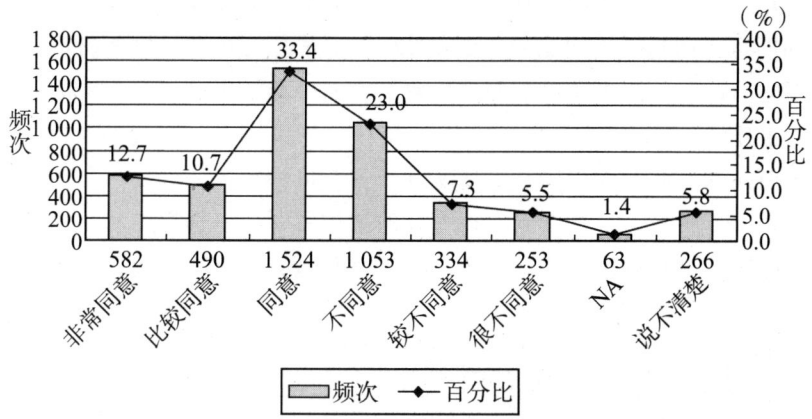

图 2-74 活得再苦再累也比性命不保好

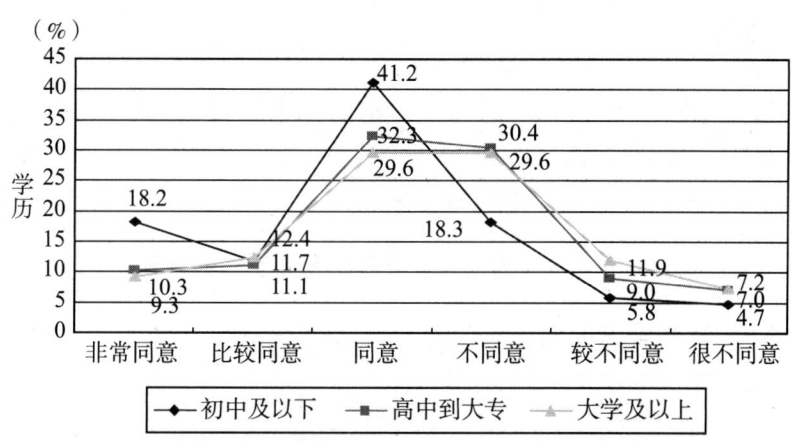

图 2-75 学历与"活得再苦再累，也比性命不保好"交互

学历的显著性水平为 0，小于 0.05，认为在总体中，学历与"活得再苦再累，也比性命不保好"有显著性差异。G 系数为 0.213（见表 2-87），同序对比异序对多，说明学历的高低与"活得再苦再累，也比性命不保好"的认可度高低呈现同向变化的比异向变化的多，即总体中更多的人是"学历越高，'活得再苦再累，也比性命不保好'的认可度越低"，这种相关性较强。

表 2-87 学历与"活得再苦再累，也比性命不保好"G 值检验

	Value	Asymp. Std. Error[a]	Approx. T[b]	Approx. Sig.
Gamma	0.213	0.019	11.158	0.000
N of Valid Cases	4 232			

a. Not assuming the null hypothesis.

b. Using the asymptotic standard error assuming the null hypothesis.

从交互分析的折线图可以看出,总体上人们对"活得再苦再累,也比性命不保好"的同意比例超过不同意的比例仅 22 个百分点。但不同的学历群体对此说法的有不同的认识:初中及以下和高中到大专的中低学历群体极为赞同"活得再苦再累,也比性命不保好",认可率分别为 71.2% 和 54.6%;大学及以上个案的认同低于前面的群体,而不同意的比例高于其学历的群体。

如图 2-76 所示,可以看到有近五成的被访者对这一命题持肯定态度。而学历与这一问题的交互状况如表 2-88、表 2-89、表 2-90、表 2-91 所示。

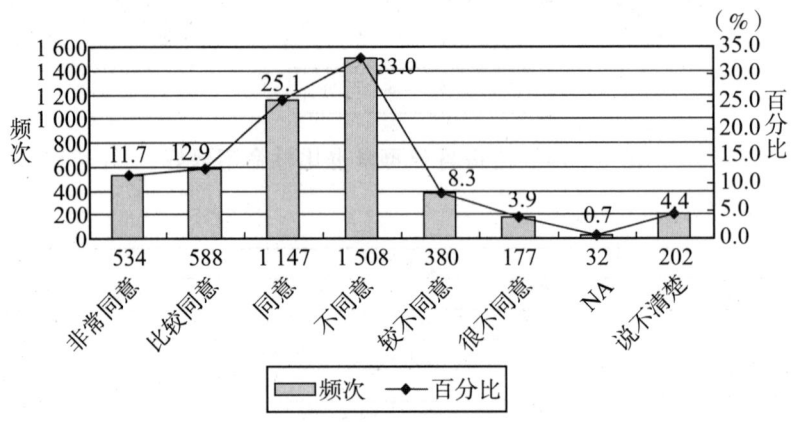

图 2-76 在家靠父母出外靠朋友其他人都靠不住

表 2-88　　　　学历与"在家靠父母,出门靠朋友"　　　　单位:%

学　历	在家靠父母,出门靠朋友						总计
	非常同意	比较同意	同意	不同意	较不同意	很不同意	
初中及以下	16.3	13.0	32.7	27.9	6.5	3.5	100.0
高中到大专	10.2	14.0	21.1	39.5	10.6	4.6	100.0
大学及以上	4.9	13.9	21.9	43.8	11.1	4.4	100.0
总　计	12.3	13.6	26.4	34.8	8.8	4.1	100.0

表 2-89　　学历与"在家靠父母,出门靠朋友"的卡方检验

	Value	Asymp. Std. Error[a]	Approx. T[b]	Approx. Sig.
Gamma	0.204	0.018	11.017	0.000
N of Valid Cases	4 329			

a. Not assuming the null hypothesis.
b. Using the asymptotic standard error assuming the null hypothesis.

表 2 – 90　　　年龄与"在家靠父母，出门靠朋友"交互　　　单位：%

年龄 A	在家靠父母，出门靠朋友						总计
	非常同意	比较同意	同意	不同意	较不同意	很不同意	
16～29 岁	8.1	12.3	20.4	43.5	10.6	5.1	100.0
30～44 岁	12.3	13.3	27.8	34.3	8.0	4.2	100.0
45～59 岁	16.3	16.3	33.0	24.9	7.1	2.4	100.0
60～70 岁以上	21.9	13.2	30.9	22.2	8.4	3.5	100.0
总　　计	12.3	13.6	26.5	34.8	8.8	4.1	100.0

表 2 – 91　　　　　　　　　Symmetric Measures

	Value	Asymp. Std. Error[a]	Approx. T[b]	Approx. Sig.
Gamma	–0.207	0.017	–12.008	0.000
N of Valid Cases	4 334			

a. Not assuming the null hypothesis.

b. Using the asymptotic standard error assuming the null hypothesis.

通过不同学历人群对这一问题认识的交互分析，我们发现学历对认识程度有显著性影响。学历越高对这一问题持肯定态度的认同程度越低。特别是大学以上学历者对这一问题持肯定态度的比率明显低于其他学历群体。而年龄上的趋势也基本相同。

如图 2 – 77 所示，我们发现一个有趣的现象，有近六成的被访者对"人们的价值观各不相同没有什么好坏对错之分"这句话持肯定态度。从这句话我们似乎可以发现中国人传统思想中的"宽以待人"等传统价值还在很大程度上存在，并显示了国人对多元价值的认可（见表 2 – 92、表 2 – 93）。

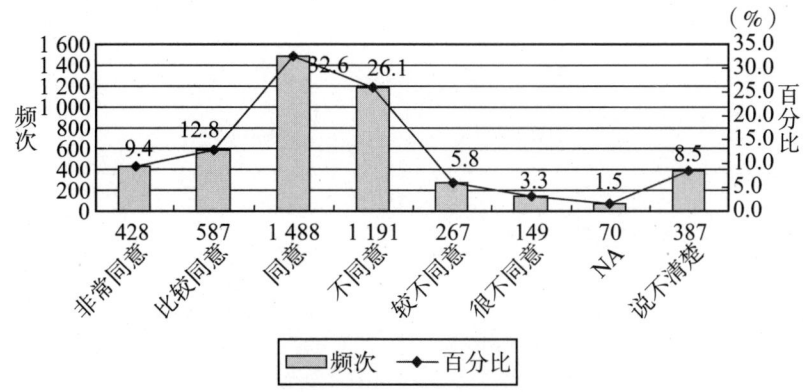

图 2 – 77　人们的价值观各不相同没什么好坏对错之分

表 2-92　　　　　　　学历与价值无对错之分交互　　　　　　单位：%

学　历	价值观无对错之分						总计
	非常同意	比较同意	同意	不同意	较不同意	很不同意	
初中及以下	10.3	12.2	41.6	25.3	7.5	3.1	100.0
高中到大专	11.2	15.1	33.3	30.7	5.7	3.9	100.0
大学及以上	8.4	18.1	28.1	35.1	5.9	4.3	100.0

表 2-93　　　　　　学历与价值无对错之分的卡方检验

	Value	Asymp. Std. Error[a]	Approx. T[b]	Approx. Sig.
Gamma	0.026	0.020	1.306	0.192
N of Valid Cases	4 105			

a. Not assuming the null hypothesis.
b. Using the asymptotic standard error assuming the null hypothesis.

第三章

当代中国人的个体精神生活状况*

在本章中,我们将从个体的心理状况和行为方式出发,通过大量的实证研究资料来发现和揭示个体的"精神世界",以展示当代中国人精神生活状况在个体层面上的表现。

第一节 当代中国人的精神健康状况

精神生活的最基本形式是心理生活,精神生活的健康首先表现为心理健康。随着我国社会经济的快速发展和改革开放的深化扩大,当代中国人的精神健康问题也越来越受到各阶层人士的广泛关注,精神卫生问题已经成为重大的公共卫生问题和突出的社会问题,精神健康的维护和精神疾病的预防作为重要的公共卫生问题已经成为我国政府和国际社会的共识。

---

* 本章是本项目的子课题组"当代中国人精神生活的个体素质"的成果,该子课题组负责人为华东师范大学社会学系的文军,执笔者是徐汇区精神卫生中心的单怀海(第一节)、上海师范大学哲学系的陈蓉霞(第二节)、上海社会科学院欧亚研究所的胡健(第三节)、上海社会科学院青少年研究所的李维(第四节)。

一、当代中国人的精神健康的一般状况

本项目对普通人群 4 506 个样本访问调查发现：认为自己心情非常愉快的占 9.7%；认为自己心情比较愉快的占 49.2%；认为自己感觉一般的占 34.4%；不太愉快的占 5.4%；很不愉快的占 1.2%。本项目还从 4 326 个样本中调查发现：有时焦虑不安的占 55.1%；很少焦虑不安的占 32.5%；整天焦虑不安的占 0.9%。

据全国 12 个地区精神疾病流行病学调查显示，1982 年各类严重精神疾病的终生患病率为 12.96‰，到 1993 年上升为 13.47‰。据估计，目前全国有严重精神疾病的患者约 1 600 万人。2005 年举行的亚洲精神科学高峰会议披露，目前中国患有抑郁症的病人超过 2 600 万人，而只有不到 10% 的人接受过相关的治疗。世界卫生组织估计，中国有心理问题的人数在 2 亿～3 亿人。他们推算，到 2020 年，中国心理问题的负担将上升到疾病总负担的 1/4。至于困扰中国人的主要心理问题，中国的情况与世界其他地区没有显著差异，名列前三位的均为抑郁、焦虑和失眠。中国人一生中有过抑郁的人占到 30% 以上，有过焦虑的人占到 30% 以上，有过失眠的人占到 42% 以上。至于患有抑郁症和焦虑症的人数，分别占到总人数的 5%；患有失眠症的人数，占到总人数的 4.2%。尤其值得关注的是，在抑郁症患者中，约 10%～15% 的人有自杀行为。[1]

二、精神健康状况的年龄差异

1. 青少年。

影响中国儿童青少年精神健康的因素很多，当代的中国青少年生长在一个急速发展、社会动荡不安的时代，和数十年前的社会生活相比，他们面临的压力明显增加。我国大陆有 17 岁以下儿童和青少年约 3.4 亿人，通过全国 22 个省份的调查表明，我国儿童、青少年行为问题的检出率为 12.97%。此外，有焦虑不安、恐怖、神经衰弱和抑郁情绪等问题的大学生占学生总数的 16% 以上；因心理和行为问题导致的恶性事件亦屡有发生。另外调查发现，青少年吸烟、吸毒、酗酒、少女怀孕的发生率呈上升趋势，心理不健康的问题已经影响到了我国人才的素质。[2]

---

[1] 张健：《心理问题危及上亿中国人》（年终特稿），载于《环球时报 生命周刊》2005 年 12 月 27 日。
[2] 《青少年心理障碍呈上升趋势》，载于《健康报》2006 年 2 月 10 日。

近年来，随着农村劳动力的输出和男士外出，越来越多的孩子被迫留守家庭，脱离了监护人的有效监护，成为留守儿童。在全国，农村留守儿童的数量超过了1 000万人。这些孩子的父母在城市中挥汗如雨，他们自己在乡下承受孤独。这些孩子在这样的家庭环境下，个性比较封闭，性格古怪，容易放松对自己的要求，容易荒废自己的学业，有些甚至走上违法犯罪的道路。

青少年的精神健康问题的主要表现形式有以下几类：一是行为问题，多发生在年龄较小的儿童身上。二是人格缺陷，是指一些青少年在人格发育和形成的过程中，出现了人格特征和结构的异常，比如自卑、冲动、敏感多疑、交往障碍、偏执等。三是心理障碍，主要是各种适应障碍和考试焦虑等。四是精神疾病，如儿童多动症、抑郁症和精神分裂症等，是儿童与青少年时期多发的心理疾病。近年来，儿童抑郁症有明显的上升趋势，约占学龄期儿童的0.3%。据新华社报道，中国目前约有20%的儿童出现抑郁症状，其中4%为需要接受临床治疗的重症抑郁。[①]

青少年群体主要在学校，这些学生精神健康状况与维护也受到社会的广泛关注。学生是中国社会的特殊群体，但是，近年来，因为种种原因，例如，学生的医疗保障问题没有解决，学生精神健康状况与维护目前还没有纳入疾病控制范围，已经成为精神健康的弱势群体。近几年，国内媒体相继报道了清华大学学生动物园内伤熊事件、云南某大学学生杀人事件、女大学生参与母亲集体自焚事件，以及一些名牌高校大学生和研究生自杀事件，等等，心理学专家学者认为这些事件可能与学生的精神健康有关。近年来有关学生心理健康调查表明，约占50%的学生心理处于不健康或亚健康状态，心理问题阳性检出率为17.3%~21.1%，学生自杀、暴力犯罪率呈不断上升趋势。[②] 针对这种情况，教育部1999年8月颁布了《关于加强中小学生心理健康教育的若干意见》，2001年3月印发了《关于加强普通高校大学生心理健康教育工作的意见》，2003年10月印发《普通高等学校大学生心理健康教育工作实施纲要（试行）》，2004年7月印发《中等职业学校学生心理健康教育指导纲要》，对大学、中小学生心理健康教育工作的主要任务和内容，工作的原则、途径知方法、队伍建设等作出明确规定，表明学生心理健康问题，已受到全社会的普遍关注。

2. 成年人。

对成年人来说，一个重要的身心问题是异常静态负荷。异常静态负荷是指作用力缓慢施加于颅脑，作用时间>200毫秒，从而引起机体的变化。异常静态负

[①] 《20%中国儿童受抑郁症威胁》，载于《解放日报》2004年9月24日。
[②] 张作记、林立、冯学泉、戚厚兴：《全面关注深入研究——学生心理健康专题导语》，载于《中国行为医学科学》2005年第2期。

荷的累积主要表现在两个方面：(1) 机体在面临具有生活压力的刺激时，伴随着急剧的生理变化，造成器官和组织的损耗或毁坏；(2) 生理活动的长期的超负荷运作，超出了机体通常的运作水平。

异常静态负荷的问题促使人们关注身心的反馈作用，包括成年人的生活事件是如何形成的，他们又是怎样解释和应对这些事件的。以上海地区的调查为例，获得如下发现：

在身心健康方面，随着经济结构的调整和社会保障体制的改革，成年人从社会或单位获得的教育、就业、住房、医疗等保障和福利明显削减，有些人的就职和工作压力增大，子女教育和老人赡养的成本急剧上升；有些人面对激烈的社会竞争和加速的生活节奏，伴随工作紧张、职业不稳、家务繁重、子女升学或人际关系等压力，引起头痛、乏力、失眠、抑郁和工作效率下降等身心疾病，亚健康人群日渐增多。[①] 调查结果显示，尽管"经常"有食欲不振、失眠、乏力、孤独、抑郁、失败感等症状的不多，除了疲惫感有51人约占10%以外，其他均在10%以下。但是，陈述"有时"或"偶尔"有心理困扰的比重仍不低（见表3-1）。

表3-1　　　　　最近有过如下亚健康症状的比例　　　　　单位：%

亚健康症状	双亲	夫妻在职状况			单亲
		双方下岗/失业/退休后无业	一方下岗/失业、另一方就业	双方就业	
食欲不振	25	52	31	19	34
失眠	42	72	49	35	55
疲惫感	51	72	56	46	67
心境抑郁	42	80	51	33	68
无助感	31	60	41	23	48
自卑感	16	28	23	12	24
孤独感	15	28	21	11	56
自闭症	14	24	20	10	23
人生失败感	33	44	42	27	53
感到活着无意义	11	24	16	8	22
样本数（人数）	500	25	170	305	340

在家庭关系方面，上海地区的调查涉及夫妻的冲突，借此反映夫妻的婚姻现

---

① 徐安琪：《市民家庭生活质量的微观分析》，见《2003年上海社会发展蓝皮书》，上海社会科学院出版社2003年版。

状。结果发现，夫妻之间最为常见的纠纷是"子女教育"（48.0%），其他依次为"经济"（17.8%）、家务（11.4%）、"性格不合"（11.2%）和"婆媳或亲属关系"（4.6%）；因"一方婚外恋""赌博""暴力""吸毒"或"不尽义务"等严重违反婚姻道德而发生冲突的不到4%；就夫妻之间动过手或打过架而言，经常性的为1%，偶尔有过的为9%。在离异家庭中，与前夫或前妻吵架的主要原因是"性格不合"（35.2%）、"婆媳或亲属关系"（13.9%）、一方或双方的"婚外恋"（27.8%）、"不尽义务"（18.4%）、"赌博"（16.6%）、"暴力"（10.8%）。就离异家庭的暴力而言，经常动手的为13.3%，偶尔动手的为33.9%，从不动手的为52.7%。研究还显示，家庭成员之间的凝聚力与代际关系的协调相关。与夫妻关系满意度相比，被调查者对自己与子女、父母关系的评价更高。例如，在表示满意或不满意的5点量表上（1~5分别表示从"很不满意"到"很满意"），约95%的成年已婚男女表示对自己与父母的关系"很满意"或"比较满意"；93%的人对自己与子女的关系表示"很满意"或"比较满意"；90%的家长认同自己在总体上是称职的或比较称职的父母；70%的家长对自己教育子女的方法打4~5分。相比之下，90%的子女表示对父母的教育方法"很满意"或"比较满意"，只有0.6%的子女陈述"很不满意"，9%的子女陈述"不大满意"。72.0%的子女认为自己的父母或其中一方为"世界上最好的爸爸或妈妈"（其中，63.6%的子女首肯父母双方都是，15.0%的子女认为母亲是"世界上最好的妈妈"，3.4%的子女认为父亲是"世界上最好的爸爸"），只有18%的人讲不清或认为都不是。在给自己的家庭幸福打分时，80.4%的子女打了4~5分，只有4.4%的人打了1~2分以表示不悦。[①]

3. 老年人。

就生命周期的发展阶段而言，晚年阶段的跨度约达45年，从65~110岁。毫无疑问，这个人群具有明显的异质性。有些老年人无论在生理上还是心理上都十分健康；有些老年人则很早就患上了慢性病。因此，对这个群体进行归纳是非常困难的。有些社会心理学家把这个发展阶段划分为三种类型：（1）青—老年型，年龄跨度从65~79岁；（2）老—老年型，年龄跨度从80~99岁；（3）百岁老人型。有些社会心理学家对年龄效应、同层人效应和时期效应进行了区分。年龄效应是指由老人的实足年龄所产生的效应；同层人效应是指由老人的出生年代所反映的历史事件，或者说由一群同龄人共同体验的事件所产生的效应（例如，看不惯年轻人）；时期效应是指在实施测量期间较大的社会影响。无论是跨

---

① 徐安琪：《市民家庭生活质量的微观分析》，见《2003年上海社会发展蓝皮书》，上海社会科学院出版社2003年版。

区域的设计，还是纵向研究，都无法区分这三种效应。唯有序列设计，也即依据不同时期的多元化的同层人效应，才能正确区分这三种效应，借此揭示特定年龄阶段老年人最易表现的某些特定反应。

随着老年人口正在不断的增加，我国社会也逐渐进入了老年社会，我国人口平均寿命已达69岁。我国60岁及以上老年人口已达1.26亿人，占总人口的10%，进入了老年型国家行列，并且老年人口还将继续以每年3.2%的速度增长，据估计，2025年将达到2.9亿人。老年人的精神健康问题不仅是一个医学问题，而且是一个社会问题，例如，老年人在退休以后对社会环境的不适应和生活比较孤独等。调查显示，我国老年性痴呆和抑郁症的患病率正逐渐增高，1999年北京地区调查，65岁以上人口抑郁症患病率为3.85%；65岁以上人口老年性痴呆患病率3.86%；上海地区65岁以上人口老年性痴呆患病率为4.61%，已接近发达国家水平。近年来，我国老年人的精神健康问题得到了社会各界的广泛关注，老年人的精神健康问题也成为当代老年人心理卫生研究的重要课题。因此，深入了解老年人在精神生活和精神健康的需求，加强老年人的精神健康保健工作，也是我们疾病预防和公共卫生的重要工作。积极采取措施普及老年性痴呆、抑郁等老年期精神疾病知识，提高老年期精神疾病的治疗率。①

三、精神健康状况的社会群体差异

近年来，我国女性心理障碍的发病率有明显上升趋势，特别是妇女精神健康问题也逐渐突出。女性生活的各个特殊阶段如月经期、孕产期、更年期都存在不同程度的精神健康问题，例如，西方国家报道患产后抑郁症的达25%，国内资料提示孕产期各种不良心理行为发生率超过20%。我国农村调查表明，23%接受绝育术的女性存在不同程度的心身障碍。施慎逊等对302例妇女的经前期的精神状况调查发现，81.8%的妇女有轻度的情绪改变，16.9%的妇女有中度改变，1.3%的妇女有重度的改变。88.7%的妇女在经前一周出现，86.4%的妇女经后即恢复正常。袁浩龙等报道，在育龄妇女中90%会出现经前期紧张综合征。翟书涛报道经前期紧张综合征的患病率为86.1%。但是，也有少数妇女行经时可以出现明显的精神症状，持续时间比较长，需要得到心理健康服务和治疗。产褥期精神障碍的发生率约占产妇的1‰~4‰；因产褥期精神障碍而转入精神病院者占女病人的1%~6%，占精神科门诊女病人的2%~3%。更年期出现的精神健康问题也比较突出，女性更年期因为女性性腺功能的衰退，体内激素发生变化，

---

① 谭友果：《当前我国精神卫生工作的现状和对策》，载于《中国卫生事业管理》2004年第6期。

月经周期的改变，会出现一系列植物神经功能紊乱的症状，称之为更年期综合征。如果面临社会心理应激，家庭矛盾、夫妻关系、子女关系和人际关系等，还容易出现焦虑、情绪波动、失眠、多疑和易疲劳等精神健康问题，甚至出现更年期抑郁症、更年期焦虑症、更年期精神病等。①

公司白领、学校教师、政府公务员以及医生、警察等工作负担重、心理压力大的人群的心理健康问题，已经引起广泛注意。有一项调查表明，在所有的应激性职业中，警察心理压力最大、心理障碍最多，属于高风险、高负荷、高强度的"三高"人员，警察已经成为一个最容易出现心理问题的群体之一。由于警察长期遭受特殊的工作压力和生活压力，也会出现各种各样的心理问题和心理障碍。据重庆市公安局对民警的调查数据显示，重庆全市警察约有 50% 身患不同程度的慢性病，超负荷工作、心理压力过大已经成为警察队伍中的普遍现象。②

农民与农民工的精神健康状况近几年来受到越来越多人的关注。农村地区心理健康专业人员严重缺乏，精神卫生服务水平不高，也是造成精神疾病和心理障碍患者治疗率不高的原因之一。有些精神病人甚至被关锁在家里得不到治疗，有些经常在社会上肇事肇祸。此外，随着城市文化建设的不断发展，大量的农村人口进入城市寻求打工谋生，成为城市的流动人口，有关他们的精神健康问题也引起了社会的关注。③ 来自农村的流动人口经济收入普遍较低，他们大多数在服务行业和工厂企业打工。他们在城市的生活与发展遭遇了种种困难，例如，婚姻和家庭问题、子女教育问题、权益和保护问题、营养问题、卫生保健问题和计划生育问题等，这些问题带来的精神健康问题必须引起我们的重视。近年来，媒体报道城市中精神病人肇事肇祸行为和自杀行为在流动人口中比较多见，而我国的公共卫生和精神疾病预防及治疗工作还没有将外来人口纳入监测范围，流动人口的精神疾病患者的治疗和救助存在问题还没有得到保障。因此，将流动人口的精神健康问题和精神疾病纳入地区疾病预防控制范围，提高精神疾病治疗率是当前我国精神卫生的重要工作。应该扩大精神卫生知识的教育和宣传，开展流动人口精神卫生问题的服务和调查研究。流动人员的精神健康问题必须引起我们的重视，他们的精神健康问题也应该纳入疾病预防控制范围。

---

① 施慎逊、闻晖、张明园：《我国妇女精神卫生问题的研究现状及建议（二）》，载于《上海精神医学》2003 年第 6 期。
② 孙轶玮：《自杀报告》，中国新闻网，http://www.Chinanews.com.cn，2007 年 9 月 26 日。
③ 参见沙莲香等著：《中国社会心理分析》，辽宁教育出版社 2004 年版，第 230～232 页。

四、当前特别值得关注的两种精神健康问题：自杀和网瘾

在精神健康状况中，自杀现象是最令人担忧和最值得研究的。自杀现象涉及许多因素，其中精神因素是一个极为重要的因素。法国哲学家加缪曾经说过最重要的哲学问题是自杀的问题，就是因为自杀现象与人们对生活意义的理解、对生命是否值得维持等问题的判断有关。因为自杀率统计和自杀原因分析受到多方面因素的影响，关于中国自杀率还存在不同的看法。据中国预防医学科学院疾病监测点的资料报道，我国自杀死亡率在 1990 年为 18.6/10 万，1996 年为 19.8/10 万。卫生部指出自杀是我国重要的精神卫生问题之一（WHO 和卫生部精神卫生高层研讨会，1999 年 11 月），我国每年至少有 25 万人自杀死亡、200 万人自杀未遂。我国的自杀率在 20 世纪 90 年代中期已经达到 22.20/10 万，较 70 年代的 18.40/10 万有明显增长，其中城市自杀人数的上升可能是这种上升的重要因素（全国第三次精神卫生工作会议，2001 年 11 月）。[①] 近年来，国内部分研究人员根据个别地区的研究发现，中国自杀的流行病学有以下几个方面的特征：中国农村自杀率是城市的 3 倍，女性自杀率比男性高 25% 左右。2006 年中国社会科学院发布了《中国妇女发展报告》的蓝皮书，在妇女与健康一章中，该书披露我国目前不但是世界上唯一一个女性自杀率远比男性自杀率高的国家，而且每年有近 16 万的中国农村妇女自杀，占世界自杀妇女数的一半。据统计，目前我国女性自杀率要比男性自杀率高 25%，而大部分的西方国家中，一般均为男性自杀率是女性自杀率的 3.6 倍。同时，中国自杀妇女中，农村妇女自杀率奇高。[②] 这些情况可能与以下原因有关：(1) 农村的精神卫生服务和社会心理支持系统比城市差，有些农村地区缺乏基本的医疗卫生保健服务；自杀者因为抢救不及时而致自杀死亡和自杀预防及救治力量的薄弱。(2) 由于非精神科医务人员缺乏精神疾病的诊断和治疗技术，可能导致部分精神疾病患者，特别是抑郁症、人格障碍患者得不到正确的诊断和治疗。(3) 由于中国人的文化特征倾向于情感内敛含蓄，习惯于自我克制；精神健康出现问题或者疾病不会主动求助。(4) 农村地区农药的可获得性等，因此，农药成为中国农村妇女自杀的主要工具。

随着中国网络游戏的发展和普及，目前中国的青少年网络成瘾问题日益突出，越来越多的青少年沉迷于网络游戏所虚拟的美好世界中，不能自拔，被称为

---

① 殷大奎：《中国精神卫生工作的现状、问题及对策》，载于《中国心理卫生杂志》2000 年第 14 期。
② 厉苒苒：《中国是世界上女性自杀率比男性自杀率高的国家》，载于《新民晚报》2006 年 3 月 8 日。

网络成瘾现象，沉湎于网络而不能自控是网络成瘾的主要特征。网络成瘾已经成为当代中国青少年又一新的重要社会心理现象，明显地影响了青少年的身心健康。青少年网络成瘾也有可能成为心理障碍或者精神疾病的诱因，这一现象已经引起了教育学、社会学、心理学和精神医学等专业人员的高度关注。

越来越多的研究表明，网络成瘾可以严重影响青少年的身心健康，甚至成为学生刑事犯罪的原因。网络成瘾对青少年健康的影响，主要表现为躯体和心理两个方面，躯体方面表现睡眠障碍和身体不适等；心理方面表现思维迟钝，情绪低落和悲观、对生活失去信心等。因为心理上过分依赖网络，而失去了对现实生活的兴趣。网络成瘾的严重后果是影响学习，出现成绩下降。中科院心理研究所在全国13所高校调查显示，大学生网络成瘾问题日趋严峻，80%退学和休学的大学生是因为网络成瘾而不能继续学习。

2007年1月中国互联网络信息中心发布了一个《中国互联网络发展状况统计报告》，指出中国的互联网网民（平均每周使用互联网至少1小时的6周岁以上中国公民）数量已达13 700万人，其中17岁以下的占17.2%，18～24岁的占35.2%，学生占32.3%。而且有趋势显示，学生网民不断增加。国内不少调查研究表明，在大学生范围内，网络成瘾的比例在6%～9%之间。网上调查结果是，北京大学生的上网成瘾比例在12%左右，其中男生的成瘾比例（14.6%）要稍高于女生（10.4%）。据中国青少年网络协会发布的《中国青少年网瘾数据报告（2005）》显示，目前我国初中学生网瘾现象严重，网瘾比例高达23.2%。而且，随着年龄的增长，上网成瘾的比例逐渐降低，30～35岁的网瘾比例为12%。值得注意的是，初中生网瘾比例最高，为23.2%；大学生网瘾比例为14.0%，研究生比例为13.0%，这两项都高于高中生10.1%的网瘾比例。[①]

网络成瘾的原因比较复杂，青少年处于个体发育和成长时期。一般认为，青少年因为身心发育尚不成熟，正处于心理和行为上的发展时期，价值观和行为方式尚未定型，与成年人相比，青少年的自我控制能力、自制性和自律性比较差，因而他们一旦上网便难以抵制网络的诱惑。青少年网络成瘾的社会原因，主要来源于家庭和学校教育对青少年的影响。家庭不和睦使孩子亲情淡漠，性格孤僻，与社会沟通能力减弱，以及学习任务繁重，心理压力过大，等等，这些问题都有可能形成青少年网络成瘾的因素。学习压力比较大的学生，往往通过网络游戏等方式来舒缓自己的学习压力、摆脱孤独、满足成就感。也有研究发现网络成瘾的学生多有孤独感、离家出走倾向和自杀倾向。

---

① 张守刚：《中国青少年网瘾数据报告（2005）》，载于《北京娱乐信报》2005年11月27日。

第二节　当代中国人的知识状况

精神生活的一个重要领域即是个人的知识修养，本节关注的知识修养侧重于对当代科学知识的总体把握。其间涉及的相关内容包括：公众对于科学知识的知晓程度，此即所谓的公众科学素养问题，该议题还与公众的阅读状况密切相关；在此基础上，公众对于科学知识在日常生活中的运用程度；公众对于科学的总体评价，比如，对科学表现出的态度（积极或消极）、对环保问题的看法以及科学在公众心目中的声望；公众是通过何种途径获取科学知识的，其中的动机又是什么；最后，再适当讨论科学主义在当代中国、尤其是学术界的表现。

一、公众对科学命题的知晓程度及其相关讨论

在本课题的调研数据中，有一道题目为：

对以下名言（公式）您了解多少，其中有一句名言和一个公式与科学知识有关，它们分别是"只有一个地球"和"$F = Gm_1m_2/r^2$（万有引力公式）"。给出的选项是：含义和出处都知道；知道含义但不知道出处；知道出处但不知道含义；含义和出处都不知道。

结果显示，就"只有一个地球"而言，在总共 4 569 份答题中，含义和出处都知道的占 19.6%；知道含义但不知道出处的占 42.5%；知道出处但不知道含义的占 3.2%；含义和出处都不知道的占 25.5%；说不清楚的占 8.6%；无效的占 0.6%。

分析以上的数据可以发现，知道含义但不知道出处的占极大的比例，高达接近半数。但若是再深入分析，就会发现这些数字本身也许还不足以说明问题。这是因为，若仅从字面上来看，"只有一个地球"是一个简单的陈述句，它所表达的意思确切明了，略受教育的人都会知道，当然只有一个地球。但事实上，这句话出自于联合国教科文组织的一句宣传口号，它要表达的深层意思是，人类只有一个地球（亦即家园），地球上的资源是有限的，因而人类应该珍惜爱护我们唯一的家园。它所要传达的恰恰是一种环保理念，而非一个天文学的基本事实。那么，在那些知道含义而不知道出处的人群中，他们是否都能读懂这其中的环保含义？

再来看"万有引力公式"。在总共 4 569 份答题中，含义和出处都知道的

占 25.6%；知道含义但不知道出处的占 7.9%；知道出处但不知道含义的占 6.1%；含义和出处都不知道的占 45.3%；说不清楚的占 14.1%；无效的占 1.1%。

与"只有一个地球"不同，关于万有引力公式，含义和出处都不知道的，要占到相当大的比例。由此可以印证上面的分析，即对于"只有一个地球"，恐怕不少人是根据其字面意思去理解含义的。而对于万有引力公式，则无法从字面来推断其含义了，于是，含义和出处都不知道的人要占到相当大的比例。不过对万有引力公式，含义和出处都知道的人数比例则要超过"只有一个地球"，分别是 25.6% 和 19.6%。对此的解释是，只要受过中学教育，万有引力公式就是一种基本的常识。而对"只有一个地球"这样的命题，其含义绝对不是如它字面呈现的那样简单，因而它要求测试对象具有更高的科学或人文素质。

知道含义但不知道出处的人数在两道题目中都为数极少，分别只占 3.2% 和 6.1%。不过这一选项在逻辑上似乎难以说通。假设一个人知道"只有一个地球"出自于联合国教科文组织，万有引力公式出自于牛顿的著作，但他却会不知道其中的含义？在大多数的情况中，显然对出处的知晓要求有更高的文化程度。事实上，普通公众大多会知道好多成语的用法，但却不一定知道其出处，而只有专家才会知道它们的出处。

综合上述情况，我们能够得出这样的结论，就这两道题目所涉及的科学命题而言，针对万有引力公式，中国公众中将近半数的人还是科盲；尽管有更多的人知道"只有一个地球"的含义，但据上述分析，该数据远未达到可靠程度。总体来说，中国公众的科学素养层次急需提高。

下面再来关注对这些用语和公式的了解与文化程度的关系（见表 3-2 和表 3-3）。

卡方检验的结果表明，皮尔逊卡方值检验的显著性水平约为 0，小于 0.05，说明学历不同，对名言公式的了解程度有显著性差异。在表 3-4 的对称性度量中，同样发现了两个变量的显著性差异。且 $\tau_b = -0.341$，$Gamma = -0.523$。因此，我们有比较大的把握认为，学历越高，了解程度相应也就越高。样本中学历与了解程度的交互分布见表 3-2 和表 3-3。

就"只有一个地球"而言，含义和出处都知道的人在人群中的比例不高，尤其是，只要达到初高中文化程度，其间的差距就不是特别明显，比如，初高中程度有 19.4% 的人知道含义和出处，大专或大学则为 28.5%，似乎有较显著的上升，但至研究生程度则又下降为 22.2%。知道含义但不知道出处的人数比例较多，且随着文化程度的提高而提高。至大专以上的程度，半数以上的人均能知道含义，尽管不能知道出处。

表 3-2　　学历与对"只有一个地球"的了解情况的交互分布

学　历	"只有一个地球"					总　计
	含义和出处都知道	知道含义但不知道出处	知道出处但不知道含义	含义和出处都不知道	说不清楚	
小学及以下	39 5.9%	177 27.0%	19 2.9%	377 57.5%	44 6.7%	656 100.0%
初中、高中或中专	527 19.4%	1 100 40.4%	106 3.9%	704 25.9%	283 10.4%	2 720 100.0%
大专或大学	317 28.5%	628 56.5%	22 2.0%	78 7.0%	67 6.0%	1 112 100.0%
研究生	10 22.2%	28 62.2%	1 2.2%	4 8.9%	2 4.5%	45 100.0%
总　计	893 19.7%	1 933 42.6%	148 3.3%	1 163 25.7%	396 8.7%	4 533 100.0%

资料来源：本课题调查结果。

表 3-3　　学历与对"万有引力定律"的了解情况的交互分布

学　历	"万有引力定律"					总　计
	含义和出处都知道	知道含义但不知道出处	知道出处但不知道含义	含义和出处都不知道	说不清楚	
小学及以下	15 2.3%	12 1.8%	10 1.5%	554 85.1%	60 9.2%	651 100.0%
初中、高中或中专	521 19.2%	2 100 7.8%	159 5.9%	1 357 50.1%	461 17.0%	2 708 100.0%
大专或大学	594 53.6%	133 12.0%	106 9.6%	156 14.1%	119 10.7%	1 108 100.0%
研究生	35 77.8%	4 8.9%	3 6.7%	1 2.2%	2 4.4%	45 100.0%
总　计	1 165 25.8%	359 8.0%	278 6.2%	2 068 45.8%	642 14.2%	4 512 100.0%

资料来源：本课题调查结果。

表 3-4　　　　　　　　　　定序测量

		Value	Asymp. Std. Error[a]	Approx. T[b]	Approx. Sig.
Ordinal	by Kendall's tau-b	-0.341	0.011	-28.699	0.000
Ordinal	Gamma	-0.523	0.016	-28.699	0.000
N of Valid Cases		4 512			

a. Not assuming the null hypothesis.
b. Using the asymptotic standard error assuming the null hypothesis.

资料来源：本课题调查结果。

就"万有引力定律"而言，情况则有所不同。在大专以上文化程度中，超过半数的人均能知道含义及出处，而在初高中则明显下降为19.2%。可见对"万有引力定律"的了解主要就是来自于学校教育。

综合前面的数据，结论就是，我们公众中有一半的人不了解"万有引力定律"，表明他们均未受到应有的教育，科盲背后反映的是教育普及程度的远远不够。对"人类只有一个地球"的了解，则与学历的相关性不是特别明显，当然，学历越高，越有助于对这句话含义的理解。

关于中国公众对科学命题的了解程度，还有来自另一相关部门的数据，这就是中国公众科学素养调查课题组发表的《2003年中国公众科学素养调查报告》[①]一书。

下列命题为国际上通用的科学知识测试题目。中国公众对此的知晓程度可见表3-5所列数据。

表3-5　　　中国公众对于科学命题的知晓程度　　　　　　单位：%

科学命题	正确	错误	不知道
1. 地心的温度非常高	46.6	13	40.3
2. 地球围绕太阳转	80.2	6.7	13.1
3. 我们呼吸的氧气来源于植物	64.2	13.7	22.1
4. 父亲的基因决定孩子的性别	47.1	26.1	26.8
5. 激光因汇聚声波而产生	18.9	11.6	69.5
6. 电子比原子小	22.7	16.7	60.6
7. 抗生素既能杀死细菌也能杀死病毒	18.2	44.1	37.7
8. 宇宙产生于大爆炸	19.0	19.4	61.7
9. 数百万年来我们生活的大陆一直在缓慢地漂移并将继续漂移	45.1	8.7	46.3
10. 就目前所知，人类是从早期动物进化而来	71.8	5.7	22.5
11. 吸烟会导致肺癌	84.1	6.2	9.8
12. 最早期的人类与恐龙生活在同一个年代	31.8	21.3	47
13. 含有放射性物质的牛奶经煮沸后对人体无害	32.6	22.6	44.8
14. 光速比声速快	73.1	3.9	23
15. 所有的放射现象都是人为造成的	40.2	18.9	40.9
16. 地球围绕太阳转一圈的时间为一天	38.3	38.7	22.9

资料来源：中国科学技术协会、中国公众科学素养调查课题组编：《2003年中国公众科学素养调查报告》，科学普及出版社2004年版，第6页。

同样的题目还有来自于欧美、日本等地区的调研资料，见表3-6中所列数据。

[①] 中国科学技术协会、中国公众科学素养调查课题组编：《2003年中国公众科学素养调查报告》，科学普及出版社2004年版。

表 3-6　　　　　对于科学命题知晓程度的国际间比较　　　　单位：%

科学命题	中国	欧盟	日本	美国
1. 地心的温度非常高	46.6	88.4	77	80
2. 地球围绕太阳转	80.2	66.8		75
3. 我们呼吸的氧气来源于植物	64.2	79.7	67	87
4. 父亲的基因决定孩子的性别	47.1	48.1	25	65
5. 激光因汇聚声波而产生	18.9	35.3	28	45
6. 电子比原子小	22.7	41.3	30	48
7. 抗生素既能杀死细菌也能杀死病毒	18.2	39.7	23	51
8. 宇宙产生于大爆炸	19.0		63	33
9. 数百万年来我们生活的大陆一直在缓慢地漂移并将继续漂移	45.1	81.8	83	79
10. 就目前所知，人类是从早期动物进化而来	71.8	68.6	78	53
11. 吸烟会导致肺癌	84.1		83	94
12. 最早期的人类与恐龙生活在同一个年代	31.8	59.4	40	48
13. 含有放射性物质的牛奶经煮沸后对人体无害	32.6	64.2	84	65
14. 光速比声速快	73.1		89	76
15. 所有的放射现象都是人为造成的	40.2	52.6	56	76
16. 地球围绕太阳转一圈的时间为一天	38.3	56.3	58	54

资料来源：中国科学技术协会、中国公众科学素养调查课题组编：《2003 年中国公众科学素养调查报告》，科学普及出版社 2004 年版，第 7 页。

在此也许讨论中国公众与国外公众在回答科学命题正确率上的区别更有启发意义。

就总体而言，在这 16 道题目中，中国公众回答正确率最低的题目共有 12 道，占全部的 75%，这一数值表明，与欧盟、日本及美国相比，中国公众的科学知识知晓程度严重偏低。

其中，中国公众回答正确率最高的题目为"地球围绕太阳转"（80.2%），显然，这是一道相对而言较为简单的题目；正确率相对较高的题目为"吸烟会导致肺癌""人类是从早期动物进化而来"以及"父亲的基因决定孩子的性别"。分析这三道题目，就"吸烟会导致肺癌"而言，由于各类媒体的宣传，这几乎已成为大众的常识，或许正因如此，欧盟未将之列入题目之中。就"人类是从早期动物进化而来"而言，美国的正确率位居最低（53%），究其原因，应与美国的主流意识形态导向有关，美国在宗教上的保守程度远远超出欧盟及日本，不少美国人或许正是出自于宗教信仰上的原因不愿承认或相信人类起源于动物，因为基督教信仰认为人类起源于上帝的特殊创造。由于有了美国的垫底，中国公众的正确率得以位居倒数第二。就"父亲的基因决定孩子的性别"而言，这回是日本垫了底，中国位居中间，这一成绩的取得在某种程度上或许与中国计划生育政策的宣传有关，为免除妇女在生育儿子方面承担过重压力，政府及媒体积极宣传这一遗传学知识，即孩子的性别取决于父亲的染色体。

在所有题目中，中国公众回答正确率最低的题目为"抗生素不能杀死病毒"（正确），仅18.2%。这一现象令人深思，抗生素的滥用已成为当今世界最为严重的公害之一，科学素养普遍不高的中国公众反而容易对现代医学过于依赖以致达到迷信程度，而中国的医生们在此又该承担何种职责呢？正确率位居倒数其次的分别是"激光不是靠汇聚声波而产生"（18.9%）以及"宇宙产生于大爆炸"（19.0%）。尽管中国公众不乏接触"激光"这一术语的机会，但对其原理却所知甚少，同时中国公众对于宇宙的来龙去脉这一与实际生活关系不大的知识也缺少了解。

二、公众对科学方法的知晓程度及其相关讨论

在同一项调查中对科学方法的知晓要比科学命题更为深入，因而它是对公众科学素养更高层次的要求。以科学实验中极为常见的"对比实验"为例，见下述题目：

科学家想知道一种治疗高血压的新药是否有疗效，在下列方法中，哪种方法最为正确：（1）给1 000个病人服用这种新药。（2）给500个病人服用新药，另500个病人不服药。（3）给500个病人服用新药，另500个病人服用无效无害的安慰剂；在上述情形中，分别观察疗效。（4）不清楚。结果是：作出正确选择（为第3种方法）的比例为17.8%，作出非正确选择的约为82%。

国际上进行比较，瑞典位居首位，正确率达到70%；日本、丹麦和荷兰达到60%；芬兰达到56%；达到40%~50%的有4个国家，分别为：法国、英国、美国和比利时；达到30%~40%的有4个国家，分别为：奥地利、卢森堡、爱尔兰和葡萄牙；德国、希腊、西班牙和意大利达到20%~30%；中国则位居末位，仅接近18%。[①]

这一结果令人警醒。国内的有关部门正在强烈呼吁，科普事业并不仅仅针对科学事实的普及，更重要的是针对科学方法的普及。授人以鱼，不如"授人以渔"。若是缺乏对科学方法的基本素养，就谈不上原创性思维的培养和开拓。而且公众还极易受各类似是而非说法的误导。

[①] 中国科学技术协会、中国公众科学素养调查课题组编：《2003年中国公众科学素养调查报告》，科学普及出版社2004年版，第12~13页。

三、公众对科学知识的运用状况

科学不仅是一种知识体系，同时它也通过影响我们日常的价值观从而决定人生取向，这就体现为科学知识的运用。

本课题调研组有这样一道题目：您认为您的命运与下列哪些因素有关（可以多选，但最多选 5 项）：

（1）生辰八字；（2）血型；（3）遗传；（4）风水；（5）机遇；（6）皇历；（7）数字号码；（8）性格类型；（9）星座；（10）个人努力；（11）家庭背景；（12）教育；（13）个人能力；（14）社会关系；（15）户籍；（16）年龄；（17）国籍；（18）性别；（19）民族；（20）其他；（21）都无关。

在 4 481 份有效样本中，被调查对象一共回答了 16 755 次，具体统计排名如表 3 - 7。

表 3 - 7　　　　　中国公众对命运及其相关因素的理解

名　次	选　项	次　数	占全部的百分比（%）
1	个人努力	2 888	17.2
2	教育	2 268	13.5
3	家庭背景	2 248	13.4
4	机遇	2 171	13.0
5	个人能力	1 789	10.7
6	社会关系	1 544	9.2
7	性格类型	1 159	6.9
8	生辰八字	779	4.6
9	遗传	746	4.5
10	血型	317	1.9
11	风水	222	1.3
12	年龄	127	0.8
13	性别	109	0.7
14	国籍	90	0.5
15	星座	82	0.5
16	民族	69	0.4
17	户籍	48	0.3
18	其他	43	0.3
19	皇历	35	0.2
20	数字号码	21	0.1

资料来源：本课题调查结果。

从表 3-7 的选项出现的频次上来分析，总体上来说中国公众对个人命运似乎持相当理性的态度。"皇历"和"数字号码"位居末位，表明公众对这类迷信几乎不屑一顾。出现频次最高的选项则分别为"个人努力"和"教育"，注意，该两项都指向后天因素，由此或许可以看出，高考的群众基础是多么深入人心，它那经久不衰的召唤力也就在所难免了。家庭背景位居第3，这恰好印证了中国国情中普遍盛行的"裙带之风"。值得注意的是，"生辰八字"和"星座"分别位居第8名和第15名，该两项都与人的特定出生时刻有关，只是前者源于中国民间文化，而后者源于西方民间文化。这一排名表明，在中国广大的农村地区，传统的民间文化更占优势。也许值得指出的是，如星座或皇历、数字号码这样的选项排名相当靠后，仅就问卷来分析，这似乎表明中国公众持有相当理性的人生观，但在实际生活中，公众择日结婚和生育子女的现象又相当普遍，如何解释其中的不一致？一个原因或许是答卷的设计没有涉及属相等选项；另一原因或许是答题是有意忽略了这样的选项，因为多年的教育已使答卷人知道这样的选项显然是一种迷信。

一个有意思的现象是，"遗传"这一选项仅位居第9，事实上，遗传是指一个人的天赋，或与生俱来的能力，其对个人命运的重要性不言而喻。它如此遭到中国公众的忽略，由此带来的后果也许值得讨论。很长一段时期以来，我们的社会更多关注、宣扬成功中的后天因素，而忽略了每个人特定的天赋，所谓"只要功夫深，铁杵磨成针"就是此种观点的典型表达。作为人生励志格言，它本无过错。然而，它所带来的一个负面效应却是，我们因而过高估计了人的学习能力而忽略了本能特性。现在也许更有必要的是提醒先天基础的必不可少。这绝不是危言耸听，而是有事实为证：多少家长逼迫子女苦苦练琴、参加奥数竞赛等，不就因为太痴迷后天的训练从而不愿以平常心来正视子女先天已有的素质？多少婚姻破裂不就因为一方以改造对方为己任？其实一句老话"江山易改、本性难移"倒是反映了中国古人对此早有明智洞见。

当然，人们有理由担心，这种观点是否会误导我们丧失进取之心？恰恰相反。教育学的核心理念"因材施教"体现的就是承认和尊重这一前提。千军万马竞走高考这一独木桥，撇去体制上的因素不谈，不正反映了人们对自己的天性或特长缺乏足够的认识？而在这些现象背后所反映的，或许就是中国公众对行为、性格的遗传学知识过于淡漠，从而片面或过高相信个人的努力程度及教育因素。

最后还有一个现象值得讨论，那就是"户籍"这一中国特有的制度，事实上它极大地影响了中国人的命运，但在本次调研的排名中竟然位于第17。对此的解释或许是，公众对于命运的理解更多带有依靠后天的努力则可加以改变这一意思。

四、公众对科学的总体评价

鉴于科学正在日益成为当代社会的强势力量,因而了解当代中国人心目中对科学的总体评价就具有格外重要的意义。我们课题组的调查主要涉及下述诸多方面的内容。

(一) 对科学的态度

中国人对科学总体上究竟是持积极态度还是消极态度?2003 年中国公众科学素养调查报告提供了一个国际间的比较数据,如表3-8 所示。

表 3-8　　　　　公众对科学评价态度的国际间比较　　　　　单位:%

科学评价 \ 地区	美国	日本	欧盟	中国
1. 科技可以使我们生活得更好	86.0	73.0	70.7	82.1
2. 科技发展将给后代带来更多发展机会	85.0	66.0	72.4	88.3
3. 科学家的工作使我们生活得更好	89.0	60.0		82.1
4. 应用新科技成果使我们生活得更轻松愉快	72.0	54.0	62.4	80.5
5. 科学技术利大于弊	47.0	41.0	50.4	71.3
6. 我们过于依赖科学而忽视信仰	51.0	54.0		23.8
7. 技术应用能够毁掉我们生存的地球	26.0	34.0		16.0
8. 尽管有些科学研究不能带来直接利益,但它是必要的,政府应予以支持	82.0			85.3
9. 科学技术能够解决所有问题			16.5	38.8

资料来源:中国科学技术协会、中国公众科学素养调查课题组编:《2003 年中国公众科学素养调查》,科学普及出版社 2004 年版,第 89 页。

比较上面的数据,我们可以发现,从 1~4 的选项都是对科学技术的正面评价,对此中国公众的认同全都超过 80%,除第 4 项外,美国公众对此的认同也全都超过 80%,不过对第 4 项的选择,美国公众的认同依然高出欧盟及日本。由此可见,总体而言中、美两国对科学技术的正面认同均超过欧盟及日本。对第 5 项,"科学技术利大于弊",尽管中国公众认同率下跌至 71.3%,但其他国家下跌趋势更快,除欧盟勉强过半(50.4%)外,美国及日本都跌至半数以下(分别为 47% 和 41%)。

"技术应用能够毁掉我们生存的地球",这是对现代技术的极为负面的评判。对此,居然是日本的认同率最高(34%),不过原因倒是不难理解,日本作为一个岛国，资源匮乏，民众向来有着强烈的危机感，近年来日本的技术产业又极其发达，走在世界前列，于是，国民对此产生深重的忧虑感。认同率最低的依然是中国（16%），可见中国公众对技术持高度乐观态度。这是出于中国公众天性乐观，还是对技术前景过于相信，或是多年宣传"技术脱贫论"富有成效？这或许有待深入研究。

"尽管有些科学研究不能带来直接利益，但它是必要的，政府应予以支持"，对于这一相对理性温和的选项，美国和中国公众的认同率都极高，达至80%以上。"科学技术能够解决所有问题"，这一选项的倾向较为激烈，体现出对于科学技术的强烈依赖，对此，中国公众的认同率远不过半，仅38.8%，但依然高于欧盟的16.5%，日本和美国缺乏相应数据。

总体来看，相比于国外公众，中国公众对科学技术的期望值远较乐观。2006年公布的第7次上海公众科学素养调查表明，74.9%的上海公众认为，科技对社会的影响利大于弊，88.5%的上海公众认为科学使我们的生活更健康、更舒适、更轻松。这一比例明显高于国外同类调查结果。这是一个值得关注的现象。与此同时，本次调查数据还表明，在不具备科学素养的人群中，有更高的比例对科学技术持过于乐观的看法；同时持保守和消极态度的比例也更高，这就是说，这部分人群易于走向极端看法。与之相比，具备科学素养的人群更有可能对科学技术持较为理性的态度，既不盲目乐观，也不轻易排斥。在支持的同时也能够清醒地看到其可能带来的副作用。①

（二）对环保问题的看法

环保问题正日益成为当代社会中一个敏感棘手的话题。在本课题组的调研报告中，有这样一道题目，"写出您对下列短句所描述的社会现象的认识和理解"。在这些短句中，有两项命题与环境有关，给予的选项为：非常同意；比较同意；同意；不同意；较不同意；很不同意；说不清楚。

对"生态危机、能源危机和核危机会给人类甚至地球带来灾难性的后果"的看法，调查结果如下：在总共 4 569 份样本中，非常同意 1 657 份，占 36.3%；比较同意 646 份，占 14.1%；同意 1 338 份，占 29.3%；三者加起来的比例为 79.7%。不同意 224 份，占 4.9%；较不同意 65 份，占 1.4%；很不同意 52 份，占 1.1%；三者加起来的比例为 7.4%。剩下的是无效答卷（包括答说不清楚），占 12.8%。结果极其明显，中国公众对环境危机有着高度的认同感，这些人群要占到 79.7%。而对此不以为然的人群仅占到 7.4%。

---

① 《2005年上海公众科学素养调查结果揭晓》，人民网，http://scitech.people.com.cn，2006年3月12日。

不过，值得指出的是，在本课题组调查者所写的调查手记中，可见这样的细节：不少农村未受过教育的人群，他们根本就不理解什么叫"生态危机、能源危机、核危机"等，而当调查者对其作出解释时，是否能够完全避免暗示性的语句呢？另外，就以选项中反复出现的"危机"一词而言，一个略通文墨的被调查者很容易就能识别这是一个极具负面色彩的用语，从而倾向于认同这一命题。但事实上，由于对这些危机的内涵缺乏足够认识，如生态危机过于抽象，核危机过于遥远，能源危机也并不一定就已影响到日常起居，因而中国公众对于发生在身边的具体危机是否已有足够的警觉，在这样一份标准化的答题中不见得能准确地反映出来。

（三）科学在中国人心目中的声望

由科学所带来的技术在中国人心目中有着极高的声望，这是当今社会的普遍现象。至于科学事业本身在大众心目中的声望，我们或许可通过下列途径得到。调查科学家作为一种职业在大众心目中的受尊重程度。

本课题调研组有这样一道题目："假定以下人都很有钱，您觉得哪些人的生活比较有意义？"（可以多选，但最多选5项）。选项为：（1）科学家；（2）艺术家；（3）慈善家；（4）运动员；（5）教师；（6）银行家；（7）市长；（8）侦探；（9）医生；（10）厨师。

结果一定会让中国的科学工作者们欢欣鼓舞。共有4 549人做了13 237次选择。其中在所有次数和个案数中，选择科学家的比重最大，分别是17.2%和50.1%；排名位居其次的选项是"教师"，分别为16.4%和47.7%；接下来排名较为接近的依次是艺术家、慈善家和医生；与此形成对照的是，选择银行家的在所有回答和个案数中的比重最小，分别是2.4%和7.1%；紧挨银行家排名的则是市长，分别仅占3.8%和11.2%。

仔细分析上面的数据排列，可以发现这是一个有趣的现象。显而易见，在公众心目中社会地位高的职业却并不一定是热门职业。只要看看大学理科的基础专业（如数学、物理、化学）颇遭冷遇，而公众对应用性技术专业（如软件工程、金融管理）则趋之若鹜，就能明白科学家、教师并非大众职业所好。至于市长和银行家，想必定会是妙龄女郎心目中的"白马王子"，但却屈居排名的末端，对此该做何种解释？想来在中国公众的心目中，科学家和教师令人尊敬，也许和多年来媒体的正面宣传不无关系，这一群体在生活上的清贫和事业上的执著已成为公众道德生活的楷模，但却不见得是公众现实生活的榜样。至于市长和银行家，因最近几年来社会上的不正之风屡有报道，以致这一群体的道德品质难以得到公众的尊重和认同，但他们的生活档次却让公众心生仰慕。

顺便提及，在本课题调研组所写的手记中，这一情节曾让调查者颇感困惑，那就是受调查者大多认为"有钱能使人变坏"，但是若让他们选择的话，他们依然选择有钱的生活方式。或许他们的精神支柱是被贫穷的生活压垮了，以致宁愿冒堕落的风险也要过有钱的生活？抑或是每个人都坚信自己才能守住道德的底线而不至于堕落？

在笔者看来，导致这一现象的原因或许是，多年来我们的道德教育与现实生活发生了脱节。以至于造成这样的局面：可敬的东西不可行，可行的东西难起敬。在这一境况中，若是法律的底线再有所松动，后果则可想而知。

2003年中国公众科学素养调查报告中也有相关的数据。在列出的主要职业中，声望最高的依次是：教师（占58%）、科学家（47%）和医生（42%），这一结果与本课题的调查结果基本相符。[①]

最新的2006年上海市科学技术协会发布的第7次上海公众科学素养调查数据表明，在职业声望的排行榜中，科研这一职业的认可程度达到58.1%，名列榜首，比三年前提高了6.4个百分点。位居亚军的是医生，接下来依次为大学教师、工程技术人员、律师、公务员、新闻工作者、中小学教师、企业家、会计师、文体工作者。其中企业家名列跌幅榜首，从三年前的第5位跌至目前的第9位。

在2003年中国公众科学素养调查报告中还有一个内容，那就是我国公众希望子女从事的职业。结果依次如下：教师（占46.5%）；医生（占43.4%）；科学家（占41.7%）；军人或警察（占36.1%）；政府官员（占23.5%）；企业家（占20.6%）；律师（占19.4%）；工程师（占17.7%）；法官（占14.9%）；记者（占10.9%）；艺术家（占10.2%）；运动员（占7.4%）；工人（占4.0%）；农民（占3.1%）；其他（占0.5%）。[②]

这一排名现象值得深入讨论。就排名情况来看，占据前三位的是教师、医生和科学家，可见科学家在公众声望中的地位相当之高，从家长对其子女从事职业的选择上同样可以体现出来。但正如笔者在前面所指出的，现实生活中体现出的社会现象却并不如此。一个标志就是，近年来的公务员考试热持续升温，公务员岗位竞争日趋激烈，表明政府官员是中国公众考虑职业的首选之一。

不过这些调查数据至少给我们提供了这样的信息，科学家群体在道德品质上依然是中国公众的楷模。与此对照，如记者、政府官员或企业家之类倒不那么可靠。与某些腐败现象相比，学术造假在公众心目中还不至于造成如此恶劣的后果。这对学术界来说，是福音也是警示。

[①②] 中国公众科学素养调查课题组编：《2003年中国公众科学素养调查报告》，科学普及出版社2004年版。

（四）公众获取知识的动机

希腊哲学家亚里士多德曾经说过，求知出于闲暇与惊奇。这一观点在很长一段时期曾经被我们有所忽略。我们强调求知出于生产实践，其实也就是实用。这在一定程度上也反映了我们的传统文化的某种不足，亦即强调学问的经世致用，缺乏为学术而学术的求知精神。于是，当读书不能带来实际的好处时，比如升官求职发财，读书无用论自然就会抬头并流行。那么，非功利的读书在我们的生活中究竟占多大比重呢？下面的调查数据或许能给出答案。

在本课题的调查报告中，有这样一道题目："您闲暇时主要做些什么？"（可多选，但最多选 5 项）

（1）什么都不做，悠闲地度过；（2）看电视、听广播、读报纸或杂志；（3）在家享受天伦之乐；（4）与亲戚朋友聚会；（5）从事体育运动；（6）打扑克搓麻将；（7）从事自己的业余爱好（如园艺、钓鱼、编织等）；（8）玩电脑、上网或打游戏；（9）去博物馆、图书馆或者逛书市；（10）学习（如参加沙龙，学外语、职业技能培训、学习陶艺等手工）；（11）参加社会活动；（12）出去吃饭或购物；（13）开车或骑车兜风；（14）外出旅行；（15）做家务；（16）听音乐；（17）泡吧；（18）去教堂或寺庙；（19）其他。

调查中有 4 562 被调查对象一共做了 13 997 次选择，具体统计结果如表 3 - 9 所示：

表 3 - 9　　　　　　　　中国公众闲暇时的主要活动分布

闲暇时的活动	频次	百分比（%）
看电视、听广播、读报纸或杂志	3 174	22.7
与亲友聚会	1 610	11.5
做家务	1 277	9.1
玩电脑、上网或打游戏	1 132	8.1
打扑克搓麻将	1 080	7.7
体育运动	938	6.7
听音乐	845	6.0
在家享受天伦之乐	706	5.0
出去吃饭或购物	681	4.9
业余爱好	655	4.7
什么都不做	495	3.5
外出旅行	334	2.4

续表

闲暇时的活动	频次	百分比（%）
学习	284	2.0
去博物馆、图书馆或逛书市	227	1.6
开车或骑车兜风	171	1.2
参加社会活动	119	0.9
其他	119	0.9
泡吧	81	0.6
去教堂或寺庙	69	0.5

从表 3-9 中可见，位居榜首的选项是"看电视、听广播、读报纸或杂志"。该选项其实包括三大内容，可以估算，看电视的人数或时间肯定要超过读报纸或杂志。

接下来就是"与亲友聚会"，可见中国公众极其重视人际关系的交流，且亲属占有相当比分，或许这正是裙带之风的群众基础。依次下来的是"做家务"，看来家务依然是日常重要的劳作之一。接下来的选项大多是娱乐内容。但还是有不少人选择"什么都不做"。

现在我们重点讨论"学习"，鉴于如今名目繁多的各类培训班铺天盖地，可见中国公众的学习其实更多与某项实用技能的培训有关，严格地说来，它是工作在闲暇时段的继续，而不是出于放松休闲的需要。紧接着的一个选项是"去博物馆、图书馆或者逛书市"（227 次，占 1.6%）。这些活动才真正体现闲暇时段的求知需求，但令人遗憾的是，它们在中国公众的闲暇生活中居然处于如此末端地位，可见读书对于当今的中国公众来说，几乎是生活中可有可无的内容。至于说到诸如此类的读书：学生为了考试、职工为了培训、经理为了点缀身份（表现为进各种进修班之类），或股民为了炒股、老板为了生意、员工为了跳槽、家庭主妇为了烹饪之类，这些读书仅是出于谋生、实用的需要，一旦目的达到，书本作为工具即可扔之脑后。

2006 年 4 月，中国出版科学研究所发布了第四次"全国国民阅读调查"初步结果，调查结果显示，我国国民图书阅读率连续 6 年持续走低，有读书习惯的人只占全体人口的 5%。与此同时，网络阅读率则大幅增长。文学类图书是读者接受程度最高的图书类别。再请看下列一组数字：我国香港地区 1 000 人中就有 700 多人读报；日本只有 1 亿多人口，而《朝日新闻》可以发行 1 000 多万份；8 000 万人口的德国出版社有 2 000 多家，而我国的最新数据则是 586 家。上海是全国读书指数较高的城市，人均年读书量只有 6~10 册，而以色列犹太人平均每年每人读书 64 本！一项调查还表明，竟有 80% 的大学生未完整阅读过中国的四大名著。书店卖得红火的，往往是励志类、实用类读物，而如这类在欧美出版界被大众看好的作品，如《时间简史》《枪炮、病菌与钢铁》《我的野生动物朋友》《自私的基因》等科普类读物，均没有进入近两年畅销书前 10 名，最高的阅读率也不过只有 15%。① 另有统计资料显示，截至 2002 年，中国共有公共图书馆 2 697 个，大致平均每个县一个，平均每 40 万人才有一个公共图书馆，显然它们不能满足公众的阅读需求。②

最后要说的是，位居末端的选项分别是开车或骑车兜风、参加社会活动、泡吧、去教堂或寺庙。考虑到我国国情，私家车仅在城市中才有一定的拥有量，自然此项休闲活动只能位居末流。参加社会活动是指社区的各类志愿者服务活动，它们在中国还远远没有形成风尚；至于泡吧似乎是不良少年的所为；而对于宗教信念甚为淡漠的汉民族来说，去教堂或寺庙理所当然位居末位。

以下的表 3-10、表 3-11 给出了选择去图书馆、博物馆或逛书店的人群中，他们的文化程度及职业分布情况。

以表 3-10 为例。选择逛书市的人中，小学结业以下的有 2 人，全部样本中小学结业以下文化程度的有 237 人，即该文化程度中，选择逛书市这种休闲生活的占 0.84%，其他同此。

表 3-10　　　　　　　　选择逛书市的学历分布

学历	频次	学历总计	占该学历百分比（%）
小学结业以下	2	237	0.84
小学	6	424	1.42
初中	38	1 405	2.70
高中或中专	71	1 334	5.32
大专	46	580	7.93
大学	53	536	9.89
硕士研究生	8	32	25
博士研究生	3	13	23.08
总计	227	4 561	76.18

资料来源：本课题调查结果。

① 刘效仁著：《遐想阅读节》，载于《中华读书报》2006 年 3 月 22 日。
② 中国图书馆学会编：《中国图书馆年鉴（2003 年卷）》，科学技术文献出版社 2004 年版。

表 3-11　　选择逛书市的职业分布

职业	频次	职业总计	占该职业百分比（%）
管理人员	18	237	7.59
专门的技术人员	44	548	8.03
普通办事人员	26	531	4.90
营业人员	17	541	3.14
服务人员	13	235	5.53
产业工人	11	273	4.03
从事农林牧渔者	5	823	0.61
家庭主妇	8	304	2.63
学生	60	518	11.58
军人	2	14	14.29
神职人员	0	7	0
无业者	6	134	4.48
其他	17	402	4.23

从以上表格中可见，文化程度越高，选择去图书馆、书店或博物馆的比例也更高，这样的正比关系无须多做解释。随着文化程度的升高，这类人在人群中的样本也越来越稀少，故选项的总体排名极其靠后。还有就是职业的分布，除军人之外，学生中选择去图书馆、书店、博物馆的比例极高，但同样可以预料的是，他们中的绝大多数人或许是冲着教辅读物而去，接下来是专门的技术人员和管理人员，他们中更有可能是冲着实用技能的培训而去。至于军人，他们似乎是个特殊的群体，通常的休闲方式对他们不太适合，或许正是因为如此，他们中选择去图书馆、书店或博物馆的比例才会如此之高。

在本课题的调研题目中，另有两道题目或许可与上述题目作为对照。

第一道题目是："您希望自己或自己的孩子读书到什么程度？"

（1）博士研究生；（2）硕士研究生；（3）大学本科；（4）大专；（5）职业高专；（6）职业中专；（7）高中；（8）技校；（9）初中；（10）小学；（11）顺其自然。

结果是：在4 569个个案中，有33.3%的人希望读至博士研究生；17.4%的人希望读至硕士研究生；27.1%的人希望读至本科程度；16.7%的人则选择顺其自然，只有5.3%的人希望读至大专及以下。

第二道题目是："您认为读书在您的生活中处于什么地位？"

（1）非常重要；（2）比较重要；（3）一般；（4）不太重要；（5）很不重要；（6）说不清楚。

结果是：在 4 418 个有效样本中，有 29.5% 的人认为读书非常重要；33.0% 的人认为比较重要；23.1% 的人认为一般；9.5% 的人认为不太重要；4.9% 的人认为很不重要。从累积百分比可见，只有 14.4% 的人认为读书不重要，而认为重要的则要占到 62.5%。进一步的交互分析还表明，文化程度越高，越是认可读书地位的重要性。

显而易见，从上述数据中明白无误地传达了这一信息：中国公众及其重视读书，对高学历情有独钟，所谓万般皆下品，唯有读书高，即是对此的精辟刻画。不过在此有必要指出的是，"读书"在汉语口语中有双重含义：一是指阅读；二是指求学。这或许是因为在传统社会，读书的含义很是单纯，没有这种区分。但自从有了新式的学堂，引进了西方的教育体制，就开始有了这两种含义的区别。上述两题中的第一道题目显然是"求学"，而第二道题目则含义模糊。题目的设计者该是指"阅读"，若是该含义，那么结果就是中国公众大多数人都极为推崇阅读，而这显然与事实不符，本书上面所列数据已指出了这一点，况且书店最好卖的是教辅读物，而不是成人读物，由此可见，被试者对此的理解很有可能是"求学"而非"阅读"。或者说，阅读也是为了获取一张标志学历的文凭。可见中国公众更多是将读书当作一种谋生的手段，一种改变自身命运的跳板。于是，在传统社会中为谋求金榜题名就是读书的至上目的，当今社会对学历的要求同样催生了大众的"读书热"。出于惊奇而去求知，并作为闲暇时刻的一种享受，从而将读书作为一种生活方式，似乎离我们的生活还过于遥远。就在富人一掷千金地追求种种奢侈享受的同时，读书却尚未有幸成为"奢侈"的内容。在此意义上，无聊才读书①，恐怕才是一种纯正的读书态度。

第三节　当代中国人的价值观念

在经历了三十年改革开放的实践之后，中国人的价值观念从总体上来看出现了三大变化：一是价值观基础由群体本位向个体本位偏移；二是价值判断标准从理想主义转向现实化、实用化；三是价值取向由单一型向多元化趋势发展。众所周知，价值包含价值主体、价值规范、价值取向和价值评价四个方面的内容。因此，我们以下将从当代中国人的价值主体观念、价值规范观念、价值取向观念和机制评价观念来研究当代中国人的价值观念。

---

① 参见陈克艰：《无聊才读书》，上海辞书出版社 2002 年版。

一、政治价值观念

当代中国人的政治价值观念的状况首先反映在政治倾向的变化上，一是作为中国人的自豪感在上升。民族认同感反映出的是一种非常重要的政治价值观念。从表3-12可以看出，认为作为中国人"非常自豪"的占52.3%；"比较自豪"的占30.5%；"一般"的占12.2%；"不太自豪"的仅为1.8%。从累积有效百分比中看出，回答"自豪"（"非常自豪"与"比较自豪"）的占82.7%，也就是说有94.9%的人没有回答"不自豪"。二是当代中国人的政治民主意识明显增强。在社会转型以前，中国社会实际上是一个权力主导型社会，社会经济生活的统一性和秩序性主要是靠行政权力来维系的，人们对权力只是被动地顺从。然而，社会转型带来的巨大变化就是在执政党倡导要树立正确权力观的时候，人们已经有了正确的权力意识。如表3-13显示，关于"如果政府官员犯错误，人民有权批评"的调查，有51.1%的选择了"非常同意"，13.3%的人选择了"比较同意"，还有占30.3%的被访者选择了"同意"。也就是说，选择"同意"的被访者占全部有效样本的94.7%，只有5.3%的被访者选择了"不同意""较不同意"和"很不同意"。由此可见，当代中国人的民主政治意识在不断增强。这种情况可以进一步对不同职业、不同年龄、不同学历人群的交叉分析中得到证明。

不过，不同的人群，"同意"的百分比略有不同。从城乡人群来看，我们在调查中发现无论是城市人群、农村人群还是流动人群，关于"如果政府官员犯错误，人民有权批评"的问题，都有90%以上的人认为有权批评，分别为92.7%、90.9%和91.0%。相比之下，城市人群的民主意识略高于流动人群，而流动人群又比农村人群略高。这与不同人群的文化水平有直接的关系，城市人群的文化水平普遍高于流动人群，流动人群的文化水平一般要高于农村人群。这可以从不同学历人群的情况得到验证。我们抽取三种学历人群，分别是小学、高中和研究生，同意有权批评政府官员的除了小学学历人群占88.7%之外，另外两种人群都超过90%，其中高中学历人群占92.9%，而研究生人群则高达93.8%。由此可见，学历高的人群，政治民主意识更高。再从不同年龄人群来看，我们把不同年龄的人群分为四个年龄段：16~29岁、30~44岁、45~59岁和60岁以上。虽然赞同批评犯错误官员在不同年龄断中都超过了90%，但是，16~29岁年龄段的人群占的比例最高，达到了93.2%，应该说，这是"初生牛犊不怕虎"的一群人。相比之下，中间两个年龄段的人群略微保守一些，到了60岁以上以后，批评政府官员的势头又重新回升。这主要是因为，30~60岁是人生中奋斗的时候，晋升、加薪等受到别人的制约，都会使这些人群政治价值观念要保守一些。而退休以后,由于在身外之物上没有什么东西有求于他人,所以政治价值观念在一定程度上向年轻时候"回归",激进的一面又表露出来。

表 3-12　　　　　　　　中国人自豪感分布

自豪程度	频次	有效百分比(%)	累积百分比(%)
非常自豪	2 348	52.3	52.3
比较自豪	1 391	30.5	82.8
一般	559	12.2	95.0
不太自豪	80	1.8	96.8
不自豪	38	0.8	97.6
说不清楚	13	2.4	100.0
总计	4 568	100.0	

资料来源:本课题调查结果。

表 3-13　　　对"政府官员犯错误,人民有权批评"理解的分布

理解程度	频次	有效百分比(%)	累积百分比(%)
非常同意	2 249	51.1	51.1
比较同意	586	13.3	64.4
同意	1 331	30.3	94.7
不同意	151	3.4	98.1
较不同意	45	1.0	99.1
很不同意	36	0.9	100.0
总计	1 569	100.0	

资料来源:本课题调查结果。

二、经济价值观念

经济价值观念二级指标非常丰富,但主要体现为公平观念、效率观念、市场(竞争)观念、质量观念、信誉(诚信)观念、财富观念以及等价交换等价值观念。当代中国人的经济价值观念最大的特点在于效率、公平、市场、质量、信誉等观念都大大增强。特别是市场观念和财富观念几乎成了当今中国社会经济生活中的核心概念,甚至可以说其他经济价值观念都围绕这两种价值观念而生成。在市场观念的刺激下,中国人开始懂得现代市场,并大胆而自由地讨论"经济""效益""利润""收益"等词语。于是,有了市场意识的中国人不再安贫乐道,

不再知足常乐，不再谈"利"色变，不再谈"资"色变，不再信奉"君子固穷"的准则。市场观念把中国人带进了现代文明的发展轨迹之上。在市场经济条件下，由于竞争越来越激烈，为了减轻个人在竞争中的压力，同时也是为了形成整体竞争力，结果在市场竞争中形成了一定程度上向中国传统的整体主义回归的团队观念。也就是说在市场经济条件下，集体主义观念不仅没有过时，反而在新的条件下又焕发出新的异彩。同样，市场体制的建立和发展使中国经济彻底告别了短缺时代，但是，物质财富的富足并没有改变中国人勤俭节约的传统观念。总体上来看，我们的调查显示，认为市场经济条件下不必提倡勤俭节约的只占被访者的21.8%，除了3.5%的被访者认为"说不清楚"外，剩下的74.7%的被访者都认为市场经济条件下仍然需要提倡勤俭节约（见表3-14）。

表3-14 对"市场经济条件下不必提倡勤俭节约"理解的分布

	频次	百分比（%）	有效百分比（%）	累积百分比（%）
非常同意	236	5.2	5.4	5.4
比较同意	212	4.6	4.9	10.3
同意	500	10.9	11.5	21.8
不同意	2 153	47.1	49.5	71.3
较不同意	485	10.6	11.1	82.4
很不同意	764	16.7	17.6	100.0
总计	4 350	95.2	100.0	
无回答	58	1.3		
说不清楚	161	3.5		
总计	4 569			

经济价值观念中另一个重要的内容是公平观念。我们在调查中发现，经过了30年的改革之后，中国人基本上摆脱了经济贫困的时代，而随着经济的繁荣，人们越来越多地看重公平并努力追求社会公平。我们预先设计了几种社会类型，让被访者选择自己的最大倾向，结果，选择"生活水平一般，没有富裕差别"的人最多，占有效样本的28.3%；其次是"竞争激烈，规则公平"，占有效样本的26.8%；除了"其他"外，选择"现在这样的社会"最少，只占6.3%；选择"经济高度发达，贫富差距很大"的虽然人数不是最少的，但在有效样本中只占9.9%。不过，进一步的分析也表明，不同年龄、不同职业、不同收入等的人群，选择的类型是有较大区别的（见表3-15和表3-16从收入和年龄两个维度的分析）。我们抽取三种有代表性的社会类型："生活水平一般，没有贫富差别""经济高度发达，贫富差距很大""竞争激烈，规则公平"。表3-15显示，个人年收入在5 000元以下的选择"生活水平一般，没有贫富差别"的社会类型居多，

其次是"竞争激烈，规则公平"，而选择"经济高度发达，贫富差距很大"的最少。个人年收入在5 000元以上的则选择"竞争激烈，规则公平"最多，选择"经济高度发达，贫富差距很大"仍然是最少的。这就表明，今天的中国人更多的是强调公平而不是富裕程度。表3-15还显示，个人年收入越高的人越强调公平的竞争，而收入越低的则更重视公平的生活状态。表3-16同样也表明，所有年龄段的人选择"经济高度发达，贫富差距很大"也是最少的，也就是说，公平也是最重要的。不过，在三种社会类型中，16~29岁的年轻人更多的是选择"竞争激烈，规则公平"，而60岁以上年龄段的人群更加崇尚安逸的生活，所以选择"生活水平一般，没有贫富差别"的最多。

表3-15　　　　　　　　　　期望的社会类型

个人年收入 （单位：万元）	0.1 以下	0.1~ 0.2	0.2~ 0.3	0.3~ 0.5	0.5~ 1	1~ 2	2~ 5	5~ 10	10~ 20	20 以上
生活水平一般，没有贫富差别（%）	37.0	33.8	33.4	30.5	24.0	18.5	16.0	16.2	11.1	10.0
经济高度发达，贫富差距很大（%）	9.5	12.1	9.9	8.5	10.6	9.9	9.7	17.2	11.1	0.0
竞争激烈，规则公平（%）	25.6	14.8	18.4	26.0	30.8	39.9	42.3	38.4	55.6	50.0

资料来源：本课题组调查结果。

表3-16　　　　　　　　　　期望的社会类型

年龄（岁）	16~29	30~44	45~60	60以上
生活水平一般，没有贫富差别（%）	23.8	28.9	33.6	32.4
经济高度发达，贫富差距很大（%）	8.3	11.4	10.3	8.1
竞争激烈，规则公平（%）	33.0	26.6	21.4	13.5

资料来源：本课题组调查结果。

三、道德观念

人的本质是社会化，因而人与人之间不是简单的一种群居关系，而是复杂的社会关系。在这种复杂的社会关系中，人与人之间必然需要一种调节相互关系的准则，这就是道德。道德告诉人们真伪、是非、善恶、荣耻等，关于真伪、是非、善恶、荣耻等的认知就是道德观念。在社会转型与制度变迁的过程中，特别是社会主义市场经济启动以后，对于道德观念的嬗变以及道德素质的现状，学术界出现了"道德滑坡论"与"道德进步论"之争。一部分人认为,进入20世纪90年代,社会急剧变迁特别是市场经济条件下人们的趋利性在增强,所以,道德出现了滑坡。另一部分人则认为,尽管市场促使人们更多地关注自身利益的得失,但传统的美德并没有因此而丧失,甚至在青少年当中,人们一直认为当今的青少年处于消费主义的时代,消费主义的文化快餐已经使他们几乎没有传统道德的观念,而只是当红歌星、影星的盲目"粉丝"(fans)。但是,2000年教育部基础教育司组织、北京师范大学负责实施的一项对全国1万余名高中学生的调查却表明,高尚的道德榜样仍得到青少年的推崇。对于"你最欣赏(或崇拜)的人是谁?"在没有具体列出人名而是让学生自己填写的情况下,选择"周恩来"的人为24.4%,以绝对优势排在第一位。对于所有歌星、影星的选择率加起来不到20%。这说明具有强烈的自我意识、判断能力的当今青少年,在偶像崇拜方面更深刻认同的是道德人格榜样。[1]

我们的最新调查也表明,在当今这个道德更新与重建的时代,一些中国的传统道德规范在当今年轻一代身上依然普遍存在。例如,在传统的道德观念中,孝敬父母是十分重要的内容之一。关于"孝顺父母是美德"的问题,高达96.9%的被访者表示赞同(见表3-17)。由此可见,尽管在现实生活中有些子女"孝"的观念淡薄了,刮老、啃老、虐待老人的现象屡见不鲜,但是"羊有跪乳之恩,鸦有反哺之义。"孝敬父母,敬老尊老,作为中华民族的传统美德在当今乃至永远都被广为弘扬。

表 3-17　　　　　　　　　孝顺父母是美德

	频次	百分比(%)	有效百分比(%)	累积百分比(%)
非常同意	3 211	70.3	71.1	71.1
比较同意	387	8.5	8.6	79.7
同意	778	17.0	17.2	96.9
不同意	81	1.8	1.8	98.7
较不同意	41	0.9	0.9	99.6
很不同意	18	0.4	0.4	100.0
总计	4 516	98.8	100.0	
无回答	17	0.4		
说不清楚	29	0.6		
标本数	4 562			

资料来源:本课题组调查结果。

---

[1] 纪秋发:《北京青少年道德状况调查报告》,载于《青年研究》2000年第2期。

众所周知，雷锋精神已经渗透到了中国传统道德观念的深处，并成为其中十分重要的一部分。尽管在市场经济条件下，雷锋精神曾经受到了种种的挑战，而且也受到了形式主义的影响，甚至流传着"三月来、四月走，雷锋叔叔没户口"的说法，从而使榜样的力量大打折扣，但是，我们的调查显示，认为"雷锋精神感人，值得发扬"的被访者占绝对多数，有75.2%的被访者选择了该项，只有1.5%的人认为"不值得提倡"。不过，从年龄、文化水平和城乡的交互来看，年龄越大的，越认为雷锋精神值得提倡；从文化水平来看，我们抽取初中、高中、大学、硕士研究生四种人群进行比较，结果显示，文化水平越高的，认为雷锋精神值得提倡的反而越少；从城乡人群来看，认为雷锋精神值得提倡的农村的百分比最高，其次是流动人群，而城市反而最低，如表3-18所示。

表3-18　　　　　　　雷锋精神感人，值得发扬

文化水平（类型）	初中	高中	大学	硕士研究生
百分比（%）	75.9	73.4	63.8	43.8
年龄（岁）	16~29	30~44	45~59	60以上
百分比（%）	69.8	73.4	73.9	79.3
城乡（类型）	城市	农村	流动人群	
百分比（%）	69.9	75.7	70.6	

资料来源：本课题组调查结果。

四、生活观念

生活观念是人生观念的一部分，同时也是价值观念的一部分。随着社会经济的发展，人们物质文化生活水平的提高，城乡居民的生活观念也不断发生变化，毫无疑问，今天的中国人更加趋向文明和现代化。但是，如果说当代中国人在日益走向现代化的社会进程中，其生活观念已经完全被现代化了，那么，对当代中国人生活观念的这种认识是不全面的。事实上，在当代中国人生活观念的方方面面仍然保留着许多传统的观念。光宗耀祖是中国人传统生活观念最集中的体现，而且基本上人人都固守着这样一种个人发展观念。然而，我们的调查发现，即便在21世纪的今天，仍然有一半的被访者不赞同"光宗耀祖已经过时"的看法。进一步的分析还可以看出，城市人群和流动人口认为"光宗耀祖已经过时"的人相对要多一些，农村则坚守着这一传统的生活观念，有51.2%的被访者不赞同"光宗耀祖已经过时"的看法；从文化水平来看，学历越高的人越赞同这一观念

过时的看法，不过，到了博士研究生阶段，不赞同这种观念过时的人反而增多；从年龄来看，16~29 岁和 60 岁以上的人群，不同意"光宗耀祖已经过时"的看法都略超过一半，而中间两个年龄断的人群略低于 50% 的人认为这种观念已经过时（见表 3-19）。

表 3-19　　　　光宗耀祖过时了（不同意的人所占的百分比）

文化水平	初中	高中	大学	硕士研究室	博士研究生
百分比（%）	48.0	48.4	47.7	37.6	53.9
年龄（岁）	16~29	30~44	45~59	60 以上	
百分比（%）	50.7	44.7	47.8	52.0	
城乡（类型）	城市	农村	流动人群		
百分比（%）	45.3	51.2	44.3		

资料来源：本课题组调查结果。

在市场经济条件下，个人的自主性增强的同时，个人的能力也越来越受到重视。于是，传统生活观念中的血缘关系、朋友关系似乎淡化，个人的奋斗和勤奋似乎是成功的关键。然而，我们的调查发现，"通过社会关系获得的资本"① 仍然是十分重要的。例如，关于"在家靠父母，出门靠朋友"的调查中，有 52.4% 的被访者表示赞同。这就是说，在市场经济的社会条件下，血缘关系、朋友关系等社会资本要素对个人的生存与发展仍然起着非常关键的作用。同样，在市场经济条件下，似乎普遍都认为个人为了自己的一己之私都是不择手段的。然而，经过调查后我们发现，这种认识是不对的。市场经济的确强调个人的合法利益，也同样强调个人实现自己人生目标的重要性，但并不是为达到自己的目标而不择手段。调查结果显示，对"为达到目标可不择手段"表示赞同的只有 38.9%，而不同意这种看法的则高达 58.2%。这就是说，中国传统的观念"君子爱财，取之有道"，不仅表现在当代中国人的财富观念上，也反映在当代中国人的生活观念上，特别是反映在当代中国人的发展观念上。但是，如果人们对个人目标无法实现的时候，也并不对自己苛求，而是保持着比较平淡的心态来对待。

不过，当代中国人保持诸多传统观念并不意味着一切都没有改变，相反，随着时代的变化、经济的发展，特别是知识的重要性日益突出的今天，当代中国人的生活品位观念发生了重大变化，教育在个人的发展观念中也越来越重要。从品

---

①　[美] 林南著，张磊译：《社会资本——关于社会结构与行动的理论》，上海人民出版社 2005 年版，第 18 页。

位观念来看，过去一直以为西方人重物质生活，东方人重精神生活。但是，我们的调查发现，东方人特别是当代中国人，在重视精神生活的同时，也越来越重视物质生活。在关于"西方人重物质生活，东方人重精神生活"的理解的调查显示，不同意这句话的看法的被访者超过了50%。这就是说，市场经济不仅提高了中国人的物质生活水平，而且也改变了当代中国人的生活方式，特别是物质生活的内容得到了前所未有的重视，已经不再讳言个人物质利益。不过，需要注意的是，一部分人在生活中开始越来越倾向于对物质生活的追求，而忽视精神生活品位的提高。

五、生态环境观念

人要生活在一定的环境中，人对环境的依存关系，使人产生了对环境的认识和看法，这就是生态环境观念。众所周知，西方各国的现代化基本上走的是一条经济至上主义的发展道路，在经济发展的同时，是环境被严重破坏。所以，罗马俱乐部才发出了"全球性问题"的宣言，认为"现在世界上的首要问题从本质上讲不是党派政治问题，而是关系到人类生死存亡的根本大计"[1]。中国在改革开放初期，在追求经济效率的情况下，也忽视了生态环境的保护。但是，中共十六大提出建设更加和谐的社会之后，中共十六届四中全会指出构建社会主义和谐社会的能力是中国共产党执政能力的重要体现，党的十七大又进一步提出"建设生态文明，基本形成节约能源资源和保护生态环境的产业结构、增长方式、消费模式。"在这种情形下，人们开始反思过去经济增长对生态环境的影响，并对人与自然的和谐是社会主义和谐社会的重要内容越来越认同。于是，当代中国人的环境意识越来越强烈。根据中国人民大学撰写的中国社会发展报告，中国公众的环境意识，自我估计分平均分为70.82分，然后用15项关于环境的问题进行测试，结果虽然比自我平分要低，但平均也达到了61.24分，已经超过了及格线[2]。由于环境意识的增强，人们就越来越关注环境，而对经济增长速度开始更加注重其质量，而不是具体的增长数量。我们在调查中发现，75.1%的被访者赞同为保护自然环境，宁可放慢经济增长速度，只有24.8%的被访者对此表示不赞同。这是因为，人们都已经认识到，过去经济的快速增长虽然使中国摆脱了贫困，但是环境的日益恶化将使子孙后代更加贫困。

---

[1] 梅萨罗维克、佩斯特尔：《人类处于转折点》，三联书店1987年版，第194页。
[2] 郑杭生、李路路：《中国人民大学中国社会发展报告2005——走向更加和谐的社会》，中国人民大学出版社2005年版，第267~268页。

由于环境意识的提高,人们对生态平衡被破坏所导致的灾难也有了更加清晰的认识。从1998年的长江洪水到2003年的"非典"疫情,这无不与人们在经济增长过程中对环境的破坏有关。据水利专家的分析,1998年的长江洪水远没有1954年的洪水大,但造成的灾难却超过了1954年的洪灾。原因无他,主要是长江中上游地区为追求经济增长而不顾环境的承载能力,大肆砍伐两岸的原始森林,导致水土严重流失。结果,河道淤积了大量泥沙,自身的蓄洪能力非常弱,稍有大雨,洪水就泛滥。这就是人类征服自然之后自然对人类的一种报复。无独有偶,2003年的"非典"疫情则是大自然以另一种形式在报复人类。疫情虽然是一种病毒所致,但与人类对大自然尤其是动物的不尊重有关。随着物质生活水平的提高,人们的胃口也越来越怪异,家畜家禽所提供的美味已经满足不了人们的胃口,于是人们越来越追逐各种野生的动物,以为越"野"味道越美,连猴子、猩猩也敢吃,甚至是生吃。结果,野生动物所携带的各种病毒直接感染到人身上。在生命的代价面前,人们开始意识到生态环境的重要,也意识到保护生态环境实际上就是保护人类自身。我们的调查发现,人们的生态观念已经大大提高。我们的调查显示,对破坏生态将导致人类灾难的看法,持赞同意见的被访者高达91.4%,只有约8%的被访者不赞同这种看法。同样,经过了"非典"疫情之后,人们对动物的看法开始改观,不再仅仅把动物看成是人类的食物,而是把它们视为人类的朋友,甚至把动物"人化",认为动物也有权利,不能虐待它们。我们的调查发现,总体来看,有占92.5%的被访者对"动物有权利,不能虐待动物"表示赞同,只有7.5%的被访者不赞同这种看法。更为重要的是,调查显示,无论从文化程度、年龄、城乡人群来看,被访者赞同"动物有权利,不能虐待动物"的看法都超过80%(见表3-20)。这实际上反映出当代中国人的一种新的环境观念,一种对人与自然相互关系的新的看法。

表3-20　　　　　赞同"动物有权利,不能虐待动物"

文化水平	初中	高中	大学	硕士研究生
百分比(%)	88.1	88.6	90.5	87.6
年龄(岁)	16~29	30~44	45~59	60以上
百分比(%)	90.0	89.0	87.2	89.2
城乡(类型)	城市	农村	流动人群	
百分比(%)	89.9	87.6	90.5	

资料来源:本课题组调查结果。

第四节　当代中国人的幸福感受

"幸福感受"也就是近年来在学界和媒体经常谈论的"主观幸福"。主观幸福程度与社会的经济文化水平发展相联系，但并不机械对应。随着工业化、现代化水平的提高，以及全球经济一体化的推进，人们在享受现代高科技带来的各种便利和时尚的同时，社会和个体并没有因为现代化而变得轻松起来。城乡居民对下岗失业、腐败、贫富悬殊、社会风气败坏、社会治安恶化等问题，具有很高的复选率。[①] 研究当代中国人的幸福感受或主观幸福程度既是了解当代中国人心理生活的一个重要方面，也是进一步了解当代中国人的文化生活和心灵生活的一个重要角度。

一、主观幸福的标志及其与精神生活的关系

"主观幸福"（Subjective Well-Being，SWB）是社会心理学中的一个专业术语，意指参与主观幸福评价的个体，根据他或她自律的标准来对其生活质量予以整体性的评价。主观幸福涉及情感范畴和认知范畴。情感范畴由积极情感和消极情感这两个不同的维度所组成，它们构成了相互关联的变量，决定着主观幸福的质量。认知范畴涉及生活的满意度。生活的满意度又可以分为两个亚类：整体生活的满意度和特殊生活的满意度。前者涉及生活意向的变化、对生活的满意度，以及对所属群体的满意度等；后者涉及工作、家庭、休闲、健康状况、经济条件、自我水平等。

主观幸福的研究具有若干标志。它们主要表现为如下三个方面：

主观性。主观幸福是根据个体的生活体验来界定的，无法借助外部的标准来框定参照构架。尽管研究人员能从外部规定许多有关幸福的标准（例如，成熟、自主、现实等），但是主观幸福却因个体的不同生活建构而不同。因此，主观幸福的评价是依据个体的自律标准而非他律标准来进行评价的。

稳定性。主观幸福与个体的心境有关，包括愉快和不悦的心境等。然而，主观幸福涉及长时心境，而非短时心境。这是因为短时心境随着事件而变化，而持

[①] 中国社会科学院：《中国社会形势分析和预测（2002）》，社会科学文献出版社 2001 年版，第 15 页。

续数周、数月甚至数年的长时心境，则可能反映了个体对生活是否感到满意的程度。况且，产生长时幸福的事件与此时此刻导致幸福的事件可能不同。

综合性。主观幸福是个体对其生活的评价，这种评价以认知和情感的形式发生。当一个人对其生活的满意程度作出有意识的评价时，认知活动便发生了；当一个人体验到愉快或不悦的心境时，情感活动便发生了。由此可见，主观幸福是个体以认知和情感为基础对其幸福体验的评价，而在评价过程中，认知成分和情感成分是交互运作的。

至于主观幸福与精神生活的关系，我们认为，主观幸福不是精神生活的充分条件。一个有着人格障碍的人可能会对其生活感到幸福和满足，但是，我们不会因此而认为他或她的精神生活是健康的。主观幸福也不是精神生活的必要条件。有些人在生活的相关领域似乎运作得很好，但他或她并不感到幸福。

可见，主观幸福与精神生活并不是一回事。主观幸福只是精神生活的一个组成部分。由于主观幸福取决于人们的生活体验，因此研究精神生活的专业人员无法为主观幸福设定一种标准。换言之，主观幸福的概念蕴涵着个体的主观参照体系，或者说是以个体的内在体验为基础的，所以，研究精神生活的专业人员认可的一些幸福标准，不一定适合每个具有主观幸福体验的个体。不过，尽管我们不能说主观幸福是精神生活所不可或缺的，但是，我们可以说，主观幸福的体验是一种值得向往的精神生活特征。

在世界快速步入高度文明社会的今天，如果说国内生产总值 GDP、国民生产总值 GNP 是衡量国强、民富的标准，那么我们是否还应该需要一个衡量国民主观幸福的标准。

20 世纪 70 年代，南亚不丹王国的国王日热米·辛耶·旺查克提出了"国民幸福总值"（Gross National Happiness，GNH）的概念。他认为，人们需要评估那些推动当今社会前进的变革（信息技术的发展、文化多样性的萎缩、社会生活的自动化等）会对未来的幸福产生怎样的影响，激烈的社会竞争是否会增加人们对社会生活的不确定性。他指出，为使人们在物质生活和精神生活之间保持平衡，国家的政策应该关注幸福，尤其是在实现现代化的同时，不能失去精神生活、平和心态和国民幸福。在这种执政理念的指导下，不丹创造性地提出了由政府善治、经济增长、文化发展和环境保护四级组成的 GNH 指标。追求 GNH 最大化成为不丹政府至高无上的发展目标。

继不丹政府提出 GNH 后，世界上许多国家开始研究"幸福指数"的问题。英国创设了"国民发展指数"（MDP），考虑社会、环境成本和自然资本。日本提出了以强调文化因素为主的国民幸福总值（GNC）。获得 2002 年诺贝尔经济学奖的美国心理学家卡尔曼也与其他经济学家联手致力于"国民幸福总值"的研究,声称从 2006 年起编制国民幸福指数,"使它与 GDP 一样成为一个国家发展水平的衡量标准"。甚至联合国也开始采用 GNH 来统计和评价经济价值。

在众多的已有研究中,最具代表性的研究有三个:一是"世界价值观研究"(World Values Study)小组的调查;二是"市场观点和国际研究"(Market Opinion and Research International)小组的调查;三是"欧洲晴雨表"(The Eurobarometer)的调查。

"世界价值观研究"小组曾对 41 个国家或地区在 1981～1984 年和 1990～1993 年的主观幸福进行过调查,并于 1994 年发表了调查报告[①]。他们从每个国家或地区抽取 1 000 名调查对象,结果显示,就生活满意度而言,国家或地区之间的波动幅度较大,保加利亚最低,为 5.03 分,瑞士最高,为 8.39 分,然后依次是丹麦、冰岛、瑞典、加拿大等。中国在 41 个国家或地区中列于第 22 位,生活满意度得分为 7.05 分。

"市场观点和国际研究"调查小组曾对 54 个国家的主观幸福进行过问卷[②]。调查结果表明,国家之间的排序与"世界价值观研究"小组所发现的排序十分相似。其中,最幸福的国家是冰岛、瑞典、荷兰、丹麦、澳大利亚、爱尔兰和瑞士;最不幸福的国家是保加利亚和前苏联的一些国家。

"欧洲晴雨表"调查小组每年对一些欧洲国家开展综合性调查。调查人员在 1974～1983 年间的调查发现[③],斯堪的纳维亚国家的主观幸福得分最高,而意大利、法国和德国的得分较低。例如,约 45% 的荷兰人觉得自己很幸福,但只有 5% 的意大利人有此感觉;55% 的丹麦人对他们的生活感到满意,但只有 10% 的意大利人和 15% 的法国人有此感觉。

二、与主观幸福状况相关的经济因素

已有的研究发现,收入、社会地位、人权和民主程度、种族、受教育年限、寿命长度以及城市生活和农村生活等社会指标,可以作为评价主观幸福的客观变量。这些已有的研究成果对我们研究当代中国人的主观幸福水平很有启发。我们

[①] World Values Study Group: *World Values Survey, 1981 – 1984 and 1990 – 1993*. Ann Arbor, MI: Institute for Social Research. University of Michigan, 1994.

[②] R. M. Worcester: *More than money*. In I. Christie & L. Nash (Eds.). *The Good Life*, London: Demos, 1998, pp. 19 – 25.

[③] R. Inglehart & J. R. Rabier: *Aspirations adapt to situation—but why are the Belgians so much happier than the French?* In F. M. Andrews (Ed.): *Research on the Quality of Life*. Ann Arbor, MI: Institute for Social Research, University of Michigan, 1986, pp. 1 – 56.

在确定了从主观幸福的社会指标着手的同时，还对评价主观幸福的社会指标的两种方法进行了选择。一种方法称作"自上而下"的研究，也即从被调查者的整体满意度着手，探索整体满意度在各个特定领域的不同反映；另一种方法称作"自下而上"的研究，也即根据被调查者在各个特定领域的满意度来推测他们的整体满意度。我们选择的是"自下而上"的研究方法，也就是主要询问被调查者哪些因素直接影响了他们的生活满意度。结果发现，最经常提到的客观变量是：收入、就业、社会关系、教育、健康、住房、休闲、年龄和性别。①

（一）主观幸福与经济收入

经济收入对主观幸福的作用问题是一个颇具争议的问题。美国学者关于"美国人的生活质量"的研究发现，在体现生活满意度的12种社会指标中，"经济收入"只排名第11位。况且，在现实生活中，富人不一定感到幸福，穷人不一定感到痛苦。如果经济收入对主观幸福没有影响的话，那么增加经济收入也就意味着与生活满意度没有多少关系。也许，答案并不那么简单。我们认为，只有在考查了经济收入能在多大程度上使人感到幸福后，才能从中找到解释。

我们的研究获得五个发现：（1）主观幸福与收入的相关并不显著，而与分配偏差和相对剥夺的感受显著相关。（2）收入只有在个体非常贫穷时才对主观幸福产生影响。随着人们的基本需要得到满足，收入的影响就会逐渐减弱。（3）生活的满意度不受实际收入的影响，而是受到期望收入的影响。也就是说，如果收入保持恒定的话，那么期望很低的人却具有很高的工作满意度。（4）如果配偶或其他家庭成员收入较多，那么即便个体的收入较低，他们也不会因此而降低生活的满意度。（5）收入的增加预示着经济的发展，而经济的发展也带来了噪音、拥挤和环境污染等问题，从而降低人们的主观幸福。

综合上述发现，我们认为，在国民收入分配方面应该注意下述两个问题：

1. 在收入处于平均水平以上的人们中间，收入较高者与收入一般者的主观幸福没有显著差异。然而，在收入处于平均水平以下的人们中间，主观幸福水平会随着收入的减少而下降。因此，我们应该关注收入处于平均水平以下的人群，因为他们的主观幸福正在下降。至于对收入处于平均水平以上的人，不要武断地把他们的不幸福体验与收入联系起来。也就是说，他们之所以感到不幸福，可能与收入无关，而是由其他原因引起的。

2. 人们倾向于领域内的收入比较，而不是跨领域的收入比较。具体表现为：（1）在体力劳动者中间，有39%的人认为自己的收入高于其他部门的人员，因

---

① 李维：《风险社会与主观幸福：主观幸福的社会心理学研究》，上海社会科学院出版社2005年版。

为他们觉得自己的工种性质和技能水平高于其他部门人员的工种性质和技能水平；有56%的人认为他们的工资收入与那些坐办公室的非体力劳动者的工资收入是平等的，余下的44%的人认为他们的工资收入与那些坐办公室的非体力劳动者的工资收入不平等。(2) 许多体力劳动者并不清楚律师、医生、教师、科学研究人员等的工资收入情况。那些工资收入较高的体力劳动者，要比赚取相同工资的非体力劳动者更加满意自己的工资水平。也就是说，工资较高的体力劳动者通常将自己的收入与其他体力劳动者相比较，而不是将自己的收入与非体力劳动者相比较。我们在调查中也发现，许多在收入方面存在思想问题的人，大多数是与同领域或同行业的人员进行比较的结果，而不是与跨领域或跨行业的人员进行比较的结果。①

（二） 主观幸福与就业

工作满意度与生活满意度有着密切的关系。从因果关系的角度来看，两者的关系是双向的。不过，生活满意度对工作满意度的作用要比工作满意度对生活满意度的作用更为显著。在工作满意度中，尤其就不同的工作而言，个体之间存在明显差异。例如，询问被调查者他们是否会再次选择同样的工作。结果发现，91%的数学教师和82%的律师回答说，他们愿意再次选择同样的工作；与之相比，在钢铁工人、码头工人和专司长途运输的驾驶员中间，只有16%的人回答说他们愿意再次选择同样的工作。此外，工作满意度也受到同事之间人际关系的影响，以及工作环境的客观特征的影响。②

失业是风险社会的主要动因。失业会导致抑郁、焦虑、健康不良、情感淡漠、自尊低下、急躁易怒，甚至自杀。可以说，失业波及生活满意度下降的各个方面。研究发现，不论在国外还是中国，失业的影响是相当强烈的：只有1/3的失业者对他们的整体生活感到满意，与之相比，有2/3的就业者对他们的整体生活感到满意。即便不考虑收入等其他变量，失业仍对主观幸福具有显著的影响。③

关于上海市城镇失业率变动状况的研究④发现，自20世纪90年代以来，上海市的劳动适龄人口增长迅速，2000年常住劳动适龄人口总量达1 143.32万人，比1990年增长了34.2%，超过总人口增长（23.0%）11.5个百分点。劳动适龄人口占总人口的比重为69.7%，比1990年增加了5.8个百分点。劳动适龄人口

---

①②③ 李维：《风险社会与主观幸福：主观幸福的社会心理学研究》，上海社会科学院出版社2005年版。

④ 王大奔：《城市就业：下岗和再就业》，见《2004年上海社会发展蓝皮书》，上海社会科学院出版社2004年版。

之所以迅速增长，除了人口自身发展的规律之外，一个重要的原因是外来劳力大量流入。劳动适龄人口的快速增长势必给城市就业带来压力。

关于上海市城镇失业率变动状况的研究发现，上海市城镇登记失业率由1997年的3.0%上升到2002年的4.8%。然而，城镇登记失业仅仅反映了城镇非农业户口中没有工作而去就业服务机构登记的劳动力，加上就业市场化进程中涌现出大量的隐性失业和隐性就业的复杂情况，因此目前报告的城镇登记失业率难以全面而又真实地反映城镇劳动力资源的非自愿闲置状况。也就是说，这些数据既没包括应该登记而未登记的人员，也未包括下岗或"协保"人员中的部分失业人员。在这个意义上说，城镇的实际失业率要高于公布的登记失业率。根据上海市第五次人口普查10%抽样调查数据推算，2000年上海的失业人数为54.83万人，其中男性29.90万人，女性24.93万人，调查的实际失业率达9.66%，比登记失业率高出两倍之多。需要指出的是，调查的实际失业率是根据被调查者的自我判断。由于长期的计划经济，很多居民形成了传统的就业观念，对就业的判断通常依据是否存在与企业具有稳定的劳动关系，以及享受社会保险，所以在不少人看来，非全日制工、临时工、个体户等不是就业，也即存在所谓"有活干，却没工作"的现象。所以，调查的实际失业率很难在客观上把那些已经"隐性就业"的人员排除掉，致使在某种程度上存在失业人员数量扩大的情况。但是，即便如此，2002年调查的实际失业率（9.66%）既高于2000年的登记失业率（3.5%），也高于2001年劳动和统计部门所做的两次抽样的调查失业率（位于7.2%~7.6%的区间）。①

从失业率的年龄和性别等分布来看，存在两个高峰：一个是15~19岁年龄组，男性失业率高于女性；另一个是35~44岁年龄组，女性失业率高于男性。上海市第五次人口普查资料表明，女性在40~49岁、男性在50~59岁因失业而设法寻找工作的人员达17.29万人，约占全市失业人口的1/5。其中，女性13.44万人，男性3.85万人。如果年龄下移5岁，则男女两性的失业人员就会高达29万人之多。这些人处于"上有老，下有小，退休尚早，再就业已老"的窘境。他们的失业周期较长，即便找到一份活儿，也往往不稳定，由此形成一批弱势群体。随着长期处于无业状态，生活质量不高，加上他们常为生活、看病和孩子的教育费用等而牵肠挂肚，使得许多失业人员的精神状况欠佳，情绪波动明显，容易焦虑、抑郁、悲观等，甚至造成家庭关系紧张、夫妻口角、离婚率上扬等，幸福体验水平急剧下降。有些失业人员在其某种利益不能得到满足时，便会

---

① 王大奔：《城市就业：下岗和再就业》，见《2004年上海社会发展蓝皮书》，上海社会科学院出版社2004年版。

聚众上访，或者抗交水、电、煤等公用事业费，造成新的社会问题。①

更为严重的是青年失业率上扬。首先，青年失业人员的父母大多是40~50岁的人，如果他们的孩子也处于失业或"协保"状态，则家庭经济必将陷入困境。况且，子女的失业容易使这类家庭失去希望。其次，工作生涯的早期失业经历阻碍了青年通过工作经历和在职培训获得技能开发的机会，增加了未来失业的可能性，从而降低了收入水平。况且，失业时间越久，重新就业的概率就越小。最后，青年失业延缓了年轻人从青春期向成年期（以建立家庭和生儿育女为标志）的过渡，可能导致严重的社会问题。失业对生活管理和生活保障的威胁，使年轻的失业人员生活在一种漂泊不定的情境里，不仅接受各种反社会影响的机会较大，而且容易在人生观、价值观和行为方式等方面出现偏差。已有许多研究报告指出，失业青年与犯罪、吸毒、破坏公物等行为之间存在显著相关。

（三）主观幸福与住房

研究发现，可将住房视作生活标准的一个组成部分。不仅住房的面积对生活的满意度产生影响，而且住房的设施也对生活的满意度产生影响。例如，被试的住房满意度取决于某些变量，包括每人所占的房间数、房间的大小和房屋的配套设施等。

我国学者曾就中低收入家庭改善居住条件所面临的问题，对上海市的新建商品房和二手住房价格进行过调查，② 获得如下三个发现：

(1) 房价上升幅度过大。统计数据表明，2001~2003年，上海市新推出住宅的整体均价上升了24%。2002年初的存量房平均价格是每平方米3 000~4 000元，到2002年底，差不多每平方米达4 000~5 000元，每平方米上涨了600~1 000元，涨幅达20%。增量房的均价也逾越了每平方米5 000元的大关。住房价格的连续上扬，明显降低了中低收入家庭的购买能力。同样，在1999~2000年，动迁房源大多没有超过每平方米2 500~2 600元，而现在的动迁安置房则是每平方米3 000~3 500元，也就是说，安置房最高的已经上涨了30%以上。房价上升幅度过快，与居民经济收入增长不相协调的矛盾开始突出，收入增长赶不上房价上涨，许多中低收入家庭只好望"房"兴叹。

(2) 动迁获益有所下降。从1992年开始的危棚简屋改造，到2000年年底，

---

① 王大奔：《城市就业：下岗和再就业》，见《2004年上海社会发展蓝皮书》，上海社会科学院出版社2004年版。
② 周竞、龚恒清：《住房与居住环境：走向小康》，见《2004年上海社会发展蓝皮书》，上海社会科学院出版社2004年版。

上海市已基本完成365万平方米危棚简屋的改造任务，让64万户市民圆了新居梦。2001年后开始的新一轮旧区改造，随着房地产市场化程度日益提高，加上需要动迁地块的居民住户密度过大，致使动迁成本过高，原来按户口计算动迁补偿的机制日显落后。2001年6月，国务院对《城市房屋拆迁管理办法》进行了修订，同年11月，上海市政府据此出台了《上海市城市房屋拆迁管理实施细则》，对户均30平方米以下、实际居住人口较多的被拆迁户，采用面积标准房屋调换，并且规定了应该安置的最低标准。至于低收入居住困难户，包括被拆迁人、房屋承租人属于孤老、孤残、孤幼的，采取优先给予面积标准房屋调换，甚至可以适当减免超过应该安置面积的房价款。但是，由于动迁户多为房小人多的家庭，按面积所获补偿比原先减少，加上房价上涨迅速，造成中低收入动迁户以补偿款改善居住条件的空间受到压缩。

（3）不同收入家庭的房屋资产存在质与量的区别。住房制度的改革，商品房市场的发展，使得越来越多的家庭拥有房屋资产。调查发现，有三成的城市居民家庭购买了商品房（包括二手商品房），近四成的家庭拥有售后住房产权。但是，不同收入家庭的房屋资产存在明显的质与量的区别。首先，大多数高收入家庭购买了商品房，大多数中等收入家庭拥有公有住房产权，而半数以上低收入家庭却没有房屋资产。其次，高收入家庭购买的商品房集中在100平方米以上，中等偏高收入家庭购买最多的是80~100平方米的商品房，中等偏低和低收入家庭则大多购买50~80平方米的商品房。最后，约50%以上的高收入家庭拥有两处以上的住房，中等偏高和中等偏低收入家庭拥有两处以上住房的分别占26%和16%，而93%的低收入家庭只有一处住房。随着城市居民生活质量的改善和提高，房屋资产将成为居民家庭财产中最为主要的一部分资产，不同收入家庭的房屋资产价值的差异，不仅印证了不同收入家庭之间的差异，而且强化了不同收入家庭之间幸福体验的差异。

三、与主观幸福状况相关的非经济因素

（一）主观幸福与家庭婚姻生活

社会关系的三个主要变量（家庭生活、爱情与婚姻、友谊）影响主观幸福的各个方面。在这三个变量当中，家庭生活与婚姻是最重要的两个因素。家庭生活有许多乐趣，这些乐趣是以刺激和情感为机制的。不仅夫妻之间互为刺激源，而且父母与孩子之间也互为刺激源，情感就是以此为基础得到增进的。家庭生活既有积极情感，也有消极情感，但在大部分时间里，既没有积

极情感，也没有消极情感。许多家庭是在没有大起大落的情感波动中平静度日的。

我们关于家庭生活与婚姻对主观幸福的影响的研究，具体涉及下述三个方面：

1. 心理健康。研究表明，大多数已婚男女的心理状况良好，常见的心理不适主要表现为：食欲不振、夜晚难以入睡或失眠、疲惫感、心境抑郁或苦闷、无助感、自卑感、孤独感、自闭性、人生失败感，以及感到活着没有意义等。其中，"疲惫感"的比重最高，达50.8%，平均值最低；"感到活着没有意义"的比重最低，平均值最高。对已婚的中年男女来说，由于社会转型时期流动频繁，就业压力和生存压力往往成为不少人（尤其是学历低、技能差、体力弱者）的主要困扰和心病。加上他们大多数人上有老、下有小，而教育、医疗、养老等社会保障出现弱化现象，使得不少中年夫妻往往产生较多的无助感和挫败感。相比之下，年轻夫妻出现"疲惫感"和"人生失败感"的概率较小。

2. 生活压力。研究发现，在被调查者中间，约38.8%的人有着"下岗或待业等职业不稳定"的压力，而无此压力的只有38.0%；约24.5%的人为"子女教育"的压力所困扰，无此压力的只有31.4%；约25.0%的人经常感到"经济拮据"，无此压力的只有38.0%。至于经常感到"工作紧张""家务繁重"的分别达14.8%和7.0%。此外，研究还发现，年龄、文化程度、在业状况、收入、工作能力等，与生活压力有着更多的关联。①

3. 婚姻质量。现代家庭的轴心正在从纵向的亲子关系向横向的夫妻关系过渡，两性伴侣关系成了维系家庭的第一纽带，婚姻质量在市民生活质量指标体系中的权重也相应上升。夫妻关系是否和谐、融洽，主要取决于夫妻双方的婚姻需求是否得到满足。相关调查表明，大多数被调查者对自己的需求满足给予较高评价。在给10项婚姻满意度打分时，认同"很不满意"或"不大满意"（即打1~2分）的比重为2%~4%，而认同"很满意"或"较满意"的比重在78%~90%之间，平均值在4分以上。其中，对配偶信任自己的评价最高。它也是主观幸福的一个重要动因。②

我国学者的研究发现，③ 夫妻对双方情感生活、夫妻和谐、相互尊重和理解，以及婚姻幸福等婚姻关系的自我评价具有较高的满意度，其中，不满意打分（1~3分）均未超过8%，平均打分在5分以上，也即位于"比较满意"和"十分满意"的区间（见表3-21）。结果还表明，被调查者对物质生活和余暇生活的满意度明显低于情感生活，尤其是对收入、住房和余暇生活打5分以上的仅在

---

①② 李维：《与国民幸福密切相关的若干指标（二）》，载于《新民晚报》2006年8月1日。
③ 徐安琪：《上海婚姻质量与家庭关系研究报告》，见《2001年上海社会报告书》，上海社会科学院出版社2001年版。

30%左右。据被调查者报告,他们的经常性共同活动大多限于晚饭后"看电视等自娱自乐"(占63.8%),其次是"探望老人、走亲戚"(占40.6%)和"逛街购物"(占25.5%),至于在节假日经常一并看电影、去公园、到郊外旅游以及参与朋友聚会或体育场所的活动等,均在10%以下。

表3-21　　夫妻关系和物质生活满意度得分及其性别差异

项 目	满意度得分(%)			平均值(分)		
	1~3分	4分	5~7分	全体	丈夫	妻子
配偶信任本人	3.3	19.6	77.1	5.88	5.86	5.89
配偶体贴本人	5.7	25.2	69.1	5.51	5.71	5.31
配偶理解本人	7.3	28.3	64.4	5.32	5.38	5.27
配偶尊重本人	4.8	25.7	69.5	5.50	5.49	5.51
夫妻平等	1.8	15.1	83.1	6.04	6.05	6.03
双方和谐	3.4	18.5	78.2	5.66	5.70	5.62
婚姻幸福	4.1	17.4	78.5	5.71	5.77	5.65
情感生活	2.9	27.5	69.6	5.52	5.62	5.43
性生活	9.0	47.0	44.0	4.73	4.79	4.67
物质生活	9.7	48.9	41.4	4.57	4.61	4.54
余暇生活	17.8	54.6	27.6	4.10	4.17	4.03
住房	37.4	32.7	29.9	3.71	3.63	3.80
本人收入	29.4	43.5	27.1	3.80	3.92	3.68
配偶收入	20.1	46.8	33.1	4.20	4.05	4.33

(二) 主观幸福与健康状况

健康既是主观幸福的原因,又是主观幸福的结果,而且,它能被视作生活质量的组成部分。在健康的问题上,主观幸福的测量把健康分为主观健康和客观健康。主观健康与客观健康并不等同。神经过敏的人常在主观上体验到不健康,而真正患有高血压的人,有时反而会认为他们的身体状况良好。研究发现,健康与生活满意度之间的关系与个体的人格有关,也即与个体是否神经过敏有关。主观幸福的人较少神经过敏,而神经过敏者则对他们的健康很少感到满意。研究还发现,主观幸福是通过两条途径对健康产生反作用的:一条途径是通过心境活动激活的免疫系统而影响健康;另一条途径是通过人们以不同的方式观察生活和自我等认知过程而影响健康的。

世界卫生组织在 2001 年《世界卫生状况报告》中指出，全球约有 4 亿人患有精神疾病，造成功能残缺最大的前 10 位疾病中有 5 种属于精神疾病，精神疾病占全球疾病总负担的 11%。研究发现，我国目前精神疾病患者约有 1 600 万人，此外，还有约 600 万人为癫痫患者。全国每年约有 25 万人死于自杀，估计自杀未遂者不会少于 200 万人。受到情绪和行为问题困扰的 17 岁以下的未成年人有 3 000 万人，而妇女、老年、受灾群体等有着各具特色的生理和心理问题。①

据统计，上海市患有精神疾病的人约 17 万人，占总人口的 1.06%。最近，一项健康状况的普查发现，高血压、冠心病、高血脂、糖尿病和肥胖症这五种"富贵病"的发病率日趋增高，比例分别为 17%、6.2%、1.9%、2.8% 和 5.3%，基本上接近国外发达国家的发病率。目前，这五种"富贵病"的发病率已居上海地区人群发病率的前 5 位。②

此外，随着经济和科技的高度发展，人们的生活质量也面临不少新的问题，包括不正当竞争带来的环境污染和食品污染，过度享乐造成的生理失调和心理障碍，人际竞争造成的应激反应和精神压力等，已经直接或间接地成为人们亚健康状态的根源。美国学者把亚健康称作"慢性疲劳综合征"，意指健康与疾病之间的临界点，亦是大病来临之前身体机能发出的信号。但是，由于亚健康的潜伏期一般为 8~10 年，加之人们对其认识不足，不予重视，结果延误了治疗的最佳时期。据医学专家介绍，有 4 种人在发病之前都处于亚健康状态，他们是：快速变矮的人、快速变胖的人、突然猝死的人和英年早逝的人。亚健康的状态还是肝炎、癌症等许多疾病的前期征兆。有关调查预测，中国目前大约有 70% 的人属于亚健康人群，而在上海具有高级职称的中年知识分子中间，约 75% 的人处于亚健康状态。③

（三）主观幸福与休闲

我们的研究发现，休闲活动的满足与生活满意度的关系要比其他变量与生活满意度的关系更加密切，其因果关系表现在，动员或鼓励人们去参加日常的锻炼，有助于降低焦虑和抑郁，增加自尊；积极参加群体社交和志愿者活动，具有强化主观幸福的作用。然而，若把观看电视作为主要的休闲方式，有时反而与主观幸福具有负面关系，也许是因为长时间观看电视的人没有其他更好的事情可做。

以上海城区"白领"群体为样本的调查发现，② 在"白领"群体个人生活走

---

①②③ 《世界卫生组织：敦促全世界重视精神疾病》，载于《人口信息快讯》2001 年第 11 期。
② 孙抱弘：《"白领"青年的闲暇生活》，载于《浦东新区"白领"青年群体研究报告》1998 年。

向的定位和闲暇生活的取向方面,"白领"群体的闲暇生活以休息为主,补充发展为辅;他们的闲谈话题以社会为主,以生活为次。

1. 闲暇生活以休息为主,补充发展为辅。闲暇生活的主要内容就是休闲,不过休闲有积极和消极之分,有补充和消耗之别。研究人员设定了9种休闲方式,大致分为4类:休息型休闲(包括与家人团聚、无事可做在家休息);补充发展型休闲(包括读书进修、上互联网、体育锻炼);消费型休闲(包括与朋友一起吃饭、上街购物、外出旅游);增收型休闲(包括继续加班等)。在日常生活中,选择何种休闲方式是人们的自由。然而,不同的休闲方式对不同的个体有着不同的影响。

研究发现:(1)消费型休闲比例最高,为38%,其中与朋友一起吃饭占17%,外出旅游占12%,上街购物为9%。(2)休息型休闲比例其次,为37%,其中与家人团聚占32%,无所事事在家休息为5%。(3)补充发展型休闲方式的选择比例偏低,仅为15%,其中,读书进修为9%,上互联网为4%,体育锻炼为2%。(4)增收型休闲方式的选择也有相当比例。在闲暇生活中,"继续加班"的"白领"群体平均值为10%,而年龄在25~28岁者、硕士博士学历者、三资企业员工者和低收入者的选择比例都超过平均值。

对调查数据的进一步分析又显示出以下情况:

第一,补充发展型休闲与年龄、收入、学历、职业明显相关。统计数据显示,选择"学习进修"作为主要休闲方式者的比例超过该项平均值(9%)的,主要有:800元以下收入者为21%;20~24岁者为15%;文教工作者为15%;三资企业员工者为12%;国营企业职工为11%;大专学历者为10%。尽管选择的动机可能不同,但其强烈的上进心还是可贵的。相反,高收入者(5 000元以上),选择"学习进修"的比例就只有较低收入者的1/3。此外,统计也显示,"上互联网"与学历明显相关,博士为8%,大专仅为2%。

第二,休息型休闲与年龄成正比,与职业、收入相关。休息型休闲作为一种最传统的休闲方式,其被选择的比例与年龄呈正相关关系,年龄越大,选择的比例也越高,低年龄段和高年龄段的差距达20个百分点。不过,以下统计数据应该引起注意:在闲暇生活中,"无所事事"而休息者,在私营企业和5 000元以上收入的"白领"群体中分别达23%和14%,大大超过平均值5%。

第三,消费型休闲与收入密切相关。统计显示,5 000元以上收入者选择"与朋友一起吃饭"的比例达到24%,而800元以下收入者仅有7%;选择"外出旅游"的高收入者为14%,而800元以下收入者则无一人。

第四,增收型休闲与收入明显相关,与职业、学历也有联系。调查发现,800元以下收入者中有50%选择在闲暇"继续加班",三资企业员工中也有20%

作出同样选择；高学历者中作此选择的也有15%（博士）和16%（硕士）。作为有着较高专业能力和社会紧缺人才，他们的加班，似乎反映了知识经济时代对高学历人才的紧迫需要。不过，必须指出，这种"休闲"已与闲暇的本质意义没有什么联系，而这种"休闲"的存在势必影响到闲暇的质量和品位。

2. 闲谈话题以社会为主，以生活为次。日常生活中的闲谈话题往往反映了个体、群体的生活和价值取向，而话题又总是与人们的职业、文化程度、年龄、收入乃至性别密切相关的。"白领"群体是一个素质较高的群体，他们的闲谈指向往往折射出一个社会的特征和趋向。研究人员将闲谈分为8个内容，它们可以归为3类：社会指向（包括国家时事与社会新闻）；他人指向（包括单位人事与朋友之事）；自我指向（包括与职业相关的信息、工作学习，以及个人生活琐事）。统计显示，从总体上看，"白领"群体最为关心的是国家和社会问题，较为淡漠的是朋友之事和自身的工作学习，但是，由于年龄、收入、文化和职业的不同，个体之间存在显著差异。

研究发现：（1）在"社会指向"中，"白领"群体更关心社会新闻。统计数据显示，"白领"群体中有27%的闲谈话题指向"社会新闻"，居8项闲谈话题的第一位，而关心"国家时事政治、经济"者为15%，居第三位，两者相加达到41%。作为有较高文化水平和社会敏感度的群体，他们中的较大部分自然会将闲谈指向社会，特别是指向与自身利益休戚相关的社会问题。（2）在"自我指向"中，关心与职业相关的信息，淡漠自身学习。在自我指向的3项内容中，"白领"群体在闲谈中较为关心的是与"职业有关的信息"，比例为16%，居第二位；而较少涉及的是"学习、工作等事"仅为5%。在风险社会，面对充满竞争的前景，"白领"群体自然更加关心职业问题。其实，这种指向是一种无奈。（3）在"他人指向"中，他们较为关心单位之事，不太关心朋友之事。在两项"他人指向"的闲谈话题中，"白领"群体较为关心"单位里的人和事"为12%；而有意于谈论"朋友之事"的仅为3%。这一现象究竟是不愿意在背后议论朋友，还是人际关系淡漠的表现，尚有待于深入的调查。

进一步的相关分析又显示出以下情况：

第一，社会取向与收入、学历相关；不同收入、学历者的取向存在显著差异。具体表现为：（1）收入的高低与闲谈的两项"社会取向"之比例均成正比。在800元以下收入者中，谈论"国家大事"者仅为3%，谈论"社会新闻"者为8%；而5 000元以上收入者，议论"国家大事""社会新闻"的比例都达到32%。（2）学历的高低与关心"国事"成正比，与关心"社会新闻"成反比。中专以下文化程度者竟无一人谈论"国事"，大专文化者为12%，本科者为16%，硕士为22%，博士为23%；与此相反，在谈论"社会新闻"者中，中专文化程度者达 45%，博士仅为 15%。显而易见，关心"国事"与"白领"的经济地位和文化程度有着紧密的联系。（3）职业、性别也影响着闲谈内容。统计显示：文化系统的"白领"群体较关心"国事"，有 23% 的"白领"将此列为经常闲谈的话题；另外，男性"白领"群体谈论"国事"的比例比女性多 1 倍。最为关心"社会新闻"的"白领"群体是党政机关的干部和私营企业的员工，其比例分别达到 38% 和 34%。

第二，自我指向与学历、收入和职业相关，并且表现出两极性：（1）学历与谈论"工作、学习"成正比，中专以下学历者无人在闲谈中讨论工作和学习，而博士则达 23%。（2）高收入者和低收入者都极少谈论"工作和学习的事情"，但其原因显然不同。较低收入者有着最基本的问题要去关心和讨论，因此，他们谈论最多的话题是关于"职业的信息"，谈论者的比例高达 70%；高收入者似乎比较满足于现状，几乎不去谈论的比例都近 20%，表现出较强的自我意识和对生活质量的追求。（3）文教系统和高收入的"白领"群体都较关心"生活中的事"，谈论的比例都近 20%，同样也表现出了较强的自我意识和对生活质量的热切追求。

第三，他人指向与职业、收入、年龄以及出生地均有一定联系：（1）来自私营企业和出生于城镇的部分"白领"群体对"朋友之事"感兴趣，其比例近 10%，远离于平均值；而最高收入和最低收入者，高学历和大年龄者对"朋友之事"几乎都不加谈论。（2）国营企业和三资企业员工中的"白领"群体，有一部分常谈论"单位里的事"，分别为 15% 和 16%；高收入和低收入者则基本不谈此类事。

（四）性别、年龄与主观幸福

我们关于 27~52 岁男女两性的研究发现，两者的幸福源泉是不同的。男性更多地受到社会地位、工作性质和经济收入等因素的影响，女性则更多地受到孩子和家人健康的影响。具体表现为：（1）男性的生活满意度要比女性的生活满意度递增得更为明显。对男性来说，生活满意度随着年龄的增长而递增；对女性来说，生活满意度则随着年龄的增长而递减。（2）同样遭遇消极的生活事件，女性的反复思考频率高于男性，不能自拔的程度也高于男性。（3）传统习俗对社会角色的期待，使得女性照顾男性的取向远远超过男性照顾女性的取向。正因如此，女性受到男性虐待的比例明显高于男性受到女性虐待的比例。（4）高收入的男性的抑郁发生率较低，但其焦虑、急躁和易怒的发生率却较高；高收入的女性则更加容易抑郁，其发生率明显高于焦虑、急躁和易怒的发生率。（5）对青年来说，男性的赚钱动机低于对职业地位的追求，而女性的赚钱动机却高于对职业地位的追求。换言之，男性在赚钱和职业地位之间大多选择职业地位，而女性在赚钱和职业地位之间大多选择赚钱。

至于主观幸福与年龄的关系，研究发现：（1）收入满意度随着年龄的增长而递增，但是，对大多数退休人员来说，收入满意度却随着年龄的增长而递减。（2）婚姻满意度随着年龄的增长而递增。但是，对许多人来说，婚姻满意度有两个低谷：一是当家庭有年幼的孩子时；二是当孩子步入青春期时。（3）工作满意度呈现两头低中间高的态势，也就是说，工作满意度在青年阶段和老年阶段偏低，而在成年阶段最高。（4）健康满意度随着年龄的增长而下降。年龄越大，这种情况越加明显。（5）休闲满意度随着年龄的增长而递减，年龄越大，参加聚会和其他休闲形式的社会生活越少。对老年人来说，散步是其首选的锻炼形式，他们的主要时间大多花在看电视或读报上。（6）宗教信仰和宗教活动与主观幸福只具有中等相关。然而，宗教满意度随着年龄的增长而递增，尤其对老年人来说是如此。

第四章

当代中国人的公共文化生活[*]

当代中国人的精神生活不仅包括当代中国人个体的精神生活状况,而且表现为当代中国人作为群体所参与的公共文化生活。这里所说的公共文化生活既包括传统意义上的由诸多社会成员在同一空间或同一时间共同参与的文化活动和娱乐活动,而且包括随着现代大众传媒的发展而出现的各种文化活动。本研究旨在结合本次全国性调查的数据结果以及子课题组的相关调研内容,对当代中国人公共文化生活的状况做一个概略的描述,同时对形成这种状况的背景因素作出相应的说明。我们试图基于对当代中国社会变动逻辑的独特性、特别是自1949年以来中国文化制度的演变脉络的梳理和分析,来对20世纪70年代末尤其是90年代以来中国人公共文化生活的状况作出切合实际的解释,并从这个角度出发,对当代中国个人、社会与国家之间错综复杂的关系模式及其演变路径有所认识、有所说明。

---

[*] 本章是本项目子课题组"当代中国人精神生活的日常情境"和子课题组"大众传媒与当代中国人精神生活"的研究成果,这两个子课题组的负责人分别为华东师范大学社会学系的陈映芳和复旦大学传播学院的吕新雨,执笔者为华东师范大学社会学系的陈映芳(第一节、第二节),复旦大学传播学院的吕新雨(第三节)和华东师范大学社会学系的蒋逸民和陈加荣(第四节)。

第一节 中国人参加公共文化生活的基本状况

一、本研究中的"文化生活"

如果我们从广义的"文化"概念出发，将物质文化、制度文化和精神文化收入视野，那么人类的"文化生活"应该包含人们生产、分配、交换、消费各种文化的活动。但在本研究中，我们将"文化生活"限定在"精神文化"的层面，这既是出于本课题直接的研究需要，同时这样的设定也较切合人们对"文化生活"概念的日常理解，以及社会学者通常将"生活"区分为政治生活、经济生活、社会生活和文化生活的类型划分。

另外，在有关"精神生活"的各种定义中，"文化生活"多被定义为精神生活的重要内容或主要类别之一。一种观点认为，精神生活的内容可以分为：心理生活、文化生活和心灵生活，分别相对肉体生活、经济生活和日常生活。具体而言，相对于作为"由物质资料的生活所决定、由物质资料的生产、分配、交换和消费等四个环节相互作用而构成的整体"的经济生活，人类的文化活动或文化生活是指"精神资料的生产、分配、交换和消费活动"。[①] 在本研究中，从实证调查研究的具体需要出发，笔者认为，对于社会成员以满足精神需求为主要意图的文化娱乐活动，我们可以按其活动的主体及其形式，将其区分为以下两大类别：

1. 由个人、家庭及亲友小群体所从事的各类文化／娱乐活动，如阅读／视听活动、艺术活动（如诗、书、画、演奏、歌唱、跳舞等）、游戏（如棋、牌、麻将等）。此类活动以自娱为主要特征，多发生于私人领域范围内。

2. 由政府机构、社会团体（包括自发的小群体）及商业组织等发动、组织的文化活动。这类活动具有社会性、公共性特征，并具有相应的社会功能。其中由政府主持或支持的文化活动具有突出的公益性，而由包括社区在内的各种社会团体所组织的文化活动具有非营利等特征，属于民间文化、市民文化的范畴。商业性的文化活动通过文化市场形成，主要属于大众文化的范畴。

在当今社会里，由于现代传播技术的发达，大众传媒已经成为普及最广、影响最大的文化产品形式。私人领域范围内的视听活动也已成为一般社会成员接触

---

① 参见本书第一章"当代中国人精神生活研究的问题与方法"。

文化产品最简便的文化生活内容。据统计，2005年末中国（大陆）共有广播电台273座，电视台302座，教育台50个。全国有线电视用户12 569万户，有线数字电视用户413万户。年末广播综合人口覆盖率为94.5%；电视综合人口覆盖率为95.8%。[1] 而2006年上半年中国的网民人数、上网计算机数已分别达到了12 300万人、5 450万台。[2]

二、中国人参与公共文化活动的基本情况

根据我们对中国社会现状的基本判断，在本研究的问题预设中，我们认为，社会成员文化活动的空洞化，曾经是20世纪90年代以来经济发展、社会转型过程中出现的突出问题。以棋、牌、麻将等为主要形式的家庭/亲友小群体中的自娱活动，以及低档娱乐场所（如台球、舞厅等），曾被认为是中国普通民众最普遍的、也是仅有的几种文化娱乐式样。"十亿人民八亿赌，还有一亿在跳舞，剩下的都是二百五！"[3] 90年代广为人知的这句顺口溜，反映了中国社会中极其匮乏的文化娱乐活动的条件和形式，也道出了中国人迫切的文化娱乐需求。当然，近年来，随着文化市场的开发、活跃，民间文化的复活，政府对公共文化事业和文化产业、职业体育业等的推动，以及各种形式的群众文化事业、社区文化事业

---

[1] 央视市场研究公司17日发布的《全国卫星频道覆盖率普查》显示，2003年，全国电视观众总户数已达到3.06亿户，电视观众总人口数达到10.7亿人，全国平均电视机普及率达到85.88%。这个结果是央视市场研究对全国3 225个行政区划内的广电机构进行了普查，并对全国2 864个市辖区、县进行了家庭户抽样调查后得出的。调查显示，全国有线网发展迅速，2003年有线网户数已达到1.15亿户，也就是说全国有近1/3的家庭户安装了有线电视，几乎占全国电视观众户数的40%。在中央台各频道与省级卫视频道覆盖率排名方面，地方卫视首次跻身全国覆盖率的前三名，打破了中央台一统天下的全国覆盖优势。网址：http://www.allchinadata.com/news/Detail.asp? LiterID = 5807972&ColumnName = &Column = 01% 25。据统计，2005年年末，全国共有广播电台273座，电视台302座，教育台50个。全国有线电视用户12 569万户，有线数字电视用户413万户。年末广播综合人口覆盖率为94.5%；电视综合人口覆盖率为95.8%。网址：http://www.china.com.cn/economic/zhuanti/2006figures/node_7009140.htm。

[2] "2006年7月CNNIC中国互联网统计报告"第18次中国互联网络发展状况统计调查结果显示，2006年上半年的中国互联网络在整体上保持快速增长的同时，网民特征结构、上网途径、上网行为等各方面也出现了一些较为明显的变化。宏观方面，中国互联网又进入一个快速发展期。其中网民人数、上网计算机数分别达到了12 300万人、5 450万台，与上年同期相比分别增长了19.4%和19.5%；中国域名总数为2 950 500个，其中CN下注册的域名达到1 190 617个，与上年同期相比，增长了91.3%；中国网站总数达到了788 400个；网络国际出口带宽总量达到214 175M；中国大陆的IPv4地址数达到了84 786 688个，网址：http://data.chinabyte.com/476/2636476.shtml。据中国互联网络信息中心统计，截至2005年底，中国内地的IP地址总数达到7 439万个，网民人数1.11亿人，网民普及率为8.5%，网址：http://www.china.com.cn/economic/zhuanti/2006figures/node_7009140.htm。

[3] 此顺口溜另有多种版本，如"十亿人民八亿赌，还有二亿在跳舞"、"十亿人民九亿赌，还有一亿是候补"、"十亿人民八亿赌，还有一亿在跳舞，不赌不舞二百五"等。

的兴盛，中国人的文化生活情况应该有了较大的转变：社会可供人们选择的公共文化活动的类型已经明显增多、人们参加各类文化活动的实际条件也有了很大的改善。

据此，在本次调查的问题设计中，我们将社会成员个人的私人性文化娱乐活动（日常休闲生活）与他们参与的公共文化活动做了相应的区分，在问卷调查中，我们分别询问了他们的日常休闲活动内容和参加公共性文化活动的情况。① 关于社会成员参加公共文化活动的情况，我们分别按内容和形式设计了两个问题，分别询问他们在受访前的一年中（含 2004 年夏～2005 年夏）参与消费作为文化产品的各类文化活动的情况，以及平时参与公共文化活动的组织形式。考虑到城乡差异和区域间文化差异等要素，我们设计了包括庙会、舞狮、龙舟赛、戏曲、拳操、杂技、电影、舞蹈、音乐会、美术展、文物展、时装表演及体育比赛等十多项类型，并以"其他"作为开放式选项。该问题提供多项选择（限选五项），以"您在最近一年中是否参加过"为询问内容，不计参加同类活动的次数。我们得到的统计结果如表 4-1 所示：

表 4-1　　　　　　　　参加公共文化活动的情况

文化活动类型	频次
听音乐会	607
去看过传统戏曲	582
去看过杂技	522
去看过舞蹈	648
去看过电影	1 500
去看过美术展	255
去看过文物展	403
去看过时装表演	236
去看过体育比赛	820
逛庙会	826
参加或观看舞狮、龙舟比赛、拳操比赛等	538
其他	90
没有参加过任何这类活动	1 411

注：受访者 4 569 人，本题有效回答 4 504 人。其中回答参加过各类活动的 3 093 人，回答"没有参加过任何这类活动"的 1 411 人。从实际情况看（回答"没有去过的理由是什么"的情况），没有参加任何此类活动的人数应为 1 476 人。

---

① 本次问卷调查关于受访者的休闲活动的调查结果，见本书第二章"当代中国人精神生活调查研究的数据与分析"。

在全体受访者 4 569 人中，有 4 504 人做了有效回答。其中回答参加过各类文化活动的 3 093 人，占全体受访者的 67.7%，占有效回答人数的 68.7%。而回答"没有参加过任何这类活动"的受访者为 1 411 人，占全体受访者的 30.9%，占有效回答者的 31.3%。如果我们将没有回答参加过活动的受访者和明确表示没有参加过任何活动的受访者加起来，则共有 1 476 位受访者在一年中没有参加什么公共文化活动，这个数字占全体受访者的 32.3%。

这一调查结果意味着，在目前中国，虽然绝大部分社会成员会参加各类公共的文化活动，但有将近 1/3 的社会成员基本上不参加或极少参加（考虑到有"一年"的时段因素）包括民间文化、市民文化、商业性文化在内的任何公共文化活动。

这是个令人惊讶的数字。因为，就一般常识推断，首先，以老老少少举村参与为形式特点的民间文化的复兴，可以让农民普遍获得参与他们喜闻乐见的传统文化活动的可能。其次，由政府主持或支持的包括各类群众文化、社区文化在内的公益性的、非营利性的文化事业，以全社会为覆盖面，其宗旨应该是消弭由文化商业市场的利润追逐原则所导致的文化不公，以及由城乡之间、地区间经济发展不平衡所导致的文化落差。最后，各种档次的商业文化市场的活跃，不仅可以给全社会提供大众文化的消费产品，还可能提供以各种亚文化群体为消费对象的各类文化艺术形式，从而克服传统文化、主流文化的局限，有效覆盖各种社会群众的文化娱乐需求。然而，这次的调查结果显示，无论是民间文化还是公益文化、商业文化，都没能有效地覆盖人口总数的 1/3。这是一个需要分析、解释的文化现象，或者说，是一个值得关注、探讨的社会问题。

三、数据分析

下面笔者将依据本次调查的统计数据，就问题预设与调查结果的落差作出一些说明。

1. 城乡差异、阶层之间存在差异，但公共文化生活贫乏的并不限于农民、流动人员和下层社会成员。

在既有的国情研究和社会状况分析中，关于中国社会中的文化不公现象，已有不少判断和分析，最突出的如乡村农民文化生活匮乏[①]、城市劳工阶层（流动

---

① 如网民所述："当前在许多地方的农村面临着文化生活单调，基础设施薄弱，人才高度匮乏甚至根本就没有的'零状态'，许多农民业余时间里除了打麻将、甩老 K，再就是看电视，根本就谈不上有什么更多的乐子可寻了。"禾刀:《长假里让我们的快乐分点给农民兄弟》，新浪网，2004 年 10 月 5 日 07:21，网址：http://www.sina.com。

人员)文化生活的空洞化,城市开发过程中城市贫民居住区文化设施落后等问题。本次调查的数据统计结果在一定程度上证实了这些问题的存在。

如表4-2所示,在回答"没有参加过任何这类活动"的受访者中,城市人口为620人,占未参加者的43.9%,占全体受访城市人口(2 198人)的28.2%;农村人口为720人,占未参加者的51.0%,占全体受访农村人口(2 157人)的33.4%;流动人口为71人,占未参加者的5.0%,占全体受访流动人口(714人)的33.2%。农村人口、流动人口没有参加任何公共文化活动的比例高于城市人口。

表4-2　　"没有参加任何这类活动"者的户籍类型分布

	频　数	百分比(%)	有效百分比(%)	累积百分比(%)
城市	620	43.9	43.9	43.9
农村	720	51.0	51.0	95.0
流动人口	71	5.0	5.0	100.0
总计	1 411	100.0	100.0	

另一方面,从受访者的个人收入看,回答"没有参加任何这类活动"的受访者的收入分布情况(表4-3)显示,低收入群的比例高于中、高收入者。但中、高收入者中没有参加过公共文化活动的受访者也占一定的比例。

表4-3　　"没有参加任何这类活动"者的收入分布

年收入(元)	频次	受访者总频次	比例(%)
1 000以下	222	803	27.6
1 000~2 000	143	391	36.6
2 000~3 000	185	468	39.5
3 000~5 000	448	1 350	33.2
5 000~1万	232	816	28.4
1万~2万	50	235	21.3
2万~5万	47	175	26.9
5万~10万	16	99	16.2
10万~20万	2	9	22.2
20万以上	3	10	30.0
总计	1 348	4 356	

2. 突出的问题：公益性文化设施和活动的缺乏。

针对没有参加过任何文化活动的受访者，我们进一步询问了其原因。选择项涉及了客观因素（设施条件、价格门槛）、主观性因素（兴趣及文化产品的质量要求）以及其他因素（时间等）。统计结果如表4-4所示。

表4-4　　没有参加任何公共文化活动的理由

没参加活动的原因	回答数	百分比（%）	占回答者的百分比（%）
费用太高	481	17.2	29.4
很少有高质量的	147	5.2	9.0
无此类活动场所	610	21.8	37.3
买不到票	48	1.7	2.9
没时间	631	22.5	38.6
没必要去现场看	479	17.1	29.3
不感兴趣	351	12.5	21.5
其他	57	2.0	3.5
总计	2 804	100.0	171.5

在没有参加前述各类文化活动的受访者中，有近40%的人将"没时间"列为自己一年中没有参加公共文化的主要原因之一。这可以从多个侧面去解读，包括作为文化因素的"勤劳观/休闲观"的作用、或作为结构因素的"社会成员的生存压力"及"劳动权利状况"等，本书的探讨不涉及这些因素。而关于受访者觉得"很少有高质量的"和"不感兴趣"的主观感受，我们将在其他的研究中有所涉及。在这里，我们首先需要对这样一个引人瞩目的结果作出分析：除了"时间"因素以外，没有参加过公共文化活动的受访者们将"无此类活动场所"和"费用太高"列为最重要的原因。

也就是说，"无处可去"是社会成员没有参加公共文化活动的最重要的原因。在这里，"无此类活动场所"涵盖的是两种可能：没有相应的活动，以及缺乏活动的场所。我们从回答者的个人相关属性中可以看出：在未参加文化活动的原因中，选择"无此类活动场所"的农村人口占没有参加此类文化活动的农村人口的47.5%，明显高于城市人口（27.1%）。城乡之间存在着较大的差异（见表4-5）。

从回答者的居住地类型看，城乡结合部的问题最为突出（49.6%），农村自然村和从农村新集中住宅区中未参加文化活动的分别有44.9%和41.0%的受访者回答原因为"无此类活动场所"，这三类地区显著高于城市中的居住者的同类

表4-5　　　　　　回答"无此类活动场所"的人口分布

	个案类型			总计
	城市	农村	流动人口	
回答人数（人）	200	386	24	610
在回答相同理由者中占百分比（%）	32.8	63.3	3.9	
在相同个案类型中占百分比（%）	27.1	47.5	28.9	

回答频次（见表4-6）。而在城市中，单位住宅区（28.3%）和商品房社区（31.2%）中未参加文化活动的受访者中选择没参加的原因为"无此类活动场所"的比例显著高于老城区（23.3%）。这一方面反映了单位社区逐渐衰落的事实，同时又从一个侧面证实了近年来一些城市研究者关于城市开发过程中房产商对新兴商品房建设只重房产利益、而不重视公共设施投入的批评内容。

表4-6　　　　　回答"无此类活动场所"者的住宅区类型分布

	自然村	农村新集中住宅区	单位住宅社区	老城区传统社区	商品房社区	城乡结合部	其他	总计
回答人数（人）	287	43	89	48	68	57	16	608
在回答相同理由者中占百分比（%）	47.2	7.1	14.6	7.9	11.2	9.4	2.6	
在相同社区类型中占百分比（%）	44.9	41.0	28.3	23.3	31.2	49.6	48.5	

除了公共文化设施的匮乏问题之外，这次调查的结果还显示了，公共文化产品价格过高，是社会成员公共文化生活贫乏的另一个重要原因。在没有参加任何公共文化活动的受访者中，有481人（占回答者的32.6%）将"费用太高"列为主要原因之一。与我们的预想略有出入的是，城乡之间，并没有显示出相应的差异。这其中，回答"费用太高"的未参加文化活动的受访者中，城市人口（31.3%）和城市流动人员（33.7%）稍高于农村人口（27.3%），这可以理解为城市文化产品的总体价格高于农村所导致的结果（见表4-7）。

表 4–7　　　　没参加活动者选择"费用太高"的人口分布

	城市	农村	流动人员	总计
回答人数（人）	231	222	28	481
在回答相同理由者中占百分比（%）	48.0	46.2	5.8	
在相同个案类型中占百分比（%）	31.3	27.3	33.7	

就城市内部的居住类型来看，在"老城区传统社区"和"商品房社区"之间，出现较明显的差异，在没参加文化活动的受访者中，认为"费用太高"的老城区居民（37.4%）显著高于商品房社区（23.9%），这可以被理解为住宅阶层间的阶层差异的表现（见表 4–8）。

表 4–8　　　　没参加活动者选择"费用太高"的居住类型分布

	自然村	农村新集中住宅区	单位住宅社区	老城区传统社区	商品房社区	城乡结合部	其他	总计
回答人数（人）	182	32	94	77	52	33	9	479
在回答相同理由者中占百分比（%）	38.0	6.7	19.6	16.1	10.9	6.9	1.9	
在相同社区类型中占百分比（%）	28.5	30.5	29.9	37.4	23.9	28.7	27.3	

与此同时，从个人收入的角度看，低收入者选择不参加的理由为"费用太高"的比例（见表 4–9），略高于高收入者的，这符合我们的问题假设，但不甚明显。

表 4–9　　　　没参加活动者选择"费用太高"的情况
（与个人收入有明显相关）

	1 000元以下	1 000~2 000元	2 000~3 000元	3 000~5 000元	5 000~1 万元	1 万~2 万元	2 万~5 万元	5 万~10 万元	10 万~20 万元	20 万元以上
回答人数（人）	85	45	63	153	77	14	15	7	0	0
在回答相同理由中占百分比（%）	18.5	9.8	13.7	33.3	16.8	3.1	3.3	1.5	0.0	0.0
在相同收入者中占百分比（%）	31.4	28.7	30.7	30.0	28.6	23.0	26.3	26.9	0.0	0.0

从以上各项分析来看,"无此类活动场所"和"费用太高",构成了城乡之间及各阶层之间社会成员参加公共文化活动的情况差异的较为重要的因素。但就总体情况而言,我们可以认为,该项数据暴露的问题是我国公益性文化设施、文化产品的相对匮乏。

第二节 核心的问题:"群众文化"与中国的公益文化事业

自社会主义体制建立以来,中国基层社会的公益文化事业,主要依托于"群众文化"系统。在本课题的研究过程中,我们对中国"群众文化"的制度及目前的运行状况、功能等进行了专门的调查研究。笔者以及笔者指导的硕士研究生在对中国群众文化制度的总体情况作出相应梳理、分析的同时,选取上海市和福建省福州等市、安徽省黄山市为对象,对三省、市(及所属农村地区)的群众文化现状做了专门的调研。① 在这里,结合我们的调研情况,笔者将从对我国"群众文化"的制度及其现状的分析入手,来对中国人参与公共文化活动的状况、特别是公益文化事业的现状作出相应的解释。

一、关于"群众文化"

"群众文化"是 20 世纪 50 年代初新政权建立伊始即着手逐步建立起来的以全民为对象的文化系统,它是由国家宪法规定的国家行为。《中华人民共和国宪法》总纲第二十二条规定:"国家发展为人民服务、为社会主义服务的文化艺术事业……文化馆及其他文化事业,开展群众性文化活动。"作为国家办文化、管文化的文化制度的重要组成部分,它具有社会主义全能国家的一些基本特点,而其宗旨之一,是为大众提供公益性的文化设施,组织开展公共文化活动。

就制度系统本身来讲,群众文化系统主要依托于共产党领导下的国家行政系统。在 1949 年以来的大部分时段里,"群众文化"主要由政府系统的市级群众艺术馆——区(县)级文化馆——街道(镇)的文化中心/文化站——居委会(村)的文化活动室这样一套系统组成为核心机构(见图 4-1)。

---

① 其中上海市调研部分参见陈映芳、章雯、张晶晶:"教育部重大攻关课题《当代中国人精神生活调查研究》子课题"精神生活的日常情景"《上海市群众文化的制度与现状——调查报告》,2006 年 1 月,未刊稿。

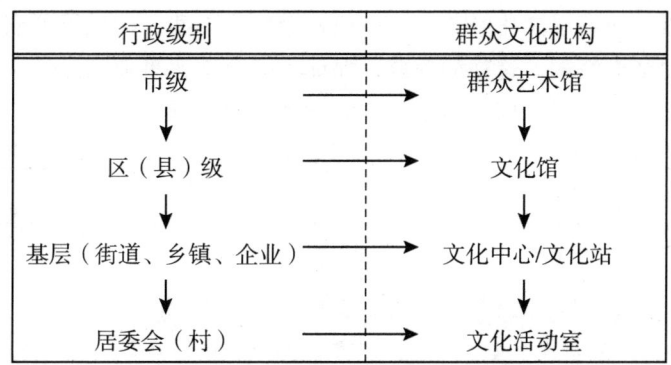

图 4-1　政府的群众文化系统

注：按目前各地的情况，区文化馆与街道文化站在行政上没有隶属关系，一般区文化馆在行政上隶属于区文化局，街道文化站则隶属于街道，但区文化馆在业务上对其街道的群众文化活动进行业务指导。

与此同时，在城市，它又与单位制的职业系统和共产党领导下的工会部门和青少年管理部门互为依托。城市中的工会、共青团和少儿（教育）系统都另设有相应的群众文化活动机构。以上海市为例，工会系统的群众文化机构以工厂企业职工为对象，由市总工会统辖，设有市工人文化宫和相当于市级规模的沪东工人文化宫和沪西工人文化宫，并且在绝大多数区设有区工人俱乐部，在部分大的企业系统，如邮电、铁路系统设有事业性质的俱乐部，另外全市的大部分厂家企业都设有规模不同的企业性质的职工俱乐部。共青团系统的群众文化机构以青年为对象，由团市委统辖，设有市级活动场所（上海市青年宫、市青年文化活动中心），以及各高等院校的学生俱乐部。少儿（教育）系统的文化活动机构以少年儿童为对象，市级活动场所有中国福利会少年宫，隶属于宋庆龄创立的中国儿童福利会领导。各区普遍设有区少年宫，分别隶属各区教育局领导，并由市教育局统辖。少数街道设有"少儿之家"。

自 20 世纪 50~70 年代末，国家专业文化系统和群众文化系统是组织全社会文化生活的两个基本的制度平台。党政传媒宣传机构、知识传播系统（出版发行部门及各类图书馆）、教育系统、文学艺术机构（各类文艺团体及专业委员会等）在为全社会提供文化艺术产品的同时，对群众文艺提供诸如骨干培训、活动组织等专业技术的辅导或资源的支持（见图 4-2）。

在这些制度平台以外，20 世纪 50~70 年代，民间自发的文化机构、文化组织、文化活动基本上不复存在，市场文化也不被允许。在很长的一段时期内，群众文化担当了组织民众文化生活的职责。由国家培养和供养的一支专职的群文干部队伍，在基层社会和单位企业致力于吸纳文化精英投入到群众文化工作中，并建立了一整套制度化的指导、组织、推广群众演艺活动的活动模式，在专业群众文化干部队伍——基层文化精英——一般社会成员之间,构成了群众文化活动的组织、参与的结构模式。这样的构成,保证了群众文化事业的运行。乡村和城市基层社会的文化活动,也都依托于群众文化系统展开。

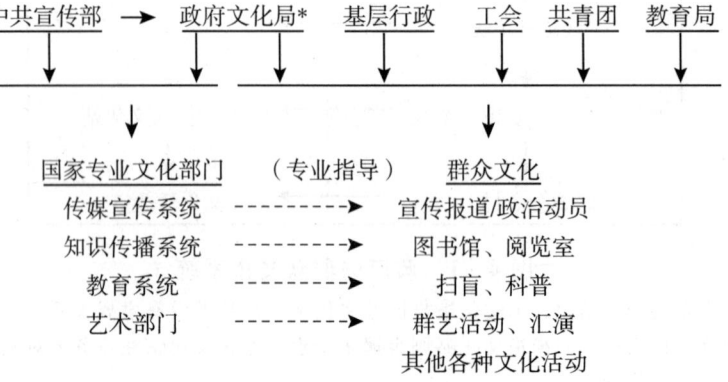

图 4-2　党政文化系统与"群众文化"

注:＊群众文化系统先直接归党领导,后隶属于政府文化部门。如上海市 1958 年开始成立群众文艺工作委员会,隶属中共上海市委。"文革"后重成立的"上海市群众文化工作委员会",隶属于市政府。目前各地群众文化机构多隶属于各省、市、县的文化厅、文化局或文化委员会等。

二、群众文化与国民文化事业

就制度渊源而言,群众文化馆与民国时期各省、市的"民众教育馆"及一些地方的"平民教育馆"等有着直接的承续关系。"民众教育"是近代中国由国家推进"国民化"的文化事业之一。民众教育馆一般由政府教育部门领导,以普及识字、推广国语、培训职业、普及社会/科学知识等为主要任务,同时开展各种群众文化娱乐活动。新中国成立后,1950 年开始各地新政府将原来的"民众教育馆"改建为"人民文化馆",并在一些没有民众教育馆的县市新建人民文化馆。1952 年开始,"人民文化馆"被更名为"文化馆"。文化馆系统特别是基层文化站、企业工人俱乐部等部分地延续了民众教育馆的国民教育功能,在城乡普遍开展了识字扫盲、科学知识普及等工作。

与此同时,客观上,群众文化还扮演了公共文化事业的角色。群众文化机构是国家设立的面向全体大众的福利型文化事业单位,其宗旨之一是为大众提供公益性的文化设施,组织开展文化活动。它由国家财政提供支持,由行政推动,将文化服务网点设立到基层社会。在满足民众的文化艺术、休闲娱乐需求,以及传播知识等方面,包括各种图书馆、图书室在内的群众文化系统曾起到了特殊的作用。在民间文化、市场文化被取缔或实际萎缩的情况下,群众文化成为社会主义社会中一般社会成员接触文化产品、参与文化活动的主要的途径和方式。在中国基层社会、特别是乡村社会,群众文化曾是民众文化生活的主要平台。

尽管"群众文化"具有某些公益性文化事业的性质,但在中国,群众文化制度并不是作为公共文化服务体系被确立的。它的公益性质及其功能依附于其政治的性质及其功能。也因此,自20世纪50年代开始,随着政治运动的起伏和社会制度的变动,群众文化系统一再受到冲击。如下面福建省的例子所示,几十年中,政府的文化馆/文化站系统曾几起几落,其公益性并没有明确的制度保障。

例:1950~1980年福建省群文系统的演变①

1950 年	省人民政府决定将原民众教育馆与部分县公立图书馆合并,统称为人民文化馆。
1952 年 5 月	文与教分别建制,划归文化部门领导,易名文化馆,作为人民政府为开展群众文化工作、活跃群众文化生活而设立的事业机构。
1956 年 6 月	省群众艺术馆成立,是为全省文化馆、站业务龙头单位。
1958 年	各地文化站下放公社,转成民办。
1959 年 8 月	转成民办的文化站恢复为国家办,人员编制和经费同时恢复。
1960 年前后	全省文化馆机构被压缩,人员精简,国办文化站全部下放。
1962 年 12 月	重新健全文化馆(站)组织机构。
1970 年	全省文化馆、站机构先后被撤销,人员被下放。各县市先后成立毛泽东思想宣传站。
1973 年	部分文化馆(站)恢复建制。
1980 年 6 月	提出建立农村社镇文化中心。

三、"群众"概念与群众文化的政治功能

为了进一步说明群众文化制度的性质,我们有必要对"群众"概念做一个基本的说明。关于1949年以后社会主义中国的"群众"概念,有学者从中国传统社会、西方"群众(mass)"概念、理论以及当代中国政治语境这三种角度,对之进行了较为全面的梳理、分析。丛日云认为,作为承载丰富的政治文化意蕴的符号,"群众"是"人民"的不彻底的具体化,是"臣民"向"公民"的过渡环节。一方面,它超越了传统的臣民,但仍然承袭了臣民概念的某些内涵;另一方面,它蕴涵了公民概念的某些要素,但还不是真正意义上的公民。它是臣民与

---

① 参见福州市文化局编:《福州文化志》,海潮摄影艺术出版社2003年版;《福建省志·文化艺术志》(七),"第十章 群众文化"(未刊稿,待出版)。

公民的融合①。相对于"公民"概念，它具有以上这些基本特征（见表4-10）。

表4-10　　　　　　"群众"—"公民"概念解析

	群　众	公　民
主体形成	模糊的群体	个体
政治地位	上－下关系中的下位者	国家主人
参与	动员性参与	自主性参与、体制化参与
行动	被动性（被动员的、被允许的）、呼应性和追随性	主动性（法定的权利）
目的	由在上者赋予	自生的、自主的

注：本表由笔者根据丛日云：《当代中国政治语境中的'群众'概念分析》制成，载于《中国政法大学学报》（政法论坛），第23卷第2期，2005年3月。

对"群众"概念的这样一种分析，实际上揭示了"群众"概念在社会主义中国实际具有的两义性："群众"既具有革命性的一面，被认为是蕴含着巨大能量的存在，是国家政治动员的对象，革命运动的依靠力量。同时它又具有落后、愚昧的一面以及对制度秩序的潜在破坏性，它被认为是需要教育、教化的大众，在政治上也是需要加以控制的社会力量。在"国家—群众关系"中，"群众"居于国家权力的下位，被设定为支配团体的追随者。

从这个角度出发，我们可以较清晰地发现，正是1949年以后中国国家意识形态为"群众"概念所赋予的政治、文化的意蕴，构成了"群众文化"多重政治功能的背景。

"群众"概念的意蕴		"群众文化"的政治功能
革命性—动员的对象、依靠的力量	------▶	动员功能
愚昧性—启蒙、教化的对象	------▶	教化功能
危险性—大民主的潜在能量	------▶	控制功能

应该说，在不同的具体历史时期，群众文化的政治功能曾有相应的变化。就如有的研究者所指出的那样，"群众文化"概念及其制度自20世纪50年代初被正式确立②以后，执政者逐渐把紧密配合政治运动开展对群众的政治思想教育作为文化馆站的中心任务。在此前提下，当时群众所谓的参与往往只限于观赏。他们是宣传的对象，而不是文化自身活动的对象。在群众文化的设置中，"群众"

---

① 丛日云：《当代中国政治语境中的'群众'概念分析》，载于《中国政法大学学报》（政法论坛）2005年第2期。
② "群众文化"作为专业概念被正式提出，是自1953年12月8日文化部《关于整顿和加强文化馆、站工作指示》开始的。见孙渊：《群众文化概论》，新华出版社1988年版。

是作为"意识形态领域的阶级斗争和经济领域的生产斗争的手段而不是作为文化群众的目标"来参与的,他们并不是文化活动的主体。通过群众文化,国家在文化领域实施了对社会价值规范系统的全面覆盖。与此同时,国家的"群众文化"工程也是一项塑造"群众"的文化工程。通过这一文化系统,"群众"被置于抽象的崇高地位与实际的下位地位,社会成员在与国家的相互关系中,成为被教育、被动员、被指导、被控制的"群众"。随着群众文化的"群众化"政治功能的强化,它原先具有的启民智的"国民化"的文化功能被相应削弱。

四、"群众文化"的转型与公益文化事业的衰落

群众文化的性质、功能中夹杂着的政治功利主义[①],曾构成国家推动群众文化事业建设的直接驱动力,但也不可避免地会成为它本身衰落的重要影响因素。20世纪50年代以来,群众文化系统一直随着政治运动的起伏而波动,始终没能真正确立为一项作为落实国民文化待遇的、相对稳定的公益性文化制度。自70年代末以来,随着国家意识形态控制在某些社会领域的松动、国家—社会关系的演变,以及社会文化领域中文化市场的逐步开放、大众文化的迅速兴起,以及传统民间文化的复活,群众文化无可避免地再次受到冲击。

我们看到,执政党在坚持维持"群众文化"制度的问题上,表现了某种执著。[②] 制度上,群众文化系统的各个方面都一直被维持、延续着。但同时,作为国家办文化事业,群众文化系统的公益性也随着文化系统的政治功能的萎缩、国家财政权的上收而衰落。

1. 农村公益文化事业的萎缩。

群众文化机构是国家设立的面向全体大众的福利型的文化事业单位,由国家提供其运行经费、无偿服务,不以营利为目的。这是它与其他文化娱乐行业最重要的区别。但是,20世纪80年代以来,许多群众文化单位开始以公益性文化活动的组织者和营利性文化产业的经营者的双重面目出现,甚至完全改头换面为后者,这给基层社会的公益文化事业造成了直接影响。

---

①② 杨立华:《对群众文化学科理论的若干思考》,载于《群文世界》2004年第2期,第21~23页。

② 国务院办公厅批转的文化部、国家计委、财政部《关于进一步加强基层文化建设的指导意见》(2002年1月22日)指出:"基层文化建设是中国先进文化建设的重要方面,是推动先进生产力发展的重要因素,也是实现广大人民群众根本利益的重要方面。搞好基层文化工作,对于宣传党和国家的方针政策,加强党和政府与人民群众之间的血肉联系,在全社会培养健康、文明的生活方式,提高广大人民群众的思想道德和科学文化素质,具有重要作用。"参见《法律图书馆》网,法律图书馆>>新法规速递>>关于进一步加强基层文化建设的指导意见,网址:http://www.law-lib.com/law/law_view.asp?id=17168。

就国家对群众文化的财政支持来说，大致经历三个阶段：第一阶段为国家全额拨款——福利型体制。新政权建立后，各群众文化事业单位的行政、业务经费，由上级部门全额拨款。除放映电影等少数活动项目收费外，其余均无偿服务，属于文化福利性质。第二阶段为差额拨款，"以文养文"——经营型体制。八九十年代以来，原来由政府垄断的文化产业向市场放开，"社会办文化"日益丰富，企事业单位的文化设施（如歌舞厅、电影院）允许向社会开放，而一些政府文化设施由于经费不足或管理不善，无法与市场相抗衡。在这样一种背景下，国家允许文化馆、站可以以"文"（经营性文化活动）补"文"（公益性文化活动），各群众文化事业单位相继实施了经济体制的改革，由福利型逐步向经营型转换。文化单位的创收活动一般采取三种形式：一是"以文补文"或"以文养文"（以文化产业养文化事业，或者说以经营性文化活动养公益性文化活动）。二是"以商养文，多业助文"。有文化经营，也有非文化经营，如文化娱乐、图书报刊、摄影、旅游以及小卖部、餐厅等的经营，甚至出租办公场所。三是联合经营。第三阶段的特点是向公益性回归。在市场化的改革过程中，许多文化机构以经营者的角色可以不靠国家"养活"，但是"断奶"之后，它们却无法或不愿完成其作为事业单位所肩负的指标性任务，这就与国家的期望发生了冲突或对抗。于是，近几年来政府有意识地增加了文化投入，希望能够还文化单位一个非商业性的角色。

在这一变化过程中，农村地区的群众文化事业经历了大起大落的变动。一些地区的乡村文化站、文化中心，曾借助经济开放政策，开拓新的经济资源。一段时期内，全国不少地方的基层文化站开办了多种经营活动，并在此基础上建立了半专业的文化演出团体，基层群众文化事业由此经历了一度的辉煌。各地文化馆、站，利用大众文化、娱乐文化资源，走市场文化路子，群众文化机构纷纷拓展活动内容。自办轻音乐队、地方曲艺演出队，举办录像放映、音乐茶座、舞会，开辟台球室、电子游戏室、茶馆茶室等活动场所，各地文化站、文化中心利用政府提供的机构、场所和政策的便利以及市场提供的多种资源、机会，适时求变、各显神通，在新时期拓展了群众文化的新的生存空间和发展方式。与此同时，民间文化的复活为群众文化提供了新的文化资源、注入了新的元素。各地群众文化机构或者致力于将民间文化的内容和形式纳入到群众文化活动中，或者致力于挖掘民间文化资源、打造乡土文化品牌，如各种民间文化艺术节、民间文化产品等。

但是，自20世纪90年代以来，随着国家权力及财政从乡村基层社会的逐步退出，地方政府与基层行政部门之间，财权和事权变得边界不清、职责不明，群众文化的公益性质，已经很难落实。首先，农村群众文化事业无法得到切实的财政保障。从1994年开始，我国建立了带有强烈的制度创新性质的以"分税制"为基础的分级财政管理体制，原有的国办群众文化事业事实上变成了地方办，有的是省拨财政，地方配套，各地文化馆因此失去了切实的财政保障。其次，各地县级政府又纷纷实施"三权下放"，文化站的用人权、设施、财政全由乡镇负责，这意味着国家正式退出"文化站"事业。在乡镇普遍面临财政压力的情况下，文化经费往往成为首当其冲的削减对象。以财政分配的城乡比例来看，2003年全国文化事业费中城市占71.9%，农村文化只占28.1%。[1] 2004年农村文化经费又仅占全国文化事业费的26.5%。2005年占26.7%。[2] 目前各地农村群众文化机构普遍处于人员、场所紧缺、设备老化的困顿局面。在许多经济落后地区，文化站已经徒有其名，基本陷于瘫痪状态。截至2004年7月，全国农村38 240个乡镇中有23 687个文化站需要新建、改建。[3]

真正的问题还在于，在经历了长时期的社会革命、社会改造之后，中国乡村社会中传统的民间社会内部结构已经发生很大的变化，民间文化活动的自组织能力也已受到严重摧损。另外，20世纪80年代、特别是90年代以来，当国家权力开始从乡村基层社会退出的时候，由于"三农"危机和乡城大流动的开始，在中国大部分农村地区，自给自足的乡村社会的复原极其困难，农民普遍缺少自发、自主地生产和消费文化活动的可能。

2. 城市："群众文化""城市文化"中市民主体性的缺失。

相对于农村群众文化事业的全面衰落，70年代末以来，城市的"群众文化"事业呈现了另一种样貌。对于作为国家政治、经济、文化重心的城市，政府在逐步开放文化市场、推动发展文化产业的同时，一直没有放松对城市基层社会的文化投入和文化治理。"群众文化"依然被城市政府视为政治治理、文化治理的一个重要手段。在各地城市、特别是经济发达地区的城市里，不仅群众文化系统的维持/发展基本上得到了国家和地方财政不同程度的支持，而且作为对大众文化和民间自发的民间/市民文化冲击的应对，政府适时而变，不断地在调整"群众文化"的内涵及制度，试图通过群众文化系统来主导市民文化生活、组织和管理基层社会的公共文化活动。

以上海市为例，一方面，城市政府对于群众文化系统在基层社会的意识形态教化功能、政治动员功能和文化控制/文化治理功能有高度的自觉性。作为指导

---

[1] 《大力推进农村文化建设——访中宣部文化体制改革和发展办公室负责人》，新华网，网址：http://news.xinhuanet.com/newmedia/2006-01/14/content_4051653.html。

[2] 参见"文化传播网——文化统计"相关数据，网址：http://www.ccdy.cn/pubnews/487645/20060419/487818.html。

[3] 《中国农村文化建设亟待解决四大问题》，新华网，网址：http://news.xinhuanet.com/politics/2006-01/10/content_4033184.html。

思想，政府文化部门把发展群众文化作为贯彻执政党指导思想和政治理论的重要实践，"作为党的思想政治工作、宣传工作、群众工作、精神文明建设的重要载体，作为全面建设小康社会，满足广大人民群众文化需求的重要途径，作为加强党的执政能力，建设和谐社会的重要内容和手段"。① 在制度设置上，除了群艺馆、文化馆、文化中心系统外，目前各个居委会都专门配备有一个专职的文教干部，其职责是将街道级的指示传达给各自小区的居民，协助街道在居民中招募群文活动的参加者，同时将居民的要求反映给上一级。无特定节庆活动的时候，文教干部主要负责文教和宣传工作，将上级的政策、方针等以宣传栏和黑板报等方式及时传达给各小区居民。在我们走访的街道中，每个街道的群文干部都会将本街道的各项活动、获奖情况等以年度总结的方式整理出来。在有的镇，各个居委会形成了每月将小区群文活动归类做成报表、上交给镇文化站的制度。有的居委会干脆建立了"每天工作日志、每月工作总结、年终工作汇报"的严密制度。

从各地城市举行的群众文化活动的内容来看，除配合宣传执政党的政治方针外，群众文化系统所组织的重大演出活动，多具有"政治仪式"以及作为政府重大文化工程的辅助工程等的性质特征，如上海国际花卉节、上海国际艺术节这样的政府举办文化节庆期间，国庆节、春节这样的国家规定节日期间，建党纪念日、毛泽东百年诞辰、邓小平百年诞辰和共产党员先进性教育这样的政治性活动期间，都是举办群众文艺活动的重要时刻。

由于执政党加强城市文化治理的政治需要，事实上，群众文化系统已经成为一项战略性文化工程。② 政治权力在维持、更新城市群众文化系统的过程中表现出了重塑系统的韧性和能力。

另一方面，当国家权力在城市基层社会致力于加强政治和文化渗透力度的同时，新的文化生长机制也正在逐步形成。群众文化系统在城市（特别是经济发达地区的城市）中，获得了新的制度支持和生存空间。在政府主导的开发城市、经营城市的过程中，不仅"文化"的发展被视作为城市发展的重要部分，"文化建设"本身亦成为巨大的产业机会。随着文化产业体系的逐渐形成，"城市文化"

---

① 穆端正：《把握时代要求 着眼群众需求 努力推动本市群众文化工作再上新台阶——在2004年度上海市群众文化表彰奖励大会上的工作报告》，上海文广影视网，2005年3月17日，网址：http://61.129.65.26:82/gate/big5/wgj.sh.gov.cn/wg/node1439/node1486/node1488/node1549/userobject1ai28904.html。

② 以上海市为例，新的目标要求被设定为：由市财政拨款和市群众文化基金的重点项目投入，区县政府按年财政支出1%的常年投入，鼓励企业的投资和社会的资助，形成以政府投入为主的多元投入结构。政府同时还致力于配备新颖的群文干部队伍：把基层群文骨干纳入事业编制，三年内培养100个群众文化的优秀领导干部，1 000个群众文化的专业骨干，1万个群众文化创作积极分子，并形成1万个以上的社区文化团体，全面提高群众文化从业人员的文化学历和业务水平。上海文广影视网，网址：http://wgj.sh.gov.cn/wg/node1439/node1486/node1488/node1549/userobject1ai16938.html。

背后的巨大利益源吸引城市政府文化部门积极地与市场资本结合到一起，在打造文化政绩工程的同时全力开拓文化市场。各种"发达的""先进的"城市文化指标、文化设施、文化项目等纷纷被引入中国城市。于是，城市中的"群众文化"和基层社会的市民文化生活也得以搭上"城市文化"的顺风车，获得了新的可能。事实上，为了打造新的城市文化形象，政府已经开始将"公共文化""传统民间文化"等概念引入群众文化之中，诸如"都市公共文化圈""民族民间文化保护工程"等。

此外，在基层社会，由基层政府组织、指导的"群众文化"活动也开始向市民的娱乐需求靠拢，在"社区文化"的新概念下，与市民自发组织的文化娱乐活动形成某种互动关系。我们在调查中了解到，各街道/镇的群文工作者为吸引市民参与"群众文化"，多致力于形式创新，将上级任务与市民需求对接起来，如倡导终身学习，举行开展"下岗妇女读书创新"经验展示交流会；举办根雕、书法、绘画、摄影等各种兴趣性文化活动；为市民搭台让市民唱戏曲、为文化活动小组和文艺演出团体聘请专业老师辅导；为市民自发形成的文化活动团体提供活动场地和经费支持等。

但是，我们在调查中也注意到，无论是由行政系统主办的"群众文化"还是由政府主导、国内外各种力量参与打造的"城市文化"，都有与市民实际的文化需求相左的一面，在各种官办文化活动中，市民主体性缺位的问题更是显而易见。

首先，政府垄断文化资源和文化活动主办权，构成了社会办文化、市民办文化的主要障碍之一。由于城市政府一直控制着主要的文化活动空间（场馆）、设施以及公共文化事业的资金使用权，并掌握了大型文化活动的主办（或委办）权，在今天，"办文化"的权力实际归政府独家掌握。这种制度成为一把双刃剑，一方面城市的文化工程可能经由全能式的政府的推动而出现种种新局面，但同时真正的市民文化却因政府的资源垄断、权力干预而发展艰难。以作为公益文化事业重要推动形式的民间基金会为例，虽然自2004年起国家开放了民间基金会，但由于政府将民间基金会的注册资金的最低门槛由原先（1988年）的10万元人民币一下子拉到了200万元，[①] 在今天实际上造成了官办基金会"独大"的现状。另一方面以各种民间文化基金组织名义出现的官办文化基金会，成为社会资源与公共文化事业、市民文化之间的主要的资金输送渠道。

其次，群众文化系统在主导"群众文化""社区文化"的同时，扮演着限制

---

① 中华人民共和国国务院令第400号《基金会管理条例》，新华网—政府在线—国务院，网址：http://news.xinhuanet.com/zhengfu/2004-03/18/content_1372870.html。

市民自发、自主的文化活动，将社会团体整合到国家系统中来的角色。基层群文干部一旦发现社区内有市民自发组织的文化团体及其文化活动，往往会设法将其纳入到"群众文化"系统中来，把市民活动小组请入活动室、或将其拉入群众文艺竞赛行列。在我们的调查过程中，不少市民、乃至基层群文干部都表示，表面繁荣的"群众文化"系统，在行政体制的运行中，以政绩为目标，追求表面文章、"轰动效应"，根据"创佳绩"需要，走"打品牌"路线，热衷于搞"官办竞赛"。

不难看出的是，"群众文化"在今天的城市社会中已经很难有效覆盖市民的公共文化生活。我们的调查员在街道、居委会的活动室以外，曾前往公园调查群众自发的文化活动。公园目前是城市中市民自发的文化活动的主要场地之一，那里有各种各样的健身团体、文化兴趣团体存在。在我们随机访问的20多个受访者中，几乎所有被访者都表示对小区的群众文化活动不感兴趣。其中大部分人反映小区的活动室基本没有什么他们感兴趣的活动。他们表示在公园里结识的这些爱好相同的群体才能满足自己的要求。事实上，以意识形态教育为内核、由政府行政系统主办的群众文化系统，目前主要以社区为平台，能吸引的，主要是一些离退休老人和下岗人员。

3. 以"现代性""城市性"以及"国际性"等为符号特征、意义诉求的大型城市文化设施、城市文化节等，多浮游于一般市民实际的文化需求和消费能力之上。

于是，"城市文化"的公益性被淡化，公共文化资源与市民的公共文化生活相脱节。与此同时，目前中国各地城市由地方财政投入、政府文化部门主持的大型文化设施如博物馆、科技馆、大剧院等，都没有建立对作为纳税人的市民实施优惠开放的服务制度，而从国家及各级政府获得支持的文化团体的艺术产品以及影剧院的文化商品也基本上以市场价格面向市民。而由政府财政、社会文化基金等支持的各种城市文化艺术节，大多被演化成了市场文化产业及产品，缺少以市民为对象的公共平台及其公益特性。

第三节 大众传媒与当代中国人精神生活

随着社会的发展和技术的提高，大众传媒越来越成为中国人精神生活的重要途径。研究大众传媒与当代中国人精神生活的关系，因此就成为本项目的一个重要内容。

一、大众传媒与当代中国人的精神生活

据最新发布的《2006年中国传媒产业分析及投资咨询报告》称：中国目前共有报纸 2 119 种，期刊 9 074 种，出版社 570 家，广播电台 282 座，电视台 314 座，教育台 60 个，音像制品出版单位 320 家，电子出版物出版单位 121 家，WWW 站点（包括.CN、.COM、.NET、.ORG下的网站）总数约为 668 900 个，它们构成了中国传媒业的核心部分。①

如此规模的大众传媒业，在 1978 年之前的中国社会是不可想象的。研究表明：推动中国大众传媒业发展最重要的因素来自三个方面：大众传媒业自身的发展逻辑和变化规律；社会大系统的发展和变化所提出的要求对于大众传媒的功能、角色转型与建构的规定性；传播技术的革命性进步所导致的媒介生态的基础性改变也在"制造"或"销蚀"着传媒业发展的可能性空间。其中，社会发展变化对于大众传媒的规定性是具有根本意义的。② 在此期间，中国社会大系统的最大的变化无疑是中国现代性的展开。这对于大众传媒业的社会角色带来了颠覆性的影响。

在 1978 年之前，大众传媒的普及率很低，大众传媒对于大众生活和精神世界的介入方式是不同的。电视人均拥有量极其有限，基本局限在少数精英家庭；报纸大量采用公费订阅的方式，主要阅读对象是机关干部。大众传媒与普通大众的日常生活基本没有直接关系。特别值得关注的是，与大众传媒的基本特性相悖，中国此时的大众传媒主要社会功能是"喉舌"，是党和政府的宣传工具，是政治生活的体现，而传播信息、代表舆论、传承文化、休闲娱乐等基本的媒介功能相对缺位。普通大众对大众传媒的接触状态是：或者基本没有接触，或者是作为官方政治学习的范本。这种状况在 1949～1978 年之间的中国社会，是一种常规性的状态，其中在不同历史时期有局部的变化，但基调没有改变。

在中国现代化展开的进程中，大众传媒最深刻的变化是，转型社会对于传媒社会角色的期待和规制发生了转变。大众传媒必须承担在现代化社会中传媒的一般功能，而不能仅仅作为宣传工具。虽然"喉舌"功能依然是中国大众传媒区别于西方世界媒介的一大特征，但传媒的其他社会功能终于得以恢复并日见有力。从媒介接触看，大众传媒完全渗入到普通大众的日常生活中，大众传媒的普及率有了天翻地覆的变化。电视正在超越城乡差别成为中国社会当前最强势的媒介；

---

① 网址：http://vip.sina.com.cn/cgi-bin/mail/mail.cgi?sn=9V8N0U8JnBC5wrrCqSSc。
② 喻国明：《变革传媒：解析中国传媒转型问题》，华夏出版社 2005 年版。

广播经历分众化阶段,以各种方式介入大众生活;报纸,特别是20世纪90年代中期以来通俗报纸的迅猛发展,使得报纸这个历史最悠久的大众传媒真正介入普通大众的生活,近年来都市报、专业报极度繁荣,成为中国传媒业引人瞩目的景观,它有别于党的机关报的宣传和指导定位,真正以市民的日常生活为切入点,对于普通市民的物质生活、社会生活和精神生活都产生了前所未有的巨大影响。网络、手机等新型媒介正在以惊人的速度、几乎与世界同步的进程在普通大众的生活中普及。这是中国大众传媒业新近特别值得关注的变化。据中国互联网络信息中心(CNNIC)2007年1月23日发布的第十九次《中国互联网络发展状况统计报告》显示,截至2006年底,中国网民人数已达1.37亿人,占人口总数的10.5%;中国上网人数首次突破人口总数的10%。报告同时显示,中国网民中通过手机上网的人数已达到1 700万人。①

　　大众传媒的这些变化不能仅仅理解为数量的增加、规模的扩大,它意味着大众传媒正在以各种方式介入普通大众的日常生活,对于他们的精神生活产生着深刻的影响。这在中国历史的发展进程中呈现出史无前例的现代性景观。大众传媒与中国的现代性同步展开,成为中国现代性的一个重要表征,深深地切入政治、经济、文化诸领域,与社会结构相互纠缠,以无所不在的方式渗透到市民的精神生活中。大众传媒的信息、舆论、教育、文化、休闲、娱乐等诸多功能的实现,对于大众的精神生活有着全面、深入、广泛、内在的影响力。这些功能的展开,全面参与了大众精神生活的反映、认同和建构。研究者指出,现代化,作为20世纪80年代最重要的概念,成为中国思想解放运动的内在目标,也是所谓"新启蒙运动"的核心追求。现代化,作为一种西方发达国家为追赶目标的历史目的论,取代过去的革命乌托邦理想,获得了某种神圣性。而20世纪90年代中期以来,在市场经济的大发展和全球化大潮中,世俗化社会终于降临,消费主义意识形态渐渐占据显赫地位,而其中传媒起着创造性建构的巨大影响。② 中国大众传媒在1978年、1992年实现的两个阶段的实质性转变正是与中国的世俗社会(中国现代性的表征)同步发展的,与同时期中国人的精神生活产生了密不可分、千丝万缕的勾连。

　　中国当代的大众传媒以多种方式和当代中国人的精神生活产生关系。大众传媒与人类生活的各种方面都有密切关联。大众传媒对于政治生活的影响表现在:维护政治权力的合法性;参与公共政策的制定;对于政治权力施行舆论监督等。大众传媒对于经济生活的影响表现在:传播和发布经济信息,引导生产和消费;

---

① 网址:http://vip.sina.com.cn/cgi-bin/mail/mail.cgi? sn=Ea9T1_9P0tHC68J_1wV。
② 许纪霖:《世俗社会的中国人精神生活》,载于《天涯》2007年第1期。

对于市场秩序施行监督；传播商业广告，激发和满足消费需求等；大众传媒本身作为信息产业，对于经济的发展也具有重要意义。其中，大众传媒对于文化生活更是有着最为直接的影响力。这表现在大众传媒深深地介入了当代中国文化的各个纬度中。

在转型中国，大众的文化趣味正在经历由传统、精英向大众、通俗的转变，大众传媒的大众化、通俗化倾向也日趋明显。我国大众阅读倾向的变化以及特征就是一个具有代表性的例证。在大众传媒的一般性分类中，印刷媒介的精英化程度是高于电子传媒的，而书籍则是精英化程度最高的。国民的阅读倾向能够典型地反映大众文化生活的取向。中国第三次"全国国民阅读与购买倾向抽样调查报告"（2004）显示：截至2003年底，我国的国民阅读呈现以下特点：我国以图书和报刊为主的出版物自费购买市场已经形成，并在某些方面进一步加强；高新技术的崛起尤其是互联网的发展，影响并逐渐改变了媒体的格局和人们的阅读习惯；生活节奏加快和媒体多元化成为国民阅读率呈下降趋势的重要原因；阅读目的功利实用性走强、知识性减弱，消遣娱乐性突现；出版物分销市场已形成多元化格局；盗版出版物购买呈现起伏态势。本次调查结果还显示，2003年全国国民图书阅读率为51.7%，比1998年下降了8.7个百分点。综合三届调查的结果还发现，我国国民中有日常读书习惯的读者仅占5%。① 和国民阅读书籍率下降的趋势形成对照的是：报刊（特别是通俗报刊）、广播、电视、网络等更加通俗化的大众传媒的大众接触率呈现稳步上升趋势。这不仅说明了精英文化的式微、边缘化，更表明大众传媒正在以大众文化特有的力量介入大众的文化生活，对于当代中国文化产生越来越大的影响。

二、大众传媒是当代中国文化建构的中心力量

社会的文化建构依赖于多种力量，在现代社会中，各种文化因素被整合进入产业中按照制度化的规则加以运作。众多的文化力量受到文化产业的制约、调节，大多必须从文化产业的结构中找寻触及大众、进入社会的渠道和路径。在较早获得现代性的西方主要文明国家，文化已经成为非常成熟的产业，成为整合各种文化力量的中心环节。而在中国，文化成为产业不过是近十年以来的事情。当前中国文化产业的建立和运作，正在对社会的文化生活产生重大影响。

根据国家统计局、文化部、广电总局、新闻出版总署等部门制定的《文化及相关产业指标体系框架》，"文化产业"这一概念被界定为"为社会公众提供文

---

① 网址：http://vip.sina.com.cn/cgi-bin/mail/mail.cgi?sn=WsQk4rQgJZC9QR3_M8L9。

化、娱乐产品和服务的活动,以及与这些活动有关联的活动的集合"。文化产业及相关产业的范围包括:提供文化产品、文化传播服务和文化休闲娱乐活动有直接关联的用品、设备的生产和销售活动以及相关文化产品的生产和销售活动(见图4-3)。

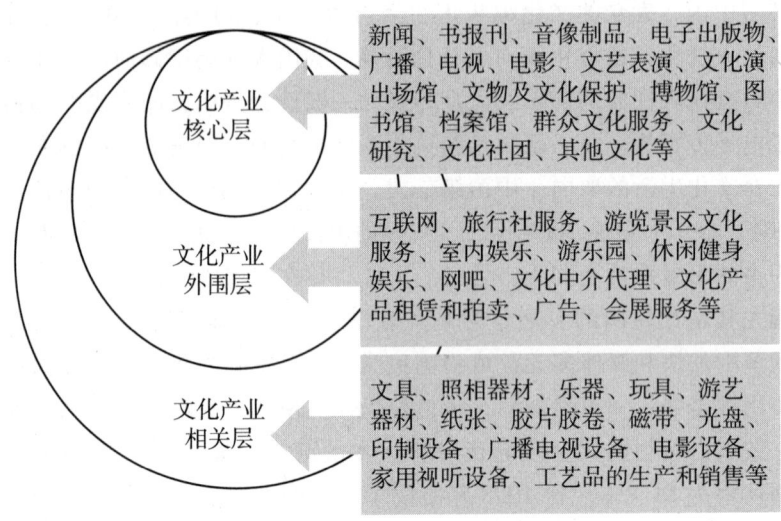

图4-3 文化产业及相关产业范围

资料来源:《国家统计局首次发布我国文化产业统计数据》,http://vip.sina.com.cn/cgi-bin/mail/mail.cgi? sn = Ea9T1_9PtHC68J_1wVb6。

在国家对于文化产业的指导性规划中,以报刊、广播、电视、电影等构成的大众传媒是产业最为核心的部分,因此被称为文化产业的核心层。这表明在当代中国,大众传媒占据了最为重要的文化生产的位置,各种文化力量尽管拥有各自不同的生产方式和传播渠道,但已经无法抗衡大众传媒以产业力量实施的全面的文化整合,如果考虑到中国的文化产业是以国家为主导性的,大众传媒的核心——新闻传媒(包括报纸、广播、电视)又是完全的国有制,这种力量对于其他文化因素的影响是巨大的。

在现代社会最主要的文化形态大众文化中,大众传媒的位置是举足轻重的。在当代中国文化的研究者视野中,大众文化是和大众传媒紧密勾连在一起的。例如在2004年出版的中国高等学校通识课程系列教材中,中国学者给予大众文化以这样的定义:"大众文化是以大众媒介为手段、按商品规律运作、旨在使普通市民获得日常感性愉悦的体验过程,包括通俗诗、通俗报刊、畅销书、流行音乐、电视剧、电影和广告等形态。"① 值得注意的是,研究者梳理大众传媒在大

---

① 王一川:《大众文化导论》,高等教育出版社2004年版,第8页。

众文化发展过程中的作用时特别指出：大众媒介不只是大众文化的外在物质传输渠道，而就是它本身的重要构成纬度之一；大众媒介不仅具体实现大众文化信息的物质传输，而且给予大众文化的意义及其修辞效果以微妙而又重要的影响。①我们可以说，当代中国，大众传媒已经成为大众文化的一种表征。

在当代精英文化的建构和传播中，大众传媒的力量也是特别而有力的。首先，精英文化的传播大量依赖于大众传媒。当前中国的文化传播渠道非常缺乏，在国家主导的市场化规则的制约下，与20世纪80年代相比，小众的、精英的传输渠道或是萎缩消失，或是被大众传媒的挤压而边缘化。精英文化的传输更多依赖由市场性质的大众化传播手段，其中最为主要的就是大众传媒。精英文化必须更多地借助大众传媒才能到达普通大众。近年来出现的精英文化、传统文化通过电视的变形传播就是这种现象的集中呈现。其次，大众传媒介入精英文化的生产，大众传媒的逻辑诸如平面化、模式化、通俗性、流行性、消解深度等特征，渗透在精英文化的生产中，甚至或多或少地逐渐成为精英们制造文化产品的逻辑。

大众传媒在现代文化中占据中心位置，而不再是展示性、中介意义的文化平台。大众传媒是文化建构的中心环节，在文化生产、选择、判断、传播等方面发挥着巨大作用。是现代社会主要的文化形态大众文化的核心力量，是整合各种文化因素的关键环节。大众传媒在当代中国社会正在实践着文化各个层面的意义。

据雷蒙·威廉斯（Raymond Williams）关于文化的定义，文化有三层意义：一是18世纪以来思想、精神与美学发展的一般过程；二是表示一种特殊的生活方式；三是描述关于知性的作品与活动，尤其是关于艺术方面的。②研究者认为，威廉斯的三种文化定义，将文化从狭义的精英阶层的优雅艺术活动中解放出来，给予大众文化以合法性的位置。③这也是当前中国大众文化以及大众传媒的发展过程的写照，当代中国重要的文化现象大多包含了威廉斯文化定义的三个方面，即艺术及艺术活动；一种特殊生活方式的符号的特质；作为发展过程的文化。在其中大众传媒占据着极其重要的位置，承担的角色是不可或缺、举足轻重的。下面以2005年中国重要的文化事件"超级女声"为例，说明大众传媒在当前中国文化建构中的作用。

"超级女声"是湖南卫视的一档娱乐节目的名称，也是2005年有4亿中国人参与的一个文化事件的名称。④ 4亿是"超女"的观众总数，几乎占中国总人口

---

① 王一川：《大众文化导论》，高等教育出版社2004年版，第12页。
② 雷蒙·威廉斯著，刘建基译：《关键词》，三联书店2005年版，第106页。
③ 王一川：《大众文化导论》，高等教育出版社2004年版，第3页。
④ 《超级女声一档节目观众4亿 三大项收入数以亿计》，载于《国际金融报》2005年8月19日。

的近 1/3。一档电视娱乐节目，何以有如此巨大的聚合力？"超女"堪称中国文化历史上史无前例的重大事件，它超级丰富的含义，构成了当下中国现代性的复杂景象。

自 2001 年开始，湖南卫视经历了收视和创收的低谷。鉴于明星娱乐类节目陷入同质化竞争的泥潭，收视率停滞不前，湖南卫视反明星娱乐线路而行之，在 2003 年推出了以普通大众参与的歌唱比赛"超级女声"，这被称为"超女"在湖南本土的"试水"。2004 年，"超女"在长沙、武汉、南京、成都四个城市举办，湖南卫视通过与当地电视台合作的方式实现了"超女"的初次跨越本土的运作。自 2005 年 3 月起，"超女"在广州、长沙、郑州、成都、杭州五个城市推出，掀起席卷全国的"超女"风潮。

"超女"的所谓出奇制胜，首先是这个电视竞赛的进入门槛之低，在中国电视史上，是绝对的史无前例，因此被称为"零门槛"。简单说来，只有一个条件：女性；不分唱法、不计年龄、不论外形、不问地域，都可以免费报名参加。优胜者就是在这样完全自愿报名参加的大众当中选出。这个特别的选拔过程获得了一个特殊的词汇："海选"。"海选"捆绑着"PK"（来源于网络游戏，"比拼"的意思），变成了 2005 年最流行的大众话语，也引发了知识分子的无穷想象。

其次是在评选机制中加入了观众短信投票的环节。普通观众、专业评委共同组成了"超女"的评判者。"海选"阶段由专业评委掌控进入决赛的权力，进入决赛后，实行淘汰制，观众票数最低者与专业评委打分最低者竞争（PK），现场的大众评审团决定此轮淘汰的最终人选。这在中国电视史上，又创下了一个史无前例。在决选阶段，观众的选择权力和专业评委是同等的。特别引人瞩目的是，整个过程都是通过电视直播的，包括"海选"。也就是意味着，那些专业评委的意见和打分情况是全部暴露在电视观众面前的，是"透明"的。这样的电视竞赛触及了中国人的敏感神经。《今日美国》这样的海外媒介更是对此给予了特别关注，将新闻报道的重点做在观众选择上，总结说，"这个国家的人民乐于投票选出他们所喜爱的女孩儿。"① 在"海选"过程中，爆发观众网上签名罢免专业评委的事件，更是突显了大众在评判中的重要性。特别意味深长的是，在"超女"事件的整个过程中，始终伴随"黑幕"阴影。贿赂评委、制造假票、主办方操纵等等说法漫天飞舞，激起中国人遐思无限。

"超女"缔造了中国电视史上的数字神话。一档节目，全国 4 亿观众，平均收视率超过中央电视台"春节晚会"；一档节目，单场手机短信收入超过 1 500 万元；一档节目，8 月初在 Google 搜索引擎中已拥有 32 万条记录，15 天后这项

---

① 《超级女声引发的文化漩涡》，载于《解放日报》2005 年 8 月 31 日。

搜索记录轻易地被刷新为165万条。2005年的"超女"共有15万人报名参加。三大项收入数以亿计,其中,1 000万元冠名换20亿元销售;7场总决选2 000万元广告;短信投票收入上千万元。①

在这个近年来中国最重要的文化事件中,大众传媒发挥了无与伦比的文化整合和建构的力量:

大众传媒是这一文化事件的主要实施者。大众传媒机构在活动策划、规则制定、宣传、传播等各个方面都发挥着关键性作用。大众传媒在文化事件中不是仅仅作为传播平台,而是规定了文化事件的基本逻辑、面貌、走向、甚至最终的结果。

大众传媒以各种方式对这一文化事件产生影响。大众传媒的作用不能仅仅从主办方湖南卫视考察。在这一事件的发展过程中,大众传媒整体性作出了强烈反应。中国的大众传媒跨越严肃和通俗、党报和小报、全国和地方、传统印刷传媒和电子传媒以及新型互动电子传媒的界限,无一例外地以各种方式介入到事件中。

普通大众和精英知识分子都通过各种方式加入到这个事件中,他们的行为可能是千差万别的,但大都借用了大众传媒。无论是民间、官方、或者是精英的态度,绝大多数是通过大众传媒这个渠道传递的,而且这种意见的表达大多是经过了大众传媒整合,比如传媒策划组织的、设置主题的专访或约稿。期间,报纸组织刊发的知识分子的评论,以及网络传播的民间议论是特别引人瞩目的内容。

大众传媒整合了社会各个方面的力量投入到这个事件中。其中文化力量来源是非常丰富的,有专业的艺术家、评论家,也有娱乐圈中的流行明星。经济力量的介入更是史无前例的,其中最大赞助商"蒙牛"集团,获得巨大经济利益。"超级女声"事件,是电视文化产业的典型运作范例,它集中体现了当前中国文化产业的基本状况。

大众传媒在文化的三种意义上都有表现,"超级女声"是中国现代性进程中的典型事件,反映了当前中国社会发展的历程;"超级女声"渗透到亿万中国人的日常生活中,在那段时间里,以各种方式参与"超女"(比赛、投票、议论),不仅仅是文化活动,更是成为他们的一种生活方式;"超女"同时也是一种艺术活动,尽管参赛者的水平参差不齐,但谁也不能否认他们是在参加歌唱比赛,当然,这种比赛缺乏精英所谓的"审美"趣味,是大众化的艺术活动。在所有这些层面中,大众传媒是中心环节。大众传媒是最重要的文化整合力量。

---

① 《超级女声一档节目观众4亿 三大项收入数以亿计》,载于《国际金融报》2005年8月19日。

三、满足、扭曲还是剥夺：大众传媒对于当代中国人精神生活之影响

在大众传媒广泛渗入市民生活的当代社会，大众与大众传媒有着怎样的联系？大众传媒与大众的精神生活以怎样的方式产生勾连？

1. 使用与满足：大众传媒与精神生活之内在关系。

在大众传播学的视野中，大众传播的对象被赋予了一个特殊称谓：受众（audience）。受众角色的不同认知反映了对于大众与大众传媒关系的不同理解和阐释。而受众角色在大众传播学的发展中经历了很大变化，其中的转折点之一是：受众从媒介的被动接受者转变为媒介的主动使用者，丹尼斯·麦奎尔（Denis McQuail）描述了"媒介受众"的历史，"在早期的大众传播研究中，在信息传递的线性过程终端，受众这个概念代表信息的实际接受者或拟定的接受者。这种观点逐渐地被另一种观点所代替，即特定的社会文化语境下，媒介接受者愿意或不愿意影响自己关注的事物或受自己关注的事物的引导。"① 麦奎尔所描述的媒介受众概念的历史性变化，改变了人们对于大众与大众传媒关系的陈旧认识——即大众传媒的受众就是一个毫无主动性和能动作用的目标，是媒介的百发百中的靶子，可以为传媒轻易地掌控。人们意识到，受众是在自愿、主动、有自觉意识的前提下建立起和大众传媒的关系的。

在这个转折中，诞生了崭新的媒介受众理论，其中特别引人瞩目的是"使用与满足"理论。这个理论之所以在媒介效果研究中具有革命性意义，是因为它的研究视野从传者转到了受众。这一理论将传统的媒介效果研究问题"媒介为人们做了什么"翻转为"人们利用媒介做了什么"。我们之所以在讨论大众传媒与大众精神生活的关系时从"使用与满足"理论框架入手，一个重要的原因是：这个理论是从心理学的角度（而不是像其他诸多效果理论是从政治学或者社会学的角度展开的）为基本视角的。它特别关注诸如需要、欲求、体验、意义等与个体精神生活特别密切的问题。

精神生活的核心是心灵生活，它牵涉人对生活、人对人、人与世界关系的评价、对生活意义的体验等。按照这个定义，在大众传播学的视野中，"使用与满足"理论是比较偏重于从受众的精神层面观照大众传媒与受众的关系的。

大众传播学众多的经典效果理论涉及了人类生活的各个方面，但侧重点各有

---

① 转引自詹姆斯·罗尔著，董洪川译：《媒介、传播、文化——一个全球性的途径》，商务印书馆 2005 年版，第 110 页。

不同。议题设置理论涉及政治生活和社会生活，创新扩散理论涉及物质生活和社会生活，等等。比较而言，"使用与满足"理论因为从心理学基本概念出发，偏重于人类的心理生活、文化生活、心灵生活。这个理论从心理学的重要概念"需求"出发，展示了大众传媒与受众个体精神层面的关系。心理学通过以下几个基本方面来描述需求的基本意义及其形成：需求是复杂多样且有层次的，包括本能的生理需求、社会性的心理需求，如个人安全、社会归属、自尊等；需求还包括更为抽象的心灵需求如自我实现、认知需求（满足好奇心）、审美需求和表现欲望等；虽然这些需求有"与生俱来"的基础，但绝不能否认社会文化力量对于需求的塑造力量。因此，受众对于大众传媒的使用和人类需求有着双重关系：一方面，受众利用大众传媒满足各类需求，直接获得精神的满足；另一方面，大众传媒塑造了受众的需求，参与了人类精神世界的建构。正如詹姆斯·罗尔所说："以需求为基础的人类活动朝着满足和其他后果发展。对于任何个人而言，这个过程的发展方向，因其与一种文化的重要主题关联而受到影响，而这些主题由社会化与文明的载体——大众传媒固定下来。"① 按照"使用与满足"理论的思考路径，大众传媒与当代人的精神需求有密切而直接的联系，媒介通过对于受众需求的满足、塑造、扭曲、剥夺等各种方式，建立起与人类文化生活和心灵生活的复杂关系。

"使用与满足"理论研究发现，受众对于大众传媒的需求是非常多样的，日本研究者对于受众使用大众传媒的动机做了这样的概括：其一，解闷消愁。包括：逃避日常生活的种种制约，逃避劳苦和烦恼，解放情绪。其二，建立人际关系。包括：同节目中的人物结成假设的社会关系，获得有利于日常社会关系的效用。其三，确认自我。包括：寻找确定自己位置的坐标，学习应付现实问题的方法，强化价值。其四，监视环境。②

詹姆斯·罗尔（James Lull）通过实证研究得出一个更加极端的结论："人们怎样利用媒介来满足他们的需求仅仅受到想象力的限制。比如，他们可以利用电视表现其经历与情感，建立与他人的共同基础，进入谈话，减少人际焦虑、设定谈话程序，促进传播价值观念，建立与身体与词语的联系；发展家庭的团结与放松身心，减轻冲突，维系关系，学习社会行为，作出决定，建立行为模式，解决难题，支持观点，传播信息，扮演强化角色，施加权威，过滤经验和促成争端的

---

① 转引自詹姆斯·罗尔著，董洪川译：《媒介、传播、文化——一个全球性的途径》，商务印书馆2005年版，第119页。
② 李良荣：《新闻学概论》，复旦大学出版社2001年版，第123页。

解决。"① 在这样的视野中，大众传媒与受众的精神联系是极其复杂多样的，而且有着巨大的伸展空间，这似乎意味着，只要受众愿意并且具有主动性，他们就可以利用大众传媒来满足他们复杂多样的精神需求。

以下将以"使用与满足"理论作为基本框架，结合中国社会以及大众传媒当前的状况，从四个方面展开大众传媒与当代中国人精神生活关联的具体分析。这四个方面分别是：监视环境；自我认同；人际与社会交往；休闲。需要特别说明的是：在本章中，分析对象主要集中于中国大陆的城市居民。

2. 监视环境：环境感知和公共生活建构。

在现代社会，大众传媒被赋予一种特殊的社会功能——呈现现实，它与中国人精神生活的联系就是以这种特殊的方式完成的。

在这个层面，大众传媒与当代中国人的关系首先表现为：大众传媒建构了个体存在于这个世界的感受；大众传媒是个体感知世界、实现相关心灵体验的手段。

大众传媒的首要功能是社会守望。也就是对于环境的监视。在现代社会传媒异常发达的情形之下，大众在很大程度上依靠大众传媒感知周遭环境，甚至出现了媒介依赖的现象。

在本课题的调查报告中有三个研究结论，表明了当代中国人在获取信息方面对于大众传媒的依赖。

调查结论之一：中国公众获取信息依赖于大众传媒，其中占据第一的是电视，比例高达93.1%；第二是报纸，比例为69.5%；第三是广播，达31.9%；而28.5%的公众是通过和亲友同事谈话等人际交流的方式获得的。大众传播学众多调查表明，大众获取信息的主要渠道是电视、报纸、广播、网络等大众传媒。

调查结论之二：当代中国人在接触大众传媒时首选的内容是新闻，比例为53.5%。

调查结论之三：当代中国人在各种类型的文化活动中排在首位的是看电影，占全部个案的48.5%（这个问题的设计中文化活动不包括电视、报纸、广播等大众传媒的接触）。而在同组的另一相关问题"接触媒介的频次分布"中，报纸、广播、电视、书籍、杂志、网络与电影并列，结果是：电视以全部个案中92.2%的比例排在首位，接下来依次是：报纸（60.3%）、书籍（35.3%）、杂志（32.9%）、网络（27%）、广播（26.8%），电影以14.0%的比例排在末位。

以上三个相关的调查结论表明：当代中国人对于外界的感知在很大程度上依

---

① 詹姆斯·罗尔著，董洪川译：《媒介、传播、文化——一个全球性的途径》，商务印书馆2005年版，第125页。

赖大众传媒；特别是对于大众传媒新闻信息的依赖程度高；以电视、报纸、广播、网络为主体的、以传播信息为主要功能的新闻传媒接触占据着当代中国人文化生活的主要位置。

大众传播学研究表明，受众对于大众传媒监视环境功能的依赖，除了获得实际的社会利益（个体应对外界变化、采取行动）外，对于受众心理需求、心灵体验也有重大意义。个体许多的主观感受和体验，都和大众传媒有极为密切的关系。以下用三个调查研究个案说明当代中国人由大众传媒监视环境功能引发的心理体验和心灵感受。

其一，中国当代大学生的媒介依赖感。调查采用心理学的"剥夺感"问题：如果你生活中的五大媒体（报纸、广播、电视、网络、手机）突然都没有了，你会怎么办？典型答案是：不能忍受；无法想象；我觉得会是很别扭，就像把你禁锢在一个小圈子里，完全感知不了外界；那样的话，生活不能再称之为生活；会感到失去了存在这个社会上的感觉。[①] 大众传媒的信息功能并非仅仅给予受众信息的实际使用效果，而是满足个体与世界连接的心理需求。大学生是使用大众传媒特别是新型传媒的最活跃群体，他们代表的是当代年轻、有良好教育的中国人群体。当代大学生的媒介依赖具有一定的代表性。

其二，诱发当代中国人心理问题的主要因素之一是：网络成瘾。尤其是迷恋于一些不健康网站的人，由于思想长期处于虚拟状态之中，影响正常的认知、情感和心理定位，甚至导致人格在网络与现实之间产生分裂。[②] 大众传媒对于现实扭曲变形的反映会导致受众在感知现实方面出现问题和困扰，造成个体与现实的关系出现障碍。

其三，大众传媒与主观幸福感的建立。本课题关于中国人主观幸福感的调查有这样一个结论：不平等的感受和主观幸福感有关。而所谓不平等，也许在客观上是公正的，但在有些人的心理感受上却是不平等的。[③] 那么这些人不符合客观实际状况的心理感受是从何而来呢。当然可能来自于个体对于周围环境的直接感知。有研究表明：当代中国新闻媒介对于中国社会的不平等现象比如贫富差距的报道，受制于多种社会力量，包括媒介机构自身的认知和利益。媒介相关报道对于受众认知当前中国社会的不平等问题有重大影响。[④] 这意味着，有些人的心理感受并非完全来自于自身对于外界的直接感知，在很大程度上依赖于大众传媒的

---

① 程士安等：《消费者洞察：走近当代大学生》，中国轻工业出版社2003年版，第124～125页。
② 参见本书第三章第一节。
③ 参见本书第三章第四节。
④ 杨击：《穷人、富人和传媒正义——解读新闻生产中的平民主义策略》，载于《国际新闻界》2006年2月。

报道。

综合以上三个研究个案可以得出以下结论：当代中国人在一定群体中形成了对于大众传媒的依赖感，大众传媒给予了他们"在社会上存在着"的感受；大众传媒成为这些人感知现实最重要的渠道之一；当代中国人的诸多的主观心理感受部分来自于大众传媒。

大众传媒与当代中国人的关系还表现为：大众传媒是个体建立"公共生活"不可替代的工具，尽管当前中国的大众传媒表现并非尽如人意。

研究者指出：20 世纪 90 年代以后的中国社会，私人生活非常丰富，也相当自由，但公共生活却大为衰落，原因之一是缺乏有效的建构公共文化的机制。大众传媒替代学校成为塑造灵魂的最重要场所。然而，传媒本身提供的价值是多元而混乱的。①

大众传媒被期待成为公共领域，即公众为实现公共利益形成的自由交流的公共空间。但正如汉娜·阿伦特强调的公共领域非手段的目的性意义，深为查尔斯·泰勒（Charles Taylor）所赞赏，即交流本身构成了现代社会一般公民的生活意义。那种认为政治生活本身构成一种生活理想的人们认为，放弃公共交流，从公共领域退入到狭窄的仅仅满足私人需要的领域，是在追求被托克维尔称之为"微小而庸俗的快乐"。②

在当代中国，大众传媒提供的"公共生活感"对于受众有特别的意义：一是转型社会，社会分化导致价值观差异增大，社会冲突增多；二是市场经济初始阶段过度的私人化，等等。致使受众丧失社会整体感，迫切需要回归公共生活，并且是完全不同于国家控制的"文化大革命"时期的自上而下的公共生活。大众传播学研究者指出：中国传媒业应该为当前的中国社会建构公共话语平台。机关报搭建的公共平台被赋予导向和教化作用，总是以判断是非对错来达到统一舆论的目的，很难使普通大众平等交流以增强公共感；都市报等通俗传媒虽然以市民生活为出发点，但视野局限于微观环境，公共空间的层次受到很大限制。中国传媒业应该在这样的视野中建构公共平台：在这个空间没有谁对谁错，而是促进一种社会成员的互动行为。③ 这个平台的目的除了生产公共舆论，参与、影响公共决策外，还能够促进不同社会群体间的沟通、以增强社会的整体感、公民个体的公共感。

3. 自我认同：个体身份的确认。

自我认同，是任何社会的个体需求，因此自我认同是社会性、心理学关注的

---

① 许纪霖：《世俗社会的中国人精神生活》，载于《天涯》2007 年第 1 期。
② 查尔斯·泰勒：《市民社会的模式》，见《国家与市民社会》，中央编译出版社 1999 年版。
③ 喻国明：《变革传媒：解析中国传媒转型问题》，华夏出版社 2001 年版，第 31～33 页。

重大主题。同时一些学者认为自我认同是一个标准的现代问题，因为它是与现代性密切相关的。在这些有关自我认同与现代性的理论中，大众传媒的角色是突出而鲜明的。

安东尼·吉登斯（Anthony Giddens）认为：有关自我认同的问题，如该做什么？如何行动？成为谁？等等，对于生活在现代性晚期场景中的每个人，都是核心问题。因为在任何水平上，无论是话语性的还是通过日常的社会行为，这都是人们要回答的问题。现代性与自我认同的特殊关系在于，个体的自我认同方式产生了变化。个人生活最私人的一面直接与广阔的社会生活产生联系，由于高度现代性所导入的时空分延的层次十分广阔，以至于"自我"和"社会"在人类历史中首次在全球性的背景下交互连接了。① 现代性导致了自我认同必须更多地依赖非直接经验建构起来。个人必须在抽象系统所提供的策略和选择中找到自己的身份认同。在吉登斯的理论中，抽象系统是现代性自我认同的主要来源，大众传媒无论是作为媒介或是表征，都是与抽象系统紧密相关的。

另一涉及现代性自我认同主题的重要理论，是本尼迪克特·安德森（Benedict Anderson）对于民族主义起源和散布的研究。他揭示了隐藏于"想象的共同体"背后的力量，大众传媒——主要是报纸是促进民族共同体的非常重要的因素，"在积极意义上促使新的共同体成为可想象的，是生产体系和生产关系（资本主义）、传播科技（印刷品）和人类语言宿命的多样性这三个因素的半偶然的，又富有爆炸性的相互作用。"② 大众传媒在现代性中以民族想象的方式介入了个体的自我认同。

在"使用与满足"理论中，确认自我是作为受众对于大众传媒使用和获得满足的重要动机之一。

大众传媒与受众自我认同的关系大致可归结为：大众传媒为受众自我认同的形成或调整提供资源；大众传媒通过确定受众的身份——所属的社会层级——为其自我认同提供实质性内涵；大众依据自我认同接触、使用不同的传媒，以获得心理满足。③

当代中国人的身份认同问题具有转型社会的特殊性：一是人们传统身份的失却和新型身份的获得；二是认同的资源从单一的国家主导的传统意识形态转向多元化的文化观念；三是认同方式从传统的直接经验为主转变为现代的非直接经验

---

① 吉登斯著，赵旭东、方文译：《现代性与自我认同》，三联书店1998年版，第35页。
② 安德森著，吴叡人译：《想象的共同体：民族主义的起源与散布》，世纪出版集团2003年版，第51页。
③ 孙玮：《现代中国的大众书写：都市报的生成、发展与转折》，复旦大学出版社2006年版，第74页。

为主。在这样的情形中,中国人的自我认同问题来得十分迫切。在近几年中国大众传媒的迅速繁荣期,提供大众的自我认同资源已经成为大众传媒操作者的有意无意的举措。当前大众传媒对于大众自我认同的建构主要包括:展示生活方式;建构并强化价值观;提供应对现实的方法,等等。

下面以本课题调查数据为材料,讨论大众传媒与当代中国人自我认同之关系。

调查问题是:假定以下人都很有钱,您觉得哪些人的生活比较有意义?在所有的个案数中,排名居前两位的分别是科学家(50.1%)、教师(47.7%);而排名倒数前两位的分别是银行家(7.1%)、市长(11.2%)。调查者分析说,在公众心目中,社会地位高的职业却并不一定是热门职业,科学家、教师并非大众职业所好。在中国公众的心目中,科学家、教师令人尊敬,这一群体生活上的清贫和事业上的执著成为公众道德生活的楷模,但却不是公众现实生活中的榜样。而市长和银行家,因近年来与社会不正之风多有牵扯,以至于这一群体的道德品质难以得到公众的尊重和认同。调查者同时强调,公众对于社会不同职业的印象和理解,主要来自于大众传媒多年来的报道。特别值得关注的是此调查中的一个细节:调查者发现,许多调查对象认为"有钱能使人变坏",但若是让他们选择的话,他们依然选择有钱的生活方式。调查者的解释是:多年来中国的道德教育和现实生活是脱节的,以至于造成这样的局面:可敬的东西不可行,可行的东西难起敬。①

这个调查涉及了"使用与满足"理论中受众使用传媒的动机之一:"确认自我"的所有方面,即寻找确定自己位置的坐标;学习应付现实问题的方法;强化价值。但是调查结果表明:大众传媒对于受众这一动机的满足却是不能令人满意的。

从这个个案调查中可以引申出如下结论:首先,大众传媒提供了当代中国人大量的关于社会身份识别和认同的资源;其次,大众传媒提供了建构生活意义的范式,担当了定义"有意义的生活"的角色;最后,大众传媒的价值观在某些方面和个体的现实生活疏离甚至完全脱节。这导致大众企图在大众传媒中找寻自我认同的资源时产生分裂感,以至于在建构自我身份时产生焦虑和无所适从的感受。或许可以说,大众传媒尽管被期待成为当代中国人寻找确定自己位置的坐标,但是他们发现这个坐标本身的系统是混乱的,缺乏一个一以贯之的价值标准,因此失去了标明方向的意义。

4. 人际交往和社会交往。

在"使用与满足"理论中,受众对于大众传媒在人际和社会交往方面的动机

---

① 参见本书第三章第二节。

主要包括两个方面：一是与大众传媒中的人物建立起虚拟的关系。在此情形中，大众传媒是现实人际和社会关系的替代物，是现实人际、社会关系在传媒世界中的再现和延伸；二是大众传媒提供处理人际、社会交往的观念和技巧。在此情形中，大众传媒成为人际、社会关系的规定性因素，发挥着示范作用。

下面以调查个案研究，分析大众传媒对于当代中国人人际和社会交往的影响。

个案之一：在本课题的调查报告中，有如下情况涉及了大众传媒在人际和社会交往方面的影响。在成年人（本次调查限于上海地区）的心理状况与行为方式方面，社会支持系统有着重要的意义，具有缓解家庭的经济窘境、成员的心理困扰、生活的压力刺激等不可替代的功能。研究发现，尽管传统人际网络如亲属、邻里仍然是社会支持系统的重要资源，但随着家庭结构呈现小型化趋势，以及居所的封闭性和私密性，致使以往亲子、代际和邻里之间的人际沟通越来越少。大众传媒的强大信息传播功能，使得父母的经验和知识失去权威和传承价值，子代的知识和信息优势转化为资源优势和话语权威，亲子之间在价值目标、兴趣爱好、消费意向和生活方式等方面呈现明显的差异和代沟。这个结果表明：大众传媒已经介入到当代中国人的人际交往中，对传统的人际交往方式形成了挑战和冲击，在一定程度上改变了当代中国人的人际交往模式。

个案之二：《零点中国居民沟通指数2005年度报告》显示：从交往方式看，面对面交往方式比较有限，饭桌交往仍是主流；写信、打电话、手机短信已为多数人使用且频率较高；因特网及聊天工具的使用情况群体差异大，尤其是城乡差异极大。在交往花费上，城市居民在绝对数量上占优。"零点报告"将通讯费和媒体使用费归纳为用于人际交往的花费，该报告显示城乡居民在这两项花费上面也存在显著差异：城镇居民几乎每周要看2~3次报纸，而农村居民一个月才看1~3次或几个月才看1次。城镇居民上网频率（3.37分）明显高于农村居民（2.71分）；七成（72.58%）城镇居民使用过手机，而在农村居民中只有五成（51.07%）。另外，分别有24.44%和18.55%的城市居民使用过即时通信工具和电子邮件，这两个比例在农村居民中则分别仅为11.06%和4.13%。这个结果表明：大众传媒中的新型媒介成为当前影响中国人人际交往方式的重要因素，这种影响在城乡之间形成显著差异。[①]

以上个案从交往方式、交往频次方面对于当代中国人（主要是城镇居民）交往的基本状况做了概述。大众传媒在近几年来发生的形态方面的巨大变化，即网络、手机等新型传媒的兴起及普及，这些传媒较传统的大众传媒更加深刻地改变

---

① 资料来源：http://biz.163.com/06/0118/19/27pqBGHF00020QEF.html。

了人际、社会交往的状态。大众传媒经典理论和研究对于近几年来的这种变化涉及甚少。比如"使用与满足"理论虽然将人际、社会交往设定为受众对于大众传媒使用动机的一个重要方面，但因为没有将互动电子传媒纳入研究视野（当然是不可能的，因为此理论产生时网络、手机等互动传媒并未出现），因此不能涵盖当今大众传媒在人际、社会交往中的影响。但新型传媒研究的一个重要方面即是考察大众传媒对于人际、社会交往的影响。鉴于此，下面以网络为例，探讨新型传媒是以怎样的方式介入当代中国人的人际和社会交往，产生了怎样的影响。

网络的影响大致可分为两个方面：一是网络作为传播工具的使用，在现实的人际、社会交往中产生的影响力。这个影响虽然继续延伸着大众传媒的传播手段性作用，但性质已经和传统大众传媒截然不同。二是网络作为虚拟空间，构筑了不同于现实世界中的人际、社会关系网络，这种影响完全颠覆了传统的大众传媒对于人际、社会交往的介入方式，是人类历史上前所未有的。

调查个案之一：在本课题的调查中，涉及网络使用的调查有这样两组数据。一个问题是"闲暇时间做什么"。除做家务（28.0%）等必要劳动外，休闲、娱乐活动排在前三位的是（比例为占据所有个案数）：看电视、听收音机、读报（69.9%），与亲友聚会（35.3%），玩电脑、上网、打游戏（24.8%）。而在"上网常做的事"的问题中，聊天（48.3%）仅次于浏览新闻（52.1%）排在第二位。从这两个问题参照来看，可以发现在当代中国人的人际社会交往中，网络已经成为重要工具。

调查个案之二：当代中国大学生群体的网络虚拟生活调查。结果显示：网络的虚拟生活在以下几方面对于大学生有吸引力：其一，亲与疏之间的平衡。现代大学生对于人际社会交往比较容易接受的方式是既广泛社交又注意隐私，喜欢热闹也要求独处，趣味相投但不要朝夕相处。网络较其他社交方式能更完美地实现这种需求。其二，重要交流工具。许多大学生都把网络作为多种社会交往手段使用：比如结识新朋友、联络老朋友以及亲属，甚至咨询、寻找相关人员都借用网络。其三，获得安全感。网络交往比现实生活中的交往更有安全感，也可以避免现实交往中可能要承受的多重压力。其四，平等与自由。网络交往相对现实交往更容易体现平等、自由的理念，现实中许多社会背景形成的人与人之间的不平等性在网络中被弱化了。其五，坦诚的态度。许多大学生说，"我在网上说真话"，现实生活中成人都背负了很多的社会负担，而在网络中人际关系较为单纯，顾忌较少。[①] 网络在社交方面的优势，绝非是传统大众传媒功能的延伸，而是全新的介入方式，网络中的虚拟交往正在改变新生代人际、社会交往的模式，正在发生

---

① 程士安等：《走近当代大学生：消费者洞察》，中国轻工业出版社2003年版。

颠覆性的影响。

事实上，新型传媒正在引发当代中国人人际、社会交往方式的史无前例的变化，将这种变化称为"革命"也许并不算是过度的阐释。特别值得关注的是大众传媒界近年来出现的一个现象，就是新型传媒之间、新型传媒与传统传媒之间的互相冲突、互相融合、互相影响，这样的局面深刻改变了当代中国人的人际交往和社会互动方式。前面提到的"超级女声"事件，就是一个典型的例子。这个主要由传统大众传媒（电视）所运作的文化事件，因为有了手机、网络等新型传媒的介入，才得以形成亿万人参与、关注的局面。在整个事件的发展过程中，新型传媒与传统传媒的连动实现了充分、动态、大规模的人际和社会交流。比如那些积极的参与者通过网络建立了自发的组织，在几乎完全是陌生人的范围中，实现了积极有效的人际、社会交往，进行了大规模的社会互动，不仅可以发动拉票宣传活动，甚至出现了万人网上签名罢免评委获得成功的事件。

这些事实表明，新型大众传媒已经逐步成为当代中国人人际、社会交往中的重要力量。大众传媒形态突飞猛进的变化将给予当代中国人人际、社会交往巨大的变革性动力，创建崭新的局面。

5. 休闲：压制还是解放。

几乎所有关于当代人生活方式的调查都会显示：在当代人的闲暇时间里，一项最主要的活动就是接触大众传媒。例如，在本课题的调查中，当代中国人在闲暇时间里从事的活动中，"看电视、听收音机、读报"以绝对优势排在第一位，占全部回答次数的22.7%，占全部个案的69.6%。比第二位的与亲友聚会（分别是11.5%、35.3%）高出近1倍的频次。可以说，接触大众传媒已经成为当代中国人闲暇时间里最频繁发生的行为。

在这个事实中可以发现大众传媒与当代中国人精神生活的密切关系，因为在现代社会生活中，休闲（leisure）已经成为人类需求的最高层次的表现形式。休闲文化研究将主题集中于休闲的文化和社会意义。研究者指出，在人类逐步解决了"必需性"需求（如消除疾病和战争、防止意外事故的发生、长寿、就业率，等等）的晚期现代社会，人类开始关注更高层次的需求，即非物质的精神性需求，而休闲，就是这种精神性需求的一个重要方面。我们应该在"探索与思考衡量人类进步的标准和人类生存的真正目标的问题"的视野中，考察休闲对于人类生活的真正含义。① 因此，休闲应该被理解为一种"成为人"的过程。"成为人"意味着，摆脱"必需后"的自由，探索和谐与美的原则；承认生活理性和感性，物质和精神层面的统一，与他人一起行动，使生活内容充满朝气并促进自由与自

---

① [美]约翰·凯利著，赵冉译：《走向自由——休闲社会性新论》，云南人民出版社2000年版。

我创造。休闲是以存在与"成为"为目标的自由——为了自我,也为了社会。①依据这样的休闲观,可以说大众传媒是当代人实现非物质的精神需求的非常重要的手段,尽管在现实中,大众传媒距离走向自由的休闲目标还有相当大的差距。

正在逐步获得现代性的中国社会距离西方学者所说的休闲时代还有非常大的距离,许多"必需性"的需求远远没有实现。但中国又是一个发展极度不平衡的社会,一些发达城市(也包括发达地区的农村)休闲文化的发展速度是非常惊人的。改革以来的近三十年间,中国休闲文化的发展速度很快,1995 年起实行每周 5 天工作制,1999 年起又实施春节、"五一""十一"三个长假日。当代中国人已经有 1/3 的时间是在休闲中度过的。②因此中国学者也开始了对休闲文化的研究,指出,"休闲时间满足着人们精神的、文化的、生理的、心理与社会的多种需要,是个性发展的空间。"③ 这个材料来自一项以上海、天津、哈尔滨城市居民休闲时间分配为对象的实证研究。我们不妨根据这项研究对大众传媒对于当代中国城市居民休闲的影响和意义做进一步梳理。

此项研究关注的主要问题是:"近十年来我国城市居民休闲生活变化的走向、规律、社会机制和社会问题,以及这些变化对休闲生活质量的正、负面影响"。④在 1998 年的调查中,取得关于当代中国人休闲的重要发现,在城市 18~65 岁的全部成年人口中,以一周的时间预算为周期,城市居民平均占用的休闲时间明显高于工作时间。⑤

其中与大众传媒有关的发现包括:

其一,对于三个城市的居民而言,看电视为最主要的休闲活动,平均每周的一天花费在看电视方面的时间为 111.70 分钟,占一天全部休闲时间的 33.15%;第二位的是阅读报刊书籍,平均每周的一天花费的时间为 35.37 分钟。⑥ 归并三个城市居民接触大众传媒的时间(看电视、听广播、阅读报刊书籍)占全部休闲时间的 48.6%。⑦ 研究者认为,以看电视为主的各种利用大众传媒的休闲活动是当代中国城市居民休闲活动的基本结构特征。

其二,看电视在城市居民休闲生活中有多样化的用途。收视率最高的前五类节目分别是时事新闻(每天经常收看的占 80%~90%)、电影与电视剧(每天经常收看的占 76% 以上)、综艺娱乐(每天经常收看的占 60%~70%)、体育节目

---

①② [美] 约翰·凯利著,赵冉译:《走向自由——休闲社会性新论》,云南人民出版社 2000 年版。
③ 王雅林主编:《城市休闲——上海、天津、哈尔滨城市居民时间分配的考察》,社会科学文献出版社 2003 年版,第 51 页。
④ 同上,第 4 页。
⑤ 同上,第 42 页。
⑥ 同上,第 28~29 页。
⑦ 同上,第 50 页。

(各城市差别较大,平均占 50% 左右)、访谈评论(各城市差别较大,在 30%~60% 之间);看电视对于城市居民而言是每天获取信息、进行娱乐、社会参与的重要途径。对于许多居民家庭来说,电视起到了组织调配城市居民家庭休闲时间的作用,看电视成为了人们主要的消遣方式。同时电视还是家庭与外界联系的主要手段。由于看电视占据主导地位,所以同电视普及以前的生活相比,中国城市居民室内活动的时间增多了,被动接受型的活动也增多了。[①]

其三,城市居民休闲活动的内容不太丰富。主要表现为到付费的商业性活动场所的能力弱和同个性发展相关的创造性强的业余爱好少。例如,平均每个居民一天中去商业演出场所和娱乐场所时间之和只有 3 分多钟;而平均每个居民每天从事创造性强的业余爱好活动还不到 3 分钟。人们一天中的休闲时间绝大部分是在看电视等大众传媒、走亲访友与聊天、无事休息和逛街中度过的。这四项活动占去人们 72.76% 的休闲时间。[②]

大众传媒在当代中国人精神生活中的作用非常重要,具有举足轻重的影响,但这种影响是双重的:一方面,大众传媒积极参与了大众精神世界的建构,拓展了大众精神生活的内容、方式、范围;另一方面,大众传媒的极端、过多、片面地使用妨碍了大众在休闲时间中充分地实现自我,成为大众经由休闲走向自由的巨大障碍。

第四节 教育与当代中国人精神生活

在九年制义务教育大体普及、高等教育也进入大众教育阶段的当代中国,教育同时是民众公共文化生活的核心内容。中华民族历来有尊师重教的文化传统,教育历来是精神生活的重要部分甚至是最重要部分。中国民众大部分人口不属于某个制度化宗教,因此,与学校的联系,很大程度上成为当代中国人与制度化的精神生活联系最密切的一个形式,而他们对教育的理解和教育对他们的影响,也成为我们了解当代中国人精神生活的极为重要的角度。

[①] 王雅林主编:《城市休闲——上海、天津、哈尔滨城市居民时间分配的考察》,社会科学文献出版社 2003 年版,第 54~55 页。

[②] 同上,第 57 页。

一、中国传统教育理念的精神意义

中国传统教育是中国传统文化的组成部分。中国是世界上最为重视教育的国家之一。早在五千年前的原始社会后期就有了学校教育的萌芽，经过夏、商、西周、春秋战国，形成了比较定型的学校，到了汉代逐步建立起古代的学校制度，隋唐确立了完整教育体系——科举制，宋代书院步入鼎盛期，明代普及了地方官学，开始实行普及教育。

发达的中国传统教育源于先进教育理念的指导。中国古代教育理念博大精深，是各家各派教育思想精华的结晶，儒、道、佛、法、墨等教育思想构成了中国传统教育思想的底色，而以孔子为代表的儒家教育思想对我国古代教育思想、制度和实务产生了及其重要的影响，成为中国传统教育思想的主色调。当然，儒、道、佛是在发展中互补共存，相互影响的。[①] 经过几千年的不断熏陶和积淀，儒家教育思想已深深渗入中国人的血液中，以无意识的方式作用于当代中国教育的理论和实践。中国传统教育有广义和狭义之分，广义的中国传统教育泛指中国历史上形成的、定型化了的教育思想、教育模式、教育制度等。而狭义的中国传统教育与经典教育同义，主要指中国古代以儒学为主体的教育思想观念和实践。

中国传统教育理念是我国古代教育家经验的总结和智慧的结晶，几千年来，一直主导并影响了中国文化、学术和教育的发展，是中国传统公共文化和教育的精华。因此，要在批判继承的基础上，对中国传统教育理念进行改造、转化、诠释，使之具有新的精神价值和意义。中国传统的教育理念对当下我国教育改革和发展有着重要的启发意义。

1. 传统教育强调伦理道德，体现了以人为本位的价值观。

儒家把培养理想人格作为教育的主要目的，把教授"成人之道"作为教育的主要内容，体现了以人为本位的价值导向。目前我国学校教育不同程度存在着简单搬用西方教育理念和模式的现象，片面发展"科学主义"，造成"工具理性"泛滥，物欲横流，结果"应试教育"主宰一切，一切以考试为中心，以考试论成败，人文教育和人文精神受到挤压而被冷落。因此，要深入挖掘并延续古人的人文传统，实行科学教育和人文教育的有机整合。通过加强人文教育和开放教育，把人的心性建设放到一定的位置，塑造学生健全人格，重建教育在公共文化生活中的主体性，使教育成为文化传承和创新的精神源泉。在教育价值上，实现以社会发展需要为中心的价值观与以个人发展需要为中心价值观的统一，在教育内容

[①] 参见丁钢：《历史与现实之间：中国教育传统的理论探索》，教育科学出版社2002年版。

上,把传递科学知识与人类文化价值观念和伦理道德规范结合起来,在教育目标上,实现人格发展与能力提高的统一,使各项才智得到充分、自由、和谐的发展。现代科技越发达,中国传统教育人文关切的理念对我们的启迪和警示就越大。

2. 传统教育重视"立志乐道"和"内圣外王"的理想人格,体现了实践理性精神。

儒家十分强调"立志乐道"在教育过程中的作用,并把它作为学习的首要环节,有其积极的意义。现代心理学表明,意志会影响个体的认知过程,影响个体的人格和个性的塑造。"立志"会对个体的学习过程和效果以及人格培养产生直接的影响。儒家"内圣外王"的人格理想把内在的德性与仁义外化为"经世济民"的社会实践,体现了重人伦道德与经世致用的实践理性的思维模式。当前在建设社会主义市场经济的过程中,拜金主义和享乐主义"毒化"了社会风气,儒家这种从我做起、自强进取的精神,可以作为净化社会风气的"解毒剂",增强人们的社会责任感,提高人们生活的信心和勇气。

3. 传统教育主张"有教无类",体现了平等教育的精神。

孔子创办私学,倡导"有教无类",打破了"学在官府"的格局,为平等教育开了先河。可以说,平等教育是我国教育发展的优秀传统。我们要继承古人平等教育的思想,大力发展民办教育,动员社会各种可能资源,加快教育的普及力度,扩大教育的社会基础和人才来源,保证教育的均衡发展,使社会成员不论出身怎样、家境如何,都能受到良好的文化教育,逐步实现教育公平。在学校里教师要对学生一视同仁,平等对待每一位学生,相信人人都可以通过自身努力,成为社会的有用之才。

4. 传统教育要求"因材施教"和"学思并重",体现了主体性教育的精神。

主体性教育是一种培育和发展受教育者的主体性的实践活动。加德纳的多元智能理论表明,个体身上都有多种强弱不同的智能,由于每种智力在个人智力总和中所占的比重不同,学生会在学习活动中表现出智力差异。教师在重视主流文化所强调的智力的同时,也要发现、尊重、培养儿童其他的智力,视每一种智力都同等程度的重要。因此,教师应充分发挥学生的主体性,尊重和理解学生智力的不同表现方式,敏锐地发现他们的智力潜力,尊重学生的个性,发挥学生的专长,给予每一个学生充分选择的机会和发展空间,让来自不同环境的学生都能获得表现自己智力的机会,体验到自己的每一个点滴进步与提高。"因材施教"就是发挥学生的主体性和强势智能、尊重学生的个体差异、让学生充分自由选择的教育方式。

二、教育与当代中国人的人生理想

中国人重视教育的传统一直影响到今天。只要是中国人，一般意识或潜意识里都有所谓"学而优则仕""书中自有黄金屋，书中自有颜如玉"观念，格外重视子女的教育，希望子女将来超过自己，希望子女多读几年书，书读得越高越好，以实现自己未能实现的理想。多项实证调查结果显示，中国人通常对子女有较高的教育期望。根据本课题的问卷调查，当问到"您希望自己或自己的孩子读书到什么程度？"时，93.6%的受访者选择"大学或以上"的教育程度。卡方检验的结果表明，受教育程度、年龄对教育期望均有显著性差异。从对称性测量来看，受教育程度与教育期望具有等级正相关，即受教育程度越高，教育期望越高；年龄与教育期望呈等级负相关，即年龄越大，教育期望越低。这表明，绝大多数中国人都希望自己或子女有大学以上的教育水平，受教育越多、年龄越轻，越对自己或子女有较高的教育期望。这一发现基本上与其他问卷调查的结果相一致。熊梅和王资岳对昆明市 2 395 名中小学生的调查发现，有 88.8% 的小学生家长期望自己的孩子接受高等教育，有 86.3% 中学生家长期望自己的孩子接受高等教育；他们还发现，家长学历越高越要求自己的孩子有更高的教育水平，总的来说，家长期望孩子受的教育高过自己。① 蒋逸民对南京市 1 100 名中学生调查发现，超过 80% 的家长期望自己的子女大学毕业或研究生毕业。②

教育是实现人生理想最伟大的工具。在当今社会，一个人的教育水平，往往决定了他的社会经济地位（SES），而他的社会经济地位不但影响了他自己，而且影响了他的第二代、第三代。正是因为如此，人们逐渐认识到知识可以改变命运，教育可以成就未来。社会经济地位高的人为了保住已有的地位，重视教育，社会经济地位低的人为了改变自己的境遇也重视教育。教育部考试中心、中国青年报社、ATA 公司在 2007 年 5 月联合举行了"纪念恢复高考 30 年大型调查"，它们通过报纸、电话、网络等方式对全国 38 087 名公众进行了问卷调查，结果显示，89.6% 的人认为，"自己的命运因高考发生不同程度的改变"，65% 的人认为，"自己当年不参加高考的话，没有别的出路"。57.6% 的家庭经济条件较差的考生认为："自己的命运通过高考而发生彻底改变"，但仅有 16.2% 家庭经济条件较好的考生持有上述这一观点。命运的改变也有明显的城乡差别。在被高考

---

① 参见熊梅、王资岳：《家长、学生家教观念的对比研究——对昆明市 14 所中小学校家庭教育的调查报告》，载于《学术探索》2002 年第 2 期。

② 参见蒋逸民：《家庭环境和教育获得：社会资本的视角》，社会科学文献出版社 2008 年版。

"彻底改变命运"的人当中，农村考生占了 69.1%，相比之下，只有 30.9% 城镇考生持有这一观点。①

教育改变人生命运的方式有两种：其一，教育直接改变命运。教育增强了个体的人力资本，提高了个体的各种能力和技能，从而使个体抓住人生发展的机遇，改变自己的命运。其二，教育改变个体的身份，再改变个体的命运，教育是间接发生作用的。通过教育，个体改变了自己的身份地位，进入了高一级的社会阶层，获得该社会阶层所具有的身份和权力，再利用已有的身份和权力来改变命运。在这里，教育以证书的形式充当了进入更高社会阶层的"入场券"或"敲门砖"。

随着大学扩招和民众教育水平的普遍提高，"教育改变命运"的效用呈递减趋势。"纪念恢复高考 30 年大型调查"结果显示：82.3% 的人认为"与十年前相比，现在大学生的身份已经贬值"。②对许多人来说，现在受教育已不再是提高个人档次的问题，而是维持最低生活水平的问题。很多人不仅没有因为受教育而改变命运，反而因教致贫。在连续多年大学扩招后，大学毕业生常常难以找到工作，更谈不上找到理想的工作。许多大学生用所有的家庭积蓄来"投资"教育，结果"入不敷出"，连本来该有的"教育回报"都没有了。在教育"通胀"以后，人们对教育的期待与教育实际所发挥的作用多有落差。多年来，中国人一直把教育当作一项"改变命运"的崇高事业，如果教育"去功能化"使千百万孩子失去了"改变命运"的机会，那么未来社会的和谐与稳定就面临着巨大的挑战。

教育要同社会资本一起运作，才能发挥"改变命运"的作用。现在大学生即使受到同等的教育，但家庭背景不同，毕业后的人生机遇也不尽相同。家庭背景好的学生，一毕业就可以找到工作。因为他们的父母社会地位高，拥有的权力大，社会关系多，能够动员和利用雄厚的社会资本来帮助他们。边燕杰提出，在中国，社会关系网中的强关系（亲戚、朋友关系）对就业产生影响。③姜继红等收集了扬州大学 2 631 名大学生问卷调查数据，验证了边燕杰的结论，并发现社会资本拥有量与大学生就业意向正相关，社会资本影响了就业信息获取、工作单位性质、工作地点及薪酬等，就业者社会资本越丰富，与就业意向的选择达到的理想程度就越高。④

"教育改变命运"还需要尽早作出人生的设计和职业发展规划。目前，国内

---

①② 资料来源：http://www.chinanews.com.cn/edu/kong/news/2007/06 - 27/966763.shtml。
③ 边燕杰：《社会网络与求职过程》，载于《国外社会学》1999 年第 4 期。
④ 姜继红、汪庆尧：《社会资本与就业行为的实证研究》，载于《扬州大学学报（人文社会科学版）》2007 年第 6 期。

相当多的学生没有职业意识，更没有职业规划和人生理想，不知道将来做什么。他们只知道读书是为了考大学、考研究生、拿学位。其实，在6岁以后，就可以对孩子进行未来职业的指导，开展与职业有关的各种能力训练，使孩子逐步认识自我，认识社会、经济和技术的发展变化，逐步提炼出人生理想和目标。这些发自内心的人生发展方向、目标和理想是自我奋斗的原动力，会激励孩子克服人生道路上的种种困难而最终走向成功。

三、当代中国教育的精神向度

广义地说，学校教育、家庭教育和社会教育都承担着传授精神价值的任务。最近十来年间，以学校教育为主要平台的人文素质教育、以家庭教育为主要平台的所谓"读经运动"，连同以社会教育为主要平台的公民道德教育，构成了当代中国教育的精神向度的主要内容。

1. 公民道德教育。

严格地说，"公民道德教育"既可以理解为"公民道德的教育"，也可以理解为"公民的道德教育"。"公民道德的教育"的主要内容是公民道德，涉及公民作为公民所要遵守的公共政治生活的规范，比如效忠宪法，遵守法律，照章纳税，有条件的公民履行服兵役的义务，自觉参加选举投票，积极参与公共问题讨论，等等。"公民的道德教育"的主要内容不局限于公民作为公民的政治生活规范，而且也包括公民作为就业者的职业道德、作为家庭成员的家庭美德。在多数情况下，我国媒体上提到的"公民道德教育"是指"公民的道德教育"，也就是对公民或将来的公民进行的社会公德、职业道德、家庭美德和个人品德的教育。

从20世纪80年代初开始，上述意义上的公民道德教育就是社会主义精神文明建设的两大内容之一（另一个方面是科学技术知识的教育）。1985年，中共中央颁布《关于改革学校思想品德和政治理论课教学的通知》，要求在初中开设公民课，实施公民道德教育。1995年国家教委公布的《中学德育大纲》规定，中学德育工作的任务是把学生培养成为遵纪守法的公民。2001年9月，中共中央《公民道德建设实施纲要》进一步提出了公民基本的道德规范。2003年中央将每年9月20日定为"公民道德宣传日"。2006年胡锦涛主席提出了有关"八荣八耻"的重要论述，进一步深化和细化了我国公民的道德要求。自2003年以来，公民道德教育取得了重要进展，学校加大了公民道德思想的内容，还加强了公民道德教育的教师培训工作。

公民的道德教育是一种全民教育，家庭、学校和社会分别承担各自的职能。家庭是公民道德教育最早的地方。在家庭生活中深入浅出地进行道德启蒙教育，通过每个成员良好的言行举止，相互影响，共同提高，形成好的家风。学校是系统的道德教育的主要阵地，各级各类学校的教师发挥为人师表的作用，把教书与育人紧密结合起来，把道德教育渗透到学校教育的各个环节，小学阶段侧重于道德启蒙教育，中学阶段侧重于人格完善教育。同时，通过广泛的社会实践活动帮助学生认识社会、增强社会责任感。社会教育和单位教育是公民道德教育的主要平台，通过单位的岗位培训，培养公民的敬业精神和职业道德。社会教育通过市民学校、职工学校、民工学校、农民夜校、家政学校等教育手段，强化基本道德知识、道德规范和必要礼仪的普及，巩固家庭教育、学校教育、单位教育的成果，促进公民道德教育的深化。

道德教育的目的是把一些基本的德性和规范贯彻到人们的行为和人格中去。一个在个人和集体关系中做到爱国、敬业、奉献的人，在个人和他人关系中做到明礼、诚信、谦虚礼让、尊老爱幼、团结友善的人，在个人和自我的关系中做到真诚、自律的人，既是过着一种高质量的社会生活，也是过着一种高质量的精神生活。当然，按照冯友兰先生的"境界说"，道德教育还只涉及"道德境界"，它固然高于"自然境界"和"功利境界"，但毕竟还低于"天地境界"，而典型意义上的精神生活的核心，则涉及人在宇宙中的地位、人的生命和生活在宇宙中的意义的问题，也就是更接近"天地境界"的事情。但正如有些学者强调的，中国文化的特点恰恰在于在此岸世界的道德生活而不是在彼岸世界的宗教生活中去寻找人生意义。从这个意义上说，公民道德教育也是当代中国人精神生活中的重要内容。

2. 人文素质教育。

对人的精神生活有更全面、更深刻影响的是人文素质教育。人文素质教育又称为"通识教育"、人文教育，它的侧重点在于"做什么样的人"而不仅仅是"做什么样的事"；而就"做什么样的人"而言，人文素质教育的内容不仅仅包括"善"的价值，同时也包括"真""美"乃至"自由"的价值。

人文素质教育是近十年来我国学校教育新的精神维度，它是在我国工具理性泛滥、道德观念淡漠，精神无所皈依的情况下提出的。经过1952年院系调整，我国大学采用的是苏联大学教育体制，从大学一年级开始就进行专业教育，人文素质教育几乎被遗忘。过早、过窄、过细的专业教育造成了工具主义的泛滥，严重制约了学生想象力和创造力的发展。20世纪90年代，学术界围绕学校教育的"人文精神""人文素养教育"进行了热烈的讨论，引起了广泛的关注。教育部门和高校也在积极探索本科教育模式的转型。从1995年开始，国家教委开始推动高校"大学生文化素质教育"试点工作。1999年后，教育部建立了32个"国家大学生文化素质教育基地"，促进了我国大学人文素养教育的生长和发展。

2004年教育部《关于大学生思想政治教育的意见》中又重申了要大力加强大学生的文化素养教育。

北京大学、清华大学、复旦大学、南京大学、武汉大学、中山大学等国内高校提出了"宽口径、厚基础"新的本科教育理念,力图加强学生的通识教育。20世纪90年代末,南京大学率先建立"本科基础教育学院"用通识教育来改革大学的本科教育。2001年9月北京大学正式启动旨在"打通文史哲"的"元培计划"。同年,武汉大学开始国学试验班的教育改革。2002年清华大学制定以"通识教育"为核心理念的本科生培养方案,标志着我国科技型大学开始朝向"宽口径"专业培养方向发展。2005年中山大学实行跨学科的"博雅教育"招收有跨学科学习兴趣的优秀学生,促进其个性的发展。复旦大学2005年成立"复旦学院",对本科新生实行一年的通识教育,新生不分专业,全部进入"复旦学院"学习,这是国内第一所采用通识教育体系的大学住宿学院。华东师范大学率先在师范院校进行了本科教育改革,以通识教育为切入点,实现人文教育与科学教育的结合。新兴综合性大学上海大学提出"拆除"学校与社会、教学与科研、各专业、教与学之间的"四堵墙",强调学科交叉,淡化专业,注重科学素质教育与人文素质教育的融合。①

我国大学本科的人文素质教育具有以下特点:在教育内容上,突出历史、文化、文学、艺术等人文课程的学习,针对近期发生的大学生自杀事件、"泼熊"事件和虐待流浪猫事件,一些大学提出要加强本科生的生命教育,以善待一切生命。在人文教育的课程结构上,从学习者的兴趣、愿望、能力及需要出发,强调知识的广度而非深度,关心知识的内容而非形式,促进个体的知识和经验、认知和情感(情绪、态度、价值)的相互渗透和相互作用。在教育方法上,侧重个体情意发展和创造力培养,以便创建一种充满人情味的师生关系和校园学习氛围。

当然,学校教育的人文素养教育不仅仅限于大学,我国中小学近年来也在逐步加强人文素养教育。但是,由于"高考"指挥棒的作用,高中阶段"文理分科"还没有得到彻底改观。大学通识教育客观上要求改变"高考"的应试方式,打通本科教育与中学教育,从学校教育的总体上通盘设计中学和大学的人文教育课程。

3. "读经教育"。

从某种意义上说,最自觉地强调教育的"精神向度"的,是近一二十年形成相当规模、也引起较大关注和争议的所谓"读经教育"。这里的"经"主要指中国古代经典,不一定局限于古籍"经史子集"中的"经"部,但很大程度上以

① 参见甘阳主编:《中国大学的人文教育》,北京三联书店2006年版。

此为主要内容,尤其以一些儒家经典为主要内容。"读经"是中华民族一贯的教育传统,是中华文明传承的主要方法。由于废除科举和新文化运动,这一传统基本中断。1993年,牟宗三的学生王财贵先生率先在我国台湾地区发起当代儿童读经活动。此后读经活动从我国台湾地区迅速推广到我国香港地区、我国大陆地区、东南亚、北美等华人社会。

1995年,赵朴初、冰心、曹禺等9位全国政协委员在第八届全国政协会议上,以正式提案的形式发出《建立幼年古典学校的紧急呼吁》。1997年,我国大陆地区第一个读经推广机构——"中华文化研习中心"在厦门成立。1998年6月,在南怀瑾的推动下,中国青少年发展基金会在全国启动了"中华古诗文经典诵读工程",并编辑出版了《中华古诗文读本》,组织孩子每天用15~20分钟的时间来诵读中国古诗文经典。1998年5月,经北京市教委批准,北京圣陶实验学校成立,这是我国大陆地区第一所将"读经"纳入九年义务教育的学校,2004年由蒋庆先生主持的《中华文化经典基础教育诵本》由高等教育出版社出版,共12册,供小学生6年12个学期使用。1999年、2000年和2001年"绍南文化读经教育推广中心""北京四海儿童经典导读中心""武汉老古大方经典文化教育中心"先后成立,这三个机构成为民间推动"读经教育"的主要力量,在他们的带领下,各地迅速成立了几百家读经推广机构。2000年9月山东省平原县小巨人经典学校成立,这是我国大陆地区第一所专门的"读经"学校。2000年12月,北京市400名硕士、博士成立了"一耽学堂"的公益团体,他们利用业余时间去中小学校教孩子读经典。2001年,广州五山小学开始全校读经,113中学开始实施"113中学诵读工程计划"。2002年8月,安徽省教育厅发文举办"儿童经典诵读工程教育试点工作会议"。与此同时,"读经教育"与家庭教育和私塾教育结合起来,上海市、兰州市、厦门市、广州市、湖南省娄底市等地纷纷办起了全日制的现代私塾进行"经典诵读"。2006年上海市松江区全日制私塾"孟母堂"从事"读经教育"被上海市教委叫停。①

儿童"读经"运动在国内发展迅速,至今已有逾800万孩子接受"读经教育",遍布北京、上海、天津、重庆、合肥、福州、西安、长沙、武汉、广州、深圳、南京等70多个城市,武汉和南京等地甚至一度出现青少年"读经热"。当前,"读经教育"正在向纵深发展,"读经班"分布在大学、中学、小学和幼儿园中,出现在社区、少年宫和业余培训班中,家庭"读经班"也纷纷成立,家庭教育在一定程度上成为"读经教育"的主要平台;许多读经幼儿园、读经学校纷

---

① 参见胡晓明主编:《读经:启蒙还是蒙昧?——来自民间的声音》,华东师范大学出版社2006年版。

纷登场，许多学校还将读经纳入了本校课程。可以说，当下我国"读经教育"已成为一种以儿童为主体、民众广泛参与的文化教育运动。"读经"实际上已成为人们日常公共文化活动的一种形式。

尽管国内儿童读经的内容主要涉及《四书五经》《三字经》和《唐诗三百首》等中华传统文化的经典，但有的地区还同时进行了西方文化经典读经、书法读经、音乐读经、棋类读经和体育读经。国内"读经教育"的方式主要有六种：（1）家庭读书会。在家里，大人、小孩和老人一起诵读经典，又分"亲子共读"和"成人研读"两种类型。（2）社区读经班。家长在居住的小区找个地方把孩子集中起来，由有经验的义工带读经典，如天津"六宝斋"。（3）学校读经活动。在教育部门的支持下，幼儿园和小学开设读经课程，开设"读经实验班"或"读经示范班"来实施"读经教育"，而普通班级则利用课前或课余时间来诵读经典，如北京圣陶实验学校等。（4）校外读经活动。一些城市的少年宫和社会力量利用假日和寒暑假开办"导读中心"和"儿童国学馆"等组织儿童诵读经典，如重庆民办大帝学校。（5）私塾读经。以传统的私塾形式来诵读经典，如湖南省娄底私塾等。（6）儿童读经教育导读中心。厦门、北京、武汉等60多个城市成立了数百家中西文化导读中心或推广中心，在当地幼儿园和小学开办导读班，引导孩子参加导读活动。

儿童"读经运动"引起了学者的激烈争议，褒贬不一。耶鲁大学历史系博士候选人薛涌在2004年7月8日的《南方周末》撰文反对读经，他把"读经运动"看成是一场"文化蒙昧主义"的"愚民运动"。而秋风、杨东平、刘海波明确支持"读经"，主张对读经要有"宽和的胸怀"和"同情的理解态度"。杨东平在2004年8月12日的《南方周末》发表文章提出：除少儿诵读经典外，中学和大学都应把儒家文化作为最重要的核心课程来开设。而李哲厚的态度比较谨慎，他认为，盲目提倡读经可能会从小培育"奴性道德"。有关读经的争论至今仍在持续。尽管有不同的意见，但"读经教育"仍然在全国各地红红火火地展开。华东师范大学教科院关于"读经"的专项研究表明："读经教育"有其科学根据，符合儿童天性，有益于儿童身心健康的发展。①

---

① 参见胡晓明主编：《读经：启蒙还是蒙昧？——来自民间的声音》，华东师范大学出版社2006年版。

第五章

当代中国人的宗教信仰与精神追求[*]

在讨论当代中国人的精神生活时,宗教是无法回避的问题。因为宗教本身就是一种精神现象。这种现象的特征在于对超自然力量的信仰,对于这种信仰的对象,采取着感性膜拜的方式。因此,它是人们信仰的特定形式,常常居于精神生活的核心层面——当然,只有对信仰者才是这样;如果在一个信教者占据多数的国度里,它也很容易处于社会精神生活的核心层。在中国历史上,有众多的宗教存在,共同构成了中国人精神和文化的体系。佛教、道教与儒家共称为"三教",是中国传统文化的主要构成部分,而明清时代的民间宗教又是在三教的夹缝中生长的具有群众性的实体。在当代中国,天主教、基督教、佛教、道教和伊斯兰教,是主要的五大制度化宗教,除此之外,中国人中还有大量的民间信仰的成分,它们受到制度化宗教的影响和制约,又无法完全归进某一特定的制度化宗教,是在制度化宗教以外发展的信仰,散漫、经常变动其内容和形式,但却是代代传承,蕴涵着巨大的数量。在一部分少数民族中,还存在着各种原始宗教。那么,当代中国人生活之中,宗教的影响如何呢?它们对当代中国人的精神生活有没有影响,如果有,又有多大的影响?下面主要根据本课题的调查材料对这些问题进行讨论。

---

[*] 本章执笔为华东师范大学哲学系的刘仲宇(第一～三节)和对外汉语学院的陈勤建(第四节)。

第一节 宗教仍然是当代中国人精神生活的重要领域

一、当前中国的宗教徒数量的增长说明了民众中宗教需要的增长

当代中国人对于宗教的态度究竟如何？他们对于宗教的需要是增长了，还是减退了？这是讨论宗教在当代中国人精神生活中地位时首先要弄清楚的。对此，本课题组的实证调查结果具有重大的参考价值。

根据本课题组于2005年暑期实施的调查，在年龄为16周岁以上的中国大陆地区人口中，信仰宗教的人数为31.4%。如果按照我国现有的人口比例来推算，可以得出，我国大陆地区具有宗教信仰的总人口超过了3亿人，如果加上我国的台湾、香港和澳门地区，那么数量会更大。这一数字大大高于以往常用的约1亿多人信教的口径。假如我们仅仅考虑制度化宗教的情况，将其中选择信仰民间俗神与信祖先保佑的比例（占全部信众数的26%强）剔除，那么中国信制度化宗教的人大约接近16岁以上人口的24%，在2亿2 000万人左右。如果说，当年周恩来总理对外宾说中国有大约1亿信众的话具有充分依据，则是依当时中国人口6.5亿计，其所占中国人口的比例约为15%，而现在的比例显然高于当时的情形。这说明，当代中国人中，对于宗教的需要实际上在增长。而这也正说明，宗教信仰构成了当代中国人精神生活的一个重要领域。

虽然我们调查的主要是信仰宗教的现象，但讨论则将围绕着宗教需要而展开，这是因为，宗教需要是从人们内心发出的呐喊，是人们心声的表述，而这正是人们创立和信仰宗教的直接动力，尽管在它的背后，还有深刻的社会和心理根源。

当代世界上有大约80%的人信仰宗教，其根本原因在于人们对宗教信仰的长期而又根深蒂固的需要。没有这种需要，任何一种宗教都没有立足之地；原来有过需要的宗教，一旦失去人心，失去人们对它的需求，便不能不迅速地寿终正寝或慢慢地枯萎。恩格斯说："创立宗教的人，必须本身感到宗教的需要，并且懂得群众对宗教的需要，而烦琐哲学家通常不是这样。"[①] 这段对宗教需要的经

---

① 恩格斯：《布鲁诺·鲍威尔和早期基督教》，见《马克思恩格斯全集》，人民出版社1972年版，第329页。

典叙述，说明在宗教的创立过程中，群众和创立者都必然地感到有其需要，而且这种需要无法用其他的手段加以替代，否则一切都不可能。可以说，宗教需要是宗教的社会根源、认识根源等与宗教现象之间的中介。

不仅宗教的产生，宗教的生存亦复如此。当社会对某一宗教仍然有需求时，它才能在社会上立足，否则就会被淘汰。也正是以宗教需要为前提，宗教巨大的号召力和其参与社会生活的各种功能才可能产生实际的影响。同样，只有适应了一时一地民众需要的宗教，才能获得传播。

当然，如果要讨论一个时代的精神生活，还要考量其宗教需要的质和量。根据本课题组的调查，在当代中国人中信仰宗教者绝对数量以及在人口中比例的增长，说明宗教本身在民众精神生活中所占的比重有所增高。同时，从调查的情形看，天主教、基督教、伊斯兰教、佛教和道教的信众占了总数的67.4%，显然占着绝对多数，信仰其他宗教的只占6%。也就是说，当代中国人信仰经过合法登记并且有全国性的合法组织的天主教、基督教、伊斯兰教、佛教、道教这五大教的是绝大多数，他们构成当代中国宗教徒的主体，但是，同时在我国也还有其他的宗教徒存在，除上面提到的那个6%，还有11.5%的信仰民间俗神，15.1%的信仰祖先保佑。后面这两项，都是中国传统信仰中的组成部分，学术界经常将之归为"民间信仰"，其总数达26.6%，恐怕是表现中国宗教特色的一个现象，因为这是一种分散的没有形成制度和组织的信仰形式，从它对超自然现象的崇拜看，无疑属于宗教的范畴，但与制度化宗教又有差异。这些大致上表达了现今中国人宗教信仰的质和量的基本情况，可以看成是中国宗教的宏观结构。

从中国社会的实际情形看，20世纪70年代末开始，有一个宗教复苏的阶段。到了20世纪末，中国宗教的复苏转到正常的发展轨道。当时便有人断言：宗教的发展是一个不争的事实。到这时起，可以说，人们的宗教需要开始正常的表述。这里的深层原因放到后边去分析，但是宗教的复苏和发展，党的宗教政策重新得到落实，人们享受到的政治民主越来越多，是一个重要条件。有了宽松的社会和政治环境，人们的信仰，包括宗教信仰才能有正常的表达。

进入21世纪，宗教的发展似乎有加速的趋势。其中比较突出的是中国传统的佛教、道教的发展，和民间信仰的重新登台，就在我们的调查中，这几方面加起来达到信教总数的66.1%，如果放到总人口中，大约达到2亿多人，对这一方面，我们放到后面再说。自改革开放以来的二十多年中发展得最快的是基督教，在进入21世纪后其发展速度仍然不减，很快从不足1 000万人迅速达到1 600万人，这是教会宣布的数字，而实际上它的数量更多。据本课题组的调查，在样本中选择信仰宗教的人中，信仰基督教的有12%，依此推算，中国的基督徒当有4 000万人以上。

二、当代中国民众宗教需要增长的深层原因

宗教需要的产生有深刻的社会和心理根源，而它在某一个体或群体中形成，则是各种条件综合作用的结果。而当前中国人中有那么多人产生对于宗教的需要，而且明确地感受到了这种需要，对信仰的具体宗教进行了选择，则与当前社会的特点有关。

宗教的社会根源之一，就是生产力的落后，人们对于天灾人祸的抵御能力差，因而产生对于不可捉摸的命运和超自然对象的崇拜。当前我国的生产力状况有没有达到足以达到谋事在人，成事也在人的地步呢？恐怕谁都会作出否定的回答。因此，在我国，生产力水平的状态，将长期对于宗教需要的产生起着作用。在我们的调查中，尽管"治病""消除灾祸""保佑顺利"已经不占信教原因的最重要地位，但是加起来，仍占信教原因的 28.0%。而实际上，许多经济的根源，是在人们头脑以外，经常是以人们没有意识到的方式起作用的。比如，现今大量的烦恼、浮躁、紧张等社会心理，常常成为通向宗教的心理原因，而它们的背后则与现今生产力的不够发达、生存压力大、生活保障程度低有着直接的关系。特别应当指出的是，我国农村的生产力还相当落后，靠天吃饭的情形远未改变，因此，在农村崇拜神明祈祷他们帮助渡过天灾的传统信仰，保留得更多。我们在江西、湖北等地考察时，发现久违了的龙王庙、虫王殿有了不少新建、新塑，民间祈雨等活动也时有所见。可以看到，在生产力还不高的情况下，人们对于生存的焦虑，常常会引发对于超自然力量的祈求。

在肯定生产力的发展还远没有达到使宗教消亡的时候，我们还应当避免作出一些简单化的结论，比如，简单、机械地认为"贫穷产生宗教"，而人们富裕了，对于宗教的热情会降低。其实，贫穷与生产力的不发达并非完全等同。生产力的不发达固然会导致贫穷，但贫穷在更大程度上却是社会制度的产物，而且即使生产力发展到相当高度，社会上仍有贫穷群体存在，西方发达国家的历史和现实都证明了这一点。但是中国人在富起来的同时，对宗教的需要并没有消除，近几年不仅宗教情绪有所复苏，而且还有一定程度的发展。而且，从现象层面看，中国沿海先富起来的地方，往往也是宗教恢复和发展较快的地方。显然，这些地区的经济发展给各宗教的自养提供了优越的条件，而这些地方开始富起来的人们，又伴随着宗教需要的增长。民间俗语有"穷算命，富烧香"的说法，一定程度上反映了相对富裕对于宗教需求的推动。所以，简单地理解成贫穷出宗教，显然无法解释当前中国的宗教现象。

实际上，一个社会的民众中宗教需要的质和量的变化，受制约的因素很多，

不是单向度的思考可以弄明白。从经济上说，除了生产力的状况，还取决于在这种生产力基础上形成的生产关系，亦即我们常说的构成社会的经济基础。当前，中国宗教产生的主要经济基础，乃在于市场经济，在于市场经济的高风险性，在于市场后面那一只看不见的手，只是在宗教信众心中，这种"支配着人们日常生活的外部力量"都幻化成了某种超自然的神灵。一方面，它与计划经济时代相比，显得非常有活力，但也造成了更多的动荡，打破了人们几十年来已经习惯了的平静生活，当机遇与风险并存、对自己的处境的担忧变得频繁时，求助于超自然力量的动机会增长，是不难理解的。另一方面，市场经济的确立，客观上也造成了多种经济成分共存的局面，加上其他因素，引发了新的社会分层。正是这种多元，使得不同利益集团、不同生活环境中的人们，对于信仰的选择变得多元，这无疑也扩展了宗教的生存空间。一项调查显示，大学生信教者的家庭影响中，信教比例最高的，首先是来自私营企业主和个体户家庭的学生，分别占同类家庭被调查者的28.5%和25.95%；其次是来自自由职业家庭、下岗职工等失业人员家庭，均高于总比例。① 这些家庭，显然是在市场经济中最担风险或者易于引发心理失衡的家庭。

当代中国人宗教需要的产生，信仰选择的动机形成，还有一定的心理根源，有的还是自古以来即已存在而目前尚未有其他方式加以宣泄的心理因素。当然，也有在现时代形成的某些特定因素。

从宗教的社会根源到形成某一个人或一群体的宗教需要，是一个复杂的过程，这当中，人们深层的心理活动，也是一个重要的参与因素。就个人而言，面对各种社会矛盾，有时会产生宗教需要，有人则不然，说明其产生有着广泛的可能性，却不一定具有必然性。在某一人身上可能变为现实，必须有一定的主客观条件，有如佛教讲的缘分。对社会上大群体或小群体而言，也有类似情况。创立宗教的，或会从本民族的深切危机中引出宗教需要，或会从当时的深重苦难中悟出某种超现实的解脱之途；皈依者，则可能更多地从自己亲身遭受到的不幸中，从社会现实与理想的深刻冲突中，从物质生活改善与精神家园萎缩的反差中，产生对宗教的仰慕。同时，在已经存在某种宗教的时空中，某人的遭际和宗教的诱导相结合，最后产生皈依宗教的热切希望，也是常有的事。对于具体时空下某人或某些社会群体产生宗教需要的原因必须具体分析。

当前社会里，人们面对着的问题有自古以来就有的，也有不少是现时代才出现，或者以往虽有但直到现代才越来越突出的。比如，当前我国现代化还正进入

---

① 《当代中国社会阶层分化与大学生思想动向调查》课题组：《当代大学生思想动向调查》，载于《社会科学报》第239期（总第1039期）。

加速期，离开其实现有相当距离，但在此时的北京、上海等城市中却已经出现了老龄化的趋势，有的城市已经成为老龄化社会。据上海社会科学院宗教研究所的一项研究，在1996年或此前，60岁以上老年人是上海信徒的主体，其中有些是因病信教，而也有一个原因是"为了摆脱孤独的生活和心理"，他们在退休之后，很容易产生孤独感和精神空虚，"为了排忧解闷，寻找社会交往，得到关心和理解，他们参加教会的礼拜读经活动，并经常自发聚在一起做祷告、做见证，以填补精神空虚和孤独感。一些老人在信教之后，会对年青时所做的坏事加以忏悔，按教义教老人家认真检点自己的言行，表现出对死后的企盼"。①

同时，社会的不公正现象，也从客观上刺激着民众中宗教需要的增长。调查中的对于宗教"教人道理"的诉求，其实正是对于社会不公以及建立在此基础上的道德缺位的消极的批评。

第二节 宗教在当代中国人精神生活中的功能

当前中国宗教的发展是一个事实。那么，当代的宗教在中国人的精神生活中究竟起着什么样的具体的作用呢？从本课题组的调查情况来看，最多的信教原因是"告知做人道理，与人为善"，占回答总数的24.1%；"精神充实，心境安宁"，占总数的20.3%；"宗教文化感人"的占4.9%。这三项原因，都直接地相信人教之后会对自己的精神生活和文化生活有直接的好处，三者之和达到49.3%，几乎占了一半。足见当代信众的信教，有明确的精神追求。在其余的信教原因中，有的尽管不是直接讲出精神的目标，但实际上，却是与疏解生活中的困难与由之导致的心理失衡有关。比如为了"消除灾祸"（8.0%）、"保佑顺利"（16.1%）和"为了治病"（4.4%）的合起来有28.5%，也有着不少的比例。毫无疑问，宗教在当代人的精神追求、情感安顿上仍起着不容忽视的作用。

一、当前社会上的心理紧张与宗教的心理调节功能

人们在现实生活中总会形成这样那样的心理问题，需要进行协调、调节，否则就会形成各种心理障碍甚至于心理疾病。而宗教在调节民众的心理方面，一向扮演着重要角色。

---

① 罗伟虹等：《上海宗教问题研究》，载于《当代宗教研究》1996年第4期，第24~25页。

当前社会心理具有某种紧张，这并非秘密。许多个人尤其是从事高风险工作，以及工作极为紧张的如许多大公司的白领等，常流露出太累、太烦的感受。这种紧张有时是与突发事件相关的。不过，仅仅突发事件不能解释全部，现今的心理问题相当一部分大约是与市场经济条件下，一般社会生活节奏加快和安全感下降有关。

从历史和现实中看，突发事件造成的心理恐惧是人们跑到宗教场所要求解脱、消除、缓解的重要缘由。人们在生活中难免会碰到突发事件的冲激，有时是自己完全无法规避的无妄之灾。受到惊吓的人们常常形成难以抑制的恐惧、焦躁、抑郁、对生活丧失信心，有时甚至于会发生一时的精神疾病。这时的人们常会到各种宗教中寻找安慰。这种安慰当然只是心理上的，但却对于当事人恢复心理平衡有重要作用，因此，宗教客观上起着替信众消除恐惧、重新恢复信心的作用。

除了在某些突发事件上，在日常生活中，宗教也具有消除民众恐慌心理的作用。当代中国，正在开展现代化建设，传统社会正在向现代社会转型，社会结构，社会的利益格局，以及相应的人们的观念都发生着深刻的变化。在这种转型中，人们的心理也经常地受到冲撞，容易产生各种各样的心理问题。现代市场经济给整个社会带来了活力，但是市场充满了机遇，也时刻带来挑战，带来许多不确定因素。竞争的压力，生活节奏的快疾，对于行为后果的难以预期，等等，都是我们越来越常见的现象。由此，现代社会里焦虑症、抑郁症成为常见的心理疾病。心理问题总要有一个宣泄的途径。如果社会不能提供顺畅的宣泄管道，那么后果是非常严重的。对当事者个人，可能是身心交瘁，陷于痛苦不能自拔，对于社会，则可能引发一系列问题，严重时会引发一些极端行为，造成恶性事件。那么现实社会能为这种心理问题提供什么样的渠道呢？这点难以用一句话回答，但有一点是肯定的，即相当一部分民众，会到宗教中寻求帮助（在信教原因中，选择"精神充实、心境安宁"占总数的 20.3%；而选择"消除灾祸"的占 8.0%；"保佑顺利"的占 16.1%），也可以看到宗教在缓解信众心理紧张、提升安全感方面所起到的作用。

总的来看，宗教在民众的心理调节方面，曾经起过、现在还在起着重要的作用，是信众洗涤不良心理的净池，是信众心理宣泄的渠道，也是治疗心理创伤的良药。当然，它具有两重性，可能将人引导到消极的道路上去。由此，也使得宗教与民众的精神世界不可分割地联系在了一起。

二、社会的求富、求财心理与向超自然对象祈求内容的变化

在本调查中，信教的原因是消除灾祸的占8%，而保佑顺利的占了16.1%。这两者，看起来是互补的，但实际上却有所不同。前者为害怕灾难临头或在实际临头之后祈求禳解，是一种消极的防范与恐惧心理的缓解，后者则更多地祈求幸运的降临，态度较为积极。人们熟知的宗教理论，是认为在生产力低下的情形下，以及在阶级剥削的社会里，人们对于天灾人祸的抵御力量极其有限，所以乞求神明佑护，消灾的心态占着主要的比例。而现在的情形却有所变化，带有积极的祈求却占有更大的比例。这不能不引起我们的注意，因为它折射出中国人的精神生活中，出现了若干新的因素。下面仅以当前兴盛于中国的接财神现象为例证，稍加分析。

近年来，各地的接财神活动，日见其兴旺。无论是北京白云观，重庆新辟的宫观，上海还是广东的宫观，地无分南北东西，几乎都可以看到接财神活动的热烈，甚至近于疯狂。在一个寻常的挂着工艺品商店的牌子而实际上以卖神像为主的铺子里，看到最多的三种神像：观世音、关圣帝君、财神爷。值得注意的是，在某些地方，还出现了双龛的神座，上面端坐着观音和财神——至于财神是武将打扮还是文官打扮，各处情形不一。

按财神的地位，现在道教的神仙谱系里未曾明确地排过座次，但依赵公明的地位而言应为神霄副元帅，或称为赵公元帅。而元帅云者，是道教中受召役的神将中最高级者，在帝君级的真仙无数的道教中，算不得最高，恐怕原来连次高都算不上。至于现在奉为文财神的，或说是殷朝的比干，或说是春秋末的范蠡，或者谁也说不清他是哪一位，我们查来查去，也没查到他在神仙谱系中的位置，自然无法判定他们的品秩了。清代民间最盛的三位神圣，是关帝、吕洞宾和观世音。如今财神却突然与观世音并坐，足见其在民间的地位极大地提高了。民众是按自己的理解来安排神灵们在自己心中的地位。凡是与自己切身相关的，难免多烧几炷香。而香火越旺，在信众中的地位也便暗暗提高。将财神爷放到与观音并列的位置，正是民间心态的表达方式：财神对现今的生活太重要了，与救苦救难的观世音菩萨一般无二。而财神的升格，背后则是社会上对财富追求的神圣化。可以明确地说：接财神已经成为当代中国民间的重要风俗，也成了宫观里的重要宗教活动，以及为信众提供宗教服务的重要方式。

为什么会如此呢？接财神的兴旺，是人们对财神追求公开化、合法化的表现，同时，财神身上也集中了公正（赵公明为代表，其科仪中规定，只有至公至

正之事，才能向他祈求）、和合（或叫和谐，赵公明手下与招宝天尊、利市仙官并列的有和合大圣，专讲诸事和合）、诚信（关公为代表，他是信义忠诚的化身）、无私（比干为代表，他无心，所以无私）等市场经济所急需的道德精神，而文财神之一的范蠡则是善于以智慧致富的典范，因此，接财神的活动，是一项求利市的宗教与民俗活动，又渗透了道德教化。不过，最为直接的，乃是社会上普遍弥漫着的急于脱贫、急于发财的心理表现。

由此看来，民众中普遍存在着的对于财富的向往，是接财神活动的重要社会心理基础，但从其直接形态看还不是向财神祈求的本身。这种社会心理要转化为民众具体的宗教需要，还要有其他的条件。对此，限于篇幅我们不详说，只是指出这样一个事实：接财神活动的兴旺，表达了社会上对于财富的评价出现了急速的变化，人们不再拘泥于"谋其宜不言其利"，也不再怕人骂自己"满身铜臭"，而将求财当成正当的合乎人性的追求；同时也表达了对于财富的追求虽然很迫切，但也还在很大程度上无法自主，决策者对于"运气"的依赖性还很大，所以不得不在求于己的同时还求于神。

第三节　宗教在当代中国人精神生活中作用的变化趋势

一、信仰的私人化趋向

在本课题的调研中，一个值得注意的现象是，现今各宗教的信众之间都有某种程度的信仰交叉，各制度化宗教与民间俗神、祖先保佑的信仰之间也有着不同程度的交叉。这种情形如何解读，还可以深入讨论。不过，有一点是肯定的，在中国民间信仰问题并不完全具有排他性，对于宗教的具体形式，信众的选择不是非此即彼，而可能采取亦此亦彼的态度。不执著于某一特定的宗教，在中国古代的传统社会里是很普遍的现象。有人说中国民间的宗教意识不专于一教，而是"逢庙烧香，见菩萨磕头"。然而，这种情形对于天主教、基督教和伊斯兰教来说，却是在教义上绝不允许的。凡是皈依了这三种教的，都不能再信仰别的神，尤其不能信仰佛教、道教和民间俗神那种宗教。在中国历史上，天主教徒曾写出一些小册子，攻击这三种信仰的体系，如《辩惑》就是其中的一种。而在半殖民地时代，少数基督教徒仗着国外势力做靠山，曾跑到佛寺外边攻击佛教徒是信魔鬼。但是，曾几何时，却在当代的信众中出现了信仰交叉的情形，非常耐人寻味。其间的原因何在,尚待于深入思考,而且还有必要进行一些专门的调研。如果我们只将之看成是某种实际存在的现象,看成是当前中国宗教发展趋势的某种征兆,那么有一种可能的解读就是:一部分信众的皈依与信仰产生了分离,信仰某种宗教时不一定在组织上皈依于它,而皈依了某种宗教后却又容纳了对其他宗教的信仰。而这种分离表明了对这些人来说宗教越来越私人化,不仅与政治和社会制度没有必然的关联,而且在某种程度上,教会组织的约束力也减弱了。

我们调查的这些数据,使人们联想起当前在一部分知识分子中提倡"文化宗教"的现象。所谓文化宗教,最初是导源于刘小枫的"文化基督徒"一说,近年来,方立天等人则大讲"文化佛教",学界也有人跟着讲"文化道教";而在宗教学理论领域,则有吕大吉预言"宗教文化"。这些人,本身有的是信仰某一宗教者,有的则只是研究者并未皈依宗教,然而作为一种带有思潮性的现象,却反映了现代社会里一部分人对于宗教只强调精神的安顿,而不重视膜拜的行为,也不注重组织制度的倾向。须知,文化是一种中性的概念,宗教是文化本来不错,但是宗教又不仅是文化,它首先是一种信仰的体系,同时又是一种社会实体,文化只是它的一种属性。当人们谈论宗教时,必须将这三者统一起来全面的考量,而只强调它的文化属性,那么崇拜仪式还要不要,组织与制度还要不要?这对于现存的制度化宗教来说,都是生命攸关的。所以,对于此类主张,各宗教的教会都不怎么看好。问题还有另一面,就是对于信众来说,可能会有一部分人只对宗教的文化内涵感兴趣,而这对于今后中国宗教的发展走势必然产生影响。

这种现象,与现代社会有没有必然联系,很值得探讨。而更值得讨论的是,它与中国宗教的特点有什么联系。本来,中国民众的宗教意识与西方有着不同的特点,在宗教信仰的实践中,也有不同的表现。有的学者,将中国人信仰的多元性和不专注于一教称之为扩散性;也有的学者,将中国人不定于一个宗教、可以出入于几个宗教甚至于同时信仰几个宗教,称为"游宗"。不管哪一种说法,都指谓着中国人信仰的多元与多重。这说明,对于当代中国人,与古代一样,很难以某一种宗教来统一其精神世界。

二、信众的年轻化趋向

在我们的调研中,明显地感受到,现在中国宗教信众已逐步趋于年轻化。从年龄与宗教信仰的交互分析中可以看出,16~39岁的信众共889人,占全部信教人数1 435人的62%,而55岁以上的则只有137人,占总数的9.6%。如果我们依照习惯将女性退休年龄55岁以上的算作老年人,那么40岁以下的青年和中年人在信众中的比例大大高于老年人;如果按照60岁以上才算老人的算法,则只有 82 人，占 5.7%，差距便更大。这种情形，与我们以前估计信教群众中老年人多的结论颇有不同。如实地说，现在的信众是年轻化了。

中国从改革开放以来，逐步恢复宗教活动，直到 20 世纪的最后 10 年，信教的群众都以 40 岁以上的中、老年人为多。这一现象，主要是由历史的原因所造成。从 20 世纪 50 年代起，政治运动不断，一些宗教界有近 30 年的时间没有授徒，所以一开始恢复宗教活动，教职人员中老人占了绝对多数，在宗教场所的管理，宗教事务的开展等方面都出现了青黄不接的现象，更不用说宗教文化的研究了。而在一般信众中，开始时也只是老信众起劲，这部分老信众，有不少是所谓"从旧社会走过来的人"。然而到了 20 世纪最后的 10 年，中年教徒的比例却有所增加，这部分人原来从 50 年代开始接受的是无神论的教育，这时却信了以前在课堂上受到斥责的宗教，当时便引起人们的注意。但根据本人在 20 世纪 90 年代中期上海市的一项调查，39 岁以下的信众只占 13.9%，与现在的 62% 相比，差距极为悬殊，实事求是地说，当前信众的年轻化已是不争的事实。从社会层面看，说明中国的宗教正有一代年轻人源源不断地为之输送信徒，宗教的存在是长期的。从个人层面看，则现今的年轻人中，对于宗教的兴趣正在增强，他们的精神生活中，宗教的地位越来越重要。这一点，《当代大学生思想动向调查》提供了重要的信息。据该文说："本次获得了调查样本中有信教人员 392 人，占 13.58%，与 2003 年相比上升了 4 个百分点。""而且统计结果显示，信教大学生中汉族学生占了绝大多数，为 82.4%。因此，可以说大学生信教的问题不能归结为民族习惯问题，而是大学生理想信念选择的结果。"① 大学生中信教情形从一个侧面说明了目前信众年轻化、年轻人中宗教徒增加的趋势。

三、宗教选择的传统化趋向

近年来，中国社会里渐渐地升起了一股怀旧风气。关于传统节日，关于婚丧嫁娶中的旧风俗重现，所谓国学的升温，都是在不同社会层面上的表现。这股风气是怎么形成的似乎还缺乏较有深度的分析，但它的存在与发展却是不争的事实。而其存在与发展对于传统宗教道教的发展提供了某些有利的条件，至少是增强了社会心理的支撑。

据本课题所做的抽样调查，全部信仰宗教的人中，佛教占的比例最高，达 33.1%，另外道教（6.4%）、民间俗神的信仰者（11.5%）加上相信祖宗保佑

---

① 《当代中国社会阶层分化与大学生思想动向调查》课题组：《当代大学生思想动向调查》，载于《社会科学报》2006 年 10 月 26 日，总第 1039 期，改版第 239 期。

的（15.1%），达了33%，显然这些传统宗教的信徒占着绝对多数。伊斯兰教因为与民族相联系，比较特殊；而基督教占12%，天主教则为6.1%。这一调查结果非常值得注意。以前都说近20年来发展得最快的宗教是基督教，但从这项调查来看，尽管推算出基督教徒大约达4 000万人，远高于教会自己宣布的1 600万人①，但是仍然远远低于传统宗教的信众。而且我们还发现，在信基督教的人中，也有信民间俗神和祖宗保佑的，与基督教的一神信仰并不符合，应当是一部分人将原来的民间信仰带了进来。这种情形，可以看出当前中国宗教的发展正向着传统宗教倾斜。

对上海的寺庙宫观中进行的调查，也支持着这一结论，在这些传统宗教的场所里，香客人数逐年提升，而且其速率也呈递进之势。即以上海城隍庙为例，这里每年正月烧香人数的增长十分明显。据庙里提供的材料，进入21世纪后，初一进香的人数逐年增长，而且其速率也有提升之势。2001年，为9 127人；2002年，为12 767人；2003年，为17 808人；2004年，为18 206人；2005年，为18 905人；2006年，则达26 811人。增幅最大的便是2006年，比上一年增加了41%强。这是十分值得注意的现象。上海按照宗教场所里活动的人数统计推算，信众约100万人，其中大多数是佛道两教的信众。同时，原来在上海宗教中发展得最快的基督教却基本上从20世纪末起就保持每年五六千人受洗的势头，即使不算因逝世等原因减少的数字，其在上海总人口中的比例也只在1%左右。②

同时，有迹象表明，某些民间宗教——其中不少在明清封建统治者眼里是"邪教"，而在20世纪50年代取缔反动会道门时，则被责令停止活动。现今却有冒头的迹象。其中如天地门教、弘阳教都是如此，后者甚至于还新造了一座大庙。③

中国人精神生活中发生的这种变化值得我们认真研究和思考。也许，这是对"五四"新文化运动弊端的分析和被过分打压的所谓旧文化的反弹。然而，这只涉及所谓的知识精英，一般的民众未必如此想。本来各种传统在民间仍然如同隐燃的火种并没有熄灭，只是在一段时间内受到某些政治的和其他力量的重压而不能成燎原之势。在经历了多年的打压之后，这一火种越来越弱。而半个多世纪来的实践证明，当人们失去了原来的传统的时候，道德水准的滑坡，人情的淡漠，人际关系的疏离，以及面对挟着巨大的经济冲击力而来的西方文化时的手足无措，年轻一代对于原有的文化资源的陌生乃至于隔膜，都使人们回忆起前人所享

---

① 目前基督教的发展情形较为复杂，公开的教会控制的未必是信众的全部，有相当一部分教徒是属于教会以外的，只是他们的组织并未取得合法的认可。
② 此处材料由上海城隍庙管委会提供。
③ 参见濮文起：《民间宗教与社会主义和谐社会》，载于《当代宗教研究》2006年第1期。

用的文化。这类回忆，在精英层便是所谓的文化自觉，而在一般的民众那里则常常只是一种情感的归依，一种风俗的重现。至于这种向传统回归的心态，如果放在全球化的大环境中考量，则是中国人运用固有的传统文化资源，回应文化的平面化、西方化的自觉或不自觉的尝试。总而言之，这几年来在中国的各个阶层，都以不同的形式显示了回归传统的心态。这种回归，表现在宗教领域，便是中国的传统宗教佛道两教发展的势头愈益高涨。而这类高涨，似乎还有着某种规律性的东西在背后发挥着作用。在这里，台湾地区学者的研究成果或可对我们有所启示。台湾地区人类学家李亦园先生曾谈过这样一种情况，台湾地区自1949～1965年的16年间，是台湾地区的外来宗教，包括天主教、基督教快速成长的时期，其信教者几乎增长到150%，但在1965年台湾地区工业产值超过农业产值后，这两个宗教的发展突然停止了。而民间的宗教却大量地出现，李亦园先生指出："1965年，是台湾地区经济的一个转折点"，"宗教的成长也是1965年改变的，这不是偶然的。经济成长以后，外来的宗教开始下降，而我们中国人的各种不同形式的民间宗教开始大步的成长，与工业的成长同一条线往上走，这种现象值得社会科学家，特别是人类学家要注意的。"[①] 确实，其中是否有着某种规律性的东西，非常值得讨论。

向传统回归的心态对于传统宗教佛教和道教的影响都是积极的。这种心态为佛教、道教输送了更多的信众，特别是在某些与佛教、道教有关的民间风俗的恢复，对它们的走向兴旺，影响更为直接。当代中国人向传统回归的心态不仅表现在风俗中，还有对于被破坏得太多的传统道德向往、怀念的倾向。因为目前仍然存在的佛教、道教与民间信仰中，积淀了大量的传统伦理因子，如孝、慈、爱、众生、平等、公正、诚信，等等，成为一种象征，也成为一种资源库，使得一部分人希望从中找到失落多时或者目前社会上稀缺的传统道德。这些也是宗教在当今社会里还能存在与发展的重要基础。

当代中国虽然已经敞开大门欢迎外来的资本、技术与先进文化，比起以前的年代来，引进西方文化的势头早已不可同日而语，但是，在宗教领域里传统宗教包括佛教、道教和民间信仰仍占据着主要的地位，而且这种地位还在增长之中。这种变化直接带动的是中国当前宗教生态的变化——依简略的说法，是"教态"的变化。同时，它也告诉我们，中国传统的文化包括宗教，是社会的重要资源，是目前和长时间中建设社会主义新文化的重要的文化资源。长期以来，我们对于自己的文化资源破坏过多，对于传统宗教中的对于社会发展有利的因素重视不

---

① 李亦园：《新兴宗教与传统仪式——一个人类学的考察》，见《人类学与西南民族》，云南大学出版社1998年版，第218页。

够。然而,正所谓野火烧不尽,春风吹又生,传统宗教包括民间信仰,又悄悄地回到了人们身边。这一现象,显示了传统文化包括宗教的顽强生命力。

四、宗教对当代中国人精神生活影响的总体评价

长期以来,在中国都存在着对于宗教的贬抑心态。本来,因为人们对于宗教有信有不信,对于它的评价当然不可能一致。但是,在一段时间里,一部分人机械地、僵化地搬用马克思关于"宗教是人民鸦片"的只言片语,并且从以阶级斗争为纲的指导思想出发,加以发挥,结果造成了对于宗教片面的、离开了实事求是原则的分析。还在改革开放之初,在学术界就围绕着宗教是否鸦片发生了一场争论,研究宗教学的学者戏称为"鸦片战争"。1982年,中共中央发布《关于我国社会主义时期宗教问题的基本观点和基本政策》,才使得人们对于宗教的本质和社会功能,特别是在当代社会主义社会中的功能有了正确的认识。2007年12月20日中央政治局以当代世界宗教和加强我国宗教工作为专题进行集体学习,胡锦涛总书记在主持学习时指出,要发挥宗教界人士和信教群众在促进经济社会发展中的积极作用,要把做好信教群众工作当作宗教工作的根本任务。①

从我们调查的资料看,信众选择信教原因,如前面所引过的,主要的还是精神与文化的追求。其中选"告知做人道理,与人为善"的占24.1%,几近1/4,而认为能使自己"精神充实,心境安宁"的则占22.3%。主要的原因是,宗教本身是一种价值资源,惩恶扬善是目前大多数宗教的基本倾向。

所以,当中国共产党提倡社会主义精神文明建设的时候,各宗教组织都抱着积极响应的态度;2004年,胡锦涛总书记提出了建设社会主义和谐社会的重要思想,各宗教组织也纷纷响应,特别是中国传统的佛教、道教,因为本来就在教义中主张和谐,表现了更大的积极性。同时,宗教界人士也用实际行动参与到精神文明和和谐社会的建设中去。

参与精神文明建设,是宗教信仰者看得到的表现,其实,还有一个最重要却不一定为人注意的是,各种宗教场所,各种宗教为满足信众的宗教需要提供了条件,让大约3亿多人健康、有序地过好宗教生活,本身是社会安定的一个重要条件,也是中国宗教对于社会和谐所做的贡献。因为这些人的精神有了寄托,心境安宁,而且还或多或少地从各自信仰中汲取了道德戒条,遵守着最基本的一些行为规范,大大增加了抵制社会上不良文化污染的能力。因为有信仰,才有希望,有追求,无论其追求的动力如何,向善的一面,远离恶行的一面,总是主要的。

---

① 参见新华网:http://news.xinhuanet.com/newscenter/2007-12/19/centent_7281396.htm。

这样也大大减少了产生矛盾并且直接冲击社会的机会。在当代社会里，最可怕的是什么信仰也没有，因为这样的人，很容易缺乏生活的追求，或者是缺乏行为的内在约束，为所欲为。后面这种人，可能给社会和百姓造成直接的破坏。

不可否认，宗教本身具有两面性，既有积极的因素，如加以正确引导，可以为社会主义社会的精神文明与和谐发展提供助力，但是，也会有其消极的负面影响，在特定的时间里，会成为某些人的精神枷锁，而如果被别有用心者所利用，便会产生消极的作用，有时甚至于造成某些不安定的因素，出现扰民、乱民的事件。

宗教极端势力、国际恐怖主义和民族分裂势力，是当代世界上令人头疼的三大势力，在我国的某些地区，其恶劣的影响也有目共睹，但是即使这样，也不能简单地将账算到一种或几种宗教身上，更不能以偏概全，一笔抹杀宗教的积极的、与社会主义相协调的作用。例如，从伊斯兰教提倡的某些道德规范角度看，它与社会主义的行为准则并无矛盾。尽管两者提出要求的出发点、归宿点和内涵不一致，但对具体行为的指向上是可以相互协调的。伊斯兰教要求它的信徒说真话、做好事、敬老人、施舍、赈济灾民、照顾孤儿寡母、互相帮助等，而对自身，则要求信徒们力戒干坏事，力戒吸烟、酒、赌博、偷盗等。这样做，客观上有利于安定社会秩序，有利于社会主义精神文明建设。

对于个别与宗教有关的事件，我们必须有一个全面的、恰当的分析，不能单纯将之归于宗教的负面影响，更不能将之归因于有神论作祟。在多数情形下，与宗教有关的某些影响安定团结，甚至于造成恶劣的社会影响的事件，常常是由宗教以外的原因引起，而披上了宗教的外衣，一部分则是由个别人不理解宗教不负责任地处理与宗教有关的文字、信息等引发的。比如上世纪末的"法轮功"事件，系"冒用宗教或者气功的名义"的邪教事件；流亡在外的达赖集团搞民族分裂的活动，也是利用了藏族群众的宗教情绪；而曾经在1989年一度引起轩然大波的《性风俗》一书，则是个别人对于民族政策和宗教政策不负责任所引发的。事实上，当代中国的宗教信仰和活动，总的来说是有序的，绝大部分宗教信众都拥护现行的法律、现行的政治体制，拥护中国共产党的宗教信仰自由政策，宗教界人士积极响应有关"引导宗教与社会主义社会相适应"的方针，也愿意接受政府的合法管理。这几年宗教虽有发展，但并没有出现"宗教热"，更不用说狂热，也没有因为宗教问题导致影响安定团结、和谐社会建设全局的事件。宗教对于大多数信众来说，主要是一种精神上的安顿，与当前中国人的政治信仰、共同理想并无根本矛盾，相反，从根本上来说，还是一致的。

这里，要谈一下无神论与宗教的关系问题。少数人在谈到宗教问题时，总要强调宗教的有神论基础，希望在短时间里用无神论代替有神论。然而，实践证明，这种想法不仅不能奏效，常常适得其反。而且，从学理层面看，这种做法显得幼稚。需知，目前的世界上，无神论者只占少数，远不如宗教信徒来得多。而且在不信教的群众中，无神论者也不占多数。在调查中，关于不信教的原因，有如下一些原因（见表5-1）：

表 5-1　　　　　　　　　　不信教原因分布

原　因	回　答		回答的比例
	人　数	人数比例	
是迷信活动	703	14.2%	21.9%
不解决实际问题	948	19.2%	29.5%
易受坏人操纵	246	5.0%	7.7%
没兴趣	1 008	20.4%	31.4%
是虚无缥缈的东西	535	10.8%	16.7%
是无神论者	732	14.8%	22.8%
没有理由	697	14.1%	21.7%
其他	74	1.5%	2.3%
总　计	4 943	100.0%	154.0%

资料来源：本课题组调查结果。

依照表5-1的结果，宣称自己是无神论者的，占样本总人数的14.8%，如果将它放到全体16岁以上人口中考量，那么只占10%，在中国全部人口中占的比例更低，最多为超过8%，其数量比大约7 000万名共产党员和约相等数量的共青团员的总和还要少许多。况且，无神论的出发点，也不一定是马克思主义，甚至不一定是唯物论，中国现代著名学者、实验主义者胡适之就是一位坚决不信神的人物，他的依据是"科学"，实际上也就是科学主义做了他无神论的基础。当然，我们不是说无神论者处于少数就不值得提倡，而是说，不适当地强调无神论与有神论的对立，只会挑起与几亿信教群众的矛盾，其结果是破坏了党的群众基础。

第四节　作为当代中国人精神生活重要形式的民俗

宗教与民俗之间往往不存在截然的界限。在上面的讨论中所提到的信民间俗神与信祖先保佑（选择这两项的占表示自己有宗教信仰的被访者的26%强），既属于广义的宗教信仰，也属于民俗的范畴。相对来说，宗教信仰从内容上说更加系统，从形式上说更加制度化。相对于宗教，民俗与民众的日常生活之间的联系更加密切，很大程度上就是日常生活的组成部分。

下面对中华传统民俗的几种典型形态做一些说明。

一、婚恋民俗

如何树立一种好的、健康的婚姻观念，对当代社会的健康发展是十分重要的。源远流长的梁祝传说，坚贞不渝的爱情诉求，展现了我们民俗婚恋的精神境界，一种婚姻关系的精神生活。

在浙江省宁波市，受梁祝传说影响而建成的梁山伯庙一直以来有个说法，叫"若要夫妻同到老，梁山伯庙到一到"。怀着对爱情的美好向往，一直以来梁山伯庙中香火不断，当地及周边地区的人们都把梁山伯庙看成一个婚姻的希望之地。人们来到梁山伯庙回想梁山伯祝英台的爱情，同时憧憬自己的幸福。由此梁山伯庙及每年两次的庙会形成了一个以梁祝爱情传说为依托，以梁山伯庙和梁祝墓为中心的文化空间。这个文化空间的形成必然对当地及周边地区人们如何看待爱情及婚姻产生重要的影响。由此，在对梁祝传说传承的调查当中，华东师范大学中国民俗保护开发研究中心于2005年8月18日～8月20日，特在宁波市鄞州区内进行了一次关于梁祝传说故事以及由此产生的梁山伯庙、梁山伯庙庙会对当地居民在婚恋观念上的作用和影响的调查。

该课题组的调查采取了走访的方式，选择了鄞州区高桥镇为主要走访地点。以老、中、青年龄分阶段进行调查。共随机走访了共100人。在走访过程中，调查人员发现，大部分五六十岁左右的老年人都很信奉梁山伯庙，平均每个月都要去庙里烧香拜祭一次以上，对于梁山伯与祝英台的爱情悲剧，他们多报以同情，认为梁祝的悲剧在于他们的爱情被双方家庭和封建社会所不容。多数老人们认为这种悲剧不会发生在现在，因为现在两个人只要感情深就一定可以结婚。因此他们认为一个家庭要和睦，首先要夫妻之间互相体谅，要互相爱护忍让。同时这些老人们拜祭时的出发点已经有所改变，从希望婚姻美满扩散到为孙子求升学，为子女求发财。梁山伯与祝英台在当地很多人的心已经不再是美好爱情的化身，同时成为求发财、求升学、求平安的全能菩萨。梁祝村中一位58岁的阮美菊大妈的观点在调查中比较具有代表性，她常常去梁山伯庙求梁祝保佑全家和睦平安，同时也求生意兴隆，她相信梁山伯庙能保佑夫妻和睦，同时她说村里的确有很多人去拜了梁山伯与祝英台之后就夫妻和好了。

而阮美菊31岁的儿媳苏能仙对拜祭梁山伯庙不以为然，她认为梁山伯与祝英台两人家境相差那么大，梁山伯那么穷，祝英台是不会爱上他的。同时她也不常去梁山伯庙，只是偶尔跟着婆婆一起去看热闹。她的观点也是高桥镇中一部分中青年人的看法。但是大部分的中青年人还是认为梁山伯与祝英台的爱情是凄美悲壮的，人们应该去梁山伯庙祭拜。但是其祭拜次数都比较有限，只在庙会时去或者年初的时候去，祭拜目的也往往不限于求婚姻，主要以求财为主，有的则是因为没事干，和朋友一起去玩。

在调查中我们还发现，有部分外地迁入的居民在当地风俗的影响下常去梁山伯庙里祭拜。这说明梁山伯庙所形成的这种文化氛围在当地还是具有一定的影响。

据梁祝公园一位资深的导游介绍，近年来梁祝公园的游客逐渐增多，呈现出情侣多、学生多、恋爱多的趋势。往往是四五十岁的中老年人因为自己家里不顺心而来，60岁的老人多为子孙而来，20岁左右的则为恋爱来。

同时，据2004年12月25日陈勤建主持调查的在宁波市内进行的一次关于梁祝传说传承情况以及爱情婚姻观念的200张问卷调查所得到的数据显示：对于宁波市鄞州区的梁山伯庙和梁祝墓，有18%的人表示知道；25%的人听说过，但不知道具体的位置；还有57%的人表示根本没有听说过。在8个去过梁山伯庙的人中，有7个是去参观，只有1个是去祈福。

关于梁祝传说中那种超越生死的爱情，68%的人表示相信有这种爱情，但当问及是否会为爱情放弃生命时，64%的人表示不会。并且有38%的人表示，在现代社会中是不可能发生这种爱情的。但是有82%的人仍表示一个幸福的家庭最重要的是拥有稳固的感情，有75%的人认为美满的爱情、婚姻和家庭是使人幸福最重要的因素。

结合两次调查可以看出，梁祝传说以及梁山伯庙作为美好婚姻爱情的信仰，对当地居民的影响是比较深刻的，以梁山伯庙为中心的文化空间对当地居民的生活特别是婚恋观产生了比较大的影响。但同时也不难看出，尽管在梁山伯庙所在地的高桥镇，其影响还比较广泛深入，但从整个鄞州区及宁波市来说其影响已经开始消退，梁祝作为美好爱情和忠贞节义的象征，这种信仰在渐渐消亡。与此同时，梁祝传说中坚贞不渝的爱情观在受到现代文明的冲击。人们向往这种爱情，但又认为在现代社会中不可能会出现这种爱情。

梁山伯庙作为一种夫妻白头偕老的传统爱情婚姻希望的所在地，已经渐渐失去了它的神圣性；其作为一种婚姻信仰的文化空间形式的辐射力已经开始减弱；其所营造的，以爱情、忠贞为中心的婚恋文化在现代生活中开始慢慢失去作用。

同时，随着旅游开发及媒体宣传，梁山伯庙的婚恋信仰其影响在一些周边地区开始慢慢加强。梁祝传说所蕴含的美好情怀以及梁山伯庙的信仰呈现出"墙内开花墙外香"的态势。但不可否认，绝大多数去梁祝公园的人，往往只是来体验梁祝双栖双飞的浪漫情怀，而并非怀抱对婚姻、爱情的神圣态度。梁山伯庙、庙会这个文化空间寄托的夫妻白头，永结同心，这种土生土长的精神俗信已经受到了现代文明以及其他信仰的冲击。

二、丧葬民俗

在中国民俗的人生礼仪——生、婚、丧——人生文化生命流程的关节点上，处处都有着中国人独特的精神意识和精神生活。例如，在肉体生命终结的事实前，民间俗信却执著地崇信生生不息的生命意识。

笔者（按指本节作者陈勤建）在田野作业中，深感在当今古吴越地传统民众的心目中，生命是永恒的，没有死，只有化，转化到另一个地方住，或转化为其他的生灵。了解当地民间文学的专家都知道，在传说故事中，人和动植物都会互相转换。在人们幻想的精神世界里，布谷鸟、相思鸟、鸳鸯以及牡丹、桂花、昙花等都是人的某种化身。①

在当地人的灵魂深处，生命的"生"和"死"，似乎没有一条严格区别的界线。20世纪90年代中笔者在宁波市北仑港北部的山区调查。中午与几位老农的座谈会快结束时，一位老人跟笔者说他盖了间新房子，下午要去看看，下午的座谈会就请假不来了。笔者说："可以呀，你盖新房了，向你祝贺，我可不可以参观参观？"宁波地区那时的经济开始大发展，农民普遍拆旧房，盖新屋，越造越漂亮，令人羡慕。他笑着答道，"无告（方言：没关系）！就是在山上走路不方便。"笔者说："没关系啦。我们这些人整天在外调查，爬爬山小意思。你盖新房，有多大呀，现在农村盖房都是楼房，比我们城里人的住房大多了。"笔者正在一面示强，一面示弱，感叹城乡居住反差时，座谈会的几位老人，显然知道笔者文不对题，赶紧挑明说："陈教授，他盖的新房不是你们城里人住的那种房，是他老了以后住的新房。"笔者一时没反应过来。见笔者一脸困惑，他们又补充道："喏，就是寿坟。"笔者终于明白过来，原来是墓穴，心头不由掠过一丝恐怖，为掩盖自己的尴尬，笔者强笑道："那也没关系，如果可以的话，我也想看。"老人们又表示了欢迎，说："我们几个原本商量好的，房子都盖在一块儿，要看都可以看看。"笔者无话找话，问道："为什么？"几位老人异口同声地笑道："我们都是好朋友，住在一起，将来冬天一块儿出来'晡（晒）太阳'时，热闹些。"笔者听了，头脑嗡的一下，心想：那时，是鬼聚在一起了，可这些老人们似乎没有感觉到有什么差异，在他们看来，所谓人死，不过是换了个房子住

---

① 陈勤建：《花鸟虫鱼的传说》，上海文艺出版社1984年版。

而言。他们还会是那样生活,包括冬天到屋外"晡(晒)太阳"。

在民间俗说中,我们经常可以看到,不同的生命,人与草木虫鱼,没有特别的界线,两者是相通的。如孟姜女在吴越地的传说中,投太湖后转化为银鱼。梁祝"合冢化蝶"也就是生命生生不息,相互可以转化一切事物精神理念的艺术表现。而且,在梁祝传说化蝶情节发生之前,民间早有这种精神理念的艺术表现。中国远古的变形神话,时而可见神和他物转化的情景姑且不说,顾颉刚先生当年在中山大学《民俗周刊》发表的《华山畿与祝英台》一文中指出,华山畿传说中的"合冢"情节,"事与祝英台同"。钱南扬先生在同刊发表的《祝英台叙论》中也早就指出,与梁祝类似的"裙化蝶""魂化蝶",在晋代《搜神记》韩凭夫妇的传闻中已有发生了:"宋大夫韩凭,娶妻美,宋康王夺之,凭自杀。妻阴腐其衣,与王登台,自投台下,左右揽之,着手化为蝴蝶。"

三、心意信仰民俗

心意信仰民俗,是指民众间流行的偏重于独特心理观念的各式崇信。在民俗中,心意信仰民俗是更为集中、更为突出、更为典型的民众群体的精神意识、精神生活,从而构成了民俗精神生活别具一格的风采。2006年中国社会上流行的"双春"扎堆结婚和来年生子"抱金猪"一类的说法,可以作为这方面的例子。

心意信仰民俗,因民族、国度或区域群体的不同而呈不同的色彩。中国的心意信仰民俗,无论是在内容或形式上都呈现出鲜明的中国特色。如"十三"在西方是不吉利的数字,可在中国,除了受西化影响的上海视疯疯癫癫、不知自重的人为"十三点"外,其他地区在旧时对十三这个数非但不忌讳,似乎还是有吉祥意味在内。代表中国儒学之大成的集子,不多不少刚好十三部,世称"十三经"。"十三经注疏"则是历代大儒替"圣贤立言"的又一集大成者,是历代文人必读的中国"圣经"。明代帝王在京都附近修建的陵墓刚好十三座,时称"十三陵"。古代划分天下行政区域,史称十三州、十三刺史部、十三布政使司的也不绝于书。日本现代民俗学的鼻祖柳回国男先生为此称心意民俗为"土著者的学问",是颇有见地的。它的确是一地民众群体历史养成的心理观念的集中表现。俗话说,"人心隔肚皮",不同民众群体长期形成的心意信仰一时是难以相互理解的。它不像有形的物质民俗,有一个可供观察的实体,可给人多方位观察思考。而心意信仰民俗是无形的,难以用言语做完整的表达,只能凭心意捉摸,靠心灵的交流而神会。笔者碰到一位留美的文学博士生,我问他,在美国最困难的是什么?他不假思索地回答:巨大的心理意识和文化观念的差距,是他们学习的最大障碍。同一事物,双方的习俗观念往往有很大的距离,彼此难以理解。他还补充道,大多赴美学文的中国留学生为此而改了专业。微妙的心意信仰常常是不同民族和群体人们互相了解的深层障碍。但是,它倒是了解民族心理的一把钥匙。中国实施计划生育政策为什么困难重重?特别是在一些农村地区出现反复,问题的关键在于心意信仰民俗方面尚未得到根本的改变。近年来,各项政策齐下,计划生育的落实有进步,但又出现溺女婴、男孩村的异常现象。传统的心意信仰习俗观念认为,家中没男孩,父亲断了"种",母亲也失去了"母为子贵"的地位,族人会觊觎家财,村民会借故以势压人。地分给坏的,自留地,被强占一条,家族亲友巴不得你女儿早日出嫁,好收房产。中国民众群体在生儿育女的整体心意信仰观念上如不加修正,必然会对计划生育政策的实施带来重重阻力。而这一切对美国人来说则是不太容易理解的。由此可见,一国或一民族的心意信仰资料的搜集、整理和研究,是民俗精神生活的重要环节,失去它,如同失去了根本的命脉。

如中华民族精神生活中的祖先崇拜。远古以来,中华民族在融和的过程中产生了好几位民族崇拜的先祖。如黄帝、伏羲、女娲、盘古。传统的家庭,设有已故家主的牌位,宗族置有族中祖先的灵牌,适时礼拜。举世闻名的孔子家族,今日已繁衍至77代,族中以曲阜为中心保持着尊先祖孔子的崇祀。人们对祖先的崇祀,也往往要追溯到历史上有联系的显赫人物,以此来增加自己的光彩和价值。

中国祖先崇拜的一个特点是,它不仅尊崇血缘关系的先人,还崇奉各行业的"开山祖"。俗话说:"三百六十行,行行有业祖。"如造酒的业祖是杜康;梨园界的业祖是唐明皇;木工的业祖是鲁班;金银匠的业祖尉迟公;售饼的业祖汉宣帝;娼妓的业祖关壮缪;刻字匠、印字匠、锦匣匠、裱画匠及纸店的鼻祖为文昌神。一个行当的业祖有时不止一个,崇祀就凭个人喜欢了。如中医业祖有扁鹊、孙思邈或黄帝;织机匠的行业祖苏州崇拜张平子(东汉张衡),而松江及长三角一带尊奉黄道婆。这些为维系中华民族的精神文脉万古一体,起到了重要的作用。

心意信仰民俗的精神生活内容庞杂,有俗信,如生肖属相、祖先崇拜、龙凤崇信、天地日月星辰祭祀,等等,也有迷信等不乏负面的东西。但是,大多论者,对民间俗信往往只注意其信仰的层面,并以宗教学的知识理论进行解说。总体上,它们同属民众的精神生活,然而,互相之间虽有联系,也是有区别的。

一般而言,俗信是人们在长期的生活、生产中形成的约定俗成的传统理念。如"瑞雪兆丰年""三百六十行,行行出状元"。俗信有的是日常生活生产中实用的经验性心意体验,有的本来是原始信仰或迷信的事情在民间传承。流传中,随着社会的进步、科学的发达、知识文化的提高,一些非理性的无内在因果关联的信仰事象，逐渐失去了存在的根基，一些合理的有用的成分，在实际中不断有所借鉴，并形成了一种传统的习惯在行为上、口头上或心理上都保留下来，在一定的人群中流传，直接间接用于生活目的，这就是俗信。

心意信仰民俗是与宗教不同信仰形态的精神生活。一般而言，它不受宗教的约束，也不同于一般的宗教。心意信仰民俗其实是和我们民众的世俗生活紧密联系在一起的独特信仰形态的精神生活。它既是精神信仰，又是物质生活；是一种不脱离信仰的文化生活相。现实生活中，它与民间民众日常生活场景的方方面面：盖房买房、生老病死、养育嫁娶、读书上学、外出行商、打井造桥、种田捕鱼等纠缠在一起，并有意无意地规范制约人们在其间的言行走向。在世俗的生活中，心意信仰民俗极大地约束着人们精神世界中的思想言行和人生观。心意信仰民俗是一把"双刃剑"。其负面，对民众生活有害。但因立场观念的差异，时代的不同，实际危害的程度和个人的感受不同而有所差别。心意信仰民俗中蕴涵的民间权威文化符号和精神信息，具有不同于法律的法约力量，其合理的流行、应用，往往与遏止人性的劣根性，促进人性的良知，保护生存环境，祈求人生福禄寿、美好幸福等生活目的相联系，内含有利于现实民众生活和社会公共秩序的和谐发展的积极因素，对维系社会规范，促进社会稳定，凝聚国民性等方面，具有政府行政管理无法替代的影响和作用。对这些问题的深入探索和剖析，可以为我们当代精神生活和相关学科提供新的理论。

心意信仰民俗是一种区别于官方文化、上层文化而又在一定程度上受其影响的、具有民族民间特色的、反映民众精神生活面貌的社会文化现象。林林总总的各种俗信，按照科学与否评价，可以分为科学的、含有科学成分的、带有迷信色彩的、迷信色彩浓厚的几类；按照文化价值取向，可以分为积极健康向上的和消极颓废落后的；按照其带来的社会效果，可以分为有益的、无害的、有害的几类。但是不论哪种类型的心意信仰民俗，无不从正面或反面与科学和文化有着密切联系。许多心意信仰民俗蕴涵着一定的科学知识、道理，有些直接就是科学知识、科学精神的表现；有些则是非科学的东西，毫无科学道理可言，甚至是对一些科学知识和自然现象的歪曲。许多心意信仰民俗有着健康的精神内涵，反映了健康文明的文化思想，对科学发展、精神文明建设有着积极的作用；也有一些心意信仰民俗表达了不健康甚至是落后腐朽的文化观念、文化现象，对精神文明建设起着消极、有害的作用。应当承认，心意信仰民俗中的大多数，不同于纯迷信那样明显地严重危害社会，危害民众，而是有益于或无害于社会和民众。特别是传统节日心意信仰民俗、人生礼仪心意信仰民俗等，主要展现了人们的求吉避祸心理，表达向往健康长寿、家人平安、生活美满、社会安定的良好愿望。如除夕前辞灶、贴门神、贴福字，过年说吉利话，守长命岁，年初一不扫地，正月里不剃头，七月七年轻女子乞巧，中秋月圆人团圆，新婚仪式上新娘抱瓶跨鞍示平安，等等，都体现了这种心理。尽管其中有些心意信仰民俗仍带有某种迷信的成分，是不够科学的，但它们在实质上已经成为人民大众既娱神更娱己的丰富精神生活的组成部分，而不存在有害成分。有一部分心意信仰民俗，原来是有害的，但是后来逐步演化为象征性、礼仪性的，从而使有害成分大大降低。

由于多种原因，我们对心意信仰民俗在民间生活的实际状况，调查不足，研究薄弱，知之甚少，加上国家原来也没有像宗教组织一样的管理机构，从各级领导到普通民众，普遍缺乏对心意信仰民俗的科学认识，心意信仰民俗的滥觞一直处在无序的自发状态。在笔者（按指陈勤建）20年的田野调查中，某些地方官员和部门领导有一种片面认识，简单地把民间流行的民间心意信仰民俗简单当作迷信来排斥，把基督教等宗教则作为不是迷信的东西来对待。这种看法使得一些农民为了不搞"迷信"而放弃本土心意信仰民俗，皈依洋教。在民间，特别是广大农村，这在一定程度上加重了信仰思想文化的混乱和本土精神生活的虚化的趋势。为了国家的长治久安，务必对此进行了解、研究和对策。

第六章

文学艺术作品与当代中国人的精神生活[*]

当代中国人的精神生活，不仅是一种现实的生活形态，而且也通过文学、艺术、公共舆论和专业的研究表现出来。这些专业和公共的文本，不仅是一面镜像，通过它们可以观察当代中国精神生活的种种面相，而且这些文本作为一种公共的文化，本身参与到中国人精神生活的建构过程之中，通过各种价值观、文化观念和意识形态的传播，塑造人们的精神生活和行为模式。

本章着重讨论文学艺术作品中的当代中国人的精神生活。

第一节 世俗化与反世俗化：文学感受时代的变迁

考察当代中国人精神生活可以有诸多起点；相比之下，从1992年开始逐渐加速、到2001年达到高潮的市场经济建设，对当代中国人的精神生活影响具有最深远的影响。在这个背景下出现的文学现象，是当代中国人精神生活的重要侧面。

---

[*] 本章第一、第二节执笔为华东师范大学中文系的罗岗，第三、四、五节的执笔为华东师范大学传播学院的雷启立。

一、社会变革与"王朔热"

1992 年春天,市场化大潮开始在神州涌动。尽管只有短短的一年时间,人们还不太清楚这场"大潮"究竟会怎样深刻地改变中国社会,但就知识分子熟悉的"文坛"而言,1993 年已经显得颇不平静:这一年,各种报刊纷纷扩版和改版,既是适应信息量倍增的现实,也是为新兴的广告业提供更多版面。一批纯文学刊物为了适应市场经济和满足读者需要,纷纷改版为综合性文化刊物,而同时在中国创办时间最久、在文坛具有极大影响力的大型文学期刊《收获》却在经济上陷入窘境。这一年,文人纷纷"下海"经商,陆文夫创办"老苏州弘文有限公司",张贤亮创办"宁夏艺海实业发展有限公司",谌容一家创办"快乐影视中心"。笔名"周洪"的畅销书写作群体与中国青年出版社签约,三年内所有署名"周洪"的书稿,都只能由中青社出版,被新闻媒介称为"周洪卖身"事件。而在这一年,以"朦胧诗人"著称于世的顾城在新西兰威赫克岛上用斧头砍死妻子谢烨,自缢身亡,"诗人之死"引发了文学界、思想界和媒体的激烈讨论。这一年,王蒙在《读书》上发表题为《躲避崇高》的文章,热烈地为被大众喜爱却饱受舆论批评的作家王朔辩护。

从 20 世纪 80 年代末到 90 年代,王朔就仿佛一直"火"着。1984 年,一部《空中小姐》"一炮走红"并被拍成电视剧后,王朔便开始集多重身份——作家、编剧、策划等于一身,渐渐成为文坛的弄潮儿与影视媒体的新贵。他的小说倒是老老实实地一篇篇发表于《当代》《收获》等著名期刊上,然后再以很快的速度占据书摊、书店,占据大众的眼球。1988 年,在电影史上被称作"王朔年",因为在那一年里,王朔的四部小说被搬上了银幕。黄建新看中《浮出海面》,将其改编成电影《轮回》;叶大鹰根据《橡皮人》拍出《大喘气》;夏钢的《一半是海水,一半是火焰》和米家山的《顽主》均改编自王朔同名小说。也正是在那一年,王朔辞去原职,成为新中国历史上最早的以文谋职的个体户。年纪轻轻便出版《王朔文集》召来了老作家们的反对,认为那是对传统文学的污蔑,此举在 1992 年又将王朔推向风口浪尖,于是文集的销量愈加一路飘红。他在这一年成立了"海马影视俱乐部",又在与叶大鹰合办的"时事影视文化公司"中担任总经理。在 20 世纪 90 年代初热播的《渴望》几乎导演了万人空巷的场景;《编辑部的故事》风趣诙谐,老少咸宜,同样吸引了大量观众;更别说冯小刚一年一部贺岁喜剧片的深入人心,里面也留下了王朔的印迹。这一切,如何能不让王朔火起来?甚而成为一股"热",一种文化现象。

在 1978 年以来、尤其是 20 世纪 80 年代末和 90 年代初的那些年头,人的价值观念与社会制度同样面临转型，王朔的作品在这样的当口却如此叫座，引起一股股热浪，其原因除了"将文学投入市场"之后日趋成熟的市场运作模式之外，恐怕也多由于王朔的作品在某种程度上契合了转型中人们的思想脉络与心理轨迹。纵观他的几部成名作，几乎都刻画了在商品经济浪潮中小人物或曰边缘人的挣扎与心态。如《空中小姐》的男主人公"回到北京家里，脱下紧身束腰的军装，换上松弛的老百姓衣服，我几乎手足无措了。走到街上，看到日新月异的城市建设，越发熙攘的车辆人群，我感到一种生活正迅速向前冲去的头晕目眩。……他们都有着自己正确的生活轨道，并都在努力地向前，坚定不移而且乐观。当年，我们是作为最优秀的青年被送入部队的，如今却成了生活的迟到者，二十五岁重又像十七八岁的中学生，费力地迈向社会的大门。"① 从曾经"最优秀"的青年到整天无所事事的边缘青年，政治幻境破灭的同时，他们也一样被新世界的经济秩序拒之门外，招来精神上的无比苦闷，"别看他们一天到晚嘻嘻哈哈，什么都不在乎，其实才不是那么回事呢。我太了解他们这种人了，心里特苦闷，特想干点什么又干不成什么，志大才疏，只好每天穷开玩笑，显出一副什么都看穿的样儿，这种人最没出息！"(《顽主》)"顽主"便这样诞生了，"我要不是真诚我早跟你们谈理想了。我是流氓我怕谁呀"(《一点儿正经也没有》)；"还他妈受教育呢，胶鞋脑袋，长得跟教育似的"(《一半是火焰，一半是海水》)；"人都承认自己是坏人，那天下也就太平了"(《我是狼》)……这一系列烙着王朔印记的"俏皮话"成了具有某种判断含义的言论，成为人们效仿的对象与畅谈的话题。

在这个商品社会中，"顽主"们成为最想出人头地却无从入门的边缘人，于是索性将自己的位置降到最低，以自我调侃、自我贬低同时也调侃、贬低别人来减去心理上的重压。他们经历过许多社会大的变动，也看到过许多"崇高"与"理想"以及它们的下场，他们对之并不加区分，一律从心底里生出戏谑与蔑视。对当时还处于转型期的人们来说，王朔敢于撕下"新时期"文学一直幻象的"大写的人"的面具，把那些自以为是的理想主义者改变为无所作为的没落子弟，并且鄙弃一切崇高价值观念都具有振聋发聩的作用。在1993年结集出版的四本王朔评论集中②，有很大一部分是来自普通百姓的反馈，从中或许可以看出王朔的作品在多大程度上契合或说激发了当代中国人的精神世界。

"文革"虽过去了，但"文革"留下的印迹却长久在人们的记忆中无法抹

---

① 王朔：《空中小姐》，见《王朔自选集》，云南人民出版社2004年版。
② 萧元：《王朔再批判》，湖南出版社1993年版；张德祥、金惠敏：《王朔批判》，中国社会科学出版社1993年版；高波编：《王朔，大师还是痞子》，北京燕山出版社1993年版；晓声：《我是流氓我怕谁——王朔批判》，书海出版社1993年版。

去。那样一种极"左"思潮，在所谓崇高、道德、美好的名义下犯下诬陷、杀戮、极权等种种恶行已使人深恶痛绝、避之不及。而在极权高压统治下的人们也已学会保持沉默，不对任何社会大事发表意见，更不用说发泄不满。王朔作品中那种消解一切崇高神圣价值观念的"痞子"口吻无疑极大程度契合了经历过"文革"的人的心理，道出了他们长久以来想说的话。而同样的，1993年的人们还经历了20世纪80年代末的政治风波，长期以来，以各种主义上演的社会运动已使人恐惧而厌烦，因而任何消解主流价值观念的言辞对人们来说都有某种政治解放的意味。① 尽管王朔以痞子的形态消解一切崇高背后的动机实属复杂，但它却在一定程度上迎合了被极"左"思潮所压抑、所"愚弄"而产生不满的人的心理。在痛恨极"左"思潮的人那里，首先要打倒的是这些长期以来束缚人思想行动的桎梏。而商品经济催生的"王朔热"，意味着大众重新恢复自由的可能性，言说的自由、选择的自由……

于是，王朔化身为其作品中那些吊儿郎当、庸庸碌碌，却敢骂敢抢、敢戳破虚伪的小人物而成为人们心目中新一代的文化英雄，他打破文坛沉闷的空气，释放当代人的压抑，抚慰他们受挫的心灵，甚至消解极"左"思潮的影响。然而，我们也应当看到，王朔是那拨最早号准时代脉搏，清晰未来发展走向的人。表面上，他以"我是流氓我怕谁"的姿态冲击主流价值观念，俨然一个敢于挑战强势的英雄，然而在他作品或者许多言论中的"主流价值观念"大多由知识分子承载。他站在小人物的立场上所轻慢的那些"崇高"是某些被抽象了的有理想、有道德的知识分子的所作所为。他以他的"真"反衬出他们的"虚伪"，以他的"痞"反衬出他们的"无能"，从而构建出痞子/知识分子，真市侩/伪崇高这样的二元对立。在他的一系列小说包括热播的电视剧《渴望》《编辑部的故事》中，大部分知识分子的形象都被刻画得穷酸、迂腐。可是，人们不禁也要怀疑，在市场经济正蓬勃兴起的年代，知识分子这个群体所象征的理想主义、道德主义究竟是主流价值还是早已被迫到边缘？

事实上，当我们回看"文革"结束之后知识分子的经历时，我们会发现历史的戏谑又一次降临到这一群体的头上。中国的市场经济直接派生于国家体制，然而它能顺利在中国得以推行，一部分也仰仗于知识分子的力量。"文革"刚刚结束，如果人们看透了许多美好名目下的暴力与虚伪，也对所谓"社会主义"实验

---

① 如有人这样评价王朔："王朔说出了众多受挫乃至失意的中国人的心里话，他用笔施暴一切——政治、伟人、性、爱情、价值，他用他的政治思维发动了一场空前绝后的'痞子革命'——在任何时代天空下都不为人看重的'痞子'粉墨登场，坏事干尽，却拥有一份好心肠——被众多评论家和'迷'称之为'理想主义'的那点东西。"《我是蝎子——一种政治思维的终结》，见《王朔，大师还是痞子》，北京燕山出版社1993年版。

开始厌倦，那么他们更容易对"自由""个体""民主""现代化"等词汇着迷。在国家建设现代化的口号下，知识分子积极倡导并投身于一系列"思想解放"的运动，由是在政治上支持并鼓励了自由平等的意识发展，在经济上则开始消解传统的计划体制。20世纪70年代后期到80年代中期之前，对知识分子来说亦是一个充满理想主义色彩的时代。然而，当知识分子曾无比热望的象征现代化的市场经济在中国一步步深入发展的时候，知识分子本身却失去了笼罩其身的"精英"或"导师"的光辉，在经济上，"体脑倒挂""造原子弹的不如卖茶叶蛋"的诸种现象更是让其在新时代陷入尴尬的生存境遇。而曾随着知识分子一起，感受现代化想象欣悦的普通人，看着商品经济的逐渐成形，市场的威力渐渐超越一切，现代化的想象物化到了赤裸裸的金钱、利益甚至腐败、堕落时，也再次感觉被愚弄了。在市场经济重商主义的语境中，曾经拥有的道德、理想是多么脆弱与不堪一击，全都无法与可以到手的利益相比，并且这样的念头再也无须藏着掖着，已经由王朔代表大家把世俗的愿望叫喊了出来。

于是，我们可以这样说，王朔看似身处这个社会的边缘，进行着某种躲避"崇高"的事业，其实却有着一番策略的权衡。王朔心里很清楚，知识分子没有也不可能控制着这个商业社会的全部社会价值系统，在这个时代里，他们早已成了弱势群体。特别是20世纪80年代末期，中国社会的重大变化也让他们落入失语的境地，而他们唯一尚可自矜的道德优越感也基本很难再为这个时代塑形。于是看上去，王朔以弱者的姿态挑战着"主流价值观念"，迎合了大众某种反抗的心理。然而在这社会转型时期"主流"与"弱势"的位置早已悄悄发生了置换，王朔以其"卑贱者最聪明，高贵者最愚蠢"的"文革"口号重写了市场经济时代的反智主义倾向，以强者的姿态拥抱市场经济时代的到来。他成立了"海马影视俱乐部"，又在与叶大鹰合办的"时事影视文化公司"中担任总经理。出文集、写剧本、搞电影，尽得市场的先机。由他参与创作的电视剧《渴望》《编辑部的故事》也大获成功，尤其值得一说的是1990年播放《渴望》的时候，知识分子刚跌入颓唐的边缘地带，而此片中对知识分子自私、软弱、穷酸等的刻画无疑迎合了当时的某些人心目中的主流话语，为社会的反智心理又增加了砝码。于是在王朔那里，不仅"极'左'思潮"意义上的伪崇高、伪理想被遏制了，人类历史上一切崇高、理想也由于在市场经济面前变得苍白无力而获得被消解的合法性。取而代之的则是一种对商业社会运转逻辑的全面认同，拜金主义与利益最大化背后包蕴的是一系列新意识形态。

"王朔热"的意义并不限于文学界，而是表现为"文学"在市场经济体制转型中对当代人的精神生活所能够产生的影响，甚或促使知识界的分化乃至某些思潮的兴起，引发了知识分子对中国现代化发展的不同想象。这种种不同的想象投射到文学领域，除却拥抱市场经济的，还有没有其他的面向呢？

二、深陷于"小市民气"中的突围

残雪在近期提出了"纯文学"①的说法为自己的写作张目。这是一个强调文学独立性的老题目，在此题目下残雪标举了精神相对于现实之独立关系。在早期的创作如《污水中的肥皂泡》《山上的小屋》《公牛》，尤其是《黄泥街》被从中国现实角度解读为对"文革"记忆和家长专制的精神控诉，而残雪本人并没有作出异议后；伴随着她的作品在国外逐渐受到欢迎，和外国批评者如日本的近藤直子对这些作品的另外角度切入②，以及残雪本人对西方作家卡夫卡、博尔赫斯等作家的重新解读③，这类在残雪发布作品初期从外部缠绕着它们的民族政治隐喻性阐释被尤其是来自作者本人的反对给稀释了。

"纯文学"在残雪这里表现为故事形式和人物言行的纯精神演义化：人物和故事都不是可以现实发生的，而是精神轨迹经由它们的具象化表现。在这个纯精神的文本世界里，精神有着非比寻常的能力，如《雾》中的一场雾，来去自如地拉开另一个神秘世界的幕布。一般人们并没有（或认为有必要去）注意到与这个精神世界相对的作家的世俗生活。或如前所述，是用民族国家历史这层现实面去作生硬地对应；或顺应作家目的的阅读路向，纯从精神面深入。

事实上，残雪借由"纯文学"概念突显了一个"精神/世俗"的二分法之后把"世俗"一端的头绪隐没了。残雪从侧面、关系性的角度描述了世俗生活。她称从中接受了刺激、获取灵感。写作负责把对世俗生活的依赖和厌恶、对抗和胶着的外部矛盾内化为作家的精神斗争，由此演化出人物间的扭斗推进关系。这样的描述更是留下了"残雪意义上的世俗到底是什么"这样的空白。即便残雪进一步确认它为"小市民生活"和"公认的现实"，也留待具体化的解释。

如果按照传统的知人论世的分析，而把作家直接置入她所处时代的主流的社会思想语境中，这样的直接政治性隐喻的阐释对于残雪这位明确表达回避政治性问题的作家，是粗疏的。尽管可以有一个共时的统一的世界，但个人从何角度切入世界、其特定的感受性发生在哪里，这都会影响到"世界"在个人身上的发生，使它很大程度上转化成"世界观"的问题。笼统地讲，可以把残雪的方式称

---

① 残雪：《究竟什么是纯文学》，载于《大家》2002 年第 4 期。
② 近藤直子：《吃苹果的特权》，载于《文学自由谈》1995 年第 1 期；近藤直子、廖金球：《X 女士或残雪的突围》，载于《南方文坛》1998 年第 5 期。
③ 残雪：《灵魂的城堡·理解卡夫卡》，上海文艺出版社 1999 年版；残雪：《解读博尔赫斯》，人民文学出版社 2000 年版；残雪：《地狱的独行者》，三联书店 2003 年版。

为以女性身份和个人视角"观世"这样一个相对边缘却也并不特殊的位置。传统地看，它与被称为"世俗"的眼光紧紧相连。

但残雪在这个笼统的区位里是表现特殊的一个。在当代中国的市场化情境中，"个人性"与"女性"的勾连可以直落"物质性"，以作为"商品"而供"消费"，这条下行的逻辑链已经非常清晰而易行。其中性是一个绕不过的话题。残雪也写身体与性（如《突围表演》），但她写的身体几乎不供观看，而她写的性也是精神化和抽象化的性。她让X女士（连名节也是抽象的）站在街头的演讲台上高谈阔论"业余文化生活"（暗指性）的时候，人们感觉到的不是单纯来自身体某个部位的冲动；残雪试图写出一种牵一发而动全身的效果。不如说那是一种"串联"，以性来串联身体和思想和精神，目的总归是后者。而使得这条串联顺理成章地被读者第一时间攀缘住的那个关节，便是残雪反复强调的"原始力"精神。要截断这条串联的方式当然也很简单，只要把"原始力"解释为如同动物一般的不假思索，徒具一副形体或者纠缠于原始冲动的细节，圈范在就事论事的描述中就可以了。

残雪让X女士登台对"业余文化生活"做的一通发言，形式本身就颇叫人留意。爱是谈出来的，不是作出来的——这在当代某些所谓文学作品竟都已经成了问题；要是说，性是谈出来的，这在当代中国文学文本中，该是一个值得关注的事件。况且，这已经不是一个在现实具体的性的场景中，在余绪中或在所谓腻味中反思的问题；而是把"性"整个作为一个借词，指向一种具有文化突围效果的原始力的精神演练。如果说里头不无身体的感觉，就好像在头脑某处打开一个如同"精神呼吸"一般的口子。

不能把这个"精神化处理的性"作为单独事件来考察，那样会显得它太纯粹，也太怪异。如同残雪所谓的"纯文学"并不纯粹一样，它是被外界紧紧逼压的时代白日梦（精神症状）类型。它隐含着一个基本的疑问：在这个物质化弥散到一切领域的时代，能否以头脑为中心，策划一场"把物质精神化"的反弥散"突围表演"？如果从这个角度看问题，那么残雪的极端处理就是一种有意无意地针尖对麦芒，是对时代的极端物质病的"刺激—反应"心理。

以这样的角度来看，可免于把残雪的功绩看得过分，而有助于将其文本定位于时代征候之一。针对于拿性单单作为性，是以一种有违常理的方式来对待另一种有违常理的方式。由此延伸，把文学彻底纯粹化精神化，针对把文学彻底市场化物质化，也是受不正常刺激下的不正常反应。也许这就是残雪意义上的"纯文学"的病理报告。要在时代潮流中保持一块清流地而苦苦维护的这样一种被包围的、为保卫精神的"纯文学"文本，由于离开人们的经验模式太远而难以卒度难以"消费"。然而反对消费主义并不等于要反对消费，那样的"纯文学"就过犹不及了。

　　设定这道基本的评价上限后，残雪的存在可获得一个恰如其分的意义。她对性的书写事实上是以下思考的结果：诸如，当代人的感觉点在哪里？激活它之后接下去该怎么走？于是自然发现性是一个易感点，一个说事的方式，一个话题。残雪并没有干干净净地置身于潮流之外，而是从时代手里接过了这个茬，她的书写是对那些半截子性的书写的反目，本身是内在于时代的反思。她的文本是对时代的过剩而盲目的利比多的中和反应池子，因为她眼里所及均是酸，她的地方就须均是碱。这个中和过程也就是她的意图：把对世俗的依赖与厌恶转化成自己的精神性文本。

　　这转化形成的"精神利比多"，被残雪赋予了批判孱弱的中国传统文化的功能。一竿子套定"中国传统文化"是"五四"以来中国精英知识者熟悉的口气，这也形成了一个传统，便于后者直入堂奥，却也留下了不加辨析，拿来就用的弊病。在"五四"时期被与西方文化对比的中国传统文化，在残雪这位女权主义者手里，被判定为孱弱委琐的中国男性的文化，而以之与代表现代精神的女性阳刚文化（X女士）对比。"中国传统/西方现代"被转化成了"男性传统的中国文化/现代女权的中国文化"。这种从一个二元转向另一个二元的判定依然过于简单和粗劣。并且，让一个单刀女性X与男性群体以及其他女性（如寡妇Q）作战，有如堂吉诃德大战风车式的现代女性个人神话；残雪仿佛也并未把X女性所暗示的作家自身的独特性与群体中国女性结合起来。但我们不妨把这个女主人公典型化，一旦把中国女性作了这样的命名，便利于把女性从当代中国市场化语境中的物质性消费性地位解放出来。在"物质利比多"的对象和化身的尴尬角色以外，女性可获得另一种身份想象。这一想象非常重要，在上世纪八九十年代之交诞生的《突围表演》，未必料到时代继续挺进市场化所暴露的女性与物质、与消费结合的问题，但无意中提前留下了一条可能的出路。

　　在残雪与同样有鲜明个性的女作家王安忆之间，夹带着一个"世俗"问题。王安忆确实地关注世俗，她的上海故事写了很成熟、很完备的城市市民生活体系和态度。而残雪不直接把握世俗，并且她认为王安忆太小市民气。从另一个作家具有自身对应和规定性的作品中读出的"小市民气"尽管不能同残雪在世俗生活中接触到的"小市民气"相对应，却也提供了一种参照。确立参照的可能性在于当代中国城市化进程和市民生活气氛的弥散，各种城市生活的呼应或复制。而上海无疑是城市身份和市民社会的代表。

　　上海故事早在张爱玲就做了精彩的讲述。这类故事描述的是"现世安稳，岁月静好"（胡兰成语）的生活诉求。斤斤计较的用度和精致的穿着，拿情感、生活层面的东西拨开时代风云，而自有小世界里的喜怒哀乐。

值得注意的是,它与外部世界有着相对独立的两套"时制",时代的更迭在它这里被淡化为一个岁月平静的永恒性了——我们知道,对时代的感知或命名并非可有可无的,一种直线时间观念的"启蒙现代性"正是对过去现在与未来加以区别,而明确了现在与过去断裂并通向未来的发展路径——它因而也淡化了"国族性"这个近代以来由外来侵略和压迫所激发的呼吁内聚力的主题。

当然,通过一些学者①的研究,揭示了物质层面的现代性进入这个世界的踪迹,比如晚清韩邦庆的《海上花列传》中租界妓女所坐的西洋马车。每一样物质的进入自然会引起具体的观念变化,但从根部并未动摇这个世界的理想。譬如表现在西洋钟表上的时间意识,引进了具体到分秒的时间概念,但受到了抵抗,没有演化为分秒必取的现代时间观念和落实为相应的时间制度。隐隐中挟卷着"悯悯的现代的威胁"而来。两套时制在此处冲突着。当然,在时势的催动下小世界里的安稳也居停不住,但其相对缓慢的进程显示了这是内部力量抓取一种不变性、安定性的结果。

这内部时间观念衍射着一整套自足的世界意识。张爱玲《倾城之恋》的经典开头写道:"上海为了'节省天光',将所有的时钟都拨快了一个小时,然而白公馆里说:'我们用的是老钟。'他们的十点钟是人家的十一点。他们唱歌唱走了板,跟不上生命的胡琴。"在象征着另一套时制的"白公馆"里,白流苏是在夹缝中的尴尬人物:一方面反叛落入小市民阶层的遗老家庭的封建套琐(对女人的三纲五常的教训)和小市民气的经济势利;另一方面又经营着保障经济安全的婚姻。就像她对范柳园说:"你若是混在那里头长大了,你怎么分得清,哪一部分是他们,哪一部分是你自己?"表面上白流苏是受屈者,然而是委屈地接受下来,一反身把自己稳稳地织进和范柳原的婚姻契约里。

王安忆《长恨歌》里的王绮瑶无论大时势如何变动,坐定在小世界里追求个人的情与爱,便是李主任留的一盒子金条给的底气——充分显示了这个小世界的内部安定抓取力的秘密依恃是什么——反过来也注解了,物质现代性之所以容易进入这个世界,不是新玩意儿的"现代感",而更是由于其"物质性"。

在此生活层之外的民族国家的遭遇和时代设计,在进入这类文本时常常被标以"乱世""战乱"的名目;或者尽管称其为"大时代",仍然模糊暧昧;或者竟是反讽(如《倾城之恋》的倒数第三段,再联系该小说名目看)——时代的命名和创造是身外的,而自有一套反向的置时代于边缘的稳笃笃的内部视角。简言之,这是一种化解了时代中心的压力,代之以个人(尤其是女性个人)生活为

---

① 参见罗岗:《性别移动与上海流动空间的建构——从〈海上花列传〉中的"马车"谈开去》,载于《华东师范大学学报》(哲学社会科学版)2003年第1期。

中心的，物质稳定为诉求，以婚恋、冶游关系为主要人际单位的生活形态。从这里提炼出了"日常生活态"的文学主题。

择要来讲，"日常生活"正是按传统被规定（白流苏即便是主动的，最后也不过是主动地重复这种规定性）在各自分散的封闭的（因而个人主义的）家庭（物质基础上的婚恋）内的女性的生活范围和生存资源。——当然不是说男性不参与日常生活，而是说他们无须拿它作为策略来经营。

虽说是"日常"，它又并没有自身的相对意识，也就没有相对的"非常"；它是把"日常"作为恒常的意义"弥散化"了。所谓恒常似乎是个时间概念，实际上因意味模糊而取消了时间，成为一个空间概念，——像《倾城之恋》中的"白公馆"。它由此取消了建立在现代时间观上的一整套世界意义。也由此，这个压灭"时间"的空间加深了意义自备的姿态，——它供给白流苏的自救的资源，不过是意义的重复罢了。同时，这个"日常空间"的弥散，由于建立在家庭单位制（或围绕着家庭想象的活动）上，不过是孤立的单位的复数化的弥散。一种逼仄的、深广不起来的空间感于是又压磨成型一个个苦于无法也无力沟通的人。

从现实和文学想象来看，这个"日常生活"显然又依托于城市——尤以上海为典型。具体到孤岛时期的上海，在对民族国家的时间表漠然之际，成全了张爱玲的上海叙事的盛名。"日常空间"的弥散在同具体一个城的结合中获得了自己的面相，并把自己的特征印刻其上：赋予上海（某一面）一种私己性的、阴柔性的文化气氛。

而当代城市化进程中城市间的空间复制，使得弥散化加剧了。20 世纪八九十年代的上海怀旧热和张爱玲热，无疑是一轮城市空间想象的运动。被不无道理地比作张爱玲的王安忆亦当令写下"上海三小姐"王绮瑶的故事。基于文学的城市日常空间的想象的共同体进一步扩大。与自上而下的基于政治诉求的整一的民族国家的想象的共同体呈现一种缠绕的情势。

残雪把这两道情势模糊地表达为"小市民气"与"公认的事实"。她的《阿梅在一个太阳天里的愁思》就把包含在"小市民气"中的婚恋经济、家长里短、陈规陋俗嘲笑了一番。残雪显然不在意王安忆们的复杂的态度（怎么写），而是针对津津乐道于这些东西（写什么），表达自己的不满。

从存在的角度讲，残雪同样是面对世俗生活的境遇，她也并没有把民族国家"公认的事实"直接纳入自己的写作——但她的处理却纯是另一路。她在创作谈中谈到的对世俗的厌恶和胶着情绪[①]，如果按现实主义的笔法，完全可以写成对世俗生活场景的再现而同样传达这种态度。而残雪在她的精神化文体里对

---

① 残雪：《自述》，载于《小说评论》2004 年第 4 期。

它做了一种很奇怪的——化解和转移的表达。《苍老的浮云》《旷野里》《公牛》等篇中夫妻间的莫名其妙的对话究竟暗示一种什么关系？按存在的现实主义式的解读，人们认为它们传达了人际乃至夫妻间的不可达至深层交流的人性的痛苦。

这是一个颇富诱惑力的、比较现成妥帖的释法。但无视文体的意义。残雪确乎是存在式的，却不是现实主义的。终于在《思想汇报》中对她想要表达（不是再现）的这种人际，从精神的熔炼到故事的成形，做了不太容易遭到误解的、情调完整的创造和传达。在现实中鲜有例外地被"理解"为人性之恶的人际的争斗和隔阂，随着只在精神意义上存在的食客这一形象的出现，被赋予了一种挑战旧型人格、扭打着、挣扎着，去争取一种新型人格的精神寓言。这时残雪才可以反过来不致令人费解地说《苍老的浮云》等作品，甚至包括《黄泥街》中的人际情调是"美丽"的。于是，把人的争斗从世俗短长的背景里剥离出来，把这种似乎是无法避免的人的争斗挪移到精神摩擦和操练的向上的氛围里去。——很明显的，残雪这一种属于精神的存在式。——于是，为了维护一种精神的相对独立性，去强调"纯文学"相对于现实和现实主义的独立的"空间"——一种新的个性解放资源（是身陷于日常空间中的诸如白流苏所无法想象和取用的资源），便是必然的逻辑推演。

如果残雪能不那么绝对地强调"纯文学"的话，这种精神的存在式倒的确可以在当代中国市场经济下招摇不已的唯物质"小市民气"的氛围中产生惊鸿一瞥的效果。这里讲的"物质"除了上面提到过的（文学也参与其中的）物质化了以便成为商品——甚至培育成一个"产业"——以供消费的身体与性（20世纪90年代起），还有城市小市民生活方式对文学想象和文学叙事的物质化侵犯（张爱玲因站在这个传统的起头处，可能还是最不服帖于圈范的一个优秀代表）。文学这种一贯能从现实腾挪出去（当然还会闪回）的想象范式，失去了它对于生活的大胆的"变形力"，而变得俯首帖耳起来。口气颇大的残雪对于鲁迅之所以还有一份尊崇，大概就在于鲁迅除了是"短刀与匕首"的鲁迅，还是《故事新编》里有着出奇变形力的鲁迅。

而小市民生活的经济理性（甚至是经济理性中最缺乏大胆和想象力的，保险计算大于风险投资，斤斤计较大于付出的）对于人生的统治，是压抑想象对于它的变形的可能性的。把"小市民"这个概念同当今市场经济所容许的理论前提——即假设每一个人是"经济人"这个概念——联系起来分析，那么小市民的人际就是彼此"追求利益最大化"的人际合作与竞争；于是小市民的爱情——多少因为也是"爱情"，与处理人生姿色的文学相关，而进入了这个文学母题的传统——显然也把对"婚恋经济"的人际学的津津乐道带入了部分文学中。当今市场经济还接受这样一个理论前提——即每一个经济人不能掌握关于某一个经济行为的所有信息的所谓"有限理性";这是假定"追求利益最大化"前提下的推定概念,因为"经济人"发现它阻碍了后者。先不论这些概念是描述了还是造成了一种人格,单单看这个"有限理性"中的定语"有限",它暗示着经济理性的永远不够和永无餍足,它提示着一种缺憾和无奈,并且它从理论上呼唤催生更多补偿机制(如信息技术的完善、市场化推广、代理人制度等)。这种理论预设(以及它所描述或造成的"经济人")的想象前景是经济理性的无限逼近完美和完全;仿佛人不能自动放弃一些经济信息和一些经济利益似的,——这样的说法是它不屑于也无法去想象的。回头来看王绮瑶,她再痴情,手里还是要有那一箱子金条;而王安忆即便安排她死于这盒金条,也许在残雪看来,她也到底花了整部小说的篇幅去写这个人的思想和生活,当她把此女交给死亡时,到底也还是依依不舍的。

这里还有一个小插曲。写作之余喜欢看电视剧的王安忆,最后把《长恨歌》交给了电视剧也交给了电影。这两部由当红女影星主演的影视剧不出所料地包括了美女、华裳、情愁、"怀旧的时尚"或"时尚的怀旧"等商品性元素。这是一个从非产业化的文学到产业化的影视剧的必然的有惊无险的跳跃。部分新闻媒体也着实参与了这个产业过程——从公映前的一片叫好到断断续续才有异议面世——而这时电影已经赚到了够本的钱,完满了它的产业链。王安忆遭遇的尴尬(尽管她想撇清)是一个人的命运故事遭到上述太多分离因素的干扰;后面将详细分析的作家北村也积极参与电影、甚至担当了自己作品的电影编剧,他的尴尬是《周渔的火车》搬上荧屏后,他所看重的"重要的是抵达精神,而不是书写命运"这句话被颠倒了。这两部商业电影甚至也没有拍出命运,而只要一个——便于穿插上述时尚元素的——故事框架。

残雪的小说则根本没有那种传统意义上的故事。第一,它的人际哲学,是否定了理性经济人中那种小市民的人际学;X女士的行为,在白流苏和王绮瑶看来何止是"非经济理性",简直是无理性可言。第二,它脱离了传统文学母题、几乎是"无题"写作;即便说《突围表演》处理了爱情,男女间的遇合方式也非常奇怪。第三,它那纯粹精神式的"无中生有"的情节、那种断裂飘忽的叙事逻辑,皆在排斥一种(为我们所熟悉的)视听感官的具象呈现,使它即便作为文本也很难消费,更不用说向影视的过渡了。想必任何一种大胆的改编都难以把她的作品剧本化。尽管为残雪出文集的出版社曾打出"1999年读余华,2000年读残雪"的市场化图书销售口号,这一套市场运作模式却仍未使残雪的作品走出小众阅读的圈子;她的作品注定是能够被产业化的那部分文学以外的留守者。尽管残雪也拥有自己的新浪博客,却远非那类热门博客。由此来看,我们虽然还是不能定义她的"纯文学",却可以看出它的位置,是处于人的头脑中不能被轻易移置的位置。它不能轻易物化、感官化,不能轻易消费,不能轻易创造产值。单单是这点意义,也就有它存在的必要。说它过于极端也是对的,它恰恰是时代征候的一面镜子。

三、面对世俗生活:信仰式写作的出路与困惑

作为一个基督徒来写作,在"新文学"中不乏这个传统。尽管胡适等以基督教是一种道德宗教而持认可态度,但在"科学"和"民主"为大前提的新文化新文学中,这一支并没有多大的影响力,传统内部的承袭也不明显。同 20 世纪早期许地山清淡隽永的这一路风格相看起来,世纪晚期的作家北村其悲郁的戏剧化叙事相当具有个人特色。北村从先锋小说家向信仰写作的过渡发生在 1992 年,这个变化在社会学层面上没有重大意义,是作家个人的遭际和选择。如此看起来,先锋小说作为 20 世纪 80 年代意识形态整合功能弱化和个人能动性提升的历史表现,也影响到作为先锋小说家的北村在创作转型时的参照选择,很大程度上是个人性的,而不是社会动向性的。于是可以理解北村提出的"心灵"的命题,它不是社会心灵模式,而是个人心灵模式。

先锋小说的形式主义在今天看来多有可诟病之处。但是借着后设的视角,在先锋小说作为一个流派已经成为历史阶段之时,不容易把它当时登上文学舞台之际所发挥(体现)的消解主流意识形态的积极性质回想起来,而先锋小说的个人主义、形式主义和带解构意味的游戏性必须在这个历史前提下予以理解:思想担子的卸下造成了形式创新的美学压力[①];另外,在形式上关注叙事(怎么写),是为暴露叙事的建构性质以质疑历史、社会、政治意义上的真实。

只是历史不可重复,当个人(价值)、形式(美学)等命题已经从旧来的集体性思想话语中解放出自身的力量后,当它不需要也不再能通过批判对抗的渠道来获得自己的关系性、方向性和深度时,——本体性的命题(抽象的、脱离于历史情境的个人,庸俗的机械论的"形式即内容")便提出来了,从而更进一步要求文学的独立,称之为"纯文学"("纯文学"真是个延展性很强的词,仿佛一个大筐子)。这是先锋小说发展到后来的困境:它要冲击的壁垒已经荡然无存,其真实还建立在什么维度之上呢?残雪是不放松地咬定其精神空间做"无中生有"的创造——她的真实性是建立在个人神和个人信的基础上,众人见无处,独她见有。北村不说"纯文学",却也相信文学中建立信仰心灵世界的相对独立空

---

① 参见陈晓明:《表意的焦虑》,中央编译出版社 2002 年版。

间——维持一种个人与基督神的冥想式的闭合交流氛围。[①] 他的真实性还是建立在个人价值的尺度上；而基督教中上帝与人可以不通过中介（牧师、社会、权贵、主流）直接交流的信仰沟通形式恰恰尊重人的这种个体地位，这或许可以解释他皈依的发生学上的一部分原因。

我们知道，基督教传入中国后，在教外思想界两次比较大的反响是新文化时期和20世纪80年代。前者是把基督教信仰体系作为一种相对文化价值看待，是对中国需要一种道德宗教的民族文化分析和诊疗。换句话说，是从外部文化补救功用出发，给了基督教一个宽容的环境，并非从信仰内部出发。后者进了一步，思想界的提倡者刘小枫本身是基督徒，出于文化批判的态度和神性态度两方面来倡导[②]。北村的个人信仰皈依同思想文化史背景的联系不大，有种类似某一时刻的"顿悟"。当然除了个人生活的变数之外，对当代中国文化和文学现状的思考也多少是他信仰皈依的背景。他的基本判断是：所谓新写实小说遮掩了作家的态度，是作家无力的表现；而沉湎于世纪之交拿无聊当有趣的态度中的文学是"无耻的文学"[③]。有没有信仰之光——或至少信念之光，是他判断好的文学、艺术与哲学的标准。

北村作为原来的先锋小说作家谈到"新写实小说"，是他已经从形式实验、语词欢愉中走向了关注现实与世俗。这可能也是一个被动逼视的动作，因为思想文化界都普遍感到自身被来自世俗的洪流冲击，而失却了道德优先的从容。然而北村1992年前后的转变却是发人深省的，他从一个不担当意义而流连于形式的先锋小说家一回身成了最在意作家的态度，关心心灵、信仰、道义这类大字眼的作家。当然这个转变也好理解，之前他针对另一批大字眼——那是他需要卸下的主流政治文化的思想担子——以形式来消解意义，之后他扛起了世俗抛弃的信仰大字的意义，这两者并不矛盾。在北村看来，信仰来自神启，它大于文化；而如果文化没有被信仰的光穿透，它不处理"心灵"的命题，这种文化大有问题。他针对的前后两种文化：主流意识形态和世俗生活态度，都把信仰问题搁置了。

这里无法展开信仰与文化的高下辨析，但是我们了解一个时代主流文化趋势的力量。文化是人们的生存现实，它不可能通过价值判断而排遣掉；反之，个人的信仰皈依在这个文化世界里是太容易被湮灭掉的一桩事情。北村转变后的写作是极有意义的，他在个人主义、经济理性、价值溃散、人心涣散的当代世俗文化背景下重提信仰和心灵，毕竟具有警醒和收束人心的作用。这本身是一件需要勇

---

① 北村：《信仰问答》，载于《天涯》1996年第3期。
② 参见刘小枫：《拯救与逍遥》，上海三联书店2001年版。
③ 北村：《缅怀艺术》，载于《艺术世界》1992年第6期。

气的事，因为这些大字眼已经不能随便出口而不遭到置疑。尤其在中国，他不是在一个成熟的信仰传统里做一步认定，他的每一句信仰的念词都不得不为自身寻找完前提，再谨慎说出。——但这也许恰恰是适合于中国国情的探讨信仰的语言表达方式：一步一步按逻辑小心求证下来（以下将谈到的史铁生就运用这样的语言）。中国式心灵的理性特征需要这种——哪怕是不完美，但给它一个交代过程的——信仰说明，才更容易与信仰心灵对接起来。北村为数不多的散文里实现了这种语言，但在他更为重要的小说里，是一种"要有光，就有了光"的圣经笔法。这在中国文化——尤其发展到现在的市场化世俗语境里是突兀的，它很容易在这种文化的镜像里显得失真。

在1993年的作品《施洗的河》中，北村写了一个叫刘浪的人在命运跌宕后，外在的成功终于敌不过心灵宁静的要求，而皈依了信仰。北村认为"心灵安宁"是与上帝的约定，直接对上帝负责，而不是社会人生中的法理道义职责——因为北村所经历过的历史告诉他，法理道义有时也是虚伪的。这个诉求在当代中国已经有了基础。然而几千年无神的民族无意识使得这个心灵导向毕竟不那么自然，我们的民族文化心理中认可的心灵安宁是道义上无亏，而心灵不安仍是在道义范畴内考量这个道合不合理，是否有更合理的道，却不会那么自然过渡到对上帝负责的思路里去。《施洗的河》中刘浪所处的时空虽是——按他从先锋小说延续下来的叙事惯性——模糊的，但一眼看去就是近现代中国。作者处理刘浪与信仰相遇的方式却纯粹是个人宿命性的，他爱慕的一个女同学恰是一个恬静的基督徒，后来他恰恰又在流浪中遇到一群道旁的信众——信众的出现方式便是那种"要有光，于是有了光"的空降式，仿佛是上帝派出的代表。作者处理他的皈依是给以一连串变故和苦难体验，让他宿命地不得不跑向信仰。这种"圣经故事"式的笔法，连同先锋小说自负的叙事力量，除了对于信徒作家自己深富真实性以外，很难想象能在外界引起回响。

北村事实上面对的是城市化世俗化大众化的趋势，在市民社会日益成熟之下，相关的市民阶层的约法——一种经济理性的、不轻易冒险的、人生趋于安稳的约法也在成熟起来。这种理想下的人生，如果去掉强加于上的宿命论，则会相当程度地打破宗教为人生定义的"沉沦—救赎"模式,① 也不可能接受对人的"罪性"的理解。要抱怨这种人生态度当然很容易，但它也可以轻易还你一个不理睬；要认真考虑在这种文化氛围下让信仰心灵产生辐射效应，则必须要更妥善地寻找一个对接模式。

---

① 南帆：《先锋的皈依——论北村的小说》，载于《当代作家评论》1995年第4期。

史铁生要说的苦难是切身的残疾。① 苦难似乎是无缘无故降临到一个人头上，同人无缘无故被抛到世间、抛到他（她）那个位置一样。面对生命对他摆的黑色幽默，史铁生亦还以一笑说："生病也是生活体验之一种，甚或算得一项别开生面的游历。"沉疴重症促使人走向生死两极之思，求生欲使人需要信心，这都是宗教关怀的命题。但从顽疾中摆脱了健康的自发生存状态，毕竟还是一种私人的体验。

当史铁生把这种个人化的生命体验推延到对全体人生的理解，他便提出了"苦难"和"信心"的统一命题。在《病隙碎笔》中他展开道："约伯的信心是真正的信心。约伯的信心前面没有福乐作引诱，有的倒是接连不断的苦难。不断的苦难曾使约伯的信心动摇，他质问上帝：作为一个虔诚的信者，他为什么要遭受如此深重的苦难？但上帝仍然没有给他福乐的许诺，而是谴责约伯和他的朋友不懂得苦难的意义。"接着他解释上帝要指给约伯的真谛，"不断的苦难才是不断地需要信心的原因，这是信心的原则，不可稍有更动。倘其预设下丝毫福乐，信心便容易蜕变为谋略，终难免与行贿同流。甚至光荣，也可能腐蚀信心。"瘸疾缠身使史铁生处于接连不断的苦难和需要接连不断的信心的状态。然而这不能不看作是个人面向顽症的宣言，而不能当作实际人生的格言——按"苦难"与"信心"的命题试图拢括的那样。不然就变成了执著于痛苦、苦难的另一种执著，这不是宗教信仰的精神。

另外，世界在史铁生眼里是按既成的图景来理解的。他在《灵魂的事》中说："假如世界上没有了苦难，世界还能够存在么？要是没有愚钝，机智还有什么光荣呢？要是没有了丑陋，漂亮又怎么维系自己的命运？"在一切形式的被不幸推挡到二元对立的下位且逃不开这个位置的生命来说，这些二元的刻痕（美/丑，健康/残疾）具有无法消弭的真实性。史铁生试图提供在这些不幸前提下的让步、通达的逻辑自圆。

在此可看出史铁生所提的"信心"：是在承认各种形式的既有不公的前提下，处于不公地位的一方所追求的一种解除悲观的方式。它很容易连接上基督教里的"信成—非事成"的命题。基督教的末日审判说是延宕了现世审判的，这造成了弱势一方一种慈悲静待的容忍的现实态度，用信念而非行动去超越不公。这在安贫乐道的人心建设，在磨砺心灵的超越通达上，作用是尚不可替代的；一方面又可作为稳定社会的文化缓冲，在当代中国贫富分化这道二元刻痕日益深化的情况下，在保卫社会的意义上，这种信念是需要的。

---

① 史铁生、王尧：《文学对话录——有了一种精神应对苦难时，你就复活了》，载于《当代作家评论》2003年第1期。

问题在于,"苦难—信心"的模式不小心就会不恰当地推延下去,这个界限很难把握。在上层/底层,富裕/贫穷这类社会秩序里,居下位而承受苦难的惯性容易变成维护既成秩序。在阶级、民族、国家的上下位这类敏感话题中,也是需要慎重的。

此处史铁生用"柔弱"来补充了"信心"的内涵。在《想念地坛》中他说:"我曾注意过它们的坚强,但在想念里,我看见万物的美德更在于柔弱。何谓'坚强',你想吧,希特勒也会赞成。世间的语汇,可有什么会是强梁所拒?只有'柔弱'。柔弱是爱者的独信。柔弱不是软弱,软弱通常都装扮得很强大,走到台前骂人,退回幕后出汗。柔弱,是信者仰慕神思的心情,静聆神命的姿态。"他区分了软弱—柔弱—强大,在拒绝软弱便直接跑到强悍去的二极思维以外,提供了具有坚韧质地的"柔弱"的立场,一种信者、爱者的立场;在强梁世道(强国、强人思维)里,弱势方不至于重复强势逻辑(服强—装强—争强)的立场。这种从二元结构中超越出来的神性态度,使"信心"的内涵饱满了。

而在小说《务虚笔记》中史铁生写了女人O、丈夫、画家Z之间的三角寓言。女人O深深地意识到强者逻辑之霸道,然而她仍将爱从软弱的好人丈夫那里收回,给了强者Z。矛盾中她参禅问道却不得结果,最后自杀了事。两个男人的二元价值差重复了强者是历史进步动力的逻辑。史铁生寄女人O表现了自己的心声,甚至承认恶对历史的推动作用。在一片感伤情怀中历史逻辑胜出。最关键的还是轮椅上的C的命运,无法摆脱的生理残疾把C钉死在价值的下位,从历史的进程来看,C类人似乎真的人微力薄。在这里史铁生回到了不那么从容笃定的态度。关键问题在于,具体来讲,对于当代全球化语境中的跨国资本对弱国劳动力的剥削之恶——推动物质进步的时代之恶,该怎么评价?情感的偏向似乎不能压抑史铁生对历史进程合理性的认同,甚至与此同时,他还略微带有自我牺牲的悲壮感。

而进一步地,史铁生把人的这种悲哀境遇普遍化了。从自身生理缺陷出发,他推论人心或才能或生理上人本缺陷①。乃至,即便体魄心智无恙,面对命运或"宿命"的无常也难免显得渺小无助。他沿着这条逻辑线路把体验自身病痛的情感一路延伸了下去,则所有人都有处于下位的一面——即命运的下位——而对世人普遍怀有悲悯。反过来,处于下位因为是普遍遭遇而不那么触目惊心了。另外他处理了一个相当棘手的问题:对人类的怜惜,也包括对人类罪人么?《灵魂的事》中他从一个普通人的角度看待希特勒,对他抱以了一定同情。从人相对于命运来讲,这是有理的,而人之对于他人呢?在"他人即是地狱"时,则必须坚决

---

① 赵毅衡:《神性的证明:面对史铁生》,载于《开放时代》2001年第7期。

地予以回击和反抗，再体贴"神"的情怀来悲悯人的狂妄和渺小，而不能一开始就退到底线。此来方不会流于对压迫的无力。

在上述思维倾向下，很容易把个人遭遇世俗现代性、遭遇全球化、遭遇资本主义压迫和异化逻辑的问题潜在切换成"个人面对命运"并处于下位的问题，也就继续发展成为"苦难—信心"的问题。从抽象的逻辑的命运思路去考虑问题，是"终极"的，也是"超脱"的，唯独不是具体的、现实的。因此有一种说法：用史铁生的方法来思考，会'威胁'中国人面对世界时的生存方式①——也许不无提醒意义。唯当界定了信仰的范畴，上述的问题才有可能避免。

北村"沉沦—救赎"命题中包含对神性体验和神的使者突然降临的叙事。史铁生"苦难—信心"的命题里，不向神的本体做求证与求靠，而是在事理逻辑的极限内努力寻求自身合理性的证明，而把为理性逻辑分析所无从解决的悬疑交给神学；这时他是以现代实证的态度，悬置了本体问题，用神性冥想和悲悯来取代神。在业已质疑了神的本体的现代社会，尤其在近现代以来无神语境的中国，这是比较容易获得理解的一种态度②。张承志又不同，一方面，他质疑了用实证主义去作本体求证的做法，而是在心灵体验中、在信的状态中达到真主的本体存在；另一方面，他着重在人间——大西北土地上，去寻找神的使者和信徒，在一起办仪礼，一起生活，并摸清宗派的历史龙脉，在信派和"信"史的存在中去求证信仰。

由于他所皈依的伊斯兰教哲合忍耶教派是与国家的政治历史现实多有摩擦、联系的教派，并且提倡洁净精神的信仰文化，这对他应对世俗现代性的现实有很强的文化资源意义，因此他是着重在后一方面的信仰体验和追求。而哲合忍耶教派在伊斯兰教中的独特存在体现在他们历史上同"官家"为保留信仰而进行的血战。因此，张承志在《心灵史》中介绍这个教派的"历史"的一面多于"教性"的一面，"人间"的一面多于"神界"的一面。

在追溯哲合忍耶历史时他强调了教派内的"前定"观，即以苏四十三开启以暴抗暴的信仰斗争形式为宗派的存在依据。张承志最后还是在《心灵史》中把面向和平的现代眼光引入了教派；而在教外的历史进程中，世俗现代性中庸俗升平的一面又让他感到愤怒和需要不那么和平地抵抗。"历史感"在这里不仅体现了张承志对现代的复杂体验以及需要从历史中寻找脉络的这样一种有责任的"现代感"；并且也是钩沉为正史所不容的"另一种历史"，以及进入两种历史夹缝中的时间—文化参差意识。在《拒绝现世的学术》中他讲到了书写"另一种历史"

---

① 吴国光：《以理性民族主义抗衡"围堵中国"》，载于《二十一世纪》1996年第4期。
② 邓晓芒：《张炜：野地的迷惘》，载于《开放时代》1998年第1期。

的方法:"我决定——舍弃我科班毕业的历史系写史的方法,采用接近我的前辈——关里爷、曼苏尔、毡爷的写法,只描述今日在哲合忍耶教内被记忆、被坚信的那些史事。"然而写法无法决定读法——包括来自主流历史,并书写主流历史的科班历史系的读法。况且对主流历史的态度不能陷入掉转压迫对象的另一轮压抑歧视的循环里去。这样使得《心灵史》的位置显得比较尴尬。

在《心灵史》中张承志展开的"苦难—牺牲"叙事,是比较容易被诟病的一面。哲合忍耶的"圣战"牺牲以升天的思想,显然在现代眼光看起来,是对教众生命的忽视。由此又引出另一个关键话题,《心灵史》中不做"个体关怀"。张承志采取的是集体性描述;即便对教派领袖个别描述,也是偏向于教派集体性事务、圣事事务的一面,鲜有探入个人生活和个人想法。不知其中是否暗含了一种对高度"集体性"中国的怀旧,至少是对能把正确的、有益的、有效的信仰、思想、文化、生活方式自上而下地有组织有纪律地传播下来的社会形式的怀旧,而"正确""有益""有效"的判断权在政治文化精英手里。(在这里,张承志似乎找到了另类历史对主流历史的接续,以让另类历史成为一种开放性历史而获得合法性)在一个正从集体性中逐渐获得个体解放的国家中,这种历史性的回忆和提醒——如果不是从完全同情和怀念历史的角度出发——对于个体朝获得一种有约束的自由的方向而稳步前进,是必要的。然而,需要获得一种有集体意识的个体,或有个体自觉的集体——这样一个社会,或缩小——这样一种社群,无论是张承志,还是个体性话语作家,都只是提供了一份情感化地表达个人理想的文学话语。

诚然,个体性话语是急于摆脱主流话语的历史产物,难免矫枉过正。但像残雪高度自我组织的精神世界,北村先锋式的模糊文化背景地倡言宗教,属于"小众"林立的多元化当代景观里的一笔;他们的(类)信仰的皈依可以提供一个价值解体时代的各自向心的依凭,但对总体的具体的社会的意识,是比较薄弱的。张承志对哲合忍耶组织形式的抒情式的描写难免表达了在向心力分散的社会中,渴望一种有效集中的情绪。然而这种情绪或情感的张扬并不能直接代替有效的社会组织形式本身。在那个高度集体性的传统里,中国人的个体不太感觉得到自我,而是向个人以外的社会(又是由国家高度整合的)要规则、要意义,成为格式化的个人。

《心灵史》以后的张承志走向了更加关注外部历史发展的学术散文型创作,这对他是自然的方向,因为他是历史—文化地考察宗教,并且他有两种甚至三种(包括西方的)历史的视野。在三重历史中,他警惕着"全球化"历史性话语对"民族国家"话语和"宗教的民族"历史的压迫,警惕世俗现代性中庸俗的狂欢式的经济中心消费主义对健康人性的异化。对世界提出民族主义,从汉民族的历史叙事中发掘出信义、廉耻、洁净的民族精神；对中国提出异端民族文化，从回族伊斯兰教哲合忍耶派的历史叙事中发掘出洁净、抵抗的精神——是为从信仰的精神的方面去对抗谋图全球垄断的资本主义的负面影响。当然，以精神价值形态的文化，去抵抗资本主义逐步在社会结构形态的文化上取得的造就，无疑螳臂当车。因为物质性文化第一性地影响着人们的精神，在工业文明、都市生活、商业市场元素已经造就生活世界的现实时，也深刻造就了人们的精神。仅仅停留在文学式或文化式的回应，还是不够的。

张炜试图有所动作，他建立了自己的栖居地"葡萄园"。《柏慧》中他提出了"记忆"这个面向历史的行为；《九月寓言中》再次强调了"民间"[①] 这个抵抗现实的道德空间；而《外省书》中他塑造了两个都市外、外省的，因而清醒的局外人形象[②]。葡萄园是这一切在文学外的体现。他的确是一个行动者，但行动是回缩性的，抗世与避世并存的。

第二节　城市与乡村之间：文学铭刻社会的断裂

一、"断裂"与"游走"：市场意识形态下的"个人"

随着社会体制和文化系统的转型，新一代城市青年的心理问题和精神危机日趋严重，渐成一个特殊的社会和文化现象。新都市生活出现后，它带来的城市青年人生价值、生活态度、理想追求等的崩坏与重塑深深冲击了一切有关秩序的固有形态，带来了个体价值体系的失衡，道德观、人生观的空位和错位。他们的生存状态呈现出虚无感和游戏心态（两者甚至是互为因果的）的交叠，一个明显的意象也就占据了他们抒写和体认的中心："他淹没在激情中断时。"[③] 这一集中性的意象所带来的不仅是上述"女性主义＋个人化"的异质书写，以韩东、朱文为代表的个人化写作的另一脉，也是都市社会生活以及深陷其中的都市青年精神生活的表征和"互文"。

以韩东和朱文为代表的这一作家群（这个"群"是相对松散和独立的），首

---

① 李敬泽：《找一找"外省"在哪儿》，见《外省书·跋》，花城出版社2005年版。
② 张炜：《精神的背景——消费时代的写作和出版》，载于《上海文学》2005年第1期。
③ 鲁羊：《佳人相见千年》，作家出版社1995年版。

先是以叛逆和解构的姿态进入文坛和大众视野的。他们大声宣告自己与传统、秩序和主流的"断裂"——1998年10月《北京文学》第十期登载了朱文整理的《断裂：一份问卷和五十六份答卷》和韩东的《备忘：有关"断裂"行为的问题回答》，并立即引起轩然大波。这个事件（或曰"行为"）被称为中国文坛20世纪末的"文学事故"①。问卷由十三个与文学传承和影响问题相关的问题组成②，主要有南京、上海、北京三地青年作家参与了回答（林白即其中之一）。这次"行为"的火药味和挑衅性从那份不长的问卷及答卷整理中即已跃乎纸上，仅以其中一个问题为例："那些活跃于50~80年代文坛的作家中，是否有谁给予你的写作以一种根本的指引？"回答"没有"的竟是100%③。通过这次"断裂"，他们宣称要与前辈的中国作家"决裂"，要将所谓的文学"权威"拉下神坛——包括鲁迅（被"奉为权威"的鲁迅），总之一切与现行的文学秩序和规范有关的东西，都是他们毫不留情地贬斥、讽刺和否定的对象。这无异于给当时的文坛造成了一次不大不小的"地震"，事后亦引来无数的争议，批评或吹捧之声此起彼伏，"行为"本身的"风光"俨然大大胜过了参与者及此后的文学实绩（"断裂丛书"）。而当有人将其解读为又一次"弑父"式的叛逆时，韩东却否认道："我们的做法不是'弑父'（因为他根本不存在），而是为了揭露那些以我们的父亲自居的人。"④ 这回答无疑是更彻底的反叛和摈弃了。

如果说这种"断裂"诉求源于这一批青年作家对于文学与"文坛"现状的激烈不满，那么这只是一个流于表面的解释，其深层动因恐怕是整个社会现实及精神状况的根本变化，导致他们不得不从"主体"／"父体"上"脱落"——乃至在他们的意识中根本不承认"父亲"的存在。一切曾经在20世纪80年代辉煌过的字眼如理想主义、"美和崇高"，在市场经济这一巨大车轮的碾压下成了不可复原的碎片。在信仰和价值观上无所依托的这一代人，成了"游走的一代"⑤。

韩东的《三人行》《障碍》等文本，即无一例外地展现了这"游走一代"人生的无奈、无聊与尴尬的状态。《三人行》中的刘松、小夏、东平、老卜，都是这样的"游走者"。他们毫无目的地游逛，闲聊，他们整日的无所事事，没有深度，没有追求，没有激情，但这种状态却又似乎是有意为之，看起来更像一场表演。《障碍》则表现了新生代对爱情、家庭、责任、友情等传统温馨话题的消解、戏谑、玩世不恭的态度，而与此对应的是对性这一敏感话题的开放、游戏心态。

---

① 汪继芳：《断裂：世纪末的文学事故——自由作家访谈录》，江苏文艺出版社2000年版。
② 最后一个关于"是否认为穿一身绿衣服的人就像一只青菜虫子"的问题，后来朱文在《工作手记》中解释只是一个"不成功的玩笑"，此除外。
③ 第一个问题的第二个小问题，有少数表明有一定影响，"根本的指引"则没有。
④ 汪继芳：《断裂：世纪末的文学事故——自由作家访谈录》，江苏文艺出版社2000年版，第312页。
⑤ 王干：《游走的一代——序"新状态小说文库"》，作家出版社1995年版。

在这一组对立图示中，或许正如其小说名所暗示的，前者俨然构成了后者前行的障碍。而这也正是新一代都市年轻人对生活与生存状态的一个概括性体认：障碍感。在物和速度的充塞与冲撞之下，都市男女的精神与心灵饱尝压抑、憋闷，他们的疑惑和迷惘、欲望与失望无所疏通，一切皆成为他们"游走"中的"障碍"。

相比于韩东，朱文的文本则更加大胆激进一些。如《关于1990年的月亮》《吃了一个苍蝇》《飞行的大爷》《小羊皮纽扣》《少量的快乐》等中的"小丁们"，在城市中漫无边际地闲逛，他们普遍的状态是："我知道此刻自己需要的是什么，我需要的仍然是没完没了的闲逛。"（朱文《没有了的脚在痒》）《我们还是回家吧》中的大学生小丁总是被一种难以摆脱的虚无情绪纠缠，整个暑假他都消磨在浪迹街头上。与一个疯女人的偶遇，貌似激起了一点波澜：她把小丁当作自己离家的儿子，强迫小丁跟她回家，小丁索性就真和疯女人回家了，只是因为"他需要那些能够刺激他的东西，希望它们能够向他很好地证明，对小丁来说，它们是重要的、不可或缺的"。然而当疯女人神秘消失时，小丁不可避免地重又陷入了意义缺失的状态。同样"无聊"到荒唐的故事也发生在《关于1990年的月亮》中，"我"深夜从床上爬起，出去游走，后突发奇想决定投宿于一间离家不远的肮脏破旧的旅社，在费尽周折得以入住后，终又因警察的干涉而不得不落荒而逃……"我"的种种"行为"——阐释"无聊"的"行为"——总是受一连串突然冒出来的想法驱使，真可谓"人从一个想法中诞生，也终将死于一个想法"。又如《什么是垃圾，什么是爱》的小丁曾在三个女人之间周旋，但很快对爱和性产生了厌倦，与三个女人分道扬镳，失去生活目标的小丁希望到慈善机构为残疾人服务，但最终又从残疾儿童身边逃之夭夭……"小丁们"一个个往返于各式无意义的行为中，找不到依托，看不到未来，唯有生命不能承受之"无聊"的典型性现代焦虑。

事实上，"无聊"这一主题也曾经反复出现在80年代的写作中，从刘索拉的《你别无选择》、徐星的《无主题变奏》，到王朔的痞子腔和游戏味，主人公无不因感到无聊而四处游荡自我放逐，但不同的是，在这种状态下的"无聊"背后却仍有一个理想性的东西存在。《无主题变奏》中的"我"虽然厌弃一切为"干事业"而钻营逢迎的努力，只会找人吃饭、杀棋，无所事事地在街上闲逛，但对"爱情"仍还有这样的"心思"："也许我真爱她，她也爱我？也许！"而王朔也曾说过："我作品中的人物是精神流浪式的。这种人的精神也许要一个立足点，他可以一天到晚胡说八道，但总得有一个时刻是真的，我选择了爱情作为这个时刻。"[①] 故有学者总结其情爱小说为反"才子"的才子佳人模式，反"英雄"的

---

① 转引自葛红兵：《正午的诗学》，上海人民出版社2001年版，第395页。

英雄美人模式，是"凡夫俗女"式的"脱俗"爱情。在他们这一代的小说中，爱情还是一个"精神的立足点"，一个可以信任的时刻，一个没有被攻破的堡垒。然而到了韩东朱文的小说中，"无聊感"彻底穿透了一切，爱情成了无聊的谎言，男女之间剩下的只有"性"的需求——乃至连这一点也将迅即显得"无聊"了。

韩东有一本小说集的书名就叫《我们的身体》，而朱文在其第一部长篇小说《什么是垃圾什么是爱》中即写道："所有身体上的问题，也就是生活的问题。"然这些"小题大做"的哲学味论调，其内在的反讽与自嘲的味道总随其文本内容而颠覆了面相上的庄重。在他们的文本中，男主人公常常有多个性伙伴，性关系的维持只在性本身，而绝"不谈爱情"，作品中的女性的出场也绝大部分是与性联系在一起，或者说其本身就是一种欲望化的对象和符号。而《我爱美元》中对"父辈"的身份和价值观念进行彻底颠覆的过程，即是通过对"性"话题的讨论完成的。

"个人化写作"是20世纪90年代以来的社会文化巨变之流的催生物消费社会的出现，新市场经济的到来，这一巨流势不可挡，影响深远，德里克甚至认为它比四十年前中国遭遇的那场"文化大革命"更能触及社会的深层，并将其称为"第二次文化革命"[①]。的确，90年代以来的经济转型使市场成为国民经济和社会生活的轴心和主宰，并以决定性的力量影响着国人的思想观念、行为方式、心理习惯及爱憎好恶，不啻为一场更深刻的"文化革命"。无论处于时代中心或边缘之物，皆无可避免受其浸淫——只存其程度与反应方式的差别。韩东、朱文的"断裂"写作在其"个人化"的写作姿态和写作意识背后，仍不免与市场社会这个最大现实以及当代中国人的精神生活构成紧密的相互渗透的关系。

随着出版、发行机制和文学自身体制改革的进一步走向市场化，在新的市场经济环境和新消费主体的需求下，对于"个人化写作"而言，其运作永远不可能是"个人化"的。如作为"隐私文学""性感文学"的"打包上市"，以及通过强调对大众文化心理的"亲历性""新体验"而获取卖点，都是其商品化构成要素的外化形式之一。这种极端的对自我/个人的审视、书写与表达，在其文本的生产与消费的整个过程中正表明，在消费社会的逻辑蔓延下，不仅与他人的关系，而且与自己（肉体和精神）的关系都变成了一种消费与被消费的关系。

无论规模与影响的巨细，个人化书写终究成了一个时代的风潮，并建构/生产了一个如此特殊的消费群体，他们在冲破一切束缚的意志中被这种意志所束缚，在寻找自我独特性的行为中形成了一个松散无形但实质上相互类同的群体

---

① 德里克：《市场·文化·权力：中国"第二次文化革命"的要素》，见《跨国资本时代的后殖民批评》，北京大学出版社2000年版。

(现代概念下的"部落")。"个人化写作"作为一种"反消费"症候群,实际上竟变成了一种时尚而畅销的消费变体。通过这一演变,其表层的质疑和反思市场社会的迹象,以及挑战体制的姿态,却以悖论性的方式使其赢得了在市场和体制内生存的合法性。如文本中一些新的意识元素(如"欲望""自我""虚无"等),本来作为与社会、群体的不合作姿态,在"个人化写作"的最初是具有反抗、拒斥的能量的,但这样一种话语却似乎慢慢被吸收、吞噬、转化为又一种可供消费、玩赏的符号。同时,"个人化"这种形态,也最终从反叛集体叙事、大叙事的立场,渐次消弭于一个纯粹自我玩赏、沉溺的形态,而一个个孤立离散的"个人",也越来越丧失反抗的意志和能力。

　　无怪乎有学者不无沉痛地断言道,在 90 年代新的历史条件下,一系列表面以现代主义为标榜的写作和批评,已轻易被市场所收编,"迅速堕落为中国式市场意识形态的寄子",它们不是转化而是取消掉了 80 年代尚存的可能的批判立足点——"取消任何积极意义的肯定与追寻,实际上等于取消了现代主义对抗市场逻辑、消费主义意识形态的现实可能性;而且其所鼓励的、不会真正冒犯外在掌控的,以身体欲望、本能感受为自我表现着力点的写作方式,又使得它很容易被市场欢迎与整合,并被轻松炒作为新的'市场'卖点。"①

　　的确,随着 1992 年以来消费主义、大众文化的甚嚣尘上,"中国式市场意识形态"成为塑造和影响中国人精神的主导性力量。中国文学与其他诸多角色一起,在同一帷幕下(它的名字就叫"市场")上演着关于"奇遇与突围"② 的悲喜剧。所谓"小资"们的精神消费、生活方式,"有钱"或"有闲"的"波波族"的自我意识、精神困境,"都市男女"们在高速运转的城市生活中空虚、无聊而又极度自我的生活状态,"自由而解放"的性,"无因的反叛"……诸如此类的现代化和市场化"后果"又酝酿出了一个更巨大的市场,形成更大的黑洞。私人化写作就是被深深卷入其中的一个特殊的"文学样态"。

　　由此看来,韩、朱等"断裂写作"的小说,则可说是"新型小中产阶级知识分子"的焦虑之作:"小丁们"的危机是属于这一特定阶层的危机,是他们关乎自我身份归属、对于自身生活的不满而引发的危机。当然,此论并非苛求文学作品需涵盖众生相,一类作家与作品自然只能反映特定的人群及其精神生活。但这一文本的特定"阶层属性"却也不能不被注意,因其在消费社会这一场景中,实在折射了一些问题。情感在市场逻辑规则前的脆弱"无力(利)","商品交换"性质的快感模式,是他们的孤独感、无聊感的根本来源。而同时这一基本心

---

① 贺照田:《后社会主义的历史与中国当代文学批评观的变迁》,载于《开放时代》2003 年第 3 期。
② 戴锦华:《奇遇与突围——90 年代女性写作》,载于《文学评论》1995 年第 5 期。

绪又被包装成为又一个可供消费的"商品",成为时下一批城市青年的"精神消费品"。

因此,如上所述,20世纪90年代这一批私人化写作作为一种有意识的创造"飞地"的写作,迥异于残雪、张承志等人关于苦难、信仰等"精神问题"的道德理想主义式写作,也甚少关心在城乡夹缝中挣扎的个体的"生计问题"①,然而许多问题却不是靠这种绝对的"私人化"形式所能面对和解决的,而其自身亦因这种"孤立无援"而成为迅速被卷入市场黑洞的符号。惟其如此,或许正是在它们的"不相干"之处,存在着作为观照彼此以及重新出发,以获取"对抗市场逻辑、消费主义意识形态的现实可能性"的"生长点"。

二、不可抗拒的变动:日常生活与农村文化危机

2002年1月,"私人化"写作的代表作家海男的新书《乡村传——一个国家的乡村史》出版了。在《男人传》《爱情传》《女人传》和《身体传》之后,海男说:"有一天我来到了乡村","当我们的写作越来越忽视乡村的时候"②,她是从城市来到乡村。其实生活在都市中的男男女女会在不经意之间将农村遗忘,这与有意和无意无关,就像在网络上传播的《一个上海白领的自白》③中的"我"一样,若不是去了趟内地的小城市,他也不可能真实地触摸到中国还有他想象不出的贫穷,因为城市拒绝提供这种想象的资源。整个社会游荡着这样的图像和声音:"一切都在刺激和布告农民:什么田坎、农舍、牛栏、猪圈……统统是粗陋的、落后的、必定要被现代世界淘汰的东西!只有城市:镇上、县里、省城、上海、美国……那里才是现代的世界!高楼、汽车、装着空调的办公室、灯红酒绿的大饭店……那才是理想的生活!"④ 在自由市场经济的迷恋中产生的现代化想象/规划将农民和城市之外的村庄与土地遗忘、抛弃。当中国大多数农民在20世纪70年代末充满希望地"奔小康"时,全然不知在未来的"现代化的蓝图"并没有他们的位置。

而我们反观20世纪90年代以来的农村题材的文学作品以及文学中所呈现的农民的精神状态时,我们可以从中读出农民的艰难和无助,而他们所付出的代价往往在现实生活中被大多数中国人漠视或视之为"理所当然",是中国现代化进程中的历史的"必然"。如果文学仅仅一味地书写关于农民的苦难,那是"廉价

---

① 这一"盲区"日后有林白的长篇小说《万物花开》(2003年)等开始有意识的探索。
② 海男:《乡村传——一个国家的乡村史》,昆仑出版社2002年版。
③ 麻木乐:《一个上海白领的心里话》,载于《天涯》2001年第4期。
④ 王晓明:《底层关于底层的表述(续)——L县见闻》,载于《天涯》2004年第6期,第14页。

的同情",无用的泪水。当代小说家不仅用他们的敏感捕捉当代中国农村和农民在这个大时代中的真实的状态和变化,那些隐藏在日常生活背后的秘密,而且在用作品中的人物和故事提出并思考着关于中国农村、农民未来的路将怎样走下去等关乎"宏大叙事"的问题。

例如,贾平凹近作小说《秦腔》,他面对"空村""废乡",用笔"为故乡树起一块碑子",当村里的年轻人都在或准备着抛弃土地和"农民之名",乡村的一切都按照市场的原则交易或者抛弃……村庄作为农民的生活地和文化载体,随着现代化的一步步纵深开展而空落,农民作为生命个体在现代与传统,城市与乡村,神圣与世俗种种二元对立的夹缝中充满矛盾与困惑,他们越来越迅速地"抛弃"自己,却又不知道该做"谁",文学中的他们究竟是怎样的?

当我们带着问题进入20世纪90年代以来农村题材的文学作品,当代中国农村的文化问题和农民的精神生活进入了讨论范畴。将文学中所呈现的景象与社会现实作勾连,梳理出在从乡土的自给自足社会到市场化的现代农业社会过程中农民的精神生活是我们的目的①。但文学不等同于社会科学的"材料",具象化的表达向对农村生活和农民缺乏感性认识的读者敞开了"一种经验",向农民自身也提供了自我认识和自我想象的镜像,从而也参与建构大多数中国人的精神生活。

中国有9亿农民②,这是基本国情,讨论中国农村的文化危机和农民的精神困境也必将触及当代中国实质性和基本问题。

进入90年代的中国大部分农村已与新中国成立后的农村做整体性的告别,甚至连80年代的影子都快没了,封大脚③、夏天义④们用不合时宜的倔强、坚守,失落而悲壮的背影为"逝去的一切"唱着挽歌,这逝去的一切不仅仅是乡土中国几千年的传统,还包括新中国成立后三十余年所形成的社会主义传统,"一

---

① 本书将文学作品视为理解当代中国农民精神生活的"一种途径",一种方式,不是为了文学"正名",对于文学能否发现"今天生活的秘密"也不自信。部分模式化的作品一定会遮蔽、简化生活本身包含的巨大的历史内涵,其次在尊重农民主体性上,文学作品能否成为农民"发出自己沉默的声音"的载体,而不是作家单纯"自说自话"也是需要在具体的作品中讨论,但"追求100%农民的声音"在本书中不被考虑的,因为一旦进入被讨论的层面就已经落入"被言说"的境地。

② 根据《中华人民共和国2005年国民经济和社会发展统计公报》(中国统计局2006年2月28日,载于http://www.stats.gov.cn国家统计局官方网站)2005年总人口:130 756万人,乡村人口:74 544万人,比重为57%,而《中国农村统计年鉴》公布的2004年末乡村总人数为94 253.7万人,载于《中国农村统计年鉴》(2005),中国统计出版社2005年版,第13页。前者按城乡居住为统计口径来统计,但在《中国农村统计年鉴》中《如何使用年鉴》指明:"乡村人口数:指乡村户数中的常住人口。包括常住人口中外出打工的民工、工厂合同工及户口在家的在外学生,但不包括户口在家领取工资的国家职工",这是本文对于9亿农民这一基本认定的客观根据。关于中国农民数量的讨论可参见贺照峰:《乡村研究的国情意识》中《当前农村人口的数量》一文,湖北人民出版社2004年版,第19页。

③ 赵德发:《缱绻与决绝》,人民文学出版社1996年版。

④ 贾平凹:《秦腔》,作家出版社2005年版。

切坚固的东西都烟消云散了"。可也不能简单得用"乡土文化、传统文化被现代工业文明打碎"来概括中国农村日常生活的变动;尽管不大能跳出这个"二分法"逻辑。

农村社会结构和农民与土地的关系的变化,带来了农村日常生活一系列变动。联产承包实行,"市场"进入农村,前所未有的流动大军,不仅向家里汇来了比种田要多得多的钱,也带回来更令人向往的生活方式。一切在悄无声息地变,年轻人结婚家里得有三大件家用电器(电视机、电冰箱、洗衣机),在偏远的山区……曾经中国农民最重要的要求是"温饱"和"安宁","年年有余"和人与人之间美好关系是乡土中国的最普遍的理想,在现实和想象的刺激下,宁静的乡村开始躁动起来,炫耀性消费在红白喜事、过年时皆可见到……农村的社会秩序被打破,曾经的传统长辈的权威不再,社会学家研究表明:"当今天,变革一夜之间将乡村从一个缓慢变化的社会过渡到一个快速变化的社会时,长幼间的原有的差次发生了变化。长辈对晚辈的具有的权威性、示范性在明显下降,以及长辈自身对社会资源的拥有性都在明显下降,代之而起的是那些处于农与非农之间的边缘地位上的中青年一代。"[①] 而实际上在农村大多数的年轻的一代却还不足以支撑"代之而起"的事实,尤其精神领域,所以才有了在《黄昏放牛》《缱绻与决绝》《农民》《秦腔》中父辈的守土与子辈的离土的对立,父辈彻底的失败,所以传统的民风民俗正在慢慢地消失,《秦腔》中夏天智所迷的秦腔敌不过现代的流行歌曲,往日辉煌的戏班子也解散了;《奔跑的火光》中,村里的精明人"三伙"组织了一个唱红白喜事的班子,班子不是传统乡村文化的遗留品,"时代变了,老把戏没有市场",有一个铺着红地毯的舞台,音响、麦克风、卡拉OK机等现代化的装备一应俱全,唱的是港台的流行歌曲,表演的尺度相当大胆。村里的文化站成了"摆设",原来的电影放映队没了,县城或镇上的歌舞厅、网吧、录像室,昏暗、暧昧、空气混浊……一切城市的象征都在挤压、吞噬着中国农村日常生活的空间。日常生活巨大的变动背后是那个田园般的村落的退却,道德水准下降,价值观旁落,个人精神无所可依……农村文化危机重重。

如此的变动,得从1978年12月的安徽凤阳小岗村实行大包干说起。全国实施联产承包责任制,结束人民公社、"大锅饭"的欢欣鼓舞,分田到户铆足了干劲的丰收,但文学作品从多个角度发出自己的警觉和忧思。如《最后一个生产队》(刘玉堂,1992)写出村民对集体生产的留恋。这样的"伤感"在某些评论

[①] 《当代中国乡村社会的代文化特征——一份来自昆山周庄和北京"浙江村"的调查报告》,见贾德裕、朱兴、郗同福主编,周晓虹执行主编:《现代化进程中的中国农民》,南京大学出版社1998年版。

看来是"怀旧","《最后一个生产队》仍然写人们对集体劳作的怀念和不舍,'最后一个生产队'几乎成了一个准政治化生存的躯壳、堡垒、家园甚至象征,尽管已经时过境迁。"① 但在今天看来,《最后一个生产队》确实有着某种洞见,当时实行联产承包责任制后,过年时连宣传队都组织不起来,大家宁愿花钱买票去一个体户家看电视,"春节之后,生产队的十来个小青年踩着高跷在村里转了一圈儿。队伍很短,场面有点冷清,……却是不是原来那个味道了。"在《秦腔》中清风街的过年同样是"没有耍社火,也没有唱大戏"②。

中国农村基层组织文化建设的严重缺乏和涣散正是在改革之初就埋下了隐患。20世纪80年代,当时在农村进行分田到户后将新中国成立后逐步建立起来的农村基层文化体系赖以存在的基础打破了,比如阅览室、文化站、广播站随着人民公社三级合作组织消失后投入和管理的缺乏而形同虚设,文宣队随着生产队自然而然地解散,但此后并没有建立起一整套与市场经济相"配套"的农村文化公共体系。如果不做价值评价,可以肯定新中国成立后的文化建设和农村的集体经济是相当"配套"的,二者将农民生产和日常生活都高度组织起来,现在到图书馆都能查到一系列为农村文化建设服务的书籍,"农村歌曲"(1950),"农村文娱活动小丛书"(1961),"农村新故事丛书"(1965),"农村有线广播技术手册"(1978),以及大量的识字课本,可以想见那时的情景。文化生活是公共生活的重要组成部分,是农民对集体或者村落产生认同感的来源,是精神生活的重压组成部分,提高农民的文化素质,推广科学种田和技术,农民的凝聚力和自信心的重塑都要来自于文化建设,在农村发展走到拐角的今天,文化建设的问题的严重性就更加突出了。

实行大包干后,预想不到的是中国农村社会的基层组织的萎缩和农民公共生活的极度缺乏,公共性的缺位直接导致农民的价值观的变化。评论家倪伟重读作家张炜20世纪80年代《古船》之前的一系列短篇小说,发现这些作品其实早已警觉到:"在推行家庭承包责任制之后农村社会所产生的一些新问题,诸如农村社会生活共同体的瓦解、劳动价值的跌落以及由于私利原则的引入所造成的道德水准的大幅下降等等"③ 问题,而"这些在当年被农村改革的辉煌成就所掩盖的深层问题如今已暴露无遗,正阻碍着农村社会的健康发展"。

也就在此时,集体不再存在,传统意义的大家族也散了,人们自由了,"胆

---

① 陈玉华:《过于温情的民间道德化叙事——刘玉堂"新乡土小说"文化意识批判》,载于《文艺争鸣》2004年第6期,第121页。
② 贾平凹:《秦腔》,作家出版社2005年版,第451页。
③ 倪伟:《农村社会变革的隐痛——论张炜早期小说》,载于《文学评论》2005年第3期,第61~69页。论文中涉及的短篇小说:《声音》《山楂林》《芦青河边》《拉拉谷》《野椿树》《三大名旦》《第一扣球手》《猎伴》等。

子也大了"。个人对所在的村落集体的认同逐步丧失导致了"利己"与"利他"的界限发生了极大的变化：由原来的整个村庄或者大的家族迅速缩小到狭隘的个人，在文学和现实中产生了令人震惊的事件。

《乡村蒙太奇——一九九二》中有骇人的一幕：全村村民哄抢苹果事件。农民保松承包了村里 30 亩没人敢要的果园，前两年的毫无收获，第三年，终于挂满了苹果。他盼望有个好收成，不分昼夜地为苹果打药杀虫时被毒瞎了双眼。在收获前的一个晚上，全村人一起出动，一家老小皆上阵，有的甚至将远村的亲戚也叫上，拎着口袋，提着筐子，拉着平板车，成群结队而来，其中还有保松亲兄弟一家人。保松妻子只能眼睁睁地看着乡亲们将果园的苹果抢个精光，有的乡邻摘完苹果之后甚至将果树都毁了。已瞎了眼的保松得知真情之后，吊死在苹果树上。而村民们却没因此而感到不安。

类似农民哄抢的事件从文学到现实生活是一步一步升级。2004 年 10 月 8 日，河南的 13 户人家联合承包陕西武功县小村镇 1 700 亩土地，1 500 多亩即将成熟的黄豆遭到当地农民的哄抢，参与哄抢的人数有上千人，损失大约 40 万斤黄豆。文学作品中村民哄抢的是自己村里的人，苹果在第三年丰收了，乡邻们见此"眼红"，觉得保松拣了个"大便宜"，现实生活中抢的对象是外来的承包者，每个村民心中暗暗愤恨不平，"同样是种田，凭什么他们赚了"。这里所涉及的其实不是"道德堕落"，他们的行为更多是一种从众心理，"村子里的人都去，我也要去，不然我就吃亏了"，也不会想到自己会承担责任，在良心上也不会受到自我的谴责。

现实生活中货车因遇车祸，农民哄抢运输物资的事件频频见报端。媒体报道渲染了村民们哄抢的兴致勃勃和被害人的凄惨，读读这类报道的标题便知："武功上千村民哄抢 1 500 亩黄豆　还打伤两民警"，"卡车载数十吨豆瓣酱翻车死两人　上百村民忙哄抢"，"安徽六安市油罐车泄漏　16 吨油被百余村民哄抢光"，"出车祸司机摔昏醒来　众多村民在旁哄抢货物"，"两大货相撞　四司机受伤　村民拎着编织袋抢玉米"……？我们暂且不论这个背后媒体的用心和整个社会的态度。也绝不是批评农村"农民普遍缺乏公德心""素质低"，因为这样的解释只会转移关注点。在实行联产承包责任制，人民公社解体后，农村建立什么样有效基层组织形式，至今仍是悬而未决的，一方面国家面对无数的小农；另一方面农民在获得相对自由的同时也丧失了组织的保护和管理，哄抢的背后是基层组织治理的缺位，而传统的道德也不存在，整个群体的是非观念也丧失，新的道德观念和对自我的约束没有建立，只要对"我"有利，似乎是"做什么都可以"，这样的价值观令人忧虑。①

在《走过乡村》（谭文峰，1996）中少女倪豆豆被倪土改——村里的顶梁柱、现任村支书兼村企业公司总经理施暴，豆豆一心要告倪土改，村民得知后对她破口大骂，百般阻挠，就连她的亲哥哥也对她拳打脚踢，最终在副县长的主持下此事私了，"和全村人的利益比起来，倪豆豆的事实在不算个事"，这是当年的老队长说的，冠冕堂皇、正当的理由。每个人为了自己的私利，完全没有顾念备受侮辱的倪豆豆，甚至连她老实的父亲倪老庄从头至尾也就只知道要私了。《九月还乡》（关仁山，1996）中，为了从冯经理拿回村里的土地，"兆田村长"说服"九月"，答应冯经理的"条件"。《分享艰难》（刘醒龙，1996）中镇长孔太平的侄女田毛毛被暴发户"洪塔山"强奸，在他内心根本不希望告"洪塔山"，因为洪塔山是全镇财政收入的主要来源，他的入狱使全镇教师和工作人员的工资面临困境，最后田毛毛一家主动不告洪塔山了。舅舅（田毛毛的父亲，一个老农民）说："我们说定了，不告姓洪的了！要让他继续当经理，为镇里多赚些钱，免得大家受苦"。② 三者几乎讲述的一个共同的故事，资本在亵渎、冲击乡村美好的一切，为了"大家"的利益而让"她"作出牺牲。通情达理、善良温顺、勤劳宽厚的农民成为另一个吃人的社会的帮凶。又正因为他们是"羊"，所以要没有任何条件地维护"牧羊人"，致富带头人的权益。

如果说在《走过乡村》中讲述的是农村那种田园般的，宗法制的温情脉脉被个人的利益撕得粉碎，那么在《九月还乡》《分享艰难》中，倪豆豆的被逼就范转化为了"九月"与"舅舅"的深明大义，顾全大局，主动为资本开道。也许是村民们已经谙熟市场经济的法则，为了利，一切都可以让步，他人的、甚至是亲人所受到的伤害都通通不在考虑范围之内。

在《沉默权》（梁晓声，2002）中，郑娟到县里的舞厅去上班，当初村里的人向他们投来羡慕的目光，但当郑娟被县里法院副院长的儿子和歌舞厅的老板还有小车司机欺辱时，在舞厅当清洁工的同村的长辈亲眼目睹此事也不敢为她出庭作证，只说是什么都没有看见，村里的人为了巴结这些有权势的人，居然牵线"私了"此事，从中私拿回扣，还有的想起郑娟往日回村子时高傲劲，幸灾乐祸，耻笑郑家，整个乡土社会可能有的正义与慈爱真的不存在了，人与人之间原来由地缘、亲缘所建立起来的关系也慢慢消失了，除了自己的利益，别人与自己无

---

① 《武功上千村民哄抢 1 500 亩黄豆　还打伤两民警》，载于《华商报》2004 年 10 月 10 日。《卡车载数十吨豆瓣酱翻车死两人　上百村民忙哄抢》，载于《大河报》2005 年 8 月 27 日；《安徽六安市油罐车泄漏　16 吨油被百余村民哄抢光》，载于《新安晚报》2005 年 9 月 1 日；《出车祸司机摔昏醒来　众多村民在旁哄抢货物》，载于《成都商报》2005 年 11 月 5 日；《两大货相撞　四司机受伤　村民拎着编织袋抢玉米》，载于《北京娱乐信报》2005 年 11 月 23 日。

② 谭文峰：《走过乡村》，百花文艺出版社 1996 年版。

关。人被激发出对富裕畸形的追求，对金钱变态式的占有变得越发可怕。《野骡子》（莫言，2000）里"我"的"母亲"，带着自己的儿子一起捡破烂，比男人还要能吃苦，她盖起了全村最高的房子，为了多攒钱，冬天房间里不生火，家里几个月都没吃肉，房子建好剩下的三千存款她拿来借给村民，放月息两分的高利贷，俨然是"守财奴式的加上清教徒式的母亲"。

市场经济的逻辑进入农村，有负面的影响，当然也会有正向的，甚至无疑是一种现代性的"启蒙"。在小说《最后一个生产队》就表现了女性李玉芹她凭借个人的"天赋"和资源一步步地"适市场化"和"现代化"，人们在市场经济的环境下学会思考、计算、选择。曾经的"公家嫂子"，留恋生产队的李玉芹，她深谙商品经济的"道"在实行分田到户后承包了苹果园，办代销点，倒卖木材，收取回扣，明了"根本不存在平价议价"，甚至懂得利用关系网，与男人们的周旋中得到便利，为了保持自己的"价值"，也不急于再婚。"搞活商品经济"给予李玉芹重塑造自我的机会，她变得能干、精明，开始学会将一切都要计算一下，并将自己的欲望和身体、情感像物一样的控制起来，俨然是标准的"理性的经济人"的模样。同李玉芹这般的在市场经济的潮流中"如鱼得水"，并"先富裕"起来的农民人只是相当少的一部分，一直到现在，中国的农民仍不善于计算，尤其是那些纯农户（只种庄稼，没有从事副业的农户）一般都只是在快过年的时候看看手头还有多少结余，而平时生活的日常开支、每亩田的成本和收益是不知晓的，当然也没有这个意识。所以在讽刺"李玉芹"被金钱观念腐蚀，感叹昔日纯朴的少女不再时，有没有想过这其中深藏着一种长久以来的惰性？难道农民就应该浑浑噩噩地过日子？所以谁又能说清楚处处计算的李玉芹是变好，还是变坏呢？

从城市打工回来的人们仿佛接受了"洗礼"，《九月还乡》中的女主人公"九月"，认为进城打工就像参军一样，"接受锻炼"，她不仅将天天化妆的习惯带回了农村，还变得勇敢，有想法。当她未婚夫家的棉花因为官商勾结卖不出好价钱时，"杨大疙瘩"（九月未来的公公）准备把车赶到外乡去卖棉花，又被乡镇府设的卡拦住，他一怒之下点燃了一车棉花。九月指挥车赶到乡政府，"他（乡长）再不出来，俺就带车去县政府门口闹"，向乡长施压，最后在她的努力下事情得到圆满解决，而九月还意外得到乡长的"赏识"，"想提拔九月做村长"。九月最初在城里当纺织女工，后来做了"三陪小姐"，可就是她，却愿意将自己在城里赚的钱借给村里开荒，和觉得无路可走、莽撞的杨老汉比起来，九月遇事冷静而且不服硬、不服输，想办法与"父母官"周旋。作为"三陪小姐"的九月一方面认同市场交换的逻辑，将她自己放在市场上流通；另一方面在城市的生活历练了她，让她变得有主见，有胆量。近几年发生的农民上访事件和帮助农民维权的事件上升幅度较大，主事者中有相当一部分有打工的经历，或还在外地打工，相比起其他农民，多年的打工生涯让他们长了见识，也更勇敢。

但这种自发的"启蒙"究竟能在多大程度上彻底改变多少农民？面对"散了气"的农村，农民怎样重建自己的日常生活，过上"美好的生活"。正如土地不再是农民的希望之所在，村庄也必将被放弃的，一亿多的农民工背着自己薄薄的铺盖和梦来到大大小小的城市时，身后留下了一个个支离破碎的村庄。

三、身份歧视与农民的精神重负

农民相对于工人、知识分子、手工业者这些称呼而言不仅仅是一种职业的命名，更是一种身份的烙印，受到"理所当然"的歧视和不公正的待遇，他们的尊严经常不能得到他人的承认，甚至是不能被自己意识到的。所以农民们不仅扛着生活的艰辛，还承受着精神上的重负，"在这铁桶一般的'现代化'、'城市化'的主流文化的包围和熏染之下，农民除了向城里人的生活看齐，还有别的选择吗？和许多城里人相比，他们反而更轻贱自己的生活。"①

农民是卑微的，尤其在贫困的重压之下，更是没有尊严可讲。怯弱老实的刘根宝二十九岁还打着光棍，镇长开车轧死了人，根宝和瘸子、李庆、柱子一同抓阄来得到为镇长顶罪的名额，因为如果能替上镇长，他就能娶上媳妇了，最后根宝抓到了"黑猪毛"，他怕"柱子"抢走这个机会，跪在柱子面前，"柱子哥，你就让我去替镇长蹲监吧，你好歹成过一次家，知道做男人是啥儿滋味哩，可我根宝立马三十了还……"②，根宝最后给柱子磕了三个响头以表谢意。结果根宝想做镇长"恩人"的愿望压根没实现，死者的父母"通情达理"，主动要求"只要镇长答应把死人的弟弟认作镇长的干儿子就完啦——"。村里人认为根宝进监牢是进了天堂，以前根宝从来没被大伙正眼瞧过，这次他因为抓到了"黑猪毛"，却意外寻觅到了做人的"尊严"。如大伙说的："根宝兄弟，奔前程了千万别忘了你哥啊。"③乡土中的农民们精神异化到了何等程度！能与"父母官"攀上关系干啥都无所谓，坐牢比参军还光荣。被轧死的人死了也没关系，人的生命不算什么，人的尊严更不算什么，他们早已习惯了这种卑微、低贱。物质贫困的重压下，人们已经麻木，甚至比麻木更可怕，不是愚昧，比愚昧还不自知，卑贱中透着凄凉，像虫豸一样活着，根宝欲坐牢都不得，就如"欲做奴隶而不得"，根宝们的灵魂何在啊！

---

① 王晓明：《L县见闻》，载于《天涯》2004年第6期，第14页。
②③ 阎连科：《黑猪毛 白猪毛》，人民文学出版社2004年版，第115页。

身处乡村的农民恨自己生在农村。在《农民》中有这样一个场景,在父子干农活发生争执中,儿子二毛骂父亲:"你为啥不把我日做在城市?"① 新中国成立后,一系列严格的政策如粮食统购统销,户籍制度(农业与非农)等从制度上造成了城乡二元割据,近十年来城乡居民差距幅度越来越大,农村与城市尤其是东部与中、西部几乎形成了断裂,"当都市已经接近发达国家的时候,更广阔的边远地区和农村,其实还处于落后的十七世纪"。② 农民们离开土地,对农民身份的逃离是背后更大的、持续的冲动,是向祖祖辈辈姓"农",这个城乡二元对立结构的反抗。一旦出生在农村就会有一整套的不公平在等着他们,"二毛"们如何能不愤恨不平呢?教育就是最显著的:《农民》中"牛天才"的儿子考取了大学,当他意识到家里没钱交学费,让"牛天才"从狂喜跌到了谷底,原本希望孩子彻彻底底做城里人的梦也破灭了。一个农村的孩子从念高中到能考入大学带给一个家庭不仅是喜悦和希望,而可能是一张接一张的账单。教育曾经是彻底改变农民子女命运最有可能的途径,而"1978 年以来,教育机会分配的均等化推进趋势停止,导致教育机会分配不平等的一系列因素的作用力不断增强,教育从一种促进社会经济均等化的手段转变为促进社会经济分化的机制。"③ 城乡不仅仅教育资源有巨大的差距(经费、设施、师资等),一个农村的孩子需要克服远比城里孩子多得多的障碍才能走进大学校园的课堂。

在《到城里去》(刘庆邦,2003)中讲述了女主人公宋家银为了实现"到城里去"种种的努力,先是嫁给了在县城做工的杨成方,成为"工人家属",后来她逼着失掉了县城临时工作的丈夫半夜卷着行李出门打工,接着逼迫自己的儿子考大学。在北京捡破烂的杨成方因为顺手牵羊被拘留起来,她得去北京送钱将丈夫保释出来,她终于有机会真正进入城市,可一旦到了北京,她退却了,这个一直都想着到城里去,要强的女人在城里慌了神,迷了路,她上了北京却又一步步退到了城市的边缘,退到城乡接合部,她终究明白"城市是城里人的"。

城市对于宋家银们来说,设置了重重的壁垒和间隔带。呆在城市的他们,安全感,城市给不了,反而有无数双"匿名"的眼睛盯着他们,防着他们。打工仔、打工妹走进城市后就走进了有着围墙的工地、车间,他们身处城市,却被隔绝开来,当他们来到街道上时,这个世界离他们更遥远。在《民工》中有一幕生动描写建筑工人鞠广大、鞠福生返乡途中搭上去火车站的公汽这一段,这是他们唯一一次在狭小的空间与城里人相遇。当他们从工地出来时"他们的裤腿溅满了

---

① 李一清:《农民》,四川文艺出版社 2004 年版,第 71 页。
② 孟繁华:《盘点 2003 年中篇小说》,载于《中华读书报》2003 年 11 月 28 日。
③ 李春玲:《社会政治变迁与教育机会不平等——家庭背景及制度因素对教育获得的影响(1940~2001)》,李培林、李强、孙立平:《中国社会分层》,社会科学文献出版社 2004 年版,第 394 页。

泥浆，斑斓的泥点仿佛刺绣一样扎眼，……还是身上散发的气味，是那种土腥中的酸，那种土腥中的臭。土腥是他们身上的主味，酸臭是那种主味中的附加，他们身上复合的、与这个城市极不相符的气味使站台上的人都躲着他们"①，排队时"那些人一个挨着一个，不留一点缝隙，把几个民工愣是排挤在外"，上车后望着座位也不敢去坐，因为一旦动一下，行李就会碰到城里人的衣服，就会被骂："你这臭民工，干什么你，你什么玩意儿。"巨大的灯箱广告，购物中心的招牌，五星级酒店、高级餐厅透亮的玻璃门……城市里说话的、不说话的，都与他们太陌生，不亲近甚至凶神恶煞。②

农民工的精神需求在政策引导者和执行者看来更多的是"提高农民工素质"，例如"农民工有困难找工会丛书"中《农民工素质提升手册》，书的内容简介是这样的：本书阐述了农民工提高自身素质的指导意义，具体内容包括：打工树理想，人生有规划；学好文化知识才能更有出息；做一名学法、懂法、守法、用法的好公民，等等。③

在《我们要结婚》④（李嫣红，2004）中，一对在城市打工的非婚青年男女，女的怀了孕却不能把孩子生下来，不得不频频打胎，结果到了第三次，不管是黑诊所还是城市的大医院都不敢让她打胎，因为这样肯定会出人命，在城里办结婚证又不可能，他们只得回家，结果在途中遇车祸而死。在北京一旦办了暂住证后，育龄妇女还必须在她生活所在地办理"婚育证"，这个证明必须在她到达城市10日之内办理，没有婚育证的妇女不准生孩子，如果生了她就得被罚款，而且其他所有的证件就会被没收，如果没有暂住证，就无法获得务工许可证或经商许可证，他们是禁止被雇佣的。⑤《我们要结婚》中的"她"死后魂说："我觉得整个世道都在与我们作对。"⑥她的话充满了深深的怨气和不平，本来是为了有效的管理甚至是为农民工服务的体制却生生叫人不能活，高高的门槛让农民工不得喘息。生存的艰难绝不是物质层面的，因为它烙在人们的心上，在挣扎中过活的感受铭刻在他们心中。

在城市与农村之间徘徊的农民，他们的痛苦更多的还来自于身份的尴尬，没

---

①② 孙慧芬：《民工》，载于《当代》2002年第1期，第132页。

③ 张喜才等：《农民工素质提升手册》，中国工人出版社2006年版。该书是中华全国总工会农民工培训推荐教材。

④ 鲁太光：《无地彷徨——小说〈我们要结婚〉和〈神木〉中的农村世界》，见《乡村中国评论》第一辑，广西师范大学出版社2006年版，第237~248页。

⑤ Human Rights in China（中国人权）. 2002b. Institutionalized Exclusion：*The Tenuous Legal Status of Internal Migrants in China's Major Cities*.（制度化排斥：中国主要城市中民工的弱小法律地位）转引自［澳］杰华著，吴晓英译：《都市里的农家女》，江苏人民出版社2006年版，第98页。

⑥ 李嫣红：《我们要结婚》，载于《海峡》2004年第5期。

有归属感。《瓦岗上空的麦田》①中的主人公李四将他的三个儿女都送进了城里,可当他想靠近他的孩子,融入城市,却被永远地拒绝了。他为了报复将他遗忘的儿女,将身份证与文中死去的"我的父亲"身份证互换,当他站在自己儿女面前时,他们宁愿相信放着父亲身份证的骨灰盒是真正父亲死去的父亲,也不认他。李四的妻子得知他"死"的消息,悲恸而亡,家里的房子塌了,所以李四在城市呆不下去时也无法回到农村,李四就像一个多余的人,哪都容不下他,最后绝望地死去。李四象征着许许多多来到城市的流浪者,故乡永远地失去了,而城市也不会接纳他,承认他,没有归属,注定漂泊。中国会有越来越多的农民工,而不以土地为生活中心的农民会是更大的问题:"……农民是一群鸡……他们无法守住土地,他们一步一步从土里走出来,虽然他们是土命,把树和草拔起来又抖净了根须上的土栽在哪儿都是难活。"②

第三节 影视艺术与当代中国人的世界观和人生观

随着市场经济改革的深入,文化的地位和功能所产生的影响也逐渐发生着巨大变化,从工业主导社会经济发展年代的"文化搭台,经济唱戏"的辅助功能(比如在整个 20 世纪 80 年代的很多地方)转化为后工业时代的主要产业部类之一。由被国家的主导意识形态话语和知识分子、艺术家的精英话语所主导的艺术作品,逐渐成为世俗社会人们的文化消费品,深刻地渗入到当代中国人的日常生活之中,造成了它在人民精神生活中最为深刻的变化之一。同时,这些艺术作品还以其独有的方式,进一步改造、建构着身处这"大时代"中人们的精神生活,对人们的社会心理、审美情趣以及价值取向产生着影响,成为当代中国人精神生活和整个社会文化变迁的重要表征。这种互动式的关系同物质生活的变化一起展开,型构了人们在今日中国的社会生活。

一、影视艺术对公众(特别是对青少年)价值观的影响

勤劳、勇敢、诚实、善良,对他人和社会应该承担一定的道义和责任,对于生命的敬畏,是中华民族千百年来一直恪守的对个人品格的重要评价标准,是一

---

① 鬼子:《瓦岗上空的麦田》,载于《人民文学》2002 年第 10 期。
② 贾平凹:《秦腔·后记》,见《秦腔》,作家出版社 2005 年版,第 502 页。

个人好不好，应该做一个怎样的人的标尺。但这样的标准在市场经济的背景或借口下却不断受到挑战，甚至不少极端的事例也常常出现在我们的生活中。影视剧在这方面发挥了不可忽视的作用。

为了塑造更加逼真的艺术形象，更复杂地展现人性，使故事情节更加复杂，一些影视剧如《黑洞》《英雄本色》等通常把犯罪分子塑造得神通广大、风流倜傥、义薄云天。比如《黑洞》里的聂明宇被塑造成具有责任感、临危不惧、力挽狂澜气概的"黑帮英雄"。《古惑仔》系列也是描写黑帮的"义盖云天"。《中国第一刑侦大案》《征服》等为吸引观众，采用纪实手法，将犯罪分子作案过程生动细致地再现，对有关"作案策划、杀人灭口、逃窜流亡"写得生动详细，这些细致的刻画当然有助于银幕形象的塑造，但在社会效果上也造成了一些不良后果。在中国电影没有分级制度的今天，对青少年的影响尤其大。据报道，成都警方就曾破获一起杀人案。案犯伍某供述，他18岁时第一次杀人，而他的杀人方法就是从香港警匪片《警花出更》里照搬的。之后，他便将杀人作为自己追求的"事业"。在观看了电视剧《中国第一刑侦大案》后，十分崇拜抢劫杀人犯白宝山，于是总结白宝山"失手"的经验，不断提高作案水平。几年时间伍某连杀数人，现场都没有留下痕迹。[①] 相类似的案例还有某市公安机关破获的一起绑架案。案犯刘某仿效电视剧《征服》的情节，将其堂兄绑架，向其叔索要赎金。他不断变换交接方式和地点，给公安机关破案工作带来了很大困难。[②]

可见，电视作为人们获取信息的主要途径之一，观看电视剧作为人们消闲的主要方式之一，对于社会所发生的影响是不可低估的，对处在接受社会和生活经验的青少年的影响尤其严重。据报道，上海市少年管教所的管教干警告诉记者，管教所里几乎所有的少年都迷恋暴力、凶杀、恐怖或色情电影，不少人对香港拍摄的"古惑仔"系列电影如数家珍，并模仿其中情节进行违法犯罪活动。在这些电影里，"古惑仔"在打砸抢之后，总是一副很"酷"的样子，不用负任何责任，也没有受到任何惩戒。[③]

伴随着影视剧"是非观"的还有人生的"成功感"，近年来为影视剧做宣传的明星和商品的广告节目大行其道。"电视明星访谈节目"宣称让青少年近距离接触明星的实际生活，而实际上这些访谈的内容都是电视节目编导在"议程设置"中都会事先安排，以造就明星光鲜夺目的炫目感和成就感。让青少年以为这样的人生才是光彩绚丽的人生。引得少不更事的年轻人就此抱着明星梦，报考影视艺术表演类的人数逐年上升。类似于《超级女声》《非常6+1》等节目火暴都

---

①② 赵倩：《黑恶剧情教人犯罪技能》，天府早报·要闻，2004年5月29日，网址：http://morning.scol.com.cn/2004/05/29/20040529248203906381.html。

③ 杨金志、刘丹：《走进"少年杀人犯"的内心世界》，新华社"新华视点"，2004年5月27日。

是这些问题的表征。20 世纪 90 年代以来，整个社会处于转型期，新的价值观、人生观正处于逐渐形成的过程中，新的社会价值标准并未得到确立，过分强调经济效益，强调收视率和票房价值，使得影视荧屏上涉及"血"和"性"的镜头和题材比较多，而这些题材和镜头又对原有的是非观念、荣辱观念产生冲击，对社会主流的价值观、人生观产生潜移默化的影响。

二、影视艺术消费与集体、个人观念的形成

对个人的发现，对自我认同的建立，大约是 20 世纪 80 年代以来中国社会思潮所发生的巨大变化之一。近 20 年的影视艺术，无论从内容还是在艺术展开的方式上都参与了这一社会观念和精神方式转化的历史过程。

首先是影视艺术发生影响的空间转换。"看电影"所具有的意义不只是由于看某电影，还在于看电影的方式，看电影的行为本身。从社会学的意义上考察，行为以及行为的方式常常具有更值得讨论的丰富意味。在 20 世纪 70 年代末到 80 年代初的时代，人们的精神生活、娱乐形式相对单纯，看电影曾经是人们最主要的文化消费方式。今天三十岁以上的人只要一提起小时候看电影的情形，总会有一堆的故事：坐在电影院的后排，头顶着一道云雾状的光线，听放映机转动的吱吱声，越过前方黑压压的一片，沉浸在一支冰棍和一些小零食的世界中，瞩目着银幕上别人的绚丽人生，恐怕是那时许多人都有过的温馨记忆。而影片公映后，会很快出版该片的连环画、小人书，像一本编辑好的电影剧照。[①] 于是，电影院、放映露天电影的操场、空地，部队的家属大院，给人们提供了一个难得的集体交流的公共场所，看电影如同一个仪式，人们往往盛装出席，仿佛参加节日的庆典，在说说笑笑、互相感染中释放着长期以来的压抑和苦闷，那种热闹，那种众生狂欢的气氛使看电影犹如一场集市仪式。这种观看方式为人们提供了一种集体的交流途径，勾连着彼此的精神生活，建构着某种集体的文化认同。

时光倒流 20 年，到录像厅去看录像是一件很时尚的事。20 世纪 80 年代中期，电影院里放映的片子有限，大量的港台片、欧美片后来更有最新的好莱坞大片和奥斯卡获奖影片，给人们输送着丰富的影像资料，有不少电影院都开辟的场地专门放录像，而街头巷里正规或不正规的录像厅更不在少数，乃至遍布城乡。"录像厅是我们看世界的窗口。"一位 80 年代的大学生这样说。[②] 而到 90 年代初

---

① 王超：《我的电影缘》，载于《天涯》2005 年第 4 期。
② 贾布图、雍和：《过时的"中国特色"上海录像厅走到尽头》，载于《新周刊》，转引自新浪网，网址：http://www.sina.com.cn 2001/07/13 10:12。

录像机逐渐进入普通家庭,租录像带在家里看便成为许多人特别是年轻人的休闲生活方式。20 世纪 90 年代中期 VCD、DVD 等"家庭影院"设备的普及,碟片低廉的价格因素,使得看电影部分地为看碟所取代。各个电视台电影频道的开播,无疑让电影真正走进了每一个家庭,那些与电影久违了的中老年观众,舍不得花几十元钱看电影的普通工人、没时间跑电影院的家庭主妇可以轻松地在家里看电影了。随着电脑的普及和网络技术的发展与成熟,在线影院、BT 下载带来的是更加简易、便捷和自由随意,你可以想看什么就点击什么、下载什么。目前,几乎每所高校的校园网都可以用极其低廉的价格甚至免费获得上千部电影,年轻学生看电影的需求锐减,每个城市的局域网也可以低价建设网络"露天电影"①。而手机电影已经实现了从制作到传输、接收播放的完整过程,逐渐成为了时尚人群的电影消费方式。MP4 也实现了"DVD 电影随身看"。第 12 届北京大学生电影节在北京、上海、广州、武汉、杭州等地十余所高校进行的题为"当代大学生电影消费及中国电影文化认知"的调查中显示,在被调查的 1 109 人中,关于平时看电影的方式,732 人选择"看 DVD 或 VCD",占 66.01%;538 人选择"上网看",占 48.51%;319 人回答"看电视台播出的电影",占 28.76%;而选择"到电影院看"的有 271 人,占 24.44%,仅次于"看露天电影"的 73 人,6.58%,居于倒数第二位。② 电影院的公共空间成为人们消费的商品,而更多的人在个人空间里过着日常的生活,在现代技术提供的方便快捷的环境里随意的浏览自己喜爱的影片,去影院的观众人次一落再落。统计显示,1979 年中国大陆地区生产的影片虽然只有 50 多部,但观众人数达到了 279 亿人次,平均每天有 7 000 万人次的观众看电影,创造了前无古人、后无来者的历史记录。1992 年观众人数在 105 亿人次③,而到了 1995 年,观影人次降至 30 亿人次左右,全国人均一年只看不到 3 场电影。④ 观众人次逐年大幅下降,到 2001 年甚至已降到 2.2 亿人次,票房则仅为 8 亿元,低于维持电影再生产的生死线——年票房总收入 10.5 亿元。⑤

　　随着技术的进步,不仅观看电影的方式促使了集体观念的消亡,而且很多影视剧的内容也极力宣扬个人主义,集体观念淡出。

---

　　① 《网络盗版电影可气 制片人"赎买档期"可叹》,新华社新闻中心,2004 年 9 月 23 日通稿。
　　② 周星等:《当代大学生电影消费及中国电影文化认知——第 12 届北京大学生电影节调查报告》,载于《当代电影》2005 年第 4 期。
　　③ 《1992 年电影发行放映概述》,见《中国电影年鉴》中国电影出版社 1997 年版。
　　④ 潘燕:《中国电影:在"火暴"表象的背后》,载于《瞭望》1995 年第 51 期。
　　⑤ 郭曲波:《用实现产业化来推动中国电影在 21 世纪的发展》,中国音像商务网,网址:http://www.cnave.com/。

三、在新旧的倒置中重构价值标准

怀旧热，尤其是对20世纪30年代旧上海的怀旧是20世纪90年代所出现的一个重要的文化思潮。"破四旧，立四新"① 是20世纪50年代中国开展社会主义改造的二三十年间的重要活动，其关键在于"改造旧人，塑造新人"——打破旧的价值观，建立社会主义的新世界观。其革命性已经被作为"文革""乱"像之根源而受到批判，但"旧的是腐朽没落的，是不好的，新的才是进步的，好的"观念却由此建立。20世纪90年代中后期以来，市场经济体系建立，"旧"的商业价值在消费文化市场上得以发现、光大，反转了人们因为"新""旧"价值的重构而形成的世界观。这一变化对于当代中国人的精神生活所产生的意义仍然要放到历史的视野中来讨论才能看得比较清楚。时光倒流二十年，我们所认知的旧上海是由外国"治外法权"所辖极度荒淫混乱的上海，是能够清楚地看到"华洋的有钱有势阶层如何非人地剥削下层人"的上海，是被压榨的"包身工"芦柴棒的上海，是不堪剥削和奴役的底层劳工发动"反饥饿反内战"的上海，是为新的曙光所激越而澎湃的"五卅运动"的上海……但几乎是转眼之间，一个半殖民地半封建社会的缩影被打造成一个"东方巴黎"式的国际大都会，一个耽于放纵和冒险、充满神秘的国际传奇。在这样的传奇里，20世纪30年代的巴黎夏装、日本和瑞士表、回力球馆、银色烟灰缸、轮盘赌、跑狗场、舞女、影星，以及各种各样的娱乐。一个海上的繁华旧梦就在这样的怀旧中显现。从影视领域开始，《摇啊摇，摇到外婆桥》在对旧上海黑社会爱恨情仇的书写里，显现了一个时代的妖艳与奢华。在王家卫《花样年华》中，不断变幻的旗袍再现着老上海的流光余韵，伴随着张爱玲的复活，《红玫瑰白玫瑰》浮现，《上海的金枝玉叶》踏着《上海的风花雪月》款款而来，怀念着她们记忆斑驳的《倾城之恋》，对20世纪30年代老上海的怀旧就这样登场。

显然，在这场大规模的记忆转换中，显现的是不同的真实主体，二三十年代上海叙述所关注的劳工主体普罗大众已经为曾经"十里洋场"的幽灵们所取代。那些躺在铁轨枕木下不断呻吟着的冤魂已经安息了，西方现代性所召唤的"光、

---

① 毛泽东曾经指出，"不破不立，不塞不流，破字当头，立也就在其中了。"以这样的思想为指导，中国曾经开展了以革除"旧思想、旧文化、旧风俗、旧习惯"，树立"新思想、新文化、新风俗、新习惯"的"文化革命运动"。

热、电（Light, Heat, Power）"强烈地暗示着另一种"历史真实"。① 不少学者早就看到了这种普遍性记忆转换中所具有的物质性。20世纪90年代的上海怀旧论述在上海城市全球化中扮演重要角色，透过怀旧论述，城市宏观规划与日常体验能够紧密结合于上海以至于整个中国在融入全球化发展过程的脉动中。上海怀旧将租界历史简化为上海过去的荣耀，鼓励人们借怀旧串连起破碎的、断裂的时空，在全球化时代与"世界接轨"的时空想象中，对旧上海的怀旧借由重现20世纪30年代特定历史的都会空间来召唤社会文化认同现在的各种规划，进而期待未来的全球化大计。同样是在这样的召唤中，各种旧上海的一切借着怀旧风潮被洗涤、漂白，转换成一个时代的消费符码。于是，《花样年华》中的优雅和旗袍热，暧昧、精致中透着腐朽气息的生活裹挟在一切与旧上海相关的言说中登场，怀旧情调营造与小资的消费时尚的相互应和，得到了充分的体现。《花样年华》与对老上海的怀旧风潮的兴起，所表达的是人们对不同历史真实的记忆及其倒置，而它的背后呈现出的是不同的价值观念。

四、家庭伦理道德的重构

在中国传统家庭里女性的角色和状态一直家庭伦理道德的重要构成部分。20世纪90年代后，女性角色发生急剧变化，新的女性文化颠覆了传统的伦理道德观念。不仅女性美德的评判标准发生了改变而且女性对构建新的家庭道德观念产生直接的作用。在曾经造成全国轰动效应的先后两部描写女性电视剧《渴望》和《大长今》的变迁里我们似乎看到了人们特别女性自身都特别热衷和欣喜女性优良品德的升华及其在家庭道德中的不可或缺的导向作用。

《渴望》故事开始于一段复杂的恋情，该片通过揭露"文革"那个社会动荡，是非颠倒的年代，讲述了两对年青人复杂的爱情经历，揭示了人们对爱情、亲情、友情以及美好生活的渴望。这部电视剧轰动全国，被称为中国电视剧发展的历史性转折的里程碑，它创下的巅峰效应成为一个时代的神话。刘慧芳——一个传统的女性形象是如何在中国历史上一段极为特殊的，经过混乱、动荡，又由乱而治，充满戏剧性变化的时期，保持中国自有的女性勤劳无怨、吃苦耐劳的品德，并表现出为家庭的美满和谐牺牲个人的精神。20世纪90年代中国的改革开放事业蒸蒸日上，很多新的观念冲破传统家庭的伦理道德规范，中国家庭妇女因此在思想上徘徊着自己的家庭角色和地位属性，而刘慧芳的形象为她们曾经的状

---

① 参见李欧梵著，毛尖译：《上海摩登——一种新都市文化在中国1930—1945》，北京大学出版社2001年版。

态作出了肯定和认可，也被男性历史化的接受。但这样的情形很快发生了变化，2004年前后，以反映现实婚姻问题的情感剧几乎垄断了各地电视台的黄金档。《中国式离婚》《海棠依旧》等电视剧及其中的情节成为人们茶余饭后议论的对象，加上早些时候播出的《结婚十年》《浪漫的事》《深度诱惑》《空镜子》《空房子》《走过幸福》等，在观众中引起热烈反响。以至于有媒体称，2004年中国内地电视荧屏迎来了"婚姻时代"。① 但是人们自己的婚姻时代似乎已经过去了，取而代之是物质和欲望的重组，家庭和爱情受到有史以来最大的冲击和挑战。

2005年韩国电视剧《大长今》在国内热影。该剧由人气明星李英爱和池珍熙主演，根据历史人物长今的真实故事改编而成，时间背景是15世纪末到16世纪上半叶的朝鲜。宫女的女儿长今为报父母被杀之仇进入皇宫。就在她从普通的宫女快要成为御膳房第一女厨时，受仇人陷害被流放成为官婢。这时，御前侍卫闵正浩给予了她极大的关爱。长今开始学习医术，并重新进入皇宫，开始第二次复仇。行医过程中，长今逐渐放弃了仇恨的念头。她凭借自己的能力，最终成为皇帝的主治医师，并被破例授予三品官职，被誉为"大长今"。但她没有被高官厚禄所迷惑，最后辞官返乡，和爱人一起回到民间行医。

《大长今》不只是让人看到了女性坚强自立、励志勇敢的一面，更值得关注的是它再一次从女性角色的回归上重塑了传统的伦理道德、家庭对人的重要意义。它以患难与共、生死相守的爱情来感动这个时代，它让人们感受到了爱情、亲情、友情和家庭伦理的表达方式，而不只是简单的语言表达。正如有些论者指出的，刘慧芳和大长今，前者善良但是软弱，后者善良、宽容而且智慧，但她们都是我们时代缺失的女人②。她们在家庭伦理规范遭遇质疑的时候出现，既是历史的必然，也是人们精神生活的需要。

上海电视节组委会对2004年上海电视节节目交易市场进行了分析，在总共11 868集参加市场交易的电视剧中，家庭伦理剧占17.04%，历史剧占14.15%，青春偶像剧占14.15%，生活喜剧占12.54%。③ 婚姻题材的影视剧之所以引起观众的共鸣，正显示了物质极大丰富的当代中国人在社会转型期对家庭、婚姻领域出现情感危机的反思。如何能够把艺术性和思想性，把艺术创作和社会影响结合起来，反映时代的主流，塑造积极正面、社会普遍认同的艺术形象，仍然是一个重大而艰巨的课题。

---

① 参见新华社北京11月28日电，闵捷、杜斌：《"情感剧"热播折射中国人情感危机》。
② 《当大长今遇到刘慧芳》，凤凰网·时尚·文化沙龙，2005年5月7日，网址：http://www.phoenixtv.com/phoenixtv/73198887107559424/20051008/655071.shtml。
③ 2004年6月10日，新华社（文娱）四类题材电视剧成为市场热点。

第四节 影视艺术与当代中国的"偶像"认同

这是一个充满了变化的"大时代",我们的整个社会在变,我们的日常生活在变,我们的理想,我们的信念也在变。而或许,这种被"自然化"了的变化过程,并不如我们想象中的那么自然而然,那么顺理成章。计划经济向市场经济急速转型的历史洪流把每一个人都裹挟其中,而原有的支撑我们精神生活的思想资源、信仰体系在物质生活日益丰富、消费市场极大繁荣的现实语境下已经被深刻裂解,逐渐削弱甚至丧失了对当代生活的有效阐释能力。理想主义烟消云散,英雄主义渐次退场,人们普遍感到这是一个公众信仰缺失的年代,同样也是一个英雄失落的年代。这个变化的过程充满着各方力量的因缘际会和诸多因素的杂陈并置。而已经以文化产业面目出现在世人面前的影视艺术、流行音乐也成为型构这复杂性的重要一环,以其独特的方式在英雄的退场仪式上托举出新的时代"英雄",在理想与信仰丧失的时候,编织着新的渴望,重新建构着今日中国社会的"偶像"认同。

一、"超女":平民的偶像

作为文化事件的"超级女声"电视选秀活动,本书第四章从大众传媒与当代中国人精神生活的关系的角度已经作了讨论。这里我们想把"超女"现象作为一个文本来分析今日中国社会的偶像"认同"问题,以此呈现当代中国人精神生活的某些方面。

随着2005年"超级女声"的火暴登场,李宇春、周笔畅、张靓颖、何洁等名字风靡一时,"玉米""笔迷""凉粉""盒饭"——她们的"粉丝"无数,拥趸如云,成为令人瞩目的万众偶像。她们的演唱会场场爆满,她们的大幅照片、招贴画、宣传横幅遍布大街小巷,她们前一小时出现在各大媒体的见面会上,后一小时又到希望小学慰问,不停地演出、赶通告、接受采访、签约唱片公司、接拍影视剧……"超女"俨然已经成为当今时代的娱乐偶像、大腕明星。而在此前的一年,她们也许还只是一个普通的"酒吧歌手",一个喜好音乐的追梦女孩。在这个"麦当劳"化的时代,连成为人们精神寄托的"偶像"也可以像吃快餐般地轻而易举。它不再是生活中自然而然感情积淀的结果,也不再源于对崇高超越力量的渴望。这些"超女"偶像虽然来自"平民",但她们所获得的却是几近疯狂的追捧，群情激昂的崇拜，在"粉丝"们的眼中，她们就是当之无愧的时代"英雄"。

"超级女声"作为湖南卫视创意出品的一场"翻版的才艺真人秀"，15万人蜂拥着报名参赛，4亿电视观众的翘首观看，超过中央电视台春节联欢晚会的平均收视率，无疑创造了一个媒介神话。"超级女声"的最大特点就是采取零门槛海选的选拔方式，在5个赛区内无论年龄大小的女生，均可以免费报名参赛，电视台现场直播比赛实况，给了每一个渴望展示自己，实现美好梦想的女生一个"公平竞争"的机会，只要你愿意，每个人都能有几分钟的时间作为舞台的主角，"想唱就唱"成为当时最为流行的时尚话语之一。

"想唱就唱，要唱得响亮，就算没有人为我鼓掌，我还能勇敢地自我欣赏。"这样一种口号式的宣言，强调的是个性化的解放，自我的张扬，而且是全民范围的、人人都可以加入的大众狂欢。召唤的是每个人自我展示的欲望，每个人都希望得到他人的认可，成为舞台的中心，不再是一个遥不可及的虚幻之梦。有评论者指出，"'超女'的火暴反映了出生于20世纪八九十年代的女生们渴望独立以及实现自我价值、自我意识增强等普遍心态，这也是这一代少女身上偶像情结的彰显，同时是成人社会中残酷竞争等在下一代身上的提前反映。"[①] 正是在这种心理机制的驱动下，"超女"风潮大声呼喊出了这些年轻人展示自己、追求梦想的心声，于是一呼百应，伴随着欢笑与泪水，呐喊与感动，她们尽情释放着被日常生活的循规蹈矩压抑许久的本真热情，全社会青年的广泛参与造就了大众狂欢的平民化娱乐盛景。另外，"超级女声"不但提供了出人头地的便捷途径，而且为那些荧屏前的观众提供了人生希望的某些想象性的满足。观众选择某个参赛者，把她们作为自己的一部分，看成自己的一个镜像，在"超女"的映像里投射了自己的情感和隐秘的愿望。洋溢着狂热激情的"粉丝"们在支持与追捧自己偶像的同时，通过短信投票及其他互动参与方式享受着集体塑造"平民偶像"的快感，这里浸染着的是对自己青春梦想的追寻，对一夜成名的"成功神话"的美好想象。

"超女"活动为平民女子的成功之梦提供了一个无门槛的舞台，塑造出了一举成名的"平民偶像"，为庸常生活中的人们提供了一种替代性的情感满足，同时，又为普通大众制造了一场娱乐欢宴，契合了他们参与制造和追捧偶像的内在心理需要，因而造就了一场民众直接参与的造星运动。在"超女"的整个运作中，传媒只是利用流行音乐这样一种方式建构了一个大众狂欢的平台，万众瞩目的"超女"偶像身后的生成机制完全是商业操作的纯熟技巧和匠心独运的创意妙

---

① 李江涛：《"超女"是一个什么样的标本？》，新华每日电讯，2005年8月27日，网址：http://news.xinhuanet.com/mrdx/2005-08/28/content_3412537.html。

招。前台是偶像制造的娱乐盛宴，背后是财富狂欢的畅销奇迹。"超级女声"不啻为一个成功的娱乐工业下的产品，"2005 年，有 15 万名各个年龄层的女性报名参与，而它拥有超过 2 000 万名铁杆观众。根据央视索福瑞提供的 31 个城市的调查数据，'超级女声'广州淘汰赛的收视份额在最高时曾突破 10%。15 秒广告费炒到了 11.25 万元，超过了中央电视台新闻联播 11 万元的'标王价'。"①1 400 万元的节目冠名收入、7 场总决选 2 000 万的广告收入、3 000 万元的短信收入；单场手机短信收入超过 1 500 万元，湖南电广传媒股价上涨 1.24 亿元、赞助商蒙牛实现 2.5 亿元纯利……②而"超女"们全国各地的巡回演出，包装后签约唱片公司，接拍影视剧，更不用说上亿元的广告收入，以及后续产品的不断开发，利益延伸的不可估量，都构成了"超女"产业链条中的环环相扣。"超级女声"已经成为一个品牌，一种经济的代名词。而被大众激情的热气球吹起上天的"平民偶像"，在享受着被大众崇拜、拥戴的同时，也已经沦为文化工业和大众媒体获取商业利益的工具，这既是偶像生成的内在机制，也是我们这个时代"偶像"所要遭遇的必然命运。

二、大众文化时代反英雄的"英雄"叙事

英雄是一个时代、一种信仰的标尺，代表着一种文化精神和价值观念，是人们的精神偶像。既然是英雄，就总有一个人物或一种"情结"，能让我们效仿或想象性地效仿。在建设中国社会主义的征程中，他们是建功立业的伟人，不怕牺牲的革命战士，舍生取义，路见不平拔刀相助，危难时刻挺身而出，几十年如一日的做好事，甘当一颗永不生锈的螺丝钉，在平凡的工作岗位上干出不平凡的事业，他们是雷锋、王进喜、保尔、张海迪、陈景润……这些光辉的名字在如今看来也许显得是那么陌生，但却是他们那个年代不朽的精神符号，都是我们曾经的偶像，是时代的英雄。经历了从 20 世纪 70 年代末 80 年代初以来的社会文化转型，我们穿越了 80 年代理想与激情的碰撞，走过了 90 年代的从崇拜到怀疑，叛逆与迷惘交织，21 世纪的当今中国已经进入了一个大众文化的时代，一个众生喧哗，却理想缺席，迷失自我的年代。

经历过 20 世纪七八十年代的人们感慨于今天精神的平庸化和偶像的缺失。那些精神偶像、英雄形象熠熠闪光的日子，那些在英雄精神的感召下努力进取的日子，那些为寻找思想的答案而苦苦追寻的日子，都随着当代英雄的缺失而一去

---

① 王亦中：《超级女声的经济学》，载于《环球企业家》2005 年 9 月总第 114 期。
② 《超女背后的利益链》，搜狐财经频道，网址：http://www.sohu.com/。

不复返了。而20世纪八九十年代之交的"毛泽东热"作为一个重要的社会文化症候,从某个侧面也揭示了转型中的中国社会的一种重要的文化心态,那便是在传统价值逐渐解体、多元共生、中心离散的时代,人们对信念的追忆,对一个理想主义时代的回首,是一个在"需要英雄"的时代,来自民间的、对英雄与神话的呼唤。① 这种状况也表现出一些怪异的文化特征。

在这个社会变化的过程中,一个有趣的具有表征意味的现象便是:电影《大话西游》1995年在中国内地上映,评论家对它不屑一顾,并遭遇票房惨败,但随后在高校却掀起"大话西游热",随即在图书市场上一本《大话西游宝典》受到年轻人的青睐,成为"大话迷"们的必备之物。在中文的网络世界里,到目前为止,有关《大话西游》的网站131个,有关周星驰的网站84个。中国最具人气的清华BBS《大话西游》版,更成为影迷理直气壮迷上《大话》的旁证。② 可以用"影院里惨败、校园里流行、网络上火暴"来形容。随后它的光碟也逐渐热销,到了20世纪末票房已达6 000万元。《大话西游》的流行经历了一个从"地下"到"地上"的过程,周星驰的"无厘头"风格,不但是对《西游记》经典的解构,同时,消解着我们一直信奉的理想、价值和追求的意义,无论从内容还是形式包括对白都表达着青年一代不受约束,自由张扬的个性特征。在这里我们获得的不再是对传统文化中某些价值和精神需求的追求,而是对一切权威、传统和英雄形象的颠覆,《大话西游》触发了人们内心深处的颠覆快感。在这里,误读也好,正解也罢,《大话西游》从受冷落到热炒的过程成为整个中国社会文化和大众心理变化的一个隐喻,在新时期变动不居的市场社会转型期,旧有价值观念解体的同时,新的价值体系还没有完全确立,解构了崇高和伟大,人们享受着话语狂欢和精神自由的"理想",同时伴随而至的确是整个社会的信仰危机,人们不得不为这样的"自由"付出精神流浪的代价。

我们的时代是一个公众信仰缺失的年代,同样也是一个英雄缺位的年代,一个没有精神偶像的年代。而每个人都需要一个偶像作为精神寄托,作为能够使自身得到确认的外在的认同对象,需要有一种理想的尺度作为灵魂的参照。2003年6月,由新浪网联合全国17家强势媒体共同推出的大型公众调查:20世纪文化偶像评选活动。综合统计出了十大文化偶像的排名,他们依次是:鲁迅、金庸、钱钟书、巴金、老舍、钱学森、张国荣、雷锋、梅兰芳、王菲。③ 在这份名

---

① 戴锦华:《隐形书写》,江苏人民出版社1999年版。
② 裴谕新:《谁制造了周星驰》,载于《新周刊》总第87期。
③ 参见《"20世纪以来我心目中的十大文化偶像"评选揭晓》,新浪文化,网址:http://cul.sina.com.cn/s/2003-06-18/0221158743.html。

单中有作为知识分子启蒙文化代表的鲁迅,有科技文化的代表钱学森,有作为革命文化代表的雷锋,也有作为消费文化代表的张国荣与王菲。它呈现出的是一个差异巨大的价值多元,偶像多元的新时代面貌。没有了同一的标准,没有了全社会共同认可的英雄和楷模,我们原有的对于"英雄"偶像的定义也受到了前所未有的挑战,这样的偶像拼图绝不会出现在20世纪80年代。20世纪90年代以来,随着改革大潮的迅猛推进,人们的精神领域被日新月异的社会变化撞击着,冲刷着,经历着精神流浪的当代人急需为自己的精神之舟寻找一处停泊的港湾,寻找着一切可利用的资源以期弥补强烈的心灵归属的缺憾,寻找新的偶像,寻找心目中新时代的"英雄"。已经被纳入文化工业部类的影视艺术和流行音乐产业,成为"英雄"退场与登场间的主宰因素之一,参与消解着英雄叙事,建构着新时期的"偶像"认同。

在20世纪中国的艺术作品中,由于其特殊的历史语境,孕育出了无数的时代英雄,无论在金戈铁马的战争年代,还是在风和日丽的和平建设时期,经典意义上的英雄,作为时代精神的象征,他们在转述中被再造,讲述着一个个具有传奇色彩和超人意志力的普通人难以企及的神话,他们的神话故事被搬上银幕搬上荧屏,在激情澎湃的歌声中传唱。《红岩》中的江姐;《红色娘子军》中的洪常青和吴琼花;《青春之歌》中的卢嘉川和林红;《红旗谱》中的朱老忠;《林海雪原》中的少剑波、杨子荣……甚至雷锋的故事,也通过电影和《学习雷锋好榜样》的歌曲被传颂得更远更久。而这些英雄一旦被命名,便成为了一个被学习被颂扬的"对象",成为了一个令人高山仰止的崇拜的偶像。

如今的社会世俗化程度越来越高,革命的理想主义和英雄主义激情已经成为一个空洞的能指,一段遥远的记忆,英雄们高、大、全的形象已经成为我们生活中的"他者"。在整个社会呼唤人性,呼唤自我价值实现的年代,影视作品中的英雄们也走下神坛,他们日常生活中的喜怒哀乐,他们作为一个英雄,更作为一个人的本真被表现了出来。2005 年 9 月,和火暴全国的《大长今》几乎同时播出的国产军旅剧《亮剑》,在央视一套亮相后,一直处于热播状态,最终拿到了全国收视率第一的成绩。在碟片市场上,《亮剑》全国销量过 5 万套,并长期在碟市租售排行榜上名列第一。10 月初,《亮剑》在重庆卫视、天津卫视、上海卫视等卫星电视台第二轮播出时,收视率照样名列前茅。[①] 男主人公李云龙成为了"男人新偶像"。他身上带有匪气,性情暴烈,甚至爱说粗话,但他爱打仗、不怕牺牲,这本身也是男儿英雄本色,而他的狡黠、执著和智慧还有他的小毛病显得生动而有趣。与此类似的是前些年闪亮荧屏的《激情燃烧的岁月》《历史的天

---

① 《解读〈亮剑〉火热荧屏:给英雄一次"真"机会》,载于《上海青年报》2005 年 10 月 27 日。

空》以及《士兵突击》，让人们记住了充满着革命热情成天大嗓门的石光荣，记住了浑身"毛病"的另类英雄姜大牙，也记住了外表迟钝的普通士兵许三多。他们都与经典叙事中的英雄形象格格不入，却成功地重构了观众对于那个远去的革命年代的英雄想象。

而在"红色经典"改变的影视剧中，那些经典的英雄形象已经面目全非，《红色娘子军》拍成了偶像剧，吴琼花成为了靓丽的时尚女性，洪常青透着帅哥的浪漫情怀，他们革命之余常搂搂抱抱，可谓"紧跟时尚步伐"；《林海雪原》融入了言情剧，少剑波与白茹的情感被大大地渲染放大，更有甚者，杨子荣陷入"三角恋"，居然还与匪首座山雕成为情敌。[1] 战斗英雄，那些人们心目中的经典偶像形象被颠覆甚至篡改。以经典名著《西游记》为蓝本的电影、电视剧、动画片在中国内地和港台地区乃至日韩不断掀起收视的热浪，《大话西游》《齐天大圣》《春光灿烂猪八戒》，以孙悟空为英雄的经典叙事被不断地反转，一派后现代戏仿、拼贴的繁荣景象。这些是对经典的反叛，也是理想与信仰失落的表征。

英雄不再是人们崇拜的偶像，不能作为迷茫心灵的精神寄托而起作用，甚至英雄成为了被调侃的对象，"黄继光冲锋时因被石头绊倒，所以正好倒在枪眼上；雷锋是因驾驶技术不行，出了交通事故……"这是两个中学生对英雄人物"真相"的描绘。[2] 每一个曾经的英雄故事都有多个演绎版本流传，也成为人们特别是青少年口头的笑谈。在他们的眼中那些"毫不利己、专门为人"的传统英雄竟成今日的另类。而对那些甘于奉献、勇于牺牲的当代英雄也充满了不解，"崇高"被"功利"所替代。

英雄永远是影视艺术的主题，告别了"创世神话"的革命年代，是另类"英雄"的诸神狂欢，在"侠之大者"的武侠世界，在身不由己的江湖纷争，在虚拟仿真的虚幻世界，在好莱坞的国家主义经典叙事中，"英雄"无处不在。于是《英雄本色》中的小马哥；《古惑仔》中的陈浩南、山鸡；《大话西游》中的至尊宝；《007》中的邦德；《夺宝奇兵》中的琼斯；《阿甘正传》中的阿甘，有蝙蝠侠、蜘蛛侠这样拯救人类的漫画英雄和哈里·波特这样在魔幻的世界里惩奸除恶的小英雄……其中有出生入死、叱咤风云、既建功立业，又赢得美人芳心的英雄人物，既有童话世界的虚拟英雄、科幻人物，又有重情讲义的黑帮英雄，现代游侠，还有挑战权威、特立独行的解构英雄以及以平常心态、朴质思想赢得成功的奇迹英雄。金庸小说中的武侠英雄被一次次地搬演，充斥着各大院线和百姓的荧屏，而经久不衰。《兄弟连》《拯救大兵瑞恩》《野战排》，美国的"主旋

---

[1] 陶东风：《后革命时代的革命文化》，学说连线，网址：http://www.xslx.com。
[2] 赵志疆：《歪曲英雄的背后是信仰危机》，闽北日报网，网址：http://www.66163.com/Fujian_w/news/mbrb/050302/2_5.html。

律"带来了英雄主义的畅快淋漓。在一个没有英雄的时代,影视艺术所构造的虚幻的另类"英雄",让人们在观看的快感中暂时弥补了空虚的心灵,获得一种想象性的精神满足,完成着对现实想象性的完美解决。与此同时,对这些影像中的另类"英雄"的向往和崇拜常常被转化到了饰演英雄的影视明星身上,李连杰、成龙、周润发、哈里森·福特也成为了"英雄"的代名词。拟像世界中的英雄,成为了制造新"英雄"的跳板和催化剂。

2003年,团中央宣传部、中国青少年研究中心对青少年偶像崇拜现象进行了专题调查,调查涉及北京、上海、天津、广州、西安、昆明6市及3个地级市、3个县城的12所大学、21所中学的2 710名大中学生。调查显示,目前青少年中普遍存在着"偶像崇拜"现象。被调查的青少年中,有50%的人承认有过特别喜欢、崇拜某个"明星"的经历;有34.5%的人承认自己正在崇拜某个"明星",其中初中生的比例达49.3%。在这些学生中,崇拜外国和港台"明星"的人占60%多。而崇拜的偶像中,99%以上是影视界和体育界的"明星"。68.3%的学生崇拜活着的"明星"。对值得崇拜的"明星"要具备的条件,被调查者的选择是:人格魅力、个性和气质、才华横溢、对社会有重大贡献、漂亮/英俊等。① 追星成为我们这个社会一个最为普遍的文化症候之一。

心理学认为,偶像崇拜是个人认同他人言行及其自身价值的过程,其核心是在于个人情感和自我认识需要的满足。偶像,是一个人追求的目标,是其精神的外化。我们的时代变了,我们的生活方式以及由此引来的精神世界也变了。过去那种为他人、国家、集体的利益甘于牺牲个人乃至奉献生命的"理想人格"图景已经不能成为对现实社会信仰体系的准确指认,作为原有理想人格载体的英雄已经不能给我们的精神生活以有力的支撑,在当今价值裂变的世俗时代,经典意义上的英雄遭遇着解构的命运,影像中的另类"英雄"只是一个个遥远而迷离的梦境,我们需要寻找的是这个物质时代新的"英雄"神话。于是,光彩照人,取得"成功"的明星成为新偶像,坐上了英雄退场后的空位。特别是青少年在尚未形成一个成熟的价值体系的时候,具有极为强烈的自我认同、自我表现的需要,因而他们通过寻求外在的文化,认识生活,和当代社会建立联系,表达自我,宣泄自我,寄托梦想,得到文化乃至意识形态上的认同感,而流行音乐多元的风格、变幻的色彩为他们提供了一个近乎完美的场域。

在流行音乐领域,中国20世纪90年代初才出现严格意义上的追星现象,那时刚刚走进开放的内地流行乐坛的港台明星是追星潮中的主要人物,诸如四大天王、罗大佑、李宗盛、张国荣、童安格、周华健、张雨生、赵传、伊能静、小虎

---

① 赵华:《直面青少年偶像崇拜》,2003年7月8日,新华社电讯稿。

队等。人们在享受着流行音乐带来的精神愉悦的同时,形成了对音乐风格乃至明星本人的认同感,偶像崇拜就这样真真切切地产生了。在人们的心中,偶像就是"英雄",也是自我理想的投射。

至于说到"超女",她们是"平民英雄",被奉为新的时代偶像。也正表征了这个反英雄时代"英雄"观。我们衡量"英雄"的标准发生了变化,"英雄"的称号不再单单属于那些屈指可数的"天才",也不再指称那些"高、大、全"的理想形象,只要你在某个领域,某个方面表现出了特殊的才能,显示出了自己的过人之处,你就是"英雄"。崇拜"超女"与崇拜明星其实没有本质的区别,崇拜李宇春、张靓颖与崇拜章子怡、赵薇、徐静蕾具有同构的关系,只不过,我们没有太多的天赋,那么我们就崇拜跟自己差不多的"超女"吧,它所具有的吊诡之处就在于以一个反英雄面目出现而重新建构出了"英雄",也许这就是偶像狂欢的迷人之处吧。

如此看来,一个英雄退场的偶像狂欢时代,也是一个"英雄"泛化的时代,经典意义上英雄的概念范畴被扩大,不管什么样的人,只要在某一行当取得了突出的表现,即使你不自称英雄,人们也会奉你为英雄。于是,为中国电影走向世界,让世界"认识"中国立下汗马功劳的大导演张艺谋是新时代的"文化英雄";在美国 NBA 赛场上驰骋的姚明因为是中国人而在国际上扬眉吐气,成为"英雄";我们有"航天英雄"杨利伟、费俊龙、聂海胜,有在国际体育大赛上摘金夺银的"奥运英雄",还有那些在商战场上披荆斩棘的"业界精英",……他们都是我们的时代偶像,而他们与"超女"、明星共同孕育着一个当代一举成名天下闻的"成功"神话,这就是反英雄时代新的"英雄"叙事。

三、大众文化时代的偶像认同方式

在 2005 年"超级女声"火暴的背后有一道蔚为壮观的风景线,那就是众多粉丝团有组织有系统的活动,网络上、生活中到处充斥着"玉米""凉粉""盒饭"这样的称号,她们给自己的偶像送上千奇百怪的礼物和漂亮的鲜花,她们在朋友聊天时为自己的偶像拉票,在大街小巷、闹市区举着印有偶像照片的大幅招贴画请求过路的陌生人发短信支持自己的偶像,她们身穿着统一的服装,高喊着疯狂的口号……不同的粉丝团支持着不同的偶像,"玉米""笔迷""凉粉"就是她们确认身份认同的能指,因为这个名字,互不相识的人可以激动地集体拥抱,共同呐喊,这就是偶像的力量。对不同的"超女"偶像的拥护在某种程度上成为区分不同集体认同的一种方式。

偶像是一个人、一群人所渴望的一种理想的人格状态,正像"玉米"们崇拜李宇春是因为她的反叛姿态,她的特立独行。而"超女"风潮大热,也使得中性化的审美风靡起来,有许多人学着去理个李宇春的发型,模仿超女式打扮。"昨天下午,记者走进西单附近的一家发廊,当记者表示要剪一个周笔畅的发型时,立即招来造型师的包围,并且拿着一份报纸对记者说:'这个都快成为我们的发型书了。'记者翻了翻报纸,上面全是各个超女的靓照。'我们这里每天要剪超女发型的人很多,尤其是李宇春的发型,每天都要有十二三个女孩剪;其次是周笔畅,每天也有四五个人剪。这两天超女们来北京,要剪超女发型的人更多了,这些女孩子的年龄一般都20岁左右。'"① 有人穿衣服要买美特斯·邦威的,因为这是他的偶像周杰伦代言的牌子。学生的书、本、文具上,到处都可见到明星们的贴纸画、小挂件。有的人为了买刊登偶像照片的杂志或者他们的写真集,不惜省掉几顿中午饭。有一名歌迷自从蔡依林5年前出第一张专辑就一直支持她,至今总共花了5 000元!② 一位"超女"的粉丝,为给自己的偶像短信投票花掉了家里两个月的生活费。……狂热的追星行为,带来的不仅是引领了一个时期的社会风尚,塑造着青年人对自我想象的建构,影响着他们的生活方式,而且给娱乐产业带来了巨大的利润,同时也带动了社会一些生产和服务如美容、发型、服饰等相关各个行业的新趋向。

影视艺术、流行文化与商业的结合,加上大众传媒的推波助澜,构成了娱乐文化产业的一个完整链条,也成为整个社会经济链条中的重要一环。在一个文化已经成为纯粹商品的年代,偶像的产生已经不再是自然而然长期积淀的结果,而是可以制造的,发达的媒体、网络,雄厚的资金,巧妙的包装炒作技巧,将"偶像"推到了娱乐文化的最前沿,而在消费主义意识形态宰制整个社会的现实语境下,"偶像"本应具有的"理想人格"的内涵被抽离,只作为具有强大号召力的消费符码而存在,对偶像的认同,在很大程度上就是对偶像的消费。

正如前面所述,我们身处在一个反英雄的偶像狂欢的时代,是一个以"成功"、成名作为"英雄"判定标准的世俗时代,是一个连偶像的价值也依靠金钱来衡量的时代。经常能够看到在各大媒体上以"价码"来给明星排座次③,而身价的高低也成为人们在评价商界"英雄"成就时最具有说服力的论据。娱乐工业制造、包装的明星偶像如走马灯般地频繁交替,没有谁能够持久地独领风骚,"英雄"是观众的产物,注意力经济的产物和网络点击的产物,当代"英雄"的

---

① 《李宇春、周笔畅声势来京盖过周杰伦》,网址:http://msn.ynet.com/view.jsp?oid=6202533&pageno=1。
② 《蔡依林扭腰摆臀热舞 诱歌迷疯狂尖叫》,网址:http://ent.99.com/music/a/20041202/000014.html。
③ 在《评选中国娱乐圈价码最高的十大女明星》一文中,以市场价格、广告、唱片、片酬和活动指数来为明星的价值量化,在评选中,章子怡居首位。参见搜狐娱乐,网址:http://yule.sohu.com/20051116/n227502889.shtml。

塑造就像流水线一样批量化、系统化、程式化。对偶像的追捧源于成功背后的鲜花、财富、荣耀和美丽，对物质的向往。对偶像的认同最终也是对物质的认同。于是，深谙消费社会运作逻辑的娱乐工业操盘手们，不断制造着新的偶像，刺激着源源不断的消费欲望。2006年的"超级女声"选拔赛正在进行，新的时代"英雄"又将登场，李宇春、周笔畅、张靓颖们的偶像光环又将闪亮多久呢？

四、英雄与偶像的时代错位

影视艺术作为一种精神文化产品，一种大众文化的类型，不但是艺术、是商品，而且还是特殊的意识形态的载体，是我们这个时代的文化隐喻、症候或个体精神的寓言，在缤纷的影像世界中对我们这个社会的矛盾作出想象性的解决。我们可以通过影像的激流，感知社会的律动，体验时代的精神脉搏。

大众文化时代的影视艺术，一方面解构着经典话语中的英雄叙事，呈现出众声喧哗的狂欢快感；另一方面，有感于在社会急剧变动的转型期，整个社会经历着精神生活价值体系的断裂，英雄观念的缺失，作为国家主导意识形态载体的"主旋律"影视作品试图塑造新时期的道德楷模，弥合信仰失落的伤痕。战场、硝烟、炮火制造了革命战争年代的战斗英雄，而和平环境下，传奇性的人生经历、慷慨悲壮的视死如归，和那大义凛然的英雄气概已经失去了存在的土壤，平民化的英雄成为20世纪90年代以来银幕上的主角。《焦裕禄》《孔繁森》《任长霞》直到最近的《生死牛玉儒》等一系列"鞠躬尽瘁，死而后已"的人民公仆；《生死抉择》中不畏强权执著反腐的李高成，……影片采用水平视角通过一些日常生活中的平凡小事，让我们从伦理道德上去亲近他们。《凤凰琴》中在恶劣环境中恪守道德精神的民办教师，《离开雷锋的日子》中做好事不求回报的乔安山，他们并不是完全是经典意义上的英雄，但在他们的身上却具有时代所缺少的某些英雄品性，触动着我们近乎麻木的神经，在他们的身上我们能找到自己的某种期待。英雄不是简单意义上的扭转乾坤的盖世人物，而是传统"高、大、全"英雄形象的延续，他们具有超脱于环境、在精神上崇高、具有独立不倚品格的人格形象，是一种理想的人格类型。他们都是无私奉献、舍己为人的"好人"。但带给人们的似乎仅仅是被他们的事迹所感动而已。在没有英雄的年代，人们渴望着英雄主义激情给庸常的生活注入新的活力，但今日的英雄颂歌却不能满足人们对理想主义的英雄神话的期待，今日的英雄已不复往日的风采。人们为在逐利社会中仍然有这样的英雄而欣慰，一定程度上确认了自己心中原有的关于英雄和信仰的理想想象，但却并不会按照他们的方式去生活，可能只是作为政治思想学习的经典符号而使用。这些"英雄"纯乎是人们生活中的一个"他者"。

2005年，由全国妇联儿童部、中国家庭教育学会和华坤女性调查中心在北京、上海、河南等省市共同开展的题为"谁是你心目中的英雄"的开放式问卷调查，结果显示，在中学生心中前10位的英雄依次为：毛泽东、父母、周恩来、雷锋、刘翔、成龙、任长霞、刘胡兰、董存瑞、杨利伟。① 相比较前面有关青少年"偶像崇拜"的研究结果中对于影视体育明星的青睐，这份名单中似乎只有刘翔和成龙可以入选，抛去可能存在的偏差不谈，这两项调查的结果相去甚远。究其原因，一个是调查"英雄"，一个是调查"偶像"。在人们的心目中，"英雄"与"偶像"几乎是两个完全不同的概念，"英雄"来自于书本，来自于教育的经典话语，是一个近乎遥远的神话。而"偶像"就在他们的身边，在影视作品中，在流行音乐中，在大众媒体的娱乐盛宴中，而这些构成了他们的日常生活。

第五节　视觉艺术与日常生活的审美化

影视艺术、偶像崇拜，既对当代中国人的精神生活产生着重要影响，又是人们精神生活发生变化的重要表征。在这一过程中，人们的审美方式、对美的理解也都发生了变化，对视觉艺术及其呈现艺术的形态产生着巨大的影响。

2004年的流行语中有一个词，曰"审美疲劳"。这个在当年贺岁片《手机》中的台词的流行时，正表明"审美"的日常化程度。"美"从一个"意识形态"的表征，一个精英艺术的范畴，放逐到了人们的日常生活当中。"美"包裹了我们的日常生活，它无处不在："美容""美体""美发""美文""科技美学化""生活美学""身体美学""环境美学"……看似颇有些专业意味的新潮名词，被赋予了日常生活的时尚气息而并未让人感到丝毫的陌生，有的甚至已经成为了朗朗上口的广告词。"美"已经不是要批判的布尔乔亚的阶级意识，不是普通大众高不可攀的艺术，"审美"也不仅仅是研究艺术的学者们的独自表演了，它从来没有像今天这样与我们每个人是如此接近。

当今时代，是一个对于"视觉"有着空前热情的时代，我们身处在一个影像文化或者说是视觉文化的社会中，眼花缭乱的视觉图像，各种装置艺术、电影、电视、广告、摄影、形象设计、体育运动的视觉表演、场面宏大的文艺演出、印刷出版物精美的插图、大街小巷各式各样的招贴画、网络上异彩纷呈的动画美

---

① 《学生调查结果可疑　英雄与偶像谁离孩子更近》，网址：http://www.huaxia.com/wh/whsd/2005/00326146.html。

图,到处是流光溢彩的图像,满眼是生动直观的视觉表达,光和影的交织笼罩着一切,像空气一样包围着我们。有人形象地将它称之为"读图时代",就连曾经高高在上的文学也在期盼着影像的垂青,文学名著、历史典籍不断被拍成影视作品,在越来越多的小说家为名扬天下而苦苦期待着影视导演青睐自己的原作的时候,文字也许正逐渐尴尬地沦为图像的注脚。图像崇拜和视觉狂欢成为社会新一代的文化范式,人们常常以"好看""有视觉冲击力""吸引眼球"作为对事物的评判标准,视觉文化已经上升为社会主导的文化形态。被称为后工业之父的丹尼尔·贝尔(Daniel Bell)也指出:"目前居'统治'地位的是视觉观念。声音和景象,尤其是后者,组织了美学,统率了观众。"①

视觉文化时代的思维方式让人们对"艺术"的理解发生了变化,全面地冲击着人们旧有的艺术观念,改变着整个社会空间的艺术格局,同时,它还超越艺术的领域而渗透到整个社会生活和文化中,影响着人们的审美观念,并对其文化消费方式起到了不可小视的引导作用,影像、视觉消费无疑已经融入每个人的精神生活中了。在这样的变化过程中,"审美"的含义也在不知不觉中发生着变化。我们不禁要问,是什么因素改变了我们对"美"的理解方式,促成了社会文化的急剧变化和深刻转型?当然原因是复杂多样的,而如今,原本处于我们生活边缘地带的影视艺术,作为文化产业部类中最具活力的一支,已经成为世俗社会中人们日常生活的文化消费品了。或许,从影视艺术自身的变化以及它所引起的连锁式反应中,能够找到某些答案。

一、看"好看"的影视风潮

电影是一门重要的视觉艺术。当年,巴拉兹(Beira Baraz)论证视觉文化出现的重要依据就是电影。而在我们的时代,电影因其独特的艺术特质、生产方式和在中国人的精神文化消费中所占据的重要位置,不仅在很大程度上成为建构人们视觉思维的关键性要素,改变着人们对影视艺术本身的审美期待,而且已经成为引领时代审美风潮的一面旗帜。

最近几年,从王家卫《花样年华》中的旗袍风情获得广泛好评开始,经过张艺谋的《英雄》和《十面埋伏》、李安《卧虎藏龙》中的竹林大战、陈凯歌的《无极》等,电影界追求大制作、讲究视觉效果成为风潮。感官意义上的"好看"成为追求的目标,影视艺术上的潮流甚至蔓延到日常生活当中。这种趋向正是与这个时代的奢靡之风,与这个时代思想力的匮乏和人们对于外在形式的追求

---

① 丹尼尔·贝尔著,赵一凡等译:《资本主义的文化矛盾》,三联书店1989年版,第154页。

相应和的。高技术含量、大资金投入，强烈的视觉冲击力，打造品牌电影明星的"明星制"运作模式，成为目前电影市场的主流。这些电影在媒体的配合下，掀起一波波的流行热潮，不但刺激着观众的观看欲望，而且在潜移默化中对人们的审美观念产生着影响。它以典范式的方式阐释着"主流"对电影艺术的理解，以权威的"深刻洞察"教导人们今天的电影是什么，怎样的电影才是好的，从而促使人们对电影本身的审美发生了转化。

在充满了理想主义和英雄主义激情的 20 世纪 80 年代，我们看电影，看的是电影的故事，看的是电影的意义和思想内涵，要寻找的是个性的解放，对生命力的呼唤。看完一部电影几乎每个人都会扪心自问"看懂了吗？"这虽是带有启蒙主义色彩的精英话语的表达方式，但在人们看来，没有思想或者思想不深刻的电影不是真正的艺术，人们对电影的审美，审的是精神、思想之美。而如今，作为传统电影审美要素的主题、意义、故事已经被视觉奇观的夺目光芒所掩盖，场面、画面、身体和服饰等视觉因素被无限夸大，甚至对白变得无足轻重，剧本可有可无，正如人们对《十面埋伏》的情节结构、叙事方式诸多诟病却并不妨碍他们去感受它那漂亮的画面一样。在观看完《无极》后，许多观众的第一句言论便是：画面太漂亮了！同时，电影不再是高不可攀的精英艺术，也不再是传播思想、精神的承载工具，而是供观众满足视觉快感和感官享受的文化消费品。"好看"成为人们对电影的首要审美期待，看"好看"也便成为对以电影为代表的影视艺术审美领域的一种流行风尚，"好看"成为一种意识形态。

二、视觉想象与日常生活审美化

致力于营造视觉盛宴的奇观电影不仅重构着人们对于影视艺术本身的审美期待，也养成了观众的视觉消费习惯，建构了人们对影像的迷恋、对于大片、视觉盛宴的想象。这样是"好看"的，如此才够刺激。对此类视觉快感的追求成为人们精神生活的重要组成部分。"好看"的电影、电视剧、美术作品、各种形式的视觉展览，汇聚成了影视艺术的影像长廊。"形象"的过量生产使人们面临着强大的视觉之流，眼花缭乱，应接不暇。我们的周围充斥着影像与符号的狂欢，呈现出让·鲍德里亚（Jean Baudrillard）所谓"仿真"社会的典型的特征。在这里，影像世界成为人们建构日常生活的依据，真实的存在与虚幻的影像之间的差异模糊了，我们已经分不清哪些是影像世界的奇观景象，哪些是我们的日常生活，日常生活以审美的方式被呈现了出来。以前在艺术领域所使用的"审美"的概念，渗透到了大众的日常生活之中，从摩天大楼到家居装潢，从服饰美容到媒体广告，从城市建设到人的生存状态，以至于生活的每一个细节，无不打上审美的烙印,审美的空间被大大扩展了。今天的人们可以在广场、街道、公园、车站、商店欣赏"艺术","视觉文化把人们的注意力引离结构完善的、正式的观看场所,如影院和艺术画廊,而引向日常生活中视觉经验的中心。"① 与此同时,作为以前高雅艺术呈现空间如博物馆,也"积极地为更多的普通观众群体提供展品,它们摒弃了专门展示高雅文化的招牌,力图使博物馆成为大场面、感观知觉的,幻觉与蒙太奇的场所,使之成为人们获取身临其境的体验的场所。"② 日常生活空间中"好看"的"美"被发掘出来。

当代人对自我身体的关注超过了以往任何一个时代,特别是对自己身体外观形态的专注,他们不仅要拥有一个健康的身体,更要拥有一个时尚的"美"的身体,身体成为人们获得身份认同和价值存在的核心,身体已经被"美学化""符号化"了。繁忙都市中匆匆而过的行人,以他(她)们的穿着和姿态,构成了都市中的一道道风景和相应的能指符号。电影、电视、摄影等视觉媒体上充斥着各种各样身体的图像,大众传媒大谈化妆、减肥、健身、整容,介绍流行的服饰风格、经典发型,为人们示范着一具具"完美"而"理想"的身体形象。青春、活力、性感、靓丽、时髦、前卫、仪态万方、楚楚动人……拥有这样的理想身体,才有了自我欣赏和给别人带来审美愉悦的资本。

"人类的身体是着衣的身体"。而且,服装早已经超越了作为保暖和遮体的实用性材料,成为构筑理想身体的重要组成部分,时装设计成为了一门艺术。每年的春夏秋冬,知名设计师都会举行大大小小的时装发布会和时装展,将最前沿、最流行的款式、风格、颜色告知给时刻关注时尚动向的爱美人士;以模特大赛、慈善演出名义举行的时装表演,不仅成就着缤纷的服饰盛宴,美丽身体的迷人景观,而且常常吸引着影视明星、社交名人的大驾光临,更是一场偶像的狂欢。如果说带有专业色彩的时装表演对普通人来说还十分遥远的话,那么如今频繁举行的各种各样的时装博览会,倒是能给人们提供一饱眼福的机会。一些著名时装品牌的旗舰店被装饰得仿佛是一个个高科技的展示厅,每件产品陈列得如同卢浮宫墙壁上的蒙娜丽莎一般矜持而高贵,那产品当然不只是商品那么简单,它已经成为了一件做工精细的艺术品。而一些大师级设计师的作品则真正走进了博物馆,与传统意义上的精英艺术共享着同样的共用空间,5 年前,乔治·阿玛尼(Giorgio Armani)曾经以赞助纽约现代艺术博物馆的方式,取得了在博物馆举办自己的时装回顾展览的机会。2006 年 4 月,乔治·阿玛尼回顾展在上海美术馆举行。展览以灯光、声音、建筑元素的有机结合,运用了各种具有惊艳美感和饱含情感

---

① 罗岗、顾铮:《视觉文化读本》,广西师范大学出版社 2003 年版。
② 迈克·费瑟斯通:《消费文化与后现代主义》,译林出版社 2000 年版,第 102 页。

的影像，打造了一场时装秀也造就了一场影像的奇观。人们蜂拥而至，一睹大师作品的风采，用欣赏艺术的眼光来"审美"。

身体作为我们物质性的自然的存在，自己如何装扮、穿什么样的衣服，剪什么样的发型，是与每个人的日常生活紧密相连的。而当身体被自我价值认同的方式来呈现的时候，它就获得了社会性的内涵，具有了社会性的意味。作为电影或其他影视类艺术中必不可少的视觉美感因素，演员、明星通过俏丽的外表、时髦的装束、前卫的做派激发着人们的审美快感，明星偶像们的写真集、杂志封面的大幅照片，广告片的精彩瞬间，精美的时装配合着完美的形体，时装剧犹如一场场时装表演的集合，向人们展示着青春亮丽的理想形象。视觉化了的身体成为激起欲望的常规客体，而不再是它本身了。"影像通过偶像化来固定地指代某些意义。"① 人们被铺天盖地的影像、广告、图像所规划、所启发、所引导或所涵养，也许过去她一直不明白自己究竟美不美，怎样才算是真正的"美"，现在恍然大悟了，并且立即去美。于是，有人拿着明星的照片去发廊，说"我要他/她这样的发型"，甚至有人拿着多张照片去整容，"我要某某的鼻子，某某的眼睛，某某的嘴……"，有人成天拿着时尚杂志端详着流行的款式和风格，到各式各样的时装展会上去寻觅那能"展现真我风采"的理想衣着和装扮。《花样年华》中张曼玉身着二十多套玲珑多彩的旗袍，妩媚动人，再现了20世纪旧上海的优雅余韵。诚然，电影本身并不是服装的展示，服装是片中人物心情的标示，但影片热映以后大大小小的旗袍专卖店迅速崛起，热潮至今不息。最开始是上海的大街上突然出现了许多穿漂亮旗袍的女性，使人感到仿佛回到了老上海，许多上海的服饰店、旗袍收藏店，因此而生意兴隆。过去的旗袍由于样式比较典雅，早已经被改良式旗袍所取代，但是自从电影《花样年华》上映之后，许多上海姑娘都掀起穿着古典旗袍风潮，有的人甚至愿意出上万元的高价来收购。② 不仅在上海，《花样年华》掀起的一股"旗袍热"几乎已经遍及全国各地。在北京也常有女顾客拿着张曼玉的剧照去服装店定做旗袍，要求做一条"与这个一模一样的"。③ 华丽的、能够凸显东方女性曲线美和特有风情的旗袍的流行，并不仅在于人们的怀旧思绪，更多的则是因为它给人带来了强烈的视觉冲击力，因为它漂亮、美丽、"好看"。在这里，影像中的审美标准被直接移植到了人们的日常生活当中，影像世界中的身体呈现成为现实社会中人们模仿和学习的对象，人们对于自身的认识和对于"美感"的理解从中得到了修正。身体的视觉性存在已经成为人们进入社会、寻求自我价值认同的主要方式，追求一个"时髦的

---

① 戴锦华：《隐形书写》，江苏人民出版社1999年版，第101页。
② 《〈花样年华〉使上海掀旗袍热》，载于《人民日报海外版》2001年1月5日第7版。
③ 《〈花样年华〉在北京掀起"曼玉旗袍"热》，载于《新闻晚报》2000年12月6日。

身体"成为当代人紧跟时代步伐的一种重要方式,身体在我们的日常生活中被审美化了。

20世纪90年代以来,伴随着中国经济的迅速发展,城市化步伐的日益加快引发着世界上最大规模的人口向城市集聚,同时中国的城市景观也发生了当今世界为之惊异的迅捷而巨大的变化。城市的大型建筑物如飞机场、火车站、酒店、办公大楼、商场、医院、大学、公园、运动场、社区中心等,为配合人口扩张,争相兴建。在城市中,广场、街道、公园、车站、商店等都可以视为公共场所,它们是所有个体的人能够共同享用的地方。从理论上说,面向公众开放的艺术作品都可以是公共艺术;建筑、设计、雕塑、壁画等是最具有大众性的艺术;因为它们直接向公众展开,不论是主动参与还是被动参与,它们都与公众构成一个共同的公共空间。公众在日常的生活世界中就能体验到它的存在,无须到博物馆或画廊去欣赏专业化的精英艺术。城市空间就是一个艺术品展览的绝好空间,同时,多姿多彩的城市雕塑,风格各异的建筑,繁花似锦的绿化带,或蜿蜒或笔直的街道,精心规划的城市广场……这一切都是构成整个城市空间的必然要素,我们的城市不再只是我们日常生活的功能性场所,它变得越来越"好看"了,也变得越来越像一件"艺术品"而进入了我们审美活动的视域。

雕塑在传统上一般被视为是美术馆里的艺术,罗丹、米开朗基罗的雕塑作品更是世间的艺术珍品。而随着雕塑来到城市这个公共空间之中,它也从精英的神坛上走了下来,与世俗化的城市生活接合,成为了公共空间艺术的一种,伴随着大规模城市建设而兴起,而过去出于纪念性目的而建造的人物雕像、纪念碑等更逐渐向装饰性、抽象性发展,更注重"艺术"化的表现,成为点缀城市色彩的"景观工程"。在2002年的"北京国际城市雕塑艺术展"上,"140件足尺雕塑错落有致地安放在绿地中,整个雕塑园占地约为22公顷"。"每天都会有上千名慕名前来的观众来鉴赏品评。许多观众操着不太熟练的英语与雕塑家们比手画脚地进行交流。还有很多艺术院校的师生干脆把这里当成了课堂,拿着画夹子天天来'上课'。"[1] 还有家长带着孩子来观摩,那时,北京国际雕塑园和雕塑家以及参观者一起构成了一道亮丽的风景线。城市雕塑放置在主要景点和人流集散地等更为广阔的公共空间中,与人们的日常生活靠得更近。2004年上海春季艺术沙龙,把"艺术,让城市更美好"作为展览的主题,参展作品涵盖架上绘画、雕塑、摄影、装置、影像、行为等多种艺术形式,全方位地展现上海的城市风貌。[2] 而原本

---

[1] 《北京国际城市雕塑展:关注环境艺术》,新浪网,网址:http://news.sina.com.cn/cl/2002-08-22/1817685131.html。
[2] 《2004上海春季艺术沙龙"让城市更美好"》,Tom网,2004年3月16日,网址:http://arts.tom.com/1002/2004/3/16-37495.html。

被作为学术专业领域的建筑,也被纳入到"审美"的范畴之内,优秀的建筑作品成为可供人们观赏的"艺术品",给人带来视觉上的美感享受。1998年由建筑师张永和设计建造的乡间别墅"山语间",被京城建筑界誉为当代建筑的实验作品,也成为1999年北京UIA国际建筑师大会与会者参观的建筑之一,而各种形式的建筑师的实验作品展也如雨后春笋般涌现。

与此同时,各种美术、绘画、摄影等视觉展览,已经不再局限于专业的美术馆、画廊、博物馆。你可以看到行为艺术家在广场的一隅,道路的两旁向行人展现着他的作品。几乎遍布街头的装置艺术画廊,让你随处可以感受到"艺术"的氛围。电梯、酒吧成为了新的艺术展示的公共空间,2002年,"北京首届电梯艺术展"中画家东方涂钦的两幅水墨作品在京城的各类电梯间展出;"关于时间的三种表达方式"的摄影、油画、网络多媒体作品在北京的藏酷酒吧展出。①

城市广阔的空间已经为"审美"提供了几乎全部的场域,城市的每一个角落都存在着可供人们审美的对象,"公共艺术"无处不在。而我们所生活着的城市,不仅是一个宽泛的审美空间,而各种艺术形式以各自的独特视角所表征的城市(包括城市中的雕塑、建筑等)也已经确乎成为了人们审美观照的对象。我们生活在城市之中,每天忙忙碌碌,你可能没有时间去抬眼看看周围的世界,本应熟悉的城市可能对你来说是那样的陌生,而摄影照片中那凝固的斑驳的记忆瞬间可能就是城市历史沧桑巨变的写照,影视剧中的城市映像,一个场景,一个空间,也许就在你的周围,而各种先锋、前卫的空间艺术和装置艺术将城市的每一个细节彰显了出来。如果你以前没有感到城市的"美",那么,无所不在的城市的影像将告诉你它是如何的"美",如何的赏心悦目。走在城市的大街小巷,我们仿佛身处在一个巨大的艺术品展示厅中,因为城市中的一切都可以用"审美"的眼光来观看,目前风潮正盛的城市观光旅游可能便是源于此吧。这不啻为对经典意义上的美术馆、博物馆、画廊鉴赏行为的一次有趣的效仿游戏。

高耸入云的摩天大厦、富丽堂皇的商场酒店、灯红酒绿的娱乐总汇、光怪陆离的霓虹街灯,都给人的视觉造成强烈的冲击、魅惑和感念,人们在都市生活中主要用眼睛来接受着有关城市规模感、体积感、形式感的信息,一座建筑往往成为一个城市的象征。多年来,各地绞尽脑汁设计规划的所谓"形象工程""景观工程"便是如此,通过城市标志、建筑、雕塑等在内的视觉符号全息地反映一个城市的精神,被认为是城市精神最直观、生动的表达。上海的标志性建筑当首推外滩历史建筑风景线和隔江相望的小陆家嘴当代建筑群以及直入云霄的东方明珠电视塔;"新天地"将传统建筑的石库门与现代都市生活的酒吧相结合,体现着

---

① 《公共空间:艺术的展示方式》,载于《北京青年报》2002年8月1日。

怀旧与赏新的别样风貌。北京王府井步行街上完好保留的一口老井，与各个城市具有标志性的雕塑群异曲同工地成为辨识城市的绝佳能指。而这些景观无一不具有着造型独特、别具匠心的形象，给人以视觉上的巨大冲击，使人记忆深刻过目难忘。让城市"亮起来"的口号，带来的是黄昏到夜晚的灯光闪耀，灯火通明，那异彩纷呈的灯饰、灿烂缤纷的色彩顿时让城市变得"好看"起来了。而当代都市里的灯光也变成了一种积极的存在：它不是为了照亮别的东西，而是为了使人注意它本身的存在。最典型的就是城市商业街道上的灯光设置。它们的存在不是为了提高整体环境的亮度，而是为了营造一种特殊的灯光氛围。事实上，灯光越是五彩缤纷令人眼花缭乱，灯光周围的环境反而越看不真切。人们看到的只是灯光营造出的城市幻影，而真正现实中存在的城市实体却消隐在霓虹背后的阴影中去了。重大节日燃放的缤纷焰火，城市广场经常上演的"嘉年华"派对，"主题公园"的形象狂欢，一场场视觉盛宴被呈现在了人们的面前，以至于城市旅游资源的开发，也无不把建设多少个标志性建筑，多少个陈设、展览的场地，开辟多少个有特色的景点，在什么媒体以什么样的形式搞怎样的形象宣传，作为至关重要的考虑范畴。这是多么迷人的城市景象啊！

在我们的社会发展进程中有一个十分有趣又似乎有着某些规律性的现象就是，每当社会以空前的速度急剧变革的时候，新事物、新现象不断涌现，甚至以狂轰滥炸的方式给我们的生活造成不同程度的冲击，而过往的传统在这急速的变化中，还没有来得及承受人们对它的反思就被无情地抛弃到了社会主流之外。每当此时，旧有的对世界的看法已经不能对现实生活作出有效的解释，而新的认识世界的方式还没有完全确立，人们往往感到的是迷茫和对未来的难以预料。由此，便会自然而然地生发出对过去时光的追忆，对逝去历史的怀念。20世纪90年代中后期出现的"老照片"现象，便是在这种现实语境下产生的。

虽然"老照片"整体上以图书的形式存在并结集出版，但是，构成其核心内容的则依然是照片，文字只是起着对照片补充说明的作用，所以我们在很大程度上仍然可以把"老照片"作为摄影文本来考察。在我们这样一个视觉文化的时代，"好看"成为流行的审美风尚，如果以色彩斑斓、缤纷绚烂的视觉奇观效果来衡量"老照片"的话，它恐怕会显得苍白而淡薄，"老照片"的"卖点"并不在于它的科技含量，它不是高精尖的摄影设备操作下的结果，也没有经过任何的技术性实验加工。以黑、白为主色调的形象，与我们常识意义上所谓的"好看"根本不搭界，那"老照片"吸引人的地方在哪里呢？

翻看一张张"老照片"，有的没有确切的年代和日期，我们能够看到的是丰富多彩的风土民情、衣食住行、乡野集市，是普通人的生活状态。这里有他们的喜怒哀乐，他们或痛苦或甜蜜，或艰辛或畅达的生动表情。在我们原有的记忆里，革命英雄主义的时代，只有重大事件和英雄人物才能成为影像记录的对象而流传下来，而普通百姓的日常生活却不能在我们的脑海里形成一个完整的记忆。而"老照片"在某种程度上还原了历史的真实，逝去的过去成为我们当下的审美对象。在我们这个时代，神圣社会已经渐次退场，传统意识形态的政治话语和精英话语已经不是世俗社会的主导形态，平淡、自然而原生态的日常生活获得了从未有过的关注。在这个视觉文化的时代，图像占据了生活的主导，"老照片"的流行无疑是视觉文化转向的一个绝佳表征。与此同时，我们对"老照片"进行审美观照，我们审美的对象当然不只是那黑白影像本身的怀旧符号，我们在观看照片的时候，注视着其中的山山水水，一草一木，我们与图像中的人物目光相遇，我们在他们的眼中读出那逝去的历史，是对遥远年代的生活方式的"审美"，同时，我们读出了今天与昨天的差异，也获得了对自我的生活方式的审美性体验。可以说，对"老照片"的细致翻阅、品味、琢磨，正是我们这个时代"生活审美化"的又一个表征①。

在"老照片"里过去的生活方式成为了我们审美的对象，同时，在一种投入式的审美观看中，在一种今与昔比的注视中，我们也获得了对自我生活"优越感"的某种体认，但这种体认似乎只是一种比较优势，它有些朦朦胧胧，不够清晰。在我们当今的这个时代，主导性的或者说"美"的生活方式又是怎样的呢？

2003年9月，"北京休闲房展·观念地产展"在北京地坛举办，被列入2003年中国艺术界的十大事件的这一用艺术解剖地产、以全新观念运作的地产展览，对老百姓而言，它意味着中国地产展好看、好玩起来了。"苹果房子""掷铁饼""自己卖自己"等装置艺术、行为艺术作品使该项展览显得十分另类，作为产业的地产与艺术实现了有趣的集合。同时，该展览开创性地提出了"观念地产"的概念，邀请地产界、建筑界、当代文化艺术界人士，就地产、建筑、城市文化、生活方式等话题展开研讨交流。在他们看来，"我们以前居住的房子比作'火柴盒'是再恰当不过的了，它就是仅仅给人提供了最简单的居住空间，而和我们城市的历史环境和文化环境是毫无关系的，它不能展现今天我们城市的新景观，不能给我们的城市带来美感，甚者也不能给我们的居住者带来精神的放松和休息。"②看来，现在的地产业关注已经从建筑功能的思考上升为对居住者精神生存的思考，要告别那种只为居住的简单功能型的"火柴盒"住房，追求的是自由、优雅、休闲的日常生活方式。而在上海，房地产的销售理念已经从卖房子到

---

① 赵静蓉：《抵达生命的底色——老照片现象研究》，广西师范大学出版社2005年版；周宪：《思想的碎片》，山东友谊出版社2002年版，第224~230页。

② 《观察："观念地产"不是炒作 中国地产精神的体现》，网址：http://villachina.com/2005-05-15/417417.html。

卖家，再到卖社区环境，直到现在的卖文化和生活方式了。

在一则名为《CLASS：中上阶层专属的审美哲学》的房地产广告中，是这样描述的："中上阶层人气场：泛艺术化的生活"，"在中上阶层的生活词典里，金钱不是问题，而真正的价值认同和品位体现才是关键所在。这也就不难明白为什么绝大多数高端人群都对艺术或美学之类的话题感兴趣并且身体力行了。""对于艺术的欣赏和审美的判断，不仅需要财力的支持，更有赖于鉴赏力的高低。"①在这里，品位、格调、情趣、优雅的精神特质是"美"的生活方式，躺在松软的沙发上，喝着醇美香浓的咖啡，感受着悠闲舒适、典雅又具有艺术魅力的家庭生活情趣，这样的生活是多么令人向往！而其中的潜台词便是获得这种生活方式的前提就是你是"中上阶层"，你所属的"CLASS"够格。各种家居装潢、室内设计的展览，向人们介绍的或经典欧陆风格，或时尚现代风格，所暗示和意指的都是你的"CLASS"。从整体装修风格到室内各种摆设和装饰，既成为生活情趣的点缀，也生长着人们对于"美"和"阶级"的认同。

三、视觉文化时代的审美悖论

在一个视觉文化的时代，马克思所谓的"能感受形式美的眼睛"无须为了审美而寻寻觅觅，而是无时不遭受着前所未有的强烈视觉冲击，各种"新生代"的审美对象俯拾皆是。今天几乎我们每个人都在使用的手机，它最普通的通话功能已经不是最为重要的了，通过配备什么样的手机来展示个性、体现品位才是都市人的隐秘目的。于是，各种看似奇形怪状的手机充斥在我们的周围，如果走在大街上看见有人在摆弄着刚刚上市的最新款型，准会引来无数注视的目光，所以，强调外形的新奇独特，具有视觉冲击力成为与开发新功能同等重要的课题。我们日常生活的用品，不论它的实际使用功能如何，精巧的外观设计、漂亮的包装总会让你更加青睐，任何能够引起人们注意的东西都会造成潜在的购买。以至于图书的装帧越来越精美，插页也越来越多。报纸的头版、杂志的封面一律是大幅的彩色图片，隔着老远就会被它们耀眼的色彩、大胆的搭配、跳跃着奇思妙想的设计吸引着走近翻阅。走在大街上满眼是巨幅的广告牌，夺目的亮色、迷人的景观为我们的视觉生存构造着审美的背景。

在今天人们的精神生活中，视觉图像僭越文字的霸权几乎无处不在！从主题公园到城市规划，从美容瘦身，到形象设计，从音乐的图像化（MTV），到奥运会的视觉狂欢，从广告图像美学化，到网络、游戏或电影中的虚拟影像……正像

---

① 参见《北京青年报》2003 年 7 月 17 日。

海德格尔在 20 世纪 30 年代所预言的那样，我们处在一个"世界图像时代"，整个世界被作为图像来把握和理解。图像的方式已经成为一种感知事物和认识事物的主要方式，影像的符号充斥在我们的周围，影像与现实的差异被模糊，人们需要从影像的"幻象"和"仿真"中理解我们生活的世界。以影像形式存在的"物"以符号化的形式进人们的心灵世界，"审美"不再是一种专注的凝神观看，物的充溢让人们来不及对如此巨大的物象洪流作出适时的反应，这是本雅明（Walter Benjamin）意义上的"震惊"体验，而震惊一个接着一个地来临，让人眩晕，让人应接不暇。我们的日常生活被以审美的方式呈现了出来，不论是"好看"的影视作品、时髦的身体、迷人的城市空间，还是"多姿多彩"的生活方式都成为了审美观照的对象。当然，在表面多元的"审美民主"背后仍然是魅影重重的，在一个影视艺术成为文化工业重要部类的现实社会中，在消费主义意识形态宰制整个社会的话语语境下，"审美"的表达正是消费逻辑的一种隐蔽表达，为"审美"编码的也正是消费社会的利益驱动。"好看"的电影作品是电影商业化的必然宿求，票房才是它追求的唯一目标。而要获得时髦的身体，居住在迷人的城市，享受着多彩的生活方式，要依靠的是金钱的付出，"美"只有通过购买才能够得到。"审美"离我们越来越近还是越来越远仍是一个值得讨论的问题。这样看来，对"审美疲劳"的指认也许并不是那么清晰。

在这个艺术终结的时代，"生活模仿艺术"（奥斯卡·王尔德，Oscar Wilde），甚至"生活即艺术"（米歇尔·福柯，Michel Foucault）。传统意义上的艺术审美追求的是一种有无之间的精神的灵光，或者可是说是本雅明所谓的"灵韵"，是对意义、理想、内涵和崇高追求的渴望，而如今我们的日常生活审美化构筑的"美学神话"却与心灵层面的升华无关，它呈现为对现实娱乐、享受的美感满足。这是世俗社会中当代人对富足、安逸生活的追求在精神领域的突出表现。视觉不再是接触真实世界的可靠感官，人们往往混淆、等同，甚至颠倒了现实世界和虚拟世界的界限，如影随形、无处不在的影像符号对我们造成了一种视觉暴力，人们不由自主地被影像所奴役和指使。正像不少电影本身的思想内涵被炫目的图像所消解一样，我们生活中充斥的无处不在的视觉影像也不过是给人们提供了文化消费的丰富符码，纯粹的感官消费品，而生活的内在本质，图像背后可能蕴涵的深刻的精神诉求，也在人们的视觉狂欢中被抽离，已经被作为审美对象呈现的日常生活已经与我们的本真生活产生了距离，真实的存在虚拟的影像符号的泛滥中被遮蔽。人们的精神生活也只能在感官愉悦的层面上尽情享受视觉影像的流光溢彩罢了，而这尽情享受的背后也许并不是"诗意的栖居"，而是心灵的迷茫与空虚。

第七章

人文学术与当代中国人的精神生活

无论是作为精神生活的样式还是精神生活的反映，人文学术都比文学艺术更为抽象，同时也更为宏观和深刻。本章先考察近代思想家对重建中国人精神生活的追求，然后着重讨论最近一二十年中国人文学者有关精神生活的论述，以及他们的学术生活本身所体现的精神状态。

第一节 背景：近代以来中国人精神危机的几种回应

一、从梁巨川、王国维的自沉说起

1918年4月，杜亚泉在其主编的《东方杂志》上发表了《迷乱之现代人心》一文，痛心疾首地指陈了"吾人精神界破产之情状"，忧虑"破产而后，吾人之精神的生活，既无所凭依，仅余此块然之躯体、蠢然之生命，以求物质的生活，故除竞争权利、寻求奢侈以外，无复有生活的意义。"①

就在杜文刊发的7个月之后，即11月10日，北大讲师梁漱溟的父亲梁济（巨川）自沉于北京的积水潭。在其精心准备的遗书中，他告诉世人此举乃是为

---

① 许纪霖、田建业：《杜亚泉文存》，上海教育出版社2003年版，第363页。

"殉清而死"。梁济生前不过是一人微言轻的小京官，但他的辞世却引起言论界的极大震动，梁济真诚笃实的道德人格让世人肃然起敬，尽管人们对其思想立场褒贬不一。

如果说梁济"必将死义，以救末俗"的举动停栖在道德层面上，那么 1927 年 6 月 2 日，清华国学院导师王国维悄然自沉于颐和园昆明湖，则将文化危机的深度推到了前所未有的境地。与梁济生前的藉藉无名不同，作为学贯中西的一代大师，王国维在民初即以其"古之所无，今亦罕有"的学术成就享誉海内外学界，他的遽然离世更是激起巨大的反响。相比于梁济临终前的长篇告白，王国维的遗言显得十分简略，表白心志的关键部分只有寥寥十六字："五十之年，只欠一死，经此世变，义无再辱。"人们对其死因的猜测与解释众说纷纭，有人也以殉清来看待王国维的自沉，这种说法显然遮蔽了王国维之死的深远含义。如果说梁济的舍身死义乃是出自其道德的真诚与救世的热情，那么王国维的撒手人寰则是基于对本真生命的深刻体验，从而越过道德的层面抵达了存在的深度。① 在当年的那些纷纭议论中，同为清华国学院导师的陈寅恪最能道出静安先生的满腔心事：

"近数十年来，自道光之季，迄乎今日，社会经济之制度，以外族之侵迫，致剧疾之变迁；纲纪之说，无所依凭，不待外来学说之掊击，而已消沉沦丧于不知不觉之间；……盖今日之赤县神州值数千年未有之巨劫奇变，劫尽变穷，则此文化精神所凝聚之人，安得不与之共命而同尽，此观堂先生所以不得不死，遂为天下后世所极哀而深惜者也。至于流俗恩怨荣辱委琐龌龊之说，皆不足置辩，故亦不之及云。"②

在陈寅恪"文化神州丧一身"的哀痛里，反映出来的正是自晚清以来，巨劫奇变之下，文化沦丧所导致的空前危机，并极端地体现在士人意涵不同的自杀上。

二、近代中国"意义危机"的三重症候

文化的这种空前危机，其实也就是一种意义的危机。每一种文化的核心都有一套基本的价值观、世界观和宇宙观，它安排了人在世界中的位置，生命由此获得了意义。当这些基本的价值观、世界观和宇宙观遭到致命挑战，意义结构发生

---

① 参见李劼：《王国维自沉的文化芬芳》，见《学人》第 8 辑，江苏人民出版社 1995 年版，第 555~588 页。
② 吴学昭：《吴宓与陈寅恪》，清华大学出版社 1992 年版，第 54 页。

动摇之时，危机也就降临了。在转型时代，中国传统精神秩序所面临的恰恰就是这种相当严峻的困境。那么，危机究竟是如何产生的？具体又显现在哪些层面上？

按照张灏的分析，危机具体体现在三个层次上。第一个层面是道德取向的危机。儒家的基本道德价值由以礼为基础的规范伦理和以仁为基础的德性伦理组成。规范伦理的核心是儒家的三纲之说，它在转型时代受西潮的冲击最为巨大，早在戊戌时代，就遭到谭嗣同等人的激烈批评，在"五四"全盘反传统的激进浪潮中宣告解体。儒家的德性伦理包括以圣贤君子为核心的人格理想和以天下国家为轴心的社会理想，它同样受到西学的冲击和震荡，也在"五四"时期遭逢全面的挑战。不过，与规范伦理遭遇全般解体不同的是，德性伦理的两组理想其形式（即对完美社会和人格的追求）被保留下来，而其实质内容则已经大大地西化，无复传统的意涵了。合起来看，儒家规范伦理和德性伦理的核心同时动摇，表明中国传统价值中心已遭严重侵蚀，知识分子已失去社会发展与人格建构的方向感。第二个层面是精神取向的危机。儒家学说为传统中国提供了一整套关于宇宙、自然、生命和人生的来源和意义架构，它组成了中国人意义世界中最核心的部分。转型时代，这套意义架构逐渐动摇，从而使得中国人必须重新面对原先在传统中早已有所安顿的宇宙/生命的基本意义问题，由此产生普遍的精神困惑与存在焦虑，是为精神取向的危机。第三个层面是文化认同危机。传统中国的世界意识是一种华夏中心主义的天下观念，西方列强的侵略迫使中国人开眼看世界，发现了一个新的天地，并开始逐渐接受现代国际观念，夷夏之辨的传统观念被颠覆了，原来的文化认同、对自我的认知变得难以为继，身为中国人的反帝情结与学习西方的理智要求之间产生的张力，使得文化认同的危机空前严重。[①]

在现代化进程中遭遇如此严重的意义危机，也许是中国的一个特殊现象，对此，"五四"启蒙运动提出"德、赛二先生"的西化主张，试图用其中的"科学"来解决意义危机。但随着启蒙内部的迅速分化，对现代性价值的理解愈趋复杂，在西方各种"主义"论述的影响下，分化出许多观念对立甚至截然冲突的思想派别，分属于不同派别的思想家们，他们对于意义危机有着各自不同的解决之道，有的注重道德重建，有的关注文化认同，有的则直指精神信仰。

三、道德重建的尝试

依据前面所述，晚清开始逐渐呈现的道德危机，基本上是由西方冲击导致的

---

① 张灏：《中国近代思想史的转型时代》，见《幽暗意识与民主传统》，新星出版社2006年版。

政治—社会危机所引发。那么，如何来回应转型时代初期显得相当严峻的道德危机？梁启超和胡适提供的回答尤其值得关注。

梁启超在这方面思想的核心是"新民说"。《新民说》是梁启超流亡日本后，从1902年开始，在他主编的《新民丛报》上陆续连载，1903年梁启超访美归来后续成，它是梁启超最具影响力的文字，在清末10年的启蒙潮流中，风靡神州大地，胡适甚至认为《新民说》是梁启超一生的最大贡献。① 在《新民说》里，梁启超对于当时呈现出来的道德危机，有着敏锐而深沉的认识，针对士人不敢言新道德，以为传统伦理无须损益，可如日月经天，江河行地般的应对现实的僵固心态，梁启超痛切指陈：

"今日正当过渡时代，青黄不接。前哲深微之义或湮没而未彰，而流俗相传简单之道德，势不足以范围今后之人心，且将有厌其陈腐而一切吐弃之者。吐弃陈腐尤可言也，若并道德而吐弃，则横流之祸，曷其有极！今此祸已见端矣，……苟不及今急急斟酌古今中外，发明一种新道德者而提倡之，吾恐今后智育愈盛则德育愈衰，泰西物质文明尽输入中国而四万万人且相率而为禽兽也。"②

这样的忧虑，甚至迫使梁任公喊出"道德革命"的吁求。不过，正如狭间直树所指出的那样，梁氏写《新民说》，"决不是从一个思想家或学者的角度，而是首先从政治需要出发的"③，也即是说，并非就道德论道德，而是在建构现代民族国家的现实诉求下，讨论如何塑造具有政治美德的国民人格，以应对万国竞争而非以往天下一家的国际大势。根据梁启超的界定，建构新的国民人格，必须采取中西调和的方式，断无后世激烈否弃自家传统的偏至之举。在此，梁氏将道德区分为公德与私德，"人人独善其群谓之私德，人人相善其群谓之公德"。梁启超认为中国传统道德重私德，圣贤所言，私德居十之九，中国国民最轻视、最缺乏的是"公德"，"公德"涉及国民个人与共同体的关系，对于梁启超来说由于"公德"关乎民族国家之建立（所谓"利群"），因而急需"采补其所本无而新之"，用西方现代新伦理来刷新中国传统旧伦理。在梁氏看来，传统规范伦理的缺失十分明显，除父子、夫妇、兄弟三者构成的家族伦理稍具完整性，社会伦理、国家伦理均相当缺乏，传统的朋友、君臣之义远不足以尽之。④ 因此，梁启超用很大的篇幅文采飞扬地详述了现代国民必备的诸种公德，包括进取冒险精神、权利思想、自由与自尊、自治、合群、进步、义务思想等。

---

① 黄克武：《一个被放弃的选择：梁启超调适思想之研究》，新星出版社2006年版。
② 梁启超：《新民说·论公德》，见《饮冰室合集》专集之四，中华书局影印本1989年版，第15页。
③ ［日］狭间直树编：《梁启超　明治日本西方》，社会科学文献出版社2001年版，第93页。
④ 梁启超：《新民说·论公德》，见《饮冰室合集》专集之四，中华书局影印本1989年版，第12~13页。

总体来看，梁启超是在传统脉络下通过中西调和的方式，以西方公民为楷模，重建一套新伦理和独立、自尊、自由的国民人格。在这种人格的公德部分，除民族国家认同的国民理想外，有两个特征十分明显，其一是对独立自尊和权利、自由的重视；其二是对理想人格中"力"的强调。在论述这种人格的私德部分的时候，梁启超基本上舍弃了传统道德系统里作为基础的天理预设，也不论"内圣外王"的传统人格理想，而是吸取其中的人格修炼方法，如他提出的"正本""慎独""谨小"等修为工夫，不难看出对阳明心学的某种承继①。

与梁启超一样值得注意的是比他小 18 岁的胡适。胡适开始活跃的"五四"时期，其所面对的文化气候已与梁启超时代大不相同，在这个被视为启蒙的时代，传统的儒家价值系统，无论是规范伦理还是德性伦理在全盘反传统主义的猛烈冲击下都遭到了全面的颠覆，文化危机空前严重，与此同时，源自西方的各种"主义"话语有如奇花异卉遍地绽放，试图填补传统伦理瓦解之后留下的价值真空，这些相互竞争的"主义"话语的繁盛，乃是一个现代性的现象②。这其中，个人主义思潮的风行十分值得注意。

"五四"启蒙时代的个人主义思潮有它纯杂多歧的特征，既有自由主义的个人主义、尼采式的贵族个人主义，也有泡尔生式的精神个人主义，等等③，其中胡适倡导的"易卜生主义"影响甚巨，颇有典型性。

易卜生主张让个人充分发达自己的天性，充分发展自己的个性，强调只有把自己铸造成器，方才可以希望有益于社会，真实的为我，便是最有益的为人。而要发展个性则需具备两个条件：其一，须使个人有自由意志；其二，须使个人担干系，负责任，只有这样才能把自己铸造成自由独立的人格。值得注意的是，在胡适的《易卜生主义》一文中，作者是在个人与家庭、社会乃至国家相对立的否定性语境下来表达个性的发达与张扬这一命题的，胡适十分欣赏易卜生的一句名言："世界上最强有力的人就是那最孤立的人"，认为这正是健全的个人主义的真精神。

但我们不能因此而以为胡适是与易卜生同样的个人本位论者，把个人置于价值优先的地位上。细读胡适的相关论述，可以发现他比易卜生更强调社会责任。胡适既反对自私自利的为我主义（egoism），也反对他称之为"独善的个人主义"，"五四"时代流行一时的"新村运动"即属此类，其特点是不满意于现社会，想跳出这个社会去寻找一种超出现社会的理想生活。胡适认为这种个人主

---

① 黄克武：《梁启超与儒家传统：以清末王学为中心之考察》，见李喜所主编：《梁启超与近代中国社会文化》，天津古籍出版社 2005 年版。
② 刘小枫：《现代性社会理论绪论》，上海三联书店 1998 年版。
③ 参见高力克：《五四的思想世界》，学林出版社 2003 年版。

义,完全弄错了个人与社会的关系,以为个人可以脱离世俗社会,先行获得改造。在他看来,个人是由社会塑造而成,改造社会必须从改造造成这个社会的种种具体势力入手,而不是从改造个人做起。针对独善的个人主义,胡适提出"非个人主义的"新生活,一种"社会的"新生活,它是入世、淑世而非超脱避世的,是奋斗争取而不是退让躲避的,是兼济社会而非独善其身的。① 这里胡适强调的是个人对社会的依赖,个人不能脱离这个社会去发展个性。

如果说《非个人主义的新生活》主张的是社会之于个人的重要性,那么胡适在表达自己信仰的《不朽(我的宗教)》一文,强调的是社会之于个体的终极意义。胡适引用传统典籍《春秋·左传》中"立德、立功、立言"的三不朽说,提出他的"社会的不朽论"。大意是个人与社会是交互影响的,个人造成社会,社会造成个人。但个人是"小我",不是独立存在的,是会消灭的,而社会则是"大我",是永远不灭,永远不死的,"小我"对于永远不朽的"大我"负有重大责任,人生的意义就在于如何努力有益于"大我"。② 胡适是现代中国思想家中最为强调个人自由,个人自主的,但他"小我"/"大我"的区分和对"大我"的强调却有着传统士大夫伦理的影响,因此很难说胡适是严格意义上的个人本位论者,在处理个人/社会/国家的关系上,胡适有他的紧张性,或许可以说他是个人/社会两者并重的,只是在不同的语境里会有不同的侧重。在胡适对现代人格的理想建构中,他一方面要求人们像《玩偶之家》里的娜拉那样,努力把自己铸造成个人;另一方面又希望学习《国民公敌》里的斯铎曼医生,特立独行,敢说老实话,敢向恶势力作战,承担起改造社会的责任,不难看出,这是一种否定了传统内圣外王的内涵,却保留了理想形式的人格设计。与西方的个人主义比较注重个人权利不同,胡适的"个人观"既突出和张扬个性解放的一面,同时也相当注重个人对群体的某种归属。

四、文化认同的重构

近代中国文化认同危机的产生根源于华夏中心主义的天下观念的崩溃。传统中国是一个以中华文明为核心的帝国,古代中国人也是将中国看成一个文化体系,所谓"夷夏之辨",是以文化区别为主的,华夏文明位于天下的中心,四夷则散于边缘,这种被视为"文化主义"的架构,有两个基本要素:一是代表一种信念,即中国文明是唯一真正的文明,其优越性不容置疑;二是意味着一种规

---

① 胡适:《非个人主义的新生活》,见《胡适文集》(第2册),北京大学出版社1998年版。
② 胡适:《不朽(我的宗教)》,见《胡适文集》(第2册),北京大学出版社1998年版。

则，即统治者必须是接受儒家文化思想和政治理念，以此治国，才能获得统治的正当性，异族只要符合这一规范也可以进行统治。① 因此，凝聚中国人的不是种族的观念而恰恰是文化的认同，认同于以"仁"为核心价值的儒家道德秩序。但是，这种华夏中心主义的天下观，在晚清西方现代性的冲击下逐渐崩溃，首先，朝贡体系被条约制度所取代，中国与世界的关系被迫纳入到新的等级性的现代国家主权体系之中，原来的中心/边缘关系在炮火下被颠覆②，随后，传统社会结构开始加速解体，尤其是1895年以后，支撑文化道德价值体系的科举制度和大一统帝国制度相继终结，传统文化价值逐渐遭到全面否定，原来的文化认同出现严重的危机，天朝大国的自尊自信不复存在，"尊西崇新"成为时代潮流，中西之异由此被置换为古今之别，在强势的西方文化参照下，中国人开始了对文化认同的急切寻求，试图在一个迅速变迁的世界里，重新确认自我的文化形象。

金耀基在回顾百年中国现代化进程的基础上，概述了中国人"认同"与"变革"此消彼长的历史情形③。大体上，主导晚清自强运动的基本理念是魏源的"师夷长技"和曾国藩的"师夷智"，把变革的范围限于技艺的层面上，保持中国传统政教风俗的普遍价值。稍晚的张之洞在其《劝学篇》中进一步提出"中体西用"，尽管西学的范围已扩大到西政，但在价值排序上仍然强调中学的优位性，因此可以说，自强运动的主持者是重"认同"，相对的轻"变革"。到了康梁的维新变法时代，变革的重点已聚焦于制度层面，康有为一方面通过制度的变革来寻求帝国的强大，同时用革新儒学的方式为改革提供正当性的依据，更重要的是试图保全中国的文化认同，对于康有为来说这两者同等重要，变法的目的乃在保国、保种、保教，康有为深知，为保全帝国，传统的制度必须依西法改革，但如果尽弃儒学，企图对整个道德生活西方化，那将是文化的自杀，由此导致中国民族无可认同④，制度变革带来的新秩序最终也难以获得。那么，在制度变革后，儒学将安身于何处？康有为的答案是将儒学转化为宗教，他借鉴西方教会制度的经验，在清末和民国两度提议以儒教为国教，建立孔教会，甚至建议全国各地孔庙每周举行宗教仪式。列文森指出："康有为比那些仅仅只注意到儒教与中国之间的政治和历史关系的人，更深刻地感觉到了两者之间的这种思想和文

---

① 参见［美］詹姆士·汤森：《中国的民族主义》，见《近代中国的国家形象与国家认同》，上海古籍出版社2003年版，第176页。

② 参见许纪霖：《共和爱国主义与文化民族主义——现代中国两种民族国家认同观》，载于《华东师范大学学报》2006年第4期。

③ 金耀基：《现代化与现代中国历史》，见《金耀基自选集》，上海教育出版社2002年版，第44～55页。

④ 肖公权著，汪荣祖译：《近代中国与新世界：康有为变法与大同思想研究》，江苏人民出版社1997年版，第89～90页。

化的关系。由于他相信法律和哲学不足以约束那些任性的民众，因此，他真正的希望通过定国教来增进人们的美德"。①康有为发展孔教的努力并未获得成功，但他通过这种方式来试图维系文化认同的苦心，颇值深思。

到了"五四"时代，当陈独秀、胡适们意识到传统文化与共和制度不能相容，却与旧制度有着不解之缘时，他们发起了对中国传统伦教风俗的全面攻击，在被林毓生称之为"全盘性的反传统主义"潮流之下，中国文化传统的核心价值遭到激烈否定，同时以"科学"与"民主"为核心的西方现代性价值获得相当热情的认同，此种被戏称为"投降的认同"失去了与他者相区分的自我，或者说自我遭到过分的贬抑，因而，与其说在制度的急剧变革中解决了文化认同的问题，毋宁说这意味着文化认同危机的真正出现。此后发生的一系列文化论争，既可以被视为认同危机的表征，同时也未尝不代表着知识精英对文化认同的急切寻求。

以"五四"时代的东西文化问题论战为例，其内容即涉及现代化进程中中国文化的主体性问题，或者说，寻求现代化过程中的文化认同问题②。这场论战起因于1918年北京《新青年》主编陈独秀对上海《东方杂志》上的三篇文章词锋犀利的批评。论战围绕着东西方文化的优劣比较而展开，在论战双方的背后，既有相同的思想预设，也折射出在中西文化冲突下文化认同的多歧。首先，引人注意的是，无论双方多么针锋相对，作为论战主要对手的陈独秀和杜亚泉都是在东西文化二元架构下讨论问题，他们都认为东西方文化是两种完全不同的异质文化。在《东西民族根本思想之差异》中，陈独秀说："东西洋民族不同，而根本思想亦自成一系，若南北之不相并，水火之不相溶也。"③杜亚泉则在《静的文明与动的文明》一文中声言"盖吾人意见，以为西洋文明与吾国固有文明，乃性质之异，而非程度之差。"④双方随后列举的东西方文化差异之处也大都类似。但在如何看待和评价东西方文化或文明时，双方的主张便迥然不同了。陈独秀是将空间性的东西文明之异置换为时间性的古今之别，从而把中国文明纳入到直线进化的目的论价值取向中，亦即视中国文明为落后的古代文明，西方文明为先进的近代文明。因此，只有摒弃传统文化，学习西方，才能真正完成中国的现代转型。

与陈独秀主张中西冲突论，视西方为近代文明的楷模不同，在第一次世界大

---

① ［美］列文森著，郑大华等译：《儒教中国及其现代命运》，中国社会科学出版社2000年版，第162页。
② 汪晖：《现代中国思想的兴起》（下卷第二部），北京三联书店2004年版，第1288页。
③ 任建树等编：《陈独秀著作选》（第1卷），上海人民出版社1984年版，第165页。
④ 许纪霖等编：《杜亚泉文存》，上海教育出版社2003年版，第338页。

战的背景下，杜亚泉对西方文明进行了尖锐批评，认为西方文明并非如人们所羡慕的那样完美。值得注意的是，杜亚泉既不是全盘反西方论者，也不是文化复古论者，他主张中西文明的调和，通过这种调和来巩固我们自己的文化认同。陈独秀持坚决反对中西调和论[①]；论战的结果，陈独秀挟新文化运动之声威而胜出，杜亚泉则黯然退场，受此论战影响甚至辞去了《东方杂志》主编职务，他对东西方文明问题不合时宜的思考和其中所隐含的对文化认同的寻求，也失去了进一步深入的契机。1935 年发生的全盘西化和本位文化论战，看上去是东西方文化论战的延续，但已是在很不相同的国难背景下展开的，其深度倒也未必过于陈、杜之争，不过，文化认同的问题却有了更进一步的凸显。[②]

五、精神信仰的寻求

前面所论及的道德重建和文化认同的重构，其实是与精神信仰的寻求相互结合在一起，它们共同应对的问题就是中国转型时期十分严重的意义危机。这一意义危机的发生从世界史的视野来看，与现代性有着内在的关联。按照韦伯的著名研究，源自西方的现代性有两个重要的特征，其一是"理性化"，其中的工具理性对现代西方社会的形成具有核心的作用。工具理性意指通过计算来支配事物的能力，它涉及的是事实领域的问题。其二是世界的除魅，它与理性化犹如一物之两面，也即是精神领域理性化的结果。在理性化的进程中，原来传统社会统一的信仰系统崩溃了，那些赋予人们的生活以意义的客观价值也从公共生活中悄然隐退，由此产生了一个悖论性的现象，一方面人们支配外部世界，实现各种目标的能力空前增强，但与此同时，对所追求目标的价值却没有客观的准则来进行判断，出现了信仰的多元化和个人化。由于工具理性无法解决意义问题，在"诸神之争"的现代性境遇中，生命意义的失落成为个体必须承担的命运。

就中国来说，原来支撑统一的信仰世界是儒家所建构的一整套意义系统，包括天人合一的宇宙观和以仁学为中心的人生观，它维持着中国数千年士大夫乃至一般民众的信仰和意义世界。只要按照儒家修身方式去行动，生命的意义是毋庸置疑的，最终可以达到与自然合一的天地境界。当西方现代性冲击中国的时候，这一套意义架构也逐渐开始解体，到"五四"时代传统价值系统更是全面崩溃，

[①] 如果套用黄克武研究梁启超思想时所运用的分析框架，可以说陈独秀与杜亚泉思想之争背后是典型的转化思想与调适思想的冲突，关于转化/调适的分析架构，参见黄克武：《一个被放弃的选择：梁启超调适思想之研究》导论，新星出版社 2006 年版。

[②] 对这一论战的研究，参见王中江：《全盘西化与本位文化论战》，见《二十世纪中国思想史论》（上卷），东方出版中心 2000 年版。

中国人陷入了自中古时代佛教传入中土以来所未有的精神迷失之中。面对这种意义匮乏的严峻局面，"五四"出现了各种思想派别试图回应和解决意义的危机，重建新的信仰世界。"五四"启蒙运动提出了"科学"的主张，希望以科学的方法克服意义的危机。近代佛学的复兴，特别是其中唯识学的再兴，也反映出当时的时代氛围。而曾经受惠于佛学的梁漱溟和熊十力则在反传统的声浪里，试图接续儒家血脉，从内心层面去探求宇宙人生的重大问题，以重建中国人的意义世界。

"五四"启蒙思想家对科学的倡导，获得了极大的成功，科学迅速获得了无上尊崇的地位，成为一种试图取代宗教，解决意义危机的信仰，科学由此演化为科学主义。科学主义在中国首先意味着一种逾越本分的科学概念，认为科学是无所不包的自然系统，它不只提供关于自然和宇宙的客观真实，还指示人生和社会的展望；其次，科学主义还含有一种信念，认为科学代表思考的模式，代表了解生命和世界唯一有效途径的方法。[①] 不过，科学主义很快遭遇了反对的声音，梁启超、张君劢，包括前面提及的新儒学代表人梁漱溟、熊十力都对"五四"时代的科学主义提出批评。最引人瞩目的莫过于1923年的科玄论战。分别以"玄学家"张君劢和科学家丁文江为主将的这场论战的焦点，如李泽厚所指出的，是集中在"现时代的中国人（特别是青年一代）应该有什么样的人生观才有助于国家富强社会稳定？"其真实内涵是在辩论应当建立何种意识形态的观念或信仰以指导人生和社会，科学主义还是形而上学？[②] 这反映出在传统信仰体系分崩离析的现实氛围里，知识精英是在怎样的意义上寻求新的人生信仰。

科玄论战最后以科学派的大胜而告终结，但在科学派的内部，陈独秀并不满意于丁文江诸人的表现，批评他们的立场不够彻底，他由此提出了唯物史观的新信仰，陈独秀解释说："我们相信，只有客观的物质原因可以变动社会，可以解释历史，可以支配人生观，这便是'唯物的历史观'"。[③] 在现代中国历史的发展进程中，唯物史观的新信仰逐渐取代了胡适经验论的科学人生观，成为解决意义危机的主导方案。这一与政治的巨大变动密切相关的转变在1949年以后支配了中国人对精神信仰的选择。

在这场论战中，玄学派尽管落败，但其主要代表人物张君劢的观点从今日反思现代性的视野来看，却不无深刻的一面。张君劢指出人生与自然界的不同，强调人类是有自由意志的，不能为因果律的科学所支配，是想替人生寻求真正的意义。在他看来，单纯注重科学，唯认为科学是真的人，容易忽略善的问题，最终

---

① 张灏：《新儒家与当代中国的思想危机》，见《幽暗意识与民主传统》，新星出版社2006年版，第101页。
② 李泽厚：《中国现代思想史论》，东方出版社1987年版，第57~59页。
③ 陈独秀：《〈科学人生观〉序一》，见《科学与人生观》，辽宁教育出版社1998年版。

导向虚无主义,只有真、善并重,才有可能找到人在世界中的生活价值,而"惟其觉得人生有意义,然后才有振兴文化,复兴民族之必要。"① "善"关涉人生的价值,也是精神生活的重要内容,如果没有精神自由,善就无法养成,这或许就是张君劢坚决反对科学支配人生观的内在缘由。

第二节 从主体性的确立到个人主义

从总体上看,20 世纪 90 年代以来中国人精神生活演变的轨迹,可以理解为世俗化不断扩张、逐步深入的过程,这个复杂的过程既包含着现代——民族国家确立起来的一系列神圣世界观的解魅,又内蕴着对一切神圣性价值乃至有深度的精神生活的拒绝。就这个过程的开端而言,自我或主体性的发现无疑是值得注意的事件,它将我们引向了 20 世纪 80 年代。

林同奇指出,20 世纪 80 年代的根本特征是发现或者说重新发现如下两个长期被遮蔽的中心论题:自我(即"主体性")与文化。这两个主题颇具震撼力,在"文化大革命"时期,政治乌托邦思想与意识形态观念决定一切,它只承认人们的阶级属性;同时,人们还试图摆脱传统,建构仅由经济基础决定的社会主义大众文化。因而,人们既无空间也无兴趣去讨论官方规范之外的领域,诸如自我、超自我与文化等东西。所以,等到"解放思想"的信号发出后,自我与文化这两个主题在文学作品与一般讨论中迅速地演变成一种话语,这就是"自我回归文化"。② 也正是这一话语,构成了当代中国人精神生活的序曲。

一、自我或主体性的觉醒

步入近代以来,构成文化叙述主体的与其说是个人,毋宁说是民族与国家;民族、国家与普遍历史规律的宏大叙事结合在一起,加上极"左"意识形态的影响,出现了个人不断被政治化,成为政治总体化结构的构件的历史后果。在这个总体结构中,是政教合一,即宗教、伦理、政治三合一的体系。它与儒家内圣外

---

① 张君劢:《人生观论战之回顾》,见《精神自由与民族文化——张君劢新儒学论著辑要》,中国广播电视出版社 1995 年版。
② Tongqi Lin, "A Search for China's Soul," 见 Tu Wei-ming 编 "China in Transition", Cambridge, Mass, 1994. P. 180. 转引自卜松山:《自我与文化——关于文化在 80 年代中国诗歌中的地位》,见《与中国作跨文化对话》(增订本),中华书局 2003 年版,第 235 页。

王之道相互呼应，在学雷锋运动和"文化大革命"中达到高潮。① 在这种宏大叙事中，个人总是世界观、历史观与时代精神的一部分，他也只能从世界—历史—时代中为自己定位，在这里，根本没有个人生活、自我意识的独立位置。

20世纪80年代以来中国人精神生活的一个重要变化就是从政治化的总体性逻辑中解放自我或主体性。"20世纪最后的20年中国社会思潮的演进中最主要的观念就是主体性。可以说，主体的觉醒是当代中国社会思潮的主流，从主体的觉醒到个人的权利意识的增长，贯穿于整个过程之中。"② 杨扬如此表述精神生活的这一历史性转换："对于习惯于在一种传统的宏大思想体系下生活的人们，可能总以为人的思想只能按照一种总体或整体的思想系列来安排自己的思想，换句话说，他们在思考问题时，首先要确定现在的时代思想是什么，然后再来确定自己该思考些什么……"但新的状况是，"在上帝死了之后，人们各行其是，尽管没有一个明确的总体方向可依靠，但对于每一个人而言，需要依据自己的判断来做精神选择。"③ 不是抽象的总体性来安排人的精神生活，而是在个人的独特生活经历中，打开自己的精神天空，这成为80年代以来一个逐渐在深化、扩展的精神生活新景观，这意味着自我的发现：个人不再是国家、民族与世界历史实现自己目的的一个工具，而是有其不可化约的独立存在。

这一新景观包含着对人生意义的重新理解，1980年发生的"潘晓现象"，就是这一理解的体现。那年5月，一封署名"潘晓"的读者来信《人生的路呵，怎么越走越窄》发表在《中国青年》杂志上，在全国范围内引发了一场关于人生观的大讨论。"潘晓来信"表述了当时青年一代的最大苦闷："政府宣传的价值观念和现实生活距离太远；政府宣传忘我的精神和大公无私，但生活中人人都为自己着想；政府说为共产主义事业奋斗前途远大，但现实却是琐碎的、日复一日的平淡无味的生活。"在讨论中，一种基于个人视角的价值观念得以诞生："任何人，无论是生存还是创造，都是主观为自己，客观为别人。就像太阳发光，首先是自己生存运动的必然现象，照耀万物，不过是它派生的一种客观意义而已。所以，只要每个人都尽量去提高自我存在的价值，那么整个人类社会的发展也都成为必然的了。"④ 通过"主观为个人，客观为社会"的表述，社会—国家—集体与个人—自我—主体性得以在自我的基础上协调。这一讨论宣告了自我或主体性的发现，并成为当代个人主义潮流的先导。

---

① 李泽厚：《与王德胜的对谈》，见《世纪新梦》，安徽文艺出版社1998年版，第285、498页。
② 赵修义：《主体的觉醒和个人权利意识的增长》，载于《华东师范大学学报》（哲学社科版）2003年第3期。
③ 杨扬：见《论90年代文学批评》，见《90年代批评文选》，汉语大词典出版社2001年版。
④ 潘晓：《人生的路呵，怎么越走越窄》，载于《中国青年》1980年第4期。

与"潘晓现象"相呼应，当时，在哲学领域，主体性成为一个最重要的范畴，李泽厚在1981年发表《主体性论纲》，直接影响了当时的思想状况。在文学领域，刘再复等人发动了关于主体性的论争，在思想界则有"康德与黑格尔之争"。就后者而言，当时的人们几乎不约而同地倒向了康德，借助于康德，人们为个人或自我的主体性确立了合法性。陈家琪在追溯这一论争时写道："我们……几乎不假思索地都选择了康德，……因为康德要确立的是个体的道德自主，在逻辑上为我们论证出了一个个人主义的自由社会将带给我们这个星球以'永久和平'的美好理想。"① 选择了康德，也就是选择了自我与主体性的原则。事实上，单世联曾经整理了一个从张中晓、李泽厚、王元化到顾准的"告别黑格尔"的思想谱系，而这一告别的正当性基础正是从集体主义、总体性转向自我或主体性的建构。告别黑格尔的理由在于："只有在自由中，人才可能发现他真正是怎样的。只有作为个人，才会感到欢乐和痛苦"；"一个美好的东西必须体现在个人身上，一个美好的社会不是对于国家的尊重，而是来自个人的自由发展。"② 黑格尔作为一个巨大象征，构成了现代中国一个历史时段的"时代精神"、一种政治—社会—精神总体化生活样式的隐喻，一种"目的论的意识形态和总体主义的政治处方"，这种隐喻的核心是吞噬个体的总体性概念。李泽厚断言，"历史总体的辩证法是黑格尔所长，个体、感性被淹没在其中则是黑格尔所短。"因而，在黑格尔式的宏大叙事中，"个体日益看成或作为总体理性的工具，并明确地企图从人类历史发展的总体上来把握、规定和理解人和人的伦理道德。"③ 从黑格尔转向康德，就是从集体、总体转向自我与个人。"回到人本身吧，回到人的个体、感性和偶然吧。从而，也就回到现实的日常生活中来吧！不要再受任何形而上观念的控制支配"，"人不能是工具、手段，人是目的本身。"④ 从黑格尔到康德的自觉选择，传达了自我的发现或建立主体性的共同要求，业已成为80年代以来中国人精神生活的内在构成部分。⑤

而借助于主体性概念为自己思想奠基的李泽厚，也成为80年代文化界的一个文化英雄，他以其阐扬主体性的《批判哲学的批判》、"中国思想史论""美的历程"等著作，哺育了一代人的精神，凡是在80年代成长起来的读书人，在思

---

① 陈家琪：《康德、黑格尔及其他——关于"新道德主义"的一封信》，原文刊于《文景》，这里引自世纪中国网站，2004年8月20日。
② 张中晓：《无梦楼随笔》，上海远东出版社1996年版，第112、33页。
③④ 单世联：《告别黑格尔——从张中晓、李泽厚、王元化到顾准》，见《反抗现代性——从德国到中国》，广东教育出版社1998年版。
⑤ 甚至有人用主体这个概念来概括弗洛伊德和黑格尔，见辛竹：《弗洛伊德和黑格尔》，载于《读书》，1986年6月。"弗洛伊德和黑格尔相隔很远，但所追究的对象是共同的，只是追的方向相反。……或说意识，或说精神，用语不同，都是追求人的'主体'。"

想与精神上都印上了李泽厚的踪迹。而这一踪迹的核心就在于主体性与个人主义,在李泽厚如下的表述中,不难看出这一点:"个体存在的巨大意义将随着时代的发展而愈益突出和重要,个体作为血肉之躯的存在,随着社会物质文明的进展,在精神上将愈来愈突出地感到自己存在的独特性和无可重复性。"①

二、个人主义的确立

主体性或自我的发现构成了精神生活的一个潮流,它"改变了中国社会和人生的方方面面"。② 作为精神生活的一个"下降"过程,具有解放、解构的积极作用,"它是对长期以来一元的、单极的、带有极权主义特征的精神状态的一种拆解。"③ 另一方面,当个人从总体性结构中解放出来时,"不再服从一个更高的存在,而是服从自己。但人总得有一个根本的依托,所以每个人又回到了自身,也就是对当下的'我'的肯定。这个世界是以'我'为中心的,所以一切从我的感觉、我的身体、我的标准出发。""极端地说,就是每个人从自己的个体感受出发来判断,不再相信,或者说,躲避一种终极的价值。"④ 自我的发现开启了一个个人主义的时代,一种更为个人化、更为情感化、更为民间、更为世俗化的人生态度流行开来,"跟着感觉走"成为年轻一代精神生活的最精炼浓缩。年轻一代开始留长发、穿喇叭裤,读萨特与弗洛伊德,摇滚音乐也开始流行……共同塑造了一种标新立异的精神氛围,凸显自我的与众不同的个体性。

如果说在 20 世纪 80 年代,与主体性关联的还有现代化、世界历史规律等目的论框架,那么,伴随着 90 年代个人主义价值观的,则是目的论框架、总体性历史观与世界观的彻底后撤,精神生活指向了个人自身,个人成为精神价值展开的起点与终点。事实上,"价值",作为一个词语,在 80 年代后期"一经提出,很快就引起了社会的关注,并迅速成为一种日常语言"。⑤ 这个词语传达的是个人主义的消息,因为,"价值问题的特征就是比认知的问题更加偏重对主体的态度、立场、情绪、偏好的倚重,价值领域不同于认知领域的特征就是情绪性和理想性之间的一种张力。无论是情绪性还是理想性都是与主体的追求、愿望、偏好联系在一起的。"⑥

---

① 李泽厚:《李泽厚哲学文存》(下),安徽文艺出版社 1999 年版,第 619 页。
② 韩少功、王尧:《韩少功王尧对话录》,苏州大学出版社 2003 年版,第 51 页。
③ 张辉:《时代的精神空白》,见《中国问题:来自知识界的声音》,中国工人出版社 2002 年版,第 178 页。
④ 同上,第 179~180 页。
⑤⑥ 赵修义:《主体觉醒和个人权利意识的增长》,载于《华东师范大学学报》2003 年第 3 期。

王宏图如是表述个人主义价值观:"对我们来说,个体的生命是一切价值目标的出发点和归宿。我们依据的是一个再简单不过的事实:从出生到死亡,我们每一个人都独立走着自己的人生之路。尽管其间你可以最大限度地与亲友分享欢乐与痛苦,参与投入各种群体活动,但最终你得独自承担生命的重负与虚无。""个人精神的独立追求与自我完善比忘情地投入社会生活、殚精竭虑地做种种救世的高贵尝试更为重要。"① "穷尽个体生命的可能性""去耕种自己的园地""在个体的探索、开掘中终其一生",等等,成为个人主义的标志性话语。② 如果说王宏图表述的是60年代出生的人们在90年代的精神状况,那么在70年代出生的人们那里,个人主义在进一步深化:后者"有着与我们截然不同的关心领域,与我们及前几代人喋喋不休地谈论着所谓宇宙人生的'大世界'相比,他们更倾心于身边日常生活的'小世界'。"③ 的确,对70年代的人来说,"世界不再有根有据,而是呈现出多元和混沌的面目。自我,头一次站在了世界的中心,感觉取代理性成为把握自己和世界的根据。我们不再给自己的存在强加上某种标准,不再把自己的生命依附在某种先于生命存在的任务之下。我们随心所欲,跟着感觉走,走到哪里算哪里。较真成了一种落伍的风格,我们比任何一代都更宽容,更随和,也更冷漠。"④

向着个人主义的回归,不可避免地回落到感性之我。"一切都要以肉体为准绳,这就从根本上回到了'人',不是理性的人,也不是道德的人,而是审美的人,感性的人。"⑤ 与这一回归相应,在20世纪80~90年代的思想潮流中,美学始终是一个极为重要的轴心,曾经是一个"显学","从文学和政治历史纠缠中,和文学是第一精神生产力的传统中走过来的中国,无疑是把美学作为了指导性的学问来接受。从结构主义(引者按:还应该加上精神分析)、解构主义、法兰克福学派到后现代主义,"一波又一波的西潮,往往是通过美学而进入广义的文化过程的。刘小枫业已看到,"审美性乃是为了个体生命在失去彼岸支撑后得到的此岸支撑。"审美性的理念出现在主体性与感性的联结已经完成,为感性生命的此岸的定位,是其关键性的重点。⑥ 事实上,审美主义的潮流与当代精神生活的个体性变化密切相关,人们不再从公共的与普遍的道德范畴出发,而是从个人的

---

① 王宏图:《关于我们这一代人》,见《90年代批评文选》,汉语大词典出版社2001年版,第278~279页。
② 同上,第279、283页。
③ 同上,第286~287页。
④ 张宏杰:《所谓七十年代人》,载于《天涯》2001年第3期。
⑤ 张辉:《时代的精神空白》,见《中国问题:来自知识界的声音》,中国工人出版社2002年版,第184页。
⑥ 刘小枫:《现代性社会理论绪论——现代性与现代中国》,上海三联书店1998年版,第301页。

审美的、趣味的视角来确认自我，精神生活因而出现了根本特征的变化："以审美对生活的证明来代替宗教或道德。"① 这一过程与个人主义价值观的结合，导致了"心理主义"对精神生活的深度介入，"即依据我们的内在反应并作为一个内在世界来体验和解释世界，把固定的内容融解到心理的流逝因素中。"② 正如刘小枫所论："审美性的特质就在于：人的心性乃至生活样式在感性自在中找到足够的生存理由和自我满足。"由于无须与外界或他物发生关系，而筑就了一种返回到内心的生活态度。但这种生活的态度，"脱离了艺术，走向心理：即不是为了作品而是为了作者，放弃了客体而注重心态。"③ 从普遍的道德到感性的审美，又从审美蜕变为个体的心里感觉。当代的个人主义由于削弱了生存之普遍的、公共的基础，因而越来越缺乏深度。

从体制方面看，个人主义与市场密切关联。现代中国曾经以民族国家的观念与体制瓦解家庭、地方等中间组织，而将个人直接交付给国家来使用，由此导致了对机构的单位化、对个人的原子化理解。而当代市场则使得个人更为彻底地原子化：一方面个人被抛向"普遍的各自为战的生存压力"④ 中去；另一方面，社会的、政治的、文化的等诸种系统的矛盾与压力被转嫁到个体身上去。于是，"把一切可能有的社会问题统统化约为'个人能力'的社会"⑤ 得以正当化。在这种情况下，经济关系与利益原则渐渐成为个体感觉世界的重要尺度，而以传统的方式积淀的道德意识，也越来越趋于瓦解。"年轻的一代已经开始拒绝任何形式的社会普遍伦理，他们失去了对社会道德生活的基本信任。"⑥ 于是，我们看到了 20 世纪 90 年代以来精神生活的重大变化，在个人主义几乎成为唯利是图的个体主义或利己主义的代名词的市场经济年代，精神生活中文化的、精神的要素也趋于瓦解。韩少功曾追溯这一变化过程："个人尊严与金钱之间的两难，成了 20 世纪 80 年代后期悄悄出现的变化。发展经济被看成'个人利益最大化'，而个人利益最大化的捷径甚至是投靠权力或者资本。在批判'文革'中重建起来的社会公正及其道德标准，再次受到新的威胁。……到 90 年代前期，连'道德'、'精神'、'理想'这些词在文学界都几乎成为人民公敌，一有提及便必遭围攻，一些官方机关报也参与其中，现在回想起来不能不让人有些感慨。"⑦ 市场为经

---

① ③ 丹尼尔·贝尔：《资本主义文化矛盾》，三联书店 1989 年版，第 98 页；刘小枫：《现代性社会理论绪论——现代性与现代中国》，上海三联书店 1998 年版，第 305 页。

② 齐美尔：《哲学文化》，转引自刘小枫：《现代性社会理论绪论——现代性与现代中国》，上海三联书店 1998 年版，第 302 页。

④ 查建英：《八十年代访谈录》，上海三联书店 2006 年版，第 251 页。

⑤ 韩毓海：《市场意识形态的形成与批评的困境》，载于《天涯》1998 年第 2 期。

⑥ 万俊人：《现代性的伦理话语》，黑龙江人民出版社 2002 年版，第 390 页。

⑦ 韩少功、王尧：《韩少功王尧对话录》，苏州大学出版社 2003 年版，第 52 页。

济的尺度介入社会政治秩序、经济发展压倒一切、片面逐利等提供了合理性，因而，它的启动在当代状况下虽然没有导致完善的经济秩序，但却在公私生活层面产生了巨大的效应。它不仅催化了个人主义的利己品质，完成了个人生存方式从（80年代）"文化人"到（90年代）"经济人"的过渡。在这种状况下，主体性已经不再是被追求的目的，个人主义丧失了它的解放功能。不是解放的洒落与自在，而是紧张、压力与焦虑，等等，成为精神生活自我表达的新词汇："90年代我觉得最主要的就是两个东西：利益和压力，或者叫胡萝卜加大棒。现在胡萝卜多一点，大棒是很清楚地放在那儿。"[1] 耐人寻味的是，紧张、压力与焦虑也被纳入到经济语境中，成为社会生产新方式的源泉，如休闲保健业，在90年代后期获得了前所未有的发展，绝非偶然。

当然，对当代精神生活而言，无论是自我的发现，还是个人主义的兴起，都是时、情、势的推动，以某种风尚的方式到来的，在这个意义上，自我的觉醒中究竟有多少来自自我深处的准备？根植于个体生命中的道德或思想力量，在这个过程中究竟占据着多大份额？这样一些深层次的问题，都还是值得进一步考虑的课题。

第三节 去政治化的逻辑与公共意识的衰退

一、从广场到民间：自我确证方式的去政治化

"周作人说他心中有两个鬼——流氓鬼与绅士鬼。这一百年来，许多中国人心中也有两个鬼——政治鬼与文化鬼。"[2] 当代精神生活正是在政治鬼向文化鬼的转化中确立起来的。政治鬼把整个世界卷入到政治中，一切都变成了政治，而通过这一方式，达到对个人及其主体性的彻底剥夺，这正是"文化大革命"时代的内在逻辑。换言之，在"文化"革命中，人们获得的恰恰是一个非文化、反文化的以政治为中心的单一性世界，在那个世界里，文化、传统、日常生活等等都被政治化了，政治的鬼魅席卷世界的一切角落。正是在这个政治的幽灵弥漫着的世界中，甚至连"历史都是国家、民族的历史，即所谓'大叙事'"，而不是个

---

[1] 查建英：《八十年代访谈录》，上海三联书店2006年版，第157页。
[2] 韩少功、王尧：《韩少功王尧对话录》，苏州大学出版社2003年版，第56页。

人的、家庭的、某个特殊集体的回忆。①

在 20 世纪 80 年代的中国，传统的入仕为官的庙堂意识与修齐治平的天下意识，以及西方民主文化的政治参与意识，融合为新的政治幽灵——"广场情结"。"广场"在希腊是聚会、议事的地方，是公共政治展开的空间。在中国，它又是一个专有名词，特指着具有神圣感的天安门广场——当代中国的政治中心，因而它指涉一个独特的记忆与文化空间。② 在这个空间中，人们思考问题的出发点与价值取向选择都是在政治法则之内的。③ 另外，广场既是群众宣泄激情和交换信息的场所，也是知识分子布道的最合适地点。当知识分子在现代被抛出了传统仕途之后，他们一直寻找着一个可以替代庙堂的场所，而广场最终成为知识分子以启蒙者身份面向大众的最好场所，一个从庙堂与民间的夹缝里产生的空间。④ 在1985～1989 年，"五四"新文化运动培养起来的知识分子的精英意识快速滋长，它表现为要求参与改革的急功近利态度以及重返政治中心的迫切热情，借助于人道主义、启蒙思想与现代化意识形态，这一态度与热情获得了具体的现实性，从而赋予广场情结以历史的内容。⑤

在 1987～1988 年间，广场与社会主义革命时代神圣的禁忌开始成为游戏和调侃的对象：在 1987 年田壮壮导演的商业电影《摇滚青年》中，出现了天安门红墙下的摇滚场景；在 1988 年两部自王朔小说改编成的电影中出现了主人公在天安门广场上恶作剧的插曲；而 1989 年央视元旦联欢晚会，相声演员姜昆用天安门广场改农贸市场的"谣言"令观众大为开心。⑥ 这表明，自我确证领域从作为政治象征体系的广场退却。而欧阳江河作于 1990 年的《傍晚穿过广场》，则"超出了诗学本身的范畴"而上升为对广场情结的"政治和社会生活意义上的哀悼。"主题中的"傍晚"一词引入了时间和死亡主题，烘托了终结与哀悼的氛围。诗中写道："有的人用一小时穿过广场/有的人用一生——"⑦ "在一小时的穿过中，广场不过是达到目的地所要经过的一个中间地点，是回家或去逛商场时

---

① 李欧梵、季进：《李欧梵季进对话录》，苏州大学出版社 2003 年版，第 30 页。
② 戴锦华：《大众文化的隐形政治学》，见《失控与无名的文化现实》，云南人民出版社 2003 年版，第 63 页。
③ 王晓明等：《民间文化　知识分子　文学史》，见《90 年代批评文选》，汉语大词典出版社 2001 年版，第 141 页。
④ 陈思和：《民间的还原——文革后文学史的某种走向的解释》，见《90 年代批评文选》，汉语大词典出版社 2001 年版，第 157 页。
⑤ 同上，第 154 页。
⑥ 戴锦华：《大众文化的隐形政治学》，见《失控与无名的文化现实》，云南人民出版社 2003 年版，第 63 页。
⑦ 欧阳江河：《傍晚穿过广场》，见《透过词语的玻璃：欧阳江河诗选》，改革出版社 1997 年版，第 109～114 页。

的一段道路而已,它不引导人进入公共生活,因而'穿过'意味着对政治生活的冷漠。而'用一生'的穿过,意味着集体生活对私人生活的剥夺及这种剥夺带来的反抗的持存性,它同样是畸形的生存方式,因为生存的维度并不只是政治,人应该在家中而不是在广场上老去。这一开篇说出了某种制度的诡异语境:一方面是对公共生活的改善无动于衷的人群,一方面是被迫牺牲生活的其他维度投身政治的少数人。二者从来就是这一国度的喜剧和悲剧的两极。"① 在这种对广场的态度中,作为独立个体之间自由论辩和交流的公共空间的广场却没有出现,出现的却是墙壁上"露出大腿的混血女郎"与"安装假肢、头发再生之类的诱人广告",是经济语境对政治语境的替代:"在这里,出现了生活重心的转换,即从(畸形的)公共生活转向(畸形的)私人生活。"② 另一种更有威力的商业霸权进入到广场,侵蚀着广场生活。"在权力与金钱可自由兑换的'系统世界'压迫下,人际关系物欲化,生活的意义沉沦",③ 广场与市场合谋,构成了对公共生活与公共空间的双重包围,在这种情况下,广场情结终于成为哀悼的对象。

广场情结的终结,意味着自我确证方式的转移:"从过于浓厚的意识形态兴趣转向广阔的民间大地","这已不仅是20世纪80~90年代文学的一种演化趋势,也可以说是世纪末中国知识分子的一种精神自觉。"④ 的确,20世纪的人文知识分子一直在庙堂、广场、民间这三方空间中艰难地寻求自己的价值,"传统的庙堂之路已经无法延续,与庙堂意识相关的那种兼济天下人任的忧国忧民的责任感则在'广场'上被唤醒,以启蒙的激情走进现代历史之中,然而在有形的历史事件和无形的文化背景制约下,广场的价值趋向愈益显出某种虚幻的性质,特别是进入20世纪90年代后,广场与民间相比,民间的世界——那个实在、丰富、驳杂、蕴含着生命的骨髓和污垢、文化的精髓和惰性的本源大地日益显示出其重要意义。"⑤

陈思和指出:民间就是政治意识形态无法涵盖的广阔博大的生活世界和想象的空间,是相对于政治意识形态而言的另一种生活存在。"比起意识形态的流行性、悬浮性和聒噪性,民间世界就显得永恒、沉稳而缄默。意识形态是呼啸而过却不知止于何处的风,民间则是万古无言却始终在场的大地。大地是民

---

①② 一行:《公共生活的个体立场——试论欧阳江河〈傍晚穿过广场〉》,灵石岛网,网址:http://www.lingshidao.com/shilun/xinshi/29.html。

③ 许纪霖:《市民社会及其话语的构建》,见《新世纪思想地图》,天津人民出版社2002年版,第42页。

④ 王晓明等:《民间文化 知识分子 文学史》,见《90年代批评文选》,汉语大词典出版社2001年版,第141页。

⑤ 王光东:《民间的当代价值》,见《90年代批评文选》,汉语大词典出版社2001年版,第171~172页。

间本己的象喻。大地沉稳而厚实，无言却又孕育着世间所有的语言。民间生活的丰富内容从大地中涌出，又复归于大地。叙述民间故事的文学，就是传达大地深处的声音。"① 从文学创作的角度来说，转向"民间"首先是"根据民间自在的生活方式的度向，即来自中国传统农村的村落文化的方式和来自现代经济社会的世俗文化的方式来观察生活、表达生活、描述生活";② 从个体的存在方式来看，它意味着政治的与启蒙的视角从精神生活的自我确证中淡出，取而代之的是平平淡淡的日常生活。在这里，既"没有一神教的统治，也没有启蒙哲学的神圣光环。"转向民间，"可以说是当代人寻求精神家园的指归所在。"③

从广场到民间的价值转向，展现了一种去政治化的逻辑。一方面，它解构政治对一切的替代，瓦解意识形态对生活世界与日常感觉的围攻，因而它意味着"拒绝渗透"，"这是一种与现实相分离的意志，是对于现实的弃绝"，从而为个人的生活寻找真正的根基与实体;④ 另一方面，它意味着政治作为一种志业、作为一种自我确证的方式的虚幻性的体验，它最终瓦解了人们对政治与公共生活的热忱。事实上，刘心武在其小说"'五一九'长镜头"中业已揭示，历次的政治运动不但降低了人们对政治的兴趣与热情，而且摧毁了政治在人们心目中的可靠性与安全感。萧功秦看到，20世纪90年代以来，知识分子直接参与政治的程度比过去明显降低，相对于改革初期的政治参与的亢奋心态而言，历史进入到一个政治淡化的阶段。⑤ 在校大学生群体少有理想主义，社会政治关怀与理想精神较少，其主流是更看重功利实效性价值，因而是较为缺乏政治激情的一代。调查表明，当今大学生不但不知道20世纪80年代出名的学生领袖，甚至不了解"四人帮"为何人。言必谈政治的时代被替代为言必谈"三星"（歌星、球星、影星）的时代。⑥

二、公共性的退隐

在当代市场社会，"与普遍的经济冲动形成反差的，是普遍的政治冷漠，公

---

① 郜元宝：《中国当代文学中的民间和大地》，见《90年代批评文选》，汉语大词典出版社2001年版，第171~172页。
② 陈思和：《民间的还原——文革后文学史的某种走向的解释》，见《90年代批评文选》，汉语大词典出版社2001年版，第164页。
③ 同上，第166页。
④ 崔卫平：《海子神话》，见《积极生活》，广西师范大学出版社2003年版，第58~60页。
⑤ 萧功秦：《与政治浪漫主义告别》，湖北教育出版社2001年版。
⑥ 萧功秦：《与政治浪漫主义告别》，湖北教育出版社2001年版，第192页。

民的民主参与能力的削弱。'大众明哲保身主义'的流行，公民与国家之间的距离的扩大。"① 作为广场替代者的民间世界，却是一个被经济语境操控的私人世界。在其中，政治隐身于经济过程，并通过经济过程显现自己的威力；市场不再作为经济活动的规则，而是渗透到社会文化的一切领域，它通过单向度的利益原则而构建秩序，因而，不可避免地包含着将人们从共同生活中加以分离的强大离心力。"与其说社会的功能出现了障碍，不如说可以对政治或政治与经济的重新一体化实行监督、制衡的'社会'本身作为一种力量正在日渐退出历史舞台。它突出地表现为把社会凝造成一个'公共空间'的那些方式正在被瓦解，这是指民众参与政治的方式和能力，整个社会透过公共媒体交换意见，从而对意见产生质疑或形成共识的方式，以及大学作为提供理想的人际交往方式的场所的作用，这一系列使社会成为'公共的'前提都已在发生转化。"②

事实上，甘阳等学者已经看到，今日的中国社会已经由"过度政治化"蜕变为"过度私人化"或"经济化"。面对这一情况，杜维明曾强调，市场经济是可以肯定的，但一个市场化的社会却是糟糕的。个人经济利益的最大化，成为普遍追逐的目标，而自私自利的个人主义也得以通过市场体制正当化。与此相应的是价值观上的相对化，成为人们普遍接受的信条，这种相对主义拒绝普遍的伦理。在 20 世纪 80 年代初出现的"潘晓现象"虽然也传达出普遍的社会道德信任下降的先兆，但围绕着"潘晓来信"所展开的讨论本身仍然表明那时的人们对待道德生活的严肃态度，把个人的道德疑虑诉诸于社会公共讨论，且能够形成广泛热烈的对话，这本身不仅是一种严肃的道德行为，而且也表达了人们对寻求新的道德共识的良好愿望。③ 但自 90 年代以来，失去的不仅仅是这种严肃与愿望，而且是把个人的道德疑虑诉诸于社会公共讨论且能够形成广泛热烈对话的公共性的精神氛围。

在个人外部是有着极强渗透力量的市场，以及把一切可能有的社会问题统统化约为个人能力的社会，在内部则是自私自利的个人主义与相对主义，这一切都使得公共性无法立身。与经济语境单一化相应，"经济生活逐渐上升为全社会关注的焦点，其他的都是空的，多挣几个钱要紧！类似于这样的对政治和公共生活的疏远、冷淡甚至嘲弄态度，在人们中间日益扩散。到 20 世纪 90 年代中期，公众的注意力已经明显朝改革社会经济，甚至仅仅是改善个人物质生活的方向倾斜了。而一种视个人物质生活的改善为人生最大目标的狭隘的功利意识，也就在社

---

①② 韩毓海：《市场意识形态的形成与批评的困境》，载于《天涯》1998 年第 2 期。
③ 万俊人：《世纪末的中国伦理情结》，见《现代性的伦理话语》，黑龙江人民出版社 2002 年版，第 390 页。

会各阶层顺理成章地蔓延开来。""在这个全社会的转变过程中，1992年政府再次发动的市场经济改革，起到了非常关键的作用。它不但使整个行政和管理系统依照功利原则迅速地重新统一起来，而且赢得了差不多全社会的热烈响应。"市场把社会进一步推向了以效益为基本曲线的发展轨道之后，"所有那些不能迅速兑换成现钱的事物……都势必逐渐遭人冷落，人心的天平向一面严重倾斜。既然一切都是根据眼前的利益来计算，集体也罢，个人也罢，都很难再继续维持对长远事物的关心……在社会生活的几乎每一个角落，你都会看到'短期目标'的膨胀，看到这类目标如何一步步压倒和毁灭一个人、一个集体甚至一个地区的长远的生活。"①

如果说，王晓明从市场的角度提供了公共性丧失的图景，那么，许纪霖则提供了另外一个视角，这就是，公共性赖以依托的社群或共同体的阙如，使得公共性无法立身。"中国的公众却苦于没有合适的表达自己情感的方式，过去我们都是被动地表达民族情感的方式，一旦有了自觉表达的需求，却丧失了表达的空间、仪式和渠道。比如，国旗作为现代国家的图腾，是一个很好的象征物。但我们的国旗从来都是国家权力的象征，而不是公众情感表达的载体。（"非典"流行时期），在我们各地的氛围中，到处是一种自保心态。各人自扫门前雪，哪管他人瓦上霜。人的联系方式主要有国家、市场与社群，但在中国现代化的过程中，国家权力不断以内卷化的方式向社会底层渗透，传统的社群遭到了极大地破坏。新中国成立以后，在计划经济和全权政府的苏联模式指导下，更是只有国家而没有社会。这就使得从民间生长起来的社群或具有归属意义的共同体无法确立。"在2003年发生的"非典"中，许纪霖要求人们追问：为什么"非典"真相暴露，北京出现百万人夺路狂奔的现象？他的观察是："一个原因就是中国的大都市缺乏各种社群的生活。"② 当公共性不能依托于自由社群时，它便被推向了个人内在的道德修养，但这就使得社会在制度层面未能给公共性提供滋生的土壤。另外，隐身于经济语境中的文化政治，引导人们各自沉浸在自我的私人世界。正如一行所说："经济和现世法则本身，作为社会底层的自然理想无疑是正当的；但是它们在当代中国的出现却并非生存的自然产物，而是对制度强制的屈从。③ 从这个意义上看，作为政治隐身之物的市场，恰恰以满足底层生存的要求来'回报'其对公共性的瓦解。因而，在当代出现的政治冷漠与公共意识的萎缩，无疑是特定政治文化长期经营建构的结果。"

---

① 韩少功、蒋子丹主编：《失控与无名的文化现实》，云南人民出版社2003年版。
② 许纪霖：《从非典危机反思民族、社群和公民意识》，载于《天涯》2003年第4期。
③ 一行：《公共生活的个体立场——试论欧阳江河〈傍晚穿过广场〉》，灵石岛网，网址：http://www.lingshidao.com/shilan/xinshi/29.html。

公共性的丧失，不仅仅是政治性公共空间的瓦解，而且是人与人之间的相与相通、相感相应能力的衰退。近10年来，媒体上经常有类似于凶手持刀杀人但围观众多人群却无动于衷的报道，① 已经显示了公共性的丧失对生活世界所造成的灾难性后果。也就是说，人与人之间不再相互承担责任，不再尊重作为他者的个人，以至于对他人丧失了最基本的同情心。政府部门曾试图通过行政手段来改变这一状况，例如，福建省曾出台"见义勇为先进分子的子女中考、高考可以加分"的规定，但这些诉诸利益的方式却根本无法保证公共性。作为共同生活基本要求的公共性，正在从当代精神生活中不断地瓦解。这已经不再是个人的问题，而是涉及整个民族的前途问题。韩毓海说："有一个共同关怀的问题，对一个民族共同体而言是十分重要的，当一个民族的不同成员从不同的角度，关怀同一个问题的时候，理性就出现了，理性就是从特殊跳到普遍性的能力，具有这种能力的民族就是有伦理自觉的民族，就是政治上成熟的民族。这样的民族作为一个真正的共同体而存在。"② 而政治的冷漠与公共性的逃逸，无疑阻碍着中国人走向政治成熟。甘阳指出："改革业已使中国呈现只有日益分散的社会离心力，却无法通过一种制度化的全国性政治过程来整合多元分散的社会利益的状况。国民通过政治参与而对本民族整体长期利益具有高度的政治认同感所形成的政治向心力，还缺乏一种制度性的保障。"甘阳提醒人们注意：一个长期积弱的落后民族在经济上突然崛起必然隐含一个致命的内在危险，即它将加速暴露落后民族特有的"政治不成熟"，以至于导致该民族的解体。③ 当代中国人作为一个群体在精神生活上面临着的最大考验无疑是能否走上政治成熟。政治的不成熟与公共性意识的淡薄，反作用在个体的精神生活上，就是"人类不是被异化为附庸，而是被孤独地凸显出来，置身于一种漂泊状态。"④ 与此相应，各种各样的宠物在20世纪90年代以来，开始进入到个体的生活中，并且不可替代。

---

① 这样的实例实在是不胜枚举，如《岸上人群无动于衷 4个孩子在众人围观中溺死》，新浪网，网址：http://www.sina.com.cn，2003年4月5日；《包头—10岁幼女两次被强奸 数十人围观无人制止》，新浪网，网址：http://www.sina.com.cn，2003年3月14日；《武汉—15岁女中学生孤身斗歹徒20余人袖手围观》，中国新闻网，网址：http://www.sina.com.cn，2002年12月24日；《南京火车站—女子百人围观下衣服被强行脱光》，中国新闻网，网址：http://www.sina.com.cn，2003年1月15日等等。
② 韩毓海：《自由意味着责任担当——二十世纪初的德国思想趋势》，载于《天涯》2003年第5期。
③ 甘阳：《走向政治成熟》，载于《读书》2003年第4期。
④ 周宪：《崎岖的思路》，湖北教育出版社2000年版，第359页。

第四节 文化意识的衰落与精神生活的世俗化

一、从人文精神到世俗生活

当人们的关怀从政治与文化转向被市场侵蚀的日常生活世界时,文化与历史的意识也开始了从精神生活中的后撤。人文精神讨论即是对这一后撤的回应。作为一个历史事件,人文精神讨论,发生在 1993~1995 年间。最先是 1993 年《上海文学》上关于人文精神的对话,然后是从 1994 年《读书》杂志上关于人文精神的对话。这个讨论很快就变成了一个"媒体事件",引起了国内外的关注。在持续两年的过程里,不断有学者加入讨论,许多报刊,如《光明日报》《文汇报》还开辟了专栏。1996 年,上海和北京两地同时出版了两本"人文精神讨论文选",讨论也基本接近尾声。

作为讨论的发起人之一,王晓明提出:文学是我们从直觉上把握生存境遇的基本方式,是每个个人达到精神自由状态的基本途径,因而,文学自有它不可亵渎的神圣性。尤其在 20 世纪的中国,文学更是我们发展精神生活的主要方式。但"今天的文学危机是一个触目的标志,不但标志了公众文化素养的普遍下降,更标志着整整几代人精神素质的持续恶化。文学的危机实际上暴露了当代中国人人文精神的危机,整个社会对文学的冷淡,正从一个侧面证实了,我们已经对发展自己的精神生活丧失了兴趣。"[①] 文学的创作本身已经陷落在"文化废墟"中并成为建构文化废墟的一种方式,而不再是从废墟中振起的一种精神努力。在王朔为代表的"痞子文学"(它以"调侃一切"迎合大众的看客心态,这类著作既不肯定什么、也不否定什么,只图一时的轻松和快意)与沉迷形式技巧、玩弄光景的文学创作中,这一点尤为明显。这两种创作都显示了精神的关怀在文学创作中的退隐。文学创作是当代精神生活状况揭示自身的一个焦点区域,从更为广阔的视野看,人文精神的衰落意味着文化的视野从生活中的退隐。

20 世纪 80 年代人们表现出前所未有的对文化的热情,几乎所有的青年,若

---

① 王晓明等:《旷野上的废墟》,载于《上海文学》1993 年第 6 期。王晓明:《人文精神寻思录》,文汇出版社 1996 年版,第 2 页。

不是诗歌爱好者或文学爱好者,便是哲学、美学或其他文化形式的爱好者。文化在那个时代是个人自我确证的崇高方式。但在90年代,经济成为文化的对立面,个体回归文化的热情被强有力地扭转为:一切向钱看,经济优先。于是,人们发现了"一个无文时代,一个贫乏时代"。因而,人文精神的讨论"基本聚焦在文化与市场的问题上"。①

人们不仅对诗歌小说冷淡,对政治、哲学等也同样冷淡,诸种文化形式都面临着衰敝,文化的维度正在从精神生活中退缩。"今天不是诗歌的时代,同样也不是哲学的时代。那么今天算是什么时代呢?我想就是'大家过平常日子的时代',说得文绉绉一点是所谓'日常生活的时代'。日常生活并不需要诗人把它提升到诗的境界,也不需要把它提升到要理念的世界,倒是诗人哲学家需要明白自己过的也是'平常日子',不必以为自己读点诗歌就比读武侠小说的人来的高雅,也不要以为自己读点哲学就比听流行音乐的更为深沉,无非都是打发时间、消磨日子,各有一套'过平常日子'的方式而已。"② 由文化塑造的精英意识在瓦解,甚至连文化与文化生产者(人文知识分子)本身都在不断边缘化。余英时曾描述了知识分子从政治、社会领域被不断边缘化的过程,同时他还指出了知识分子自己在文化上主动边缘化的过程:"这一百年来,中国知识分子一方面自动撤退到中国文化的边缘,另一方面又始终徘徊在西方文化的边缘,好像大海上迷失了的一叶孤舟,两边都靠不上岸。"而且,"文化这一领域也不断从中心退处边缘,""变成生活中最无关轻重的外围装饰品"。③ 市场意识形态加剧了文化与知识分子的边缘化过程,因而,士大夫情结、知识分子的精英意识与文化意识最终还是被世俗化的日常生活意识所替代,而知识分子之外的社会下层,本来就是日常生活主导一切,只是自私逐利的倾向被市场等空前地激发甚至生产出来,成为市场实现自身的一个工具,而以风俗、习惯、传统等形式积淀下来的对读书与读书人、文化与文化人的那种真诚的尊重,在短效功利的目光中,逐渐瓦解,甚至成为亵渎的对象。

过平常日子,成了宏大叙事瓦解以后人们的精神归宿。对日常生活的注意成为20世纪90年代后期人文学术话语的一道新景观。当然,这一景观伴随着赫勒与列斐伏尔关于日常生活的著作的译介以及现象学生活世界学说的引入。在本来意义上,日常生活渗透着文化传统的自发积淀,回归日常生活,在20世纪80年代的语境中,意味着从启蒙的立场、从意识形态的虚幻中解放出来,从而回到历

---

① 查建英:《八十年代访谈录》,上海三联书店2006年版,第231~232页。
② 甘阳:《闲话诗人》,见《将错就错》,三联书店2002年版,第55页。
③ 余英时:《中国知识分子的边缘化》,载于《二十一世纪》网络版2003年6月号总第15期,网址: http://www.cuhk.edu.hk/ics/21c/。

史中形成的文化世界。在这个意义上，回到民间本应是自我回归文化的主题的一个继续。的确，在"文化热""国学热"、新儒家研究热、"读经"的讨论、文化保守主义的兴起等现象中，似乎可以看到这一主题的某些踪迹。没有历史与传统的生活世界，如同没有自然的生活世界一样，显然并不是真正的民间、并不是健康的日常生活世界。在这个意义上，李泽厚道出了一个来自民间的希望：精神生活的回归民间，应该回到由天、地、国、亲、师共同撑开的生活境域。在此，他已把传统的"君"转换为现代意义上的"祖国"，天—地—国—亲—师的生活世界，包含了对自然和人际的和谐认同的基本情感，因而，可以构成某种人生的归宿和最后的实在。人总是要有归宿，归宿在哪里？在"人间"——人与人之间，"归宿到人际的关系中、人与自然的关系中"，也就是归宿到天、地、国、亲、师。"这完全是一种情感的归宿，而不是政治的、社会的，甚至也不是思想的。"在李泽厚看来，文化只有回到这种最基本、最自然的层次上去时，权力—知识的结构对生活世界的侵略与占据才无用武之地。[①] 因为，这样一个立足于活着的自然与活着的文化心理积淀的生活世界，才是知识—权力结构如启蒙思想与意识形态等所无法穷尽的剩余物，在这里，精神生活被引向的将是那些最基本、最普通的事物，正如《九月寓言》的作者张炜自己所说：在"它们之中蕴含的因素使人惊讶，最终将被牢记"。

然而，日常生活是否还是外在于一切权力—知识结构的民间世界的源泉？与当代中国式的市场经济、世俗化过程的开展相应，韩少功在这里发现的却是大众文化对民间文化的替代。"很明显，这个大众文化不是民间文化，不是民间产生的，恰恰由工业文化制造出来然后强加给民间的。民间文化的萎缩是工业文化造成的灾难之一。"[②] 而这种替代导致了作为广义意识形态对立物的民间大地与日常生活的贫瘠。当人们将精神的自我确证转向日常生活时，韩少功却追问道："现在还有民间文化吗？还有多少民间文化？"这一提问无疑切中了隐藏在当代中国人精神生活中的内在困境，在当代，文化本身已经成为快餐，民间已经遭到市场、消费主义等新意识形态侵蚀的情况下，精神生活将在何处自我确证呢？

二、生活在当下：从历史目的论到偶在论

人文精神讨论中所揭示的实情，不仅仅是文化意识的衰退，而且是与崇高性

---

① 李泽厚：《与王德胜的对谈》，见《世纪新梦》，安徽文艺出版社1998年版，第288~289页。
② 韩少功、王尧：《韩少功王尧对话录》，苏州大学出版社2003年版，第116~117页。

关联在一起的历史感的丧失。李陀在回顾20世纪80年代时指出:"20世纪80年代的一个特征,就是人人都有激情。什么激情呢,不是一般的激情,是继往开来的激情,人人都有这么一个抱负。这在今天青年人看起来可能不可思议。其实那种责任感和激情是有来由的,是和过去的历史衔接的。今天很多人都忘了,或是压根儿不知道,那时候的人,不管干什么,包括工人农民,普通老百姓,都是有历史观和历史意识的,毛泽东说的那个'人民,只有人民才是创造历史的动力'的说法深入人心,那时候人人都相信自己对历史有责任。'就从这里开始/从我个人的历史开始,从亿万个/死去的活着的普通人的愿望开始',这是江河的几句诗,很能反映那时候人们的情绪。"① 但在1989~1992年间,国际国内发生了一系列重大事件,主要包括苏联与东欧社会主义阵营的解体、1989年的"六四"风波、邓小平南方谈话与中国"市场经济改革"的重新启动,等等,正如王晓明所说,这一连串事件,在整个中国当代历史上划出了一道非常明显的界限,同样,它也在中国知识分子的精神历程中划出了一条非常清楚的界限:"在这之前,差不多整个20世纪80年代,中国的知识分子或学术界(人文学术界),绝大多数人都相信,存在着一个历史不断进步的规律,而这个规律在当时中国社会的体现,就是现代化。……绝大多数知识分子(人文科学、社会科学,包括大部分自然科学学者)一直是在为现代化摇旗呐喊的,因为大家都认定这是不可抗拒的历史潮流,是历史发展的正确方向。可是,经过了'六四'风波,又经过了国际、国内那段时间的其他重大的历史事件的震荡,至少在人文社会科学的研究领域里面,在知识分子圈中,20世纪80年代的那种乐观和自信迅速崩溃了,取而代之的是深深的困惑。"②

的确,20世纪80年代的现代性想象与近代以来的世界—历史的必然进步的规律意识相联系,在某种意义上,现代性想象立足于近代进化论的地基上。但20世纪90年代以来,不仅这种历史规律及其背后内蕴着的历史目的论,甚至连作为其思想基础的进化论本身,都成了质疑的对象。1998年9月的《读书》发表了关于达尔文进化论的讨论,近代中国所接受的那种目的论的进化论被替代为随意性、无目的性的天演、自然过程的进化论,进化论不再作为历史规律话语,而是成为非目的论话语的一部分。这也可以视为偶然性本身以及人的偶在性所作的一次理论辩护:"陨石降临,老鼠兴旺的假设说明了自然选择的随意性和无目的性。……对于社会科学和政治科学,也许达尔文主义最重要的影响就是把自然选择的随意性和无目的性延伸过来,否定关于人类社会和历史发展的目

---

① 查建英:《八十年代访谈录》,三联书店2006年版,第251~253页。
② 王晓明:《人文精神讨论十年祭——在上海交通大学的演讲》,当代文化研究网,2005年5月28日,网址:http://www.cul-studies.com/community/wangxiaoming/200505/1939.html。

的论。……如古尔德所说,'我认为在科学史上没有任何其他思想上的突破能够如此(达尔文主义)强烈、直接地冲击和影响我们对人类自身意义和目的的认识'。总而言之,达尔文的进化论是一部虚无主义的著作,如果人们要想从其中揭示的自然规律中寻找精神寄托,那将是徒劳的。"① 在偶然性、随意性、非规律等的背后,精神生活中的虚无主义已经自然地出场了。很自然地,自然与社会历史规律在当代不再被理解为自然与社会的固有规律,而是被看作是人的叙述:"原来历史的进步并非定律,它不过是人的一种顽强的愿望;原来那许多一向被当作事实的东西,譬如文明、野蛮,譬如现代、传统,都很可能只是一些叙述,一些在今天看起来相当可疑的虚构……"②

与进化论本身的无目的性相应,人的存在方式也被导向了偶在论。2000年,张志扬出版了他的著作《偶在论》,2003年又出版了《一个偶在论者的觅踪:在绝对与虚无之间》。他强调,"让个人成其为个人而拒绝参与剥夺自身的类的同谋"即是"一个偶在论者"所选择的道路。"'偶在性'……原则上抗拒'本体论'和'虚无主义'的两极化,保留某种例外在任何规范或抽象之外而准备着越界、置换的可能,因而它是'存在'包括人的存在的自然性。"③个人主义的个人进入一种尚未被规定的偶在状态,历史目的论与宏大话语的世界观的瓦解,伴随着偶在。2003年,赵汀阳出版了《没有世界观的世界》④,世界观的拒绝已经成为一个世界性的主导现象。当世界观与历史观剥夺个人的世界与历史的时候,必然也同时导致了与之伴生的另一现象,这就是在个人的生活中,拒绝世界观与历史观。甚至可以说,这后一现象正是个人主义在当代中国得以可能实现的条件。对世界观的拒绝本身,导致了当代中国人沉浸于琐碎的日常生活,以及那种属于世界整体的世界利益、世界制度和世界秩序的世界视野的阙如。"我们的时代,虽然个人的、地域的或民族的东西日益同整个世界发生联系,然而能够整合不同利益的'精神'、'制度'和'价值意义'上的世界并不存在。"⑤ 这即是赵汀阳所说的 "世界观的逃逸"。世界观的逃逸的确业已成为当代中国人精神生活的一个重要的特征。这样,就不难理解当代中国人如是的自我理解:"我们是没有世界观的一代,或者说我们是中国历史上没有一元价值观的一代。我们是无法无天的一代,我们唯一能确定的是我们

---

① 土木其:《关于达尔文主义的讨论及其引申》,载于《读书》1998年9月,总第234期;张军:《重说达尔文主义》,载于《读书》1998年9月,总第234期。
② 王晓明:《半张脸的神话》,南方日报出版社2000年版,第2页。
③ 张志扬:《创伤记忆——中国现代哲学的门槛》,上海三联书店1999年版,第3页。
④ 赵汀阳:《没有世界观的世界》,中国人民大学出版社2003年版。
⑤ 商景龙:《论秩序与历史变迁》,哲学在线,2005年12月3日,网址:http://philosophyol.com。

的未来是不确定的。"①

世界视野的褪色与个人无能为力的虚无感觉相配合，共同影响着当代人英雄情结的终结。"英雄时代确实已变得遥远了，教育在普及，人口在疯长，信息在弥漫，而地球却仍然和开天辟地时一般大小。""现代人形形色色的心理征兆往往都可归结为一种由内心的虚无所导致的无能为力感，这也部分促成了某种视英雄为等闲的观念。""逃离崇高，回避伟大，躲闪庄严，拒绝高雅，不期然成了一股自发的群体趋势，反英雄时代粉墨登场。""拜物教的氛围已然生成，形形色色的现代怪物使世界弥漫着丛林般的神经症人格，世界已没有英雄可言。"② 与英雄情结的终结相连，是对崇高的躲避。1993 年，王蒙发表《躲避崇高》，此文云："首先是生活亵渎了神圣"，"我们的政治运动一次又一次地与多么神圣的东西——主义、忠诚、党籍、称号直到生命——开了玩笑……是他们先残酷地'玩'了起来的！其次才有王朔。"他的本意在反对伪崇高，但却在客观上反映了对崇高的贬抑本身，已经成为当代精神生活的一个维度。③

文化历史意识的后撤，导致了人们自我确证方式的重大变化。"20 世纪 80 年代过于关注人的上半身，而且对人的精神的理解也太狭隘，当时人们心目中的偶像是哲人、诗人、政治的改革家，是慷慨、沉思和浪漫等等，而到 20 世纪 90 年代，风气大变，人们竞相把那些精神的东西排除在对个人生活的想象之外，心目中的偶像也随之换成老板，有车有钱，豪宅美女，似乎只注重下半身了。……20 世纪 80 年代那种片面的上半身与 20 世纪 90 年代这另一极端的下半身，他们彼此脱节，却共同构成了近 20 年来中国人对现代化的个人生活的基本想象。"④ "哲人式的沉思，诗人般的浪漫，演说家的慷慨激情，现在都一一褪去了色彩。至少在东南沿海，在大中城市，公众心目中的偶像越来越像是一个'老板'，一个全身名牌，开着漂亮汽车，在豪华的私宅里进进出出的'新富人'。"⑤ 人们关心的"已经不再是'国家'的'强盛'，而是'个人'的'发达'；这'发达'通常也只有一个意思，就是过上目前'新富人'阶层享有的那种极具特色的奢华生活。……精神的自由，政治的民主，社会分配的公正，环境保护，性别平等，文化、教育和道德状况的改善，等等，都被挤到了边上。"⑥ 不难看到，在历史文化意识衰退的当代，在"偶在"中自我定位的人们，开始满足于不仅短暂、易

---

① 张宏杰：《所谓七十年代人》，载于《天涯》2001 年第 3 期。
② 土木其：《关于达尔文主义的讨论及其引申》，载于《读书》1998 年 9 月，总第 234 期；张军：《重说达尔文主义》，载于《读书》1998 年 9 月，总第 234 期。
③ 王蒙：《躲避崇高》，载于《读书》2003 年第 1 期。
④ 王晓明：《半张脸的神话》，南方日报出版社 2000 年版，第 47 页。
⑤ 同上，第 21~22 页。
⑥ 王晓明：《半张脸的神话》，南方日报出版社 2000 年版，第 36 页。

逝、切近，而且烦琐、卑微、渺小的当下，"不在乎天长地久，只需要曾经拥有"。① 这种精神态度，在以追求瞬间体验的色情上得到了体现：没有哪个时代像今日这样，"弗洛伊德缺乏想像力的科学描述与继起的艾滋病合谋，使得男女大欲都成了必须小心从事的行当"，其悲惨严酷的后果谁人都可以想象；但尽管如此，也还是没有哪个时代像如今这样如此的"面临着性的通货膨胀。"②

第五节 生活世界基本元素的变异

当代中国人从政治、文化、历史的视野退缩，将精神生活的归宿交付给仅仅由世俗化规定的日常生活世界时，却发现，生活世界的基本元素业已被侵蚀，正在发生着质的变异。以经济发展为中心的"现代化不一定能提高我们的生活质量，相反，它还经常降低我们的生活质量。比如，友情、爱情、亲情，这都是构成生活质量的重要元素，可是现代化并不能提供。"③ 这是李陀在比较 20 世纪 80 年代与 90 年代的时候所说的话，他向我们表明，友情、爱情、亲情，等等，这些生活世界的基本元素，在当代发生了质性的变异。

当代诗人于坚用"最基本的东西""基本事物"来指谓生活世界的基本元素："有一些事物是人所离不开的，即便看起来你离开了，事实上，你还是无法离开。"他举例说，故乡就是这样一种基本事物，你在这里生活过、感受过、爱过、恨过，这样一种经验，它会一直存在于你的写作中……故乡往往会成为他写作中的精神维系点。"故乡不仅仅是一个地理学意义上的物质空间，它也是一个精神学意义上的想像空间，一个精神扎根的地方，一个精神的来源地。"④ 生活世界由诸多基本元素构成，正是这些基本元素，托举、撑开那被我们称之为生活世界的东西。

一、生活在别处：存在方式上的离家出走

的确，用"家""家园"或"故乡""家乡"等表达的家居、居住经验，是生活世界的最为原初的经验。在家中发生的事件，如此深远的影响着生命，甚至

---

① 王蒙：《人文精神问题偶感》，见《九十年代文存》，中国社会科学院出版社 2001 年版，第 59 页。
② 周泽雄：《英雄与反英雄》，载于《读书》1998 年 9 月，总第 234 期。
③ 查建英：《八十年代访谈录》，三联书店 2006 年版，第 265 页。
④ 于坚、谢有顺：《于坚 谢有顺对话录》，苏州大学出版社 2003 年版，第 18 页。

这种影响会伴随着生命的始终，可以说，家是人性展开自己的最为重要的始点，也是终点。即使是在家园之外也仍然会眷恋着家乡，回家、想家的感觉因而也是在家园之外的游子（被称为游子，表明离开了家，生命就会处在漂流、浮荡、迁移而无所归的状态）的基本感觉。然而，在当代，这种原始的最基本的家的经验与感觉遭遇到了侵蚀与破坏。

在笔者就当代中国人的精神生活这一课题，向陈嘉映访谈时，他讲了一个报纸上刊登的真实故事。河南某乡村的几个女孩到郑州打工，回到在农村的家乡之后，集体自杀了。原因是，她们觉得自己投错了胎，不该生在自己的家乡，而希望来世能够投生到郑州。这个故事令人震撼。人们对家乡的那种基本感觉已经极大地扭曲了。事实上，在农村生活的青年人，普遍不愿意留在家中，而希望到城市过另一种生活，即使在城市中作为被人鄙视的边缘人存在，他也认为比呆在农村好。"整个国家在城市化、现代化的过程里，越来越多的人却对故土丧失了本应有的那种骨肉般的感情。"与此相应，村庄被废弃后的那种荒凉的感觉弥漫着农村。显然，家的观念发生了变化，它不再承担精神安顿的内涵。以搬家为例，"80岁再搬一次家，把过去的家全部抛掉，这在古代是很倒霉的事情。今天却成为莫大的光荣，因为人们总是在不停地搬家，越搬越大，光越来越亮，还总是不满足。"① 然而，当人们一次又一次地搬进新家时，却发现总是缺少了什么。在家中找不到家的那种感觉，却成了今天家居经验的主体内容。

如同农村青年向往着城里人的生活，城里人则向往着异国的生活。波兰流亡作家康布罗维奇说："波兰就在他的身上"，俄罗斯的许多作家宁死也要留在自己的故土，而在中国，流亡却一度成了一件光荣而高兴的事情。有人问诗人芒克说，为什么不出去（出国）。在这问话中，流露出来的信息是，好像留在祖国是耻辱，是背叛。②芒克的例子在大学中更具有普遍性，一个教师如果没有出过国，就会被人看不起，好像没有水平。这显示了当代精神生活的一个痼疾："中国的知识分子这一百年来，总是认定西方的某一种价值观就是他的生活的'别处'，而很少从中国、从自己故乡、从个人经验的立场上独立地思考他是如何生活在世界上的。"而这种"生活在别处"，"是整个社会的思维方式，是弥漫在我们的细胞和血液深处的价值观。"③

因而，生活方式上的离家出走，在更大的视角看，就是在精神与文化深处的"去中国化"。朱学勤指出："生活在别处最时髦的样式，就是使用西方的'根'。他们不可能生活在别人的问题里，却能够生活在别人的话语里。这也成了一种活

---

①②③ 于坚、谢有顺：《于坚 谢有顺对话录》，苏州大学出版社2003年版，第27页。

法。然而，能够移过来的是能指，不能移过来的是所指。他们拼命用隔壁人家的能指，来扣合我们家里坛坛罐罐的所指。"① 毫无疑问，"对西方生活方式的模仿，已经成为一部分朝野知识分子最热中的事业。……这是一种社会危机，不言而喻，也是一场文学（与文化的）危机。"②

这样一来，精神生活就失去了滋养自身的文化土壤。"中国的传统弃之不顾，西方带来的东西又没有一个积淀的过程"，这种精神生活上的"双重匮乏"，使当代中国人丧失了存在方式上的那个与过去相联系的当下，于是不得不在别处建家。"几十年来，中国人对自己的传统、对自己脚下这块土地的蔑视和摧毁达到了匪夷所思的地步，它已经给新一代造成了一个错觉：我们这个国家已经没有什么好东西了，好东西都得靠拿来。""什么都是一无是处，连天空、大地都是需要改造的。"③

存在方式上的离家出走，形成精神生活的无根综合症候："老是在急急忙忙的赶场，生怕错过，因为这个机会今天有，明天可能就没了，过了这站就没车了，也许又天下大乱了。在这种情况下，他工作起来很容易抱投机甚至赌博的心理，玩起来呢，又可能是一种昏天黑地及时行乐的放纵。这样的人没有深谋远虑，他有兴奋点、有快感，但没有境界。"在刘索拉看来，这种综合症候集中表现为人心底的不安全感，后者与百年来变动甚至断裂的历史密切相关。"因为这个社会一百年来不断在变动，而且一变就非常剧烈，最后大家觉得什么都不可信不可靠，除了眼前看得到的利益和快乐。"④

无根的状态不仅仅体现在价值观上，甚至扩展在日用语言层面，欧阳江河写道："一百多年了，汉英之间，究竟发生了什么/为什么如此多的中国人移居英国/努力成为黄种白人，而把汉语/看作离婚的前妻，看作破镜里的家园？究竟/发生了什么？我独自一人在汉语中幽居/与众多纸人对话，空想着英语，/并看更多的中国人跻身其间，/从一个象形的人变成一个拼音的人。"⑤ 这首写于 1987 年的诗歌预见了 20 年来中国全民学习英语的社会运动，由于这一运动被职称评审、英语考试等体制性的力量与惯性所推动，因而，英语已经远非语言工具，它早已脱离了一门普通语言的本身属性，而上升为生活方式本身。但它也因此从一种与特定历史文化传统相关的地方性语言形式转变为一种去历史文化传统的普遍语言，不再提供精神生活所追寻的"根"，在这个意义上，在"汉英之间"的尴尬

---

① 朱学勤：《城头变幻二王旗》，见《书斋里的革命：朱学勤文选》，长春出版社 1999 年版，第 139 页。
② 张炜：《当代文学的精神走向》，载于《天涯》1999 年第 1 期。
③ 于坚、谢有顺：《于坚 谢有顺对话录》，苏州大学出版社 2003 年版，第 95 页。
④ 查建英：《八十年代访谈录》，三联书店 2006 年版，第 395 页。
⑤ 《汉英之间》，《透过词语的玻璃——欧阳江河诗选》，改革出版社 1997 年版。

位置,标志着当代精神生活的无根痼疾。

二、友情的变异与伦理的失序

作为生活世界的基本元素的友情,在 20 世纪 80 年代,无论是社会生活、政治生活还是其他社会层面,都扮演了非常重要的角色,是经历过那个时代的人们最难忘怀的东西。诗人柏桦在《左边》中对当年活动在四川的诗人们的友情,还有友情与诗的关系,都有生动的描写。而 20 世纪 90 年代以来,"我们的生活里再找这样的友情已经很难了。不过才二十多年,我们的生活里的友情已经大大贬值、变质了,我们愿意也好,不愿意也好,都被紧紧织进一个天罗地网一样的功利主义的网络里头,朋友的意义和作用也完全变了。现在我们和朋友聊天的时候,已经很难再像 80 年代那样:第一,可以直言不讳;第二,可以誓死捍卫自己的观点,跟人家吵得面红耳赤;第三,相信朋友不会为这个介意;第四,觉得这争论有意义。这一切都不可能了。"① 他甚至不无感慨地说,自己每回国一次友谊就淡薄一次,确切地说,是友谊变味了,"朋友还是朋友,但是那种相濡以沫、肝胆相照的关系已经淡掉了。濡、沫、肝、胆,不再成为友情的内容。"②

李陀发现,20 世纪 80 年代的友情,是由某种关怀来推动的,那时候朋友之间的聚会、吃饭,往往与政治、哲学、文学等问题的讨论联系在一起,那些诚挚的讨论影响并规定了友情的性质,衬托出友情中某种不凡的品质。20 世纪 80 年代出现了很多的共同体,这种共同体其实就是通过朋友聚会的方式展开的。例如,北京的"文化:中国与世界"编委会③、华东师范大学 9 舍 625 室与 5 舍 109 室的文学青年的聚会④,等等,这样的由友情推动的群体聚会,在当时十分普遍,甚至延伸到官方组织的会议上,遂有了"会中会""会外会",在那里,"平时的友谊还是主导因素,它决定你到谁的房间里,参加哪个圈子的讨论,"以至于它构成了"一种非常特殊的公共空间"。⑤ 也许正是基于友情的作用,80 年代的文化界"似乎有个共同的'场',大学生、学者、作家、艺术家,有一种精神上的联系和互动。"⑥ 在这个场中,由于友情的维系,以至于大家可以以那种

---

① 查建英:《八十年代访谈录》,三联书店 2006 年版,第 254 页。
② 同上,第 260 页。
③ 参看《八十年代访谈录》"甘阳"。
④ 张闳:《丽娃河上的文化幽灵》,师苑贤亭,网址:http://bbs.yjsy.ecnu.edu.cn/Dispbbs.asp?boardid=126&ID=89674。
⑤ 《八十年代访谈录》"李陀"。
⑥ 查建英:《八十年代访谈录》,三联书店 2006 年版,第 157 页。

无所顾忌的坦率与真诚来讨论问题。

友情"对形成社会融合,对建立人与人之间的信任和情谊,或者对建构某种公共空间,友情都是必不可少的一个环节、一个层面。"① 在中国传统社会,友情的社会—政治意义得到了特别的重视。"孔子论及朋友的意义,特别强调'友直、友谅、友多闻',强调正直、诚信、见识这些品质在友情实践中的重要性,那不是偶然的。在很多古典戏曲和小说里,都有朋友间'生死相托'的动人故事,那也不是偶然的。这些东西渗透在中国人的友情关系里,而且在中国的伦理生活中占有非常重要的地位;他们使友情不是可有可无,或者可多可少的社会关系,而是中国伦理体系和社会结构中绝不可缺少的方面……"以至于"在中国经过那么多年的革命和动荡以后",友谊、友情"还是中国的社会能够和过去、历史保持联系的一个非常非常重要的脉络"。②

但在 20 世纪 90 年代以来,"这个脉络也在被冲荡动摇,离瓦解消散的日子恐怕不远了。"③ 陈平原就知识界的情况对此作了补充:"80 年代的学术界,人与人之间的关系,相对比较单纯。有争论,但很真诚……学者间交流很多,没有那么多功利计算。90 年代以后,我们懂得了福柯,动不动往权力、往阴谋、往宰制方面靠,每个人都火眼金睛,看穿你冠冕堂皇的发言背后,肯定蕴藏着见不得人的心思。不看事情对错,先问动机如何,很深刻,但也很无聊。"由于没有友情与真诚的支撑,90 年代的学术界,再也没有 80 年代的那种真诚的思想交流,而是"各人写各人的论文,不太关心别人的思路与命题。……让不同专业的学者,来帮你出谋划策,很难。"④ 朋友的品质也发生了变化,在 90 年代,相互捧场才被视为朋友,友情不再导致共同体的诚挚讨论、精神上的相互扶助,而是蜕变为相互谋利的关系网络,更有甚者,出现了所谓"宰熟"现象。在李陀看来,这一现象的出现,"是一个重要的象征性事件,出现这个现象,不但让我们的朋友变得可疑,更严重的是,它说明我们的生活的伦理基础出了问题。如果生活是一棵大树,那么,现在这棵树不但枝干已经长虫、生病,而且根部也开始腐烂。"⑤ 阿城也同样认为,80 年代是一个想要弥补信用的年代,但到 80 年代末仍没有见效;而 90 年代却是一个没有信用的社会,权力没有信用,人与人之间也就更是如此。⑥

友情的匮乏显示的是伦理的危机,人们通常认为,是 90 年代的市场剥夺了

---

① 查建英:《八十年代访谈录》,三联书店 2006 年版,第 262~263 页。
② 同上,第 266~267 页。
③ 同上,第 266 页。
④ 同上,第 132、130 页。
⑤ 查建英:《八十年代访谈录》,三联书店 2006 年版,第 266 页。
⑥ 同上,第 21 页。

友情。但单世联却认为："不是市场经济崛起导致精神生活的衰弱，而恰恰是包括精神文化在内的社会总体性失调和紊乱，加剧了经济行为的无规范和非道德。"①丁学良要求人们看到：在中国民间社会，本来有着以各种宗教或准宗教为基础的道德信条，如佛教的果报、道德的戒律等，以及建立在血缘、邻里关系之上的贫富相助、患难提携等朴素的道德习俗，这些在革命时代都被看作是封建迷信和阶级阵线不清而被禁止。"文化大革命"结束之后，我们尚来不及道德重建，整个社会又卷入了商品经济的旋涡，本来就十分薄弱的道德体系再一次面临着强劲的冲击。②刘梦溪进一步指出："儒家思想所以能成为中国传统社会的主流文化的代表，成为大传统，在于它不仅是一种思想学说，而且是为全社会所遵奉的家庭伦理，成为维系以家庭为本位的社会制度的制度化儒学。陈寅恪说的'两千年来华夏民族所受儒家学说之影响，最深最巨者，实在是制度法律公私生活之方面'，指的即是此义。"但百年历史却是对儒家伦理的有意识破坏，在这种破坏的基础上而后植入的是刘小枫所说的主义——政党伦理，它构筑了现代中国的宗教性的与国家性的伦理秩序，"提供对世界和人生的意义解释，规定国家伦理秩序的正当性，划定社会精神生活的方向。"③但这种由上而下人为推行的伦理观念与日用生活中自发形成的伦理秩序之间存在着深刻的紧张关系。

随着意识形态性的全民动员在公私生活中的失效，就会出现刘小枫所发现的如下现象：伦理资源的亏空。在刘看来，这正是近年来中国政治—经济之结构性的根本变化之一。在他看来，当代大众宗教的复兴传达了社会伦理的结构性变动的消息，显明了传统占支配地位的国家伦理，也就是说，"拥有社会法权的政党伦理，在现代化经济—政治转型过程中逐步式微，精神伦理之社会化和制度化机制不能再靠与政制结盟的方式来达成，精神伦理的社会化机制面临危机。这正是当代汉语世界中民族性的国家伦理建构的根本问题所在。"④当然，正如万俊人所见，由于在相当长的时间里，社会的主要精力被集中于物质资源的创生与积累方面，文化和道德的建设不仅相对滞后，而且被严重忽略，这一情况也应对社会的道德资源只有消耗没有积累的递减状况负责。⑤

伦理的失序最集中体现在日常生活礼仪上，刘梦溪说："晚清以来百年中国的文化处于艰难的解构与重建的过程之中。这其中的问题多到不知凡几，但最为人所忽略也是最重要的，是代表一个民族文化秩序和文明程度的礼仪问题。中华

---

① 单世联：《何清涟的知识和理想》，载于《天涯》1998 年第 2 期。
② 丁学良：《救救大人》，载于《天涯》1998 年第 5 期。
③④ 刘小枫：《中国国家伦理资源的亏空》，见《这一代人的怕和爱》，三联书店 1996 年版，第 206~208 页。
⑤ 万俊人：《现代性的伦理话语》，黑龙江人民出版社 2002 年版，第 374 页。

民族号称礼仪之邦，但百年来西潮冲击、传统解体，我们越来越少了承继自己民族的文化传统、代表今天文明程度的诸种礼仪，包括怎么吃饭，怎么睡觉，怎么穿衣，怎么走路，怎么跟人谈话，基本上都处于失序状态。不妨看看中小学生的所谓'校服'，全是些窝窝囊囊的运动装。着装和人的体面、尊严是连在一起的，不可轻看。还有取名问题，由于'文革'的影响，很多人的名字都带有'文革'的痕迹，中国人现在的重名之多，全世界绝无仅有。地名、街道名，也有同样的问题。名字是文化符号，古人的名字有名、字、号的分别，为了表示尊敬，往往讳名而称字。今天虽不一定这样讲究，取个好名字，还是有必要的。至于称谓，如今的问题就更大了。过去一律称'同志'，现在'师傅'、'老师'泛滥。'先生'、'小姐'的称呼流行起来原是好事，但'先生'的称呼其实也大有讲究，现在用得不当的情况比比皆是。称呼的混乱反映一个国家伦理秩序的混乱。"①

当然，就生活世界的基本元素在当代的变异这一主题而言，教学、消费等的变异，也是值得探讨的课题，它们的重要性绝不亚于以上内容，但笔者希望在他处加以探讨。

---

① 刘梦溪：《礼仪与文化传统的重建》，载于《光明日报》2003年4月28日。

第八章

西方学术视野中的当代中国精神生活*

在研究当代中国人精神生活的时候有必要将西方学术界的视野纳入考察的范围,主要有两个理由。首先,由于西方学者与知识分子站在与我们不同的立场上,处在与我们不同的文化情景之中,他们的观察在学术传统、研究方法、考察的角度与关注的重点等方面具有某种特殊性。这意味着他们的论述可能带有自身的偏见与局限,但同时也意味着他们有可能捕捉到被我们自身的"盲点"所忽视的方面。早在20世纪90年前,胡适就在一篇日记中写到:"西人之治汉学者……其用功甚苦,而成效殊微。然其人多不为吾国古代成见陋说所拘束,故其所著书往往有启发吾人思想之处,不可一笔抹煞也。"① 后来胡适自己也改变了"成效殊微"的看法。何况西方学界对中国的研究状况已今非昔比,不仅有大量中国或中国裔的学者进入了西方的中国研究领域,而且西方学界自身也在越来越强调对"西方中心论"的批判反思。1984年柯文(Paul Cohen)发表《在中国发现历史》② 一书,提出"中国中心观"的著名论题,得到西方汉学界的积极响应,从而突破了费正清(John Fairbank)学派的"冲击—反应"范式,开拓出更为多样化的研究局面。因此,就学术发展自身的目标而言,我们没有理由忽视或回避西方学界任何严肃的(哪怕可能带有偏见和局限的)研究论述。其次,中国20多年来对外部世界的开放,以及当今信息全球化的趋势,都使得西方对中国

---

* 本章执笔为华东师范大学历史系的刘擎。
① 见胡适:《胡适日记全编》(第2卷),安徽教育出版社2001年版,第351页。
② Paul A. Cohen, *Discovering History in China: American Historical Writing on the Recent Chinese Past*, New York: Columbia University Press, 1984.

的论述也会对中国人的"自我理解"发生影响。也就是说，西方的论述可能在一定程度上成为中国人（特别是中国知识分子）理解和建构自身精神生活的资源。因此，批判性地了解和把握西方学术界对中国精神生活的研究，对我们理解这一问题具有一定的启发意义。

在西方学术界，对中国的研究主要集中在两个相关的专业学科领域：一是"汉学"（Sinology），以人文研究为主，着重于中国语言、文学、哲学、历史和风俗等方面；二是"中国研究"（China Studies），侧重于对社会、政治与经济等"社会科学"问题。① 在对"当代中国"的研究中，"中国研究"占据主导地位。需要指出的是，西方的中国研究主要着眼于社会、政治与经济等"现实可见的"层面，但近年来也出现了一些对中国"非物质层面"的考察与探索，主要论及改革开放以来中国社会的文化发展和中国人的价值观念、态度和认同的变迁。本章以近20年来英文学术界出版的相关著作与论文（特别是西方中国研究的权威刊物《中国季刊》（China Quarterly）近年来发表的论文）为主要资源，同时借助其他文献资料，试图概括性地介绍英语学术界对当代中国一些与精神生活相关的问题的观察与分析，其目的是为我们研究当代中国人的精神生活提供更为开阔的视野。本章的介绍主要集中于五个主题：流行文化与城市生活、大众传媒与公共领域、宗教生活、民族主义与身份认同，以及知识分子与文学艺术。

第一节　流行文化与城市生活

在30年的改革开放过程中，中国人精神生活最为突出的变化之一是"流行文化"（或"民间文化"）的兴起。早在1983年，芝加哥大学美籍华裔政治学教授邹谠（Tang Tsou）就曾指出，"后毛泽东时代"的改革开启了一种转型，原有的"全能主义国家"开始放弃许多原有的权力和职能，逐步从许多"社会的"和"私人的"领域中退出。这成为一个"历史性的分水岭"，使得"民间社会"得以再生。② 但在中国的语境中，所谓"民间社会"与国家之间的关系是多重而复杂的，未必形成对抗性的关系。在不同的西方学者那里，所谓中国的"民间"文化或"非官方"文化的概念具有相当不同的内涵。大多数研究都认为，在当代

---

① 当然，这两个学科类别的划分多少是简约化的。目前的许多研究显示，"汉学"与"中国学"之间的传统界限已经越来越难以确定，出现了融合汇通的趋势。

② Tang Tsou, *Back from the Brink of Revolutionary*, in State and Society in Contemporary China, ed. Victor Nee and David Mozingo, Ithaca: Cornell University Press, 1983, pp. 53–88.

中国的社会背景下，"非政治的"、娱乐消费性的流行文化获得了最大的发展空间。

一、流行文化与文化心理

然而，流行文化——即便是纯粹的"娱乐"和"消费"活动——也可能涉及深层文化心理的潜移默化的改变。杨美惠（Mayfair Yang）曾在一篇论文中敏锐地指出，那些在 KTV 中聚集的青年男女，醉心于卡拉 OK 的情歌演唱，这类娱乐行为可能具有改变"自我"观念的力量，催生一种新的主体性观念：在男欢女爱的情歌演唱中，"自我"脱离了以前国家宏大叙事中强有力的集体性的"大我"，脱离了那个将自我与国家融为一体的"我"，而诞生了另一种沉迷于私性与个人生活的自我身份认同。[①] 1995 年，华裔作家查建英在美国发表了英文著作《中国波普》，受到了相当的关注。这本书的副标题是"电视剧、小报和畅销书如何转变了文化"。[②] 作者以大量第一手的经验材料（包括访谈）介绍了中国当时新出现的流行文化现象，包括电视剧《渴望》的走红，小说《废都》的畅销以及第五代电影的浮沉等，由此展示了从 20 世纪 80 年代后期到 20 世纪 90 年代早期中国的文化变迁，探讨这些变化对中国人生活方式和价值观念（包括性观念）的冲击，以及高雅文化与商业文化之间紧张而微妙的关系。查建英的著作挑战了当时西方论述中的两种流行的偏见：一种将文化看作是全权主义政体的附庸，另一种则认为自由市场的兴起打破了原有的意识形态束缚。查建英超越了这两种看似对立却都是简单化的描述，提出了一种更具复杂性的图景，即中国"波普"文化的兴起同时受到国家权力与市场逻辑的制约，但其发展表现出一种不确定性，并非按照任何人的意志或计划展开。波普文化所带来的冲击，在一定程度上挑战了传统的国家意识形态，也威胁到知识分子钟爱的所谓"高雅文化"，其长远意义或许是喜忧参半的，仍然有待于进一步的考察。

如果说查建英的《中国波普》所展示的流行文化主要是 20 世纪 90 年代初期的情景，那么 2002 年出版的《流行中国：全球化社会中的非官方文化》更多地

---

① Mayfair Mei-hui Yang, *Mass Media and Transnational Subjectivity in Shanghai: Notes on (Re) cosmopolitanism in a Chinese Metropolis*, in Ungrounded Empires: *The Cultural Politics of Modern Chinese Transnationalism*, ed. Aihwa Ong and Donald Nonini, New York: Routledge, 1997, p. 303.

② Jianying Zha, *China Pop: How Soap Operas, Tabloids and Bestsellers Are Transforming a Culture*, New York: New Press, 1995. 此书被美国 *Village Voice Literary Supplement* 杂志评选为"1995 年度 25 本最佳书籍之一"，也被西方许多大学的中国研究课程列为必读或参考书。

对晚近的文化发展状况作出考察。① 这部论文集由普林斯顿大学教授林培瑞（Perry Link）等三位著名汉学家编辑，在更为宽泛的意义上使用了与生活方式相关的"流行文化"概念，其中的章节论及篮球与体育明星崇拜、"腐败"观念的构成、河北与江苏农村针对妇女的暴力、顺口溜的政治内容与社会运用、"小报"的娱乐与社会意义、时尚生活杂志的象征含义、外来务工人员的文化、城市劳动力市场、职业乞丐、家庭所有权与性别政治的关系、同性恋现象以及北京的流动人口等。这部文集触及了流行文化更为多样的方面，特别注重探讨全球化的影响与冲击。大多数论文都涉及了群体与个人的认同问题：即各种身份认同如何在报纸、杂志、传言以及广告的表达中被建构与再造。例如，第一篇论文考察了一群年轻的篮球爱好者，他们崇拜迈克尔·乔丹（Michael Jordan），买耐克鞋，梦想参加 NBA 比赛。作者安德鲁·莫里斯（Andrew Morris）指出，他们不是全球资本主义文化被动的消费者，而是自觉的行动者，他们将国际篮球文化转化为一种当地需求，这似乎预见了后来中国出现的"姚明"热。早在 1989 年，这三位学者曾合作主编过一本论文集《非官方中国》②，当时他们关注的重点在于"国家"与"社会"之间的张力。而在 13 年之后出版的《流行中国》的导言中，他们指出当前新的张力主要发生在"全球化的不同侧面之间"，全球通信交往以及全球化的经济是中国流行文化变迁的重要动力。

二、流行文化与生活方式

的确，文化与生活方式之间的相互作用与变迁吸引了西方中国研究学者越来越强烈的关注。2005 年第 183 期的《中国季刊》推出"当代中国文化"专辑，发表一组研究论文考察生活方式和流行文化等多个方面。其中王瑾（Jing Wang）的论文《中产阶级波希米亚在中国？新部落与城市想象》③ 探讨了中国城市中"波波族"的兴起，涉及了生活趣味如何被构造以及生活方式的想象的问题。"波波族"是近年来中国城市中出现的一种生活方式的"新部落"：他们通常受到过非常好的教育，一面崇尚"吉普赛"或"波希米亚"（bohemia）式的自由不羁的世界，同时又梦想在中产阶级"布尔乔亚"（bourgeois）的王国中获得现

---

① Perry Link, Richard P. Madsen and Paul G. Pickowicz, eds, *Popular China: Unofficial Culture in a Globalizing Society*, Lanham, NY: Rowman and Littlefield, 2002.
② Perry Link, Richard P. Madsen and Paul G. Pickowicz, eds, *Unofficial China: Popular Culture and Thought in the People's Republic*, Boulder, CO.: Westview Press, 1989.
③ Jing Wang, *Bourgeois Bohemians in China? Neo-Tribes and the Urban Imaginary*, China Quarterly, 2005, No. 183, pp. 532–548.

世的成功。这些信息时代的新型精英被称为"布尔乔亚式波希米亚人"（bourgeois bohemians），取每个单词的前两个字母而简称为"波波族"（Bobos）。在2002年接近尾声的时候，波波族的形象成为大众传媒的宠儿，"波波"一词也跃升为2002年中国十大网络词汇第3位。王瑾的论文所关注的问题是："波波现象"作为一种新的生活文化是如何被市场逻辑与生活方式之间的相互刺激所造就和促成的。在西方，波波精神（bobo spirit）起源于反叛那种只追求金钱而不关怀精神的庸俗生活方式，拒绝经济暴发户的那种"没有灵魂的物质主义"（soulless materialism）。而这种"没有灵魂的物质主义"也被看作是当代中国新兴中产阶层的一个病症，因此波波精神触痛了中国上升中的社会精英的敏感神经。尤其在社会贫富差距扩大所导致的紧张中，波波精神是对那些"新富"及其不受良心制约的贪婪行为的反弹。公平地说，"富裕"本身对于富人来说并不会成为耻辱，就像"贫穷"本身也不会成为穷人的耻辱那样。但中国舆论已将不受良心制约的富人判为"有罪"，这发出了一个意义深远的转换信号——热衷于物欲而没有灵魂的暴发户，不论多么富有，是不被社会所认同的。正是在这种背景下，波波现象为中国年轻的精英们提供了一种选择生活方式的新的可能性：以精神性（spirituality）来缓解物质主义，以平等主义的理想（egalitarian ideals）来调和精英身份的孤立。因此，波波精神对新精英具有心理上的感召力，而他们较强的购买力也使他们对这种新身份的需求成为市场的目标。

但是，中国的"中产阶级"（middle class）到底有多大？中国有过波希米亚人（bohemians）吗？有批评者指出，因为中国的"中产阶级"还没有完全形成，中国也就没有真正的波波族。他们坚持认为，波波主义的前提在于有一个中产阶级的基础作为开端，并由此推论，中国的波波主义是一种"繁华的社会假象"。而论文作者王瑾并不完全认同这种论断，转而深入探究"生活趣味"与"阶级身份"分离的可能性，并认为中国的波波热恰恰显示了这种分离的征兆。在中国兜售波波主义，并不是阶级实体的文化成果，而更像是一种在城市想象中被激发的生活方式。而这种激发的机制在于市场逻辑的力量——不论中国实际上在多大程度上存在着一个中产阶层，市场总是热衷于刺激与提升这种生活趣味与身份想象。论文因此从探讨作为一种流行文化综合症的波波热，转向分析作为一种"市场细分区隔"（market segment）的波波现象，个案分析中包括一家位于广州的房地产公司，分析它是如何将波波族标榜为目标客户，为了减少广告开支而依靠互联网来促销。这篇研究揭示了当代中国城市文化的一种新现象：生活方式的"新部落"，它的形成与市场所刺激和推动的生活趣味与身份想象密切相关，而并不完全依赖于（作为一个实体存在的）社会阶层。作者认为，趣味与阶级的分离现象在中国并不罕见，许多在中国城市中流行的思想潮流，在西方通常出现在社富裕之后。近年来,各种"新部落"(包括"新新人类""丁克族"和"国际自由人"等)迅速出现,他们能毫不费力地扔下旧的身份标签,贴上新的,使市场发狂。王瑾的论文借用了法国社会学家马费索利(Michel Maffesoli)在研究当代消费社会中提出的"部落理论",将中国的波波现象理解为一种"流行文化转向市场热的综合症"(pop-culture-turned marketing-fad syndrome),并分析了连接时尚文化与消费者分类的路径。这为探讨中国当代的生活方式文化提供了有意义的启示。

三、流行文化与消费主义

戴维斯(Deborah Davis)撰写的《城市消费文化》[①],探讨消费的限度与欲望目标之间的关系,对中国当代的消费文化作出了细致而复杂的分析。在20世纪90年代的这10年,中国城市居民经历了一场多重水平的消费革命。宏观经济增长提高了居民的实际收入,几乎所有家庭都增加了自由选择的消费购买。都市人热衷于消费具有全球商标的食品、流行音乐视频与时装。政治精英致力于中国WTO的会员资格,热情提升新自由主义的发展模式,把个人消费视为经济增长的主要驱动,把个人消费选择视为推进效率与改革的激励因素。同时,新的调整机制扩大了法律对于个人消费者的权利保护,包括《消费者保护法》(Consumer Protection Law)、《反不公平贸易法》(the Law Against Unfair Trade)、《广告法》(Advertising Law)等。然而,在这些对于消费者而言普遍积极的趋势中,收入与购买力的不平等分配状况也日渐突出,成为引人瞩目的严峻问题。一些学者因此而批评新的消费文化所具有的负面的、排斥的与剥削的因素,将其视为资本主义的诡计或认为所有这一切是"后社会主义"城市生活消极面的标记。戴维斯认为,对于城市消费文化的特征与轨迹的分析与解释必须面对这些问题,必须认真考虑城市消费文化在根本上是不是排斥性的。

戴维斯的研究论文以近10年来在上海的实地调查为基础,着眼于层层展开的多角度的个人描绘,反对个别单一的过去记忆,并同时考察在消费文化中"自由"与"丧失"的对立经验,以更为深入复杂的方式来讨论消费文化的社会心理后果。作者在上海实地调查的一个重要主题是围绕"家"的概念而展开。20世纪90年代以来城市生活的标准发生了根本性的变化。1992年以后商业住宅的爆炸性增长,到2002年几乎所有住宅的所有权都被私有化,这导致了城市居民面对着完全不同的生活可能性。在互联网与全球贸易时代,消费者不再需要购买

---

① Deborah Davis, *Urban Consumer Culture*, China Quarterly, 2005, No. 183, pp. 692–709.

昂贵的装潢杂志,或者甚至走进书店。然而,成千上万的城市居民仍然花费周末下午去浏览橱窗,在家具商店与百货公司寻找便宜货。在个案分析中,作者探讨了"宜家"(IKEA)经验对上海消费文化的意义。宜家促进了一种理想的超级现代家庭的想象,其内部提供了圆滑的欧洲设计,并通过提供个性化和私人服务赢得利润。各种家具和室内装饰物的组合模板显示了一种以消费者为中心的后工业经济形态。在宜家购物就是在想象一套完整的家庭室内理念,而这种理念又化解为林林总总的商品——从螺丝到沙发床。宜家得益于将个体经验与服务合理化,在上海这些为利润而系统化的商业实践已经深深植入并稳固在城市消费文化的当代经验之中。

  作者在上海的实地考察包括大量的访谈。受访者为"老三届"与"新三届"。因为他们特殊的经历,在谈论当代消费,特别是关于家庭消费的时候,都自然地调用了与过去经验的比较,那时他们"一无所有"。并不奇怪,他们当前关于家庭消费叙述的一个关键因素是强调一个"舒服"的家所带来的愉悦。然而这些人生机勃勃的消费欲望超越了单纯的对物质享受的渴望。在20世纪60年代与70年代,他们必须凭各种定量供应的票证,排着长队来购买生活必需品。因此,今天即使他们感叹物价过高,或者批评最近的一些奢侈铺张的现象,在对比之中仍然更偏爱现在。在作者的调查样本中,所有年长的受访者都在20世纪90年代中期买了自己的公寓,那时在单位租用的房子可以用非常高的优惠折扣率来购买。而在购买家庭设备时,他们是以消费者的身份进入市场,与他们的工作单位无关。另一些人,他们的单位已经破产了,他们在奋力寻找稳定的工作,几乎买不起两个空调、两个热水器和一个宜家式的厨房,但是他们可能——并且确实——花数周甚至数月去购买供应品及一两个器具。通过丰富的实地考察,作者对消费文化的批评者提出质疑。一方面作者同意,消费行为中存在着社会分层、挫折感与嫉妒,另一方面也承认新自由主义所玩弄的"消费自由"更多地服务于资产者而不是劳动者的利益。作者在上海的实地调查确认了消费实践的分层化特征。跨国公司的熟练技工与白领专业人员及管理人员比工薪阶层更容易认识到消费者选择的自由。财富与收入的不平等分配限制了期望得到的生活消费品与服务的购买力。受访者中最贫困的人清晰地表达出这种失望甚至愤怒,他们感到最新的消费供应超过了他们的能力。然而,当听到受访者将以家庭为中心消费置于他们更长的生活史之中,作者发现一个更具有反省和批评性的叙述,意味着消费所指向的是主体性与个性化,而不仅仅意味着操纵与控制。通过与这些上海居民的对话,作者反驳了将消费等同于资本的诡计的那种观点,因为在他们对真切的消费经验的表达中强调了选择自由与个人愉悦,这与他们对过去的政治压制和无意义的牺牲的个人记忆形成对比。作者认为,以生活消费品使用权的不平等分配来推断消费文化仅仅是操纵的诡计是错误的。2004年对上海中年人的家庭访谈表明,他们过去所经历的"阶级斗争"历史记忆影响着他们对当前的不平等以及对消费文化的反应。对比过去的短缺、排队拥挤以及官僚控制来反观目前的消费选择,不同收入水平的受访者都将他们最近的购买经验表达为扩展了的自主性甚至自由。即使他们公开地批评不断增长的收入不平等,他们也仍然带着自豪感评论他们的消费活动。因此,这些与上海居民的对话表明了消费文化在个体实践水平上的复杂性。由于为了家庭的消费,这些城市居民创造了私人的领域,由此他们明白了自己生活历程的意义。像王瑾在早先一篇关于北京扩展的闲暇行为的研究中所论述的那样,城市消费文化同时混合了解放与丧失的矛盾经验。

王瑾与戴维斯的这两项研究都表明,文化的生产与消费是复杂的现象,超出纯粹的市场操作。专辑中的其他几篇论文考察了中国当代视觉文化、音乐与诗歌的状况。例如,在讨论中国音乐的有关论文中,克洛特(Jeroen de Kloet)认为,北京摇滚音乐已经从20世纪80年代末90年代初的单一"流氓无赖"风格类型,发展到今天丰富多样的亚类型——时尚性的、政治性的与怀旧民谣式的。而所有这些类型都受到进口但却便宜的"打口唱片"的影响。柯雷(Maghiel van Crevel)和贺麦晓(Michel Hockx)的两篇论文都研究了一种文化生产与消费的形式——它完全不追求经济利益,完全不受市场规则的限制——诗歌。柯雷着眼于印刷媒体,而贺麦晓专注于网络的诗歌。尽管人们普遍感觉当代诗歌不是完全被边缘化就是处在危机之中,但他们的论文都表明中国当代诗歌出现了兴盛的气象,且良好地适应了新技术和互联网的传播形式。

这期"当代中国文化"专辑还特别配发了贺麦晓和朱莉(Julia Strauss)所撰写的导论文章,从国家角色、市场以及全球化等方面来阐释当代中国文化的新现象。[①]导论的两位作者认为,20世纪90年代之后,国家与新一代的文化工作者都面临着一个更为复杂的文化领域,自由市场经济化的进程迫使至少一些形式的高雅文化以及风格陈旧的文化工作者本身的生活走向边缘化。许多过去由国家形成的文化功能逐渐被市场所接管,这种变化的积极意义在于受到市场力量"压制"的文化并不涉及政治迫害,最大的消极方面在于,至少是对一些文化工作者来说,他们感受到高雅文化的边缘化以及随之而来的地位丧失。但是市场也带来文化领域的机会与积极的变化。首先也是最重要的,中国快速成长的市场经济导致了消费者导向与利润导向的文化表达的巨大增长。不可否认,中国日益多样与不同种类的文化活动越来越受到市场法则与国际化的综合影响。从任何标准来

---

① Michel Hockx and Julia Strauss, *Introduction*, China Quarterly, 2005, No. 183, pp. 523 – 531.

说，自由市场经济化与全球化带来了巨大的数量与多样性的文化材料，可以被生产、消费、享受、学习——正如王瑾论文中所显示的那样。戴维斯关于消费文化的论文对中国市场改革持有更积极的观点。市场也为那些希望跨越不同类型的文化生产人提供了新的机会，一个清晰的市场法则甚至也运转在处于社会边缘但仍坚持先锋性的摇滚音乐世界。全球化趋势的冲击正在呈现，遍及中国社会，但文化圈对此的反应、辩论和直接运用最为热烈。在所有论文中全球化及其创造新市场与机会的方式——对于文化生产（以及伴生的市场）而言——是一种需要认真对待的力量。当代中国文化也显示了一种"全球地方化"（Glocalization）的迹象——全球化趋势与本土语境和意义的结合。

英国伦敦大学的三位社会人类学家合作主编的论文集《消费中国》[1] 于2006年10月出版，对改革开放以来中国的消费文化作出了新的阐释。西方舆论界有一种流行的见解，认为中国经济改革正在造就一个"中产阶级的消费社会"。《消费中国》的作者们对这种流行见解提出了批判性的质疑。文集的作者们试图重新界定中国的消费观念，强调中国语境的特殊性，注意探讨消费实践与中国（包括台湾与香港地区）更广泛的社会与文化变迁之间的内在关系，认为消费不只是经济行为，也不只是经济改革的结果，而是当代中国文化实践及其变迁的一个基本的组成部分。这部文集在非常宽泛的意义上理解"消费"的概念，特别注重消费的文化精神层面而不是物质经济意义。大多数篇章通过微观的个案分析，考察了具体多样的——从葬礼、宴席、观看电影、传媒的接受、摄影爱好到网络技术的使用等——消费活动的文化意义，着眼于消费实践如何构建或改变了中国人的社会认同、法律身份以及种族界限等。文集的主编之一莱瑟姆（Kevin Latham）指出，在中国研究领域中许多学者将西方的消费理论应用于中国的实践，这种应用开拓了一些富有启发的研究路径，但也造成了忽视中国特殊性的问题。他以文集第三章作者石瑞（Charles Stafford）所提出的"中国仪式经济"（Chinese ritual economy）概念为例，认为如果没有对传统中国的"礼物交换"与仪式意义的敏感洞察，也就难以确切地理解中国式"自由经济"的特殊形态。他由此强调，要把握中国消费文化自身的特征，必须深入分析中国人的消费实践与传统文化之间既延续又断裂的双重性关系。[2]

---

[1] Kevin Latham, Stuart Thompson and Jakob Klein, eds., *Consuming China: Approaches to Cultural Change in Contemporary China*, New York: Routledge/Curzon, 2006.

[2] Kevin Latham, *Introduction: Consumption and Cultural Change in Contemporary China*, in Consuming China: Approaches to Cultural Change in Contemporary China, P. 5.

第二节 大众传媒与公共领域

中国传媒的改革发展及其对公共领域产生的影响是西方中国研究的热点之一。这方面最有影响的研究成果包括：李金铨（Chin-Chuan Lee）主编的四部系列文集——《中国的声音》《中国传媒，传媒中国》《权力、金钱与传媒》和《中国媒介，全球脉络》①；赵月枝（Yuezhi Zhao）的著作《中国的传媒、市场与民主》与多篇论文；② 丹尼尔林奇（Daniel Lynch）的著作《在宣传国家之后》；③ 以及唐纳德（Stephanie H. Donald）等编辑的论文集《中国的传媒》。④ 另外，美国《新闻研究》（Journalism Studies）于 2000 年 11 月发表了关于中国传媒的研究专辑。麦康勉（Barrett McCormick）在一篇长文中对近年来英文学术界的相关研究作出了综述性的分析讨论。⑤

一、中国传媒变革的历史背景

这些研究对当代中国传媒变革的历史背景有相当一致的看法。"文化大革命"结束之后，"新时期"的中国需要新的思想理论来完成改革开放的合法性论证，市场经济的萌芽与迅速发展促使传媒恢复了商业广告业务，社会生活的变迁要求寻找和确立新的价值观念与道德规范，各种社会力量都迫切需要重建公共舆论的生产模式，这些"破旧立新"的需求启动了中国传媒最近 20 多年的深刻变革。

---

① Chin-Chuan Lee, ed., *Voices of China*: *The Interplay of Politics and Journalism*, New York: Guilford Press, 1990; *China's Media, Media's China*, Boulder, CO.: Westview Press, 1994; *Power, Money, and Media*: *Communication Patterns and Bureaucratic Control in Cultural China*, Evanston, IL: Northwestern University Press, 2000; *Chinese Media, Global Contexts*, New York: Routledge, 2003.

② Yuezhi Zhao, *Media, Market and Democracy in China*: *Between the Party Line and the Bottom Line*, Urbane, IL: University of Illinois Press, 1998; *From Commercialization to Conglomeration*: *The Transformation of the Chinese Press within the Orbit of the Party State*, Journal of Communication, 2000, Vol. 50, pp. 3 – 26; "The Rich, the Laid-off, and the Criminal in Tabloid Tales: Read All About It!" in Popular China: *Unofficial Culture in a Globalizing Society*, Lanham, NY: Rowman and Littlefield, 2002, pp. 111 – 135.

③ Daniel Lynch, *After the Propaganda State*: *Media, Politics and "Thought Work" in Reformed China*, Stanford, CA: Stanford University Press, 1999.

④ Stephanie Hemelryk Donald, Michael Keane and Yin Hong, eds., *Media in China*: *Consumption, Content and Crisis*, London: Routledge/Curzon, 2002.

⑤ Barrett McCormick, *Recent Trends in Mainland China's Media*: *Political Implications of Commercialization*, Issues & Studies, 2003, Vol. 38 – 39, pp. 175 – 215. 。本节的许多段落借用了这篇文章的综述分析。

研究者同时注意到，这些发展与传媒管理体制的改革密切相关。就体制条件而言，中国传媒最近20多年的变化可以划分为两个阶段。在1978后的10多年中，传媒机构的体制基本延续了"事业单位"模式，变革的主要推动力来自政府的指导政策。从20世纪90年代初期开始，传媒体制直接参与市场经济的改革，由"事业单位，企业管理"试点模式的推广，逐渐形成了新的传媒经营制度，使传媒直接面对市场，改变了过去将传媒仅仅作为宣传工具的理念。1992年国家新闻出版总署副署长梁衡指出，报刊具有政治属性、文化属性、信息属性以及商品属性。这表明传媒的多重属性观念已经得到政府指导部门的认同。体制性条件的变化直接影响了传媒的运作机制。虽然在政府明文规定的政策中，传媒只能由国家行政部门主办和经营，但实际上，目前已经出现了越来越多的变通渠道，得以使多种社会力量开办或介入运作传媒。这对于中国公共话语的生产与传播状况产生了深刻的冲击，其潜在的影响力还在逐步显现。同时，改革进程中持续不断的思想争论、市场经济的兴起所造成的社会变化以及后来新传播技术的引入以及全球化等因素，都对中国传媒产生了巨大的冲击，使传媒在政策指导、传媒理念、运行体制以及传播规模和效率等方面都发生了深刻的变化。其中最为引人瞩目的问题是传媒的商业化趋势。

中国传媒的商业化最直接的证据是商业广告的巨大发展。从1949年开始，对中国传媒的研究只属于政治学和社会学的领域，与经济学基本无关，因为中国的传媒机构是隶属于宣传部门的"事业单位"，其人员开支和所有运作经费直接来自政府的财政拨款。传媒主要承担的是政治宣传和思想教育的任务，而没有营利性的经济目标，这种局面一直维持到20世纪70年代末。从1979年上海电视台播出"文化大革命"以后第一条广告开始，中国传媒恢复了广告业务，但直到20世纪80年代末，广告还只是辅助性的收入。到了20世纪90年代情况才发生了根本性的变化，广告成为传媒收入的主体。以报业为例，整个20世纪80年代的广告收入在每年报业总收入中只占10%~20%，而到20世纪90年代末这个比例已经高达60%以上。中国传媒的广告业发展速度是惊人的，从1983~1999年间，传媒广告营业额从1.18亿元增加到289.8亿元，增长了约245倍。就传媒类型而言，电视的广告收入从1995年开始超过报纸并居于首位，而且优势越来越明显。伴随着广告的增长，传媒的手段与规模也获得了巨大的发展：从1978年到2000年左右，中国报纸从186种发展到2 007种，增长了约10倍；杂志从930种到8 725种，增加了8倍多；电视台从32家发展到368家，电视机的拥有量从304万台到32 100万台，规模扩大了100多倍；广播电台从93座到298座，收音机的拥有量从7 546万台到30 000万台；电脑的社会拥有量在1978年几乎为零，到2000年6月已经达到1 590万台，其中上网的计算机为892万台，上网用户为 2 250 万人。由此可见,改革 20 多年来,中国传媒在传播规模和传播手段方面的扩展速度是惊人的,也是历史上前所未有的。

二、传媒商业化的社会意义

那么,中国传媒的商业化发展会造就一种什么样的公共领域?会给中国人的精神生活带来什么样的变化呢?这是中国传媒的研究者共同关注的核心。在国外的文化与理论研究中,围绕传媒商业化的问题一直存在着广泛而复杂的争论,产生了一些相当对立的看法。一方面,在左翼与右翼的传统中,都有许多学者对商业传媒的影响以及大众文化持有批判质疑态度。[①] 文化批判学派认为,商业传媒只关心利润,趋向于制造娱乐而不是理性的批判性论述。唯物主义论者则强调传媒与资本主义的制度性关联,指出大公司控制下的传媒不可能在公共讨论中扮演独立和批判的角色。[②] 这些批评者认为,市场主导的传媒误导了大众的文化心理和品位,将"商品拜物教"意识形态注入文化领域,使文化丧失其独立性而沦为一种消费性的娱乐活动,为金钱所控制。[③] 这些论点也同时遭到了来自左右两派的强烈反驳。一些"左"派学者指出,对大众文化的批判暴露出某种精英主义对大众品位的轻蔑。[④] 也有论者认为,商业传媒的兴起是一个文化的"平民化过程",推动了由精英主导的文化向大众普及文化的转变,具有现代民主的意义。同时,商业化未必导致文化的"同质性",相反,恰恰是市场激励才形成了一种最为有效的机制,产生了形形色色甚至千奇百怪的多样文化产品。[⑤] 公司制度下的传媒并没有使批判性评论销声匿迹,也没有丧失内容的多元化。[⑥] 这些复杂的争论在西方传媒理论中并没有达成确定性的结论或共识。而对于中国传媒的研究而言,更为复杂方面还在于如何才能足够适当地把握中国特定的社会历史语境。

---

① 左翼传统中重要的批判至少可以追溯到本雅明、阿多诺和霍克海姆。Theodor W. Adorno and Max Horkheimer, *The Dialectic of Enlightenment*, trans., John Cumming, New York: Continuum Publishing Co., 1972。保守派对于相关问题的看法见: Neil Postman, *Amusing Ourselves to Death: Public Discourse in the Age of Show Business*, New York: Viking Penguin, 1985。

② Edward S. Herman and Robert W. McChesney, *The Global Media: The New Missionaries of Corporate Capitalism*, Washington: Cassell, 1997.

③ Richard Ohmann, *Selling Culture: Magazines, Markets, and Class at the Turn of the Century*, London: Verso, 1996; Neil Postman, *Amusing Ourselves to Death: Public Discourse in the Age of Show Business*, New York: Viking Penguin, 1985.

④ Mark Poster, *The Mode of Information: Poststructuralism and Social Context*, Cambridge: Polity Press, 1990.

⑤ Tyler Cowen, *In Praise of Commercial Culture*, Cambridge, MA: Harvard University Press, 1998.

⑥ Benjamin Compaine, "Global Media," Foreign Policy, No. 133, November/December, 2002, pp. 20–28.

许多研究者都同意，中国传媒的商业化（至少在与历史的对比意义上）带来了传播内容的多样化。在过去相当长的历史时期中，中国传媒以党报系统为主导，主要内容是意识形态教育，而且形式与话语方式千篇一律。在传媒商业化的推动下，在党报之外有各种性质的报刊传媒，而内容也远远超出了意识形态教育，娱乐性的内容丰富多彩，对受众更具有吸引力。有论者指出："中国读者和观众普遍认为，大报沉闷而小报热销；报纸的头版让人兴趣索然，但娱乐和周末板块却生动活泼；主导报刊和官方电视节目呆板，而附属的出版物和娱乐性内容却富有激发性。"① 但是，许多研究者分析指出了商业化过程中的所谓"软盛硬衰"的失衡现象。"软新闻"是指社会新闻、文化生活新闻甚至猎奇性的娱乐绯闻等，而"硬新闻"是指政治、经济等严肃题材的新闻报道。由于在政治类主题方面有严格的管理控制，这使"硬新闻"的自由尺度很小，而软新闻却获得了越来越高的自由度，那些诸如体育、名人趣闻、生活方式和时尚休闲等软新闻，因为具有市场，在审查问题上也更容易过关。因此出现了软新闻流行甚至泛滥，而硬新闻萎缩的局面。鉴于这种"软盛硬衰"现象，李金铨认为，中国传媒的商业化并没有创生一个开放而理性的民主公共领域，而是催生了一个以"消极自由"为主导的"私空间"，他将这种自由称为"降低动员的自由化"（demobilized liberalization）。②

那么，自由的私人空间与开放、理性的公共领域之间究竟是什么关系？一些学者对娱乐主导的自由多样化持批评性的立场，认为这种"自由多样"对积极公民的塑造，对政治参与和民主的公共讨论没有促进的作用，这在中国与西方都是如此。正如斯帕克斯（Colin Sparks）所指出的那样："对许多人来说，了解曼彻斯特联队的竞赛纪录要比了解议会在一个不引人瞩目的生育问题上的投票记录有意思得多，但这并不是说体育知识更加重要。任何一种民主理论，即便是精英民主理论，都要求大众具有起码的关于政治核心问题的知识，这是具体实现民主制度的必要条件。而小报新闻或庸俗化的新闻不能给观众或读者提供实践公民权利的必要知识。"③ 另有学者认为，私人空间的诞生具有积极的意义。中国人现在已经有更多的闲暇和空间来安排和设计自己的身份认同和个人兴趣。从妇女杂志到体育杂志等各种范围的软性传媒，为这些个人规划提供了有效资源。以大众文化为导向的传媒，既是社会自主性增强的标志，也对此起着重要的推动作用。虽

---

① Eric Kit-Wai Ma, *Rethinking Media Studies: The Case of China*, in De-Westernizing Media Studies, ed. James Curran and Myung-Jin Park, New York: Routledge, 2000, pp. 21 – 34.

② Chin-chuan Lee, *China's Journalism: The Emancipatory Potential of Social Theory*, Journalism Studies, 2000, Vol. 1, pp. 559 – 575.

③ Colin Sparks, *Introduction: The Panic over Tabloid News*, in Tabloid Tales: Global Debates over Media Standards, ed. Colin Sparks and John Tulloch, New York: Routledge, 2000.

然消极自由的私人空间绝不等于出现了一个自主的公共领域，但它是形成自主性公共领域的重要前提。因为公共领域并不是凭空产生的，依据哈贝马斯的观点，公共领域是处在国家与市民社会之间的一个领域，正是由于"私性的"个人"作为公众"汇聚一起，介入有关市民社会的一般原则的讨论，才会产生公共领域。因此，只有存在一个私人空间，才会有市民社会的问题，才会有公共领域存在的必要前提。

其实，传媒商业化在中国与西方的不同语境下可能产生不同的逻辑。在中国，商业传媒一方面可能陷入与西方"娱乐至死"的类似困境，但同时（与过去相比）刺激与促发了（而不是阻碍和削弱了）舆论监督和社会批评的可能，因为在中国社会转型的过程中，公众对许多"国家大事"（如反对腐败和社会公正等问题）具有强烈的关注，或者说，对于传媒而言，软性的娱乐与硬性的批评同样具有"市场价值"。因此，传媒在商业化改革中也出现了许多受市场欢迎的"舆论监督"内容。例如，"深度调查"类的报导受到大量读者和观众青睐，虽然，这方面的发展仍然有其局限性。赵月枝认为，"通过传统传媒管理机制，党的领导能够制订传媒的日程安排，指示传媒的监督方向和目标。"[1] 她进一步指出，大多数调查性报导所针对的只是个别低级官员的权力滥用，而不是国家的重大体制和政策。她由此认为，所谓"舆论监督"的新闻并不能发出有效的反对声音。而李小萍则积极肯定了著名的调查性节目《焦点访谈》。她认为，平均每天2亿~2.5亿观众收看这档节目，显示了它重要的公众影响力。[2] 无论如何，"舆论监督"的概念已经被新闻工作者和社会公众广泛接受，这是一个重大的政治文化进步。在这个意义上，传媒的商业化虽然没有直接创生一个自主性公共领域，但的确有助于推动多样化的公共言论。总之，中国传媒的商业化在有限的程度上增加了传媒的多样性，但在严肃的社会话题领域中，批评性言论只有非常有限的空间。但是，大众的确比以前拥有更多的空间来选择自己信息消费的内容，具有更多的文化资源来建构私人领域的生活，形成自己对公共事务的看法。这一切为形成一个民主化的公共领域创造了条件。

三、中国传媒发展的技术因素和全球化背景

传媒新技术的发展与全球化的影响是西方研究中国传媒的一个热点。麦康勉

---

[1] Yuezhi Zhao, "Watchdogs on Party Leashes? Contexts and Implications of Investigative Journalism in Post-Deng China," Journalism Studies, 2000, Vol. 1, p. 587.

[2] Li Xiaoping, "'Focus'(Jiaodian Fangtan) and the Changes in the Chinese Television Industry," Journal of Contemporary China, 2002, Vol. 11, No. 30, pp. 17–34.

指出，在中国传媒改革中，电视、互联网和音像制品（CD、VCD 和 DVD）等新型传播技术的兴起，在一定程度上改变了中国人的社会交往模式。比如，当电视在 20 世纪 80 年代普及之后，收看电视节目成为家庭领域的私人活动，这使中国民众得以由从前的指令性（诸如单位的"政治学习"活动等）公共参与，变成谨慎的个人化消费，这为民众在传媒的接受和内容解读中提供了更大的空间，来自由地选择传媒内容。[1] 互联网技术在 1996 年开始被引入中国，并以惊人的速度发展，给信息传播的方式与管理带来了新的问题。中国政府积极支持互联网的发展，把它看作实现现代化的一个工具，但同时也对复杂的网络传媒内容进行规划与引导。蔡斯（Michael Chase）和马尔韦农（James Mulvenon）在最近一项研究中指出，在中国实际上没有任何"异议"力量能够通过互联网对中国政府的主导话语形成挑战。[2] 就互联网的功能而言，更为重要的是它是否能提供更为广泛而理性的公共讨论，就此而言，互联网作为传媒仍然存在着许多限制。首先，尽管互联网发展迅速，网络用户仍以高收入和高教育水平的群体为主，其中主要是单身男性。其次，在中国，和其他国家类似，大量参与论坛（布告栏）和聊天室的匿名发言，质量参差不齐，许多言论既不理性也不文明。白杰明和戴维斯（Gloria Davies）的一项研究中以关于"长江读书奖"的争论为例，指出许多中国知识分子发现互联网是一个更为开放的场所，热烈地参与了网上讨论，但这些网上讨论带有许多"文人相轻"的传统陋习，还远不是一个自主的公共领域。[3] 总之，新传媒技术的引进对中国公共领域产生了重要影响。但技术的影响不是决定论式的，也没有使制度环境发生根本性的变化。不过，技术自身的特性使得制度在与传媒实践的互动之中产生了新的可能，从而导致了渐进性的却也是重要的进展。

全球化是中国传媒的另一个重要的发展趋势。就电视而言，由于频道数量急剧增加，需要大量进口电视节目来填补播映时间的空缺。而中国各大影院每年都上映一定数量的进口电影以保障票房收入。市场上流通着不计其数的国外音像制品，其中大部分是盗版光碟。外国杂志的中文版也逐渐在中国发行。在互联网的使用中，有证据显示较高比例的中国用户浏览中国之外的网址。此外，一些跨国

---

[1] Barrett L. McCormick and Qing Liu, "*Globalization and the Chinese Media: Technologies, Content, Commerce, and the Prospects for the Public Sphere*," in Chinese Media, Global Contexts, ed al., Chin-chuan Lee, New York: Routledge, 2003, pp. 139 – 158.

[2] Michael Chase and James Mulvenon, *You've Got Dissent! Chinese Dissident Use of the Internet and Beijing's Counter-Strategies*, Santa Monica, Calif.: Rand Corporation, 2002.

[3] Geremie R. Barmé and Gloria Davies, "*Have We Been Noticed Yet?* —*Intellectual Contestation and the Chinese Web*," in Chinese Intellectuals between the Market and the State, ed al., Edward X. Gu and Merle Goldman, London: Routledge/Curzon, 2004.

传媒企业，包括美国在线、时代华纳、默多克（Rupert Murdoch）的新闻公司和德国企业贝塔斯曼（Bertelsmann）等，都已经在不同程度上进入了中国市场。在中国加入世界贸易组织之后，传媒的全球化趋势将会更加盛行。李金铨2003年主编的文集从多个角度讨论了全球化的影响，他在导言中指出，在中国与在世界其他地区一样，"全球化有支持者，也有反对者。"他引用诺贝尔经济学得主森（Amartya Sen）的说法，"如果它是公平的，那它就是好的"；他还认为，全球化是"无法逃避，也没有理由逃避"的进程，甚至连"反全球化"的声音也是全球化的一部分。但他同时指出，全球化是不均衡、有选择性的发展，一些国家受益，另一些则未必。布迪厄（Pierre Bourdieu）反对"普适的帝国主义"（imperialism of the universal），也反对那种把一个特殊（指美国）经验扩张成全球标准的全球化模式，主流国家将不平等的国际权力关系转化为游戏规则，自己受益。[①]许多全球化的批评者认为，传媒的全球化会使本土文化的生产衰亡。这种担心是有依据的。首先，如果主要的信息都由国外进口，那么本土的公共领域的理性讨论就无从谈起。其次，跨国传媒公司在商业竞争中处于强势，可能形成对本土市场的垄断和文化霸权。例如，包括中国在内的许多国家，好莱坞的产品主导了电影市场。当然，在抨击全球化弊端的同时，也不应当忽视它对文化变迁复杂而多面的影响，特别是传媒全球化对于不同文化语境可能会产生非常不同的意义，因为同一个文本或文化事件，在不同的语境中会获得不同的意义阐述。例如，阎云翔（Yunxiang Yan）指出，与美国人相比，中国人对于麦当劳的理解就很不相同。在许多中国人的感觉中，麦当劳是一种更为昂贵、时髦和国际性的消费。[②]骆思典（Stanley Rosen）在一项研究中发现，在中国驻贝尔格莱德大使馆被轰炸之后，许多中国年轻人并不轻易接受西方传媒的报道，如果感到国内外传媒对事件有不同的解释，会倾向于排斥国外的报道，将其视作外国政府编造的谎言。[③]由此看来，全球化虽然使国外传媒进入中国，却并不意味着西方文化的垄断与霸权，也不意味着中国正在成为国外文化入侵的牺牲品。实际上，国外传媒企业总是要剪裁它们所生产的内容，以适应当地的需求。而在全球化的冲击下，中国国内的文化管理机制可能会变得更有弹性，这可能会使中国自己的传媒和文化产业获得更强的竞争力。

[①] Chin-Chuan Lee, "*The Global and the National of the Chinese Media: Discourses, Market, Technology and Ideology*," in Chinese Media, Global Contexts, ed., Chin-Chuan Lee, New York: Routledge, 2003, pp. 6–7.

[②] Yunxiang Yan, "*McDonald's in Beijing: The Localization of Americana*," in Golden Arches East: McDonald's in East Asia, ed. al, James L. Watson, Stanford: Stanford University Press, 1997, pp. 39–76.

[③] Stanely Rosen, "*Chinese Media and Youth: Attitudes Toward Nationalism and Internationalism*," in Chinese Media, Global Contexts, ed al., Chin-Chuan Lee, New York: Routledge, 2003, chapter 5.

第三节 当今中国的宗教

2003 年第 174 期《中国季刊》发表"当今中国的宗教"专辑。欧大年（Daniel L. Overmyer）在导言中指出，在过去 20 年里中国的许多宗教传统已经复苏，表现在恢复了宗教的活动与机构，并重建它们的寺庙、清真寺与教堂。这种复兴是更为广泛的社会自由的一个方面，伴随着这一时期的经济发展与多样化的趋势。这些复兴的活动具有许多外部的原因，但基本推动力是中国人民自己的信仰与投入。[①]

一、现代化进程与当代中国社会的宗教

彭德（Pitman Potter）的论文讨论了中国宗教政策近来的历史，认为自 1982 年以来宗教政策出现了逐渐自由宽松的局面，国家准许更广阔的社会自主性，使中国宗教活动的增加成为可能。作者也分析了宗教活动在顺从和反叛之间的多重模式，指出宗教在社会自治与政治忠诚之间可能形成的复杂关系。[②] 加拿大麦吉尔（McGill）大学的人类学家与宗教史家丁荷生（Kenneth Dean）考察了中国东南农村的地方社区宗教。[③] 他根据在福建莆田六百个村庄的实地调查，指出中国农村的地方社区宗教，或者"民间宗教"（popular religion）已在中国东南获得复兴。在一些地区，村庙（village temples）的网络已形成第二层的地方性治理，提供服务，增加资金，动员整个社区参与集体仪式。作者还论述了中国东南其他地方的发展，认为总体而言，地方社区宗教仪式是当代中国现代性的重要空间。

1949 年以来中国东南地方宗教实践最大的变化是多数地区世系的衰落，世系是社会经济特别是仪式生活的中心。而近 20 年来宗教活动的复兴以最快的速度在福建沿海开始传播，那里联系着海外华人与台湾同胞。在整个中国东南部，尽管历经了"文革"时期的破坏，但寺庙得到重建，地方社区仪式得以积极展

[①] Daniel L. Overmyer, "*Religion in China Today: Introduction*," China Quarterly, 2003, No. 174, pp. 307 – 316.

[②] Pitman Potter, "*Belief in Control: Regulation of Religion in China*," China Quarterly, 2003, No. 174, pp. 317 – 337.

[③] Kenneth Dean, "*Local Communal Religion in Contemporary South-east China*," China Quarterly, 2003, No. 174, pp. 338 – 358.

开,这一事实对于数百万中国村民的信仰和精神生活有着重要的意义。作者指出,中国的地方社区宗教具有自身的特殊性。目前主流的宗教定义来自西方传统,强调教义、组织、教士等级以及传达信念的仪式这四个要素。但应用这种概念来理解中国的地方社区宗教或者"民间宗教"并不特别有效。中国民间宗教的主要方式是通过在寺庙中拜神的社区仪式来展开。这种仪式性事件在于恳求神的祝福。尽管有等级化的机构组织,有一个复杂的地方寺庙网络,但负责地方社区仪式的组织不是等级化的僧侣,而是当地领导。在仪式性事件中,村民与仪式专家之间存在着结构的多样性以及交互作用的复杂性。荷生在实地考察中发现,遍及中国东南地区数千村庄中,至少有一个社区神庙。这一地方寺庙联盟具有引人瞩目的密集网络与嵌套的寺庙层级,承担了许多地方管理任务,形成了一种非正式的二级地方治理。荷生的研究强调,中国民间信仰的仪式事件并不简单地是一个消失了的传统的残余,而是现代性力量积极商议的舞台。

荷生对中国东南部的宗教仪式与现代性关系展开分析。首先,地方公共宗教的仪式事件已经嵌入了结构精细的社会组织与地区寺庙网络系统的复杂历史进程。其次,莆田农村的仪式事件强化了日常人际关系,而不是描绘神话的瞬间。此外,中国东南农村的仪式尚未演变为商业化的事件,它们是一种以不变应万变的力量,这包括以自我反省的方式适应那些从日常生活渗透到仪式事件的新影视技术,以及有意识地在仪式中使用日常政治符号的过程。另外,这些仪式事件构成了塑造流动浮现的社群的时刻,仪式事件是所有参与者经验的总体。最后,福建农村的仪式事件在与现代性力量的不断谈判协商中,从融合领域中获得重现。这是一种共同体的自我表达,而不是主体间性的交往行动。在这里传统不再是简单地与现代性的对立。

二、中国几大宗教的状况研究

这个专辑还包括香港中文大学宗教史家黎志添(Lai Chi Tim)的论文,研究1980年以来道教的发展情况。① 黎志添利用道教协会(Daoist Association)的原始资料、实地调查与访问,分析了今日中国道教的一些主要方面。作者首先指出,道教已经从"文化大革命"的破坏中复苏,表现在道观、仪式与道士修炼的恢复,以及道士在观外为当地社区执行仪式的行为。论述了全真派白云观道士与龙虎山正一天师堂(the Halls of Zhengyi Tianshi)的复职任命。根据国家道教协

---

① Lai Chi-Tim, "*Daoism in China Today*, 1980 – 2002," China Quarterly, 2003, No. 174, pp. 413 – 427.

会 1996 年以来的统计，全中国有约 2 万"住家道士"，即散居道士，他们在地方社区道观之外践行道教仪式。今日中国乡村道观里道教仪式传统的复兴显示，在中国社区中道教仍然非常活跃。道教可视为宗教的、礼拜式的公共机构，深深基于地方社群的社会实体中。20 世纪 90 年代期间，道观的恢复从主要城市向郊县地区扩展。由于国家行政需要有效管理道观及其成员，所有道教协会都在地方宗教事务局的管理之下。与 20 世纪 80 年代早期中国道教的环境相比，似乎关于道观合法性的问题，或者反对在道观中开展宗教仪式的声音自 20 世纪 90 年代以来未有所闻。在过去 10 年中，国家道教协会致力于加强四个有影响的政策文件，这些文件有关道观管理问题、全真与正一道士任命的统治问题以及"住家道士正确的"宗教活动的定义问题。黎志添试图解释当代中国道观的复苏，认为许多道教徒精神与宗教上的需要固然重要，但以下三个因素起到了同样重要的作用。第一，对道教的反对态度已在中国完全消失；第二，显然自 20 世纪 80 年代以来，在中国维修与重建道观的经费来源于我国香港、我国台湾地区与新加坡的中国道教机构；第三，道观的复兴无疑得益于过去 20 年间中国经济增长的繁荣，这种繁荣导致个人收入的增长与私人公司的迅速发展。

当代中国道教的复兴提升到了一个新阶段，在 1989 年的白云观，以全真的方式来举行，恢复了其任命实践。这是新中国成立以来第一次道教任命仪式。尽管在地方社会正一仪式获得巨大的复苏，已婚散居道士的"官方"身份问题以及如何有效管理他们困惑着国家道教协会，管理的目标主要是查明并分类谁是"正确的""经过验证的"正一派散居道士。除了正一传统的散居道士，一定还有大量"住家道士"，不依赖于官方登记或天师（the Heavenly Master）的宗教任命。虽然论文没有明确定义道教，但是其礼拜的功能与统一似乎是一个关键，造成所有伙居道士自称为道士。道教仪式与地方社区的宗教生活之间的相互作用已成为当地社会中民间道教的一种持续表现，贯穿其历史直至当下。道士执行仪式是当地普通人信仰的一部分。这里所呈现的今日中国道教的主要方面没有引起过度的猜测，古老的道教已经回归到现代中国。道教从来不是一个纯粹的庙宇宗教，也不依赖于任何明确的庙宇生存形式，但是受到地方社会生活中多样的宗教仪式与节日的支持。就这一中国本土宗教传统的生存而言，现代化以及对道教的误解现在仍然是巨大的挑战。

《世纪之交的佛教中国》[1] 出自美国加州大学教授欧阳瑞（Raoul Birnbaum），西方学者当中很少有人像他那样对中国佛教状况具有如此丰富的实地考察经验。

---

[1] Raoul Birnbaum, "Buddhist China at the Century's Turn," China Quarterly, 2003, No. 174, pp. 428 – 450.

这篇论文着眼于当代中国佛教徒生活的问题，聚焦于汉族佛教徒，特别是僧侣传统。欧阳瑞指出，当前许多佛教的实践形式是在创新中形成的，这种创新发生在晚清与民国时期，曾改变了中国佛教徒的生活。在过去 20 年中，中国发生了深刻的政治、经济与社会变迁，欧阳瑞试图探索的问题是：在今天的社会条件下，什么是佛教僧侣的天职？什么样的修炼与领导对维护这种理想是必需的？为此，欧阳瑞研究了三个互相连接的问题：当前的修炼方法、僧侣经济学和领导问题。论文也处理了佛教领域的汉—藏交往以及中国佛教徒的海外影响问题。

在僧侣世界与当代之间有一个历史的断裂。直到 20 世纪 80 年代佛教事业才开始复苏，虽然是断断续续的，各个区域之间也有相当大的差异。与中国社会其他广泛的变迁相似，在佛教僧侣生活的组织、管理与调整的方式中也发生了重要的变化。中国佛教协会向佛教人员提供了一个有一些自主权的发言结构。当时紧迫的问题是物质环境——寺院与经济支持系统——以及重组僧侣。这些问题的解决程序现在都得到了很好的确立。但与此同时，民国时期在面对现代性压力下所产生的问题至今依然是关键所在：什么是佛教僧侣的志职？需要什么修炼与领导来建立并捍卫这个理想？现代性的压力改变了传统的生活方式，而在今天注重物质生产的环境中这种压力的强度有增无减。民国时期太虚大师等佛教改革者曾提出清除"迷信"以及减少神职人员的建议，这在今天仍然面对着争议与考验，特别是在过去 12 年来僧侣人数迅速增长，而社会的繁荣与自由引发了动荡效应的时候。

由于历史的原因，佛教会的"断代"问题在 20 世纪 80 年代与 20 世纪 90 年代早期相当严峻。在许多地方缺乏中年一代经验丰富的僧侣，他们的作用在佛教实践中极为重要——他们能够指导年轻的新手，同时承担了与那些年老力衰的僧侣交流的中介。由于中生代僧侣的缺乏，许多新入教的年轻人找不到可资仿效的榜样，在日常实践中变得茫然失措。那些需要基本修炼而融入佛教传统的年轻僧侣在这种处境中感到十分困难。在有些寺庙里，只有年轻的僧侣互相引导，往往不得要领。但在 21 世纪初情况开始有所改善，佛学院的建立使得当年太虚大师的梦想付诸实现。当初，他希望为众僧尼创办一个佛教学习高等院校网络，有相当一致的课程，这些课程荟萃了佛教哲学的智力训练。目前，佛学院参照现代大学的模式，学生接受大量的课程训练，包括强制的政治学习以及特别的佛教内容。这样的教育系统产生了年轻佛教人员精英，他们具有良好的基础。现在佛学院已在全国各地建立（尽管在规模、质量与名誉上参差不齐，在承传风格上也可能有所不同），这样的训练贯穿了寺院的日常修炼的经验。

值得注意的是，寺庙的经济模式发生了变化，这也对僧侣的生活产生了影响。寺庙不再拥有广大的土地，只有少数寺庙仍然有可以耕种以自食其力的农田。世俗的皈依者给寺院的捐赠在中国佛教史上并不新鲜，寺庙仪式对外出借也是如此。这两种情况都是世俗人群与僧侣汇聚的场合，看上去简单却可能产生交流的社会复杂性。中国东南地区的许多寺庙在经济来源方面依赖于对外开放的仪式。虽然这些仪式在原则上有助于普度众生，但持续不断的重复的仪式可以被看作是维持经济的必需手段。将寺庙活动与经济挂钩在许多传统的佛教名胜地尤其明显。如今已由地方将佛教圣地开发为重要的旅游项目。从佛教观点看来，这里有纯洁与污秽、贡献与肉欲放纵的复杂混合与彼此冲撞。在这种条件下，寺庙的自治或自我指导有时变得格外困难。这样的寺院，只有在晚上将所有大门最终关上的时候，才能重新获得它们安静肃穆的氛围。在这样的环境中，佛教作为志业究竟意味着什么？这个问题显得更为复杂而严峻。当然，旅游的经历也为外人带来了感受佛教僧侣世界的机会。某些大而富裕的寺庙也已经将慈善活动制度化，典型的做法是给受灾地区、生病或衰弱的老人以及贫困社区的在校儿童提供援助救济。这篇论文也关注了当前佛教界的领导问题。在经过历史风雨之后，大多数德高望重的佛教大师已过世或退休。在一些情况下，他们的位置被不同类别的人所代替，其中有些人的声誉不是在严格的沉思冥想中所锻造的，而是通过极好的人际技巧证明了自己有优秀的管理能力。作者认为，这种升迁方式有可能产生另一种关于僧侣职业的观念。与此同时，一些如今30岁左右的佛教僧侣，开始表现为在传统意义上有杰出天分和权威的领导。由于他们的实践成就被同人所尊敬，而他们的偶像与典范是历史上的佛教大师，因此这一代杰出僧侣的成长与成熟将会在未来佛教事业的发展中显示出重要的影响。作者最后指出，目前大的社会环境对佛教徒的影响常常是显著的，但反过来佛教徒对大社会的影响却并不清楚。

专辑中还发表了其他几篇论文。上海复旦大学社会学家范丽珠的研究处理了华北当地社区信仰的一个实例，河北省一个小村庄中有一个女灵媒，她被认为象征了远古的女神"蚕母"（the Silkworm Mother），那些负担不起西药或中药花费的人到她那里治疗疾病。香港科技大学人类学家廖迪生（Liu Tik-sang）探讨了当地社区的宗教传统，着重于宗教仪式与当地家族组织、社区与世系之间互相支持的关系，这种关系都基于一种人、神与外界超人力量之间存在紧密关系的传统观点。作者还论述了人们在新的城市环境中继续他们的崇拜方式，以及风水的重要性。夏威夷大学的杜磊（Dru C. Gladney）教授讨论了在中国的穆斯林身份认同问题以及穆斯林实践与种族群体的广阔的多样性。维吾尔族是其中最大的群体之一，有超过七百万人，主要生活在新疆。杜磊论述了他们的历史与分界线的细节，发现一些中国穆斯林的行为是更大的全球化的一部分。加州大学的赵文词（Richard Madsen）教授的论文讨论了中国天主教的状况。加尔文学院（Calvin College）的历史学家裴士丹（Daniel H. Bays）是研究中国新教的权威，讨论了新教在中国的发展状况。加州大学中国民俗人类学家南希·陈（Nancy N. Chan）的论文探讨了当代中国的"气功"实践。

第四节　民族主义与身份认同

中国当代的民族主义是西方中国研究中的重要议题之一；考虑到民族认同感也是当代中国人精神生活的一个重要方面，所以西方学术界对中国当代民族主义的研究也值得在这里做一些讨论。

一、当代中国民族主义的现象分析

从 20 世纪 90 年代开始，就陆续有西方学者发表论文，指出某些出版物（如《中国可以说不》和《妖魔化中国的背后》等）在中国民间助长了某种排外的、极端的民族主义思潮的兴起，这在西方的公共传媒和学术研究领域都引起了关注与忧虑。1996 年出版的《中国的民族主义》[1] 一书由澳大利亚国立大学著名汉学家安戈（Jonathan Unger）主编并撰写导言，汇集了 9 篇论文，作者包括白鲁恂（Lucian W. Pye）、白杰明、杜赞奇（Prasenjit Duara）、爱德华·弗里德曼（Edward Friedman）、詹姆斯·R. 汤森（James R. Townsend）、王赓武（Wang Gungwu）等中国研究领域中的著名学者。出版后受到当时西方汉学界的普遍赞誉，被认为是有关中国民族主义问题"最为重要的研究文献"，也引起了中国学者的关注与回应。[2] 这本文集的作者们共同感到，在中国人走向富强的抱负中滋长着强烈的自豪感和大国意识，敏感于 20 世纪 90 年代中国民族主义情绪的兴盛，试图把握和分析其多面性和复杂性，特别是努力辨别中国当前的民族主义情绪对于世界来说是良性的还是具有威胁的。安戈在导言中指出，中国的民族主义情绪超越了各种政治立场而普遍存在，已经取代了过去的主流政治话语而成为真正的意识形态，并具有民众的基础，这是西方必须予以重视和警觉的潮流。同时他也指出，中国的民族主义又是复杂的，"犹如《圣经》中约瑟的那件斑斓的外套，不是由一块布缝制的，不能被简单理解。它是混合了政权反复灌输的爱国主义政治召唤、汉民族认同以及文化自豪感以及建立一个伟大民族的抱负与日益增

---

[1] Jonathan Unger, ed., Chinese Nationalism, Armonk, N.Y.: M. E. Sharpe, 1996.
[2] 房宁、王小东、宋强：《全球化阴影下的中国之路》，中国社会科学出版社 1999 年版。

长的地方主义理念。它同时包括开放的乐观主义和排外情绪"。虽然中国政府倡导民族主义,也需要将民族主义情感作为资源来寻找新的合法性基础,但中国政府并不比许多其他国家的政府对此鼓动得更为强劲。因为中国也需要对外开放,并且通过开放获得经济发展的利益。而中国民族主义的发展方向取决于经济发展的前景:只要经济发展顺利,中国在世界经济中的前景显得光明,开放的趋势将成为主导,极端反常的民族主义情绪只能在大众娱乐中迎合某种情绪性的需要,而在实际生活中没有多少吸引力;如果情况相反,经济状况恶化,中国人崛起的雄心无法兑现,那么全面高涨的民族主义情绪随时可能成为严峻的问题。

这部文集的各个篇章论及中国民族主义的历史演变与理论分析等各个层面的问题。汤森重新检讨了一种流行的见解,即现代性意味着从文化转化为民族国家,质疑这些类别范畴之间的真正差异,也不认为中国人的凝聚是来源于一种认同危机。针对列文森(Joseph Levenson)曾经提出的著名论断——中国民族主义不是效忠国家或种族而是一种"文化主义"(culturalism),汤森指出,当代中国的民族主义是多重情感的复合,包括文化主义、汉民族认同以及政治民族主义,而这些复杂的成分都在政治力量中被塑造和再塑造。杜赞奇受到后结构主义理论的影响,对现代性叙事中的民族主义提出质疑,认为民族不是自然存在的文化共同体,而是历史建构的一种自我意识,为国家精英用作其政治目的来动员民众。克兰(George T. Crane)提出了所谓"民族经济认同"(national economic identity)的概念,强调经济生活对文化认同的建构作用,这个建构结合了对经济实践与国家这两者(基于文化)的理解,他分析了中国特区的经济生活中非国家的投资者与管理者的重要性,使得一种新的民族经济得以出现,也逐步改变了传统的民族认同,这种"民族经济认同"的基础既不是外部的资本主义世界,也不是内部的国家建构。弗里德曼提出"北方中国"与"南方中国"的概念框架,认为中国并不存在一个整合一致的汉民族文化("汉民族"只是历史建构的一个神话)。在他看来,北方文化具有封闭、排外和集权的特点,而南方文化倾向于开放、交往和分权自治,两种文化在历史发展中彼此冲突,构成了中国民族文化的多样性。而中国的改革开放使得南方文化逐渐压倒了北方文化的支配,开始占据优势地位。

白杰明撰写的最后一章,集中讨论了中国当代的民族主义,其标题有些触目惊心——"操外国人就是爱国"(To Screw Foreigners Is Patriotic),文章也引起了相当大的关注与争议。① 这个标题最初来自于作者在访谈中听到的说法,也受到

---

① Geremie R. Barmé, "*To Screw Foreigners is Patriotic:China's Avant Garde Nationalism,*" in Jonathan Unger ed., Chinese Nationalism, Armmnk, N.Y.:M. F. Sharpe, 1996, chapter 9. 白杰明是澳大利亚国立大学的高级研究员,精通中文,并对中国当代文化与知识界有深入密切的考察,在西方的中国学研究中非常引人瞩目。

电视剧《北京人在纽约》中一个片断的启发：主人公王启明在纽约召妓发泄自己的挫折情绪，妓女是金发丰乳的白种女人，王启明在那个妓女身上洒满了美元，要求她叫喊"我爱你"。白杰明对这个片断作出了象征性解读，认为这个场景"最有力地表现出中国人对待外国人一个世纪之久的矛盾心理的最近版本。这部电视剧的播出时间，正好是中国当局和部分中国人越来越不满于他们在世界新秩序中（所想象的）次等地位以及美国的态度。从某种意义上说，这部连续剧是一个没有任何信仰系统的义和团式的报复。它标志着中国自恋时期的到来。"在白杰明看来，王启明的行为反映出中国人（尤其是中国知识分子）的一种心态——他在副标题中所指称的"前卫民族主义"（avant-garde nationalism），认为这是由"复仇欲望"产生的一种"自恋"，而复仇是针对"过去那个世纪的所有真实的与感觉到的轻蔑侮辱"。白杰明所描述的前卫民族主义者大多都将自己看作是受害者。他们渴望复苏一个强大的中国，能够重新赋予他们久已被剥夺的自豪感。白杰明指出，中国的主流意识形态话语正在经历代际更替，民族主义是一种势不可挡的力量。虽然官方的"国情教育"为此推波助澜，但民族主义并不只是宣传煽动的结果，而是具有深刻的历史与社会原因，并在不同立场的知识分子当中普遍存在。他列举了在中国文化知识界有相当影响的杂志和人物：从《读书》《国学》《中国文化》《学人》《东方》到《战略与管理》；从王小东、萧功秦、袁红冰到张承志、杨炼、周伦佑、崔健、姜文、张艺谋和陈凯歌等。他对中国的所谓"自由派""新权威主义者"以及"后现代主义者"都予以了尖刻的批评。比如，他指责"中国式的后现代主义"使得一些知识分子有了很好的托词来放弃和逃避批判的角色，同时挪用西方的后殖民主义理论来肯定本土价值观，支持排外主义。这些后现代主义者通过重新界定和解读"中国性"（Chineseness）这一术语，为保守主义和民族主义话语披上了一件唬人的时髦外衣。

　　白杰明对中国民族主义和反西方情绪的诊断分析很难为中国人所接受，也遭到王小东等一些中国学者的反驳。① 但王小东承认，白杰明的某些阐释，特别是对一些民族主义者的"自我憎恶和自我赞许"（self-hate and self-approbation）的矛盾心态的分析，是富有启发性的。白杰明指出，中国人的自我厌恶（self-loathing）传统由来已久，甚至可以追溯到晚明。在近代中国历史中，自我厌恶的情绪一再浮现，在谭嗣同、鲁迅、李宗吾以及当代的李敖、柏杨、孙隆基、龙应台和刘晓波的写作中都可以发现。白杰明认为，"自我厌恶不仅满足了解释沉痛的中国现代史的需要，而且也强化了被普遍接受的民族独特感。羞耻、积弱和民族

---

① 房宁、王小东、宋强：《全球化阴影下的中国之路》，中国社会科学出版社1999年版。这个段落参考和部分引用了王小东对白杰明观点的转述与翻译。

受辱感常常被宣传家和政客们用来灌输爱国主义义愤。"他将这种自我厌恶与汉娜·阿伦特对第二次世界大战之后德国人的心态做了对照。阿伦特曾分析指出,在 20 世纪 50 年代,德国人有一种"对毁坏的恶毒快感"(Schadenfrende),"好像在被剥夺了统治世界的权力后,就干脆高兴地躺在地上不起来了。旁观国际紧张局势和统治过程中不可避免的错误来取乐,根本不管这些事件可能对他们自己产生的后果。"白杰明认为这种心态在中国城市的精英中也随处可见。他最后在结论中写道:"无论未来的经济与政治现实是什么,重要的是我们都应意识到这种文化态度,它形成了跨越整个政治立场谱系的中国人态度的基础,这反映出深深的挫折感以及不可抗拒的民族抱负。这在今天的中国的官方传媒,以及大众传媒和非官方的知识分子文化人圈子中都是明显存在的,在将来大概也是如此,无论这个国家的政治如何转向,都不会有多大的区别。"

二、当代中国民族主义的实证研究

在《中国的民族主义》出版之后,国际局势有了新的变化,特别是在中国驻南联盟使馆被炸以及"中美撞机"事件中,中国民众的抗议引起世界的瞩目。2004 年格里斯(Peter Hays Gries)发表研究论著《中国的新民族主义》[①],对中国的"大众民族主义"(popular nationalism)作出分析考察。格里斯指出,中国和美国的传媒都存在着相互"妖魔化"的倾向,这妨碍了两国之间的相互感知与理解,必须打破妖魔化所造成的陈腐偏见,才能真正把握中国的民族主义,特别是年轻一代自发的民族主义情感。格里斯考察了大量的社会流通文本,包括畅销书、杂志、电影、电视、海报、漫画和互联网上的言论等,认为中国的民族主义虽然一直受到意识形态的灌输和操纵,但已经成为民间(或大众)独立自发的情感,这在"第四代人"当中尤为明显,目前 30 多岁的第四代人正是所谓新民族主义的主体。这部著作试图以文本与话语分析的方法探究这一代人的社会文化心理与民族主义情感之间的关系。格里斯的问题是:这一代人生长在生活相对富裕和安稳的改革开放年代,既没有经历过西方帝国主义的凌辱,也没有遭受过父辈们遇到的历史创伤,他们为什么会有如此强烈的受害情结与义愤情绪?格里斯不同意这仅仅是官方宣传灌输的结果,认为新的民族主义是这一代人寻找自我与社会身份认同的方式,他们试图通过爱国主义来表达和证明自己。由于第四代人身处注重金钱、物欲和享受的文化环境,与父辈相比在心理上缺乏崇高与神圣的激

[①] Peter Hays Gries, *China's New Nationalism: Pride, Politics, and Diplomacy*, Berkeley: University of California Press, 2004.

情体验而陷于苦闷。而爱国主义正是具有合法性的神圣话语,成为他们的选择,来塑造自己的社会身份。格里斯指出,中国第四代的新民族主义者自觉区别于甚至敌视20世纪80年代的所谓"自由派"。在他们看来,"自由派"是西方的盲目崇拜者,试图将西方的价值移植到中国,是危险的浪漫主义者和激进分子。而他们自己才是理性与务实的国家利益捍卫者。反讽的是,他们激昂的爱国主义情绪并不妨碍他们享受外来的产品与文化——日本电器、麦当劳和可口可乐或是NBA篮球赛。就传统渊源而言,格里斯注意到中国民族主义的特殊性,进一步分析了将中国的民族主义界定为"文化民族主义"的观点,他同意中国的"文化民族主义"并不一定具有排外倾向,但认为其开放和包容的属性依赖于一个前提,那就是"汉文化的优越性"得到了充分的肯定与承认,否则中国的民族主义可能会比西方的民族主义具有更强烈的种族性和排他性。而中国当前崛起的新民族主义有着非常强烈的自我优越的诉求。

在1999年中国驻南斯拉夫大使馆遭到美军轰炸之后,中国青年学生的抗议游行活动被传媒反复报道,引起了西方(特别是美国)公共舆论的警觉,对中国的所谓"反美民族主义"十分敏感,也颇有微词。针对这样的背景,芝加哥大学教授赵鼎新(Dingxin Zhao)保持着一个训练有素的社会学家的审慎怀疑,认为不能简单地依据传媒的观察而轻易得出任何定论,严肃的社会科学论断必须从更为深入的经验研究开始。赵鼎新通过对北京大学、清华大学和中国人民大学这三所著名大学的1 211名学生的问卷调查以及对62人的访谈,对所谓"反美民族主义"的问题作出了细致的分析,发表了系列研究成果。① 在2002年第172期的《中国季刊》的研究报告中,赵鼎新指出大多数学生相信大使馆被炸事件是蓄意的军事行动,他们在示威抗议中所表达的义愤也是真实的。但这种义愤更多地反映为事件之后一时的情绪,而并不反映为民间反美民族主义的长时段发展。北京的大学生更多地将美国视作"超级大国"(superpower)而不是敌人。在赵鼎新所提供的"八项民族目标"的选择中,绝大多数学生将经济发展作为首选目标,而将"抵制美国霸权"置于最不重要的位置。由此得出结论,至少在北京著名大学的学生群体中,反美民族主义并不是支配性的思潮。赵鼎新在访谈中进一步发现,北京著名学府的大学生对美国怀有爱恨交加的复杂感受,一方面欣赏美国作为现代化国家的成就;另一方面对美国对外政策及其霸权主义深为不满。赵鼎新

---

① Dingxin Zhao, "*An Angle on Nationalism in China Today: Attitudes Among Beijing Students after Belgrade 1999*," China Quarterly, 2002, No. 172, pp. 885 – 905; "*The 1999 Anti-US Demonstrations and the Nature of Student Nationalism in China Today*," Problems of Post-Communism, 2003, 49 (November/December), pp. 16 – 28; "*Nationalism and Authoritarianism: Student-Government Conflicts during the 1999 Beijing Student Protests*," Asian Perspective, 2003, 27 (1), pp. 5 – 34.

认为，至少就北京大学生这个群体而言，民族主义的指向不是排外与攻击性的。①在另一篇研究论文中，赵鼎新提出，在1999年的抗议示威中，中国政府力图将学生的抗议活动节制在一定的界限之内，但学生并没有完全顺应政府的导向。他同时指出，只要国际环境对中国有利，学生激进的反美民族主义难以盛行。②

第179期《中国季刊》发表了江忆恩（Alastair Iain Johnston）教授的一篇论文，着重考察了"中国中产阶级对国际事务的态度"。③江忆恩利用了"北京区域研究"（the Beijing Area Study，BAS）的调查数据，分析北京中产阶级对自由贸易、国际惯例、军事开支、美国及民族主义的态度，发现中产阶级通常比低收入群体表现出更高水平的自由倾向。这与各种不同的国际关系理论的预期相符合。西方学界曾有这样一种观点，认为中国形成中的中产阶级比其他社会经济阶层具有更强烈的民族主义倾向。江忆恩认为，人们对中国民族主义与反美情绪的高涨的看法并不可靠，多数来自轶事式的证据以及流行出版物的相对无系统的援用。江忆恩的研究基于这样四种假定，认为出于经济利益的普遍考虑，中产阶级会表现出以下特征倾向：首先，支持开放市场与自由贸易；其次，比之收入较低的群体会更少毫无顾虑地支持军备开支；再次，对组成全球资本主义经济的国际组织更可能持积极态度；最后，在一定程度上他们的见解更国际化而更少本土主义，也更少持非白即黑的简单世界观，这样也就会更少民族主义倾向，更不易受到粗糙的排外主义的影响，也更不易被那种对群体忠诚的不加批判的诉求所左右。江忆恩认为，如果这些假定在中国的案例中被证实，那么就意味着，就中国整合进入全球经济会有助于产生一个中产阶级的程度而言，这种整合对于改善和防范极端的民族主义会产生正面的影响。

这篇研究的实证分析依据来自北京大学当代中国研究中心的数据，是其北京区域研究1998~2002年的部分。这个数据库是首个系统的、社会科学的、非政府的关于当代中国公众对大范围国际问题的态度的资料库。数据收集的时间根据美中关系一些非常重大的事件或"冲突"来划分。对于这些事件（如1999年的贝尔格莱德轰炸、2001年的EP-3飞机碰撞）的态度能够检验出人们的世界观以及对中国外交政策的看法。作者的实证分析发现，中国的中产阶级比一般公民更支持自由贸易。另一个指标是对经济依赖概念的三种描述：一个着重国际市场与资源竞争，一个仅仅注视货物与服务的相互交换，一个强调日益一体化的经济

---

① Dingxin Zhao, "*An Angle on Nationalism in China Today：Attitudes Among Beijing Students after Belgrade 1999.*"

② Dingxin Zhao, "*Nationalism and Authoritarianism：Student-Government Conflicts during the 1999 Beijing Student Protests.*"

③ Alastair Iain Johnston, "*Chinese Middle Class Attitudes Towards International Affairs：Nascent Liberalization?*" China Quarterly, 2004, No. 179, pp. 603-628.

的相互攻击。受访者被要求指出哪个最能描述相互依赖的概念。在此，中产阶级比较贫困的群体对全球经济更可能持"自由"态度。他们通常更相信经济相互依赖有助于改善国家之间的冲突。总之，对比更贫困的非中产阶级，中产阶级通常在对全球经济的认识中，更认同自由主义的相互依赖观念。然而，支持自由贸易和相信互相依赖减少国家间冲突的中产阶级受访者在比例上有轻微的下降。在军事开支问题上，除了在贝尔格莱德大使馆轰炸事件之后的一段时期之外，北京中产阶级的受访者不像非中产阶级受访者那样支持将财力转向军事。在对美国的态度问题上，1998年中产阶级更倾向于认为美国是友好的。中产阶级比非中产阶级更可能同意1979年以来美中两国的相互作用对中国的发展有积极的影响。相对于其他收入群体，中产阶级相信中国人与美国人之间的差异更小。在民族主义的问题上，中产阶级的受访者不像非中产阶级那样支持不加批判的民族主义。这说明中产阶级的受访者对本土主义者或排斥性的民族主义情绪会持有更加怀疑的态度。

作者由此得出结论，认为正在形成中的中产阶级，至少在北京地区，在一定范围的重要外交政策与国际政治经济问题持相对不同的观点。第一，他们在对国际关系问题的信念上具有内在一致性。第二，中国中产阶级的迅速发展，特别是那些在外交政策问题上支持有限的国际主义的人，会使中国对于自由主义的国际观点有所扩张。作者认为，这些发现质疑了目前流行的一种看法，即认为一个民主的、市场导向的中国可能甚至比当前的政权更具有民族主义倾向，而且会更加反美。第三，尽管国家希望在外交政策上呈现一种阵线一致的观点，但是有大量数据显示，人们对于主要国际事件的兴趣与取向显然不同，并且这种多样性表现在各种不同的收入群体之中。当然应该注意的是，北京中产阶级对于国际关系所持有的更"自由的"观点是相对于中国其他社会经济群体而言的。相对于美国公众对于外交关系的观点，中国中产阶级在一些问题上的看法似乎并不那么"自由"。第四，北京的群体对于其他国家行动的舆论是敏感的。毫无疑问，20多年来美国支持中国经济发展已使两国关系正常化。但是数据也显示，美国的行为在两国关系中也具有产生消极作用的潜力。第五，这份研究仅仅反映了北京城市居民的观点。在某种意义上，对于中产阶级人群在外交政策价值是否持有"民主和平论"的看法，要充分而全面地了解正在形成的中国中产阶级的态度仍然是一个困难的课题。

近年来，对于中国民族主义的研究保持活跃的状态，一直有新的论著问世。比如，郭英杰（Yingjie Guo）在2004年发表了《当代中国的文化民族主义：改革时代寻求民族认同》①。这部著作探讨了当代中国文化认同的一个重要资源——"文化民族主义"。郭英杰所分析的"文化民族主义"来自多种不同的思想传统，具有不同的意识形态定位，然而，却分享着一个共同的目标，就是"通过创造一种广泛传播的共同体的神话、历史及语言传统的体认，在共同体成员的思想中证实和明确族群性民族的理念"。作者认为，马克思主义作为一种革命的、普遍主义的意识形态，从理论上说并不重视"文化本质"的观念。但在20世纪90年代，中国官方开始致力于提升一种基于文化与族群认同的民族主义话语，致力于重新定义"中华民族"的用语意味着什么。通过对比中国的"历史民族主义"与"文化民族主义"，郭英杰质疑了民族主义总是与国家立场相一致的观点。认为中国当代的后殖民主义话语、新儒家构造的中国认同以及新史学正统史的主张都对主流的民族主义叙事构成了一定的威胁。郭英杰也指出，一些文化民族主义的观念超越了中国知识分子从新"左"派到自由主义的思潮。

第五节 知识分子与文学艺术

近20年来，对中国文化思想界状况的研究是西方中国研究领域中一个非常活跃的主题。一方面这是时代发展的要求。中国改革开放以来思想观念与精神生活的变化引人瞩目，西方学术界也必然会关注对精神生活的内容及其创造者（作家、艺术家和学者）的研究。另一方面，这也是西方汉学与中国研究学科本身学术史发展的自然结果。对中国文学艺术的研究本来就是汉学的核心组成部分，而对中国知识分子的研究是"中国思想史"研究的一部分，具有长达半个多世纪的学术传统。在哈佛大学著名汉学家费正清主编的《剑桥中国史》系列中就包括了对晚清以来各个历史时期中国知识分子的生平与活动的记述。②

一、知识分子与国家/社会关系

国家与社会的关系是西方人文与社会科学的经典论题，就知识分子研究而

---

① Yingjie Guo, *Cultural Nationalism in Contemporary China: The Search for National Identity under Reform*, London: Routledge/Curzon, 2004.

② 齐慕实（Tim Cheek）：《北美学术界关于中国知识分子的研究》，载于《开放时代》2003年第2期，第137~144页。

言,其中的一个议题探讨了知识分子对公共文化的塑造如何对社会变迁发生影响。2004年出版的文集《在国家与市场之间的中国知识分子》[1]汇集了许多著名学者(包括中国学者)的论文,探讨中国知识分子如何在"后毛泽东时期"(较过去而言)获得了更大的活动空间,变得更独立、更专业化,也更商业化,并分析这些变化对"中国市民社会"可能产生的影响。这表明"市民社会"或者"国家对社会"的理论框架对知识分子研究仍然保持着相当的影响。实际上,"市民社会"这个概念对于中国的适用性问题在西方学术界有相当的争议。黄崇智(Philip Huang)等学者曾指出,不能以欧洲民主自由发展的历史模式来套用中国的变化,也不应当夸大中国的某些现存现象与西方社会发展过程中所出现的现象之间的相似性。[2]的确,西方中国研究长期关注的一个焦点是中国的"政治发展"问题,而在冷战结束之后这个论题进一步集中到"中国是否能够以及如何实现民主化"的问题。在这方面,一些西方学者的论述与中国的主流话语在价值立场上有所分歧甚至相互对立。我们有理由质疑西方学者是否涉嫌"西方中心主义"——将西方自身特有的价值预设作为"普遍价值",强加于中国与其他非西方文明,从而导致了理论视野上的偏见。但与此同时,我们也有必要认识到,西方"民主化论述"的内部分歧与差异,其中许多关注民主化问题的学者并非持有幼稚的文化普适主义立场,他们往往在不同程度上强调,人类基本的普适价值必然会在不同的文化与历史语境中获得自身特殊的体现与表达。

"晚期社会主义"(late-socialism)以及"后社会主义"(post-socialism)是近年来西方中国研究中频繁使用的概念,试图以此把握中国社会转型的阶段特征,也常见于对中国的知识分子与文学艺术的研究论述。白杰明在1999年发表的《赤字:论中国当代文化》[3]一书中,有很大的篇幅论及当代中国知识分子。他使用"晚期社会主义"的概念来把握20世纪90年代中国知识分子的历史语境,提供的参照比较是20世纪80年代东欧知识分子的处境,以此将"晚期社会主义"与匈牙利作家哈拉兹梯(Miklos Haraszti)提出的"天鹅绒牢笼"[4]概念相联系,对中国知识分子的独立与批判性作出相当悲观的评价。在他看来,"晚期社会主义"处境所形成的"天鹅绒式的统治"使得中国知识分子丧失了批判力。

---

[1] Edward X. Gu and Merle Goldman, eds, *Chinese Intellectuals Between State and Market*, London: Routledge/Curzon, 2004.

[2] 有关讨论参见 Philip Huang, "'Public Sphere'/'Civil Society' in China?" Modern China, 1993, Vol. 19, pp. 216-39,以及当期有关"中国市民社会"专辑中的其他文章。

[3] Geremie R. Barme, *In the Red: On Contemporary Chinese Culture*, New York: Columbia University Press, 1999.

[4] Miklos Haraszti, *The Velvet Prison: Artists Under State Socialism*, New York: Basic Books, 1987.

虽然在 20 世纪 90 年代，知识分子的思想争论热烈展开——从人文精神讨论、国学热、大众文化理论到后现代理论等，但这些讨论都没有形成真正的批判性的"异见文化"，而只是机会主义式和妥协性"无害的另类文化"。这表现在大众文化中的充满妥协和逃避的"玩世主义"，而大众文化表面上的多样性形成了一种宽松多元的文化幻觉，实际上压制异见文化的合法性。这是作者使用"赤字"作为主标题的含义之一：20 世纪 90 年代的中国文化界虽然话语过剩，文本超产，却缺乏真正的思想与社会力量。①

根据张英进的考察概括，当前的英语学术研究中的"后社会主义"概念可以区分为："后社会主义作为历史分期的标签；后社会主义作为一种情感结构；后社会主义作为一系列美学实践，以及后社会主义作为一个政治经济体系。"② 德里克（Arif Dirlik）大概是在中国研究中最早使用"后社会主义"概念的学者。早在 1989 年的一篇论文中，德里克强调中国的社会主义从毛泽东时代开始就具有其（不同于苏联模式的）特殊性，是所谓非正统的社会主义。这在邓小平倡导的"有中国特色的社会主义"的实践中得以延续和发展，展开了"后社会主义"阶段。这个概念的不确定性正好适用于把握"历史情景的高度暧昧性"。③ 后来，德里克与张旭东合作主编的文集《后现代主义与中国》，在"后社会主义"与"后现代主义"之间作出了丰富的关联，彼此之间具有"后革命"这一政治与思想的共生性和相似性。④ 张旭东则进一步在后现代与后社会主义的双重概念中，探讨了中国政治经济与意识形态的分化和重组，并以此解释 20 世纪 90 年代中国知识分子日益凸显的焦虑：他们之间的阵营分化及其相互论战。⑤ 毕克伟（Paul Pickowicz）将"后社会主义"的概念与对中国电影的研究联系起来。但他认为后现代的概念框架对研究改革开放时期的中国文化状况并没有多少建设性，反而会产生误导，因为后现代根源于后工业社会的情景，是以发达资本主义为前提的。因此，他将"后社会主义"代替"后现代"用作"后现代主义的意识形态对应物"，以此作为新的分析框架来研究 20 世纪 80 年代的中国文化状况，这种文化"包含了封建帝国晚期文化的痕迹、民国时期现代文化或曰资本主义文化的残余、

---

① 徐贲：《晚近社会主义，丝绒牢笼和知识分子政治》，载于《二十一世纪》（香港）1999 年 12 月号，总 56 期，第 137~144 页。

② 张英进：《20 世纪 90 年代以来中国电影的政治经济格局》，载于《电影艺术》2006 年第 2 期。

③ Arif Dirlik, "Post-Socialism? Reflections on 'Socialism with Chinese Characteristics'," in Arif Dirlik and Maurice Meisner, eds., Marxism and the Chinese Experience, Armonk, NY: Sharpe, 1989.

④ Arif Dirlik and Xudong Zhang, eds., "Postmodernism and China," Durham, NC: Duke University Press, 2000.

⑤ Xudog Zhang, "Epilogue: Postmodernism and Post-Socialist Society-Historicizing the Present," in Postmodernism and China, Durham, NC: Duke University Press, 2000, pp. 437-38.

传统社会主义文化的残迹，也有现代主义、后现代主义因素"。① 根据张英进的考察，毕克伟通过对中国电影导演黄建新等的作品的研究，具体解释了他所界定的"后社会主义"，将此用作历史分期额标签，主要指的是"晚期社会主义社会中盛行的一种负面的、反乌托邦的文化状况"，其思想和情感模式在20世纪70年代中已经出现，但一直受到压抑，在改革开放的年代中逐渐获得了有力的表达。"异化"和"幻灭"是这种反乌托邦的文化状况的两方主题，典型地表现在黄建新的"城市三部曲"中：《黑炮事件》（1985）是对异化体制的后社会主义批判，《错位》（1986）通过"戏仿"（mimicry）将后社会主义与荒诞派戏剧联系起来，而《轮回》（1988）则表现了后社会主义社会中个体的听天由命和无序状态。毕克伟还通过对《顽主》（1988，米家山导演）和《疯狂的代价》（1988，周晓文导演）的分析，作为后社会主义城市电影的例证；并从电影生产的政治经济角度分析20世纪90年代初中国电影的复杂与矛盾局面：曾经作为"准异议导演"的张艺谋和陈凯歌转而制作"逆向的东方主义"作品，而张元与何建军等"第六代"导演则在制片厂体制外拍摄地下电影。②

二、文学艺术与市场经济

美国加州大学（圣地亚哥校区）的比较文学教授张英进在其《中国民族电影》一书中对20世纪90年代以来的中国电影做过深入的研究。③ 他认为，第六代导演出现的20世纪90年代是当代中国文化史上新的一章，与毕克伟等研究的"新时期"有显著差别（可以被称为"后新时期"）。20世纪90年代初的中国电影可以分为三大类型：主旋律影片、艺术片、娱乐商业片。但到了20世纪90年代末，艺术、政治和资本结成了新联盟，而跨国文化的运作使代表"边缘"的"独立电影"逐渐形成新的势力，形成了中国电影新的政治经济格局。其中艺术、政治、资本、边缘作为四种不同竞争的力量，以市场为核心展开了彼此抗衡、协商和共谋的复杂关系。在各种力量的融合和妥协中，国家重新调整了与艺术的关系，"从全面控制改为诱惑和收编"。电影导演也可能会自愿与国家融合，"有时

---

① Paul G. Pickowicz, "*Huang Jianxin and the Notion of Postsocialism*," in Nick Browne, Paul G. Pickowicz, Vivian Sobchack and Esther Yau, eds., New Chinese Cinemas: Forms, Identities, Politics, New York: Cambridge University Press, 1994. 此处参考了张英进在《20世纪90年代以来中国电影的政治经济格局》一文中的相关段落。
② 张英进：《20世纪90年代以来中国电影的政治经济格局》，载于《电影艺术》2006年第2期。
③ Yingjin Zhang, "*Chinese National Cinema*," London: Routledge, 2004, pp.281-296。其中的许多论述反映在他的中文论文《20世纪90年代以来中国电影的政治经济格局》之中。本书的这个段落是对这篇论文观点的引用与转述。

甚至达到了与官方意识形态完全一致的程度",他给出的例子是黄健中导演的《我的1919》(1999)和吴子牛导演的《国歌》(1999)。而"资本也改变了对艺术的战略位置,从控制转向收编"。在张英进的分析中,王小帅导演的《十七岁的单车》(2001)反映了"声誉和利润分成的诱惑推动着艺术融合资本",而张艺谋导演的《英雄》(2002)则是"与资本共谋(甚至依赖资本)"。而贾樟柯导演的《小武》(1997)、王全安导演的《月蚀》(1999)以及娄烨导演的《苏州河》(2000)等显示了"艺术"和"边缘"多样的不稳定的关系——"艺术常常漠视边缘声称的真实,而边缘则揭示后社会主义现实中令人不快的景象,故作反抗艺术的姿态"。边缘所定位的根本特征在于"对资本表示蔑视"。但在实际操作中,"边缘可融合资本,而资本则部分收编了边缘"。张英进认为,20世纪90年代中期之后,"最醒目的变化出现在政治和资本的连结上"。紫禁城影业公司的制作典型地体现了"政治和资本以分享利润和资源为借口,达成了共谋关系"。如叶大鹰导演的《红色恋人》(1998)和冯小刚导演的《不见不散》(1999),"既追求政治正确性,也追求最佳市场效应。"而"异议和文化抵抗的唯一场所"可能出现在"政治和边缘之间的联系"之中,但只能在海外国际电影节上被人接受,如姜文导演的《鬼子来了》(2000)。张英进对未来的展望是:中国电影业仍然处于艺术、政治、资本这三股力量的重新联合(包括各自对边缘的收编)的控制之中。电影所面对的世界"不再指沉浸在政治理想主义中的红色王国,也不是被青春怒火引爆的自我放逐的个人空间,而是一个受到后社会主义电影业的力量场——资本、政治、艺术、希望还有边缘——相互作用的广阔天地"。

三、对中国当代文学成就和水平的评价

西方汉学家对中国当代文学有长期的研究和评论,获得了丰富的成果,在相当程度上也为中国同行所了解,但并不为公众所熟悉。最近,由于"顾彬事件"的出现,西方汉学家对当代中国文学的讨论也进入了中国公众的视野。顾彬(Wolfgang Kubin)教授是德国著名汉学家,波恩大学汉学系主任。他在2006年11月接受"德国之声"(Deutsche Welle)记者采访时,对中国作协、中国当代文学和作家、中国文学如何走向世界等问题表达了批评性的看法,其中也涉及一些具体作家和作品。在访谈中,顾彬在谈到中国作协新任主席的时候,对作协颇有微词,声称"所有我认识的中国作家都看不起作协","一般来说,好的作家不可能跟作协保持什么联系"。在谈到中国文学的历史发展问题时,他更多地肯定1949年以前的中国文学和作家,比如张爱玲、林语堂、胡适和鲁迅。他们懂外语,具有更开阔的视野,而且母语相当出色。相比之下,1949年之后的中国

作家很少有人懂外语，而且"作家大部分的中文非常不好"。但在语言之外，顾彬认为最基本的问题可能是中国作家的"意识"和"视野"，"好像他们还是卡在一个小房子里头，不敢打开他们的眼睛来看世界。所以中国到现在为止没有什么它自己的声音，从文学来看，没有。"因此，在论及谁是中国在过去一个世纪的伟大作家的问题时，顾彬的观点非常明确，认为"鲁迅肯定是伟大的。1949年前还有其他的人。1949年以后到现在肯定没有"。在对具体作家的评价时，他比较肯定诗人北岛、王家新、欧阳江河和翟永明等，对高行健很不以为然，另外，他将卫慧和绵绵等"美女作家"的作品指称为"垃圾"。①

这篇访谈以《德国汉学权威另一只眼看现当代中国文学》为标题在2006年11月26日的"德国之声中文网"发表，几周之后被《重庆晨报》部分转载，并将标题改作《德国汉学家称中国当代文学是垃圾》，立即在中国引起了热烈的讨论。② 网民的反应尤其热烈，新浪和搜狐上的贴子都已过千（且是在不同的文章后面跟的贴）。大多数网民支持顾彬的观点。搜狐搞了个民意测验，超过85%的网民投票赞成"中国当代文学是垃圾"的说法。但顾彬教授在给德国之声中文网的电子邮件中说："那家重庆报纸显然歪曲了我的话。我肯定说过，绵绵等人的作品是垃圾（'垃圾'二字是用中文写的），但对中国当代文学整体我没有这样说。"③ 为了澄清误解，"德国之声"记者对顾彬做了第二次访谈。④ 其中顾彬特别强调，文学语言的水平是判断文学成就的重要尺度，因此他将绵绵、卫慧等人的作品视为"垃圾"，是因为她们写的中文"非常破"。他不否认她们的作品有一定的独到之处，也不否认她们的作品有一部分有可读性，但认为"她们的基础不对。一个作家的基础是语言"。顾彬进而谈到他判断中国20世纪的文学的标准，"还是1949年以前的思想水平和语言水平"。他认为，"茅盾早期的文学创作、丁玲42年前后在延安写的东西、鲁迅20年代的作品、沈从文三四十年代的文字到现在都没有什么作家可以超越。"1949年之后的作家基本无法媲美。唯一的例外是当代中国的一批诗人，"他们代表了世界上第一流的水平"。顾彬也关注市场对文学的冲击，认为当代中国文学的问题在作家缺乏纯粹的文学态度以及道

---

① 《德国汉学权威另一只眼看现当代中国文学》，载于《德国之声中文网》（http://www.dw-world.de）2006年11月26日。
② 根据百度上的检索，《重庆晨报》的这篇报道，截至12月12日德国时间下午，已有108个中国国内媒体转载，几乎包括了中国所有重要媒体，如新华网、人民网、中国日报、中央电视台网、中青在线、新浪、搜狐、网易。在海外，如香港台湾美国新加坡等地的华文媒体也有不少转载的，比如苹果日报、文学城、联合早报、多维网等。
③ 《顾彬：重庆报纸歪曲了我的话》，载于《德国之声中文网》（http://www.dw-world.de）2006年12月12日。
④ 《顾彬专访：解铃还须系铃人》，载于《德国之声中文网》（http://www.dw-world.de）2006年12月22日。

德勇气。在论及一个国家的文化地位与其经济实力的关系时,顾彬指出"奥地利文学什么时候开始伟大的呢?奥匈帝国差不多完蛋的时候,出了一批了不起的作家、哲学家、心理学家等。古代希腊也是这么一回事儿,罗马帝国也是如此。所以,一个国家经济、政治上发达,不一定会出文学艺术上的杰作。"

针对"顾彬事件"的争论,《南都周刊》组织了专题报道,不仅回访了顾彬,而且邀请了许多不同国家的汉学家参与这场讨论。① 研究中国古代诗歌的美国著名汉学家宇文所安(Stephen Owen)的反应是,"没有人可以代表国外汉学家的意见。顾彬教授是一个杰出的学者,他的观点值得倾听;但是对中国当代文学的评价,国外的学者和国内的学者同样是众说纷纭的。"美国知名翻译家和汉学家葛浩文(Howard Goldblatt)指出,肖红和沈从文都不会外语,但却是现代中国文学中的杰出作家。"所以会不会外语是否可以作为评论一个作家的标准,有点问题。"他同时指出,顾彬主要从事诗的研究,对小说家的评价未必公允。至于"垃圾论",他认为"中国现在有垃圾文学,也有世界水平的作品",西方国家也是如此。普林斯顿大学教授林培瑞对"当代中国作家大部分的中文非常不好"的观点有所保留,他认为当代作家的中文底子比不上鲁迅或张爱玲大约属实,但不能一概而论。汪曾祺、钟阿城和贾平凹等的中文功底都不错;另外,就什么叫"中文好"也提出了更多样的观点,认为王朔可能没有什么"古文底子",但他的"语言活泼,真实,有感染力,这也是一种'中文好'"。同时,林培瑞对"精通外语"与文学成就的关系也提出了不同的看法:一个中国作家精通外语固然好,但并不是文学成就的必要条件。他举例反驳说,"沈从文不懂外语,连中国普通话说得也很差,但我们能说沈从文的作品'不成功'吗?"而且认为鲁迅、张爱玲获得的文学成就并不主要是因为懂外语的缘故。"张爱玲继承了《金瓶梅》《红楼梦》的传统。鲁迅的确在小说结构上受了东欧作家的影响,但他的语言好是因为他的'想脱离也脱离不了'的中文底子。鲁迅的诗也是旧体诗,不比北岛的差,外国人看不懂不意味着'不成功'。"但林培瑞同意顾彬所说的当代中国作家缺乏公共精神(public spirit)的观点。在林培瑞看来,"中国作家在 20 世纪 80 年代的时候有一点范仲淹的'以天下为己任'的精神,近几年来比较难找。"日本汉学家宫尾正树教授与顾彬的观点有相当的分歧。首先,他认为"除了鲁迅以外,当代文学、80 年代以后的文学水平比现代文学水平高。"甚至就文学语言的水平而论,他也认为,"80 年代以后作家的汉语比五四时期欧化的国语水平要高。总体上来说,他们的语言更生动……他们的语言水平比过去的作家水平高得多。"就个人的感受而言,宫尾正树更重视当代中国的小说而不

---

① 《国外汉学家群起批判中国文坛,内地文坛发起反击》,载于《南都周刊》2006 年 12 月 24 日。

是诗歌。

  这一章对西方学术界有关中国精神生活问题的研究作出了概述性的介绍，无论就主题的确定还是文献范围的选择都还有相当的局限。即使如此，我们也可以观察到英语世界的中国研究在探讨精神层面问题上的一些特点。首先，几乎所有的作者都非常注重实地考察和田野工作。这显示在他们学科方法和基本范式中，不是将文化与精神世界看作是完全独立的理念发展，而是强调文化的构成一定依赖于历史传统、制度环境和人们在生活中的具体实践。由此，他们的研究工作很少只在单纯的"形而上"层面上展开，而特别注重考察文化观念、价值和态度的制度与实践的背景。其次，西方学者对中国改革开放之后的社会变迁较为敏感，其关注的焦点在于全球化和市场经济所产生的新的结构性影响，由此来观照当代中国文化实践的发展与趋势。另外，出于他们所属的国家背景，他们格外关注中国和平崛起对于国际政治和经济格局可能带来的冲击，所以尤为关注新出现的社会群体的价值取向以及他们对于国际事务的态度。最后，近年来英语学术世界中从事中国研究的学者群体发生了变化，有越来越多具有中国背景的学者开始在主流学术刊物上发表自己的论文。这些作者大多是中国（包括香港、台湾地区）到西方留学的学者，他们在完成学业之后在西方的大学获得教席。这些作者具有在中国长期生活的经验，一般而言对中国具有更深入内在和更为同情的理解。与此同时，他们在西方受到的学术训练也在一定程度上重构了他们的理念和学术方法。这个作者群在中国研究的学科领域中产生了越来越重要的影响，他们的工作不仅成为西方学术界的一部分，而且也在改变他们所处的"学术场域"中的规则。另外，有越来越多的西方学者正积极与中国学者进行合作与交流，也有不少中国学者直接在英文学术刊物上发表研究论文，或者，他们的中文论文与著作在西方翻译出版。这些趋势打破了东西方的界限，在某种意义上逐步转变了中国学与汉学的研究发展，使得西方的中国研究，包括对文化与精神世界的研究，呈现出丰富多样的特征。

结 论

提升和满足世俗化和大众
消费时代的精神需求

上面我们以八章的篇幅,从各个学科的角度,用实证调查、理论思辨、文本诠释和现象分析等各种方式,对当代中国人精神生活的大致状况进行了研究。

那么当代中国人的精神生活状况到底怎么样?我们的时代在精神生活方面究竟是"最糟糕的时代"还是"最美好的时代"?当代中国人的精神生活究竟是怎样的状况?

一、当代中国人精神生活的总体特征

简单地说,就其精神生活状况而言,我们的时代是一个传统神圣价值受到严重挑战的时代,也是精神生活空间高度开放的时代;是一个精神生活越来越等同于文化消费的时代,也是一个人们越来越有条件过一种不受日常的物质生活和社会生活拖累的精神生活的时代。

具体来说,当代中国人精神生活状况有以下特点。

1. 物质享受不等于主观幸福。

改革开放的一个伟大成就,是中国人民的物质生活有了明显改善。但是,物质生活状况的地区差别和群体差别毕竟存在,有的还相当严重。在这种情况下,一个值得关注的现象是,对于精神生活状况来说非常重要的人们的主观幸福程度(即人们对其生活质量的总体评价),却往往与物质生活水平之间不完全对应。比方说在有关目前生活状态评价的调查中,出现了农村人口的生活满意度高于城市人口、西部地区（西北、西南）高于有些东部地区（华东、东北）、低学历人口的满意度高于高学历人口、各人对生活的满意度评价与个人收入没有显著性差异的情况，甚至出现收入1 000元以下的人群认为对目前生活满意的（非常满意和比较满意）高于100万以上收入人群组20个百分点，而认为不太满意的状况正好相反这样的情况。在有关"身为中国人的自豪感"的调查中，也有一个离政治中心越远其自豪感指数越高、年收入越高其自豪感指数越低的情况。

2. 文化消费不等于文明生活。

近几年来，市场经济和惠民政策的结合，在相当短的时期内把中国引进了大众消费时代，而这个时代的一个特点，是文化消费即对满足文化需求的商品和劳务的消费，占据越来越重要的地位。在经济生活向市场经济和消费社会转变的同时，文化活动的技术手段也随着计算机的普及、互联网的扩展、移动通信产业的发展等，发生了重要转变；而正在大力推进的文化体制改革，又把市场经济推向了一个历来被认为最不能市场化领域即文化领域。在这种情况下，特别要防止把文化消费水平的提高，简单地等同于文明生活水平的提高；因为，与严肃的、有实质意义的文化产品相比，轻松愉快、满足感官需要甚至迎合低级趣味的文化产品，常常是更具有市场价值。

3. 物质匮乏的缓解不等于意义匮乏的缓解。

现代化的直接成果是物质资料匮乏状况的逐渐缓解甚至消除。尽管正如党的十七大报告指出的，人民日益增长的物质文化需要同落后的社会生产之间的矛盾这一社会主要矛盾没有变，但经过30年的改革开放，我国社会已经不再是以限额定量供应为特征的匮乏社会，而是积极创造新的有效需求、在高水平上满足人民期待的小康社会甚至准富裕社会了。在这种情况下，与物质资料匮乏不同的一种匮乏，生活意义的匮乏，就逐渐引起了人们的注意。20世纪90年代前半期的"人文精神讨论"中，一些知识分子哀叹人文精神经不起市场经济大潮的冲击。进入21世纪以后，这种忧虑仍不无理由，物质富裕但精神贫困的现象依然严重。但尽管如此，或许应该说正因如此，社会上近年内出现了一种相反的趋势，其表现是许多高校竞相开设人文类素质教育课程；企业家纷纷参加所谓"后MBA时代"的"高级读经班""国学班"；以电视讲座、通俗读物形式传播传统文化引起"易中天热""于丹热"和"钱文忠热"；电视连续剧《士兵突击》中主人公的台词"活着要做有意义的事，做有意义的事就是要好好活"，居然引起大量观众、尤其是年轻观众的强烈共鸣……

4. 现代化程度的提高不等于世俗化程度的提高。

根据经典的现代化理论，现代化的过程是一个世俗化的过程，也就是传统价值失去神圣性、宗教信仰失去说服力、精英阶层失去高贵感的过程。但实际情况并不是那么简单。恰恰在现代化的触角深入我们生活每一个角落的同时，在当代中国社会（很大程度上当代西方社会也一样），出现了一个"非世俗化"或"重新神圣化"的趋势。除了上面所说的世俗性质的意义追求之外，还出现了宗教抬头的趋势。

上述状况提醒我们，对当代中国人的精神生活，我们既要有足够的忧患意识，同时也要有足够的积极态度，尤其是不仅在理论上而且在行动上回答这样一个问题：如何提升和满足人们在世俗化和大众消费时代的精神需求？

二、世俗化时代的精神需求

关于世俗化，本书前面已经多次提及。因为这个问题与当代中国人精神生活的关系实在太大，所以仍然值得在结论中多讲几句。当代中国，已经全面进入了现代化，而所谓现代化，从精神形态而言，按照马克斯·韦伯的经典论述，这是一个世俗化的时代，是一个除魅的时代，是一个价值多神的时代，是一个工具理性替代价值理性的时代。在这样的世俗时代之中，人们并不是没有自己的文化和精神生活，而是他们的文化和精神生活发生了很大的世俗性转向，传统的精英文化不再成为主流的文化，而逐渐为大众文化和流行文化所替代，后者不仅塑造和建构了一般民众的精神生活，同时也成为他们精神生活的主要来源和消费对象。

世俗时代文化的基本特征是多元化。在神圣时代，文化是一元的、统一的。一元和统一并不意味着神圣时代的文化没有多种形式——比如宗教文化、道德文化、民俗文化等多种形态——而是说，在这些文化背后，都有共同的价值标准和超越意志。在前现代时期，这种文化的统一性通过宇宙道德论或上帝意志论的空间超越方式表现出来，到了启蒙时代，空间的超越性转换为时间的目的论：各种文化的意义最终都指向人类社会演化的某个理想状态和历史终点，或者是自由主义的现代化，或者是各种激进的乌托邦社会。然而，到了世俗时代，当各种神圣价值和历史目的论被质疑、被无情地抛弃之后，文化走向了众神的世俗狂欢，变成了多元生活状态的自由选择。多元文化在真正的意义上第一次出现了，文化出现了分化、断裂和分层：城市内部的精英文化和大众文化、贵族文化和平民文化、城市以英语为表征的全球化文化与乡村的本土文化之间，出现了深刻的裂痕和鸿沟，彼此之间互相敌视，不可通约。在文化分裂的背后，则是社会的隐秘分层。社会等级的差别，不仅体现在收入上，而且体现在文化身份上。享受什么样的文化，便意味着属于什么样的阶层，处于什么样的社会地位。文化变成了可炫耀的象征资本。对于一部分城市中产阶级而言，泡酒吧、听歌剧、喝咖啡，不再仅仅是精神生活本身，而蜕变为周期性的高贵身份之自我验证。由于各种文化之上缺乏共同的价值观，彼此之间也匮乏整合的锁链，在当代中国，文化的多元化实际上只是一种离散化，一种支离破碎的碎片化，反映出深刻的、难以跨越的社会鸿沟。

不过，从整个趋势而言，传统的精英文化和民俗文化处于衰落之势，而城市的大众文化和流行文化，借助全球化的公众传媒和网络世界的传播优势，逐渐占据文化的主流。大众文化或流行文化，都是世俗时代典范性的文化，它们具有各种各样的形态。与以往的神圣文化和精英文化不同，它们彼此之间不再有审美和价值上的好坏之别，即使要分辨，也缺乏一个公认的超越尺度去比较它们。一切取决于个人的口味和意志的选择，众声喧哗，一个文化平民主义时代出现了。

从表面看起来，当代的文化是平民的文化，是多元的文化。个人归属于什么文化，不再有外在意志和外在标准的束缚，似乎完全是个人趣味和意志自由选择的结果。然而，自由的选择，并非仅仅是意志的一念之择，同时还须有自我理解、自我实现的能力。世俗时代的原子化个人，既没有历史，也没有精神，只是一个充满了物欲和追求的经济理性人。当个人的内涵被掏空之后，他也就失去了自我的判断能力，于是市场的标准便成为个人的标准。流行和时尚内化为大多数人的审美观念和价值准则。表面看起来，世俗时代的人们是自由的，有自由选择的空间，实际上，他们中的大多数人却被"匿名的权威"所摆布，只要控制了公共传媒，控制了广告的发布权，便可操控多数人的口味和意志。

世俗时代一个有趣的现象是，操控多数人比操控个别人容易得多。操控的方式多种多样，其中一个最简便的方法便是制造偶像。当神圣的终极世界崩塌之后，崇拜并没有因此而终结，而是从对神圣之物的崇拜转向了对世俗明星的崇拜。世俗时代的明星与以往神圣时代的先知和理想主义时代的英雄不同，他们与各种终极世界没有任何的联系，也不承担任何价值的重负。他们只是平民理想的化身，是各种欲望的人格化：成功、富有、青春、健康、风流、潇洒……于是，娱乐界和体育界的明星便成为世俗时代最辉煌的人物。他们是残酷竞争中的优胜者，是赢者通吃的王者，是集财富和美丽于一体的欲望化身。当平民文化能够越来越深入地介入偶像的制造时，那些反精英的、反英雄的草根好汉、邻家女孩，就越来越具有大众的偶像意义，芙蓉姐姐的大获成功，便是这种背景下的产物。

在世俗时代，不仅精神生活的内容发生了转变，而且其形式也相应发生了变化。精英文化是启蒙的、智性的，诉诸于人们的理性和想象。而世俗时代的流行文化则是反智的、反深度、反启蒙的，它直接诉诸于人们的感官和直觉。于是，文学家的文学被流行写手的畅想书代替，仪式化的戏剧被狂欢节般的歌星演唱会替代，艺术化的电影被美轮美奂的科技大片替代，隽永含蓄的叙述被拳头加枕头的感官刺激代替。

视觉文化从整体上打败了印刷文化，文字是需要想象的，而视觉是直观的，想象与深度有关，而欲望的满足只需要视觉的冲击。当今的世俗时代，是一个视觉艺术的时代，文字成为视觉的配角，广告则是这个时代艺术的经典体现。日常生活的欲望化和欲望的审美化，使得视觉艺术完成了一个几乎不可能的任务：将欲望与审美结合起来，美成为可欲的对象，而欲望又在虚幻的审美中获得其存在的合法性。

人的欲望与理性不同，欲望是永无止境的，需要不断地推陈出新，需要永远的新鲜感，以刺激容易疲倦的大脑皮层。于是，流行文化永远在追求创新：新的创意、新的玩意、新的活法。现代的科技手段和网络文化为不断翻新提供了技术上的可能性。于是，唯恐落伍的人们被时尚的恶狗在身后追逐，不断扩张和生产着自己的欲望。精神生活的节奏越来越快，快得令人眼花缭乱，由此产生的紧张感和不安感，与世俗时代的自由氛围，恰成鲜明的对照。

近十年来，互联网的出现和普及，从根本上改变了文化的存在方式、日常生活方式、社会互动方式和精神生活方式。网络不仅是一种技术平台，且已经形成了一种全新的文化，一种我们目前还不可知、还在继续发展中的文化。网络文化的虚拟性、互动性、随意性和匿名性，使得人们的自我认同产生了扭曲。当今时代的人们，特别是热衷网络交往的年轻人，生活在两个世界里面，一个是真实的现实世界，另一个是虚拟的网络世界。在现实世界里面，人们经常戴着面具生活，以一种虚伪的面目存在，而在网络世界里面，处于匿名状态的人们反而显露出真实的一面，发泄自己的欲望、幻想，在虚幻世界里面实现真实的自我。于是，假作真来真亦假，真实被虚幻颠覆。人们精神生活的两重性在网上网下得以体现，令人惊讶的是，如今的年轻人已经习惯了类似的人格分裂，甚至适得其所。现实生活中的各种挫折，如今可以通过网络的虚拟角色得以排解和消除。网络的匿名状态，使得人性中的崇高和恶毒同时具有了宣泄的渠道，而不必因此而承担相应的社会代价。网络使人成为白天和夜晚双重身份的怪兽。

网络作为一种新的媒介和新的文化，拥有自己的虚拟社会，也在生产自己的价值。网络作为一个社会，是虚拟的存在，但它所生产的价值，却一点儿也不虚拟，反而极大地影响了现代生活的价值观，实现了对现实世界的殖民化。现实生活中的核心价值是靠一系列公认的经典维持的，这种经典不是文学的，就是哲学的或者历史的。经典世代相承，是线形的存在，有其历史的开端，所谓古典时代的先知，也有其终极的目的，即所谓的乌托邦理想状态。网络时代的年青人也有自己的经典：那就是周星驰的《大话西游》。大话式的文化作为一种"无厘头"文化，没有历史，没有过去，也没有未来，更没有乌托邦，只有当下和现在。一切意义只有在当下语境之中才能体现。不求永恒，只要瞬间。瞬间的快乐、幸福和意义,构成了世俗时代文化的核心内涵。

三、大众消费时代的精神需求

"大众消费时代"与"世俗化时代"的含义多有重合,但"世俗化"着重讲传统价值的神圣性的消失,"大众消费"则是讲大众消费能力的提高。重要的是,大众消费能力的提高既可能使历来与"精神贵族"连在一起的精神价值失落,也为普通大众提升自己的精神生活水平提供了条件;既可能使传统价值也成为消费(所谓"文化消费")的商品,也为民众过一种不受自己在物质生产和社会交往中固定角色牵连的精神生活提供了条件。

我国的市场经济地位已经得到世界上 75 个国家的承认;近几年来我国的公共政策中,"福利国家"因素已经成为一个重要组成部分。市场经济和福利国家政策的结合,在相当短的时期内从不同角度把中国引进了大众消费时代,而这个时代就消费内容而言的一个特点是文化消费即对满足文化需求的商品和劳务的消费占据越来越重要的地位。在恩格尔系数达到一定值(从 1978 年分别为 57.5% 和 67.7% 下降到 2006 年分别为 35.6% 和 43%)以后,居民对符号而不是实物的消费需求越来越大。尽管中国还没有达到西方所谓"后物质主义"时代,但对文化产品和劳务的消费在民众的消费总量中所占的份额日益扩大。从刺激消费但尽可能不增加对实物资源的消耗、满足欲望但又能提高民众素质的角度来看,文化消费需求值得鼓励、值得下大力气去不断满足。但"文化消费"或"符号消费"一方面仍然可能以大量消耗实物形态的自然资源为代价(比如所谓"炫耀性消费"的对象往往是以昂贵实物为载体的符号价值);另一方面还可能以大量消耗符号形态的社会文化资源为代价,比如对历史的"戏说"、对崇高的东西的调侃等。这几年来迅速发展的网络游戏产业或许可当作一个产业,虽然不大量消耗自然资源但大量消耗文化资源的一个例子。

在当今中国谈论市场经济与精神需求的关系,我们不仅要看到市场经济对人的精神需求的贬低和操纵在一定条件下会引起反弹,而且要看到如果全社会真的转而重视那些原则上不能市场化的精神价值的话,倒恰恰是适应了一种具有可持续性的市场经济的内在需要。在当代社会,资本与消费需求的关系具有两重性:资本既诱导和控制消费需求,也追随和迎合消费需求。前面提到的"国学热""易中天热""于丹现象",很大程度上是图书市场、教育市场对消费者需求的迎合。因此,我们不仅要消极地提防和抵制资本的诱导和诱惑,而且要积极地利用资本对消费需求的追随和迎合。为此我们不仅要重视消费者的物质需求,而且要重视消费者的文化需求,尤其是重视其中的精神需求;我们不仅要重视消费者权利的教育,而且要重视消费者义务的教育、消费者尊严的教育;不仅要重视消费欲望的满足程度,而且要重视消费欲望的高贵程度或马克思所说的"属人"的程度。

我们的市场经济是社会主义的市场经济。正如金融家兼学者乔治·索罗斯主张的那样,市场经济只有与一个非市场的原则相结合才能避免其自我毁灭,但我们不必跟着索罗斯把这个非市场原则等同于那种与社会主义根本对立的"开放社会",而相反把它理解为改革开放的社会主义。我们甚至可以这么说:"社会主义市场经济"非但不是市场经济的一种另类,而且是市场经济获得持久生命的机会。但社会主义要真能发挥这样的作用,社会主义国家要不仅重视其经济职能,而且重视其社会职能和文化职能;社会主义国家固然具有集中力量倡导消费以刺激经济的优越性,但它的更重要的优越性在于有能力引导消费从而为不仅更加公正、而且更有意义的国民生活提供基础。显然,引导公民进行高尚的文化消费,是社会主义市场经济条件下提升国民精神生活水平的重要途径。

在这方面,正在大力推进的文化体制改革值得我们高度重视。2006年1月发表的中共中央、国务院《关于深化文化体制改革的若干意见》(以下简称《意见》)具有特殊的重要意义,因为它把市场经济向一个历来被认为最不能市场化领域即文化领域推进。《意见》在强调"坚持社会主义先进文化的前进方向,坚持马克思主义在意识形态领域的指导地位,确保国家文化安全"的同时,提出要"坚持勇于实践、大胆创新,树立新的文化发展观";在要求"坚持把社会效益放在首位"的同时,要求"努力实现社会效益和经济效益的统一";在要求"推进文化事业单位改革"的同时,要求"深化文化企业改革","要重塑文化市场主体,按照现代企业制度的要求,加快推进国有文化企业的公司制改造,完善法人治理结构"等等。要满足人民的精神需求,有必要增强精神产品的生产能力、增加精神产品的内容品种,尤其是扩大精神产品的消费空间,从这些方面来看,以引进市场体制为特点的文化体制改革,对我国国民的精神生活是一个福音。但我们也要看到,尽管文化体制改革的指导思想强调文化产品的非市场价值高于其市场价值,但在实际操作过程中,文化产品的市场价值是极有活力和效率的文化市场的追逐目标;按照市场经济的自身逻辑,最容易大量生产出来的是最可能被市场接受的文化产品。前面我们几次提到,与严肃的、有实质意义的文化产品相比,轻松愉快、满足感官需要、甚至迎合低级趣味的文化产品,如"无厘头"电影、"戏说"版电视剧、"下半身写作"小说、"荤段子"手机短信等,或许还包括一些只追求感官效果而缺乏内在思想的"先锋派""大制作",常常是更能"卖得出去的"。如果缺少强有力的规范和引导的话,文化体制改革的结果很可能是经济效益压倒社会效益,文化产业压倒文化事业,文化乃至整个生活世界按照市场和行政的逻辑被彻底改造。

四、宣传教育工作为提升民众精神生活水平要处理好的几个关系

了解了当代中国人精神生活的状况，并不只是满足了理智上的好奇，而也是为了改善这种状况。对于我国民众的精神生活来说，宣传教育工作承担着十分重要的任务。为了更好地提升民众的精神生活水平，非常重要的是处理好以下几方面的关系。

第一，宣传工作和实际工作的关系。要对宣传工作和实际工作进行适当分工，妥善处理好精神生活与物质生活的关系。在宣传工作中，我们要多讲在高质量精神生活和高质量物质生活之间不存在机械的对应关系。革命前辈在非常艰苦的物质生活条件下依然保持着高昂的革命精神；许多粗茶淡饭的平民百姓有着比腰缠万贯的富人充实得多高尚得多的精神生活；有关调查还表明，经济发达地区居民的生活评价不一定高于经济不发达地区的居民。但在实际工作中，我们要重视一定水平的物质生活毕竟是人民群众高质量精神生活的重要条件之一。就当前的中国现实来说，我们一方面要防止把物质生活水平较低作为道德低下、趣味恶俗、精神空虚的借口，另一方面要下更大力气改善普通民众的生活水平，改善基础卫生设施、基础教育设施和基础文化设施。

第二，"思想教育"和"政治教育"的关系。要对"思想教育"和"政治教育"进行适当分工，更加重视对精神价值的传播和灌输。"政治教育"的内容大致包括公民教育和党团员教育，它所涉及的是人们的公共角色和社会身份。而"思想教育"的内容，则可以是超越政治的精神价值、超越特定公共角色和社会身份的人生意义。当然，私人生活和公共生活、普遍价值和政治价值，是不可能截然分开的；低级趣味的人不可能是合格的共产党员。但我们并不能反过来说只有共产党员才可能品位高尚、精神充实。在宣传和教育过程中把私人生活和公共生活、普遍价值和政治价值适当分开，有助于防止恒久的精神价值受多变的政治因素的影响，防止因为与政治有关的负面记忆和负面评价而产生对精神价值的不敬和不信。

第三，"英雄理想"和"平民理想"的关系。要对"英雄理想"和"平民理想"进行适当分工，更加肯定普通人的普通生活和普通道德。为了克服计划经济体制和极"左"思潮下形成的传统观念，我们曾经下大力气提倡物质利益原则和竞争精神。那么多年以后，为物质利益原则和竞争精神正名的任务应该说已经完成。只要我们的制度设计不忽视物质利益、不压制竞争精神，该要的物质利益人

们自会去争取，竞争意识强的人总会去你追我赶。"安于现状""小富即安"的心态对于领导干部、尤其是企业家来说是大忌，但对于普通百姓来说则未必如此。对于多数民众来说，"好人一生平安"是最有吸引力的人生理想。

第四，理想教育和情感教育的关系。要对理想教育和情感教育进行适当分工，要更加重视日常实践和礼仪节庆在精神生活中的作用。精神生活不仅包括理智的方面，而且包括情感和信念的方面，而情感和信念的养成、提高，不能仅仅依靠抽象的、概念性的教育和灌输。言传不如身教；作为精神生活之核心的精神价值，通过他人实践的示范和自己亲身实践的经历来传递和内化才是最有效的。除了通常意义上的日常实践以外，对于高质量精神生活具有重要意义的尤其是具有特定形式、发生于特定场合、被赋予特定意义的实践活动，也就是礼仪节庆活动。礼仪节庆活动的价值在于，参加者在其中受到影响的不仅仅是抽象的理念和原则，而且是具体生动的气氛；参加者在这种场合特别容易激发出充溢内心的激情、超越小我的归属感，以及人同此心、心同此理的通达感。许多人士指出，恰当地利用合法的宗教活动，不仅有助于满足社会不同阶层、不同群体的精神需求，而且有助于营造全社会祥和、团结的气氛。而对于不属于正式宗教组织的多数我国居民来说，如何搞好一些世俗意义上的"慎终追远、明德归厚"活动，使人民更明确地意识到他们的共同归属、更忠实地献身于他们的共同追求，更充实更满意地体验人生价值，是提升国民精神生活的一个重要课题。

宣传教育工作的最重要背景，是前面多次提到的社会主义市场经济；处理好上述关系的前提，是特别重视在肯定市场经济的正当性的同时防止市场经济对精神生活的消极影响。这里讲的消极影响，不仅指市场经济改革以来中国社会中出现的种种违法乱纪的丑恶现象。这些现象确实不少，但严格来说，这些现象与市场经济改革并没有必然联系。假如我们划清经济行为和非经济行为的界限；假如我们为经济行为制定严格的规范；假如我们对违法乱纪现象不仅严惩不贷，而且防微杜渐，那么，没有上述丑恶现象的社会主义市场经济，是完全可以设想的。值得我们更加重视的是，市场经济当中的有些因素，其本身谈不上低俗和腐朽，但也对高质量精神生活提出了严峻挑战。比方说，市场经济对消费的完全合理的要求，却可能引出完全不合理的结果，可能使人们沉溺享乐、不思进取，甚至使全社会寅吃卯粮、入不敷出。又比方说，市场经济所需要的创新精神，搞得不好恰恰会助长唯"新"是好的浮躁心态，而消解市场经济所需要的事功精神、理性能力和规则意识。再比如，市场经济条件下自然会出现的人们价值观念和精神追求的多样化，一方面要求我们在法律上政策上放宽人们的精神生活空间，另一方面也要求我们警惕巫术迷信和人为制造的宗教现象的危害性。

五、知识分子在世俗化和大众消费时代满足民众精神需求方面的责任

直接的、尤其是间接的舆论宣传和思想教育的主体是知识分子；即使在世俗化和大众消费时代，即使在社会主义国家，知识分子在精神生活方面仍然肩负着不同于政治领导和一般公众的特殊责任：知识分子是民众所需要精神产品的生产者，很大程度上也是民众所过的精神生活的示范者。

从某种意义上说，知识分子致力于满足大众消费时代的精神需求，以及从中体现出来的大众对于精神性消费的需求的上升，是一个世界性现象。在中国的易中天热、于丹热之前，全球出版界有《哈里·波特》热和《苏菲的世界》热。《苏菲的世界》是一部以小说为形式的哲学史，在挪威出版后很快被翻译成了53个语种，3 000多万册，其中包括德文版的300万册和中文版的数百万册。

知识分子不仅是民众的精神消费资料的生产者，同时也往往是民众的精神生活方式的示范者。以"国学热"为例，在这个热当中知识分子对民众的精神生活发生影响的不仅是他们所撰述的国学出版物，而且是他们作为国学研究者和传播者对于受众的感召力。作为文化人、作为学者、作为提倡优秀传统文化的人们，应该重视的不仅是如何讲述儒学，而且是如何实践儒学：如何把他们认为有价值的传统文化融于自己的日常生活、文化活动和社会实践之中。当然，这不一定意味他们要去模仿孔子的生活细节，"饭疏食饮水，曲肱而枕之"，还是"食不厌精，脍不厌细"，其实都不是那么重要。这也不一定意味着我们要求那些办国学班、开论语课的人们不赚钱，或者像《苏菲的世界》的作者贾德那样拿钱出来，搞了一个国际环境和发展奖 Sophie Prize（每年10万美元，从1997年开始已经11年）。其实，对于今天主张发扬儒家传统的学者来说，"如何实践儒学"的最重要方面恰恰是"如何讲述儒学"，因为"讲述儒学"也是一种实践活动，它的意义不仅在于讲述什么，而且在于如何讲述：是不是严谨、认真、深刻、负责等，是否像孔子那样"敏而好学，不耻下问""学而不厌，诲人不倦"，像孔子那样"毋意，毋必，毋固，毋我"，像孔子那样治"为己"之学而不是治"为人"之学，等等。

当然，孔子的目标对于我们绝大多数人来说可能都是太高了。但正如古语所说，"取法于上，仅得为中，取法于中，故为其下。"理想要真正成为理想，就必须是具有超越性的，哪怕它并不在彼岸世界的天国，也不应该是人们很容易实现的东西。还是以孔子为例：孔子在当代中国要真有价值和意义，或许恰恰就因为他是难以实现的，就如同在孔子自己的时代，他本人就被称作是"知其不可而为

之"者，在孔子稍后，司马迁对他"心向往之"，却很清楚，他心之所向的，是并"不能至"的东西。这里的关键在于，可望而不可及的理想要真能实现其价值，我们不仅要看到它的"不能至"，而且要真正对它"心向往之"。司马迁对孔子这个"不可至"的理想的"心向往之"并没有使他成为孔子，但使他成了司马迁，成为我们所知道的那个忍辱负重、究济通变，"成一家之言"的太史公。一个超越的理想能起到如此实在的作用，我们就不能说它是一个虚幻的东西。

超越性理想的价值就在于日常生活的凡夫俗子对它的追求之中：世俗化社会要有高尚的精神生活、高尚的精神境界，特别有必要对超越性理想的现实意义做这样的理解。

马克思批评 19 世纪 40 年代德国状况时曾经写道："这里实际生活缺乏精神活力，精神生活也无实际内容"。① 我们希望，本课题的研究会增进这样一个全社会共识：让我们的实际生活更充满精神活力，让我们的精神生活更具有实际内容！

---

① 《马克思恩格斯选集》第 1 卷，第 14 页。

附 录

同胞情谊的哲学反思[①]

2008 年 5 月 12 日的四川大地震已经夺去了将近 69 019 人的生命,失踪 18 627 人,受伤 373 573 人。统计数据精确到个位数,以一种特殊的方式告诉我们,震灾中受苦受难的每一个人,每一条生命,都是我们的骨肉同胞,都与我们血脉相连。

一、同胞情谊是一种伟大的道德情感

确实,大地震一下子让我们意识到,九百六十万平方公里上的五十六个民族、十三亿人民,是那么情同手足。用血肉之躯守护孩子的不仅有他们的母亲,而且有他们的老师;在余震声中冒着生命危险奔赴现场的不仅有我们的领导人和子弟兵,而且有无数的志愿者、普通人。企业家、文艺明星、八零后青年,平时招议颇多的这些人群,短短几天内就以忘我的奉献赢得了万众赞誉。不在地震现场的人们,那些在取款机和献血站前排起长队的人们,那些在电视机或电脑屏幕前眼泪汪汪长久守望的人们,心中也回荡着同一个呼唤:"今天我们都是汶川人!"

大灾之后的同胞情谊,确凿地证明了这样一个道理:道德情感是一种无比伟大的力量。大灾激起的刻骨铭心之痛,与我们有时因耳闻目睹有些罪恶而自动产

[①] 此文是童世骏于 2008 年 6 月 3 日在《东方讲坛》的讲演,2008 年 6 月 8 日刊登于《解放日报》"思想者"专栏。

生的毛骨悚然之感一样，超越了我们头脑的冷静推理和仔细计算。正因为这种超越，道德情感既使我们因为同胞遭受苦难泪如泉涌，也使我们不顾环境险恶挺身而出。套用17世纪法国思想家帕斯卡尔的话来说，人不仅是一棵有思想的苇草，而且是一棵有情义的苇草。暴戾的大自然面前如此柔弱的这棵苇草，不仅因为有思想，而且因为有情谊，才显得那么挺拔和高贵。房垮石砸之下，人的血肉之身是如此不堪一击；但只要一息尚存，平时普普通通的人们，却会义无反顾地奉献出自己的一切，包括生命。

这样伟大的道德情感，如此崇高的同胞情谊，有什么好反思的呢？！

确实，当我说今天的讲演题目是"同胞情谊的哲学反思"的时候，我的一位同事就有些疑惑地看着我。我知道，"反思"这个词现在往往与"反省"甚至"思过"连在一起。但我现在并不是在这个意义上使用这个词。对同胞情谊，我今天要做一番解释和发挥。也就是说，我今天所说的"同胞情谊的哲学反思"，是用一些哲学的概念和知识，来对同胞情谊做一番辩护、扩展和提升。

二、对同胞情谊的普遍主义辩护

有人问：同胞情谊有什么好辩护的呢？难道还有人会怀疑同胞情谊不成？四川震灾发生后举国动员，全民救灾，非但国内一片赞誉，国际社会也给予了高度评价。同胞情谊有什么必要进行辩护呢？

确实，我们一般不会、也不应该对同胞情谊的正当性进行怀疑。但是，现代社会与传统社会的一个重要区别在于，凡事都只有问了一个"为什么"，人们心里才感到踏实。即使你不来问，别人早晚也会来问。果然，5月21日《纽约时报》上发表的一篇文章，就涉及了这样一个"为什么"。

写这篇文章的是一位在清华大学教哲学的美国学者。作者写道，汶川大地震以后，他在课堂上讲到这样一种道德理论，认为政府有责任优先考虑共同体当中境遇最差人们的利益。但问题是，这里所说的"共同体"的范围有多大？根据一种理解，这里所说的"共同体"是指国家；根据另一种理解，这里所说的"共同体"是指全世界。根据前一种理解，当然应首先帮助四川灾区。但如果是根据后一种理解，情况就不同了。在四川大地震之前不久，缅甸因飓风引发巨大洪灾，死亡人数更多，在十万以上。这位美国老师问班上的同学："中国是否应该帮助缅甸飓风的受害者，哪怕这意味着对本国救灾少一些帮助？"

听了这个问题，全班出乎意料地鸦雀无声。过了好长时间，才有同学站起来回答问题，但很快下课铃就响了。原本很礼貌的同学们，这次在下课时却没有为老师鼓掌。显然，同学们对老师在这种时刻提出这样的问题感到不满，同时也有些郁闷:心里觉得当然要优先帮助自己的同胞,但理论上却发现不那么理直气壮。根据他们学到的有些理论,似乎该对所有人一视同仁才对……

据报道,为支援缅甸灾民,中国政府前后几次共捐助了一亿多人民币。民间有多少捐款,我没有看到报道。在各国当中,中国政府捐助缅甸灾区的数目可能是最多的,但与四川震灾以后,中央政府和各地政府倾全力救助,社会各界捐了三四百亿,当然有很大不同。网上有人说政府在这种时候不应该给别人捐那么多,有人却说中国还应该捐得更多一些。因此,如何理解同胞情谊,同胞情谊究竟在什么意义上是正当的,并不是一点问题也没有的。不做一番解释和辩护,我们很难完全心安理得。

我要为同胞情谊做的第一个辩护,是我们在四川震灾之后所看到的同胞情谊,已经在很大程度上是一种公义,而不只是一种私情了。现代社会最有影响的道德理论是普遍主义理论,它主张普天下人人平等,人人具有同等的权利和同样的尊严。那位美国老师提到的也就是这样一种理论。根据这种理论,我们必须对所有人一视同仁,不能把私情置于公义之上。我们在前面说过,震灾发生时,用血肉之躯守护孩子的不仅有他们的母亲,而且有他们的老师;在余震声中冒着生命危险奔赴现场的不仅有我们的领导人和子弟兵,而且有无数的普通人、志愿者。那些在5月12日以后高呼"今天我们都是汶川人!"的人们,大多数原先并不知道中国有一个叫作汶川的地方。这样一种同胞情谊,已经是一种符合普遍主义原则的道德情感了。

我想为同胞情谊做的第二个辩护,依据的是一种伦理学上叫做"道德分工论"的观点。根据这种观点,我们每个人都有两种角色,一个是公的角色,一个是私的角色。作为公民,我们要关心他人、关心社会;但作为父母我们要爱护孩子,作为子女我们要关心父母。为了让我们同时能履行好这两种角色,我们成立政府,通过纳税、服兵役来支持政府,让政府代我们去关心别人,而我们自己则心安理得、专心致志地管自己家的事情。邻居失业了我很遗憾,但却不必因为无法把自己的岗位和福利让给他而深感内疚,因为我知道政府会管他的事情。这样,在个人与政府之间就有一种"道德分工"。

除了个人与政府之间的这种"道德分工"之外,还有一种道德分工是不同的共同体之间的。共同体的大小是相对的。最大的共同体是全人类;在这个最大共同体之中,有地区、国家、省份、区县、单位甚至家庭等范围较小的共同体。在当今世界,对人们生活影响最大的仍然是国家。尽管全球经济很大程度上已经一体化,信息交流也早已经不知道什么是国界了,但国家作为"主权者",作为一种在它之上没有更高权威的政治力量,它所代表的文化和人民仍然是界定我们的归属感的最重要参照系。在这种情况下,不仅在每个国家内部,有一种个人与政府之间的道德分工,而且在不同国家之间,也有一种道德分工,根据这种分工,各国人民及其政府对自己同胞负有优先照顾的特殊义务。重要的是,这种分工是一种对于全世界所有人都更加有利的安排。在资源有限的情况下,如果每个人都被认为应该对世界上任何地方发生的任何灾难、饥荒提供同样的帮助,那么这种帮助的投入一定很乱,效率一定很低,效果一定很差。因此,只要存在着不同国家之间的道德分工,那么,假如我们不得不在"帮助自己同胞"还是"帮助其他国家人民"之间进行选择,我们还是可以比较心安理得地选择帮助自己同胞的。用小平同志的话来说,"最要紧的是办好我们自己的事情。"从道德心理学的角度来看,对自己同胞所负的特殊责任不仅责任明确,而且发自肺腑;如果每个国家的政府和人们都首先尽心尽力地帮助自己的同胞,我们的世界就会比现在美好得多。

我要为同胞情谊所做的第三个辩护,是强调这样一个事实,即同胞情谊中包含的上面所说的那种普遍主义因素,是可以做进一步发挥的。同胞情谊之所以值得辩护,是因为蕴藏于其中的普遍主义成分,具有着让我们做进一步扩展和提升的广阔空间和重要潜力。下面对这一点做比较深入的讨论。

三、对同胞情谊的范围扩展

对同胞情谊,我们可以在内、外两个方向上进行范围扩展。

向外方向上扩展同胞情谊,是指我们可以把自己所认同的那个共同体的边界向外扩展,一直扩展到全人类。前面提到,当我们在全国范围内说"同胞情谊"的时候,我们已经把"共同体"的边界扩展到许多较小共同体之外了。这个扩展并不是我们单纯的想象,而是以几千年的集体记忆作为基础的。按照费孝通先生的说法,中华民族是"多元一体",是各地区各民族交流和融合的结果。这次遭受震灾最严重的北川,是我国唯一的羌族自治县。在饱经风霜、屡遭磨难的中华历史上,包括汉族和羌族在内的五十六个兄弟民族命运与共、休戚相关,终于形成了一个拥有十几亿人口的"我们"。同时,各地区各大洲之间的交往也贯穿人类文明历史;进入近代以后,资本主义生产方式打破民族国家的壁垒,现代技术超越各种文化的界限,全球经济和全球风险又使各国人民越来越深切地体会到"只有一个地球",各国人民越来越融合进同一个"命运共同体"之中。正是在这种情况下,我们不仅要关心自己的国家和同胞,也要关心别国人民的困难和全球范围的问题。我们一方面仍要把对自己国内同胞的特殊义务放在首位,另一方面则要力所能及地帮助别人,就像这些天来那么多国际友人赶来援助我们一样。其实,其他国家的人,从全球共同体的角度来说,与中国人民也同属一个"我们"。尤其是在目前的世界上，各个国家之间的"道德分工"还不完善，有些国家内部的特殊义务关系还没有完全落实；在这种情况下，我们一方面要为建立更加合理的国际秩序而努力，另一方面要向那些孤立无助的别国人民伸出援助之手。邓小平同志在1981年为英国培格曼出版社即将出版的《邓小平副主席文集》写的序言中说，"我是中国人民的儿子，我深情地爱着我的祖国。"在这句大家很熟悉的话前面，还有一句值得我们深思的话："我荣幸地以中华民族一员的资格，而成为世界公民。"向外的方向扩展同胞情谊，就是要以"中华民族一员"的资格，尽一个"世界公民"的责任。在国内发扬我们的同胞情谊，是学会做一个好的国家公民；而成为一个好的国家公民，既是学会做一个好的世界公民的重要途径（如孟子所说，"老吾老，以及人之老；幼吾幼，以及人之幼"），也是真正做好一个世界公民的必要条件（把自己的事情办得越好，帮助别人的能力也就越强）。

向内方向上扩展同胞情谊，是说我们在为千里之外的四川同胞、羌族兄弟奉献爱心的同时，也要把同样的精神体现在关爱我们身边的同事、邻居、市民和外来人员之上。大自然的肆虐激起了我们对灾区同胞的强烈认同，也应该提醒我们注意，我们身边许多平时熟视无睹的人们，其实一直是需要我们伸手帮助的兄弟，是值得我们笑脸相视的姐妹。作家铁凝曾经写过一篇小说叫《谁能让我害羞》，讲了一个在城里打工的农村少年与一位城市家庭女主人之间发生的故事。送水的打工少年渴望得到尊重，但那位家境不错的城市少妇却非常冷漠，以至于有一次，打工少年因为电梯坏了中途休息了三次才把水桶扛到八层，当他累得猫着腰捂着肚子要求喝点水的时候，那女主人却像往常一样把手指向洗碗池上的水龙头。但这次，少年不愿意了；在坚持要喝送来的矿泉水而得不到同意的情况下，他打开了随身带来的一把折刀……。那少妇用一把手枪式点火器吓住了少年。少年被抓住后，警察问他"你是否感到害羞？"他回答说是的，说他为自己被一支假枪吓倒感到害羞，为自己没有一支真枪而感到害羞。其实，我想，真正应该害羞的是那个女主人，是我们当中同她一样对身边同胞不关心不尊重的许多人。

四、对同胞情谊的境界提升

这里的"境界"两个字我们平时经常用，它同时也是一个哲学术语，已故中国哲学家冯友兰先生有一个著名的"人生境界说"，我想在这里借用一下。

冯友兰说，人与其他动物的不同，就在于人做某事的时候，他了解他在做什么，并且自觉地在做。他把这叫做"觉解"，就是"自觉"和"理解"的意思。人生意义就是从觉解而来的。人做各种事情有各种意义，各种意义构成一个整体，就构成他的人生境界。在冯友兰看来，人生从低到高有四个境界：自然境界、功利境界、道德境界和天地境界。人生的最高境界是"天地境界"；在这个境界里，一个人既不像"自然境界"中那样浑浑噩噩，也不像"功利境界"中那样斤斤计较，也不像"道德境界"中的人那样只是为尽社会义务而兢兢业业，而是在意识到自己是社会组织的公民的同时，还意识到自己还是孟子所说的"天民"，在履行"人道"的同时也遵守着"天理"。天地境界中的人，因此是人生意义最丰富、最高尚的人。

  在这四个境界中，我们今天所讲的同胞情谊当然属于"道德境界"的层次。但同时我也要说，同胞情谊还可以向上提高到"天地境界"，使它不仅告诉我们什么是行为规范，而且告诉我们什么是生活意义。

  "生活意义"这个词哲学色彩很浓，但震灾之后，这个词在网络、报纸上却频频出现。大灾之下，生命的脆弱提示了生命的珍贵；拯救他人生命的紧迫性展现出自己生命的新意义。许多哲学家都说过，最重要的哲学问题是对于生死的态度问题。5月12日以后，许多人一下子都成了哲学家。短短几秒钟的山崩地裂，充实了多少人苦恼于无法用灯红酒绿、轻歌曼舞来填补的内心世界。记得电视剧《士兵突击》播放期间，许多年轻人说看了以后自己的心灵被主人公许三多的"不抛弃、不放弃"的精神深深打动，说由此窥见了生活的真谛。这次出现在电视屏幕上的，不是虚构故事，而是无数个劫后余生、舍己救人的真实场面。同胞情谊使我们分担着同胞骨肉的苦难，也使我们体验到人生意义的升华。那么多男女老少为素不相识的人们的苦难而悲痛、而奉献、而牺牲，中华文化和人类天性中原来有着如此美好的一面，凡俗的生活因此而闪耀出灵性的光芒。

  现代传媒技术让我们几乎亲眼目睹了同胞们在废墟下的死亡和挣扎，让我们不在现场的人也几乎亲身经历了生死关头的大悲与大喜。但这个时候我们要明白，非常时刻激发出来的同情，尤其是面对他人苦难而体现的爱心，强度虽高，持久却难。正如法国18世纪思想家卢梭所说，"有哪一个人看见别人遭受苦难而不同情的呢？如果从心愿上说，谁不想把他从苦难中解救出来呢？"真正要让大灾激起的大爱升华我们的生活意义，提高我们的人生境界，我们还需要把这种情谊落实到我们的平常实践之中。也就是说，同胞情谊不仅要向上提升为"天地境界"，而且要向下落实于日常生活。

  5月12日以后经历了刻骨铭心的同胞之爱的我们，要提醒自己，灾民的困难并不限于我们感同身受的这几天、这几月甚至这几年；而且，需要我们帮助的不只是那些在媒体上得到生动报道的地区和人们。据报道，根据我国目前的贫困线，我国目前有4 000万人还没有解决温饱问题。国务院扶贫办最近公布了扶贫标准调整方案，准备把贫困线从现在的年收入1 067元提高到1 300元，也就是日收入1美元的国际贫困线标准。如果这个方案得到国务院认可,全国贫困人口的统计数将增加到8 000万人。这8 000万人没有出现在电视画面上,没有以血淋淋的画面搅得我们良心不安。但我们如果真有同胞情谊,就不该忽略这个抽象数字背后的一个个母亲,一个个孩子。

这次救灾活动当中,来自全国各地甚至全世界各地的志愿者,引起了人们的广泛注意。同时我们也看到,救灾的主力毕竟是国家,是国家统帅的人民军队和各级政府。除了人员伤亡以外,地震造成了数千亿人民币的经济损失,但空前的社会捐款,也只募集到相当于治理地质灾害所需要的400多亿元。那么大的缺口,只有依靠国家的救灾能力。国家救灾能力的一个重要方面是特定时刻的动员能力,这是我们在这些日子里亲眼目睹的。决定国家救灾能力的另一个因素是国家的经济实力,尤其是国家的税收能力。因此,对于收入较高的公民来说,体现同胞情谊的不仅是救灾期间的捐款,而且是今后长时期的工作业绩和税款缴纳。这几天我们都捐了一些钱,同时我们也要提醒自己,我们在平常时刻每一次有意无意地漏缴税款,实际上都是在削弱国家的救灾能力。

抗震救灾期间,许多人都感慨自己的价值观发生了变化。在同胞的苦难和死亡面前,我们平时看重的许多东西如金钱、地位都微不足道了,而平时淡忘的许多东西如亲情、平安,却显得那么珍贵。大灾之后继续发扬同胞情谊,我们要把我们在这几天所获得的有关价值之大小、事体之轻重的体会,落实到日常的私人生活和公共生活之中。公交乘客为比别人早上车一分钟甚至一秒钟,就不遵守排队上车的起码规则,就不顾对人要有礼貌的起码要求;出国旅游在自助餐厅浪费食物、在候机大厅大声喧哗、在闹市中心随地吐痰;一些很好、很重要的制度安排,往往因为当事人感觉不方便、不舒服而形同虚设、束之高阁……所有这些我们已经司空见惯的现象,都是为了一时的痛快、虚荣和好处,却可以说在个人尊严、集体荣誉甚至民族前途方面付出了沉重代价。5月12日以后,我们要自我提醒、相互提醒,不能再这样轻重颠倒、因小失大了。

四川震灾像一个课堂,同胞情谊像一册书本。在这个悲壮的课堂中,我们阅读的是一本用自己的热血写成的大书。仔细阅读这本大书,真正读懂这本大书,我们每个人就会更加成熟,我们的国家和世界也会变得更有温情。

后 记

经过三年多时间的艰苦努力，我们总算大致完成了当初设定的项目任务。

在这个时候，作为首席专家，我衷心感谢所有为课题完成付出智慧和劳动的人们。

华东师范大学哲学系教授杨国荣（负责子课题"精神生活的理论研究"）、华东师范大学社会学系教授文军（负责子课题"当代中国人精神生活的个体素质"）、华东师范大学社会学系教授陈映芳（负责子课题"当代中国人精神生活的日常情境"）、华东师范大学历史系教授许纪霖（负责子课题组"文化精英视野中的当代中国人精神生活"）和复旦大学传播学院教授吕新雨（负责子课题"大众传媒与当代中国人精神生活"）分别领导了各自子课题组的研究工作，并对最终成果中的相应书稿进行了统稿。

杨国荣领导的华东师大中国现代思想文化研究所、陈映芳领导的华东师大社会学系、文军领导的华东师大社会调查中心构成了本课题的中坚力量。文军具体组织2005年暑假的全国范围社会调查；华东师范大学社会学副教授张文明执笔起草调查问卷，华东师范大学社会学系讲师韩春雨拟订调查实施方案，并一起作为指导教师全程参加了调查员培训和调查督导工作。随后韩春雨带领学生对调查数据进行了录入和整理，张文明对调查数据进行了系统解读。韩春雨还为整个课题组的研究提供了数据服务，包括为各子课题组成员提供了所需要的数据、图表和相关性分析。

参加本项目研究并撰稿的除以上学者以外，还有刘仲宇（华东师范大学哲学系教授）、刘擎（华东师范大学历史系教授）、宋宏（华东师范大学社会科学部副教授）、张乐天（复旦大学社会学系教授）、李维（上海社会科学院青少年研究所研究员）、汪传发（上海财经大学哲学系副教授）、贡华南（华东师范大学哲学系副教授）、陆晓文（上海社会科学院社会学研究所研究员）、陈勤建（华东师大对外汉语学院教授）、陈蓉霞（上海师范大学哲学系教授）、陈赟（华东师范大学哲学系副教授）、单怀海（徐汇区精神卫生中心主任医师）、罗岗（华东师范大学中文系教授)、胡健（上海社会科学院欧亚研究所研究员)、顾红亮（华东师范大学哲学系教授)、雷启立（华东师大传播学院副教授)。

许多领导和专家在本课题实施的各个阶段提供了宝贵的指导和帮助，尤其是与课题组负责人和子课题组负责人一起组成项目领导小组的叶斌、刘仲宇、许红珍、陈勤建、罗伟虹和赵修义。

近百名华东师大的本科生和研究生参加了全国20个省市的实地调查，还有众多的同学参加了调查后的数据处理工作，以前课题所需要的资料工作和后勤工作。许多同学在调查过程中写下了自己的观察和体会，限于篇幅我们没有把数百页《调查手记》包括在本书稿中。《社会观察》2008年第2期选登了其中的一部分，可参考。

顾红亮、王玲、刘进、陈赟、贡华南、刘梁剑等在课题组的会务、简报、网页和经费管理等方面做了大量工作。华东师大社会学系的邝春伟作为社会调查专家为课题申报方案的制订作出了贡献，并参与了调查方案设计的一些前期工作。

2004年4月和2006年11月，课题组分别发起召开了两次以当代中国人精神生活为主题的全国性学术会议。王炎、王炜、汪丁丁、汪晖、孙其昂、张保生、陈嘉映、梁治平等学者参加了开幕会议，前四位学者还应邀就当代中国人精神生活同台做了四个同题报告。课题进行过程中，我们还请了马惠娣、卢汉龙、张乐天、李德顺、周晓红、罗伟虹、范伟达、晏可佳等有出色的相关研究的学者专程来沪给予指导。国内许多高校和科研单位的其他许多学者在课题实施过程中参加了总课题组和各子课题组召开的规模不等的研讨会和座谈会。

在问卷设计阶段，我们曾经在网上发出呼吁、征集建议，数十位朋友回复邮件，给问卷设计提供了重要启发。

顾红亮、张文明、韩春雨和许春承担了项目后期的大量工作。

对以上各位的贡献，尽管无法仅仅用语言来表达衷心的感谢，但在这个后记里，语言是唯一能用的致谢手段。

尽管我们在课题设计和项目申报的时候就已经知道对那么大范围人群的那么复杂现象进行调查研究，不会是一件轻松的事情，但实际的项目实施过程中遇到的困难之多，还是超出了我们的预期。尽管我们尽了最大努力以各种方式来研究当代中国人精神生活的状况及其背景和走向，但无论在所运用的理论前提、概念框架和研究方法上，还是在所得到的调查材料、事实结论和价值评判上，我们的研究都存在着不少缺陷和遗憾。

根据教育部主管部门的对重大课题攻关项目成果进行提炼、浓缩的要求，我将原来达90万字的成果压缩成了40万字。尽管在压缩过程中尽力反映所有课题组成员的辛勤劳动成果，但限于篇幅，不少成果还是没有能在这个版本中完全体现，对此只能表示深深的遗憾和歉意。

2008年5月12日，我国四川部分地区发生8.0级特大地震，灾区人民经历的生死考验，全国人民表达的同胞情谊，为考察当代中国人精神生活提供了独特角度。为了对中国人民在抗震救灾中体现出来的伟大精神有所反映，本书稿收入了一篇文章，作为附录。

我们恳切盼望得到专家学者和社会各界对今后修改工作的帮助和指导。

已出版书目

书名	首席专家
《马克思主义基础理论若干重大问题研究》	陈先达
《网络思想政治教育研究》	张再兴
《高校思想政治理论课程建设研究》	顾海良
《马克思主义文艺理论中国化研究》	朱立元
《弘扬与培育民族精神研究》	杨叔子
《当代科学哲学的发展趋势》	郭贵春
《当代中国人精神生活研究》	童世骏
《面向知识表示与推理的自然语言逻辑》	鞠实儿
《中国大众媒介的传播效果与公信力研究》	喻国明
《楚地出土戰國簡册［十四種］》	陳偉
《中国特大都市圈与世界制造业中心研究》	李廉水
《WTO主要成员贸易政策体系与对策研究》	张汉林
《全球经济调整中的中国经济增长与宏观调控体系研究》	黄达
《中国产业竞争力研究》	赵彦云
《东北老工业基地资源型城市发展接续产业问题研究》	宋冬林
《中国民营经济制度创新与发展》	李维安
《东北老工业基地改造与振兴研究》	程伟
《中国加入区域经济一体化研究》	黄卫平
《金融体制改革和货币问题研究》	王广谦
《中国市场经济发展研究》	刘伟
《我国民法典体系问题研究》	王利明
《中国农村与农民问题前沿研究》	徐勇
《城市化进程中的重大社会问题及其对策研究》	李强
《中国公民人文素质研究》	石亚军
《生活质量的指标构建与现状评价》	周长城
《人文社会科学研究成果评价体系研究》	刘大椿
《教育投入、资源配置与人力资本收益》	闵维方
《创新人才与教育创新研究》	林崇德
《中国农村教育发展指标研究》	袁桂林
《高校招生考试制度改革研究》	刘海峰
《基础教育改革与中国教育学理论重建研究》	叶澜
《处境不利儿童的心理发展现状与教育对策研究》	申继亮
《中国和平发展的国际环境分析》	叶自成

即将出版书目

书　名	首席专家
《中国司法制度基础理论问题研究》	陈光中
《完善社会主义市场经济体制的理论研究》	刘　伟
《和谐社会构建背景下的社会保障制度研究》	邓大松
《社会主义道德体系及运行机制研究》	罗国杰
《中国青少年心理健康素质调查研究》	沈德立
《学无止境——构建学习型社会研究》	顾明远
《产权理论比较与中国产权制度改革》	黄少安
《中国水资源问题研究丛书》	伍新木
《中国法制现代化的理论与实践》	徐显明
《中国和平发展的重大国际法律问题研究》	曾令良
《知识产权制度的变革与发展研究》	吴汉东
《全国建设小康社会进程中的我国就业战略研究》	曾湘泉
《现当代中西艺术教育比较研究》	曾繁仁
《数字传播技术与媒体产业发展研究报告》	黄升民
《非传统安全与新时期中俄关系》	冯绍雷
《中国政治文明与宪政建设》	谢庆奎